中华传世藏书

【图文珍藏版】

二十四史精华

[西汉]司马迁 等⊙原著

姜涛⊙主编

线装书局

图书在版编目（CIP）数据

二十四史精华 : 全6册 / (西汉) 司马迁等原著 ;
姜涛主编. -- 北京 : 线装书局, 2014.12
ISBN 978-7-5120-1609-5

Ⅰ. ①二… Ⅱ. ①司… ②姜… Ⅲ. ①中国历史 – 古
代史 – 纪传体 Ⅳ. ①K204.1

中国版本图书馆CIP数据核字(2014)第267620号

二十四史精华

原　　著：［西汉］司马迁 等
主　　编：姜　涛
责任编辑：高晓彬
装帧设计：博雅圣轩藏书馆 Boyashengxuan Cangshuguan
出版发行：线装书局
地　址：北京市西城区鼓楼西大街41号（100009）
电　话：010-64045283　64041012
网　址：www.xzhbc.com
经　　销：新华书店
印　　制：北京彩虹伟业印刷有限公司
开　　本：787mm×1092mm　1/16
印　　张：168
彩　　插：8
字　　数：2040千字
版　　次：2014年12月第1版第1次印刷
印　　数：0001 – 3000套

定　　价：1580.00元（全六册）

史记

《史记》共一百三十卷，由西汉司马迁撰，是中国历史上第一部贯穿古今的纪传体通史，从传说中的黄帝开始，一直写到汉武帝元狩元年，叙述了我国三千年左右的历史。全书规模巨大，体系完备，对此后的纪传体史书影响很深。

汉书

《汉书》共一百篇，后人划分为一百二十卷，由东汉班固编撰，是中国第一部纪传体断代史。全书主要记述了上起西汉的汉高祖元年（公元前206年），下至新朝的王莽地皇四年（公元23年），共二百三十年的史事。

后汉书

《后汉书》共一百二十卷，由南朝宋范晔编著，是继《史记》、《汉书》之后，又一部私人撰写的重要史籍。全书主要记述了上起东汉的汉光武帝建武元年（公元25年），下至汉献帝建安二十五年（公元220年），共一百九十五年的史事。

三国志

《三国志》共六十五卷，由西晋陈寿所著，记载中国三国时代的断代史。是从东汉末年的战乱开始记载，重点也是东汉末和三国时代的历史为主，并不是以晋朝结束三国统一为主，对三国中后期的历史事件记载简略。

晋书

《晋书》共一百三十卷，唐房玄龄等人合著，记载了从司马懿开始到晋恭帝元熙二年为止，包括西晋和东晋的历史，并用“载记”的形式兼述了十六国割据政权的兴亡。在取材方面，喜欢采用小说笔记里的奇闻轶事。

宋书

《宋书》共一百卷，梁沈约撰，是一部纪传体断代史著，记述南朝刘宋王朝自刘裕建基至刘准首尾六十年的史实。全书篇幅大，一个重要原因是为豪门士族立传，并以资料繁富而著称于史林，是研究刘宋一代历史的基本史料。

南齐书

《南齐书》共六十卷，现存五十九卷，南朝梁萧子显撰，是一部研究南齐历史的重要史书。记述了南朝萧齐王朝自齐高帝建元元年至齐和帝中兴二年，共二十三年史事，是现存关于南齐最早的纪传体断代史。

梁书

《梁书》共五十六卷，由唐人姚思廉撰，主要记述了南朝萧齐末年的政治和萧梁皇朝（502~557年）五十余年的史事。姚思廉撰《梁书》，除了继承他父亲的遗稿以外，还参考、吸取了梁、陈、隋历朝史家编撰梁史的成果。

陈书

《陈书》共三十六卷，是唐人姚思廉编撰的南朝陈的纪传体断代史著作，记载了自陈武帝陈霸先即位至陈后主陈叔宝被隋文帝灭国首尾三十三年间的史事，《陈书》内容比不上《梁书》那样充实，本纪和列传都过于简略。

魏书

《魏书》共一百二十四卷，北齐魏收撰。因有些本纪、列传和志篇幅过长，又分为上、下，或上、中、下3卷，实共一百三十卷，是记载北朝北魏（公元386年～公元534年）及东魏（公元534年～公元550年）发展的纪传体史书。

北齐书

《北齐书》共五十卷，唐李百药撰，属纪传体断代史，它虽以记载北朝北齐的历史为主，但实际上记述了从高欢起兵到北齐灭亡前后约八十年的历史，集中反映了东魏、北齐王朝的盛衰兴亡，对封建统治者之间的权势争夺有较多的叙述。

周书

《周书》共五十卷，唐令狐德棻主编，记述了从公元534年东、西魏分裂到杨坚代周为止四十八年的西魏、北周的历史。对于帝位更迭、重大动乱，皆详加载明，反映了当时中国历史发展的大势及纷繁的历史事件。

隋书

《隋书》共八十五卷，由唐魏征等撰，从草创到全部修完共历时三十五年。记载隋文帝开皇元年（581年）至隋恭帝义宁二年（618年）共三十八年历史。隋书的帝纪、列传和其他四朝史同时完成，合称《五代史》。

南史

《南史》共八十卷，唐李延寿撰，是集南朝宋、齐、梁、陈四代历史为一编的纪传体史著，记事起自南朝宋武帝永初元年（公元420年），止于陈后主祯明三年（公元589年），记述南朝四代一百七十年的历史。

北史

《北史》共一百卷，是由李大师及其弟子李延寿编撰，主要在魏、齐、周、隋四书基础上删订改编而成。记述北朝从公元386年到618年，魏、齐（包括东魏）、周（包括西魏）、隋四个封建政权共二百三十三年的历史。

旧唐书

《旧唐书》共二百卷，后晋张昭远等撰，是现存最早的系统记录唐代历史的一部史籍。后晋高祖天福六年（公元941年），石敬瑭命修唐史，由当时的宰相赵莹负责监修。到出帝开运二年（公元945年），全书修成。

新唐书

《新唐书》共二百二十五卷，是北宋时期欧阳修、宋祁、吕夏卿等合撰一部记载唐朝历史的纪传体断代史书，在体例上第一次写出了《兵志》、《选举志》，系统论述唐代府兵等军事制度和科举制度。

旧五代史

《旧五代史》共一百五十卷，是由宋太祖诏令薛居正编纂的官修史书。全书以中原王朝的兴亡为主线，以十国的兴亡和周边民族的起伏为副线，较好地展现了这段历史的面貌，实为当时各民族的一部断代史。

新五代史

《新五代史》共七十四卷，宋欧阳修撰，记载了自后梁开平元年（907年）至后周显德七年（960年）共五十三年的历史。撰写时，增加了《旧五代史》所未能见到的史料，如《五代会要》、《五代史补》等，因此内容更加翔实。

宋史

《宋史》共四百九十六卷，由丞相脱脱和阿鲁图先后主持修撰，是二十四史中篇幅最庞大的一部官修史书，《宋史》贯通北宋与南宋，保存了大量历史记录，很多史实都是其他书中所不载的。

辽史

《辽史》共一百一十六卷，为元脱脱等人编撰，较系统地记载了我国古代契丹族建立的辽朝二百多年的历史，并兼载辽立国以前契丹的状况，以及辽灭亡后耶律大石所建西辽的概况，是研究辽和契丹、西辽的重要史籍。

金史

《金史》共一百三十五卷，由脱脱等人撰成于元代，记载了上起金太祖完颜阿骨打出生（1068年），下至金哀宗天兴三年（1234年）蒙古灭金，共166年的历史，是反映女真族所建金朝的兴衰始末的重要史籍。

元史

《元史》共二百一十卷，成书于明朝初年，由宋濂、王祎主编，是系统记载元朝兴亡过程的一部纪传体断代史，记述了从蒙古族兴起到元朝建立和灭亡的历史，是我们今天了解、研究元代历史的极其珍贵的文献。

明史

《明史》共三百三十二卷，由张廷玉任总撰官，是一部纪传体断代史，记载了自朱元璋洪武元年（公元1368年）至朱由检崇祯十七年（公元1644年）二百多年的历史。《明史》虽有一些曲笔隐讳之处，但仍得到后世史家广泛的好评。

前 言

我国历史文化宝库中的璀璨明珠《二十四史》是乾隆皇帝钦定的"中华正史",它上起传说中的黄帝(约前 2550 年),止于明朝崇祯十七年(1644 年),是中国历史上第一部贯穿古今的纪传体通史。全书记载了我国清以前各个朝代的历史,从《史记》到《明史》,堪称是清代以前中华文明史的全记录,是研究中国历史乃至中国古代文化的资料宝库。

《汉书》共一百篇,后人划分为一百二十卷,由东汉班固编撰,是中国第一部纪传体断代史。全书主要记述了上起西汉的汉高祖元年(公元前 206 年),下至新朝的王莽地皇四年(公元 23 年),共二百三十年的史事;《后汉书》共一百二十卷,由南朝宋范晔编著,是继《史记》《汉书》之后,又一部私人撰写的重要史籍。全书主要记述了上起东汉的汉光武帝建武元年(公元 25 年),下至汉献帝建安二十五年(公元 220 年),共一百九十五年的史事;《三国志》共六十五卷,由西晋陈寿所著,记载了中国三国时代的断代史。是从东汉末年的战乱开始记载,重点也是东汉末和三国时代的历史为主,并不是以晋朝结束三国统一为主,对三国中后期的历史事件记载简略;《晋书》共一百三十卷,唐房玄龄等人合著,记载了从司马懿开始到晋恭帝元熙二年为止,包括西晋和东晋的历史,并用"载记"的形式兼述了十六国割据政权的兴亡。在取材方面,喜欢采用小说笔记里的奇闻轶事;《宋书》共一百卷,梁沈约撰,是一部纪传体断代史著,记述南朝刘宋王朝自刘裕建基至刘准首尾六十年的史实。全书篇幅大,一个重要原因是为豪门士族立传,并以资料繁富而著称于史林,是研究刘宋一代历史的基本史料;《南齐书》共六十卷,现存五十九卷,南朝梁萧子显撰,是一部研究南齐历史的重要史书。记述了南朝萧齐王朝自齐高帝建元元年至齐和帝中兴二年,共二十三年史事,是现存关于南齐最早的纪传体断代史;《梁书》共五十六卷,由唐人姚思廉撰,主要记述了南朝萧齐末年的政治和萧梁皇朝(502~557 年)五十余年的史事。姚思廉撰《梁书》,除了继承他父亲的遗稿以外,还参考、吸取了梁、陈、隋历朝史家编撰梁史的成果;《陈书》共三十六卷,是唐人姚思廉编撰的南朝陈的纪传体断代史著作,记载了自陈武帝陈霸先即位至陈后主陈叔宝被隋文帝灭国首尾三十三年间的史事,《陈书》内容比不上《梁书》那样充实,本纪和列传都过于简略;《魏书》共一百二十四卷,北齐魏收撰。因有些本纪、列传和志篇幅过长,又分为上、下,或上、中、下 3 卷,实共一百三十卷,是记载北朝北魏(公元 386 年~公元 534 年)及东魏(公元 534 年~公元 550 年)发展的纪传体史书;《北齐书》共五十卷,唐李百药撰,属纪传体断代史,它虽以记载北朝北齐的历史为主,但实际上记述了从高欢起兵到北齐灭亡前后约八十年的历史,集中反映了东魏、北齐王朝的盛衰兴亡,对封建统治者之间的权势争夺有较多的叙述;《周书》共五十卷,唐令狐德棻主编,记述了从公元 534 年东、西魏分裂到杨坚代周为止四十八年的西魏、北周的历史。对于帝位更迭、重大动乱,皆详加载明,反映了当时中国历史发展的大势及纷繁的历史事件;《隋书》共八十五卷,由唐魏征等撰,从草创到全部修完共历时三十五年。记载隋文帝开皇元年(581 年)至隋恭帝义宁二年(618 年)共三十八年历史。隋书的帝纪、列传和其他四朝史同时完成，合称《五代史》；《南史》共八十卷，唐李延寿撰，是集南朝宋、齐、梁、陈四代历史为一编的纪传体史著，记事起自南朝宋武帝永初元年（公元420年），止于陈后主祯明三年（公元589年），记述南朝四代一百七十年的历史；《北史》共一百卷，是由李大师及其弟子李延寿编撰，主要在魏、齐、周、隋四书基础上删订改编而成。记述北朝从公元386年到618年，魏、齐（包括东魏）、周（包括西魏）、隋四个封建政权共二百三十三年的历史；《旧唐书》共二百卷，后晋张昭远等撰，是现存最早的系统记录唐代历史的一部史籍。后晋高祖天福六年（公元941年），石敬瑭命修唐史，由当时的宰相赵莹负责监修。到出帝开运二年（公元945年），全书修成；《新唐书》共二百二十五卷，是北宋时期欧阳修、宋祁、吕夏卿等合撰一部记载唐朝历史的纪传体断代史书，在体例上第一次写出了《兵志》《选举志》，系统论述唐代府兵等军事制度和科举制度；《旧五代史》共一百五十卷，是由宋太祖诏令薛居正编纂的官修史书。全书以中原王朝的兴亡为主线，以十国的兴亡和周边民族的起伏为副线，较好地展现了这段历史的面貌，实为当时各民族的一部断代史；《新五代史》共七十四卷，宋欧阳修撰，记载了自后梁开平元年（907年）至后周显德七年（960年）共五十三年的历史。撰写时，增加了《旧五代史》所未能见到的史料，如《五代会要》《五代史补》等，因此内容更加翔实；《宋史》共四百九十六卷，由丞相脱脱和阿鲁图先后主持修撰，是二十四史中篇幅最庞大的一部官修史书，《宋史》贯通北宋与南宋，保存了大量历史记录，很多史实都是其他书中所不载的；《辽史》共一百一十六卷，为元脱脱等人编撰，较系统地记载了我国古代契丹族建立的辽朝二百多年的历史，并兼载辽立国以前契丹的状况，以及辽灭亡后耶律大石所建西辽的概况，是研究辽和契丹、西辽的重要史籍；《金史》共一百三十五卷，由脱脱等人撰成于元代，记载了上起金太祖完颜阿骨打出生（1068年），下至金哀宗天兴三年（1234年）蒙古灭金，共166年的历史，是反映女真族所建金朝的兴衰始末的重要史籍；《元史》共二百一十卷，成书于明朝初年，由宋濂、王袆主编，是系统记载元朝兴亡过程的一部纪传体断代史，记述了从蒙古族兴起到元朝建立和灭亡的历史，是我们今天了解、研究元代历史的极其珍贵的文献；《明史》共三百三十二卷，由张廷玉任总撰官，是一部纪传体断代史，记载了自朱元璋洪武元年（公元1368年）至朱由检崇祯十七年（公元1644年）二百多年的历史。《明史》虽有一些曲笔隐讳之处，但仍得到后世史家广泛的好评。

四千多万字的《二十四史》，是中国人的历史，更是中国人的智慧。《二十四史》真实记录了4000多年来中华历史长河中的时代骄子，这些优秀人物演绎了文韬武略、权谋智慧的至真境界，是世世代代中国人滋润心灵、感悟智慧的永恒宝藏。但是面对这部总计三千二百余卷、四千多万字的皇皇巨著，许多人难免望而却步，有鉴于此，我们组织有关专家学者编写了这套《二十四史精华》。需要特别指出的是，本套丛书虽是一本速读类书籍，但编者并没有忽略读者的审美要求，而是着力将其打造成一部融历史性、知识性、艺术性于一体的高品质图书——既饱含历史的厚重感，又洋溢着愉悦的现代气息，让读者在历史与现代的碰撞中尽享读史的乐趣。

目录

史记

汉书

后汉书

三国志

晋书

宋书

南齐书

梁书·陈书

魏书

北齐书·周书

隋书

南史

北史

旧唐书

新唐书

旧五代史·新五代史

宋史

辽史

金史

元史

明史

二十四史
史记
二十四史

导　读

《史记》是我国著名史学家司马迁撰写的中国第一部纪传体通史，位列《二十五史》之首，从传说中的黄帝开始，一直写到汉武帝元狩元年（前 122 年），叙述了我国三千年的历史。据司马迁说，全书有本纪十二篇，表十篇，书八篇，世家三十篇，列传七十篇，共一百三十篇。班固在《汉书·司马迁传》中提到《史记》缺少十篇，三国魏张晏指出这十篇是《景帝本纪》《武帝本纪》《礼书》《乐书》《律书》《汉兴以来将相年表》《日者列传》《三王世家》《龟策列传》《傅靳列传》。后人大多数不同意张晏的说法，但《史记》残缺是确凿无疑的。今本《史记》也是一百三十篇，有少数篇章显然不是司马迁的手笔，汉元帝、成帝时的博士褚少孙补写过《史记》，今本《史记》中"褚先生曰"就是他的补作。

《史记》取材相当广泛，当时社会上流传的《世本》《国语》《国策》《秦记》《楚汉春秋》、诸子百家等著作和国家的文书档案，以及实地调查获取的材料，都是司马迁写作《史记》的重要材料来源。特别可贵的是，司马迁对搜集的材料做了认真地分析和选择，淘汰了一些无稽之谈。对一些不能弄清楚的问题，或者采取阙疑的态度，或者记载各种不同的说法。由于取材广泛，修史态度严肃认真，所以，《史记》记事翔实，内容丰富。

对历史上农民与地主阶级的处境和矛盾，《史记》在一定程度上反映了某些真实状况。如《平准书》说地方上的富民"武断于乡曲"，公卿大夫"争于奢侈"，而农民却"力耕不足粮饷，女子纺绩不足衣服"，反映了汉武帝"盛世"下掩盖着的阶级矛盾。东汉的王允要杀死蔡邕，蔡邕请求免死来写成汉史，王允说："过去汉武帝不处死司马迁，使他作了诽谤君王的史书，流传后世。"从这件事可以看出，司马迁对他目睹的社会阴暗面作了局部的揭露和鞭挞。

对陈胜领导的我国历史上的第一次农民大起义，《史记》不但详细地记载了它的经过，而且把它的功绩与商汤伐桀、周武王伐纣和孔子作《春秋》提到同等的高度，认为汉灭秦是"由涉首事也"，就是说陈胜是首先发难的人。因此，司马迁把陈胜列入世家，与历代侯王勋臣同列。到了班固的《汉书》，却把陈涉编入列传，并删去了"由涉首事也"这句话。相比之下，司马迁比班固更为实事求是。

《史记》不但是一部历史巨著，而且也是一部优秀的文学名著。一篇篇脍炙人口的传记文学，塑造了各式各样人物形象。完璧归赵的蔺相如，委身太子丹西刺秦王的荆轲，叱咤风云的项羽，豁达大度、不拘小节的刘邦，在作者的笔下，栩栩如生。《史记》首创的传记文学在我国文学发展史上占有重要的地位，对后世产生了深远的影响。

历代有很多人注释《史记》，现存最早的旧注是刘宋裴骃的《史记集解》。它主要利用封建经典和各种史书来注释文义，吸收了前人的一些成果。唐朝司马贞作《史记索隐》，既注音，又释义，比《集解》前进了一步。唐朝张守节花费了毕生的精力，写了《史记正义》，比《集解》《索隐》又有所提高。这三家的注释，人们公认为《史记》注的代表作。最早的三家注都是各自单行，宋朝才把三家注排列在正文下，合为一编。

五帝本纪

【题解】

《五帝本纪》是《史记》一百三十篇中的第一篇，全书记载的是远古传说中相继为帝的五个部落首领——黄帝、颛顼、帝喾、尧、舜的事迹，同时也记录了当时部落之间频繁的战争，部落联盟首领实行禅让，远古初民战猛兽、治洪水、开良田、种嘉谷、观测天文、推算历法、谱制音乐舞蹈等多方面的情况。这些虽为传说，但从人类历史发展的规律和地下文物的发掘来看，有些记载亦属言之有征，它为我们了解和研究远古社会，提供了某些线索或信息。中华民族五千年的悠久历史，就是从这远古的传说开始的，黄帝和炎帝两个部落的联合，战争，最后融为一体，在黄河流域定居繁衍，从而构成了华夏族的主干，创造了我国远古时代的灿烂文化。

【原文】

黄帝者，少典之子，姓公孙，名曰轩辕。生而神灵，弱而能言，幼而徇齐，长而敦敏，成而聪明。

轩辕之时，神农氏世衰。诸侯相侵伐，暴虐百姓，而神农氏弗能征。于是轩辕乃习用干戈，以征不享，诸侯咸来宾从。而蚩尤最为暴，莫能伐。炎帝欲侵陵诸侯，诸侯咸归轩辕。轩辕乃修德振兵，治五气，艺五种，抚万民，度四方，教熊罴貔貅貙虎，以与炎帝战于阪泉之野，三战，然后得其志。蚩尤作乱，不用帝命。于是黄帝乃征师诸侯，与蚩尤战于涿鹿之野，遂禽杀蚩尤。而诸侯咸尊轩辕为天子，代神农氏，是为黄帝。天下有不顺者，黄帝从而征之，平者去之，披山通道，未尝宁居。

东至于海，登丸山，及岱宗。西至于空桐，登鸡头。南至于江，登熊、湘。北逐荤粥，合符釜山，而邑于涿鹿之阿。迁徙往来无常处，以师兵为营卫。官名皆以云命，为云师。置左右大监，监于万国。万国和，而鬼神山川封禅与为多焉。获宝鼎，迎日推策。举风后、力牧、常先、大鸿以治民。顺天地之纪，幽明之占，死生之说，存亡之难。时播百谷草木，淳化鸟兽虫蛾，旁罗日月星辰，水波土石金玉，劳勤心力耳目，节用水火材物。有土德之瑞，故号黄帝。

黄帝

黄帝二十五子，其得姓者十四人。

黄帝居轩辕之丘，而娶于西陵之女，是为嫘祖。嫘祖为黄帝正妃，生二子，其后皆有天下：其一曰玄嚣，是为青阳，青阳降居江水；其二曰昌意，降居若水。昌意娶蜀山氏女，曰昌仆，生高阳，高阳有圣德焉。黄帝崩，葬桥山。其孙昌意之子高阳立，是为帝颛顼也。

帝颛顼高阳者，黄帝之孙而昌意之子也。静渊以有谋，疏通而知事；养材以任地，载时以象天，依鬼神以制义，治气以教化，絜诚以祭祀。北至于幽陵，南至于交趾，西至于流沙，东至于蟠木，动静之物，大小之神，日月所照，莫不砥属。

帝颛顼生子曰穷蝉。颛顼崩，而玄嚣之孙高辛立，是为帝喾。

帝喾高辛者，黄帝之曾孙也。高辛父曰蟜极，蟜极父曰玄嚣，玄嚣父曰黄帝。自玄嚣与蟜极皆不得在位，至高辛即帝位。高辛于颛顼为族子。

高辛生而神灵，自言其名。普施利物，不于其身。聪以知远，明以察微。顺天之义，知民之急。仁而威，惠而信，修身而天下服。取地之财而节用之，抚教万民而利诲之，历日月而迎送之，明鬼神而敬事之。其色郁郁，其德嶷嶷。其动也时，其服也士。帝喾溉执中而遍天下，日月所照，风雨所至，莫不从服。

帝喾娶陈锋氏女，生放勋。娶娵訾氏女，生挚。帝喾崩，而挚代立。帝挚立，不善，而弟放勋立，是为帝尧。

帝尧者，放勋。其仁如天，其知如神。就之如日，望之如云。富而不骄，贵而不舒。黄收纯衣，彤车乘白马，能明驯德，以亲九族。九族既睦，便章百姓。百姓昭明，合和万国。

乃命羲、和，敬顺昊天，数法日月星辰，敬授民时。分命羲仲，居郁夷，曰旸谷。敬道日出，便程东作。日中，星鸟，以殷中春。其民析，鸟兽字微。申命羲叔，居南交。便程南为，敬致。日永，星火，以正中夏。其民因，鸟兽希革。申命和仲，居西土，曰昧谷。敬道日入，便程西成。夜中，星虚，以正中秋。其民夷易，鸟兽毛毨。申命和叔，居北方，曰幽都。便在伏物。日短，星昴，以正中冬。其民燠，鸟兽氄毛。岁三百六十六日，以闰月正四时。信饬百官，众功皆兴。

尧曰："谁可顺此事？"放齐曰："嗣子丹朱开明。"尧曰："吁！顽凶，不用。"尧又曰："谁可者？"讙兜曰："共工旁聚布功，可用。"尧曰："共工善言，其用僻，似恭漫天，不可。"尧又曰："嗟，四岳，汤汤洪水滔天，浩浩怀山襄陵，下民其忧，有能使治者？"皆曰鲧可。尧曰："鲧负命毁族，不可。"岳曰："异哉，试不可用而已。"尧于是听岳用鲧。九岁，功用不成。

尧曰："嗟！四岳：朕在位七十载，汝能庸命，践朕位？"岳应曰："鄙德忝帝位。"尧曰："悉举贵戚及疏远隐匿者。"众皆言于尧曰："有矜在民间，曰虞舜。"尧曰："然，朕闻之。其何如？"岳曰："盲者子。父顽，母嚚，弟傲，能和以孝，烝烝治，不至奸。"尧曰："吾其试哉。"于是尧妻之二女，观其德于二女。舜饬下二女于妫汭，如妇礼。尧善之，乃使舜慎和五典，五典能从。乃遍入百官，百官时序。宾于四门，四门穆穆，诸侯远方宾客皆敬。尧使舜入山林川泽，暴风雷雨，舜行不迷。尧以为圣，召舜曰："女谋事至而言可绩，三年矣。女登帝位。"舜让于德不怿。正月上日，舜受终于文祖。文祖者，尧大祖也。

于是帝尧老，命舜摄行天子之政，以观天命。舜乃在璇玑玉衡，以齐七政。遂类于上帝，禋于六宗，望于山川，辩于群神。揖五瑞，择吉月日，见四岳诸牧，班瑞。岁二月，东巡狩，至于岱宗，柴，望秩于山川。遂见东方君长，合时月正日，同律度量衡，修五礼五玉三帛二生一死为挚，如五器，卒乃复。五月，南巡狩；八月，西巡狩；十一月，北巡狩：皆如初。归，至于祖祢庙，用特牛礼。五岁一巡狩，群后四朝。遍告以言，明试以功，车服以庸。肇十有二州，决川。象以典刑，流宥五刑，鞭作官刑，扑作教刑，金作赎刑。眚灾过，赦；怙终贼，刑。钦哉，钦哉，惟刑之静哉！

谨兜进言共工，尧曰不可而试之工师，共工果淫辟。四岳举鲧治鸿水。尧以为不可，岳强请试之。试之而无功，故百姓不便。三苗在江淮、荆州数为乱。于是舜归而言于帝，请流共工于幽陵，以变北狄；放谨兜于崇山。以变南蛮；迁三苗于三危，以变西戎；殛鲧于羽山，以变东夷：四罪而天下咸服。

尧立七十年得舜，二十年而老，令舜摄行天子之政，荐之于天。尧辟位凡二十八年而崩。百姓悲哀，如丧父母。三年，四方莫举乐，以思尧。尧知子丹朱之不肖，不足授天下，于是乃权授舜。授舜，则天下得其利而丹朱病；授丹朱，则天下病而丹赤得其利。尧曰："终不以天下之病而利一人"，而卒授舜以天下。尧崩，三年之丧毕，舜让辟丹朱于南河之南。诸侯朝觐者不之丹朱而之舜，讴歌者不讴歌丹朱而讴歌舜。舜曰天也夫！而后之中国践天子位焉，是为帝舜。

虞舜者，名曰重华。重华父曰瞽叟，瞽叟父曰桥牛，桥牛父曰句望，句望父曰敬康，敬康父曰穷蝉，穷蝉父曰帝颛顼，颛顼父曰昌意：以至舜七世矣。自从穷蝉以至帝舜，皆微为庶人。

舜父瞽叟盲，而舜母死，瞽叟更娶妻而生象，象傲。瞽叟爱后妻子，常欲杀舜，舜避逃；及有小过，则受罪。顺事父及后母与弟，日以笃谨，匪有解。

舜，冀州之人也。舜耕历山，渔雷泽，陶河滨，作什器于寿丘，就时于负夏。舜父瞽叟顽，母嚚，弟象傲，皆欲杀舜。舜顺适不失子道，兄弟孝慈。欲杀，不可得；即求，尝在侧。

舜年二十以孝闻。三十而帝尧问可用者，四岳咸荐虞舜，曰可。于是尧乃以二女妻舜以观其内，使九男与处以观其外。舜居妫汭，内行弥谨。尧二女不敢以贵骄事舜亲戚，甚有妇道。尧九男皆益笃。舜耕历山，历山之人皆让畔；渔雷泽，雷泽上人皆让居；陶河滨，河滨器皆不苦窳。一年而所居成聚，二年成邑，三年成都。尧乃赐舜絺衣，与琴，为筑仓廪，予牛羊。瞽叟尚复欲杀之，使舜上涂廪，瞽叟从下纵火焚廪。舜乃以两笠自扞而下，去，得不死。后瞽叟又使舜穿井，舜穿井为匿空旁出。舜既入深，瞽叟与象共下土实井，舜从匿空出，去。瞽叟、象喜，以舜为已死。象曰："本谋者象。"象与其父母分，于是曰："舜妻尧二女，与琴，象取之。牛羊仓廪予父母。"象乃止舜宫居，鼓其琴。舜往见之。象鄂不怿，曰："我思舜正郁陶！"舜曰："然，尔其庶矣！"舜复事瞽叟爱弟弥谨。于是尧乃试舜五典百官，皆治。

昔高阳氏有才子八人，世得其利，谓之"八恺"。高辛氏有才子八人，世谓之"八元"。此十六族者，世济其美，不陨其名。至于尧，尧未能举。舜举八恺，使主后土，以揆百事，莫不时序。举八元，使布五教于四方，父义，母慈，兄友，弟恭，子孝，内平外成。

昔帝鸿氏有不才子，掩义隐贼，好行凶慝，天下谓之浑沌。少暤氏有不才子，毁信恶忠，崇饰恶言，天下谓之穷奇。颛顼氏有不才子，不可教训，不知话言，天下谓之梼杌。此三族世忧之。至于尧，尧未能去。缙云氏有不才子，贪于饮食，冒于货贿，天下谓之饕餮。天下恶之，比之三凶。舜宾于四门，乃流四凶族，迁于四裔，以御螭魅，于是四门辟，言毋凶人也。

舜入于大麓，烈风雷雨不迷，尧乃知舜之足授天下。尧老，使舜摄行天子政，巡狩。舜得举用事二十年，而尧使摄政。摄政八年而尧崩。三年丧毕，让丹朱，天下归舜。而禹、皋陶、契、后稷、伯夷、夔、龙、倕、益、彭祖自尧时而皆举用，未有分职。于是舜乃至于文祖，谋于四岳，辟四门，明通四方耳目，命十二牧论帝德，行厚德，远佞人，则蛮夷率服。舜谓四岳曰："有能奋庸美尧之事者，使居官相事？"皆曰："伯禹为司空，可美帝功。"舜曰：

“嗟，然！禹，汝平水土，维是勉哉。”禹拜稽首，让于稷、契与皋陶。舜曰：“然，往矣。”舜曰：“弃，黎民始饥，汝后稷播时百谷。”舜曰：“契，百姓不亲，五品不驯，汝为司徒，而敬敷五教，在宽。”舜曰：“皋陶，蛮夷猾夏，寇贼奸轨，汝作士，五刑有服，五服三就；五流有度，五度三居：维明能信。”舜曰：“谁能驯予工？”皆曰垂可。于是以垂为共工。舜曰：“谁能驯予上下草木鸟兽？”皆曰益可。于是以益为朕虞。益拜稽首，让于诸臣朱虎、熊罴。舜曰：“往矣，汝谐。”遂以朱虎、熊罴为佐。舜曰：“嗟！四岳，有能典朕三礼？”皆曰伯夷可。舜曰：“嗟！伯夷，以汝为秩宗，夙夜维敬，直哉维静絜。”伯夷让夔、龙。舜曰：“然。以夔为典乐，教稚子，直而温，宽而栗，刚而毋虐，简而毋傲；诗言意，歌长言，声依永，律和声，八音能谐，毋相夺伦，神人以和。”夔曰：“於！予击石拊石，百兽率舞。”舜曰：“龙，朕畏忌谗说殄伪，振惊朕众，命汝为纳言，夙夜出入朕命，惟信。”舜曰：“嗟！女二十有二人，敬哉，惟时相天事。”三岁一考功，三考绌陟，远近众功咸兴。分北三苗。

舜帝

此二十二人咸成厥功：皋陶为大理，平，民各伏得其实；伯夷主礼，上下咸让；垂主工师，百工致功；益主虞，山泽辟；弃主稷，百谷时茂；契主司徒，百姓亲和；龙主宾客，远人至；十二牧行而九州莫敢辟违；唯禹之功为大，披九山，通九泽，决九河，定九州，各以其职来贡，不失厥宜。方五千里，至于荒服。南抚交阯、北发，西戎、析枝、渠廋、氐、羌，北山戎、发、息慎，东长、鸟夷，四海之内咸戴帝舜之功。于是禹乃兴《九招》之乐，致异物，凤皇来翔。天下明德皆自虞帝始。

舜年二十以孝闻，年三十尧举之，年五十摄行天子事，年五十八尧崩，年六十一代尧践帝位。践帝位三十九年，南巡狩，崩于苍梧之野。葬于江南九疑，是为零陵。舜之践帝位，载天子旗，往朝父瞽叟，夔夔唯谨，如子道。封弟象为诸侯。舜子商均亦不肖，舜乃豫荐禹于天。十七年而崩。三年丧毕，禹亦乃让舜子，如舜让尧子。诸侯归之，然后禹践天子位。尧子丹朱，舜子商均，皆有疆土，以奉先祀。服其服，礼乐如之。以客见天子，天子弗臣，示不敢专也。

自黄帝至舜、禹，皆同姓而异其国号，以章明德。故黄帝为有熊，帝颛顼为高阳，帝喾为高辛，帝尧为陶唐，帝舜为有虞。帝禹为夏后而别氏，姓姒氏。契为商，姓子氏。弃为周，姓姬氏。

太史公曰：学者多称五帝，尚矣。然《尚书》独载尧以来；而百家言黄帝，其文不雅驯，荐绅先生难言之。孔子所传《宰予问五帝德》及《帝系姓》，儒者或不传。余尝西至空桐，北过涿鹿，东渐于海，南浮江淮矣，至长老皆各往往称黄帝、尧、舜之处，风教固殊焉，总之不离古文者近是。予观《春秋》《国语》，其发明《五帝德》《帝系姓》章矣，顾弟弗深考，其所表见皆不虚。《书》缺有间矣，其轶乃时时见于他说。非好学深思，心知其意，固难为浅见寡闻道也。余并论次，择其言尤雅者，故著为本纪书首。

【译文】

黄帝，是少典部族的子孙，姓公孙名叫轩辕。他一生下来，就很有灵性，出生不久就会说话，幼年时聪明机敏，长大后诚实勤奋，成年以后见闻广博，对事物看得清楚。

轩辕时代，神农氏的后代已经衰败，各诸侯互相攻战，残害百姓，而神农氏没有力量征讨他们。于是轩辕就习兵练武，去征讨那些不来朝贡的诸侯，各诸侯这才都来归从。而蚩尤在各诸侯中最为凶暴，没有人能去征讨他。炎帝想进攻欺压诸侯，诸侯都来归从轩辕。于是轩辕修行德业，整顿军旅，研究四时节气变化，种植五谷，安抚民众，丈量四方的土地，训练熊、罴、貔、貅、貙、虎等猛兽，跟炎帝在阪泉的郊野交战，先后打了几仗，才征服炎帝，如愿得胜。蚩尤发动叛乱，不听从黄帝之命。于是黄帝征调诸侯的军队，在涿鹿郊野与蚩尤作战，终于擒获并杀死了他。这样，诸侯都尊奉轩辕做天子，取代了神农氏，这就是黄帝。天下有不归顺的，黄帝就前去征讨，平定一个地方之后就离去，一路上劈山开道，从来没有在哪儿安宁地居住过。

黄帝往东到过东海，登上了丸山和泰山。往西到过空桐，登上了鸡头山。往南到过长江，登上了熊山、湘山。往北驱逐了荤粥部族，来到釜山与诸侯合验了符契，就在逐鹿山的山脚下建起了都邑。黄帝四处迁徙，没有固定的住处，带兵走到哪里，就在哪里设置军营以自卫。黄帝所封官职都用云来命名，军队号称云师。他设置了左右大监，由他们督察各诸侯国。这时，万国安定，因此，自古以来，祭祀鬼神山川的要数黄帝时最多。黄帝获得上天赐给的宝鼎，于是观测太阳的运行，用占卜用的蓍草推算历法，预知节气日辰。他任用风后、力牧、常先、大鸿等治理民众。黄帝顺应天地四时的规律，推测阴阳的变化，讲解生死的道理，论述存与亡的原因，按照季节播种百谷草木，驯养鸟兽蚕虫，测定日月星辰以定历法，收取土石金玉以供民用，身心耳目，饱受辛劳，有节度地使用水、火、木材及各种财物。他做天子有土这种属性的祥瑞征兆，土色黄，所以号称黄帝。

黄帝有二十五个儿子，其中建立自己姓氏的有十四人。

黄帝居住在轩辕山，娶西陵国的女儿为妻，这就是嫘祖。嫘祖是黄帝的正妃，生有两个儿子，他们的后代都领有天下：一个叫玄嚣，也就是青阳，青阳被封为诸侯，降居在江水；另一个叫昌意，也被封为诸侯，降居在若水。昌意娶了蜀山氏的女儿，名叫昌仆，生下高阳，高阳有圣人的品德。黄帝死后，埋葬在桥山，他的孙子，也就是昌意的儿子高阳即帝位，这就是颛顼帝。

颛顼帝高阳，是黄帝的孙子，昌意的儿子。他沉静稳练而有机谋，通达而知事理。他养殖各种庄稼牲畜以充分利用地力，推算四时节令以顺应自然，依顺鬼神以制定礼义，理顺四时五行之气以教化万民，洁净身心以祭祀鬼神。他往北到过幽陵，往南到过交阯，往西到过流沙，往东到过蟠木。各种动物植物，大神小神，凡是日月照临的地方，全都平定了，没有不归服的。

颛顼帝生的儿子叫穷蝉。颛顼死后，玄嚣的孙子高辛即位，这就是帝喾。

帝喾高辛，是黄帝的曾孙。高辛的父亲叫蟜极，蟜极的父亲叫玄嚣，玄嚣的父亲就是黄帝。玄嚣和蟜极都没有登上帝位，到高辛时才登上帝位。高辛是颛顼的侄子。

高辛生来就很有灵气，一出生就叫出了自己的名字。他普遍施予恩泽于众人而不及其自身。他耳聪目明，可以了解远处的情况，可以洞察细微的事理。他顺应上天的意旨，了解下民之所急。仁德而且威严，温和而且守信，修养自身，天下归服。他收取土地上的物产，俭节地使用；他抚爱教化万民，把各种有益的事教给他们；他推算日月的运行以定岁时节气，恭敬地迎送日月的出入；他明识鬼神，慎重地加以事奉。他仪表堂堂，道德高尚。他行动合乎时宜，服用如同士人。帝喾治民，像雨水浇灌农田一样不偏不倚，遍及天下，凡是日月照耀的地方，风雨所到的地方，没有人不顺从归服。

涿鹿之战示意图

帝喾娶陈锋氏的女儿，生下放勋。娶娵訾氏的女儿，生下挚。帝喾死后，挚接替帝位。帝挚登位后，没有干出什么政绩，于是弟弟放勋登位。这就是帝尧。

帝尧，就是放勋。他仁德如天，智慧如神。接近他，就像太阳一样温暖人心；仰望他，就像云彩一般覆润大地。他富有却不骄傲，尊贵却不放纵。他戴的是黄色的帽子，穿的是黑色衣裳，朱红色的车子驾着白马。他能尊敬有善德的人，使同族九代相亲相爱。同族的人既已和睦，又去考察百官。百官政绩昭著，各方诸侯邦国都能和睦相处。

帝尧命令羲氏、和氏，遵循上天的意旨，根据日月的出没、星辰的位次，制定历法，谨慎地教给民众从事生产的节令。另外命令羲仲，住在郁夷，那个地方叫旸谷，恭敬地迎接日出，分别步骤安排春季的耕作。春分日，白昼与黑夜一样长，朱雀七宿中的星宿初昏时出现在正南方，据此来确定仲春之时。这时候，民众分散劳作，鸟兽生育交尾。又命令羲叔，住在南交，分别步骤安排夏季的农活儿，谨慎地干好。夏至日，白昼最长，苍龙七宿中的心宿（又称大火）初昏时出现在正南方，据此来确定仲夏之时。这时候，民众就居高处，鸟兽毛羽稀疏。又命令和仲，居住在西土，那地方叫作昧谷，恭敬地送太阳落下，有步骤地安排秋天的收获。秋分日，黑夜与白昼一样长，玄武七宿中的虚宿初昏时出现在正南方，据此来确定仲秋之时。这时候，民众移居平地，鸟兽再生新毛。又命令和叔，住在北方，那地方叫作幽都，认真安排好冬季的收藏。冬至日，白昼最短，白虎七宿中的昴宿初昏时出现在正南方，据此来确定仲冬之时。这时候，民众进屋取暖，鸟兽长满细毛。一年有三百六十六天，用置闰月的办法来校正春夏秋冬四季。帝尧真诚地告诫百官各守其职，各种事情都办起来了。

尧说："谁可以继承我的这个事业？"放齐说："你的儿子丹朱通达事理。"尧说："哼！丹朱么，他这个人愚顽、凶恶，不能用。"尧又问道："那么还有谁可以？"驩兜说："共工广泛地聚集民众，做出了业绩，可以用。"尧说；"共工好讲漂亮话，用心不正，貌似恭敬，欺骗上天，不能用。"尧又问："唉，四岳啊，如今洪水滔天，浩浩荡荡，包围了高山，漫上了丘陵，民众万分愁苦，谁可以派去治理呢？"大家都说鲧可以。尧说："鲧违背天命，毁败同族，不能用。"四岳都说："就任用他吧，试试不行，再把他撤掉。"尧因此听从了四岳的建议，任用了鲧。鲧治水九年，也没有取得成效。

尧说："唉！四岳：我在位已经七十年了，你们谁能顺应天命，接替我的帝位？"四岳回答说；"我们的德行鄙陋得很，不敢玷污帝位。"尧说："那就从所有同姓异姓远近大臣及隐居者当中推举吧。"大家都对尧说："有一个单身汉流寓在民间，叫虞舜。"尧说："对，我听说过，他这个人怎么样？"四岳回答说；"他是个盲人的儿子。他的父亲愚昧，母亲顽固，弟弟傲慢，而舜却能与他们和睦相处，尽孝悌之道，把家治理好，使他们不至于走向邪恶。"尧说："那我就试试他吧。"于是尧把两个女儿嫁给他，从两个女儿身上观察他的德行。舜让她们降下尊贵之心住到妫河边的家中去，遵守为妇之道。尧认为这样做很好，就让舜试任司徒之职，谨慎地理顺父义、母慈、兄友、弟恭、子孝这五种伦理道德，人民都遵从不违。尧又让他参与百官的事，百官的事因此变得有条不紊。让他在明堂四门接待宾客，四门处处和睦，从远方来的诸侯宾客都恭恭敬敬。尧又派舜进入山野丛林大川草泽，遇上暴风雷雨，舜也没有迷路误事。尧更认为他十分聪明，很有道德，把他叫来说道："三年来，你做事周密，说了的话就能做到。现在你就登临天子位吧。"舜推让说自己的德行还不够，不愿接受帝位。正月初一，舜在文祖庙接受了尧的禅让。文祖也就是尧的太祖。

清瓷烛台

这时，尧年事已高，让舜代理天子之政事，借以观察他做天子是否合天意。舜于是通过观测北斗星，来考察日、月及金、木、水、火、土五星的运行是否有异常，接着举行临时仪式祭告上帝，用把祭品放在火上烧的仪式祭祀天地四时，用遥祭的仪式祭祀名山大川，又普遍地祭祀了各路神祇。他收集起公侯伯子男五等侯爵所持桓圭、信圭、躬圭、谷璧、蒲璧五种玉制符信，选择良月吉日，召见四岳和各州州牧，又颁发给他们。二月，舜去东方巡视，到泰山时，用烧柴的仪式祭祀东岳，用遥祭的仪式祭祀各地的名山大川。接着，他就召见东方各诸侯，协调校正四时节气、月之大小、日之甲乙，统一音律和长度、容量、重量的标准，修明吉、凶、宾、军、嘉五种礼仪，规定诸侯用五种圭璧、三种彩缯，卿大夫用羊羔、大雁二种动物，士用死雉作为朝见时的礼物，而五种圭璧，朝见典礼完毕以后仍还给诸侯。五月，到南方巡视；八月，到西方巡视；十一月，到北方巡视：都像起初到东方巡视时一样。回来后，告祭祖庙和父庙，用一头牛作祭品。以后每五年巡视一次，在其间的四年中，各诸侯国君按时来京师朝见。舜向诸侯们普遍地陈述治国之道，根据业绩明白地进行考察，根据功劳赐给车马衣服。舜开始把天下划分为十二个州，疏浚河川。规定根据正常的刑罚来执法，用流放的方法宽减刺字、割鼻、断足、阉割、杀头五种刑罚，官府里治事用鞭子施刑，学府教育用戒尺惩罚，罚以黄金可用作赎罪。因灾害而造成过失的，予以赦免；怙恶不悛、坚持为害的要施以刑罚。谨慎啊，谨慎啊，可要审慎使用刑罚啊！

驩兜曾举荐过共工，尧说"不行"，而驩兜还是试用他做工师，共工果然放纵邪僻。四岳曾推举鲧去治理洪水，尧说"不行"，而四岳硬说要试试看，试的结果是没有成效，所以百官都以为不适宜。三苗在江、淮流域及荆州一带多次作乱。这时舜巡视回来向尧帝报告，请求把共工流放到幽陵，以便改变北狄的风俗；把驩兜流放到崇山，以便改变南蛮的风俗；把三苗迁徙到三危山，以便改变西戎的风俗。把鲧流放到羽山，以便改变东夷的风俗：惩办了这四个罪人，天下人都悦服了。尧在位七十年得到舜，又过二十年因年老而告退，让舜代行天子政务，向上天推荐。尧让出帝位二十八年后逝世。百姓悲伤哀痛，如同死了生身父母一般。三年之内，四方各地没有人奏乐，为的是悼念帝尧。尧了解自己的儿子丹朱不贤，不配传给他天下，因此才姑且试着让给舜。让给舜，天下人就都得到利益而只对丹朱一人不利；传给丹朱，天下人就会遭殃而只有丹朱一人得到好处。尧说："我毕竟不能使天下人受害而只让一人得利"，所以最终还是把天下传给了舜。尧逝世后，三年服丧完毕，舜把帝位让给丹朱，自己躲到了南河的南岸。诸侯前来朝觐的不到丹朱那里去却到舜这里来，打官司的也不去找丹朱却来找舜，歌颂功德的，不去歌颂丹朱却来歌颂舜。舜说"这是天意呀"，然后才到了京都，登上天子之位，这就是舜帝。

虞舜，名叫重华。重华的父亲叫瞽叟，瞽叟的父亲叫桥牛，桥牛的父亲叫句望，句望的父亲叫敬康，敬康的父亲叫穷蝉。穷蝉的父亲是颛顼帝，颛顼的父亲是昌意：从昌意至舜是七代了。自从穷蝉为帝之后一直到舜帝，中间几代地位低微，都是平民。

舜的父亲瞽叟是个瞎子，舜的生母死后，瞽叟又续娶了一个妻子生下了象，象桀骜不驯。瞽叟喜欢后妻的儿子，常常想把舜杀掉，舜都躲过了；赶上有点小错儿，就会遭到重罚。舜很恭顺地侍奉父亲、后母及后母弟，一天比一天地忠诚谨慎，没有一点懈怠。

舜，是冀州人。舜在历山耕过田，在雷泽打过鱼，在黄河岸边做过陶器，在寿丘做过各种家用器物，在负夏跑过买卖。舜的父亲瞽叟愚昧，母亲顽固，弟弟象桀骜不驯，他们都想杀掉舜。舜却恭顺地行事，从不违背为子之道，友爱兄弟，孝顺父母。他们想杀掉他的时候，就找不到他；而有事要找他的时候，他又总是在身旁侍候着。

舜二十岁时，就因为孝顺出了名。三十岁时，尧帝问谁可以治理天下，四岳全都推荐虞舜，说这个人可以。于是尧把两个女儿嫁给了舜来观察他在家的德行，让九个儿子和他共处来观察他在外的为人。舜居住在妫水岸边，他在家里做事更加谨慎。尧的两个女儿不敢因为自己出身高贵就傲慢地对待舜的亲属，很讲究为妇之道。尧的九个儿子也更加笃诚忠厚。舜在历山耕作，历山人都能互相推让地界；在雷泽捕鱼，雷泽的人都能推让便于捕鱼的位置；在黄河岸边制作陶器，那里就完全没有次品了。一年的功夫，他住的地方就成为一个村落，二年就成为一个小城镇，三年就变成大都市了。见了这些，尧就赐给舜一套细葛布衣服，给他一张琴，为他建造仓库，还赐给他牛和羊。瞽叟仍然想杀他，让舜登高去用泥土修补谷仓，瞽叟却从下面放火焚烧。舜用两个斗笠保护着自己，像长了翅膀一样跳下来，逃开了，才得以不死。后来瞽叟又让舜挖井，舜挖井的时候，在侧壁凿出一条暗道通向外边。舜挖到深处，瞽叟和象一起往下倒土填埋水井，舜从旁边的暗道出去，又逃开了。瞽叟和象很高兴，以为舜已经死了。象说："最初出这个主意的是我。"象跟他的父母一起瓜分舜的财产，说："舜娶过来尧的两个女儿，还有尧赐给他的琴，我都要了。牛羊和谷仓都归父母吧。"象于是住在舜的屋里，弹着舜的琴。舜回来后去看望他。象非常惊愕，继而又摆出闷闷不乐的样子，说："我正在想念你呢，想得我好心闷啊！"舜说："是啊，你可真够兄弟呀！"舜还像以前一样侍奉父母，友爱兄弟，而且更加恭谨。这样，尧才试用舜去理顺五种伦理道德和参与百官的事，都干得很好。

从前高阳氏有富于才德的子孙八人，世人得到他们的好处，称之为八恺，意思就是八个和善的人。高辛氏有才德的子孙八人，世人称之为“八元”，意思就是八个善良的人。这十六个家族的人，世世代代保持着他们先人的美德，没有败落他们先人的名声。到尧的时候，尧没有举用他们。舜举用了八恺的后代，让他们掌管土地的官职，以处理各种事务，都办得有条有理。舜又举用了八元的后代，让他们向四方传布五教，使得做父亲的有道义，做母亲的慈爱，做兄长的友善，做弟弟的恭谨，做儿子的孝顺，家庭和睦，邻里真诚。

从前帝鸿氏有个不成材的后代，掩蔽仁义，包庇残贼，好行凶作恶，天下人称他为浑沌。意思是说他野蛮不开化。少皞氏也有个不成材的后代，毁弃信义，厌恶忠直，喜欢邪恶的言语，天下人称他为穷奇，意思是说他怪异无比。颛顼氏有个不成材的后代，不可调教，不懂得好话坏话，天下人称他为梼杌，意思是说他凶顽绝伦。这三族，世人都害怕。到尧的时候，尧没有把他们除掉。缙云氏有个不成材的后代，贪于饮食，图于财货，天下人称之为饕餮，意思是说他贪得无厌。天下人憎恨他，反他与上面说的三凶并列在一起称为四凶。舜在四门接待四方宾客时，流放了这四个凶恶的家族，把他们赶到了边远地区，去抵御害人的妖魔，从此开放了四门，大家都说没有恶人了。

铜卣

舜进入山林的时候，遇到暴风雷雨也不迷路误事，尧于是才知道了凭着舜的才能是可以把天下传授给他的。尧年纪大了，让舜代行天子之政，到四方去巡视。舜被举用掌管政事二十年，尧让他代行天子的政务。代行政务八年，尧逝世了。服丧三年完毕，舜让位给丹朱，可是天下人都来归服舜。禹、皋陶、契、后稷、伯夷、夔、龙、倕、益、彭祖，从尧的时候就都得到举用，却一直没有职务。于是舜就到文祖庙，与四岳商计，开放四门，了解沟通四方的情况，他让十二州牧讨论称帝应具备的功德，他们都说要办有大德的事，疏远巧言谄媚的小人，这样，远方的外族就都会归服。舜对四岳说：“有谁能奋发努力，建立功业，光大帝尧的事业，授给他官职辅佐我办事呢？”四岳都说：“伯禹为司空，可以光大帝尧的事业。”舜说：“嗯，好！禹，你去负责平治水土，一定要努力办好啊！”禹跪地叩头拜谢，谦让给稷、契和皋陶。舜说：“好了，去吧！”舜说：“弃，黎民正在挨饿受饥，你负责农业，去教他们播种百谷吧。”舜说：“契，百官不相亲爱，五伦不顺，你担任司徒，去谨慎地施行五伦教育，做好五伦教育，在于要宽厚。”舜又说：“皋陶，蛮夷侵扰中原，抢劫杀人，在我们的境内外作乱，你担任司法官，五刑要使用得当，根据罪行轻重，大罪在原野上执行，次罪在市、朝内执行，同族人犯罪送交甸师氏处理；五刑宽减为流放的，流放的远近要有个规定，按罪行轻重分别流放到四境之外、九州之外和国都之外。只有公正严明，才能使人信服。”舜问：“那么谁能管理我的各种工匠？”大家都说垂可以。于是任命垂为共工，统领各种工匠。舜又问：“谁能管理我山上泽中的草木鸟兽？”大家都说益行。于是任命益为朕虞，主管山泽。益下拜叩头，推让给朱虎、熊罴。舜说：“去吧，你行。”就让朱虎、熊罴做他的助手。舜说：“喂，四岳，有谁能替我主持天事、地事、人事三种祭祀？”大家都说伯夷可以。舜说：“喂，伯夷，我任命你担秩宗，主管祭祀，要早晚虔敬，要正直，要肃穆清洁。”伯夷推让给夔、龙，舜说：“那好，就任命夔为典乐，掌管音乐，教育贵族子弟，要正直而温和，宽厚而严厉，刚正却不暴虐，简捷却不傲慢；诗是表达内心情感的，歌是用延长音节来咏唱诗的，乐声的高低要与歌的内容相配合，还要用标准的音律来使乐声和谐。八种乐器的声音谐调一致，不要互相错乱侵扰，这样，就能通过音乐达到人与神相和的境界啦。”夔说：“嗨，我轻重有节地敲起石磬，各种禽兽都会跟着跳起舞来的。”舜说：“龙，我非常憎恶那种诬陷他人的坏话和灭绝道义的行为，惊扰我的臣民，我任命你为纲言官，早晚传达我的旨命，报告下情，一定要诚实。”舜说：“喂，你们二十二个人，要谨守职责，时时辅佐我做好上天交付的治国大事。”此后，每三年考核一次功绩，经过三次考核，按照成绩升迁或贬黜，所以，不论远处近处，各种事情都振兴起来了。又根据是否归顺，分解了三苗部族。

这二十二人个个成就功业：皋陶担任大理，掌管刑法，断案平正，人们都佩服他能按情据实断理；伯夷主持礼仪，上上下下能都够礼让；垂担任工师，主管百工，百工都能做好自己的工作；益担任虞，主管山泽，山林湖泽都得到开发；弃担任稷，主管农业，百谷按季节茂盛成长；契担任司徒，主管教化，百官都亲善和睦；龙主管接待宾客，远方的诸侯都来朝贡；舜所置十二州牧做事，禹所定九州内的民众没有谁违抗。其中禹的功劳最大，开通了九座大山，治理了九处湖泽，疏浚了九条河流，辟定了九州方界，各地都按照应缴纳的贡物前来进贡，没有不恰当的。纵横五千里的领域，都受到安抚，直到离京师最远的边荒地区。那时，南方安抚到交阯、北发，西方安抚到戎、析枝、渠廋、氐、羌，北方安抚到山戎、发、息慎，东方安抚到长、鸟夷，四海之内，共同称颂帝舜的功德。于是禹创制《九招》乐曲歌颂舜的功德，招来了祥瑞之物，凤凰也飞来，随乐声盘旋起舞。天下清明的德政都从虞舜帝开始。

舜二十岁时因为孝顺而闻名，三十岁时被尧举用，五十岁时代理天子政务，五十八岁时尧逝世，六十一岁时接替尧登临天子之位。登位三十九年，到南方巡视，在南方苍梧的郊野逝世。埋葬在长江南岸的九嶷山，这就是零陵。舜登临帝位之后，乘着有天子旗帜的车子去给父亲瞽叟请安，和悦恭敬，遵循为子之孝道。又把弟弟象封在有鼻为诸侯。舜的儿子商均不成材，舜就事先把禹推荐给上帝。十七年后舜逝世。服丧三年完毕，禹也把帝位让给舜的儿子，就跟舜让给尧的儿子时的情形一样。诸侯归服禹，这样，禹就登临了天子之位。尧的儿子丹朱，舜的儿子商均分别在唐和虞得到封地，来奉祀祖先。禹还让他们穿自己家族的服饰，用自己家族的礼乐仪式。他们以客人的身份拜见天子，天子也不把他们当臣下对待，以表示不敢专擅帝位。

从黄帝到舜、禹，都是同姓，但立了不同的国号，为的是彰明各自光明的德业。所以，黄帝号为有熊，帝颛顼号为高阳，帝喾号为高辛，帝尧号为陶唐，帝舜号为有虞。帝禹号为夏后，而另分出氏，姓姒氏。契为商始祖，姓子氏。弃为周始祖，姓姬氏。

太史公说：学者们很多人都称述五帝，五帝的年代已经很久远了。《尚书》只记载着尧以来的史实；而各家叙说黄帝，文字粗疏而不典范，士大夫们也很难说得清楚。孔子传下来的《宰予问五帝德》及《帝系姓》，读书人有的也不传习。我曾经往西到过空桐，往北路过涿鹿，往东到过大海，往南渡过长江、淮水，所到过的地方，那里的老前辈们都往往谈到他们各自所听说的黄帝、尧、舜的事迹，风俗教化都有不同，总起来说，我认为那些与古文经籍记载相符的说法，接近正确。我研读了《春秋》《国语》，它们对《五帝德》《帝系姓》的阐发都很明了，只是人们不曾深入考求，其实它们的记述都不是虚妄之说。《尚书》残缺已经有好长时间了，但散轶的记载却常常可以从其他书中找到。如果不是好学深思，真正在心里领会了它们的意思，想要向那些学识浅薄，见闻不广的人说明白，肯定是困难的。我把这些材料加以评议编次，选择了那些言辞特别雅正的，著录下来，写成这篇本纪，列于全书的开头。

夏本纪

【题解】

夏本是一个古老的部落，相传是由包括夏在内的十多个部落联合发展而来的，与古代其他部落交错分布于中国境内。到唐尧、虞舜时期，夏族的首领禹因治水有功，取得了帝位，并传给其子启，从而建立了我国历史上第一个奴隶制王朝。夏王朝约存在于公元前二十一世纪至公元前十六世纪。

《夏本纪》根据《尚书》及有关历史传说，系统地叙述了由夏禹到夏桀约四百年间的历史，向人们展示了由原始部落联盟向奴隶制社会过渡时期的政治、经济、军事、文化及人民生活等方面的概貌，尤其突出地描写了夏禹这样一个功绩卓著的远古部落首领和帝王的形象。

【原文】

夏禹，名曰文命。禹之父曰鲧，鲧之父曰帝颛顼，颛顼之父曰昌意，昌意之父曰黄帝。禹者，黄帝之玄孙而帝颛顼之孙也。禹之曾大父昌意及父鲧皆不得在帝位，为人臣。

当帝尧之时，洪水滔天，浩浩怀山襄陵，下民其忧。尧求能治水者，群臣四岳皆曰鲧可。尧曰："鲧为人负命毁族，不可。"四岳曰："等之未有贤于鲧者，愿帝试之。"于是尧听四岳，用鲧治水。九年而水不息，功用不成。于是帝尧乃求人，更得舜。舜登用，摄行天子之政，巡狩。行视鲧之治水无状，乃殛鲧于羽山以死。天下皆以舜之诛为是。于是舜举鲧子禹，而使续鲧之业。

尧崩，帝舜问四岳曰："有能成美尧之事者使居官？"皆曰："伯禹为司空，可成美尧之功。"舜曰："嗟，然！"命禹："女平水土，维是勉之。"禹拜稽首，让于契、后稷、皋陶。舜曰："女其往视尔事矣。"

禹为人敏给克勤；其德不违，其仁可亲，其言可信；声为律，身为度，称以出；亹亹穆穆，为纲为纪。

禹乃遂与益、后稷奉帝命，命诸侯百姓兴人徒以傅土，行山表木，定高山大川。禹伤先人父鲧功之不成受诛，乃劳身焦思，居外十三年，过家门不敢入。薄衣食，致孝于鬼神。卑宫室，致费于沟淢。陆行乘车，水行乘船，泥行乘橇，山行乘檋。左准绳，右规矩，载四时，以开九州，通九道，陂九泽，度九山。令益予众庶稻，可种卑湿。命后稷予众庶难得之食。食少，调有余相给，以均诸侯。禹乃行相地宜所有以贡，及山川之便利。

禹行自冀州始。冀州：既载壶口，治梁及岐。既修太原，至于岳阳。覃怀致功，至于衡漳。其土白壤，赋上上错，田中中。常、卫既从，大陆既为。鸟夷皮服。夹右碣石，入于海。

济、河维沇州：九河既道，雷夏既泽，雍、沮会同，桑土既蚕，于是民得下丘居土。其土黑坟，草繇木条。田中下，赋贞，作十有三年乃同。其贡漆丝，其篚织文。浮于济、漯，通于河。

海岱维青州：堣夷既略，潍、淄其道。其土白坟，海滨广潟，厥田斥卤。田上下，赋中上。厥贡盐絺，海物维错，岱畎丝、枲、铅、松、怪石，莱夷为牧，其篚酓丝。浮于汶，通于济。

海岱及淮维徐州：淮、沂其治，蒙、羽其蓺。大野既都，东原底平。其土赤埴坟，草木渐包。其田上中，赋中中。贡维土五色，羽畎夏狄，峄阳孤桐，泗滨浮磬，淮夷玭珠暨鱼，其篚玄纤、缟。浮于淮、泗，通于河。

淮海维扬州：彭蠡既都，阳鸟所居。三江既入，震泽致定。竹箭既布。其草惟夭，其木惟乔，其土涂泥。田下下，赋下上上杂。贡金三品，瑶、琨、竹箭，齿、革、羽、旄，岛夷卉服，其篚织贝，其包橘、柚锡贡。均江、海，通淮、泗。

荆及衡阳维荆州：江、汉朝宗于海。九江甚中，沱、涔已道，云梦土为治。其土涂泥。田下中，赋上下。贡：羽、旄、齿、革，金三品，杶、干、栝、柏，砺、砥、砮、丹，维箘簬、楛，三国致贡，其名包匭菁茅，其篚玄纁玑组，九江入赐大龟。浮于江、沱、涔、汉，逾于洛，至于南河。

荆河惟豫州：伊、洛、瀍、涧既入于河，荥播既都，道荷泽，被明都。其土壤，下土坟垆。田中上，赋杂上中。贡：漆、丝、絺、纻，其篚纤絮，锡贡磬错。浮于洛，达于河。

夏禹王

华阳黑水惟梁州：汶、嶓既蓺，沱、涔既道，蔡、蒙旅平，和夷底绩。其土青骊。田下上，赋下中三错。贡璆、铁、银、镂、砮、磬，熊、罴、狐、狸织皮。西倾因桓是来。浮于潜，逾于沔，入于渭，乱于河。

黑水西河惟雍州：弱水既西，泾属渭汭。漆、沮既从，沣水所同。荆、岐已旅，终南、敦物至于鸟鼠。原隰底绩，至于都野。三危既度，三苗大序。其土黄壤。田上上，赋中下。贡璆、琳、琅玕。浮于积石，至于龙门西河，会于渭汭。织皮，昆仑、析支、渠搜，西戎即序。

道九山：汧及岐至于荆山，逾于河；壶口、雷首至于太岳；砥柱、析城至于王屋；太行、常山至于碣石，入于海。西倾、朱圉、鸟鼠至于太华；熊耳、外方、桐柏至于负尾。道嶓冢，至于荆山；内方至于大别。汶山之阳至衡山，过九江，至于敷浅原。

道九川：弱水至于合黎，余波入于流沙。道黑水，至于三危，入于南海。道河积石，至于龙门，南至华阴，东至砥柱，又东至于盟津，东过洛汭，至于大邳，北过降水，至于大陆，北播为九河，同为逆河，入于海。嶓冢道瀁，东流为汉，又东为苍浪之水，过三澨，入于大别，南入于江，东汇泽为彭蠡，东为北江，入于海。汶山道江，东别为沱，又东至于醴，过九江，至于东陵，东池北会于汇，东为中江，入于海。道沇水，东为济，入于河，泆为荥，东出陶丘北，又东至于荷，又东北会于汶，又东北入于海。道淮自桐柏,东会于泗、沂,东入于海。道渭自鸟鼠同穴,东会于沣,又东北至于泾,东过漆、沮,入于河。道洛自熊耳,东北会于涧、瀍,又东会于伊,东北入于河。

于是九州攸同,四奥既居,九山刊旅,九川涤原,九泽既陂,四海会同。六府甚修,众土交正,致慎财赋,咸则三壤,成赋中国。赐土姓:“祗台德先,不距朕行。”

令天子之国以外五百里甸服:百里赋纳总,二百里纳铚,三百里纳秸服,四百里粟,五百里米。甸服外五百里侯服:百里采,二百里任国,三百里诸侯。侯服外五百里绥服:三百里揆文教,二百里奋武卫。绥服外五百里要服:三百里夷,二百里蔡。要服外五百里荒服:三百里蛮,二百里流。

东渐于海,西被于流沙,朔、南暨:声教讫于四海。于是帝锡禹玄圭,以告成功于天下。天下于是太平治。

皋陶作士以理民。帝舜朝,禹、伯夷、皋陶相与语帝前。皋陶述其谋曰:“信其道德,谋明辅和。”禹曰:“然,如何?”皋陶曰:“於!慎其身修,思长,敦序九族,众明高翼,近可远在已。”禹拜美言,曰:“然。”皋陶曰:“於!在知人,在安民。”禹曰:“吁!皆若是,惟帝其难之。知人则智,能官人;能安民则惠,黎民怀之。能之能惠,何忧乎驩儿,何迁乎有苗,何畏乎巧言善色佞人?”皋陶曰:“然,於!亦行有九德,亦言,其有德汤接着就。”乃言曰:“始事事,宽而栗,柔而立,愿而共,治而敬,扰而毅,直而温,简而廉,刚而实,强而义,章其有常,吉哉。日宣三德,早夜翊明有家。日严振敬六德,亮采有国。翕受普施,九德咸事,俊乂在官,百吏肃谨。毋教邪淫奇谋。非其人居其官,是谓乱天事。天讨有罪,五刑五用哉。吾言厎可行乎?”禹曰:“女言致可绩行。”皋陶曰:“余未有知,思赞道哉。”

帝舜谓禹曰:“女亦昌言。”禹拜曰:“於,予何言!予思日孳孳。”皋陶难禹曰:“何谓孳孳?”禹曰:“洪水滔天,浩浩怀山襄陵,下民皆服于水。予陆行乘车,水行乘舟,泥行乘橇,山行乘檋,行山刊木。与益予众庶稻鲜食。以决九川致四海,浚畎浍致之川。与稷予众庶难得之食。食少,调有余补不足,徙居。众民乃定,万国为治。”皋陶曰:“然,此而美也。”

禹曰:“於,帝!慎乃在位,安尔止。辅德,天下大应。清意以昭待上帝命,天其重命用休。”帝曰:“吁!臣哉!臣哉!臣作朕股肱耳目。予欲左右有民,女辅之。余欲观古人之象,日月星辰,作文绣服色,女明之。予欲闻六律五声八音,来始滑,以出入五言,女听。予即辟,女匡拂予。女无面谀,退而谤予。敬四辅臣。诸众谗嬖臣,君德诚施皆清矣。”禹曰:“然。帝即不时,布同善恶则毋功。”

帝曰:“毋若丹朱傲,维慢游是好,毋水行舟,朋淫于家,用绝其世。予不能顺是。”禹曰:“予娶涂山,辛壬癸甲,生启予不子,以故能成水土功。辅成五服,至于五千里,州十二师,外薄四海,咸建五长,各道有功。苗顽不即功,帝其念哉。”帝曰:“道吾德,乃女功序之也。”

皋陶于是敬禹之德,令民皆则禹。不如言,刑从之。舜德大明。

于是夔行乐,祖考至,群后相让,鸟兽翔舞,《箫韶》九成,凤皇来仪,百兽率舞,百官信谐。帝用此作歌,曰:“陟天之命,维时维几。”乃歌曰:“股肱喜哉,元首起哉,百工熙哉!”皋陶拜手稽首扬言曰:“念哉,率为兴事,慎乃宪,敬哉!”乃更为歌曰:“元首明哉,股肱良哉,万事康哉!”又歌曰:“元首丛脞哉,股肱惰哉,万事堕哉!”帝拜曰:“然,往钦哉!”于是天下皆宗禹之明度数声乐,为山川神主。

帝舜荐禹于天,为嗣。十七年而帝舜崩。三年丧毕,禹辞辟舜之子商均于阳城。天下诸侯皆去商均而朝禹。禹于是遂即天子位,南面朝天下,国号曰夏后,姓姒氏。

帝禹立而举皋陶荐之,且授政焉,而皋陶卒。封皋陶之后于英、六,或在许。而后举益,任之政。

十年,帝禹东巡狩,至于会稽而崩。以天下授益。三年之丧毕,益让帝禹之子启,而辟居箕山之阳。禹子启贤,天下属意焉。及禹崩,虽授益,益之佐禹日浅,天下未洽。故诸侯皆去益而朝启,曰"吾君帝禹之子也"。于是启遂即天子之位,是为夏后帝启。

夏后帝启,禹之子,其母涂山氏之女也。

有扈氏不服,启伐之,大战于甘。将战,作《甘誓》。乃召六卿申之。启曰:"嗟!六事之人,予誓告女:有扈氏威侮五行,怠弃三正,天用剿绝其命。今予维共行天之罚。左不攻于左,右不攻于右,女不共命。御非其马之政,女不共命。用命,赏于祖;不用命,僇于社,予则帑僇女。"遂灭有扈氏。天下咸朝。

夏后帝启崩,子帝太康立。帝太康失国,昆弟五人须于洛汭,作《五子之歌》。

太康崩,弟中康立,是为帝中康。帝中康时,羲和湎淫,废时乱日。胤往征之,作《胤征》。

中康崩,子帝相立。帝相崩,子帝少康立。帝少康崩,子帝予立。帝予崩,子帝槐立。帝槐崩,子帝芒立。帝芒崩,子帝泄立。帝泄崩,子帝不降立。帝不降崩,弟帝扃立。帝扃崩,子帝廑立。帝廑崩,立帝不降之子孔甲,是为帝孔甲。

帝孔甲立,好方鬼神,事淫乱,夏后氏德衰,诸侯畔之。天降龙二,有雌雄,孔甲不能食,未得豢龙氏。陶唐既衰,其后有刘累,学扰龙于豢龙氏,以事孔甲。孔甲赐之姓曰御龙氏,受豕韦之后。龙一雌死,以食夏后。夏后使求,惧而迁去。

孔甲崩,子帝皋立。帝皋崩,子帝发立。帝发崩,子帝履癸立,是为桀。

帝桀之时,自孔甲以来而诸侯多畔夏,桀不务德而武伤百姓,百姓弗堪。乃召汤而囚之夏台,已而释之。汤修德,诸侯皆归汤,汤遂率兵以伐夏桀。桀走鸣条,遂放而死。桀谓人曰:"吾悔不遂杀汤于夏台,使至此。"汤乃践天子位,代夏朝天下。汤封夏之后,至周封于杞也。

太史公曰:禹为姒姓,其后分封,用国为姓,故有夏后氏、有扈氏、有男氏、斟寻氏、彤城氏、褒氏、费氏、杞氏、缯氏、辛氏、冥氏、斟氏、戈氏。孔子正夏时,学者多传《夏小正》云。自虞、夏时,贡赋备矣。或言禹会诸侯江南,计功而崩,因葬焉,名曰会稽。会稽者,会计也。

【译文】

夏禹,名叫文命。禹的父亲是鲧,鲧的父亲是颛项帝,颛项的父亲是昌意,昌意的父亲是黄帝。禹,是黄帝的玄孙,颛项帝的孙子。禹的曾祖父昌意和父亲鲧都没有登临帝位,而是给天子做大臣。

当尧帝在位的时候,洪水滔天,浩浩荡荡,包围了高山,漫上了丘陵,下民都为此非常忧愁。尧寻找能治理洪水的人,四岳群臣都说鲧可以。尧说:"鲧这个人违背天命,毁败同族,用不得。"四岳都说:"比较起来,众大臣还没有谁比他更强,希望您让他试试。"于是尧听从了四岳的建议,任用鲧治理洪水。九年时间过去,洪水仍然泛滥不息,治水没有取得成效。这时尧帝寻找继承帝位的人，又得到了舜。舜被举用，代行天子的政务，到四方巡视。舜在巡视途中，看到鲧治理洪水干得不成样子，就把他流放到羽山，结果鲧就死在那里。天下人都认为舜对鲧的惩罚是正确的。舜又举用了鲧的儿子禹，让他 来继续他父亲鲧治水的事业。

尧逝世以后，舜帝问四岳说："有谁能光大尧帝的事业，让他担任官职呢？"大家都说："伯禹当司空，可以光大尧帝的事业。"舜说："嗯，好！"然后命令禹说："你去平治水土，要努力办好啊！"禹叩头拜谢，谦让给契、后稷、皋陶。舜说："你还是快去办理你的公事吧！"

禹为人聪敏机智，能吃苦耐劳，他遵守道德，仁爱可亲，言语可信。他的声音就是标准的音律，他的身躯就是标准的尺度，凭着他的声音和躯体就可以校正音律的高低和尺度的长短。他勤勤恳恳，庄重严肃，堪称是百官的典范。

禹接受了舜帝的命令，与益、后稷一起到任，命令诸侯百官发动那些被罚服劳役的罪人分治九州土地。他一路上穿山越岭，树立木桩作为标志，测定高山大川的状貌。禹为父亲鲧因治水无功而受罚感到难过，就不顾劳累，苦苦的思索，在外面生活了十三年，几次从家门前路过都没敢进去。他节衣缩食，尽力孝敬鬼神。居室简陋，把资财用于治理河川。他在地上行走乘车，在水中行走乘船，在泥沼中行走就乘木橇，在山路上路上行走就穿上带铁齿的鞋。他左手拿着准和绳，右手拿着规和矩，还装载着测四时定方向的仪器，开发九州土地，疏导九条河道，修治九个大湖，测量九座大山。他让益给民众分发稻种，可以种植在低洼潮湿的土地上。又让后稷赈济吃粮艰难的民众。粮食匮乏时，就让一些地区把余粮调济给缺粮地区，以便使各诸侯国都能有粮食吃。禹一边行进，一边考察各地的物产情况，规定了应该向天子交纳的贡赋，并考察了各地的山川地形，以便弄清诸侯朝贡时交通是否方便。

禹治水及考察是从帝都冀州开始的。在冀州先完成了壶口的工程，又治理梁山及其支脉。治理好太原地区，一直到太岳山之南。修治好覃怀之后，又继续修治了衡水和漳水。冀州的土质色白而松软，这里的赋税属上上，即第一等，有时也杂有第二等，田地属于中中，即第五等。常水、卫水疏通了，大陆泽也修治完毕。东北鸟夷部族的贡品是皮衣。其进贡路线是绕道碣石山向西，进入黄河。

济水和黄河之间是兖州：这个地区的九条河都已疏通，雷夏蓄积成了一个大湖。雍水和沮水汇合流入泽中，土地上种了桑，养了蚕，于是民众都能从山上搬下来定居在平地上。沇州的土质发黑而且肥美，草长得茂盛，树木高大。这里田地属中下，即第六等，赋税属下下，即第九等，经过十三年的整治之后，才能和其他各州相同。这一地区进贡的物品是漆、丝，还有用竹筐盛着的有花纹的锦绣。进贡时走水路，由济水进入漯水，然后进入黄河。

大海到泰山之间是青州：在这个地区堣夷平治之后，淮水、淄水也得到了疏通。这里的土质色白而且肥美，海滨一带宽广含碱，田地多是盐碱地。田地属上下，即第三等，赋税属中上，即第四等。进贡的物品是盐和细葛布，有时也进贡一些海产品，还有泰山谷地生产的丝、大麻、锡、松木、奇异的石头，莱夷地区可以放牧，所以，那里进贡畜牧产品，还有用筐盛着用来作琴弦的柞蚕丝。进贡时，走水路，由汶水转入济水。

大海、泰山到淮水之间是徐州：在这个地区治理了淮水、沂水，蒙山、羽山一带也可以种植作物了。大野成了一个蓄水湖，东原的水也都退去。这里的土质呈红色，有粘性而且肥美,草木丛生,渐渐繁茂。田地属上中,即第二等,赋税属中中,即第五等。进贡的物品是供天子筑坛祭天用的五色土,羽山谷中的野鸡,峄山南面生产的可用以制琴瑟的孤生桐,泗水之滨浮石制的石磬,淮夷的珍珠和鱼类,还有用竹筐盛着的纤细洁净的黑白丝绸。进贡时,走水路通过淮水、泗水,然后转入黄河。淮河与大海之间是扬州:彭蠡汇成了湖泊,成了鸿雁南归时的栖息之地。松江、钱塘江、浦阳江在那里入海,震泽地区也获得安定了。竹林密布,野草繁茂,树木高大。这里的土质湿润。田地属下下,即第九等,赋税居下上,即第七等,有时可居第六等。进贡的物品是三色铜,瑶、琨等美玉和宝石,以及竹箭,还有象牙、皮革、羽毛、旄牛尾和岛夷人穿的花草编结的服饰,以及用竹筐盛着的有贝形花纺的锦缎,有进根据朝廷的命令进贡包好的橘子、柚子。这些贡品都经由大海、长江进入淮河、泗水。

荆山到衡山的南面是荆州:这个地区有长江、汉水注入大海。长江的众多支流大都有了固定的河道,沱水、涔水业已疏导,云泽、梦泽也治理好了。这里的土质湿润,田地属下中,即第八等,赋税居上下,即第三等。进贡的物品是羽毛、旄牛尾、象牙、皮革、三色铜,以及椿木、柘木、桧木、柏木,还有粗细磨石,可做箭头的砮石、丹砂,特别是可做箭杆的竹子箘簵和楛木是汉水附近三个诸侯国进贡的最有名的特产,还有包裹着和装在匣子里的供祭祀时滤酒用的青茅,用竹筐盛着的彩色布帛,以及穿珠子用的丝带。有时根据命令进贡九江出产的大龟。进贡时,经由长江、沱水、涔水、汉水,转行一段陆路再进入洛水,然后转入南河。

荆州和黄河之间是豫州:伊水、洛水、瀍水、涧水都已疏通注入黄河,荥播也汇成了一个湖泊,还疏浚了荷泽,修筑了明都泽的堤防。这里的土质松软肥沃,低地则是肥沃坚实的黑土。田地属中上,即第四等,赋税居上中,即第二等,有时居第一等。进贡漆、丝、细葛布、麻,以及用竹筐盛着的细丝絮,有时按命令进贡治玉磬用的石头,进贡时走水路,经洛水进入黄河。

华山南麓到黑水之间是梁州:汶(岷)山、嶓冢山都可以耕种了,沱水、涔水也已经疏通,蔡山、蒙山的道路已经修好,在和夷地区治水也取得了成效。这里的土质是青黑色的,田地属下上,即第七等,赋税居下中,即第八等,有时也居第七等或第九等。贡品有美玉、铁、银、可以刻镂的硬铁、可以做箭头的砮石、可以制磬的磐石,以及熊、罴、狐狸。织皮族的贡品由西戎西倾山经桓水运出,再从潜水船运,进入沔水,然后走一段山路进入渭水,最后横渡黄河到达京城。

黑水与黄河西岸之间是雍州:弱水经治理已向西流去,泾水汇入了渭水。漆水、沮水跟着也汇入渭水,还有沣水同样汇入渭水。荆山、岐山的道路业已开通,终南山、敦物山一直到鸟鼠山的道路也已竣工。高原和低谷的治理工程都取得了成绩,一直治理到都野泽一带。三危山地区可以居住了,三苗族也大为顺服。这里的土质色黄而且松软肥沃,田地属上上,即第一等,赋税居中下,即第六等。贡品是美玉和美石。进贡时从积石山下走水路,顺流到达龙门山间的西河,会集到渭水湾里。织皮族居住在昆仑山、枝支山、渠搜山等地,那时西戎各国也归服了。

禹开通了九条山脉的道路:一条从汧山和岐山开始一直开到荆山,越过黄河;一条从壶口山、雷首山一直开到太岳山;一条从砥柱山、析城山一直开到王屋山;一条从太行山、常山一直开到碣石山,进入海中与水路接通;一条从西倾山、朱圉山,鸟鼠山一直开到太华山；一条从熊耳山、外方山、桐柏山一直开到负尾山；一条从嶓冢山一直开到荆山；一条从内方山一直开到大别山；一条从汶山的南面开到衡山，越过九江，最后到达敷浅原山。

禹疏导了九条大河：把弱水疏导至合黎，使弱水的下游注入流沙（沙漠）。疏导了黑水，经过三危山，流入南海（青海）。疏导黄河，从积石山开始，到龙门山，向南到华阴，然后东折经过砥柱山，继续向东到孟津，再向东经过洛水入河口，直到大邳；转而向北经过降水，到大陆泽，再向北分为九条河，这九条河到下游又汇合为一条，叫作逆河，最后流入大海。从嶓冢山开始疏导漾水，向东流就是汉水，再向东流就是苍浪水，经过三澨水，到大别山，南折注入长江，再向东与彭蠡泽之水会合，继续向东就是北江，流入大海。从汶山开始疏导长江，向东分出支流就是沱水，再往东到达醴水，经过九江，到达东陵，向东斜行北流，与彭蠡泽之水会合，继续向东就是中江，最后流入大海。疏导沇水，向东流就是济水，注入黄河，两水相遇，溢为荥泽，向东经过陶丘北面，继续向东到达菏泽，向东北与汶水会合，再向北流入大海。从桐柏山开始疏导淮水，向东与泗水、沂水会合，再向东流入大海。疏导渭水，从鸟鼠同穴山开始，往东与沣水会合，又向东与泾水会合，再往东经过漆水、沮水，流入黄河。疏导洛水，从熊耳山开始，向东北与涧水、瀍水会合，又向东与伊水会合，再向东北流入黄河。

所有的山川河流都治理好了，从此九州统一，四境之内都可以居住了，九条山脉开出了道路，九条大河疏通了水源，九个大湖筑起了堤防，四海之内的诸侯都可以来京城会盟和朝觐了。金、木、水、火、土、谷六库的物资治理得很好，各方的土地美恶高下都评定出等级，能按照规定认真进贡纳税，赋税的等级都是根据三种不同的土壤等级来确定。还在华夏境内九州之中分封诸侯，赐给土地，赐给姓氏，并说：“要恭敬地把德行放在第一位，不要违背我天子的各种措施。”

禹下令规定天子国都以外五百里的地区为甸服，即为天子服田役纳谷税的地区：紧靠王城百里以内要交纳收割的整棵庄稼，一百里以外到二百里以内要交纳禾穗，二百里以外到三百里以内要交纳谷粒，三百里以外到四百里以内要交纳粗米，四百里以外到五百里以内要交纳精米。甸服以外五百里的地区为侯服，即为天子侦察顺逆和服侍王命的地区：靠近甸服一百里以内是卿大夫的采邑，往外二百里以内为小的封国，再往处二（原文作“三”）百里以内为诸侯的封地。侯服以外五百里的地区为绥服，即受天子安抚，推行教化的地区：靠近侯服三百里以内视情况来推行礼乐法度、文章教化，往外二百里以内要振兴武威，保卫天子。绥服以外五百里的地区为要服，即受天子约束服从天子的地区：靠近绥服三百里以内要遵守教化，和平相处；往外二百里以内要遵守王法。要服以外五百里的地区为荒服，即为天子守卫远边的荒远地区：靠近要服三百里以内荒凉落后、那里的人来去不受限制；再往外二百里以内可以随意居处，不受约束。

这样，东临大海，西至沙漠，从北方到南方，天子的声威教化达到了四方荒远的边陲。于是舜帝为表彰禹治水有功而赐给他一块代表水色的黑色圭玉，向天下宣告治水成功。天下从此太平安定。

皋陶担任执法的士这一官职，治理民众。舜帝上朝，禹、伯夷、皋陶一块儿在舜帝面前谈话。皋陶申述他的意见说：“遵循道德确定不移，就能做到谋略高明，臣下团结。”禹说：“很对，但应该怎样做呢？”皋陶说：“哦，要谨慎对待自身修养，要有长远打算，使上至高祖下至玄孙的同族人亲厚稳定，这样，众多有见识的人就都会努力辅佐你，由近处可以推及至远处，一定要从自身做起。”禹拜谢皋陶的善言，说：“对。”皋陶说：“哦，还有成就德业就在于能够了解人，能够安抚民众。”禹说：“呵！都象这样，即使是尧帝恐怕也会感到困难的。能了解人就是明智，就能恰当地给人安排官职；能安抚民众就是仁惠，黎民百姓都会爱戴你。如果既能了解人，又能仁惠，还忧虑什么驩兜，何必流放有苗，何必害怕花言巧语伪善谄媚的小人呢？”皋陶说：“对，是这样。检查一个人的行为要根据九种品德，检查一个人的言论，也要看他是否有好的品德。”他接着说道：“开始先从办事来检验，宽厚而又威严，温和而又坚定，诚实而又恭敬，有才能而又小心谨慎，善良而又刚毅，正直而又和气，平易而又有棱角，果断而又讲求实效，强有力而又讲道理，要重用那些具有九德的善士呀！能每日宣明三种品德，早晚谨行努力，卿大夫就能保有他的采邑。每日严肃地恭敬实行六种品德，认真辅佐王事，诸侯就可以保有他的封国。能全部具备这九种品德并普遍施行，就可以使有才德的人都居官任职，使所有的官吏都严肃认真办理自己的政务。不要叫人们胡作非为，胡思乱想。如果让不适当的人居于官位，就叫作扰乱上天所命的大事。上天惩罚有罪的人，用五种刑罚处治犯有五种罪行的罪人。我讲的大抵可以行得通吧？”禹说：“如果按你的话行事，一定会做出成绩的。”皋陶说：“我才智浅薄，只是希望有助于推行治天下之道。”

舜帝对禹说：“你也说说你的好意见吧。”禹谦恭地行了拜礼，说：“哦，我说什么呢？我只想每天勤恳努力的办事。”皋陶追问道：“怎样才叫勤恳努力？”禹说：“洪水滔天，浩浩荡荡，包围了高山，漫上了丘陵，下民都遭受着洪水的威胁。我在陆地上行走乘车，在水中行走乘船，在泥沼中行走乘木橇，在山路上行走就穿上带铁齿的鞋，翻山越岭，树立木桩，在山上作了标志。我和益一块，给黎民百姓稻粮和新鲜的肉食。疏导九条河道引入大海，又疏浚田间沟渠引入河道。和稷一起赈济吃粮困难的民众。粮食匮乏时，从粮食较多的地区调济给粮食欠缺的地区，或者叫百姓迁到有粮食的地区居住。民众安定下来了，各诸侯国也都治理好了。”皋陶说：“是啊，这些是你的巨大业绩。”

禹说：“啊，帝！谨慎对待您的在位之臣，稳稳当当处理您的政务。辅佐的大臣有德行，天下人都会响应拥护您。您用清静之心奉行上帝的命令，上天会经常把美好的符瑞降临给您。”舜帝说：“啊，大臣呀，大臣呀！大臣是我的臂膀和耳目。我想帮助天下民众，你们要辅助我。我想要效法古人衣服上的图像，按照日月星辰的天象制作锦绣服装，你们要明确各种服装的等级。我想通过各地音乐的雅正与淫邪等来考察那里考察那里政教的情况，以便取舍各方的意见，你们要仔细地辨听。我的言行如有不正当的地方，你们要纠正我。你们不要当面奉承，回去之后却又指责我。我敬重前后左右辅佐大臣。至于那些搬弄是非的佞臣，只要君主的德政真正施行，他们就会被清除了。”禹说：“对。您如果不这样，好人坏人混而不分，那就不会成就大事。”

舜帝说：“你们不要学丹朱那样桀骜骄横，只喜欢怠惰放荡，在无水的陆地上行船，聚众在家里干淫乱之事，以致不能继承帝位。对这种人我 决不听之任之。”禹说：“我娶涂山氏的女儿时，新婚四天就离家赴职，生下启我也未曾抚育过，因引才能使平治水土的工作取得成功。我帮助帝王设置了五服，范围达到五千里，每州用了三万劳力，一直开辟到四方荒远的边境，在每五个诸侯国中设立一个首领，他们各尽职守，都有功绩，只有三苗凶顽，没有功绩，希望帝王您记着这件事。”舜帝说：“用我的德教来开导，那么凭你的工作就会使他们归顺的！”

皋陶此时敬重禹的功德，命令天下都学习禹的榜样。对于不听从命令的，就施以刑法。因此，舜的德教得到了大发扬。

这时，夔担任乐师，谱定乐曲，祖先亡灵降临欣赏，各诸侯国君相互礼让，鸟兽在宫殿周围飞翔、起舞，《箫韶》奏完九通，凤凰被召来了。群兽都舞起来，百官忠诚和谐。舜帝于是歌唱道："奉行天命，施行德政，顺应天时，谨微慎行。"又唱道："股肱大臣喜尽忠啊，天子治国要有功啊，百官事业也兴盛啊！"皋陶跪拜，先低头至手，又叩头至地，然后高声说道："您可记住啊，要带头努力尽职，谨慎对待您的法度，认真办好各种事务！"于是也接着唱道："天子英明有方啊，股肱大臣都贤良啊，天下万事都兴旺啊！"又唱道："天子胸中无大略啊，股肱大臣就懈怠啊，天下万事都败坏啊！"舜帝拜答说："对！以后我们都要努力办好各自的事务！"这时候天下都推崇禹精于尺度和音乐，尊奉他为山川的神主，意思就是能代山川之神施行号令的帝王。

舜帝把禹推荐给上天，让他作为帝位的继承人。十七年之后，舜帝逝世。服丧三年完毕，禹为了把帝位让给舜的儿子商均，躲避到阳城。但天下诸侯都不去朝拜商均而来朝拜禹。禹这才继承了天子之位，南面接受天下诸侯的朝拜，国号为夏后，姓姒氏。

禹帝立为天子后，举用皋陶为帝位继承人，把他推荐给上天，并把国政授给他，但是皋陶没有继任就死了。禹把皋陶的后 代封在英、六两地，有的封在许地。后来又举用了益，把国政授给他。

过了十年，禹帝到东方视察，到达会稽，在那里逝世。把天下传给益。服丧三年完毕，益又把帝位让禹的儿子启，自己到箕山之南去躲避。禹的儿子启贤德，天下人心都归向于他。等到禹逝世，虽然把天子位传给益，但由于益辅佐禹时间不长，天下并不顺服他。所以，诸侯还是都离开益而去朝拜启，说："这是我们的君主禹帝的儿子啊"。于是启就继承了天子之位，这就是夏后帝启。

夏后帝启，是禹的儿子，他的母亲是涂山氏的女儿。

启登临帝位后，有扈氏不来归从，启前往征伐，在甘地大战一场。战斗开始之前，启作了一篇誓词叫作《甘誓》，召集来六军将领进行训诫。启说："喂！六军将领们，我向你们宣布誓言：有扈氏蔑视仁、义、礼、智、信五常的规范，背离天、地、人的正道，因此上天要断绝他的大命。如今我恭敬地执行上天对他的惩罚。战车左边的射手不从左边射击敌人，车右的剑手不从右边击杀敌人，就是不服从命令。驭手不能使车马阵列整齐，也是不服从命令。听从命令的，我将在祖先神灵面前奖赏他；谁不听从命令，就在社神面前杀掉他，而且要把他们的家属收为奴婢。"于是消灭了有扈氏，天下都来朝拜。

夏后帝启逝世后，他的儿子帝太康继位。帝太康整天游玩打猎，不顾民事，结果被羿放逐，丢了国家，他的五个弟在洛水北岸等待他没有等到，作了《五子之歌》。

太康逝世后，他的弟弟中康继位，这就是中康帝，中康帝在位的时候，掌管天地四时的大臣羲氏、和氏沉湎于酒，把每年的四季、日子的甲乙都搞乱了。胤奉命去征讨他，作了《胤征》。

中康逝世以后，他的儿子帝相继位。帝相逝世，儿子帝少康继位。帝少康逝世，儿子帝予继位。帝予逝世，儿子帝槐继位。帝槐逝世，儿子帝芒继位。帝芒逝世，儿子帝泄继位。帝泄逝世，儿子帝不降继位。帝不降逝世，弟弟帝扃继位。帝扃逝世，儿子帝廑继位。帝瑾逝世，立帝不降的儿子孔甲为帝，这就是帝孔甲。帝孔甲继位后，迷信鬼神，干淫乱的事。夏后氏的威德日渐衰微，诸侯相继背叛了他。上天降下两条神龙，一雌一雄，孔甲喂养不了它们，也没有找到能够饲养的人。陶唐氏已经衰败，有个后代叫刘累，从会养龙的人那里学会了驯龙，就去侍奉孔甲。孔甲赐给他姓御龙氏，让他来接受豕韦氏后代的封地。后来那条雌龙死了，刘累偷偷做成肉酱拿来献给孔甲吃。夏后孔甲吃了以后，又派人去找刘累要肉酱，刘累害怕了，就迁到鲁县去。

大禹陵

孔甲逝世后，儿子帝皋继位。帝皋逝世后，儿子帝发继位。帝发逝世，儿子帝履癸继位，这就是桀。帝桀在位时，因为自从孔甲在位以来，诸侯就有很多相继叛离了夏，而桀又不修德行而用武力伤害百官之族，百官不堪忍受。桀召来汤，把他囚禁在夏台，后来又放了他。汤修行德业，诸侯都来归附，汤就率兵去征讨夏桀，夏桀逃到鸣条，最后被后放逐而死。桀对人说："我后悔当初没有索性把汤杀死在夏台，以致使我落到这个下场。"这样，汤就登上了天子之位，取代了夏朝，领有天下。汤封了夏的后代，到周朝时，把他们封在杞地。

太史公说：禹是姒姓，他的后代被分封在各地，用国号为姓，所以有夏后氏、有扈氏、有男氏、斟寻氏、彤城氏、褒氏、费氏、杞氏、缯氏、辛氏、冥氏、斟戈氏。据说孔子曾校正夏朝的历法，学者们有许多传习《夏小正》的。从虞舜、夏禹时代开始，进贡纳赋的规定已完备。有人说禹在长江南会聚诸侯，因为是在考核诸侯功绩时死的，就葬在那里了，所以，把埋葬禹的苗山改名为会稽山。会稽就是会计（会合考核）的意思。

殷本纪

【题解】

殷本来叫作商。商也是一个古老的部落 始祖契大约与夏禹同时，被封于商。到公元前17世纪或前16世纪，商族逐渐强大，商汤发动了灭夏战争，夏亡，商朝正式建立，定都于亳，成为我国历史上第二个奴隶制王朝。大约到公元前13世纪，商王盘庚迁都于殷，此后，直至商纣灭亡，共二百七十余年，一般称之为殷。整个商朝，后来或称商殷，或称殷商。

《殷本纪》系统地记载了商朝的历史，描画了一幅商部族兴起，商王朝由建立直至灭亡的宏伟图卷。

【原文】

殷契，母曰简狄，有娀氏之女，为帝喾次妃。三人行浴，见玄鸟堕其卵，简狄取吞之，因孕生契。契长而佐禹治水有功。帝舜乃命契曰："百姓不亲，五品不训，汝为司徒而敬敷五教，五教在宽。”封于商，赐姓子氏。契兴于唐、虞、大禹之际，功业著于百姓，百姓以平。

契卒，子昭明立。昭明卒，子相土立。相土卒，子昌若立。昌若卒，子曹圉立。曹圉卒，子冥立。冥卒，子振立。振卒，子微立。微卒，子报丁立。报丁卒，子报乙立。报乙卒，子报丙立。报丙卒，子主壬立。主壬卒，子主癸立。主癸卒，子天乙立，是为成汤。

商汤

成汤，自契至汤八迁。汤始居亳，从先王居，作《帝诰》。

汤征诸侯。葛伯不祀，汤始伐之。汤曰：“予有言：人视水见形，视民知治不。”伊尹曰：“明哉！言能听，道乃进。君国子民，为善者皆在王官。勉哉，勉哉！”汤曰：“汝不能敬命，予大罚殛之，无有攸赦。”作《汤征》。

伊尹名阿衡。阿衡欲奸汤而无由，乃为有莘氏媵臣，负鼎俎，以滋味说汤，致于王道。或曰，伊尹处士，汤使人聘迎之，五反，然后肯往从汤，言素王及九主之事。汤举任以国政。伊尹去汤适夏。既丑有夏，复归于亳。入自北门，遇女鸠、女房，作《女鸠女房》。

汤出，见野张网四面，祝曰：“自天下四方皆入吾网。”汤曰：“嘻，尽之矣！”乃去其三面，祝曰：“欲左，左。欲右，右。不用命，乃入吾网。”诸侯闻之，曰：“汤德至矣，及禽兽。”

当是时，夏桀为虐政淫荒，而诸侯昆吾氏为乱。汤乃兴师率诸侯，伊尹从汤，汤自把钺以伐昆吾，遂伐桀。汤曰：“格女众庶，来，女悉听朕言。匪台小子敢行举乱，有夏多罪，予维闻女众言，夏氏有罪。予畏上帝，不敢不正。今夏多罪，天命殛之。今女有众，女曰：‘我君不恤我众，舍我啬事而割政。’女其曰：‘有罪，其奈何？’夏王率止众力，率夺夏国。有众率怠不和，曰：‘是日何时丧？予与女皆亡！’夏德若兹，今朕必往。尔尚及予一人致天之罚，予其大理女。女毋不信，朕不食言。女不从誓言，予则帑僇女，无有攸赦。”以告令师，作《汤誓》。于是汤曰“吾甚武”，号曰武王。

桀败于有娀之虚，桀奔于鸣条，夏师败绩。汤遂伐三嵕，俘厥宝玉，义伯、仲伯作《典宝》。汤既胜夏，欲迁其社，不可，作《夏社》。伊尹报。于是诸侯毕服，汤乃践天子位，平定海内。

汤归至于泰卷陶，中垒作诰。既绌夏命，还亳，作《汤诰》：“维三月，王自至于东郊。告诸侯群后：‘毋不有功于民，勤力乃事。予乃大罚殛女，毋予怨。’曰：‘古禹、皋陶久劳于外，其有功乎民，民乃有安。东为江，北为济，西为河，南为淮，四渎已修，万民乃有居。后稷降播，农殖百谷。三公咸有功于民，故后有立。昔蚩尤与其大夫作乱百姓，帝乃弗予，有状。先王言不可不勉。’曰：‘不道，毋之在国，女毋我怨。’”以令诸侯。伊尹作《咸有一德》，咎单作《明居》。

汤乃改正朔，易服色，上白，朝会以昼。

汤崩，太子太丁未立而卒，于是乃立太丁之弟外丙，是为帝外丙。帝外丙即位三年，崩，立外丙之弟中壬，是为帝中壬。帝中壬即位四年，崩，伊尹乃立太丁之子太甲。太甲，成汤嫡长孙也，是为帝太甲。帝太甲元年，伊尹作《伊训》，作《肆命》，作《徂后》。

商代宫殿

帝太甲既立三年，不明，暴虐，不遵汤法，乱德，于是伊尹放之于桐宫，三年。伊尹摄行政当国，以朝诸侯。

帝太甲居桐宫三年，悔过自责，反善，于是伊尹乃迎帝太甲而授之政。帝太甲修德，诸侯咸归殷，百姓以宁。伊尹嘉之，乃作《太甲训》三篇，褒帝太甲，称太宗。

太宗崩，子沃丁立。帝沃丁之时，伊尹卒。既葬伊尹于亳，咎单遂训伊尹事，作《沃丁》。

沃丁崩，弟太庚立，是为帝太庚。帝太庚崩，子帝小甲立。帝小甲崩，弟雍己立，是为帝雍己。殷道衰，诸侯或不至。

帝雍己崩，弟太戊立，是为帝太戊。帝太戊立伊陟为相。亳有祥桑谷共生于朝，一暮大拱。帝太戊惧，问伊陟。伊陟曰："臣闻妖不胜德，帝之政其有阙与？帝其修德。"太戊从之，而祥桑枯死而去。伊陟赞言于巫咸，巫咸治王家有成，作《咸艾》，作《太戊》。帝太戊赞伊陟于庙，言弗臣，伊陟让，作《原命》。殷复兴，诸侯归之，故称中宗。

中宗崩，子帝中丁立。帝中丁迁于隞。河亶甲居相。祖乙迁于邢。帝中丁崩，弟外壬立，是为帝外壬。《仲丁》书阙不具。帝外壬崩，弟河亶甲立，是为帝河亶甲。河亶甲时，殷复衰。

河亶甲崩，子帝祖乙立。帝祖乙立，殷复兴。巫贤任职。

祖乙崩，子帝祖辛立。帝祖辛崩，弟沃甲立，是为帝沃甲。帝沃甲崩，立沃甲兄祖辛之子祖丁，是为帝祖丁。帝祖丁崩，立弟沃甲之子南庚，是为帝南庚。帝南庚崩，立帝祖丁之子阳甲，是为帝阳甲。帝阳甲之时，殷衰。

自中丁以来，废嫡而更立诸弟、子，弟、子或争相代立，比九世乱，于是诸侯莫朝。

帝阳甲崩，弟盘庚立，是为帝盘庚。帝盘庚之时，殷已都河北，盘庚渡河南，复居成汤之故居。乃五迁无定处。殷民咨胥皆怨，不欲徙。盘庚乃告谕诸侯、大臣曰："昔高后成汤与尔之先祖俱定天下，法则可修。舍而弗勉，何以成德！"乃遂涉河南，治亳，行汤之政，然后百姓由宁，殷道复兴，诸侯来朝，以其遵成汤之德也。

帝盘庚崩，弟小辛立，是为帝小辛。帝小辛立，殷复衰。百姓思盘庚，乃作《盘庚》三篇。帝小辛崩，弟小乙立，是为帝小乙。

帝小乙崩，子帝武丁立。帝武丁即位，思复兴殷，而未得其佐。三年不言，政事决定于冢宰，以观国风。武丁夜梦得圣人，名曰说。以梦所见视群臣百吏，皆非也。于是乃使百工营求之野，得说于傅险中。是时说为胥靡，筑于傅险。见于武丁，武丁曰是也。得而与之语，果圣人，举以为相，殷国大治。故遂以傅险姓之，号曰傅说。

帝武丁祭成汤，明日，有飞雉登鼎耳而呴，武丁惧。祖己曰："王勿忧，先修政事。"祖己乃训王曰："唯天监下，典厥义，降年有永有不永，非天夭民，中绝其命。民有不若德，不听罪，天既附命正厥德，乃曰其奈何。呜呼！王嗣敬民，罔非天继，常祀毋礼于弃道。"武丁修政行德，天下咸欢，殷道复兴。

帝武丁崩，子帝祖庚立。祖己嘉武丁之以祥雉为德，立其庙为高宗，遂作《高宗肜日》及《训》。

帝祖庚崩，弟祖甲立，是为帝甲。帝甲淫乱，殷复衰。

帝甲崩，子帝廪辛立。帝廪辛崩，弟庚丁立，是为帝庚丁。帝庚丁崩，子帝武乙立。殷复去亳，徙河北。

帝武乙无道，为偶人，谓之天神。与之博，令人为行。天神不胜，乃僇辱之。为革囊，盛血，印而射之，命曰"射天"。

武乙猎于河、渭之间，暴雷，武乙震死。子帝太丁立。帝太丁崩，子帝乙立。帝乙立，殷益衰。

帝乙长子曰微子启，启母贱，不得嗣。少子辛，辛母正后，辛为嗣。帝乙崩，子辛立，是为帝辛，天下谓之纣。

帝纣资辨捷疾，闻见甚敏；材力过人，手格猛兽；知足以距谏，言足以饰非；矜人臣以能，高天下以声，以为皆出己之下。好酒淫乐，嬖于妇人。爱妲己，妲己之言是从。于是使师涓作新淫声，北里之舞，靡靡之乐。厚赋税以实鹿台之钱，而盈巨桥之粟。益收狗马奇物，充仞宫室。益广沙丘苑台，多取野兽蜚鸟置其中。慢于鬼神。大冣乐戏于沙丘，以酒为池，县肉为林，使男女倮相逐其间，为长夜之饮。

百姓怨望而诸侯有畔者，于是纣乃重刑辟，有炮烙之法。以西伯昌、九侯、鄂侯为三公。九侯有好女，入之纣。九侯女不憙淫，纣怒，杀之，而醢九侯。鄂侯争之强，辨之疾，并脯鄂侯。西伯昌闻之，窃叹。崇侯虎知之，以告纣，纣囚西伯羑里。西伯之臣闳夭之徒，求美女奇物善马以献纣，纣乃赦西伯。西伯出而献洛西之地，以请除炮烙之刑。纣乃许之，赐弓矢斧钺，使得征伐，为西伯。而用费中为政。费中善谀，好利，殷人弗亲。纣又用恶来。恶来善毁谗，诸侯以此益疏。

西伯归，乃阴修德行善，诸侯多叛纣而往归西伯。西伯滋大，纣由是稍失权重。王子比干谏，弗听。商容贤者，百姓爱之，纣废之。及西伯伐饥国，灭之，纣之臣祖伊闻之而咎周，恐，奔告纣曰："天既讫我殷命，假人、元龟，无敢知吉。非先王不相我后人，维王淫虐用自绝，故天弃我，不有安食，不虞知天性，不迪率典。今我民罔不欲丧，曰：'天曷不降威，大命胡不至？'今王其奈何？"纣曰："我生不有命在天乎！"祖伊反，曰："纣不可谏矣。"西伯既卒，周武王之东伐，至盟津，诸侯叛殷会周者八百。诸侯皆曰："纣可伐矣。"武王曰："尔未知天命。"乃复归。

纣愈淫乱不止，微子数谏不听，乃与大师、少师谋，遂去。比干曰："为人臣者，不得不以死争。"乃强谏纣。纣怒曰："吾闻圣人心有七窍。"剖比干，观其心。箕子惧，乃详狂为奴，纣又囚之。殷之大师、少师乃持其祭乐器奔周。周武王于是遂率诸侯伐纣。纣亦发兵距之牧野。甲子日，纣兵败。纣走，入登鹿台，衣其宝玉衣，赴火而死。周武王遂斩纣头，悬之大白旗。杀妲己。释箕子之囚，封比干之墓，表商容之闾。封纣子武庚禄父，以续殷祀，令修行盘庚之政。殷民大说。于是周武王为天子。其后世贬帝号，号为王。而封殷后为诸侯，属周。

周武王崩，武庚与管叔、蔡叔作乱，成王命周公诛之，而立微子于宋，以续殷后焉。

太史公曰：余以《颂》次契之事，自成汤以来，采于《书》《诗》。契为子姓，其后分封，以国为姓，有殷氏、来氏、宋氏、空桐氏、稚氏、北殷氏、目夷氏。孔子曰，殷路车为善，而色尚白。

【译文】

殷的始祖是契，他的母亲叫简狄，是有娀氏的女儿，帝喾的次妃。简狄等三个人到河里去洗澡，看见燕子掉下一只蛋，简狄就拣来吞吃了，因而怀孕，生下了契。契长大成人后，帮助禹治水有功，舜帝于是命令契说："现在老百姓们不相亲爱，父子、君臣、夫妇、长幼、朋友之间五伦关系不顺，你去担任司徒，认真地施行五伦教育。施行五伦教育，要本着宽厚的原则。"契被封在商地，赐姓子。契在唐尧、虞舜、夏禹的时代兴起，为百姓做了许多事，功业昭著，百姓们因而得以安定。

契死之后，他的儿子昭明继位。昭明死后，儿子相土继位。相土死后，儿子昌若继位。昌若死后，儿子曹圉继位。曹圉死后，儿子冥继位。冥死后，儿子振继位。振死后，儿子微继位。微死后，儿子报丁继位。报丁死后，儿子报乙继位。报乙死后，儿子报丙继位。报丙死后，儿子主壬继位。主壬死后，儿子主癸继位。主癸死后，儿子天乙继位。这就是成汤。

从契到成汤，曾经八次迁都。到成汤时才又定居于亳，这是为了追随先王帝喾，重回故地。成汤为此写了《帝诰》，向帝喾报告迁都的情况。

成汤在夏朝为方伯（一方诸侯之长），有权征讨邻近的诸侯。葛伯不祭祀鬼神，成汤首先征讨他。成汤说："我说过这样的话：人照一照水就能看出自己的形貌，看一看民众就可以知道国家治理得好与不好。"伊尹说："英明啊！善言听得进去，道德才会进步。治理国家，抚育万民，凡是有德行做好事的人都要任用为朝廷之官。努力吧，努力吧！"成汤对葛伯说："你们不能敬顺天命，我就要重重地惩罚你们，概不宽赦。"于是写下《汤征》，记载了征葛的情况。

伊尹名叫阿衡。阿衡想求见成汤而苦于没有门路，于是就去给有莘氏做陪嫁的男仆，背着饭锅砧板来见成汤，借着谈论烹调滋味的机会向成汤进言，劝说他实行王道。也有人说，伊尹本是个有才德而不肯做官的隐士，成汤曾派人去聘迎他，前后去了五趟，他才答应前来归从，向成汤讲述了远古帝王及九类君主的所作所为。成汤于是举用了他，委任他管理国政。伊尹曾经离开商汤到夏桀那里，因为看到夏桀无道，十分憎恶，所以又回到了商都亳。他从北门进城时，遇见了商汤的贤臣女鸠和女房，于是写下《女鸠》《女房》，述说他离开夏桀重回商都时的心情。

一天成汤外出游猎，看见郊野四面张着罗网，张网的人祝祷说："愿从天上来的，从地下来的，从四方来的，都进入我的罗网！"成汤听了说："嗳，这样就把禽兽全部打光了！"于是把罗网撤去三面，让张网的人祝祷说："想往左边走的就往左边走，想向右边逃的就向右边逃。不听从命令的，就进我的罗网吧。"诸侯听到这件事，都说："汤真是仁德到极点了，就连禽兽都受到了他的恩惠。"

就在这个时候，夏桀却施行暴政，荒淫无道，还有诸侯昆吾氏也起来作乱，商汤于是举兵，率领诸侯，由伊尹跟随。商汤亲自握着大斧指挥，先去讨伐昆吾，转而又去讨伐夏桀。商汤说："来，你们众人，到这儿来，都仔细听着我的话：不是我个人敢于兴兵作乱，是因为夏桀犯下了很多的罪行。我虽然也听到你们说了一些抱怨的话，可是夏桀有罪啊，我畏惧上天，不敢不去征伐。如今夏桀犯下了那么多的罪行，是上天命令我去惩罚他的。现在你们众人说：'我们的国君不体恤我们，抛开我们的农事不管，却要去征伐打仗。'你们或许还会问：'夏桀有罪，他的罪行究竟怎么样？'夏桀君臣大徭役，耗尽了夏国的民力；又重加盘剥，掠光了夏国的资财。夏国的民众都在怠工，不与他合作。他们说'这个太阳什么时候消灭，我宁愿和你一起灭亡'！夏王的德行已经到这种地步，现在我一定要去讨伐他！希望你们和我一起来奉行上天降下的惩罚，我会重重地奖赏你们。你们不要怀疑，我绝不会说话不算数。如果你们违抗我的誓言，我就要惩罚你们，概不宽赦！"商汤把这些话告诉传令长官，写下了《汤誓》。当时商汤曾说"我很勇武"，因此号称武王。

夏桀在有娀氏旧地被打败，奔逃到鸣条，夏军就全军崩溃了。商汤乘胜追击，进攻忠于夏桀的三，缴获了他们的宝器珠玉，义伯、仲伯二臣写下了《典宝》，因为这是国家的固定财宝。商汤灭夏之后，想换掉夏的社神，可是社神是远古共公氏之子句龙，能平水土，还没有谁比得上他，所以没有换成，于是写下《夏社》，说明夏社不可换的道理。伊尹向诸侯公布了这次大战的战绩，自此，诸侯全都听命归服了，商汤登上天子之位，平定了天下。

成汤班师回朝，途经泰卷时，中做了朝廷的诰命。汤废除了夏的政令，回到国都亳，作《汤诰》号令诸侯。《汤诰》这样记载："三月，殷王亲自到了东郊，向各诸侯国君宣布：'各位可不能不为民众谋立功业，要努力办好你们的事情。否则，我就对你们严加惩办，那时可不要怪罪我。'又说：'过去禹、皋陶长期奔劳在外，为民众建立了功业，民众才得以安居乐业。当时他们东面治理了长江，北面治理了济河，西面治理了黄河，南面治理了淮河，这四条重要的河道治理好了，万民才得以定居下来。后稷教导民众播种五谷，民众才知道种植各种庄稼。这三位古人都对民众有功，所以，他们的后代能够建国立业。也有另外的情况：从前蚩尤和他的大臣们在百姓中发动暴乱，上帝就不降福于他们，这样的事在历史上是有过的。先王的教诲，可不能不努力照办啊！'又说：'你们当中如果有谁干出违背道义的事，那就不允许他回国再当诸侯，那时你们也不要怨恨我。'"汤用这些话告诫了诸侯。这时，伊尹又做了《咸有一德》，说明君臣都应该有纯一的品德；咎单作了《明居》，讲的是民众应该遵守的法则。

商汤临政之后，修改的历法，把夏历的寅月为岁首改为丑月为岁首，又改变了器物服饰的颜色，崇尚白色，在白天举行朝会。

商汤逝世之后，因为太子太丁未能即位而早亡，就立太丁弟外丙为帝，这就是外丙帝。外丙即位三年，逝世，立外丙的弟弟中壬为帝，这就是中壬帝。中壬即位四年，逝世，伊尹就拥立太丁之子太甲为帝。太甲，是成汤的嫡长孙，就是太甲帝。太甲元年，伊尹为谏训太甲，作了《伊训》《肆命》《徂后》。

太甲帝临政三年之后，昏乱暴虐，违背了汤王的法度，败坏了德业，因此，伊尹把他流放到汤的葬地桐宫。此后的三年，伊尹代行政务，主持国事，朝会诸侯。

太甲在桐宫住了三年，悔过自责，重新向善，于是伊尹又迎接他回到朝廷，把政权交还给他。从此以后，太甲帝修养道德，诸侯都来归服，百姓也因此得以安宁。伊尹对太甲帝很赞赏，就作了《太甲训》三篇，赞扬帝太甲，称他为太宗。

太宗逝世后，儿子沃丁即位。沃丁临政的时候，伊尹去世了。在亳地安葬了伊尹之后，为了用伊尹的事迹垂训后人，咎单作了《沃丁》。

沃丁逝世，他的弟弟太庚即位，这就是太庚帝。太庚逝世，儿子小甲即位；小甲帝逝世，弟弟雍已即位，这就是雍已帝。到了这个时候，殷朝的国势已经衰弱，有的诸侯就不来朝见了。

雍已逝世，他的弟弟太戊即位。这就是太戊帝。太戊任用伊陟为相。当时国都亳出现了桑树和楮树合生在朝堂上的怪异现象，一夜之间就长得有一搂粗。太戊帝很害怕，就去向伊陟询问。伊陟对太戊帝说："我曾经听说，妖异不能战胜有德行的人，会不会是您的政治有什么失误啊？希望您进一步修养德行。"太戊听从了伊陟的规谏，那怪树就枯死而消失了。伊陟把这些话告诉了巫咸。巫咸治理朝政有成绩，写下《咸艾(yì，义)》《太戊》，记载了巫咸治理朝政的功绩，颂扬了太戊帝地从谏修德。太戊帝在太庙中称赞伊陟，说不能像对待其他臣下一样对待他。伊陟谦让不从，写下《原命》，为的是重新解释太戊之命。就这样，殷的国势再度兴盛，诸侯又来归服。因此，称太戊帝为中宗。

中宗逝世，儿子中丁继位。中丁帝迁都于隞。后来河亶甲定都于相，祖乙又迁至邢。中丁帝逝世，他的弟弟外壬即位，这就是外壬帝。这些曾有《仲丁》加以记载，但现已残佚不存。外壬帝逝世后，他的弟弟河亶甲即位，这就是河亶甲帝。河亶甲时，殷朝国势再度衰弱。

河亶甲逝世，他的儿子祖乙即位。祖乙帝即位后，殷又兴盛起来，巫咸被任以重职。

祖乙逝世，他的儿子祖辛帝即位。祖辛帝逝世，他的弟弟沃甲即位，这就是沃甲帝。沃甲逝世，立沃甲之兄祖辛的儿子祖丁，这就是祖丁帝。祖丁逝世，立弟弟沃甲的儿子南庚，这就是南庚帝。南庚帝逝世，立祖丁帝的儿子阳甲，这就是阳甲帝。阳甲帝在位的时候，殷的国势衰弱了。

自中丁帝以来，废除嫡长子继位制而拥立诸弟兄及诸弟兄的儿子，这些人有时为取得王位而互相争斗，造成了连续九代的混乱，因此，诸侯没有人再来朝见。

阳甲帝逝世，他的弟弟盘庚继位。盘庚即位时，殷朝已在黄河以北的奄地定都，盘庚渡过黄河，在黄河以南的亳定都，又回到成汤的故居。因为自汤到盘庚，这已是第五次迁移了，一直没有固定国都，所以殷朝的民众一个个怨声载道，不愿再受迁移之苦。盘庚见此情况，就告谕诸侯大臣说："从前先王成汤和你们的祖辈们一起平定天下，他们传下来的法度和准则应该遵循。如果我们舍弃这些而不努力推行，那怎么能成就德业呢?"这样，最后才渡过黄河，南迁到亳，修缮了成汤的故宫，遵行成汤的政令。此后百姓们渐渐安定，殷朝的国势又一次兴盛起来。因为盘庚遵循了成汤的德政，诸侯也纷纷前来朝见了。

盘庚帝逝世，他的弟弟小辛即位，这就是小辛帝。小辛在位时，殷又衰弱了。百姓们思念盘庚，于是写下了《盘庚》三篇。小辛帝逝世以后，他的弟弟小乙即位，这就是小乙帝。

小乙帝逝世，他的儿子武丁即位。武丁帝即位后，想复兴殷朝，但一直没有找到称职的辅佐大臣。于是武丁三年不发表政见，政事由冢宰决定，自己审慎地观察国家的风气。有一天夜里他梦见得到一位圣人，名叫说。白天他按照梦中见到的形象观察群臣百官，没有一个像是那圣人。于是派百官到民间去四处寻找，终于在傅险找到了说。这时候，说正服刑役，在傅险修路，百官把说带来让武丁看，武丁说正是这个人。找到说之后，武丁和他交谈，发现果真是位贤圣之人，就举用他担任国相，殷国得到了很好的治理。因而用傅险这个地名来做说的姓，管他叫傅说。

有一次武丁祭祀成汤，第二天，有一只野鸡飞来登在鼎耳上鸣叫，武丁为此惊惧不安。祖己说："大王不必担忧，先办好政事。"祖己进一步开导武丁说："上天监察下民是着眼于他们的道义。上天赐给人的寿运有长有短，并不是上天有意使人的寿运夭折，中途断送性命。有的人不遵循道德，不承认罪恶，等到上天降下命令纠正他的德行了，他才想起来说'怎么办'。唉，大王您继承王位，努力办好民众的事，没有什么不符合天意的，还要继续按常规祭祀，不要根据那些应该抛弃的邪道举行各种礼仪!"武丁听了祖己的劝谏，修行德政，全国上下都高兴，殷朝的国势又兴盛了。

武丁帝逝世，他的儿子祖庚帝即位。祖己赞赏武丁因为象征吉凶的野鸡出现而行德政，给他立庙，称为高宗，写下了《高宗肜日》和《高宗之训》。

祖庚帝逝世，他的弟弟祖甲即位，这就是甲帝。甲帝淫乱，殷朝再度衰落。

甲帝逝世，他的儿子廪辛即位。廪辛逝世，他的弟弟庚丁即位，这就是帝庚丁。庚丁逝世，他的儿子武乙即位，这时，殷都又从亳迁到了黄河以北。

武乙暴虐无道，曾经制作了一个木偶人，称它为天神，跟它下棋赌输赢，让旁人替它下子。如果天神输了，就侮辱它。又制作了一个皮革的囊袋，里面盛满血，仰天射它，说这是"射天"。有一次武乙到黄河和渭河之间去打猎，天空中突然打雷，武乙被雷击死。武乙死后，他的儿子太丁帝即位。太丁帝逝世，他的儿子乙帝即位，乙帝即位时，殷朝更加衰落了。

乙帝的长子叫微子启。启的母亲地位低贱，因而启不能继承帝位。乙帝的小儿子叫辛，辛的母亲是正王后，因而辛被立为继承人。乙帝逝世后，辛继位，这就是辛帝，天下都管他叫"纣"，因为谥法上"纣"表示残义损善。

纣天资聪颖，有口才，行动迅速，接受能力很强，而且气力过人，能徒手与猛兽格斗。他的智慧足可以拒绝臣下的谏劝，他的话语足可以掩饰自己的过错。他凭着才能在大臣面前夸耀，凭着声威到处抬高自己，认为天下所有的人都比不上他。他嗜好喝酒，放荡作乐，宠爱女人。他特别宠爱妲己，一切都听从妲己的。他让乐师涓为他制作了新的俗乐，北里舞曲，柔弱的歌。他加重赋税，把鹿台钱库的钱堆得满满的，把钜桥粮仓的粮食装得满满的。他多方搜集狗马和新奇的玩物，填满了宫室，又扩建沙丘的园林楼台，捕捉大量的野兽飞鸟，放置在里面。他对鬼神傲慢不敬。他招来大批戏乐，聚集在沙丘，用酒当作池水，把肉悬挂起来当作树林，让男女赤身裸体，在其间追逐戏闹，饮酒寻欢，通宵达旦。

纣如此荒淫无度，百姓们怨恨他，诸侯有的也背叛了他。于是他就加重刑罚，设置了叫作炮格的酷刑，让人在涂满油的铜柱上爬行，下面点燃炭火，爬不动了就掉在炭火里。纣任用西伯昌、九侯、鄂侯为三公。九侯有个美丽的女儿，献给了纣，她不喜淫荡，纣大怒，杀了她，同时把九侯也施以醢刑，剁成肉酱。鄂侯极力强谏，争辩激烈，结果鄂侯也遭到脯斧刑，被制成肉干。西伯昌闻见此事，暗暗叹息。崇侯虎得知，向纣去告发，纣就把西伯囚禁在羑里。西伯的僚臣闳夭等人，找来了美女奇物和好马献给纣，纣才释放了西伯。西伯从狱里出来之后，向纣献出洛水以西的一片土地，请求废除炮格的酷刑。纣答允了他，并赐给他弓箭大斧，使他能够征伐其他诸侯，这样他就成了西部地区的诸侯之长，就是西伯。纣任用费仲管理国家政事。费仲善于阿谀，贪图财利，殷国人因此不来亲近了。纣又任用恶来，恶来善于毁谤，喜进谗言，诸侯因此越发疏远了。

西伯回国，暗地里修养德行，推行善政，诸侯很多背叛了纣而来归服西伯。西伯的势力更加强大，纣因此渐渐丧失了权势。王子比干劝说纣，纣不听。商容是一个有才德的人，百姓们敬爱他，纣却黜免了他。等到西伯攻打饥国并把它灭掉了，纣的大臣祖伊听说后既怨恨周国，又非常害怕，于是跑到纣那里去报告说："上天已经断绝了我们殷国的寿运了。不管是能知天吉凶的人预测，还是用大龟占卜，都没有一点好征兆。我想并非是先王不帮助我们后人，而是大王您荒淫暴虐，以致自绝于天，所以上天才抛弃我们，使我们不得安食，而您既不揣度了解天意，又不遵循常法。如今我国的民众没有不希望殷国早早灭亡的，他们说：'上天为什么还不显示你的威灵？灭纣的命令为什么还不到来？'大王您如今想怎么办呢？"纣说："我生下来做国君，不就是奉受天命吗？"祖伊回国后说："纣已经无法规劝了！"西伯昌死后，周武王率军东征，到达盟津时，诸侯背叛殷纣前来与武王会师的有八百国。诸侯们都说："是讨伐纣的时候了！"周武王说："你们不了解天命。"于是又班师回国了。

纣更加淫乱，毫无止息。微子曾多次劝谏，纣都不听，微子就和太师、少师商量，然后逃离了殷国。比干却说："给人家做臣子，不能不拼死争谏。"就极力劝谏。纣大怒，说："我听说圣人的心有七个孔。"于是剖开比干的胸膛，挖出心来观看。箕子见此情形很害怕，就假装疯癫去给人家当了奴隶。纣知道后又把箕子囚禁起来。殷国的太师、少师拿着祭器、乐器，急急逃到周国。周武王见时机已到，就率领诸侯讨伐殷纣。纣派出军队在牧野进行抵抗。周历二月初五甲子那一天，纣的军队被打败，纣仓皇逃进内城，登上鹿台，穿上他的宝玉衣，跑到火里自焚而死。周武王赶到，砍下他的头，挂在太白旗竿上示众。周武王又处死了妲己，释放了箕子，修缮了比干的坟墓，表彰了商容的里巷。封纣的儿子武庚禄父，让他承续殷的祭祀，并责令他施行盘庚的德政，殷的民众非常高兴。于是，周武王做了天子。因为后世人贬低帝这个称号，所以称为王。封殷的后代为诸侯，隶属于周。

周武王逝世后，武庚和管叔、蔡叔联合叛乱，周成王命周公旦诛杀他们，而把微子封在宋国，来延续殷的后代。

太史公说：我是根据《诗经》中的《商颂》来编定契的事迹的，自成汤以来，很多史实材料采自《尚书》和《诗经》。契为子姓，他的后代被分封到各国，就以国为姓了，有殷氏、来氏、宋氏、空桐氏、稚氏、北殷氏、目夷氏等。孔子曾经说过，殷人的车子很好，那个时代崇尚白色。

周本纪

【题解】

周朝是继殷商灭亡之后,我国历史上又一个奴隶制王朝。周也是一个古老的部族,活动在西北黄土高原上,可能是夏族的一个分支。早在唐尧时代,周的始祖后稷就担任农师,掌管农业生产。后稷的后代公刘、古分亶亶父率领族人继续施行兴农措施,使部族逐渐强大。古公亶父为了躲避戎狄的侵扰,率族离开豳地移居岐下,营建城邑,修治村落,设立官职,广行仁义,建立了周国。又经过公季、文王的苦心经营,加强了国力,直到武王率领天下诸侯,抓住商纣王暴虐无道、丧尽民心的时机,一举灭商,建立了周王朝。

《周本纪》概括地记述了周王朝兴衰的历史,勾画出一个天下朝宗、幅员辽阔的强大奴隶制王国的概貌,以及其间不同阶段不同君王厚民爱民或伤民虐民的不同政治作风,君臣之间协力相助共图大业或相互倾轧各执己见的不同政治气氛。

【原文】

周后稷,名弃。其母有邰氏女,曰姜原。姜原为帝喾元妃。姜原出野,见巨人迹,心忻然说,欲践之,践之而身动如孕者。居期而生子,以为不祥,弃之隘巷,马牛过者皆辟不践;徙置之林中,适会山林多人;迁之而弃渠中冰上,飞鸟以其翼覆荐之。姜原以为神,遂收养长之。初欲弃之,因名曰弃。

后稷

弃为儿时,屹如巨人之志。其游戏,好种树麻、菽,麻、菽美。及为成人,遂好耕农,相地之宜,宜谷者稼穑焉,民皆法则之。帝尧闻之,举弃为农师,天下得其利,有功。帝舜曰:"弃,黎民始饥,尔后稷播时百谷。"封弃于邰,号曰后稷,别姓姬氏。后稷之兴,在陶唐、虞、夏之际,皆有令德。

后稷卒,子不窋立。不窋末年,夏后氏政衰,去稷不务,不窋以失其官而儆戎狄之间。不窋卒,子鞠立。鞠卒,子公刘立。公刘虽在戎狄之间,复修后稷之业,务耕种,行地宜,自漆、沮度渭,取材用,行者有资,居者有畜积,民赖其庆。百姓怀之,多徙而保归焉。周道之兴自此始,故诗人歌乐思其德。公刘卒,子庆节立,国于豳。

庆节卒,子皇仆立。皇仆卒,子差弗立。差弗卒,子毁隃立。毁隃卒,子公非立。公非卒,子高圉立。高圉卒,子亚圉立。亚圉卒,子公叔祖类立。公叔祖类卒,子古公亶父立。古公亶父复修后稷、公刘之业,积德行义,国人皆戴之。薰育戎狄攻之,欲得财物,予之。已复攻,欲得地与民。民皆怒,欲战。古公曰:"有民立君,将以利之。今戎狄所为攻战,以吾地与民。民之在我,与其在彼,何异?民欲以我故战,杀人父子而君之,予不忍为。"乃与私属遂去豳,度漆、沮,逾梁山,止于岐下。豳人举国扶老携弱,尽复归古公于岐下。及他旁国闻古公仁,亦多归之。于是古公乃贬戎狄之俗,而营筑城郭室屋,而邑别居之。作五官有司。民皆歌乐之,颂其德。

古公有长子曰太伯,次日虞仲。太姜生少子季历,季历娶太任,皆贤妇人,生昌,有圣瑞。古公曰:"我世当有兴者,其在昌乎?"长子太伯、虞仲知古公欲立季历以传昌,乃二人亡如荆蛮,文身断发,以让季历。

古公卒,季历立,是为公季。公季修古公遗道,笃于行义,诸侯顺之。

公季卒,子昌立,是为西伯。西伯曰文王,遵后稷、公刘之业,则古公、公季之法,笃仁,敬老,慈少。礼下贤者,日中不暇食以待士,士以此多归之。伯夷、叔齐在孤竹,闻西伯善养老,盍往归之。太颠、闳夭、散宜生、鬻子、辛甲大夫之徒皆往归之。

八子神兽镜

崇侯虎谮西伯于殷纣曰:"西伯积善累德,诸侯皆向之,将不利于帝。"帝纣乃囚西伯于羑里。闳夭之徒患之,乃求有莘氏美女,骊戎之文马,有熊九驷,他奇怪物,因殷嬖臣费仲而献之纣。纣大说,曰:"此一物足以释西伯,况其多乎!"乃赦西伯,赐之弓矢斧钺,使西伯得征伐。曰:"谮西伯者,崇侯虎也。"西伯乃献洛西之地,以请纣去炮烙之刑。纣许之。

西伯阴行善,诸侯皆来决平。于是虞、芮之人有狱不能决,乃如周。入界,耕者皆让畔,民俗皆让长。虞、芮之人未见西伯,皆惭,相谓曰:"吾所争,周人所耻,何往为,只取辱耳。"遂还,俱让而去。诸侯闻之,曰"西伯盖受命之君"。

明年,伐犬戎。明年,伐密须。明年,败耆国。殷之祖伊闻之,惧,以告帝纣。纣曰:"不有天命乎?是何能为!"明年,伐邘。明年,伐崇侯虎。而作丰邑,自岐下而徙都丰。明年,西伯崩,太子发立,是为武王。

西伯盖即位五十年。其囚羑里,盖益《易》之八卦为六十四卦。诗人道西伯,盖受命之年称王而断虞芮之讼。后十年而崩,谥为文王。改法度,制正朔矣。追尊古公为太王,公季为王季:盖王瑞自太王兴。

武王即位,太公望为师,周公旦为辅,召公、毕公之徒左右王,师修文王绪业。

九年,武王上祭于毕。东观兵,至于盟津。为文王木主,载以车,中军。武王自称太子发,言奉文王以伐,不敢自专。乃告司马、司徒、司空、诸节:"齐栗,信哉!予无知,以先祖有德臣,小子受先功,毕立赏罚,以定其功。"遂兴师。师尚父号曰:"总尔众庶,与尔舟楫,后至者斩。"武王渡河,中流,白鱼跃入王舟中,武王俯取以祭。既渡,有火自上复于下,至于王屋,流为乌,其色赤,其声魄云。是时,诸侯不期而会盟津者八百诸侯。诸侯皆曰:"纣可伐矣。"武王曰:"女未知天命,未可也。"乃还师归。

居二年,闻纣昏乱暴虐滋甚,杀王子比干,囚箕子。太师疵、少师彊抱其乐器而犇周。于是武王徧告诸侯曰:"殷有重罪,不可以不毕伐。"乃遵文王,遂率戎车三百乘,虎贲三千人,甲士四万五千人,以东伐纣。十一年十二月戊午,师毕渡盟津,诸侯咸会,曰:"孳孳无怠!"武王乃作《太誓》。告于众庶:"今殷王纣乃用其妇人之言,自绝于天,毁坏其三正,离逷其王父母弟,乃断弃其先祖之乐,乃为淫声,用变乱正声,怡说妇人。故今予发维共行天罚。勉哉夫子，不可再，不可三！”

二月甲子昧爽，武王朝至于商郊牧野，乃誓。武王左杖黄钺，右秉白旄，以麾。曰：“远矣西土之人！”武王曰：“嗟！我有国冢君，司徒、司马、司空，亚旅、师氏，千夫长、百夫长，及庸、蜀、羌、髳、微、纑、彭、濮人，称尔戈，比尔干，立尔矛，予其誓。”王曰：“古人有言‘牝鸡无晨。牝鸡之晨，惟家之索’。今殷王纣维妇人言是用，自弃其先祖肆祀不答，昏弃其家国，遗其王父母弟不用，乃维四方之多罪逋逃是崇是长，是信是使，俾暴虐于百姓，以奸轨于商国。今予发维共行天之罚。今日之事，不过六步七步，乃止齐焉，夫子勉哉！不过于四伐五伐六伐七伐，乃止齐焉，勉哉夫子！尚桓桓，如虎如罴，如豺如离，于商郊，不御克犇，以役西土，勉哉夫子！尔所不勉，其于尔身有戮。”誓已，诸侯兵会者车四千乘，陈师牧野。

帝纣闻武王来，亦发兵七十万人距武王。武王使师尚父与百夫致师，以大卒驰帝纣师。纣师虽众，皆无战之心，心欲武王亟入。纣师皆倒兵以战，以开武王。武王驰之，纣兵皆崩畔纣。纣走，反入登于鹿台之上，蒙衣其殊玉，自燔于火而死。武王持大白旗以麾诸侯，诸侯毕拜武王，武王乃揖诸侯，诸侯毕从。武王至商国，商国百姓咸待于郊。于是武王使群臣告语商百姓曰：“上天降休！”商人皆再拜稽首，武王亦答拜。遂入，至纣死所。武王自射之，三发而后下车，以轻剑击之，以黄钺斩纣头，县大白之旗。已而至纣之嬖妾二女，二女皆经自杀。武王又射三发，击以剑，斩以玄钺，县其头小白之旗。武王已乃出复军。

其明日，除道，修社及商纣宫。及期，百夫荷罕旗以先驱。武王弟叔振铎奉陈常车，周公旦把大钺，毕公把小钺，以夹武王。散宜生、太颠、闳夭皆执剑以卫武王。既入，立于社南大卒之左，左右毕从。毛叔郑奉明水，卫康叔封布兹，召公奭赞采，师尚父牵牲。尹佚策祝曰：“殷之末孙季纣，殄废先王明德，侮蔑神祇不祀，昏暴商邑百姓，其章显闻于天皇上帝。”于是武王再拜稽首，曰：“膺更大命，革殷，受天明命。”武王又再拜稽首，乃出。

封商纣子禄父殷之余民。武王为殷初定未集，乃使其弟管叔鲜、蔡叔度相禄父治殷。已而命召公释箕子之囚。命毕公释百姓之囚，表商容之闾。命南宫括散鹿台之财，发巨桥之粟，以振贫弱萌隶。命南宫括、史佚展九鼎保玉。命闳夭封比干之墓。命宗祝享祠于军。乃罢兵西归。行狩，记政事，作《武成》。封诸侯，班赐宗彝，作《分殷之器物》。武王追思先圣王，乃褒封神农之后于焦，黄帝之后于祝，帝尧之后于蓟，帝舜之后于陈，大禹之后于杞。于是封功臣谋士，而师尚父为首封。封尚父于营丘，曰齐。封弟周公旦于曲阜，曰鲁。封召公奭于燕。封弟叔鲜于管，弟叔度于蔡。余各以次受封。

武王征九牧之君，登豳之阜，以望商邑。武王至于周，自夜不寐。周公旦即王所，曰：“曷为不寐？”王曰：“告女：维天不飨殷，自发未生于今六十年，麋鹿在牧，蜚鸿满野。天不享殷，乃今有成。维天建殷，其登名民三百六十夫，不显亦不宾灭，以至今。我未定天保，何暇寐！”王曰：“定天保，依天室，悉求夫恶，贬从殷王受。日夜劳来，定我西土，我维显服，及德方明。自洛汭延于伊汭，居易毋固，其有夏之居。我南望三涂，北望岳鄙，顾詹有河，粤詹洛、伊，毋远天室。”营周居于洛邑而后去。纵马于华山之阳，放牛于桃林之虚；偃干戈，振兵释旅：示天下不复用也。

武王已克殷，后二年，问箕子殷所以亡。箕子不忍言殷恶，以存亡国宜告。武王亦丑，故问以天道。

武王病。天下未集，群公惧，穆卜，周公乃祓斋，自为质，欲代武王，武王有瘳。后而崩，太子诵代立，是为成王。

成王少，周初定天下，周公恐诸侯畔周，公乃摄行政当国。管叔、蔡叔群弟疑周公，与武庚作乱，畔周。周公奉成王命，伐诛武庚、管叔，放蔡叔。以微子开代殷后，国于宋。颇收殷余民，以封武王少弟封为卫康叔。晋唐叔得嘉谷，献之成王，成王以归周公于兵所。周公受禾东土，鲁天子之命。初，管、蔡畔周，周公讨之，三年而毕定，故初作《大诰》，次作《微子之命》，次《归禾》，次《嘉禾》，次《康诰》《酒诰》《梓材》，其事在周公之篇。周公行政七年，成王长，周公反政成王，北面就群臣之位。

成王在丰，使召公复营洛邑，如武王之意。周公复卜申视，卒营筑，居九鼎焉。曰："此天下之中，四方入贡道里均。"作《召诰》《洛诰》。成王既迁殷遗民，周公以王命告，作《多士》《无佚》。召公为保，周公为师，东伐淮夷，残奄，迁其君薄姑。成王自奄归，在宗周，作《多方》。既绌殷命，袭淮夷，归在丰，作《周官》。兴正礼乐，度制于是改，而民和睦，颂声兴。成王既伐东夷，息慎来贺，王赐荣伯作《贿息慎之命》。

成王将崩，惧太子钊之不任，乃命召公、毕公率诸侯以相太子而立之。成王既崩，二公率诸侯，以太子钊见于先王庙，申告以文王、武王之所以为王业之不易，务在节俭，毋多欲，以笃信临之，作《顾命》。太子钊遂立，是为康王。康王即位，徧告诸侯，宣告以文武之业以申之，作《康诰》。故成康之际，天下安宁，刑错四十余年不用。康王命作策毕公分居里，成周郊，作《毕命》。

康王卒，子昭王瑕立。昭王之时，王道微缺。昭王南巡狩不返，卒于江上。其卒不赴告，讳之也。立昭王子满，是为穆王。穆王即位，春秋已五十矣。王道衰微，穆王闵文武之道缺，乃命伯臩申诫太仆国之政，作《臩命》。复宁。

穆王将征犬戎，祭公谋父谏曰："不可。先王耀德不观兵。夫兵戢而时动，动则威，观则玩，玩则无震。是故周文公之颂曰：'载戢干戈，载櫜弓矢，我求懿德，肆于时夏，允王保之。'先王之于民也，茂正其德而厚其性，阜其财求而利其器用，明利害之乡，以文修之，使之务利而辟害，怀德而畏威，故能保世以滋大。昔我先王世后稷，以服事虞、夏。及夏之衰也，弃稷不务，我先王不窋用失其官，而自窜于戎狄之间。不敢怠业，时序其德，遵修其绪，修其训典，朝夕恪勤，守以敦笃，奉以忠信。奕世载德，不忝前人。至于文王、武王，昭前之光明而加之以慈和，事神保民，无不欣喜。商王帝辛大恶于民，庶民不忍，欣载武王，以致戎于商牧。是故先王非务武也，勤恤民隐而除其害也。夫先王之制，邦内甸服，邦外侯服，侯卫宾服，夷蛮要服，戎翟荒服。甸服者祭，侯服者祀，宾服者享，要服者贡，荒服者王。日祭，月祀，时享，岁贡，终王。先王之顺祀也，有不祭则修意，有不祀则修言，有不享则修文，有不贡则修名，有不王则修德，序成而有不至则修刑。于是有刑不祭，伐不祀，征不享，让不贡，告不王。于是有刑罚之辟，有攻伐之兵，有征讨之备，有威让之命，有文告之辞。布令陈辞而有不至，则增修于德，无勤民于远。是以近无不听，远无不服。今自大毕、伯士之终也，犬戎氏以其职来王，天子曰'予必以不享征之，且观之兵'，无乃废先王之训，而王几顿乎？吾闻犬戎树敦，率旧德而守终纯固，其有以御我矣。"王遂征之，得四白狼四白鹿以归。自是荒服者不至。

诸侯有不睦者，甫侯言于王，作修刑辟。王曰："吁，来！有国有土，告汝祥刑。在今尔安百姓，何择非其人，何敬非其刑，何居非其宜与？两造具备，师听五辞。五辞简信，正于五刑。五刑不简，正于五罚。五罚不服，正于五过。五过之疵，官狱内狱，阅实其罪，惟钧其过。五刑之疑有赦，五罚之疑有赦，其审克之。简信有众，惟讯有稽。无简不疑，共严天威。黥辟疑赦，其罚百率，阅实其罪。劓辟疑赦，其罚倍洒，阅实其罪。膑辟疑赦，其罚倍差，阅实其罪。宫辟疑赦，其罚五百率，阅实其罪。大辟疑赦，其罚千率。阅实其罪。墨罚之属千，劓罚之属千，膑罚之属五百，宫罚之属三百，大辟之罚其属二百：五刑之属三千。”命曰《甫刑》。

穆王立五十五年，崩，子共王繄扈立。共王游于泾上，密康公从，有三女儆之。其母曰：“必致之王。夫兽三为群，人三为众，女三为粲。王田不取群，公行不下众，王御不参一族。夫粲，美之物也。众以美物归女，而何德以堪之？王犹不堪，况尔之小丑乎！小丑备物，终必亡。”康公不献，一年，共王灭密。共王崩，子懿王囏立。懿王之时，王室遂衰，诗人作刺。

懿王崩，共王弟辟方立，是为孝王。孝王崩，诸侯复立懿王太子燮，是为夷王。

夷王崩，子厉王胡立。厉王即位三十年，好利，近荣夷公。大夫芮良夫谏厉王曰：“王室其将卑乎？夫荣公好专利而不知大难。夫利，百物之所生也，天地之所载也，而有专之，其害多矣。天地百物皆将取焉，何可专也？所怒甚多，而不备大难。以是教王，王其能久乎？夫王人者，将导利而布之上下者也。使神人百物无不得极，犹日怵惕惧怨之来也。故《颂》曰‘思文后稷，克配彼天，立我蒸民，莫匪尔极’。《大雅》曰‘陈锡载周’。是不布利而惧难乎，故能载周以至于今。今王学专利，其可乎？匹夫专利，犹谓之盗，王而行之，其归鲜矣。荣公若用，周必败也。”厉王不听，卒以荣公为卿士，用事。

王行暴虐侈傲，国人谤王。召公谏曰：“民不堪命矣。”王怒，得卫巫，使监谤者，以告则杀之。其谤鲜矣，诸侯不朝。三十四年，王益严，国人莫敢言，道路以目。厉王喜，告召公曰：“吾能弭谤矣，乃不敢言。”召公曰：“是鄣之也。防民之口，甚于防水。水壅而溃，伤人必多，民亦如之。是故为水者决之使导，为民者宣之使言。故天子听政，使公卿至于列士献诗，瞽献曲，史献书，师箴，瞍赋，矇诵，百工谏，庶人传语，近臣尽规，亲戚补察，瞽史教诲，耆艾修之，而后王斟酌焉，是以事行而不悖。民之有口也，犹土之有山川也，财用于是乎出；犹其有原隰衍沃也，衣食于是乎生。口之宣言也，善败于是乎兴。行善而备败，所以产财用衣食者也。夫民虑之于心而宣之于口，成而行之。若壅其口，其与能几何？”王不听。于是国莫敢出言，三年，乃相与畔，袭厉王。厉王出奔于彘。

厉王太子静匿召公之家，国人闻之，乃围之。召公曰：“昔吾骤谏王，王不从，以及此难也。今杀王太子，王其以我为仇而怼怒乎？夫事君者，险而不仇怼，怨而不怒，况事王乎！”乃以其子代王太子，太子竟得脱。

召公、周公二相行政，号曰“共和”。共和十四年，厉王死于彘。太子静长于召公家，二相乃共立之为王，是为宣王。宣王即位，二相辅之，修政，法文、武、成、康之遗风，诸侯复宗周。十二年，鲁武公来朝。

宣王不修籍于千亩，虢文公谏曰不可，王弗听。三十九年，战于千亩，王师败绩于姜氏之戎。

宣王既亡南国之师，乃料民于太原。仲山甫谏曰：“民不可料也。”宣王不听，卒料民。

四十六年，宣王崩，子幽王宫湦立。幽王二年，西周三川皆震。伯阳甫曰：“周将亡矣。夫天地之气，不失其序；若过其序，民乱之也。阳伏而不能出，阴迫而不能蒸，于是有地震。今三川实震，是阳失其所而填阴也。阳失而在阴，原必塞；原塞，国必亡。夫水土演而民用也。土无所演，民乏财用，不亡何待！昔伊、洛竭而夏亡，河竭而商亡。今周德若二代之季矣，其川原又塞，塞必竭。夫国必依山川，山崩川竭，亡国之征也。川竭必山崩。若国亡不过十年，数之纪也。天之所弃，不过其纪。"是岁也，三川竭，岐山崩。

三年，幽王嬖爱褒姒。褒姒生子伯服，幽王欲废太子。太子母申侯女，而为后。后幽王得褒姒，爱之，欲废申后，并去太子宜臼，以褒姒为后，以伯服为太子。周太史伯阳读史记曰："周亡矣。昔自夏后氏之衰也，有二神龙止于夏帝庭而言曰：'余，褒之二君。'夏帝卜杀之与去之与止之，莫吉。卜请其漦而藏之，乃吉。于是布币而策告之，龙亡而漦在，椟而去之。夏亡，传此器殷。殷亡，又传此器周。比三代，莫敢发之。至厉王之末，发而观之。漦流于庭，不可除。厉王使妇人裸而噪之。漦化为玄鼋，以入王后宫。后宫之童妾既龀而遭之，既笄而孕，无夫而生子，惧而弃之。宣王之时童女谣曰：'檿弧箕服，实亡周国。'于是宣王闻之，有夫妇卖是器者，宣王使执而戮之。逃于道，而见乡者后宫童妾所弃妖子出于路者，闻其夜啼，哀而收之。夫妇遂亡，奔于褒。褒人有罪，请入童妾所弃女子者于王以赎罪。弃女子出于褒，是为褒姒。当幽王三年，王之后宫见而爱之，生子伯服，竟废申后及太子，以褒姒为后，伯服为太子。太史伯阳曰："祸成矣，无可奈何！"

褒姒不好笑，幽王欲其笑万方，故不笑。幽王为烽燧大鼓，有寇至则举烽火。诸侯悉至，至而无寇，褒姒乃大笑。幽王说之，为数举烽火。其后不信，诸侯益亦不至。

幽王以虢石父为卿，用事，国人皆怨。石父为人佞巧，善谀好利，王用之。又废申后，去太子也。申侯怒，与缯、西夷犬戎攻幽王。幽王举烽火征兵，兵莫至。遂杀幽王骊山下，虏褒姒，尽取周赂而去。于是诸侯乃即申侯而共立故幽王太子宜臼，是为平王，以奉周祀。

平王立，东迁于洛邑，辟戎寇。平王之时，周室衰微，诸侯强并弱，齐、楚、秦、晋始大，政由方伯。

四十九年，鲁隐公即位。

五十一年，平王崩，太子泄父早死，立其子林，是为桓王。桓王，平王孙也。

桓王三年，郑庄公朝，桓王不礼。五年，郑怨，与鲁易许田。许田，天子之用事太山田也。八年，鲁杀隐公，立桓公。十三年，伐郑，郑射伤桓王，桓王去归。

二十三年，桓王崩，子庄王佗立。庄王四年，周公黑肩欲杀庄王而立王子克。辛伯告王，王杀周公。王子克奔燕。

十五年，庄王崩，子釐王胡齐立。釐王三年，齐桓公始霸。

五年，釐王崩，子惠王阆立。惠王二年。初，庄王嬖姬姚，生子颓，颓有宠。及惠王即位，夺其大臣园以为囿，故大夫边伯等五人作乱，谋召燕、卫师，伐惠王。惠王奔温，已居郑之栎。立釐王弟颓为王。乐及偏舞，郑、虢君怒。四年，郑与虢君伐杀王颓，复入惠王。惠王十年，赐齐桓公为伯。

二十五年，惠王崩，子襄王郑立。襄王母蚤死，后母曰惠后。惠后生叔带，有宠于惠王，襄王畏之。三年，叔带与戎、翟谋伐襄王，襄王欲诛叔带，叔带儆齐。齐桓公使管仲平戎于周，使隰朋平戎于晋。王以上卿礼管仲。管仲辞曰："臣贱有司也，有天子之二守国、高在。若节春秋来承王命，何以礼焉。陪臣敢辞。"王曰："舅氏，余嘉乃勋，毋逆朕命。"管仲卒受下卿之礼而还。九年，齐桓公卒。十二年，叔带复归于周。

十三年，郑伐滑，王使游孙、伯服请滑，郑人囚之。郑文公怨惠王之入不与厉公爵，又怨襄王之与卫滑，故囚伯服。王怒，将以翟伐郑。富辰谏曰："凡我周之东徙，晋、郑焉依。子颓之乱，又郑之由定，今以小怨弃之！"王不听。十五年，王降翟师以伐郑。王德翟人，将以其女为后。富辰谏曰："平、桓、庄、惠皆受郑劳，王弃亲亲翟，不可从。"王不听。十六年，王绌翟后，翟人来诛，杀谭伯。富辰曰："吾数谏不从，如是不出，王以我为怼乎？"乃以其属死之。

初，惠后欲立王子带，故以党开翟人，翟人遂入周。襄王出奔郑，郑居王于氾。子带立为王，取襄王所绌翟后与居温。十七年，襄王告急于晋，晋文公纳王而诛叔带。襄王乃赐晋文公珪鬯弓矢，为伯，以河内地与晋。二十年，晋文公召襄王，襄王会之河阳、践土，诸侯毕朝，书讳曰"天王狩于河阳"。

二十四年，晋文公卒。

三十一年，秦穆公卒。

三十二年，襄王崩，子顷王壬臣立。顷王六年，崩，子匡王班立。匡王六年，崩，弟瑜立，是为定王。

定王元年，楚庄王伐陆浑之戎，次洛，使人问九鼎。王使王孙满应设以辞，楚兵乃去。十年，楚庄王围郑，郑伯降，已而复之。十六年，楚庄王卒。

二十一年，定王崩，子简王夷立。简王十三年，晋杀其君厉公，迎子周于周，立为悼公。

十四年，简王崩，子灵王泄心立。灵王二十四年，齐崔杼弑其君庄公。

二十七年，灵王崩，子景王贵立。景王十八年，后、太子圣而早卒。二十年，景王爱子朝，欲立之，会崩，子丐之党与争立，国人立长子猛为王，子朝攻杀猛。猛为悼王。晋人攻子朝而立丐，是为敬王。

敬王元年，晋人入敬王，子朝自立，敬王不得入，居泽。四年，晋率诸侯入敬王于周，子朝为臣，诸侯城周。十六年，子朝之徒复作乱，敬王奔于晋。十七年，晋定公遂入敬王于周。

三十九年，齐田常杀其君简公。

四十一年，楚灭陈。孔子卒。

四十二年，敬王崩，子元王仁立。元王八年，崩，子定王介立。定王十六年，三晋灭智伯，分有其地。

二十八年，定王崩，长子去疾立，是为哀王。哀王立三月，弟叔袭杀哀王而自立，是为思王。思王立五月，少弟嵬攻杀思王而自立，是为考王。此三王皆定王之子。

考王十五年，崩，子威烈王午立。

考王封其弟于河南，是为桓公，以续周公之官职。桓公卒，子威公代立。威公卒，子惠公代立，乃封其少子于巩以奉王，号东周惠公。

威烈王二十三年，九鼎震。命韩、魏、赵为诸侯。

二十四年，崩，子安王骄立。是岁盗杀楚声王。

安王立二十六年，崩，子烈王喜立。烈王二年，周太史儋见秦献公曰："始周与秦国合而别，别五百载复合，合十七岁而霸王者出焉。"

十年，烈王崩，弟扁立，是为显王。显王五年，贺秦献公，献公称伯。九年，致文武胙于秦孝公。二十五年，秦会诸侯于周。二十六年，周致伯于秦孝公。三十三年，贺秦惠王。三十五年，致文武胙于秦惠王。四十四年，秦惠王称王。其后诸侯皆为王。

四十八年，显王崩，子慎靓王定立。慎靓王立六年，崩，子赧王延立。王赧时东西周分治。王赧徙都西周。

西周武公之共太子死，有五庶子，毋嫡立。司马翦谓楚王曰："不如以地资公子咎，为请太子。"左成曰："不可。周不听，是公之知困而交疏于周也。不如请周君孰欲立，以微告翦，翦请令楚资之以地。"果立公子咎为太子。

八年，秦攻宜阳，楚救之。而楚以周为秦故，将伐之。苏代为周说楚王曰："何以周为秦之祸也？言周之为秦甚于楚者，欲令周入秦也，故谓'周秦'也。周知其不可解，必入于秦，此为秦取周之精者也。为王计者，周于秦因善之，不于秦亦言善之，以疏之于秦。周绝于秦，必入于郢矣。"

秦借道两周之间，将以伐韩，周恐借之畏于韩，不借畏于秦。史厌谓周君曰："何不令人谓韩公叔曰：'秦之敢绝周而伐韩者，信东周也。公何不与周地，发质使之楚？'秦必疑楚不信周，是韩不伐也。又谓秦曰：'韩强与周地，将以疑周于秦也，周不敢不受。'秦必无辞而令周不受，是受地于韩而听于秦。"

秦召西周君，西周君恶往，故令人谓韩王曰："秦召西周君，将以使攻王之南阳也，王何不出兵于南阳？周君将以为辞于秦。周君不入秦，秦必不敢逾河而攻南阳矣。"

东周与西周战，韩救西周。或为东周说韩王曰："西周故天子之国，多名器重宝。王案兵毋出，可以德东周，而西周之宝必可以尽矣。"

王赧谓成君。楚围雍氏，韩征甲与粟于东周，东周君恐，召苏代而告之。代曰："君何患于是。臣能使韩毋征甲与粟于周，又能为君得高都。"周君曰："子苟能，请以国听子。"代见韩相国曰："楚围雍氏，期三月也，今五月不能拔，是楚病也。今相国乃征甲与粟于周，是告楚病也。"韩相国曰："善。使者已行矣。"代曰："何不与周高都？"韩相国大怒曰："吾毋征甲与粟于周亦已多矣，何故与周高都也？"代曰："与周高都，是周折而入于韩也，秦闻之必大怒忿周，即不通周使，是以弊高都得完周也。曷为不与？"相国曰："善。"果与周高都。

三十四年，苏厉谓周君曰："秦破韩、魏，扑师武，北取赵蔺、离石者，皆白起也。是善用兵，又有天命。今又将兵出塞攻梁，梁破则周危矣。君何不令人说白起乎？曰：'楚有养由基者，善射者也。去柳叶百步而射之，百发而百中之。左右观者数千人，皆曰善射。有一夫立其旁，曰："善，可教射矣。"养由基怒，释弓扼剑，曰："客安能教我射乎？"客曰："非吾能教子支左诎右也。夫去柳叶百步而射之，百发而百中之，不以善息，少焉气衰力倦，弓拨矢钩，一发不中者，百发尽息。"今破韩、魏，扑师武，北取赵蔺、离石者，公之功多矣。今又将兵出塞，过两周，倍韩，攻梁，一举不得，前功尽弃。公不如称病而无出。'"

四十二年，秦破华阳约。马犯谓周君曰："请令梁城周。"乃谓梁王曰："周王病若死，则犯必死矣。犯请以九鼎自入于王，王受九鼎而图犯。"梁王曰："善。"遂与之卒，言戍周。因谓秦王曰："梁非戍周也，将伐周也。王试出兵境以观之。"秦果出兵。又谓梁王曰："周王病甚矣，犯请后可而复之。今王使卒之周，诸侯皆生心，后举事且不信。不若令卒为周城，以匿事端。"梁王曰："善。"遂使城周。

四十五年，周君之秦，客谓周冣曰："公不若誉秦王之孝，因以应为太后养地，秦王必喜,是公有秦交。交善,周君必以为公功。交恶,劝周君入秦者必有罪矣。”秦攻周,而周冣谓秦王曰:“为王计者不攻周。攻周,实不足以利,声畏天下。天下以声畏秦,必东合于齐。兵弊于周,合天下于齐,则秦不王矣。天下欲弊秦,劝王攻周。秦与天下弊,则令不行矣。”

五十八年,三晋距秦。周令其相国之秦,以秦之轻也,还其行。客谓相国曰:“秦之轻重未可知也。秦欲知三国之情。公不如急见秦王曰‘请为王听东方之变’,秦王必重公,重公,是秦重周,周以取秦也;齐重,则固有周聚以收齐:是周常不失重国之交也。”秦信周,发兵攻三晋。

五十九年,秦取韩阳城负黍,西周恐,倍秦,与诸侯约从,将天下锐师出伊阙攻秦,令秦无得通阳城。秦昭王怒,使将军摎攻西周。西周君儆秦,顿首受罪,尽献其邑三十六,口三万。秦受其献,归其君于周。

周君、王赧卒,周民遂东亡。秦取九鼎宝器,而迁西周公于𢠸狐。后七岁,秦庄襄王灭东周。东西周皆入于秦,周既不祀。

太史公曰:学者皆称周伐纣,居洛邑,综其实不然。武王营之,成王使召公卜居,居九鼎焉,而周复都丰、镐。至犬戎败幽王,周乃东徙于洛邑。所谓“周公葬于毕”,毕在镐东南杜中。秦灭周。汉兴九十有余载,天子将封泰山,东巡狩至河南,求周苗裔,封其后嘉三十里地,号曰周子南君,比列侯,以奉其先祭祀。

【译文】

周的始祖后稷,名叫弃。他的母亲是有邰氏部族的女儿,名叫姜原。姜原是帝喾的正妃。姜原外出到郊野,看见一个巨人脚印,心里欣然爱慕,想去踩它一脚,一踩就觉得身子震动像怀了孕似的。满了十月就生下一个儿子,姜原认为这孩子不吉祥,就把他扔到了一个狭窄的小巷里,但不论是马还是牛从他身边经过都绕着躲开而不踩他,于是又把他扔在树林里,正赶上树林里人多,所以又挪了个地方;把他扔在渠沟的冰上,有飞鸟飞来用翅膀盖在他身上,垫在他身下。姜原觉得这太神异了,就抱回来把他养大成人。由于起初想把他扔掉,所以就给他取名叫弃。

弃小的时候,就很出众,有伟人的高远志向。他游戏的时候,喜欢种植麻、豆之类的庄稼,种出来的麻、豆长得都很茂盛。到他成人之后,就喜欢耕田种谷,仔细观察什么样的土地适宜种什么,适宜种庄稼的地方就在那里种植收获,民众都来向他学习。尧帝听说了这情况,就举任弃担任农师的官,教给民众种植庄稼,天下都得到他的好处,他做出了很大成绩。舜帝说:“弃,黎民百姓开始挨饿时,你担任了农师,播种了各种谷物。”把弃封在邰,以官为号,称后稷,另外以姬为姓。后稷的兴起,正在唐尧、虞舜、夏商的时代,这一族都有美好的德望。

后稷死后,他的儿子不窋继位。不窋晚年夏后氏政治衰败,废弃农师,不再务农,不窋因为失了官职就流浪到戎狄地区,不窋死后,他的儿子鞠继位。鞠死后,儿子公刘继位。公刘虽然生活在戎狄地区,仍然治理后稷的基业,从事农业生产,巡行考察土地适宜种什么,从漆水、沮水,渡过渭水,伐取木材以供使用,使得出门的人有旅费,居家的人有积蓄。民众的生活都靠他好起来。各姓的人都感念他,很多人迁来归附他。周朝事业的兴盛就是从这时候开始的,所以,诗人们创歌谱乐来怀念他的功德。公刘去世后,儿子庆节继位，在豳地建立了国都。

庆节去世后，儿子皇仆继位。皇仆去世后，儿子差弗继位。差弗去世后，儿子毁隃继位。毁隃去世后，儿子公非继位。公非去世后，儿子高圉继位。高圉去世后，儿子亚圉继位。亚圉去世后，儿子公叔祖类继位。公叔祖类去世后，儿子古公亶父继位。古公亶父重修后稷、公刘的大业，积累德行，普施仁义，国人都爱戴他。戎狄的薰育族来侵扰，想要夺取财物，古公亶父就主动给他们。后来又来侵扰，想要夺取土地和人口。人民都很愤怒，想奋起反击。古公说："民众拥立君主，是想让他给大家谋利益。现在戎狄前来侵犯，目的是为了夺取我的土地和民众。民众跟着我或跟着他们，有什么区别呢？民众为了我的缘故去打仗，我牺牲人家的父子兄弟却做他们的君主，我实在不忍心这样干。"于是带领家众离开豳地，渡过漆水、沮水，翻越梁山，到岐山脚下居住。豳邑的人全城上下扶老携幼，又都跟着古公来到岐下。以至其他邻国听说古公这么仁爱，也有很多来归从他。于是古公就废除戎狄的风俗，营造城郭，建筑房舍，把民众分成邑落定居下来。又设立各种官职，来办理各种事务。民众都谱歌作乐，歌颂他的功德。

古公的长子名叫太伯，次子叫虞仲。他的妃子太姜生下小儿子季历，季历娶太任为妻，她也像太姜一样是贤惠的妇人。生下昌，有圣贤的祥兆。古公说："我们家族有一代要兴旺起来，恐怕就在昌身上应验吧？"长子太伯、次子虞仲知道古公想让季历继位以便传给昌，就一块逃到了南方荆、蛮之地，随当地的习俗，在身上刺上花纹，剪掉了头发，把王位让给季历。

周文王姬昌

古公去世后，季历继位，这就是公季。公季学习实行古公的政教，努力施行仁义，诸侯都归顺他。

公季去世，儿子昌继位，这就是西伯。西伯也就是文王，他继承后稷、公刘的遗业，效法古公、公刘的法则，一心一意施行仁义，敬重老人，慈爱晚辈。对贤士谦下有礼，有时到了中午都顾不上吃饭来接待贤士，士人因此都归附他。伯夷、叔齐在孤竹国，听说西伯非常敬重老人，就商量说为什么不去投奔西伯呢？太颠、闳夭、散宜生、鬻子、辛甲大夫等人都一起归顺了西伯。

崇侯虎向殷纣说西伯的坏话，他说："西伯积累善行、美德，诸侯都归向他，这将对您不利呀！"于是纣帝就把西伯囚禁在羑里。闳夭等人都为西伯担心，就设法找来有莘氏的美女，骊戎地区出产的红鬃白身、目如黄金的骏马，有熊国出产的三十六匹好马，还有其他一些珍奇宝物，通过殷的宠臣费仲献给纣王。纣见了这些非常高兴，说："这些东西有了一件就可以释放西伯了，何况这么多呢！"于是赦免了西伯，还赐给他弓箭斧钺，让他有权征讨邻近的诸侯。纣说："说西伯坏话的是崇侯虎啊！"西伯回国之后就献出洛水以西的土地，请求纣废除炮格的刑法，这种刑罚就是在铜柱上涂上油，下面烧起炭火，让受罚者爬铜柱，爬不动了就落在炭火里。纣答应了西伯的请求。

西伯暗中做善事，诸侯都来请他裁决争端。当时，虞国人和芮国人发生争执不能决断，就一块儿到周国来。进入周国境后，发现种田的人都互让田界，人们都有谦让长者的习惯。虞、芮两国发生争执的人，还没有见到西伯，就觉得惭愧了，都说："我们所争的，正是人家周国人以为羞耻的，我们还找西伯干什么，只会自讨耻辱罢了。"于是各自返回，都把田地让出然后离去。诸侯听说了这件事，都说："西伯恐怕就是那承受天命的君王。"

第二年，西伯征伐犬戎。下一年，征伐密须。又下年，打败了耆国。殷朝的祖伊听说了，非常害怕，把这些情况报告给纣帝。纣说："我不是承奉天命的人吗？他这个人能干成什么！"次年，西伯征伐邘。次年，征伐崇侯虎。营建了丰邑，从岐下迁都到丰。次年，西伯逝世，太子发登位，这就是武王。

西伯在位大约五十年。他被囚禁在羑里的时候，据说曾经增演《易》的八卦为六十四卦。诗人称颂西伯，说他断决虞、芮争执以后，诸侯们尊他为王，那一年就是他承受天命而称王的一年。后来过了九(十)年逝世，谥为文王。他曾改变了殷之律法制度，制定了新的历法。曾追尊古公为太王，公季为王季：那意思就是说，大概帝王的瑞兆是从太王时开始兴起的。

武王登位，太公望任太师，周公旦做辅相，还有召公、毕公等人辅佐帮助，以文王为榜样，承继文王的事业。

武王受命第九年，在毕地祭祀文王。然后往东方去检阅部队，到达盟津。制作了文王的牌位，用车载着，供在中军帐中。武王自称太子发，宣称是奉文王之命前去讨伐，不敢自己擅自做主。他向司马、司徒、司空等受王命执符节的官员宣告："大家都要严肃恭敬，要诚实啊，我本是无知之人，只因先祖有德行，我承受了先人的功业。现在已制定了各种赏罚制度，来确保完成祖先的功业。"于是发兵。师尚父向全军发布命令说："集合你们的兵众，把好船桨，落后的一律斩杀。"武王乘船渡河，船走到河中央，有一条白鱼跳进武王的船中，武王俯身抓起来用它祭天了。渡过河之后，有一团火从天而降，落到武王住的房子上，转动不停，最后变成一只乌鸦，赤红的颜色，发出磅礴的鸣声。这时候，诸侯们虽然未曾约定，却都会集到盟津，共有八百多个。诸侯都说："纣可以讨伐了！"武王说："你们不了解天命，现在还不可以。"于是率领军队回去了。

过了两年，武王听说纣昏庸暴虐更加严重，杀了王子比干，囚禁了箕子。太师疵、少师强抱着乐器逃奔到周国来了。于是武王向全体诸侯宣告说："殷王罪恶深重，不可以不讨伐了！"于是遵循文王的遗旨，率领战车三百辆，勇士三千人，披甲战士四万五千人，东进伐纣。第十一年十二月戊午日，军队全部渡过盟津，诸侯都来会合。武王说："要奋发努力，不能懈怠！"武王作了《太誓》，向全体官兵宣告："如今殷王纣竟听任妇人之言，以致自绝于天，毁坏天、地、人的正道，疏远他的亲族弟兄，又抛弃了他祖先传下的乐曲，竟谱制淫荡之声，扰乱雅正的音乐，去讨女人的欢心。所以，现在我姬发要恭敬地执行上天的惩罚。各位努力吧，不能再有第二次，不能再有第三次！"

二月甲子日的黎明，武王一早就来到商郊牧野，举行誓师。武王左手拿着黄色大斧，右手拿着有旄牛尾做装饰的白色旗帜，用来指挥。说："辛苦了，西方来的将士们！"武王说："喂！我的友邦的国君们，司徒、司马、司空、亚旅、师氏各位卿大夫们，千夫长、百夫长各位将领们，还有庸人、蜀人、羌人、髳人、微人、□人、彭人、濮人，高举你们的戈，排齐你们的盾，竖起你们的矛，让我们来发誓！"武王说："古人有句老话：'母鸡不报晓。母鸡报晓，就会使家毁败。'如今殷王纣只听妇人之言，废弃祭祀祖先的事不加过问，放弃国家大政，抛开亲族兄弟不予任用，却纠合四方罪恶多端的逃犯，抬高他们，尊重他们，信任他们，使用他们，让他们欺压百姓，在商国为非作歹。现在我姬发恭敬地执行上天的惩罚。今天我们作战，每前进六步七步，就停下来齐整队伍，大家一定要努力呀！刺击过四五次、六七次，就停下来齐整队伍，努力吧，各位将士！希望大家威风勇武，像猛虎，像熊罴，像豺狼，像蛟龙。在商都郊外，不要阻止前来投降的殷纣士兵，要让他们帮助我们西方诸侯，一定要努力呀，各位将士！你们谁要是不努力，你们自身就将遭杀戮！”誓师完毕，前来会合的诸侯军队，共有战车四千辆，在牧野摆开了阵势。

帝纣听说武王攻来了，也发兵七十万来抵抗武王。武王派师尚父率领百名勇士前去挑战，然后率领拥有战车三百五十辆、士卒两万六千二百五十人、勇士三千人的大部队急驱冲进殷纣的军队。纣的军队人数虽多，却都没有打仗的心思，心里盼着武王赶快攻进来。他们都掉转兵器攻击殷纣的军队，给武王做了先导。武王急驱战车冲进来，纣的士兵全部崩溃，背叛了殷纣。殷纣败逃，返回城中登上鹿台，穿上他的宝玉衣，投火自焚而死。武王手持太白旗指挥诸侯，诸侯都向他行拜礼，武王也作揖还礼，诸侯全都跟着武王。武王进入商都朝歌，商都的百姓都在郊外等待着武王。于是武王命令群臣向商都百姓宣告说：“上天赐福给你们！”商都人全都拜谢，叩头至地，武王也向他们回拜行礼。于是进入城中，找到纣自焚的地方。武王亲自发箭射纣的尸体，射了三箭然后走下战车，又用轻吕宝剑刺击纣尸，用黄色大斧斩下了纣的头，悬挂在大白旗上。然后又到纣的两个宠妃那里，两个宠妃都上吊自杀了。武王又向她们射了三箭，用剑刺击，用黑色的大斧斩下了她们的头，悬挂在小白旗上。武王做完这些才出城返回军营。

第二天，清除道路，修治祭祀土地的社坛和商纣的宫室。开始动工时，一百名壮汉扛着有几条飘带的云罕旗在前面开道。武王的弟弟叔振铎护卫并摆开了插着太常旗的仪仗车，周公旦手持大斧，毕公手持小斧，侍卫在武王两旁。散宜生、太颠、闳夭都手持宝剑护卫着武王。进了城，武王站在社坛南大部队的左边，群臣都跟在身后。毛叔郑捧着明月夜取的露水，卫康叔封铺好了公明草编的席子，召公奭献上了彩帛，师尚父牵来了供祭祀用的牲畜。伊佚朗读祝文祝祷说：“殷的末代子孙季纣，完全败坏了先王的明德，侮慢鬼神，不进行祭祀，欺凌商邑的百姓，他罪恶昭彰，被天皇上帝知道了。”于是武王拜了两拜，叩头至地，说：“承受上天之命，革除殷朝政权，接受上天圣明的旨命。”武王又拜了两拜，叩头至地，然后退出。

武王把殷朝的遗民封给商纣的儿子禄父。武王因为殷地刚刚平定，还没有安定下来，就命令他的弟弟管叔鲜、蔡叔度辅佐禄父治理殷国。然后命令召公把箕子从牢狱里释放出来。又命令毕公释放了被囚禁的百姓，表彰商容的里巷，以褒扬他的德行。命令南宫括散发鹿台仓库的钱财，发放钜桥粮仓的粮食，赈济贫弱的民众。命令南宫括、史佚展示传国之宝九鼎和殷朝的宝玉。命令闳夭给比干的墓培土筑坟。命令主管祭祀的祝官在军中祭奠阵亡将士的亡灵。然后才撤兵回西方去。路上武王巡视各诸侯国，记录政事，写下了《武成》，宣告灭殷武功已成。又分封诸侯，颁赐宗庙祭器，写下《分殷之器物》，记载了武王的命令和各诸侯得到的赐物。武王怀念古代的圣王，就表彰并赐封神农氏的后代于焦国，赐封黄帝的后代于祝国，赐封尧帝的后代于蓟，赐封舜帝的后代于陈，赐封大禹的后代于杞。然后分封功臣谋士，其中师尚父是第一个受封的。把尚父封在营丘，国号为齐。把弟弟周公旦封在曲阜，国号为鲁。封召公奭于燕。封弟弟叔鲜于管，封弟弟叔度于蔡。其他人各自依次受封。

武王召见九州的长官，登上豳城附近的土山，远远地向商朝的国都眺望。武王回到周都镐京，直到深夜不能安睡。周公旦来到武王的住处，问道："你为什么不能入睡？"武王说："告诉你吧：上天不享用殷朝的祭品，从我姬发没出生到现在已经六十年了，郊外怪兽成群，害虫遍野。上天不保佑殷朝，才使我们取得了今天的成功。上天建立殷朝，曾经任用有名之士三百六十人，虽然说不上政绩光著，但也不至于灭亡，才使殷朝维持至今。我还不能使上天赐给周朝的国运永葆不变，哪里顾得上睡觉呢？"武王又说："我要确保周朝的国运不可改变，要靠近天帝的居室，要找出所有的恶人，惩罚他们，像对待殷王一样。我要日夜勤勉努力，确保我西方的安定，我要办好各种事情，直到功德在四方放光。从洛水湾直到伊水湾，地势平坦没有险阻，是从前夏朝定居的地方。我南望三涂，北望岳北，观察黄河，仔细察看了洛水、伊水地区，这里离天帝的居室不远，是建都的好地方。"于是对在洛邑修建周都进行了测量规划，然后离去。把马放养在华山南面，把牛放养在桃林区域；让军队把武器放倒，进行整顿然后解散：向天下表示不再用兵。

武王战胜殷朝之后二年，向箕子询问殷朝灭亡的原因。箕子不忍心说殷朝的不好，就向武王讲述了国家存亡道理。武王也觉得不太好意思，所以又故意询问了天地自然规律的事。

武王生了病。这时，天下还没有统一，王室大臣非常担心，虔诚地进行占卜；周公斋戒沐浴，祷告上天，为武王消灾除邪，愿意用自己的身体去代替武王，武王病渐渐好了。后来武王逝世了，太子诵继承了王位，这就是成王。

成王年纪小，周又刚刚平定天下，周公担心诸侯背叛周朝，就代理成王管理政务，主持国事。管叔、蔡叔等弟兄怀疑周公篡位，联合武庚发动叛乱，背叛周朝。周公奉成王的命令，平复叛乱，诛杀了武庚、管叔，流放了蔡叔。让微子开继承殷朝的后嗣，在宋地建国。又收集了殷朝的全部遗民，封给武王的小弟弟封，让他做了卫康叔。晋唐叔得到一种二苗同穗的禾谷，献给成王。成王又把它赠给远在军营中的周公。周公在东方接受了米谷，颂扬了天子赐禾谷的圣命。起初，管叔、蔡叔背叛了周朝，周公前去讨伐，经过三年时间才彻底平定，所以先写下了《大诰》，向天下陈述东征讨伐叛逆的大道理；接着又写下了《微子之命》，封命微子继续殷后；写下了《归禾》《嘉禾》，记述和颂扬天子赠送嘉禾；写下《康诰》《酒诰》《梓材》，下令封康叔于殷，训诫他戒除嗜酒，教给他为政之道。那些事件的经过记载在《鲁周公世家》中。周公代行国政七年，成王长大成人，周公把政权交还给成王，自己又回到群臣的行列中去。

成王住在丰邑，派召公再去洛邑测量，目的是为了遵循武王的遗旨。周公又进行占卜，反复察看地形，最后营建成功，把九鼎安放在那里。说："这里是天下的中心，四方进贡的路程都一样。"在测量和营建洛邑的过程中，写下了《诏诰》《洛诰》。成王把殷朝遗民迁徙到那里，周公向他们宣布了成王的命令，写下了训诫殷民的《多士》《无佚》。召公担任太保，周公担任太师，往东征伐淮夷，灭了奄国，把奄国国君迁徙到薄姑。成王从奄国回来，在宗周写下了《多方》，告诫天下诸侯。成王消灭了殷朝的残余势力，袭击了淮夷，回到丰邑，写下了《周官》，说明周朝设官分职用人之法，重新规定了礼仪，谱制了音乐，法令、制度这时也都进行了修改，百姓和睦、太平，颂歌四处兴起。成王讨伐了东夷之后，息慎前来恭贺，成王命令荣伯写下了《贿息慎之命》。

成王临终，担心太子钊胜任不了国事，就命令召公、毕公率领诸侯辅佐太子登位。成王逝世之后，召公、毕公率领诸侯，带着太子钊去拜谒先王的宗庙，用文王、武王开创周朝王业的艰难反复告诫太子，要他一定力行节俭，戒除贪欲，专心办理国政，写下了《顾命》，要求大臣们辅佐关照太子钊。太子钊于是登位，这就是康王。康王即位，通告天下诸侯，向他们宣告文王、武王的业绩，反复加以说明写下了《康诏》(康王之诰)。所以在成王、康王之际，天下安宁，一切刑罚都放置一边，四十年不曾使用。康王命令毕公写作策书，让民众分别村落居住，划定周都郊外的境界，作为周都的屏卫，为此写下《毕命》，记录了毕公受命这件事。

康王逝世之后，儿子昭王瑕继位，昭王在位的时候，王道衰落了。昭王到南方巡视，没有回来，因为当地人憎恶他，给他一只用胶粘合的船，结果淹死在江中。他死的时候没有向诸侯报丧，是因为忌讳这件事。后来立了昭王的儿子满，这就是穆王。穆王继位时，已经五十岁了。国家政治衰微，穆王痛惜文王、武王的德政遭到损害，就命令伯冏反复告诫太仆，要管好国家的政事，写下了《冏命》。这样，天下才又得以安定。

穆王准备去攻打犬戎，祭公谋父劝他说："不能去。我们先王都以光耀德行来服人，而不炫耀武力。军队平时蓄积力量，待必要时才出动，一出动就有威力。如果只是炫耀武力，就会漫不经心，漫不经心就没有人惧怕了。所以歌颂周公的颂诗说："收起干与戈，藏起弓和箭。求贤重美德，华夏都传遍，王业永保全。"先王对待民众，努力端正他们的品德，使他们的性情纯厚，增加他们的财产，改善他们的器用，让他们懂得利和害的所在，用礼法来教育他们，使他们专心致力于有利的事情而躲避有害的事情，心怀德政而惧怕刑威，所以才能保住先王的事业世代相承日益壮大。从前我们的先祖世代担任农师，为虞舜、夏禹谋事。当夏朝衰落的时候，夏朝废弃农师，不务农事，我们的先王不窋因而失掉官职，自己流落到戎狄地区，但对农事却不敢松懈，时时宣扬弃的德行，继续他的事业，修习他的教化法度，早晚恭谨努力，用敦厚笃实的态度来保持，用忠实诚信的态度来奉行。后来世代继承这种美德，没有玷污前人。到文王、武王的时候，发扬先人的光明美德，再加上慈祥和善，侍奉鬼神，保护民众，普天之下没有不高兴的。商王帝辛对民众犯下了大罪恶，民众再也不能忍受，都高兴地拥戴武王，因此才发动了商郊牧野的战争。所以说，先王并不崇尚武力，而是勤勤恳恳地体恤民众的疾苦，为民除害。先王的制度规定：国都近郊五百里内地区是甸服，甸服以外五百里的地区是侯服，侯服至卫服共二千五百里内地区总称为宾服，蛮夷地区为要服，戎狄地区为荒服。甸服地区要供日祭，即供给天子祭祀祖父、父亲的祭品；侯服地区要供月祀，即供给天子祭祀高祖、曾祖的祀品；宾服地区要供时享，即供给天子祭祀远祖的祭品；要服地区要供岁贡，即供给天子祭神的祭品；荒服地区要来朝见天子。祭祀祖父、父亲，每日一次；祭祀高祖、曾祖，每月一次；祭祀远祖，每季一次；祭神，每年一次；朝见天子，终生一次。先王留下这样的遗训：有不供日祭的，就检查自己的思想；有不供月祀的，就检查自己的言论；有不供时享的，就检查自己的法律制度；有不供岁贡的，就检查上下尊卑的名分；有不来朝见的，就检查仁义礼乐等教化。以上几点都依次检查完了，仍然有不来进献朝见的，就检查刑罚。因此有时就惩罚不祭的，攻伐不祀的，有征讨不享的，谴责不贡的，告谕不来朝见的，于是也就有了惩罚的法律，有了攻伐的军队，有了征讨的装备，有了严厉谴责的命令，有了告谕的文辞。如果宣布了命令，发出了文告，仍有不来进献朝见的，就进一步检查自己的德行，而不是轻易地劳民远征。这样一来，不论是近是远，就没有不服，没有不归顺的了。如今自从大毕、伯士死后，犬戎各族按照荒服的职分前来朝见，而您却说'我要用宾服不享的罪名征伐它，而且要让它看到我的军队的威力'，这岂不是违背先王的教诲，而您也将遭受劳顿吗？我听说犬戎已经建立了敦厚的风尚，遵守祖先传下来的美德，始终如一地坚守终生入朝的职分，看来他们是有力量来和我们对抗的。"穆王终究还是去征伐西戎了，结果只获得四只白狼和四只白鹿回来。从此以后，荒服地区就不来朝见天子了。

诸侯有不亲睦的，甫侯向穆王报告，于是制定了刑法。穆王说："喂，过来！各位有国家的诸侯和有采地的大臣，我告诉你们一种完善的刑法。现在你们安抚百姓，应该选择什么呢，不是贤德的人才吗？应该严肃对待什么呢，不是刑法吗？应该怎样处置各种事务，不是使用刑罚得当吗？原告和被告都到齐了，狱官通过观察言语、脸色、气息、听话时的表情、看人时的表情来审理案件。五种审讯的结果确凿无疑了，就按照墨、劓、膑、宫、大辟五种刑的规定来判决。如果五刑不合造，就按照用钱赎罪的五种惩罚来判决。如果用五刑不合适，就按照五种过失来判决。按照五种过失来判决会产生弊病，这就是依仗官势，乘机报恩报怨，通过宫中受宠女子进行干预，行贿受贿，受人请托。遇唯有这类情况，即使是大官贵族，也要查清罪状，与犯罪的人一样判他们的罪。判五刑之罪如果有疑点，就减等按五罚处理；判五罚之罪如果有疑点，就减等按五过处理；一定要审核清楚。要在众人中加以核实，审讯的结果要与事实相符。没有确凿的证据的就不要怀疑，应当共同尊敬上天的声威，不要轻易用刑。要判刺面的墨刑而有疑点的，可以减罪，罚以黄铜六百两，但要认真核实，如果确实有罪，还应施刑。要判割鼻的劓刑而有疑点的，可以减罪，罚以黄铜一千二百两，比墨刑加倍，但也要认真核实，如果确实有罪，还应施刑。判挖掉膝盖骨的膑刑而有疑点的，可以减罪，罚以黄铜三千两，比劓刑加一倍半，但也要认真核实，如果确实有罪，还应施刑。判破坏生殖机能的宫刑而有疑点的，可以减罪，罚以黄铜三千六百两，但也要认真核实，如果确实有罪，还应施行。判杀头之刑大辟而有疑点的，可以减罪，罚以黄铜六千两，但也要认真核实，如果确证有罪，还应施行。五刑的条文，墨刑类有一千条，劓刑类有一千条，膑刑类有五百条，宫刑类有三百条，大辟类有二百条。这套刑法因为是甫侯提出来的，所以叫作《甫刑》。

穆王在位五十五年逝世，儿子共王繄扈继位。共王出游到泾水边上，密康公跟随着，有三个女子来投奔密康公。密康公的母亲说："你一定要把她们献给国王。野兽够三只就叫'群'，人够三个就叫'众'，美女够三人就叫'粲'。君王田猎都不敢猎取太多的野兽，诸侯出行对众人也要谦恭有礼，君王娶嫔妃不娶同胞三姐妹。那三个女子都很美丽。那么多美人都投奔你，你有什么德行承受得起呢？君王尚且承受不起，更何况你这样的小人物呢？小人物而拥有宝物，最终准会灭亡。"康公没有献出那三个女子，只一年，共王就把密国灭了。共王逝世后，他的儿子懿王囏登位。懿王在位的时候，周王室衰落了，诗人们开始作诗讥刺。

懿王逝世，共王的弟弟辟方登位，这就是孝王。孝王逝世后，诸侯又拥立懿王太子燮，这就是夷王。

夷王逝世后，儿子厉王胡继位。厉王登位三十年，贪财好利，亲近荣夷公。大夫芮良夫规谏厉王说："王室恐怕要衰微了！那个荣公只喜欢独占财利，却不懂得大祸难。财利，是从各种事物中产生出来的，是天地自然拥有的，而有谁想独占它，那危害就大了。天地间的万物谁都应得到一份，哪能让一个人独占呢？独占就会触怒很多人，却又不知防备大祸难。荣公用财利来引诱您，君王您难道能长久吗？做人君的人，应该是开发各种财物分发给上下群臣百姓。使神、人、万物都能得到所应得的一份，即使这样，还要每日小心警惕，恐怕招来怨恨呢。所以《颂诗》说：'我祖后稷有文德，功高能比天与地。种植五谷养万民，无人不向你看齐。'《大雅》说：'广施恩泽开周业。'这不正是说要普施财利而且要警惕祸难来临吗？正是因为这样，先王才能建立起周朝的事业一直到现在。而如今，君王您却去学独占财利，这怎么行呢？普通人独占财利，尚且被人称为是强盗；您如果也这样做，那归服您的人就少啦。荣公如果被重用，周朝肯定要败亡了。"厉王不听劝谏，还是任用荣公做了卿士，掌管国事。

厉王暴虐无道，放纵骄傲，国人都公开议论他的过失。召公劝谏说："人民忍受不了您的命令了！"厉王发怒，找来一个卫国的巫师，让他来监视那些议论的人，发现了后就来报告，立即杀掉。这样一来，议论的人少了，可是诸侯也不来朝拜了。三十四年，厉王更加严苛，国人没有谁再敢开口说话，路上相见也只能互递眼色示意而已。厉王见此非常高兴，告诉召公说："我能消除人们对我的议论了，他们都不敢说话了。"召公说："这只是把他们的话堵回去了。堵住人们的嘴巴，要比堵住水流更厉害。水蓄积多了，一旦决口，伤害人一定会多；不让民众说话，道理也是一样。所以，治水的人开通河道，使水流通畅，治理民众的人，也应该放开他们，让他们讲话。所以天子治理国政，使公卿以下直到列士都要献讽喻朝政得失的诗篇，盲人乐师要献所映民情的乐曲，史官要献可资借鉴的史书，乐师之长要献箴戒之言，由一些盲乐师诵读公卿列士所献的诗，由另一些盲乐师诵读箴戒之言，百官可以直接进谏言，平民则可以把意思辗转上达天子，近臣要进行规谏，同宗亲属要补察过失，乐师、太史要负责教诲，师、傅等年长者要经常告诫，然后由天子斟酌而行，所以事情做起来很顺当，没有错误。民众有嘴巴，就如同大地有山川，财货器用都是从这里生产出来；民众有嘴巴，又好像大地有饶田沃野，衣服粮食也是从这里生产出来的。民众把话从嘴里说出来了，政事哪些好哪些坏也就可以从这里看出来了。好的就实行，坏的就防备这个道理，就跟大地出财物器用衣服粮食是一样的。民众心里想什么嘴里就说什么，心里考虑好了就去做。如果堵住他们的嘴巴，那能维持多久呢！"厉王不听劝阻。从此，国人都不敢说话，过了三年，大家就一起造反，袭击厉王。厉王逃到彘。

厉王的王太子静被藏在召公家里，国人知道了，就把召公家包围起来，召公说："先前我多次劝谏君王，君王不听，以至于遭到这样的灾难。如果现在王太子被人杀了，君王将会以为我对他们记仇而在怨恨君王吧？侍奉国君的人，即使遇到危险也不该怨恨；即使怨恨也不该发怒，更何况侍奉天子呢？"于是用自己的儿子代替了王太子，王太子终于免遭杀害。

召公、周公二辅相共理朝政，号称"共和"（前 841）。共和十四年（前 828），厉王死在彘地。太子静已在召公家长大成人，二辅相就一块儿扶立他为王，这就是宣王。宣王登位之后，由二相辅佐，修明政事，师法文王、武王、成王、康王的遗风，诸侯又都尊奉周王室了。十二年（前 816），鲁武公前来朝拜天子。

宣王不到千亩去耕种籍田，这是专供天子带头亲耕以示重农的田地，虢文公劝谏说这样不行，宣王不听。三十九年（前 789），在千亩打了一仗，宣王的军队被姜戎打得大败。

宣王丢掉了南方江、淮一带的军队，就在太原清点人口以备征兵。仲山甫劝谏说："人口是不能清点的。"宣王不听劝阻，最终还是清点了。

四十六年(前782),宣王逝世,他的儿子幽王宫湦继位。幽王二年(前780),西周都城和附近泾水、渭水、洛水三条河的地区都发生了地震。伯阳甫说:“周快要灭亡啦。天地间的阴阳之气,不应该没有秩序;如果打乱了秩序,那也是有人使它乱的。阳气沉浮在下,不能出来,阴气压迫着它使他不能上升,所以就会有地震发行。如今三川地区发生地震,是因为阳气离开了它原来的位置,而被阴气压在下面了。阳气不在上面却处在阴气的下面,水源就必定受阻塞,水源受到阻塞,国家一定灭亡。水土通气才能供民众从事生产之用。土地得不到滋润,民众就会财用匮乏,如果到了这种地步,国家不灭亡还等待什么!从前,伊水、洛水干涸夏朝就灭亡了;黄河枯竭商朝就灭亡了。如今周的气数也像商、周两代末年一样了,河源的水流又被阻塞,水源被阻塞,河流必定要枯竭。一个国家的生存,一定要依赖于山川,高山崩塌,河川枯竭,这是亡国的征象。河川枯竭了,高山就一定崩塌。这样看来,国家的灭亡用不了十年了,因为十刚好是数字的一个循环。上天所要抛弃的,不会超过十年。”这一年,果然三川枯竭了,岐山崩塌了。

三年(前779),幽王宠爱褒姒。褒姒生的儿子叫伯服,幽王想废掉太子。太子的母亲是申侯的女儿,是幽王的王后。后来幽王得到褒姒,非常宠爱,就想废掉申后,并把太子宜臼也一块儿废掉,好让褒姒当王后,让伯服做太子。周太史伯阳诵读历史典籍,感慨道:“周朝就要灭亡啦。”从前还是夏后氏衰落时候,有两条神龙降落在夏帝的宫廷,说:“我们是褒国的两个先君。”夏帝不知道是该杀掉它们,还是赶跑他们,还是留住他们,就进行占卜,结果不吉利。又卜占要他们的唾液藏起来,结果才吉利。于是摆设出币帛祭物,书写简策,向二龙祷告,二条龙不见了,留下了唾液。夏王让拿来木匣子把龙的唾液收藏起来。夏朝灭亡之后,这个匣子传到了殷朝,殷朝灭亡之后,又传到了周朝。连着三代,从来没有人敢把匣子打开。但到周厉王末年,打开匣子看了。龙的唾液流在殿堂上,怎么也清扫不掉。周厉王命令一群女人,赤身裸体对着唾液大声呼叫。那唾液变成了一只黑色的大蜥蜴,爬进了厉王的后宫。后宫有一个小宫女,六、七岁,刚刚换牙,碰上了那只大蜥蜴,后到成年时竟然怀孕了,没有丈夫就生下孩子,她非常害怕,就把那孩子扔掉了。在周宣王的时代,小女孩们唱着这样的儿歌:“山桑弓,箕木袋,灭亡周国的祸害。”宣王听到了这首歌,有一对夫妻正好卖山桑弓和箕木制的箭袋,宣王命人去抓捕他们,想把他们杀掉。夫妇二人逃到大路上,发现了先前被小宫女扔掉的婴孩,听着她在深更半夜里啼哭,非常怜悯,就收留了她。夫妇二人继续往前逃,逃到了褒国。后来褒国人得罪了周朝,就想把被小宫女扔掉的那个女孩献给厉王,以求赎罪,因为当初这个被扔掉的女孩是褒国献出,所以叫她褒姒。周幽王三年,幽王到后宫去,一见到这女子就非常喜爱,生下儿子伯服,最后竟把申后和太子都废掉了,让褒姒当了王后,伯服做了太子。太史伯阳感慨地说:“祸乱已经造成了,没有法子可想了!”

褒姒不爱笑,幽王为了让她笑,用了各种办法,褒姒仍然不笑。周幽王设置了烽火狼烟和大鼓,有敌人来侵犯就点燃烽火。周幽王为了让褒姒笑,点燃了烽火,诸侯见到烽火,全都赶来了,赶到之后,却不见有敌寇,褒姒看了果然哈哈大笑。幽王很高兴,因而又多次点燃烽火。后来诸侯们都不相信了,也就渐渐不来了。

周幽王任用虢石父做卿,在国中当政,国人都愤愤不平。石父为人奸诈乖巧,善夭阿谀奉承,贪图财利,周幽王却重用他。幽王又废掉了申后和太子。申侯很气愤,联合缯国、犬戎一起攻打幽王。幽王点燃烽火召集诸侯的救兵。诸侯们没有人再派救兵来。申

铜轺车　东汉

侯就把幽王杀死在骊山脚下，俘虏了褒姒，把周的财宝都拿走才离去。于是诸侯都靠拢申侯了，共同立幽王从前的太子宜臼为王，这就是平王，由他来继承周朝的祭祀。

平王登位之后，把国都迁到东都洛邑，以躲避犬戎的侵扰。平王的时候，周王室衰微，各诸侯以强并弱，齐国、楚国、秦国、晋国势力开始强大，一切政事都要经由各方诸侯的首领。

四十九年（前722），鲁隐公登位。

五十一年（前720），周平王去世，而太子泄父死得早，立了他的儿子林，这就是桓王。桓王，是周平王的孙子。

桓王三年（前717），郑庄公前来朝见，桓王没有按礼节接待他。五年（前715），郑国因怨恨桓王，和鲁国调换了许地的田地。许地的田地，是天子用来祭祀泰山的专用田。八年（前712），鲁国人杀掉隐公，拥立桓公。十三年（前707），周桓王征伐郑国，郑国人祝聃射伤了桓王的肩膀，桓王就撤离回去了。

二十三年（前697），桓王去世，儿子庄王佗登位。庄王四年（前693），周公黑肩想杀掉庄王拥立王子克。辛伯把这个消息报告给庄王，庄王杀掉周公，王子克逃往燕国。

十五年（前677），庄王去世。儿子釐王胡齐登位。釐王三年（前679），齐桓公开始称霸诸侯。

五年（前677），釐王去世，儿子惠王阆登位。惠王二年（前675）。起初，庄王宠爱姚姬，生下一子叫釐，很受宠爱。到惠王即位后，又夺了大臣的园林作为自己豢养牲畜的场所，因为这事，大夫边伯等五人就起来作乱，打算召集燕国、卫国的军队，攻打惠王。惠王逃到温邑，后来又住到郑国的栎邑去了。边伯等拥立釐王的弟弟颓为王。他们奏乐，表演各种歌舞，郑国、虢国的国君知道了很恼火。四年（前673），郑国和虢国一起发兵进攻，杀死了周王颓，又把惠王护送回朝廷，惠王十年（前667），赐封齐桓公为诸侯首领。

二十五年（前652），惠王逝世，儿子襄王郑登位。襄王的母亲早已去世。继母就是惠后。惠后生了叔带，很受惠王的宠爱，襄王不放心他。三年（前649）叔带和戎国、翟国商议攻打襄王，襄王想要杀掉叔带，叔带逃到了齐国。齐桓公派管仲去劝说戎和周讲和，派隰朋去劝说戎和晋讲和。襄王以上卿的礼节接待管仲。管仲辞谢道："我身为下卿，不过是个低下的一般官吏，齐国还有天子您亲自任命的两位大臣上卿国氏、高氏在，如果他们届时在春、秋两季来朝见天子，您将怎样接见他们呢？我以天子和齐桓公的双重臣子的

身份冒昧地辞谢了。”襄王说:“你是我舅父家的使臣,我赞赏你的功绩,请不要拒绝我的好意。”管仲最终还是接受了下卿的礼节,然后回国了。九年(前643),齐桓公逝世。十二年(前640),叔带又返回到周朝。

十三年(前639),郑国攻打滑国。周襄王派游孙、伯服为滑说情,郑国拘禁了这两个人。郑文公怨恨惠王被护送回朝廷之后,送给虢公酒器玉爵而不送给郑厉公,又怨恨襄王帮助卫国和滑国,所以拘禁了伯服。襄王很生气,给予翟国军队去攻打郑国。富辰劝谏襄王说:“周东迁的时候,靠的是晋国和郑国的力量。子颓叛乱,又是依靠郑国得以平定,如今能因为一点小小的怨恨就抛弃它吗?”襄王不听劝阻。十五年(前637),襄王派翟国的军队前去攻打了郑国。襄王感激翟人,准备把翟王的女儿立为王后。富辰又劝谏说:“平王、桓王、庄王、惠王都曾受到郑国的好处,君王您抛开同姓之亲的郑国而去亲近翟国,这样做实在不可取。”襄王仍是不听。十六年(前636),襄王废黜了翟后,翟人前来诛讨,杀死了周大夫谭伯。富辰说:“我屡次劝谏君王,君王都不听,如今到了这个局面,我若不出去迎战,君王可能会以为我在怨恨他吧!”于是就带领着他的属众出去与狄子作战,结果战死。

当初,惠后想立王子叔带为太子,所以用亲信给翟人做先导,翟人这才攻进了周都。襄王逃到郑国,郑国把他安置在氾邑。子带立为王,娶了襄王黜的翟后和她一起住在温邑。十七年(前635),襄王向晋国告急,晋文公把襄王护送回朝,杀死了叔带。襄王就赐给晋文公玉珪、香酒、弓箭,让他担任诸侯的首领,并把河内的地盘赐给晋国。二十年(前632),晋文公召见襄王,襄王前往河阳、践土与他相会,诸侯都前去朝见,史书因避讳以臣召君这种事,就写成了“天王到河阳巡视”。

二十四年(前628),晋文公逝世。

三十一年(前621),秦穆公逝世。

三十二年(前620),周襄王逝世。儿子顷王壬臣登位。顷王六年(前613),顷王逝世,儿子匡王班登位。匡王六年(前607),匡王逝世,他的弟弟瑜登位,这就是周定王。

定王元年(前606),楚庄王征伐陆浑地方的戎族,军队驻扎在洛邑,楚王派人询问九鼎的大小轻重。定王命王孙满用巧妙的辞令应付了他,楚兵这才离去。十年(前597),楚庄王包围了郑国,郑伯投降,不久又恢复了郑国。十六年(前591),楚庄王去世。

二十一年(前586),定王逝世,儿子简王夷登位。简王十三年(前573),晋人杀了他们的国君厉公,从周迎回了子周,立为悼公。

十四年(前572),简王逝世,儿子灵亡泄心登位。灵王二十四年(前548),齐国的崔杼杀了他们的君王庄公。

二十七年(前545),灵王逝世,儿子景王贵立。景王十八年(前527),王后所生的太子精明通达却过早去世。二十年(前525),景王喜爱子朝,想立他为太子,正好这时景王逝世,子丐的党徒和他争夺王位,朝臣拥立长子猛为王,子朝攻杀猛。猛就是悼王。晋人攻打子朝扶立丐为王,这就是敬王。

敬王元年(前519),晋人护送敬王回朝。因子朝已自立为王,敬王不能进入国都,就居住在泽邑。四年(前516),晋率领诸侯把敬王护送回周,子朝做了臣子,诸侯给周修筑都城。十六年(前504),子朝的党羽们又起来作乱,敬王逃奔到晋国。十七年(前503),晋定公终于把敬王护送回周了。

三十九年(前 481),齐国田常杀了他们的国君简公。

四十一年(前 479),楚灭掉了陈国。孔子在这一年去世。

四十二年(前 478),周敬王逝世,儿子元王仁登位。元王八年(前 469),逝世,儿子定王介登位。

定王十六年(前 453),韩、赵、魏三家消灭了智伯,瓜分了他的土地。

二十八年(前 441),定王逝世,长子去疾登位,这就是哀王。哀王登位三个月,他的弟弟叔袭杀了哀王,自己登上王位,这就是思王。思王登位五个月,他的小弟弟嵬(wéi,围)攻杀思王自立为王,这就是考王。这三个王都是定王的儿子。

考王十五年(前 426),逝世,儿子威烈王午登位。

考王把他的弟弟封在河南,这就是桓公,让他承续周公这个官位职事。桓公死后,儿子威公继任。威公死后,儿子惠公继任,把他的小儿子封在巩地以护卫周王,号为东周惠公。

威烈王二十三年(前 403),九鼎震动。这一年,周王命韩、魏、赵为诸侯。

二十四年(前 402),威烈王逝世,儿子安王骄登位。这一年,盗贼杀了楚声王。

安王登位二十六年(前 376),逝世,儿子烈王喜登位。烈王二年(前 374),周太史儋拜见秦献公说:"当初周和秦是合在一起的,后来分开了,分开五百年之后又合在一起,合在一起十七年后,将会有一位称霸统一天下的人出现。"

〔七〕(十)年(前 369),周烈王逝世,他的弟弟扁登位,这就是显王。显王五年(前 364),祝贺秦献公,献公称霸。九年(前 360),显王又送上了祭祀文王、武王的胙肉。二十五年(前 344),秦在周国与诸侯会盟。二十六年(前 343),周王把诸侯之长方伯这个名称送给秦孝公。三十三年(前 336),祝贺秦惠王。三十五年(前 334),又送上了祭祀文王、武王的胙肉。四十四年(前 325),秦惠王称王。自此以后,诸侯都各自称王了。

四十八年(前 321),周显王逝世,儿子慎靓王定登位。慎靓王登位六年,逝世,儿子赧王延登位。王赧在位时,东西周各自为政。赧王把国都迁到了西周。

西周武公的共太子死了,还有五个儿子都是庶出的,没有嫡子可以立为太子。司马翦对楚王说:"不如用土地资助公子咎,替他请求立为太子。"左成说:"不行。如果我们用土地资助了公子咎,而周却不听我们的,这样您的主意就行不通了,与周的交情也疏远了。不如去问问周君想要立谁为太子,悄悄地告诉给翦,然后翦再让楚国资助给他土地。"结果,西周真的立公子咎为太子。

八年(前 307),秦攻打宜阳,楚派兵去援救。而楚国以为周是帮助秦国,所以想攻打周。苏代为周游说楚王说:"您怎么知道周是帮助秦国?说周帮助秦国比帮助楚国更出力的人,是想让周投到秦国方面去,所以人们都把周、秦放在一起说'周秦'啊。周明白了自己解脱不了,就必定投向秦国一方,这真是帮助秦国取周的妙计呀。如果为大王考虑,周为秦出力,您要好好待他;不为秦出力,仍然好好待他,这样,才能让它与秦疏远。周与秦绝了交,就一定投向楚国郢都的。"

秦向东周和西周借道,想通过两周之间的地区去攻打韩国,周担心借了会得罪韩,不借又会得罪秦。史厌对周君说:"为什么不派人去见韩公叔呢?就对韩公叔说:'秦国敢穿过周地去攻打韩国,是由于信任东周。您为什么不给周一些土地,并派出人质前往楚国呢?'这样,秦国一定会怀疑楚国,不相信周君,也就不会攻打韩国了。您再派人去对秦国说：‘韩国非要给我们周一些土地，想以此来让秦国怀疑周君，周不敢不接受。’秦国也就没有说词儿，不让周接受韩国的土地了，这样就既得到了韩的土地，又是听命于秦国了。”

秦国召见西周君，西周君不愿意去，就派人对韩王说：“秦国召见西周君，他是想攻打大王的南阳，大王为什么不派兵驻守南阳？周君将以此为借口不到秦国去。周君不到秦国去，秦国就一定不敢渡河来攻打南阳了。”

东周和西周打仗，韩国派兵去救援西周。有人为东周游说韩王说：“西周原先是天子的国都，有许多钟鼎宝器和贵重的宝物。您如果控制住军队不出动，就可以让东周感激您，又可以使您尽得西周的宝物。”

周王赧被称做成君。楚包围了韩国的雍氏，韩国向东周要兵器和粮草，东周君害怕了，叫来苏代把这事告诉了他。苏代说：“您何必为这件事担忧呢！我能使韩国不向东周要兵器和粮草，又能让您得到高都。”周君说：“你如果能办到，我可以把国政交给你。”苏代会见了韩相国公仲侈说：“楚国包围了雍氏，原来计划三个月攻下，如今五个月了，还攻不下来，这说明楚兵已经疲惫了。现在您向周要兵器粮草，就是向楚宣告您自己已经疲惫了。”韩相国说：“对。可是使者已经派出去了。”苏代于是说：“为什么不把高都送给周呢？”韩相国非常生气，说：“我不向周要兵器粮草也就够可以了，为什么还要把高都送给周呢？”苏代说：“把高都送给周，周会转过来投向韩国，秦国听了一定很恼火，怨恨周，与周断绝使者的往来，这样就等于是拿一个破烂的高都换来一个完整的周。为什么不给呢？”韩相国说：“好。”果然把高都送给周了。

三十四年（前281），苏厉对周君说：“秦攻克了韩国、魏国，打败了魏将师武，往北攻取了赵的蔺、离石二县，这些都是白起干的。这个人善于用兵，又有天命佑助。而今他又带兵出伊阙塞去攻打梁国，如果梁国被攻破，那么周就危险了。您为什么不派人去劝说白起呢？您可以说：‘楚国有个养由基，是个善于射箭的人。离柳叶百步之外射箭，可以百发百中。左右帝观的人有好几千，都说他箭射得好。可是有一个汉子站在他的帝边，说：“好，可以教给他射箭了。”养由基很生气，扔掉弓，握住剑说“你有什么本事教我射箭呢”？那个人说“并不是说我能教你怎么伸直左臂撑住弓身，怎样弯曲右臂拉开弓弦。一个人在百步之外射柳叶，百发百中，如果不在射得最好的时候停下来，过一会儿力气小了，身体累了，弓摆不正，箭射出去不直，只要有一发射不中，那么一百发就全部作废了”。如今，您攻克了韩国、魏国，打败了师武，往北攻取了赵国的蔺、离石二县，您的功绩是很大了。现在您又带兵出伊阙塞，过东西两周，背对韩国，攻打梁国，这一次如果打不胜，就会前攻尽弃。您不如假称有病，不要出伊阙塞去攻打梁国了’。”

四十二年（前273），秦国攻破了魏国的华阳。周的大臣马犯对周君说：“请允许我去让梁国给周筑城。”他去对梁王说：“周王病了，如果他真的死了，我也一定活不成。请让我把九鼎献给大王，您拿到了九鼎之后希望能想办法救我。”梁王说：“好。”于是给他一批士兵，声称是去保卫周。马犯又去对秦王说：“梁并非是想保卫周，而是要攻打周。您可以派兵到国境去看看。”秦果然出兵。马犯又去对梁王说：“周王病好了，九鼎的事没有办成，请您让我在以后找适当的机会再献九鼎吧。但是现在您已经派兵到周去了，诸侯都起了疑心，怀疑您要伐周，以后您办事将不会有人相信了。不如让那些士兵为周筑城，借此把诸侯怀疑您要伐周的事端盖住。”梁王说：“好。”于是就让那些士兵给周筑城。

四十五年(前270),周君的秦国宾客对周冣说:"您不如称赞秦王的孝道,趁便把应地献给秦国作为太后的供养之地,秦王一定很高兴,这样您和秦国就有了交情。交情好了,周君一定认为这是您的功绩;交情不好,劝周君归附秦国的人一定会获罪。"秦去攻打周,周冣对秦王说:"如果为大王您考虑,那就不应该去攻打周。攻打周,实在利益不多,却使您的名声让天下人都害怕。天下人都因为秦攻打周的名声而害怕,一定会往东边去与齐国联合。您的军队在周打得疲惫了,又使天下都去与齐联合,这样,秦国就称不了王统一不了天下了。天下正希望使秦国疲惫呢,所以鼓励您去攻打周。如果秦国和诸侯都疲惫了,那样您的教命就不会通行于诸侯了。"

五十八年(前257),韩、赵、魏三国与秦国相对抗。周派相国前往秦国,因为怕遭到秦国的轻视,就半路返回来了。有人对相国说:"秦国是轻视您还是重视您,这个还不能确料。秦是想要了解那三国的实情。您不如赶快去拜见秦王,就说'请让我来给您打探东方三国的变化',秦王一定会重视您。秦王重视您,就表明秦重视周,周因此也取得了秦国的信任。至于齐国对周的重视,那么早就有周冣和齐国联络好了:这样,周就可以永远不会失去与强国的交情。"秦信任周了,就发兵去攻打韩、赵、魏三国。

五十九年(前256),秦攻取了韩国的阳城负黍,西周很害怕,背叛了秦国,与东方各诸侯相联合,率领天下的精锐部队出伊阙塞去攻打秦国,使得秦国与阳城之间无法相通。秦昭王很生气,派将军摎攻打西周。西周君跑到秦国,叩头认罪,把全部三十六邑三万人口都献给了秦王。秦接受了西周君献的人口、土地,让他又回到西周去了。

周君、王赧逝世后,周地的民众就向东方逃亡。秦收取了九鼎和其他珍宝器物,又把西周公迁到狐。此后七年,秦庄襄王灭掉了东周。东西周就全都归属于秦了,周朝的祭祀从此断绝。

太史公说:学者都说周伐纣之后,定居在洛邑,综合考察它的实际情况并非如此。洛邑是武王测量的,成王又派召公去进行了占卜,把九鼎安放在那里,而周都仍然是在丰邑、镐京。一直到犬戎打败了幽王,周都才东迁到洛邑。所谓"周公安葬于毕",毕在镐京东南的杜中。秦灭掉了周。汉朝建立九十多年后,天子将要去泰山封禅,向东巡视到河南时,访求周的后代,把三十里的土地封给周的后代嘉,号为周子南君,和其他列侯平列,让他供奉对周朝祖先的祭祀。

秦始皇本纪

【题解】

秦始皇(前259~前210),名政,秦庄襄王之子。十三岁时,即位为王,相国吕不韦和宦官嫪毐把持国政。公元前238年,秦王政亲政,平定缪毒之乱。次年,免除吕不韦相职。任用李斯,命令王翦等大将推行统一全国的战争。从公元前230年至公元前221年,十年之间,消灭了称雄割据的韩、魏、楚、燕、赵、齐六国,建立了中国历史上第一个统一的中央集权的封建国家——秦王朝。

秦始皇在位期间,在政治和经济方面采取了许多新的措施。他确立最高统治者的尊号为“皇帝”，国家一切重大事务均取决于皇帝，废除分封制，推行郡县制；中央与地方官吏直接由皇帝任免；制定和颁行统一的法令；迁徙六国贵族豪富至关中、巴蜀；拆毁战国时各国边界上的城防工事；禁止民间收藏兵器；修筑驰道。又派兵北击匈奴，修建长城，防御匈奴的侵扰。南定百越，设置闽中、桂林、南海、象郡。在经济上，扶植土地私有制，重农抑商，统一度量衡和货币，实行“车同轨”。在文化上，统一文字。这一系列措施，有利于巩固统一的局面，推动经济的发展。

秦始皇

但是，秦始皇相当残暴，横征暴敛，租役繁重，严刑苛法，以刑杀为威，焚书坑儒。在他去世后，秦二世胡亥更加严酷，社会矛盾激化，公元前 209 年爆发了陈胜、吴广领导的农民大起义，秦王朝很快土崩瓦解。

《秦始皇本纪》比较具体地记述了秦朝统一和灭亡的全过程，是了解秦始皇和秦朝兴衰的最为完备的历史篇章。

【原文】

秦始皇帝者，秦庄襄王子也。庄襄王为秦质子于赵，见吕不韦姬，悦而取之，生始皇。以秦昭王四十八年正月生于邯郸。及生，名为政，姓赵氏。年十三岁，庄襄王死，政代立为秦王。当是之时，秦地已并巴、蜀、汉中，越宛有郢，置南郡矣。北收上郡以东，有河东、太原、上党郡，东至荥阳，灭二周，置三川郡。吕不韦为相，封十万户，号曰文信侯。招致宾客游士，欲以并天下。李斯为舍人，蒙骜、王齮、麃公等为将军。王年少，初即位，委国事大臣。

晋阳反，元年，将军蒙骜击定之。

二年，麃公将卒攻卷，斩首三万。

三年，蒙骜攻韩，取十三城。王齮死。十月，将军蒙骜攻魏氏暘、有诡。岁大饥。

四年，拔暘、有诡，三月。军罢。秦质子归自赵，赵太子出归国。十月庚寅，蝗虫从东方来，蔽天。天下疫。百姓内粟千石，拜爵一级。

五年，将军骜攻魏，定酸枣、燕、虚、长平、雍丘、山阳城，皆拔之，取二十城。初置东郡。冬雷。

六年，韩、魏、赵、卫、楚共击秦，取寿陵。秦出兵，五国兵罢。拔卫，迫东郡，其君角率其支属徙居野王，阻其山以保魏之河内。

七年，彗星先出东方，见北方，五月见西方。将军骜死。以攻龙、孤、庆都，还兵攻汲。彗星复见西方十六日。夏太后死。

八年，王弟长安君成蟜将军击赵，反，死屯留，军吏皆斩死，迁其民于临洮。将军壁死，卒屯留、蒲鹝反，戮其尸。河鱼大上。轻车重马东就食。嫪毐封为长信侯。予之山阳地，令毐居之。宫室车马衣服苑囿驰猎恣毐。事无小大皆决于毐。又以河西太原郡更为毐国。

九年,彗星见,或竟天。攻魏垣、蒲阳。四月,上宿雍。己酉,王冠,带剑。长信侯毐作乱而觉,矫王御玺及太后玺以发县卒及卫卒、官骑、戎翟君公、舍人,将欲攻蕲年宫为乱。王知之,令相国、昌平君、昌文君发卒攻毐。战咸阳,斩首数百,皆拜爵,及宦者皆在战中,亦拜爵一级。毐等败走。即令国中:有生得毐,赐钱百万;杀之,五十万。尽得毐等。卫尉竭、内史肆、佐弋竭、中大夫令齐等二十八人皆枭首,车裂以徇,灭其宗。及其舍人,轻者为鬼薪。及夺爵迁蜀四千余家,家房陵。是月寒冻,有死者。杨端和攻衍氏。彗星见西方,又见北方,从斗以南八十日。

十年,相国吕不韦坐嫪毐免。桓齮为将军。齐、赵来置酒。齐人茅焦说秦王曰:"秦方以天下为事,而大王有迁母太后之名,恐诸侯闻之,由此倍秦也。"秦王乃迎太后于雍而入咸阳,复居甘泉宫。

大索,逐客。李斯上书说,乃止逐客令。李斯因说秦王,请先取韩以恐他国,于是使斯下韩。韩王患之,与韩非谋弱秦。大梁人尉缭来,说秦王曰:"以秦之强,诸侯譬如郡县之君,臣但恐诸侯合从,翕而出不意,此乃智伯、夫差、湣王之所以亡也。愿大王毋爱财物,赂其豪臣,以乱其谋。不过亡三十万金,则诸侯可尽。"秦王从其计,见尉缭亢礼,衣服、食饮与缭同。缭曰:"秦王为人,蜂准,长目,鸷鸟膺,豺声,少恩而虎狼心,居约易出人下,得志亦轻食人。我布衣,然见我常身自下我。诚使秦王得志于天下,天下皆为虏矣。不可与久游。"乃亡去。秦王觉,固止,以为秦国尉,卒用其计策。而李斯用事。

十一年,王翦、桓齮、杨端和攻邺,取九城。王翦攻阏与、橑阳,皆并为一军。翦将十八日,军归斗食以下,什推二人从军。取邺、安阳,桓齮将。

十二年,文信侯不韦死,窃葬。其舍人临者,晋人也,逐出之;秦人,六百石以上,夺爵,迁;五百石以下不临,迁,勿夺爵。自今以来,操国事不道如缪毐、不韦者籍其门,视此。秋,复嫪毐舍人迁蜀者。当是之时,天下大旱,六月至八月乃雨。

十三年,桓齮攻赵平阳,杀赵将扈辄,斩首十万。王之河南。正月,彗星见东方。十月,桓齮攻赵。

十四年,攻赵军于平阳,取宜安,破之,杀其将军。桓齮定平阳、武城。韩非使秦,秦用李斯谋,留非,非死云阳。韩王请为臣。

十五年,大兴兵,一军至邺,一军至太原,取狼孟。地动。

十六年九月,发卒受地韩南阳假守腾。初令男子书年。魏献地于秦。秦置丽邑。

十七年,内史腾攻韩,得韩王安,尽纳其地,以其地为郡,命曰颍川。地动。华阳太后卒。民大饥。

十八年,大兴兵攻赵。王翦将上地,下井陉,端和将河内,羌瘣伐赵,端和围邯郸城。

十九年,王翦、羌瘣尽定取赵地东阳,得赵王。引兵欲攻燕,屯中山。秦王之邯郸,诸尝与王生赵时母家有仇怨,皆坑之。秦王还,从太原、上郡归。始皇帝母太后崩。赵公子嘉率其宗数百人之代,自立为代王,东与燕合兵,军上谷。大饥。

二十年,燕太子丹患秦兵至国,恐,使荆轲刺秦王。秦王觉之,体解轲以徇,而使王翦、辛胜攻燕。燕、代发兵击秦军,秦军破燕易水之西。

二十一年,王贲攻荆。乃益发卒诣王翦军,遂破燕太子军,取燕蓟城,得太子丹之首。

燕王东收辽东而王之。王翦谢病老归。新郑反。昌平君徙于郢。大雨雪，深二尺五寸。

二十二年，王贲攻魏，引河沟灌大梁，大梁城坏，其王请降，尽取其地。

二十三年，秦王复召王翦，强起之，使将击荆。取陈以南至平舆，虏荆王。秦王游至郢陈。荆将项燕立昌平君为荆王，反秦于淮南。

二十四年，王翦、蒙武攻荆，破荆军，昌平君死，项燕遂自杀。

二十五年，大兴兵，使王贲将，攻燕辽东，得燕王喜。还攻代，虏代王嘉。王翦遂定荆江南地；降越君，置会稽郡。五月，天下大酺。

二十六年，齐王建与其相后胜发兵守其西界，不通秦。秦使将军王贲从燕南攻齐，得齐王建。

秦初并天下，令丞相、御史曰："异日韩王纳地效玺，请为藩臣，已而背约，与赵魏合从叛秦，故兴兵诛之，虏其王。寡人以为善，庶几息兵革。赵王使其相李牧来约盟，故归其质子。已而背盟，反我太原，故兴兵诛之，得其王。赵公子嘉乃自立为代王，故举兵击灭之。魏王始约服入秦，已而与韩、赵谋袭秦，秦兵吏诛，遂破之。荆王献青阳以西，已而畔约，击我南郡，故发兵诛，得其王，遂定其荆地。燕王昏乱，其太子丹乃阴令荆轲为贼，兵吏诛，灭其国。齐王用后胜计，绝秦使，欲为乱，兵吏诛，虏其王，平齐地。寡人以眇眇之身，兴兵诛暴乱，赖宗庙之灵，六王咸伏其辜，天下大定。今名号不更，无以称成功，传后世。其议帝号。"丞相绾、御史大夫劫、廷尉斯等皆曰："昔者五帝地方千里，其外侯服、夷服，诸侯或朝或否，天子不能制。今陛下兴义兵，诛残贼，平定天下，海内为郡县，法令由一统，自上古以来未尝有，五帝所不及。臣等谨与博士议曰：'古有天皇，有地皇，有泰皇，泰皇最贵。'臣等昧死上尊号，王为'泰皇'。命为'制'，令为'诏'，天子自称曰'朕'。"王曰："去'泰'著'皇'，采上古'帝'位号，号曰'皇帝'。他如议。"制曰："可。"追尊庄襄王为太上皇。制曰："朕闻太古有号毋谥，中古有号，死而以行为谥。如此，则子议父，臣议君也，甚无谓，朕弗取焉。自今以来，除谥法。朕为始皇帝，后世以计数，二世、三世至于万世，传之无穷。"

始皇推终始五德之传，以为周得火德，秦代周德，从所不胜。方今水德之始，改年始，朝贺皆自十月朔。衣服、旄旌、节旗皆上黑，数以六为纪，符、法冠皆六寸，而舆六尺，六尺为步，乘六马。更名河曰"德水"，以为水德之始。刚毅戾深，事皆决于法，刻削毋仁恩和义，然后合五德之数。于是急法，久者不赦。

丞相绾等言："诸侯初破，燕、齐、荆地远，不为置王，毋以填之。请立诸子，唯上幸许。"始皇下其议于群臣，群臣皆以为便。廷尉李斯议曰："周文、武所封子弟同姓甚众，然后属疏远，相攻击如仇雠，诸侯更相诛伐，周天子弗能禁止。今海内赖陛下神灵一统，皆为郡县，诸子、功臣，以公赋税重赏赐之，甚足易制。天下无异意，则安宁之术也。置诸侯不便。"始皇曰："天下共苦战斗不休，以有侯王。赖宗庙，天下初定，又复立国，是树兵也，而求其宁息，岂不难哉！廷尉议是。"

分天下以为三十六郡，郡置守、尉、监。更名民曰"黔首"。大酺。收天下兵，聚之咸阳，销以为钟鐻，金人十二，重各千石，置廷宫中。一法度衡石丈尺。车同轨。书同文字。地东至海暨朝鲜，西至临洮、羌中，南至北向户，北据河为塞，并阴山至辽东。徙天下豪富于咸阳十二万户。诸庙及章台、上林皆在渭南。秦每破诸侯，写放其宫室，作之咸阳北阪上，南临渭，自雍门以东至泾、渭，殿屋复道周阁相属。所得诸侯美人钟鼓，以充入之。

二十七年，始皇巡陇西、北地，出鸡头山，过回中。焉作信宫渭南，已更命信宫为极庙，像天极。自极庙道通骊山，作甘泉前殿。筑甬道，自咸阳属之。是岁，赐爵一级。治驰道。

二十八年，始皇东行郡县，上邹峄山。立石，与鲁诸儒生议，刻石颂秦德，议封禅望祭山川之事。乃遂上泰山，立石，封，祠祀。下，风雨暴至，休于树下，因封其树为五大夫。禅梁父。刻所立石，其辞曰：

皇帝临位，作制明法，臣下修饬。二十有六年，初并天下，罔不宾服。亲巡远方黎民，登兹泰山。周览东极。从臣思迹，本原事业，祗诵功德。治道运行，诸产得宜，皆有法式。大义休明，垂于后世，顺承勿革。皇帝躬圣，既平天下，不懈于治。夙兴夜寐，建设长利，专隆教诲。训经宣达，远近毕理，咸承圣志。贵贱分明，男女礼顺，慎遵职事。昭隔内外，靡不清净，施于后嗣。化及无穷，遵奉遗诏，永承重戒。

于是乃并勃海以东，过黄、腄，穷成山，登之罘，立石颂秦德焉而去。

南登琅玡，大乐之，留三月。乃徒黔首三万户琅玡台下，复十二岁。作琅玡台，立石刻，颂秦德，明得意。曰：

维二十八年，皇帝作始。端平法度，万物之纪。以明人事，合同父子。圣智仁义，显白道理，东抚东土，以省卒士。事已大毕，乃临于海。皇帝之功，勤劳本事。上农除末，黔首是富。普天之下，抟心揖志。器械一量，同书文字。日月所照，舟舆所载。皆终其命，莫不得意。应时动事，是维皇帝。匡饬异俗，陵水经地。忧恤黔首，朝久不懈。除疑定法，咸知所辟。方伯分职，诸治经易。举错必当，莫不如画。皇帝之明，临察四方。尊卑贵贱，不逾次行。奸邪不容，皆务贞良。细大尽力，莫敢怠荒。远迩辟隐，专务肃庄。端直敦忠，事业有常。皇帝之德，存定四级。诛乱除害，兴利致福。节事以时，诸产繁殖。黔首安宁，不用兵革，六亲相保，终无寇贼。欢欣奉教，尽知法式。六合之内，皇帝之土。西涉流沙，南尽北户。东有东海，北过大夏。人迹所至，无不臣者。功盖五帝，泽及牛马。莫不受德，各安其宇。

维秦王兼有天下，立名为皇帝，乃抚东土，至于琅玡。列侯武城侯王离、列侯通武侯王贲、伦侯建成侯赵亥、伦侯昌武侯成、伦侯武信侯冯毋择、丞相隗林、丞相王绾、卿李斯、卿王戊、五大夫赵婴、五大夫杨樛从，与议于海上。曰："古之帝者，地不过千里，诸侯各守其封域，或朝或否，相侵暴乱，残伐不止，犹刻金石，以自为纪。古之五帝、三王，知教不同，法度不明，假威鬼神，以欺远方，实不称名，故不久长。其身未殁，诸侯倍叛，法令不行。今皇帝并一海内，以为郡县，天下和平。昭明宗庙，体道行德，尊号大成。群臣相与诵皇帝功德，刻于金石，以为表经。"

既已，齐人徐福等上书，言海中有三神山，名曰蓬莱、方丈、瀛洲，仙人居之。请得斋戒，与童男女求之。于是遣徐福发童男女数千人，入海求仙人。

始皇还，过彭城，斋戒祷祠，欲出周鼎泗水。使千人没水求之。弗得，乃西南渡淮水，之衡山、南郡。浮江，至湘山祠。逢大风，几不得渡。上问博士曰："湘君何神?"博士对曰："闻之，尧女，舜之妻，而葬此。"于是始皇大怒，使刑徒三千人皆伐湘山树，赭其山。上自南郡由武关归。

二十九年，始皇东游。至阳武博狼沙中，为盗所惊。求弗得，乃令天下大索十日。登之罘，刻石，其辞曰：

维二十九年，时在中春，阳和方起。皇帝东游，巡登之罘，临照于海。从臣嘉观，原念休烈，追诵本始。大圣作治，建定法度，显箸纲纪。外教诸侯，光施文惠，明以义理。六国回辟，贪戾无厌，虐杀不已。皇帝哀众，遂发讨师，奋扬武德。义诛信行，威燀旁达，莫不宾服。烹灭强暴，振救黔首，周定四极。普施明法，经纬天下，永为仪则。大矣哉！宇县之中，承顺圣意。群臣诵功，请刻于石，表垂于常式。

其东观曰：

维二十九年，皇帝春游，览省远方。逮于海隅，遂登之罘，昭临朝阳。观望广丽，从臣咸念，原道至明。圣法初兴，清理疆内，外诛暴强。武威旁畅，振动四级，禽灭六王。阐并天下，灾害绝息，永偃戎兵。皇帝明德，经理宇内，视听不怠。作立大义，昭设备器，咸有章旗。职臣遵分，各知所行，事无嫌疑。黔首改化，远迩同度，临古绝尤。常职既定，后嗣循业，长承圣治。群臣嘉德，祗诵圣烈，请刻之罘。

旋，遂之琅玡，道上党入。

三十年，无事。

三十一年十二月，更名腊曰“嘉平”。赐黔首里六石米、二羊。始皇为微行咸阳，与武士四人俱，夜出逢盗兰池，见窘，武士击杀盗，关中大索二十日。米石千六百。

三十二年，始皇之碣石，使燕人卢生求羡门、高誓。刻碣石门。坏城郭，决通堤防。其辞曰：

遂兴师旅，诛戮无道，为逆灭息。武殄暴逆，文复无罪，庶心咸服。惠论功劳。赏及牛马，恩肥土域。皇帝奋威，德并诸侯，初一泰平。堕坏城郭，决通川防，夷去险阻。地势既定，黎庶无繇，天下咸抚。男乐其畴，女修其业，事各有序。惠被诸产，久并来田，莫不安所。群臣诵烈，请刻此石，垂著仪矩。

因使韩终、侯公、石生求仙人不死之药。始皇巡北边，从上郡入。燕人卢生使入海还，以鬼神事，因奏录图书，曰：“亡秦者胡也”。始皇乃使将军蒙恬发兵三十万人北击胡，略取河南地。

三十三年，发诸尝逋亡人、赘婿、贾人略取陆梁地，为桂林、象郡、南海，以适遣戍。西北斥逐匈奴。自榆中并河以东，属之阴山，以为四十四县，城河上为塞。又使蒙恬渡河取高阙、阳山、北假中，筑亭障以逐戎人。徙谪，实之初县。禁不得祠。明星出西方。

三十四年，适治狱吏不直者，筑长城及南越地。

始皇置酒咸阳宫，博士七十人前为寿。仆射周青臣进颂曰：“他时秦地不过千里，赖陛下神灵明圣，平定海内，放逐蛮夷，日月所照，莫不宾服。以诸侯为郡县，人人自安乐，无战争之患，传之万世。自上古不及陛下威德。”始皇悦，博士齐人淳于越进曰：“臣闻殷、周之王千余岁，封子弟功臣，自为枝辅。今陛下有海内，而子弟为匹夫，卒有田常、六卿之臣，无辅弼，何以相救哉？事不师古而能长久者，非所闻也。今青臣又面谀以重陛下之过，非忠臣。”始皇下其议。丞相李斯曰：“五帝不相复，三代不相袭，各以治，非其相反，时变异也。今陛下创大业，建万世之功，固非愚儒所知。且越言乃三代之事，何足法也？异时诸侯并争，厚招游学。今天下已定，法令出一，百姓当家则力农工，士则学习法令辟禁。今诸生不师今而学古，以非当世，惑乱黔首。丞相臣斯昧死言：古者天下散乱，莫之能一，是以诸侯并作，语皆道古以害今，饰虚言以乱实，人善其所私学，以非上之所建立。今皇帝并有天下，别黑白而定一尊。私学而相与非法教，人闻令下，则各以其学议之，入则心非，出则巷议，夸主以为名，异取以为高，率群下以造谤。如此弗禁，则主势降乎上，党与成乎下。禁之便。臣请史官非秦记皆烧之。非博士官所职，天下敢有藏《诗》《书》、百家语者，悉诣守、尉杂烧之。有敢偶语《诗》《书》者弃市。以古非今者族。吏见知不举者与同罪。令下三十日不烧，黥为城旦。所不去者，医药、卜筮、种树之书。若欲有学法令，以吏为师。"制曰："可。"

三十五年，除道，道九原抵云阳，堑山堙谷，直通之。于是始皇以为咸阳人多，先王之宫廷小，吾闻周文王都丰，武王都镐，丰、镐之间，帝王之都也。乃营作朝宫渭南上林苑中。先作前殿阿房，东西五百步，南北五十丈，上可以坐万人，下可以建五丈旗。周驰为阁道，自殿下直抵南山。表南山之颠以为阙。为复道，自阿房渡渭，属之咸阳，以象天极阁道绝汉抵营室也。阿房宫未成；成，欲更择令名名之。作宫阿房，故天下谓之阿房宫。隐宫徒刑者七十余万人，乃分作阿房宫，或作骊山。发北山石椁，乃写蜀、荆地材皆至。关中计宫三百，关外四百余。于是立石东海上朐界中，以为秦东门。因徒三万家丽邑，五万家云阳，皆复不事十岁。

阿房宫图（局部）

卢生说始皇曰："臣等求芝奇药仙者常弗遇，类物有害之者。方中，人主时为微行以辟恶鬼，恶鬼辟，真人至。人主所居而人臣知之，则害于神。真人者，入水不濡，入火不爇，陵云气，与天地久长。今上治天下，未能恬倓，愿上所居宫毋令人知，然后不死之药殆可得也。"于是始皇曰："吾慕真人，自谓'真人'，不称'朕'。"乃令咸阳之旁二百里内宫观二百七十复道甬道相连，帷帐、钟鼓、美人充之，各案署不移徙。行所幸，有言其处者，罪死。始皇帝幸梁山宫，从山上见丞相车骑众，弗善也。中人或告丞相，丞相后损车骑。始皇怒曰："此中人泄吾语。"案问莫服。当是时，诏捕诸时在旁者，皆杀之。自是后莫知行之所在。听事，群臣受决事，悉于咸阳宫。

侯生、卢生相与谋曰："始皇为人，天性刚戾自用，起诸侯，并天下，意得欲从，以为自古莫及己。专任狱吏，狱吏得亲幸。博士虽七十人，特备员弗用。丞相诸大臣皆受成事，倚辨于上。上乐以刑杀为威，天下畏罪持禄，莫敢尽忠。上不闻过而日骄，下慑伏谩欺以取容。秦法，不得兼方，不验辄死。然候星气者至三百人，皆良士，畏忌讳谀，不取端言其过。天下之事无小大皆决于上，上至以衡石量书，日夜有呈，不中呈不得休息。贪于权势至如此，未可为求仙药。"于是乃亡去。始皇闻亡，乃大怒曰："吾前收天下书不中用者，尽去之。悉召文学方术士甚众，欲以兴太平，方士欲练以求奇药。今闻韩众去不报，徐福等费以巨万计，终不得药，徒奸利相告日闻。卢生等，吾尊赐之甚厚，今乃诽谤我，以重吾不德也。诸行在咸阳者，吾使人廉问，或为妖言以乱黔首。"于是使御史悉案问诸生，诸生传相告引，乃自除犯禁者四百六十余人，皆坑之咸阳，使天下知之，以惩后。益发谪徙边，始皇长子扶苏谏曰："天下初定，远方黔首未集，诸生皆诵法孔子，今上皆重法绳之，臣恐天下不安。唯上察之。"始皇怒，使扶苏北监蒙恬于上郡。

三十六年，荧惑守心。有坠星下东郡，至地为石，黔首或刻其石曰："始皇帝死而地分。"始皇闻之，遣御史逐问，莫服，尽取石旁居人诛之，因燔销其石。始皇不乐，使博士为《仙真人诗》，及行所游天下，传令乐人歌弦之。秋，使者从关东夜过华阴平舒道，有人持璧遮使者曰："为吾遗滈池君。"因言曰："今年祖龙死。"使者问其故，因忽不见，置其璧去。使者奉璧具以闻。始皇默然良久，曰："山鬼固不过知一岁事也。"退言曰："祖龙者，人之先也。"使御府视璧，乃二十八年行渡江所沉璧也。于是始皇卜之，卦得游徙吉。迁北河、榆中三万家。拜爵一级。

三十七年十月，癸丑，始皇出游。左丞相斯从，右丞相去疾守。少子胡亥爱慕请从，上许之。十一月，行至云梦，望祀虞舜于九疑山。浮江下，观籍柯，渡海渚。过丹阳，至钱唐。临浙江，水波恶，乃西百二十里从狭中渡。上会稽，祭大禹，望于南海，而立石刻，颂秦德。其文曰：

皇帝休烈，平一宇内，德惠修长。三十有七年，亲巡天下，周览远方，遂登会稽，宣省习俗，黔首斋庄。群臣诵功，本原事迹，追首高明。秦圣临国，始定刑名，显陈旧章。初平法式，审别职任，以立恒常。六王专倍，贪戾慠猛，率众自强。暴虐恣行，负力而骄，数动甲兵。阴通间使，以事合从，行为辟方。内饰诈谋，外来侵边，遂起祸殃。义威诛之，殄熄暴悖，乱贼灭亡。圣德广密，六合之中，被泽无疆。皇帝并宇，兼听万事，远近毕清。运理群物，考验事实，各载其名。贵贱并通，善否陈前，靡有隐情。饰省宣义，有子而嫁，倍死不贞。防隔内外，禁止淫泆，男女洁诚。夫为寄豭，杀之无罪，男秉义程。妻为逃嫁，子不得母，咸化廉清。大治濯俗，天下承风，蒙被休经。皆遵度轨，和安敦勉，莫不顺令。黔首修洁，人乐同则，嘉保太平。后敬奉法，常治无极，舆舟不倾。从臣诵烈，请刻此石，光垂休铭。

还过吴，从江乘渡。并海上，北至琅玡。方士徐福等入海求神药，数岁不得，费多，恐谴，乃诈曰："蓬莱药可得，然常为大鲛鱼所苦，故不得至，愿请善射与俱，见则以连弩射之。"始皇梦与海神战，如人状。问占梦，博士曰："水神不可见，以大鱼蛟龙为候。今上祷祠备谨，而有此恶神，当除去，而善神可致。"乃令入海者赍捕巨鱼具，而自以连弩候大鱼出射之。自琅玡北至荣成山，弗见。至之罘，见巨鱼，射杀一鱼。遂并海西。

至平原津而病，始皇恶言死，群臣莫敢言死事。上病益甚，乃为玺书赐公子扶苏曰："与丧，会咸阳而葬。"书已封，在中车府令赵高行符玺事所，未授使者。七月丙寅，始皇崩于沙丘平台。丞相斯为上崩在外，恐诸公子及天下有变，乃秘之，不发丧。棺载辒辌车中，故幸宦者参乘，所至上食。百官奏事如故，宦者辄从辒辌车中可其奏事。独子胡亥、赵高及所幸宦者、五六人知上死。赵高故尝教胡亥书及狱律令法事，胡亥私幸之。高乃与公子胡亥、丞相斯阴谋破去始皇所封书赐公子扶苏者，而更诈为丞相斯受始皇遗诏沙丘，立子胡亥为太子。更为书赐公子扶苏、蒙恬，数以罪，赐死。行，遂从井陉抵九原。会暑，上辒辌车臭，乃诏从官令车载一石鲍鱼，以乱其臭。

行从直道至咸阳，发丧。太子胡亥袭位，为二世皇帝。九月，葬始皇骊山。始皇初即位，穿治郦山，及并天下，天下徒送诣七十余万人，穿三泉，下铜而致椁，宫观、百官、奇器、珍怪徙臧满之。令匠作机弩矢，有所穿近者辄射之。以水银为百川江河大海，机相灌输，上具天文，下具地理。以人鱼膏为烛，度不灭者久之。二世曰："先帝后宫非有子者，出焉不宜。"皆令从死，死者甚众。葬既已下，或言工匠为机，臧皆知之，臧重即泄。大事毕，已臧，闭中羡，下外羡门，尽闭工匠臧者，无复出者。树草木以象山。

二世皇帝元年，年二十一。赵高为郎中令，任用事。二世下诏，增始皇寝庙牺牲及山川百祀之礼。令群臣议尊始皇庙。群臣皆顿首言曰："古者天子七庙，诸侯五，大夫三，虽万世世不轶毁。今始皇为极庙，四海之内皆献贡职，增牺牲，礼咸备，毋以加。先王庙或在西雍，或在咸阳。天子仪当独奉酌祠始皇庙。自襄公已下轶毁。所置凡七庙。群臣以礼进祠，以尊始皇庙为帝者祖庙。皇帝复自称'朕'。"

二世与赵高谋曰："朕年少，初即位，黔首未集附。先帝巡行郡县，以示强，威服海内。今晏然不巡行，即见弱。毋以臣畜天下。"春，二世东行郡县，李斯从。到碣石，并海，南至会稽，而尽刻始皇所立刻石，石旁著大臣从者名，以章先帝成功盛德焉。

皇帝曰："金石刻，尽始皇帝所为也。今袭号而金石刻辞不称始皇帝，其于久远也如后嗣为之者，不称成功盛德。"丞相臣斯、臣去疾、御史大夫臣德昧死言："臣请具刻诏书刻石，因明白矣。臣昧死请。"制曰："可。"

遂至辽东而还。

于是二世乃遵用赵高，申法令。乃阴与赵高谋曰："大臣不服，官吏尚强，及诸公子必与我争，为之奈何？"高曰："臣固愿言而未敢也。先帝之大臣，皆天下累世名贵人也，积功劳世以相传久矣。今高，素小贱，陛下幸称举，令在上位，管中事。大臣鞅鞅，特以貌从臣，其心实不服。今上出，不因此时案郡县守尉有罪者诛之，上以振威天下，下以除去上生平所不可者。今时不师文而决于武力，愿陛下遂从时毋疑，即群臣不及谋。明主收举余民，贱者贵之，贫者富之，远者近之，则上下集而国安矣。"二世曰："善。"乃行诛大臣及诸公子，以罪过连逮少近官三郎，无得立者，而六公子戮死于杜。公子将闾昆弟三人囚于内宫，议其罪独后。二世使使令将闾曰："公子不臣，罪当死，吏致法焉。"将闾曰："阙廷之礼，吾未尝敢不从宾赞也；廊庙之位，吾未尝敢失节也；受命应对，吾未尝敢失辞也。何谓不臣？愿闻罪而死。"使者曰："臣不得与谋，奉书从事。"将闾乃仰天大呼天者三，曰："天乎！吾无罪！"昆弟三人皆流涕拔剑自杀。宗室振恐。群臣谏者以为诽谤，大吏持禄取容，黔首振恐。

四月，二世还至咸阳，曰："先帝为咸阳朝廷小，故营阿房宫为室堂。未就，会上崩，罢其作者，复土骊山。骊山事大毕，今释阿房宫弗就，则是章先帝举事过也。"复作阿房宫。外抚四夷，如始皇计。尽征其材士五万人为屯卫咸阳，令教射。狗、马、禽兽，当食者多，度不足，下调郡县，转输菽粟刍藁皆令自赍粮食，咸阳三百里内不得食其谷。用法益刻深。

七月，戍卒陈胜等反故荆地，为"张楚"。胜自立为楚王，居陈，遣诸将徇地。山东郡县少年苦秦吏，皆杀其守、尉、令、丞反，以应陈涉，相立为侯王，合从西向，名为伐秦，不可胜数也。谒者使东方来，以反者闻二世。二世怒，下吏。后使者至，上问，对曰："群盗，郡守、尉方逐捕，今尽得，不足忧。"上悦。武臣自立为赵王，魏咎为魏王，田儋为齐王。沛公起沛。项梁举兵会稽郡。

二年冬，陈涉所遣周章等将西至戏，兵数十万。二世大惊，与群臣谋曰："奈何？"少府章邯曰："盗已至，众强，今发近县不及矣。骊山徒多，请赦之，授兵以击之。"二世乃大赦天下，使章邯将，击破周章军而走，遂杀章曹阳。二世益遣长史司马欣、董翳佐章邯击盗，杀陈胜城父，破项梁定陶，灭魏咎临济。楚地盗名将已死，章邯乃北渡河，击赵王歇等于巨鹿。

赵高说二世曰："先帝临制天下久，故群臣不敢为非，进邪说。今陛下富于春秋，初即位，奈何与公卿廷决事？事即有误，示群臣短也。天子称朕，固不闻声。"于是，二世常居禁中，与高决诸事。其后公卿希得朝见，盗贼益多，而关中卒发东击盗者毋已。右丞相去疾、左丞相斯、将军冯劫进谏曰："关东群盗并起，秦发兵诛击，所杀亡甚众，然犹不止。盗多，皆以戍漕转作事苦，赋税大也。请且止阿房宫作者，减省四边戍转。"二世曰："吾闻之韩子曰：'尧、舜采椽不刮，茅茨不翦，饭土熘，啜土形，虽监门之养，不觳于此。禹凿龙门，通大夏，决河亭水，放之海，身自持筑锸，胫毋毛，臣虏之劳不烈于此矣。'凡所为贵有天下者，得肆意极欲，主重明法，下不敢为非，以制御海内矣。夫虞、夏之主，贵为天子，亲处穷苦之实，以徇百姓，尚何于法？朕尊万乘，毋其实，吾欲造千乘之驾，万乘之属，充吾号名。且先帝起诸侯，兼天下，天下已定，外攘四夷以安边境，作宫室以章得意，而君观先帝功业有绪。今朕即位二年之间，群盗并起，君不能禁，又欲罢先帝之所为，是上毋以报先帝，次不为朕尽忠力，何以在位？"下去疾、斯、劫吏，案责他罪。去疾、劫曰："将相不辱。"自杀。斯卒囚，就五刑。

三年，章邯等将其卒围巨鹿，楚上将军项羽将楚卒往救巨鹿。冬，赵高为丞相，竟案李斯杀之。夏，章邯等战数却，二世使人让邯，邯恐，使长史欣请事。赵高弗见，又弗信。欣恐，亡去，高使人捕追未及。欣见邯曰："赵高用事于中，将军有功亦诛，无功亦诛。"项羽急击秦军，虏王离，邯等遂以兵降诸侯。八月己亥，赵高欲为乱，恐群臣不听，乃先设验，持鹿献于二世，曰："马也。"二世笑曰："丞相误邪？谓鹿为马。"问左右，左右或默，或言马以阿顺赵高。或言鹿，高因阴中诸言鹿者以法。后群臣皆畏高。

高前数言"关东盗毋能为也",及项羽虏秦将王离等巨鹿下而前,章邯等军数却,上书请益助,燕、赵、齐、楚、韩、魏皆立为王,自关以东,大抵尽叛秦吏应诸侯,诸侯咸率其众西向。沛公将数万人已屠武关,使人私于高,高恐二世怒,诛及其身,乃谢病不朝见。二世梦白虎齧其左骖马,杀之,心不乐,怪问占梦。卜曰:"泾水为祟。"二世乃斋于望夷宫,欲祠泾,沉四白马。使使责让高以盗贼事。高惧,乃阴与其婿咸阳令阎乐、其弟赵成谋曰:"上不听谏,今事急,欲归祸于吾宗。吾欲易置上,更立公子婴。子婴仁俭,百姓皆载其言。"使郎中令为内应,诈为有大贼,令乐召吏发卒追,劫乐母置高舍。遣乐将吏、卒千余人至望夷宫殿门,缚卫令仆射,曰:"贼入此,何不止?"卫令曰:"周庐设卒甚谨,安得贼敢入宫?"乐遂斩卫令,直将吏入,行射,郎、宦者大惊,或走或格,格者辄死,死者数十人。郎中令与乐俱入,射上幄坐帏。二世怒,召左右,左右皆惶扰不斗。旁有宦者一人,侍不敢去。二世入内,谓曰:"公何不早告我?乃至于此!"宦者曰:"臣不敢言,故得全,使臣早言,皆已诛,安得至今?"阎乐前即二世数曰:"足下骄恣,诛杀无道,天下共畔足下,足下其自为计。"二世曰:"丞相可得见否?"乐曰:"不可。"二世曰:"吾愿得一郡为王。"弗许。又曰:"愿为万户侯。"弗许。曰:"愿与妻子为黔首,比诸公子。"阎乐曰:"臣受命于丞相,为天下诛足下,足下虽多言,臣不敢报。"麾其兵进。二世自杀。

阎乐归报赵高,赵高乃悉召诸大臣、公子,告以诛二世之状。曰:"秦故王国,始皇君天下,故称帝。今六国复自立,秦地益小,乃以空名为帝,不可。宜为王如故,便。"立二世之兄子公子婴为秦王。以黔首葬二世杜南宜春苑中。令子婴斋,当庙见,受王玺。斋五日,子婴与其子二人谋曰:"丞相高杀二世望夷宫,恐群臣诛之,乃佯以义立我。我闻赵高乃与楚约,灭秦宗室而王关中。今使我斋见庙,此欲因庙中杀我。我称病不行,丞相必自来,来则杀之。"高使人请子婴数辈,子婴不行,高果自往,曰:"宗庙重事,王奈何不行?"子婴遂刺杀高于斋宫,三族高家以徇咸阳。子婴为秦王四十六日,楚将沛公破秦军入武关,遂至霸上,使人约降子婴。子婴即系颈以组,白马素车,奉天子玺符,降轵道旁。沛公遂入咸阳,封宫室府库,还军霸上。居月余,诸侯兵至,项籍为从长,杀子婴及秦诸公子宗族。遂屠咸阳,烧其宫室,虏其子女,收其珍宝货财,诸侯共分之。灭秦之后,各分其地为三,名曰雍王、塞王、翟王,号曰三秦。项羽为西楚霸王,主命分天下王诸侯,秦竟灭矣。后五年,天下定于汉。

太史公曰:秦之先伯翳,尝有勋于唐虞之际,受土赐姓。及殷夏之间微散。至周之衰,秦兴,邑于西垂。自缪公以来,稍蚕食诸侯,竟成始皇。始皇自以为功过五帝,地广三王,而羞与之侔。善哉乎贾生推言之也!曰:

秦并兼诸侯山东三十余郡,缮津关,据险塞,修甲兵而守之。然陈涉以戍卒散乱之众数百,奋臂大呼,不用弓戟之兵,钮耰白梃,望屋而食,横行天下。秦人阻险不守,关梁不阖,长戟不刺,强弩不射。楚师深入,战于鸿门,曾无藩篱之艰。于是山东大扰,诸侯并起,豪俊相立。秦使章邯将而东征,章邯因以三军之众要市于外,以谋其上。群臣之不信,可见于此矣。子婴立,遂不寤。借使子婴有庸主之材,仅得中佐,山东虽乱,秦之地可全而有,宗庙之祀未当绝也。

秦地被山带河以为固,四塞之国也。自缪公以来,至于秦王,二十余君,常为诸侯雄。岂世世贤哉?其势居然也。且天下尝同心并力而攻秦矣。当此之世,贤智并列,良将行其师,贤相通其谋,然困于阻险而不能进,秦乃延入战而为之开关,百万之徒逃北而遂坏。

岂勇力智慧不足哉？形不利，势不便也。秦小邑并大城，守险塞而军，高垒毋战，闭关据阸，荷戟而守之。诸侯起于匹夫，以利合，非有素王之行也。其交未亲，其下未附，名为亡秦，其实利之也。彼见秦阻之难犯也，必退师。安土息民，以待其敝，收弱扶罢，以令大国之君，不患不得意于海内。贵为天子，富有天下，而身为禽者，其救败非也。

秦王足己不问，遂过而不变。二世受之，因而不改，暴虐以重祸。子婴孤立无亲，危弱无辅。三主惑而终身不悟，亡，不亦宜乎？当此时也，世非无深虑知化之士也，然所以不敢尽忠拂过者，秦俗多忌讳之禁，忠言未卒于口而身为戮没矣。故使天下之士，倾耳而听，重足而立，拑口而不言。是以三主失道，忠臣不敢谏，智士不敢谋，天下已乱，奸不上闻，岂不哀哉！先王知雍蔽之伤国也，故置公卿大夫士，以饰法设刑，而天下治。其强也，禁暴诛乱而天下服。其弱也，五伯征而诸侯从。其削也，内守外附而社稷存。故秦之盛也，繁法严刑而天下振；及其衰也，百姓怨望而海内畔矣。故周五序得其道，而千余岁不绝。秦本末并失，故不长久。由此观之，安危之统相去远矣。野谚曰："前事之不忘，后事之师也。"是以君子为国，观之上古，验之当世，参以人事，察盛衰之理，审权势之宜，去就有序，变化有时，故旷日长久而社稷安矣。

秦孝公据殽函之固，拥雍州之地，君臣固守而窥周室，有席卷天下，包举宇内，囊括四海之意，并吞八荒之心。当是时，商君佐之，内立法度，务耕织，修守战之备，外连衡而斗诸侯，于是秦人拱手取西河之外。

孝公既没，惠王、武王蒙故业，因遗册，南兼汉中，西举巴、蜀，东割膏腴之地，收要害之郡。诸侯恐惧，会盟而谋弱秦，不爱珍器重宝肥美之地，以致天下之士，合从缔交，相与为一。当是时，齐有孟尝，赵有平原，楚有春申，魏有信陵。此四君者，皆明知而忠信，宽厚而爱人，尊贤重士，约从离衡，并韩、魏、燕、楚、齐、赵、宋、卫、中山之众。于是六国之士有宁越、徐尚、苏秦、杜赫之属为之谋，齐明、周最、陈轸、昭滑、楼缓、翟景、苏厉、乐毅之徒通其意，吴起、孙膑、带佗、倪良、王廖、田忌、廉颇、赵奢之朋制其兵。常以十倍之地，百万之众，叩关而攻秦。秦人开关延敌，九国之师逡巡遁逃而不敢进。秦无亡矢遗镞之费，而天下诸侯已困矣。于是从散约解，争割地而奉秦。秦有余力而制其敝，追亡逐北，伏尸百万，流血漂卤。因利乘便，宰割天下，分裂河山，强国请服，弱国入朝。延及孝文王、庄襄王，享国日浅，国家无事。

及至秦王，续六世之余烈，振长策而御宇内，吞二周而亡诸侯，履至尊而制六合，执棰拊以鞭笞天下，威震四海。南取百越之地，以为桂林、象郡，百越之君俯首系颈，委命下吏。仍使蒙恬北筑长城而守藩篱，却匈奴七百余里，胡人不敢南下而牧马，士不敢弯弓而报怨。于是废先王之道，焚百家之言，以愚黔首。堕名城，杀豪俊，收天下之兵聚之咸阳，销锋铸鐻，以为金人十二，以弱黔首之民。然后斩华为城，因河为津，据亿丈之城，临不测之溪以为固。良将劲弩，守要害之处，信臣精卒，陈利兵而谁何，天下以定。秦王之心，自以为关中之固，金城千里，子孙帝王万世之业也。

秦王既没，余威振于殊俗。陈涉，瓮牖绳枢之子，甿隶之人，而迁徙之徒，才能不及中人，非有仲尼、墨翟之贤，陶朱、猗顿之富，蹑足行伍之间，而倔起什伯之中，率罢散之卒，将数百之众，而转攻秦。斩木为兵，揭竿为旗，天下云集响应，赢粮而景从，山东豪俊遂并起而亡秦族矣。

且夫天下非小弱也，雍州之地，殽函之固自若也。陈涉之位，非尊于齐、楚、燕、赵、韩、魏、宋、卫、中山之君；鉏櫌棘矜，非锬于句戟长铩也；适戍之众，非抗于九国之师；深谋远虑，行军用兵之道，非及乡时之士也。然而成败异变，功业相反也。试使山东之国与陈涉度长洁大，比权量力，则不可同年而语矣。然秦以区区之地，千乘之权，招八州而朝同列，百有余年矣。然后以六合为家，殽函为宫。一夫作难而七庙堕，身死人手，为天下笑者，何也？仁义不施而攻守之势异也。

秦并海内，兼诸侯，南面称帝，以养四海，天下之士斐然乡风，若是者何也？曰：近古之无王者久矣。周室卑微，五霸既殁，令不行于天下，是以诸侯力政，强侵弱，众暴寡，兵革不休，士民罢敝。今秦南面而王天下，是上有天子也。既元元之民冀得安其性命，莫不虚心而仰上，当此之时，守威定功，安危之本在于此矣。

秦王怀贪鄙之心，行自奋之智，不信功臣，不亲士民，废王道，立私权，禁文书而酷刑法，先诈力而后仁义，以暴虐为天下始。夫并兼者高诈力，安定者贵顺权，此言取与守不同术也。秦离战国而王天下，其道不易，其政不改，是其所以取之、守之者无异也。无独而有之，故其亡可立而待。借使秦王计上世之事。并殷周之迹，以制御其政，后虽有淫骄之主而未有倾危之患也。故三王之建天下，名号显美，功业长久。

今秦二世立，天下莫不引颈而观其政。夫寒者利短褐而饥者甘糟糠，天下之嗷嗷，新主之资也。此言劳民之易为仁也。乡使二世有庸主之行，而任忠贤，臣主一心而忧海内之患，缟素而正先帝之过，裂地分民以封功臣之后，建国立君以礼天下，虚囹圄而免刑戮，除去收帑污秽之罪，使各返其乡里，发仓廪，散财币，以振孤独穷困之士，轻赋少事，以佐百姓之急，约法省刑以持其后，使天下之人皆得自新，更节修行，各慎其身，塞万民之望，而以威德与天下，天下集矣。即四海之内，皆欢然各自安乐其处，唯恐有变，虽有狡猾之民，无离上之心，则不轨之臣无以饰其智，而暴乱之奸止矣。二世不行此术，而重之以无道，坏宗庙与民，更始作阿房宫，繁刑严诛，吏治刻深，赏罚不当，赋敛无度，天下多事，吏弗能纪，百姓困穷而主弗收恤。然后奸伪并起，而上下相遁，蒙罪者众，刑戮相望于道，而天下苦之。自君卿以下至于众庶，人怀自危之心，亲处穷苦之实，咸不安其位，故易动也。是以陈涉不用汤武之贤，不借公侯之尊，奋臂于大泽而天下响应者，其民危也。故先王见始终之变，知存亡之机，是以牧民之道，务在安之而已。天下虽有逆行之臣，必地响应之助矣。故曰“安民可与行义，而危民易与为非”，此之谓也。贵为天子，富有天下，身不免于戮杀者，正倾非也。是二世之过也。

襄公立，享国十二年。初为西畤。葬西垂。生文公。

文公立，居西垂宫。五十年死，葬西垂。生静公。

静公不享国而死。生宪公。

宪公享国十二年。居西新邑。死，葬衙。生武公、德公、出子。

出子享国六年。居西陵。庶长弗忌、威累、参父三人，率贼贼出子鄙衍，葬衙。武公立。

武公享国二十年。居平阳封宫。葬宣阳聚东南。三庶长伏其罪。德公立。

德公享国二年。居雍大郑宫。生宣公、成公、缪公。葬阳。初伏，以御蛊。

宣公享国十二年。居阳宫。葬阳。初志闰月。

成公享国四年。居雍之宫。葬阳。齐伐山戎、孤竹。

缪公享国三十九年。天子致霸。葬雍。缪公学著人。生康公。

康公享国十二年。居雍高寝。葬竘社。生共公。
共公享国五年。居雍高寝。葬康公南。生桓公。
桓公享国二十七年。居雍太寝。葬义里丘北。生景公。
景公享国四十年。居雍高寝,葬丘里南。生毕公。
毕公享国三十六年。葬车里北。生夷公。
夷公不享国。死,葬左宫。生惠公。
惠公享国十年。葬车里。生悼公。
悼公享国十五年。葬僖公西。城雍。生刺龚公。
剌龚公享国三十四年。葬入里。生躁公、怀公。其十年。彗星见。
躁公享国十四年。居受寝。葬悼公南。其元年,彗星见。
怀公从晋来,享国四年。葬栎圉氏。生灵公。诸臣围怀公,怀公自杀。
肃灵公,昭子子也。居泾阳。享国十年。葬悼公西。生简公。
简公从晋来,享国十五年。葬僖公西。生惠公。其七年,百姓初带剑。
惠公享国十三年,葬陵圉。生出公。
出公享国二年。出公自杀,葬雍。
献公享国二十三年。葬嚻圉。生孝公。
孝公享国二十四年葬弟圉。生惠文王。其十三年。始都咸阳。
惠文王享国二十七年。葬公陵。生悼武王。
悼武王享国四年,葬永陵。
昭襄王享国五十六年。葬芷阳,生孝文王。
孝文王享国一年。葬寿陵。生庄襄王。
庄襄王享国三年。葬芷阳。生始皇帝。吕不韦相。
献公立七年,初行为市。二年。为户籍相伍。
孝公立十六年,时桃李冬华。
惠文王生十九年而立。立二年,初行钱。有新生婴儿曰:“秦且王。”
悼武王生十九年而立。立三年,渭水赤三日。
昭襄王生十九年而立。立四年,初为田开阡陌。
孝文王生五十三年而立。
庄襄王生三十二年而立。立二年,取太原地。庄襄王元年,大赦,修先王功臣,施德厚骨肉,布惠于民。东周与诸侯谋秦,秦使相国不韦诛之,尽入其国,秦不绝其祀,以阳人地赐周君,奉其祭祀。
始皇享国三十七年,葬郦邑。生二世皇帝。始皇生十三年而立。
二世皇帝享国三年。葬宜春。赵高为丞相安武侯。二世生十二年而立。
右秦襄公至二世,六百一十岁。
孝明皇帝十七年十月十五日乙丑,曰:
周历已移,仁不代母。秦直其位,吕政残虐。然以诸侯十三,并兼天下,极情纵欲,养育宗亲。三十七年,兵无所不加,制作政令,施于后王。盖得圣人之威,河神授图,据狼、狐,蹈参、伐,佐政驱除,距之称始皇。
始皇既殁,胡亥极愚,郦山未毕,复作阿房,以遂前策。云“凡所为贵有天下者,肆意极欲,大臣至欲罢先君所为"。诛斯、去疾,任用赵高。痛哉言乎!人头畜鸣。不威不伐恶,不笃不虚亡,距之不得留,残虐以促期,虽居形便之国,尤不得存。

子婴度次得嗣,冠玉冠,佩华绂,车黄屋,从百司,谒七庙。小人乘非位,莫不怳忽失守,偷安日日,独能长念却虑,父子作权,近取于户牖之间,竟诛猾臣,为君讨贼。高死之后,宾婚未得尽相劳,餐未及下咽,酒未及濡唇,楚兵已屠关中,真人翔霸上,素车婴组,奉其符玺,以归帝者。郑伯茅旌鸾刀,严王退舍。河决不可复壅,鱼烂不可复全。

贾谊、司马迁曰:"向使婴有庸主之才,仅得中佐,山东虽乱,秦之地可全而有,宗庙之祀未当绝也。"秦之积衰,天下土崩瓦解,虽有周旦之材,无所复陈其巧,而一以责日之孤,误哉!俗传秦始皇起罪恶,胡亥极,得其理矣。复责小子,云秦地可全,所谓不通时变者也。纪季以酅,《春秋》不名。吾读《秦纪》,至于子婴车裂赵高,未尝不健其决,怜其志。婴死生之义备矣。

【译文】

秦始皇帝,是秦庄襄王的儿子。庄襄王在赵国作秦国人质时,看见吕不韦的姬妾,很喜欢,就把她娶了过来,生了始皇。始皇于秦昭王四十八年正月生于邯郸。等到出生时,取名为政,姓赵氏。十三岁,庄襄王死了,政继位为秦王。当时,秦国已经兼并了巴、蜀、汉中,越过宛占有了郢,设置了南郡;往北取得了上郡以东,占有了河东、太原、上党郡;东边到达荥阳,消灭了西周、东周,设置了三川郡。吕不韦做丞相,封邑十万户,号为文信侯。招揽宾客游士,打算吞并天下。李斯为舍人,蒙骜、王齮、麃公等为将军。秦王年幼,即位初期,国家政事交由大臣处理。

晋阳反叛,秦王政元年,将军蒙骜平定了叛乱。

二年,麃公率军攻打卷邑,杀死了三万人。

三年,蒙骜攻打韩国,夺取了十三个城邑。王齮死了。十月,将军蒙骜攻打魏国的畼邑、有诡。这一年粮食大歉收。

四年,攻克畼邑、有诡。三月,撤回了军队。秦国的人质从赵国返回,赵国太子离开秦国回到赵国。十月庚寅,蝗虫从东方飞来,遮蔽了天空。天下瘟疾。百姓缴纳一千石粟米拜爵一级。

五年,将军蒙骜进攻魏国,平定了酸枣、燕邑、虚邑、长平、雍丘、山阳城,都是使用武力攻克的,共夺取了二十个城邑,开始设置东郡。冬天打雷。

六年,韩国、魏国、赵国、卫国、楚国一起进攻秦国,夺取了寿陵。秦国出兵,五国的军队撤了回来。秦国攻克卫国,进逼东郡,卫君角率领他的支属迁居野王,凭借山险保卫魏国境内的河内地区。

七年,彗星先出现在东方,又出现在北方,五月出现在西方。将军蒙骜死了。是因为攻打龙邑、孤邑、庆都,又回军攻打汲邑(而死去的)。彗星又在西方出现了十六天。夏太后死了。

八年,秦王的弟弟长安君成蟜率领军队攻打赵国,举兵反叛,死在屯留,他的军吏都被斩首处死,把屯留民众迁徙到临洮。将军壁死了,士卒屯留人蒲鹖反叛,斩戮他的尸体。河鱼被大量冲到平地上,秦国人轻车重马地到东边来就地食用。

嫪毐封为长信侯。赐给他山阳地区,让他居住。宫室、车马、衣服、苑囿、游猎对嫪毐一律不加限制。事无大小都由嫪毐决断。又把河西、太原郡改为嫪毐的封国。

九年，彗星出现，有时光芒竟天。攻打魏国的垣邑、蒲阳。四月，秦王住宿在雍地。己酉，秦王举行冠礼，佩带宝剑。长信侯嫪毐作乱阴谋被发觉了，就诈用秦王印信和太后印信调动县邑的军队和警卫士卒、国家骑兵、戎翟首领、舍人，打算进攻蕲年宫，发动叛乱。秦王知道了这个消息，派相国昌平君、昌文君调遣士卒，进攻嫪毐。在咸阳交战，杀死了数百人，（斩首有功的人）都得到了爵位，宦者参加战斗的，也得到一级爵位。嫪毐等人战败逃跑了。秦王就在全国下令：有活捉的，赏钱一百万；杀死嫪毐的，赏钱五十万。全部抓获了嫪毐等人。卫尉竭、内史肆、佐弋竭、中大夫令齐等二十人都被斩首悬挂。又把他们五马分尸，巡行示众，夷灭了他们的宗族。嫪毐的舍人，罪轻的服刑三年。削除爵位迁徙蜀地的有四千多家，居住在房陵。这个月天寒地冻，有被冻死的。杨端和攻打衍氏。彗星出现在西方，又出现在北方，跟随北斗向南移动了八十天。

十年，相国吕不韦由于嫪毐的牵连获罪，免去了相国职务。桓齮为将军。齐国、赵国的使者来了，摆酒设筵。齐国人茅焦劝告秦王说："秦国正在以经营天下为己任，而大王有迁徙母太后的名声，恐怕各国诸侯听到这件事，由此引起背叛秦国。"秦王就去雍地迎接太后，回到咸阳，又重新居住在甘泉宫。

秦王大规模地进行搜索，驱逐从诸侯国来的宾客。李斯上书劝阻，秦王就废除了驱逐宾客的命令。他乘机建议秦王，首先攻取韩国，使其他诸侯国感到恐惧。于是秦王派李斯攻打韩国。韩王很忧虑，和韩非商量削弱秦国的力量。大梁人尉缭来到秦国，劝告秦王说："以秦国的强大力量，（与诸侯相比）诸侯就像一个郡县的君主，但是我担心诸侯联合起来，不露声音，出其不意地攻打秦国，这就是智伯、夫差、湣王所以灭亡的原因。希望大王不要吝惜财物，贿赂他们有权势的大臣，破坏他们的计划，失去的不过三十万斤黄金，而诸侯则可以全部消灭。"秦王听从了他的建议，每次接见尉缭时都以平等的礼节相待，衣服、饮食也与尉缭一样。尉缭说："秦王这个人，高鼻梁，细长的眼睛，鸷鸟一样的胸膛，豺狼一样的声音，刻薄寡恩，心如虎狼，处于穷困时容易谦卑下人，得志时也容易吞噬人。我是一个平民百姓，然而接见我时，常常甘居我下。如果秦王得志于天下，天下人都要成为他的俘虏了。不能和他长期相处。"尉缭就逃走了。秦王发觉了，坚决地挽留他，让他做秦国国尉，终于采用了他的计策。而这时李斯主持朝政。

十一年，王翦、桓齮、杨端和攻打邺邑，夺取了九个城邑。王翦攻打阏与、橑阳，把全部士卒合并成一支军队。王翦统率全军，过了十八天，遣返军队中斗食以下的无功人员，十人中推选二人从军，攻下邺邑、橑阳，是桓齮领兵攻克的。

十二年，文信侯吕不韦死了，偷偷地埋葬了他的尸体。吕不韦的舍人，来哭吊的，如果是晋人就驱逐出境；如果是秦人，俸禄在六百石以上的削除爵位，迁离旧居，五百石以下没有来哭吊的，也迁离旧居，不削除爵位。从此以后，治理国家政事，像嫪毐、吕不韦一样为逆不道的，抄没他的全家，按照这个样子处理。秋天，嫪毐的舍人应该迁徙蜀地得到了赦免。当时，天下大旱，从六月到八月才下雨。

十三年，桓齮攻打赵国的平阳，杀死了赵国将领扈辄，斩首十万。赵王逃往河南。正月，彗星出现在东方。十月，桓齮攻打赵国。

十四年，在平阳进攻赵国军队，夺取了宜安，打垮了赵国军队，杀死了它的将军。桓踦平定了平阳、武城。韩非出使秦国，秦国采纳李斯的计策，把韩非留在秦国，韩非死在云阳。韩王请求作为秦国的臣属。

十五年，秦国大举出兵，一支军队到达邺邑，一支军队到达太原，攻下了狼孟。发生地震。

十六年九月，派兵接收韩国南阳地区，腾暂时代理郡守。开始下令男女登记年龄。魏国向秦国献纳土地。秦国设置丽邑。

十七年，内史腾攻打韩国，抓获了韩王安，兼并了全部韩国领土，把它的领土设置了一个郡，命名为颍川。发生地震。华阳太后死了。民间百姓出现严重的饥饿。

十八年，大举出兵进攻赵国，王翦统率上地士卒，攻下井陉。杨端和统率河内士卒，羌瘣率军攻打赵国，杨端和围攻邯郸城。

十九年，王翦、羌瘣部攻占和平定了赵国东阳地区，抓获了赵王。率兵准备进攻燕国，军队驻扎在中山。秦王来到邯郸，凡是他生活在赵国时曾与母亲家有仇怨的，全部坑杀。秦王返回秦国，是从太原、上郡回来的。始皇帝的母亲皇太后去世。赵国公子嘉带领他的宗族几百人前往代地，自立为代王，向东与燕国的军队联合起来，驻扎在上谷。这一年发生严重饥荒。

二十年，燕国太子丹担忧秦国的军队来到燕国，心里惶恐不安，派遣荆轲刺秦王。秦王察觉了。肢解了荆轲的尸体巡行示众，派王翦、辛胜进攻燕国。燕国、代国出兵攻击秦国军队，秦国军队在易水西边打败了燕国军队。

二十一年，王贲进攻荆地。调遣更多的士卒前往王翦军队，于是打垮了燕太子的军队，攻下燕国的蓟城，得到了太子丹的脑袋。燕王向东聚集辽东兵力，在那里称王。王翦推托有病，告老还乡。新郑反叛。昌平君迁徙到郢地。下大雪，雪有二尺五寸深。

二十二年，王贲进攻魏国，挖沟引河水淹灌大梁，大梁城墙毁坏，魏王请求投降，秦国占领了全部魏国领土。

二十三年，秦王又征召王翦，坚持要起用他，派他率军攻打荆国。攻下陈地以南至平舆一带，俘虏了荆王。秦王巡游到达郢陈。荆将项燕立昌平君为荆王，在淮水南边起兵反秦。

二十四年，王翦、蒙武进攻荆地，打败了荆军，昌平君战死，项燕也就自杀了。

二十五年，大举出兵，派王贲为将，率军进攻燕国辽东地区，抓获了燕王喜。回军进攻代国，俘虏了代王嘉。王翦平定了荆国江南地区；降服了越君，设置会稽郡。五月，天下欢聚宴饮。

二十六年，齐王建和齐相后胜调遣军队防守西部边界，不与秦国来往。秦国派将军王贲从燕国南下进攻齐国，俘虏了齐王建。

秦国刚刚兼并天下，下令丞相、御史说："前些时候韩王交出土地，奉献国王的印章，请求成为藩臣。不久背弃了约定，与赵国、魏国联合起来背叛秦国，所以我兴兵讨伐，俘虏了韩国的国王。我以为这是件好事，大概可以偃兵息革了。赵王派他的丞相李牧来签订盟约，所以送回了他的作人质的儿子。不久赵国背叛了盟约，在我国太原起兵反抗，所以我兴兵讨伐，抓获了它的国王。赵国公子嘉自立为代王，所以我又发兵消灭了他。魏王最初说定臣服秦国，不久与韩国、赵国阴谋袭击秦国，秦国吏卒前往讨伐，摧毁了魏国。荆国献纳青阳以西的土地，不久违背约定，进攻我国南郡，所以我发兵讨伐，抓到了荆国国王，平定了荆地。燕王头昏脑乱，他的太子丹暗中指使荆轲做贼，秦国吏卒前去讨伐，灭亡了他的国家。齐王采用后胜的计策，不让秦国使者进入齐国，打算兴兵作乱，我派吏卒去讨伐，俘虏了齐国国王，平定了齐地。我这微不足道的人，发兵诛暴讨乱，靠着祖先宗庙的威灵，六国国王已各服其罪，天下完全平定了，现在不改换名字，就不能颂扬建立的功业，流传后世。希望议论一下帝王的称号。”丞相王绾、御史大夫冯劫、廷尉李斯等都说：“过去五帝管辖千里见方的地区，在这个地区之外的侯服、夷服，有的诸侯朝贡，有的诸侯不朝贡，天子不能控制。现在陛下调遣义军，诛暴讨贼，平定天下，四海之内，设置郡县，统一法令，这是从上古以来所没有过的，五帝也望尘莫及。我们谨慎地和博士讨论，都说：‘古代有天皇，有地皇，有泰皇，泰皇最高贵。’我们冒着死罪献上尊号，王称为‘泰皇’。天子之命称为‘制’，天子之令称为‘诏’，天子自称叫‘朕’。”秦王说：“去掉‘泰’字，留下‘皇’字，采用上古表示地位称号的‘帝’字，叫作‘皇帝’。其他遵照议定的意见。”（对已经决定了的名号）下达制命说：“可以。”追尊庄襄王为太上皇。皇帝下达制命说：“我听说远古有称号，没有谥号，中古有称号，死后根据生前行迹确定谥号。这样做，就是儿子议论父亲，臣子议论君主，很没有意义，我不采取这种做法。从此以后，废除谥法。我是始皇帝。子孙后代用数计算，从二世、三世至于万世，传袭无穷。”

始皇根据五德终始的嬗递次序进行推演，认为周朝得到了火德，秦朝代替周朝的火德，遵循五行相胜的法则，现在是水德的开端。改变一年的首月，十月初一君臣入朝庆贺。衣服、旄旌、节旗都崇尚黑色。数目用六作标准，符、法冠都六寸，舆车宽六尺，六尺为步，驾车用六匹马。把河改名德水，作为水德的开始。为政强硬果决，暴戾苛细，事情都依法决断，刻薄严峻，没有仁爱恩德，没有温情道义，认为这样才符合五德演变的原则。于是急迫地加强法制，囚禁很久的罪犯也不赦免。

丞相王绾等建议说：“各国诸侯刚被消灭，燕、齐、荆地辽远，不在那里立王，就没有人来安定燕、齐、荆。请把皇帝的几个儿子立为王，希望得到皇帝的赞成。”始皇把王绾等人的建议交给群臣讨论，群臣都认为很适宜。廷尉李斯建议说：“周文王、周武王所封立的同姓子弟很多，然而后来族属疏远，互相攻击，如同仇敌，诸侯交相讨伐，周天子不能禁止。现在依靠陛下的神灵统一了天下，都划分成为郡县，皇帝的子弟和功臣，都用国家的赋税重加赏赐，（这种局面，）很容易治理。天下没有二心，这就是国家安定的方法。封立诸侯是不适宜的。”始皇说：“天下苦于无休止的战争，是因为有诸侯王的缘故。依靠宗庙之灵，刚刚平定了天下，再去建立诸侯国，这是自我树敌，而要求得安宁，岂不是很困难的吗！廷尉的建议是正确的。”

把全国划分为三十六郡，郡设守、尉、监。百姓改称“黔首”。天下欢聚宴饮，收集天下兵器，集中在咸阳，熔铸成钟；又铸造了十二个铜人，每一个重一千石，安置在宫廷中。统一法律制度和度量衡标准。规定车子两轮距离相同。书写采用统一的文字。全国地域东至大海和朝鲜，西至临洮、羌中，南至门朝北开的地区，北据黄河为屏障，顺着阴山直至辽东。把天下豪富十二万户迁徙到咸阳。秦国各王的陵庙和章台、上林苑都在渭水南岸。秦国每消灭一个诸侯国，就描摹它的宫殿，在咸阳北坡上仿效建造，南临渭水，从雍门以东到达泾水、渭水汇流地区，宫殿室宇、空中栈道和缭绕回旋的阁道连续不断。从诸侯国掳掠来的美女、钟鼓，都安置在里面。

二十七年，始皇巡行陇西、北地，来到鸡头山，（返回时）路过回中。于是在渭水南面

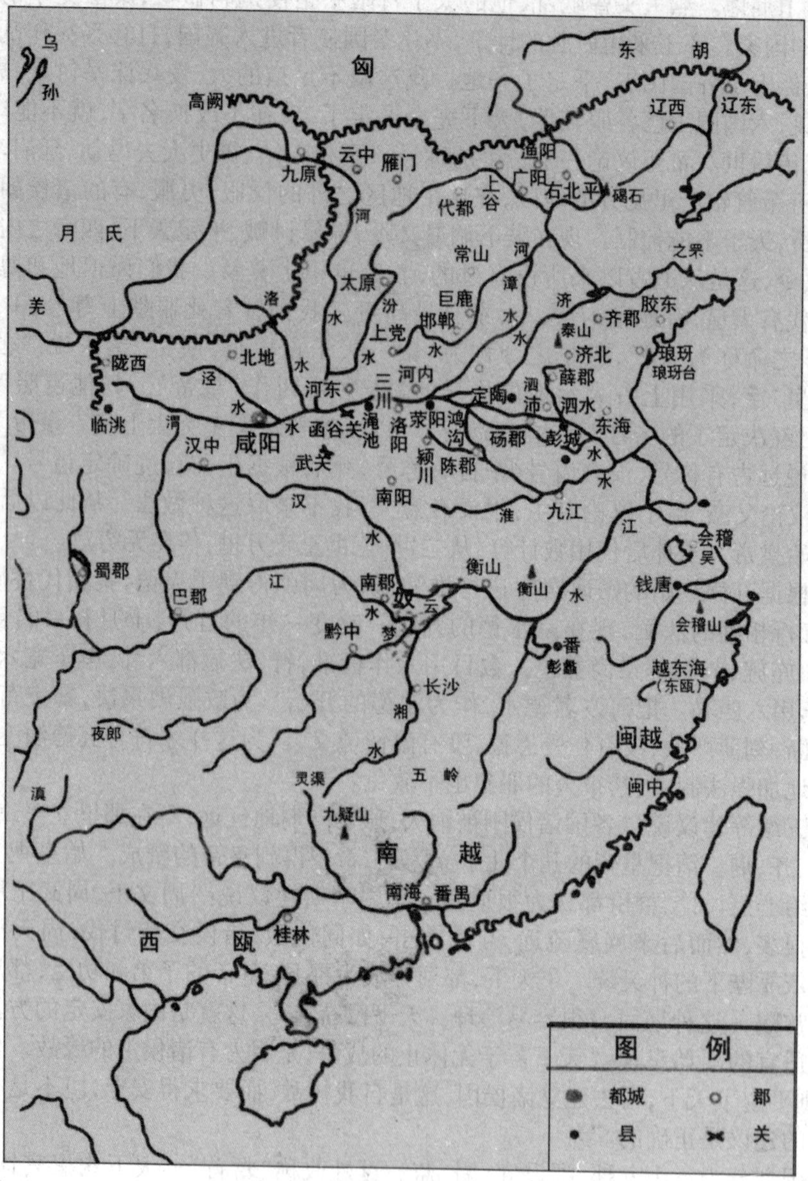

秦代疆域图

建造信宫，不久把信宫改名为极庙，象征天极星。从极庙修路通往骊山，又建造了甘泉宫前殿，修筑甬道，从咸阳和它相连。这一年，赐予全国民爵一级。修建驰道。

二十八年，始皇向东巡行郡县，登上邹峄山。树立石碑，和鲁地的一些儒生商议，刻写石碑颂扬秦朝的功德，又讨论封禅和望祭山川的事情。于是就登上泰山，树立石碑，积土成坛，祭祀上天。下山时，忽然来了风雨，始皇停留在树下（躲避风雨），因此封这棵树为五大夫。又到梁父辟地为基，祭祀了大地。在所立的石碑上进行刻辞，碑辞说：

皇帝即位,创立制度,申明法令,臣下修治严整。二十六年,开始兼并了天下,没有不顺从的。亲自巡视远方的百姓。登上这座泰山,遍览最东边的疆域。随从的臣属回忆走过的道路,探求事业的来龙去脉,恭敬地颂扬秦朝的功德。治国的方法得到贯彻执行,各项生产安排适宜,都有一定的规则。伟大真理美好而又光明,要流传后世,继承下来,不要改变。皇帝本身神圣,已经平定了天下,仍坚持不懈地治理国家。早起晚睡,谋求长远的利益,特别重视对臣民的教导。有关治国的教诲和法则传播四方,远近都得到治理,完全接受了皇帝的神圣意志。贵贱等级分明,男女依礼行事,谨慎地遵守各自的职责。明显地使内外有别,无不感到清静而纯洁,这种情况要延续到子孙后代。教化所及,无穷无尽,遵循遗留下来的诏令,永远继承这重要的告诫。

于是沿着渤海东行,经过黄县、腄县,攀上成山的最高点,登上之罘的顶峰,树立石碑,颂扬秦朝的德业,然后离去。

向南登上琅玡,非常高兴,停留了三个月。把三万户百姓迁徙到琅玡台下,免除十二年徭役。修建琅玡台,立碑刻辞,颂扬秦朝的德业,表明符合天下的意志。刻辞说:

二十八年,刚开始做皇帝。制定了公正的法律制度,这是天下万物的准则。以此来明确人和人之间的关系,使父子同心协力。皇帝神圣明智而又仁义,明白一切事物的道理。向东巡视东部地区,检阅士卒。巡视已经完全结束,就来到了海边。皇帝的功勋,在于辛勤地操劳国家的根本大事。重农抑商,百姓富裕。举国上下,一心一意。器物有一致的标准,统一书写文字。凡是日月所照,舟车所至,都能完成皇帝的使命,他所作所为没有不符合天下意志的。只有皇帝,根据适当的时机来办理事情。整顿不良的风俗,跨山越水不受地域的限制。优恤百姓,早晚都不懈怠。消除疑虑,制定法令,大家都知道避免触犯刑律。郡守分别管理地方政务,各项政务的处理方法简单易行。采取的措施都很恰如其分,没有不整齐划一的。皇帝神明,亲自到四方巡视。尊卑贵贱,不逾越等级。奸诈邪恶的现象不许存在。百姓都力求做一个正直善良的人。大小事情务尽全力,不敢懈怠疏忽。不论远处近处,还是偏僻的地方,都一心做到严肃庄重,正直忠厚,办事有一定的规则。皇帝的德泽,安定了四方。讨伐暴乱,消除祸患,兴办好事,带来福祉。根据时令来安排事情,各种产品不断增多。百姓安宁,不再进行战争。六亲相安,终身没有盗贼。高兴地遵守国家的教化,人人通晓法律制度。天上地下,四面八方,都是皇帝的领土。西边到达流沙,南边以门朝北开的地方为极限。东边有东海,北边越过了大夏。人们足迹所至,没有不臣服的。功勋超过了五帝,恩惠施及牛马,人人得到皇帝的德泽,过着安定的生活。

秦王兼并全国,确定了皇帝这一称号,于是抚循东部地区,到达琅玡。列侯武城侯王离、列侯通武侯王贲、伦侯建成侯赵亥、伦侯昌武侯成、伦侯武信侯冯毋择、丞相隗林、丞相王绾、卿李斯、卿王戊、五大夫赵婴、五大夫杨樛随从,他们和始皇在海边议论秦朝的功德说:"古代称帝的人,领土不过纵横千里,诸侯各自固守自己的疆域,有的朝贡,有的不朝贡,互相侵伐,为暴作乱,残杀无已,然而还是刻金勒石,记载自己的功业。古代五帝、三王,实行的智术教化不一样,法律制度没有明确,借助鬼神的威力,来欺骗远方的百姓,实际情况和称号不相符,所以国家命运不长久。人还没有死去,诸侯就背叛了,法令不能推行。如今皇帝统一了四海之内,把全国分为郡县,天下安宁而和谐。发扬光大宗庙的威灵,服膺真理,广布恩德,名副其实地得到了皇帝这一尊号。群臣一起颂扬皇帝的功德，铭刻在金石上，作为后世的楷模。”

立石刻辞已经结束，齐人徐福等上书，说海中有三座神山，名叫蓬莱、方丈、瀛洲，仙人居住在那里。希望斋戒沐浴，和童男童女寻求三座神山。于是派遣徐福挑选童男童女数千人，到海中寻找仙人。

始皇返回的时候，路过彭城，斋戒祈祷，想要从泗水打捞周鼎。让成千人潜入水中寻找，没有找到。于是就向西南走去，渡过淮水，前往衡山、南郡。泛舟江上，来到湘山祭拜。遇上大风，几乎不能渡水上山。始皇问博士说：“湘君是什么神？”博士回答说：“听说是尧的女儿，舜的妻子，死后埋葬在这里。”于是始皇非常生气，让刑徒三千人把湘山上的树木砍光了，全山露出红色的土壤。始皇从南郡取道武关回到咸阳。

二十九年，始皇向东巡游。到了阳武博狼沙，被强盗惊吓了一场。追捕强盗，没有抓获，就命令全国大肆搜查十天。始皇登上之罘，镌刻石碑。碑文说：

二十九年，春季第二个月的时候，天气开始暖和起来。皇帝去东方巡游，登上了之罘，面对着大海。随从的臣属看到这美好的景色，回忆皇帝的丰功伟绩，追念统一大业的始末。伟大的皇帝开始治理国家，制定了法律制度，彰明纲纪。对外教诲诸侯，普施教化，广布惠泽，阐明道理。六国诸侯奸回邪僻，贪婪乖戾，欲壑无厌，残虐杀戮，永无休止。皇帝哀怜民众，就调遣征伐的大军，奋武扬威。进行正义的讨伐，采取诚信的行动，武威光耀，远播四方，没有不降服的。消灭了强暴的势力，拯救了百姓，安定了天下。普遍推行严明的法律制度，治理天下，成为永久的准则。伟大啊！普天之下，都遵循皇帝的神圣意志。群臣颂扬皇帝的功勋，请求镌刻在石碑上，记载下来，作为永垂后世的法则。

东面台阁处的石碑刻辞说：

二十九年，皇帝在春天巡游，视察远方。到了海边，就登上之罘，面对着初升的太阳，观望辽阔而又秀丽的景色，随从的臣属都怀念往事，回忆走过的道路是非常光明的。英明法治最初施行的时候，就对国内的坏人坏事进行了清理，对外讨伐强暴的敌人。军威远扬，四方震动，消灭了六国，俘获了他们的国王。开拓领土，统一天下，消除战乱祸患，永远停止了战争。皇帝圣德明智，治理国家，处理政务，毫不懈怠。创立重大的法律制度，明确设置统一的标准器用，都有一定的规则。有职之臣都遵守本分，知道自己该做些什么，事情没有疑猜之处。百姓发生了变化，远处近处都制度统一，自古以来是最好的时代。每人已经确定了固定的职务，子孙后代循守旧业，永远继承这英明的政治。群臣颂美皇帝的恩德，恭敬地赞扬他的伟大功业，请求在之罘山上立碑刻辞。

不久，就前往琅玡，从上党回到咸阳。

三十年，没有发生重大的事情。

三十一年十二月，把腊祭改名叫“嘉平”。赏赐百姓每里六石米、两只羊。始皇易服出行咸阳，有四个武士随从。夜间出来时，在兰池遇上盗贼，被盗贼所困逼。武士杀死了盗贼，在关中大肆搜查了二十天。粮价一石达到一千六百钱。

三十二年，始皇前往碣石，派燕地人卢生访求羡门、高誓。在碣石城门上刻辞。摧毁城郭，挖通堤防。城门上的刻辞说：

于是调遣军队，诛伐无道，为暴作逆的人被消灭了。用武力平息暴乱，用文治保护无罪的人，全国上下人心归服。加恩论叙有功人员的功劳，连牛马都得到了赏赐，恩惠润泽了大地。皇帝奋武扬威，依靠正义的战争兼并了诸侯，第一次统一了全国，天下太平。拆毁六国的城郭，挖通河堤，铲平险阻。地面上各种军事障碍已经夷平，百姓不再服侍徭役，天下安定。男的高兴地耕种他的土地，女的从事她的家庭手工业，各项事业井井有序。各项生产都蒙受皇帝的惠泽，当地的农民和外来的农民，无不安居乐业。群臣颂扬皇帝的功绩，请求镌刻这一石碑，为后世垂示规范。

派韩终、侯公、石生寻访仙人求取长生不死的灵药。始皇巡行北方边境，从上郡回到咸阳。燕地人卢生被派入海中寻找仙人回来了，因为向始皇报告鬼神之事，就借机献上抄录的图书，上面说："灭亡秦朝的是胡。"始皇就派将军蒙恬发兵三十万人，向北攻打胡人，掠取河南地带。

三十三年，征发曾经逃亡的罪犯，入赘女家的男子、商人攻取陆梁地区，设置桂林郡、象郡、南海郡，把有罪应当流徙的人派去戍守。在西北方驱逐匈奴。从榆中沿着黄河往东，直至阴山，（在这一地区）设置三十四个县，在黄河附近修筑要塞。又派蒙恬渡过黄河攻占高阙、阳山、北假地带，修筑亭障来驱逐戎人。迁徙罪犯，安排到刚刚建立的县邑中。禁止民间祭祀。彗星出现在西方。

三十四年，贬斥那些听讼断狱不公平的官吏，让他们去修筑长城和戍守南越地区。

始皇在咸阳宫摆酒设宴，七十个博士上前敬酒祝寿。仆射周青臣颂扬说："从前秦国的地域不超过一千里，依靠陛下神灵圣明，平定了天下，驱逐了蛮夷，太阳和月亮所能照到地方，没有不降服的。把各国诸侯的领土置为郡县，人人安居乐业，没有战争之忧，这功业可以流传万世，从远古以来没有人能赶得上陛下的威德。"始皇很高兴。博士齐人淳于越进谏说："我听说殷周称王天下一千多年，分封子弟和功臣，作为自己的辅助势力。现在陛下拥有天下，而子弟却是平民百姓，偶然出现田常、六卿一样的臣属，无人辅佐，靠什么来挽救呢？事情不效法古代而能长久不败的，我没有听到过。如今青臣当面阿谀，来加深陛下的过错，实在不是忠臣。"始皇把他们的建议交下去讨论。丞相李斯说："五帝的制度不互相重复，三代的制度不互相因袭，各自都得到治理，不是后代一定要与前代相反，这是时代变化的缘故。如今陛下开创了伟大的事业，建立了万世不朽的功勋，本来不是愚蠢的读书人能理解的。况且淳于越说的又是三代的事情，有什么可效法的？从前诸侯竞争，用优厚的待遇招揽游学之士。现在天下已经平定，颁布统一的法令。如今这些读书人不向现实学习，而去模仿古代，来指责现行的社会制度，惑乱百姓。我丞相李斯冒着死罪说：古代天下分散混乱，不能统一，所以诸侯同时兴起，人们的言论都称道古代，损害现行的政策，文饰虚言空语，搅乱事物的本来面貌，每人都以为自己的学说是最完善的，非议君主所建立的制度。现在皇帝兼并了天下，分辨是非，确立了至高无上的地位。（而人们仍在）私自传授学问，一起批评国家的法令教化，听到法令下达，就各用自己的学说去议论，回家时在心里非难，出来时街谈巷议，在君主面前自我吹嘘，以此来沽名钓誉，标新立异，认为超人一等，带着下面一群信徒编造诽言谤语。这种情况不加以禁止，上则君主的权威下降，下则形成党徒互相勾结。禁止出现这种情况才是合适的。我希望史官把不是秦国的典籍全部烧掉。不是博士官所主管的，国内敢有收藏《诗》《书》、诸子百家著作的，都要送到郡守、郡尉那里焚毁。有敢相互私语《诗》《书》的，在闹市处死示众。以古非今的要杀死全族。官吏知情而不检举的，和他同罪。命令下达三十天不烧掉书籍，就在脸部刺上字、成为刑徒城旦。所不烧毁的，有医药、卜筮、农林方面的书籍。如果想要学法令，可以到官吏那里学习。"始皇下达命令说："可以照此办理。"

三十五年，开辟道路，通过九原，直达云阳，挖山填谷，修建一条笔直的大道连接起来。始皇认为咸阳人口众多，先王的宫廷狭小，听说周文王建都丰，武王建都镐，丰镐之间，是帝王的都城所在。于是就在渭水南岸的上林苑中兴建朝宫。首先建造前殿阿房宫，东西五百步，南北五十丈，殿堂上可以坐一万人，殿堂顶下可以竖立五丈高的旗帜。周围环绕着架起阁道，从殿下直达南山。在南山的山顶上修建标志，作为门阙。在空中架设道路，从阿房宫渡过渭水，与咸阳相连接，以此象征天上阁道越过天河直至营室。阿房宫尚未完工；完工后，想另外选择一个好的名字称呼它。在阿房建造宫殿，所以天下称它阿房宫。隐官刑徒七十多万人，分成几批营造阿房宫，或修建骊山工程。挖运北山的石头，输送蜀地、荆地的木材，都集中到这里。关中共计宫殿三百座，关外四百多座。于是在东海附近朐县境内树立石碑，作为秦国的东门。迁徙三万户居住郦邑，五万户居住云阳，都免除十年的徭役。

卢生劝始皇说："我和其他人寻找灵芝奇药以及仙人，常常遇不上，好像有东西伤害它们。仙方中要求，君主时时隐蔽行迹来躲避恶鬼，躲避了恶鬼，真人就来到了。君主居住的地方，臣属知道了，就会妨碍神仙。真人没入水中不会被水浸湿，进入火中不感到热，凌云驾雾，与天地一样长寿。现在您治理天下，不能恬静无欲。希望您居住的宫殿不要让人知道，然后长生不死的仙药大概可以找到。"于是始皇说："我羡慕真人，自称'真人'，不称'朕'。"命令咸阳附近二百里内的二百七十座宫殿，用空中架设的道路和地面上的甬道连接起来，把帷帐、钟鼓、美人安置在里面，各种布置不得移动。所临幸之处，如果有人把地点说出去，罪当处死。始皇临幸梁山宫，从山上看见丞相随从车骑众多，很不以为然。宫中侍从把这件事告诉了丞相，后来丞相减少了随从的车骑。始皇帝非常生气地说："这是宫内的人泄漏了我的话。"审问后没有人认罪。这时，下令逮捕当时在他身边的人，全部杀掉。从此以后没有人知道他的行迹在什么地方了。听理国政，群臣受命决断事情，都在咸阳宫。

侯生、卢生一起商量说："始皇为人天生的刚愎暴戾，自以为是，从诸侯中兴起，吞并了天下，万事称心如意，为所欲为，认为自古以来没有人能赶上自己。专门任用治狱的官吏，治狱的官吏受到宠幸。虽然有博士七十人，只是充数人员，并不信用。丞相和大臣都是接受已经决断的公事，一切依赖皇帝处理。皇帝喜欢采用刑罚杀戮来确立自己的威严，天下人害怕获罪，只想保持禄位，没有敢竭尽忠诚。皇帝不能听到自己的过失，日益骄横，臣下恐惧而屈服，用欺骗来取得皇帝的欢心。根据秦朝的法律，一人不能兼有两种方伎，方伎不灵验，就处以死刑。然而观察星象云气预测吉凶的人多至三百人，全都学问优秀，（但对皇帝）畏忌阿谀，不敢正面指出他的过错。天下之事不论大小都取决于皇帝，皇帝甚至用秤来称量文书，一天有一定的额数，不达到额数不能休息。贪恋权势至于这种地步，不能给他寻找仙药。"于是就逃走了。始皇听说侯生、卢生逃走的消息，就非常气愤地说："我以前收取天下书籍，不合时用的全部烧毁，召集了很多文学方术之士，想要使国家太平，这些方士打算炼丹得到奇药。现在听说韩众离去后一直不来复命，徐福等人耗费巨万，最后还是没得到仙药，只是每天传来一些为奸谋利的事情。我对卢生等人很尊敬，赏赐丰厚，如今诽谤我，来加重我的不仁。在咸阳的一些儒生，我派人查问，有的制造怪诞邪说来惑乱百姓。"于是派御史审问儒生，儒生辗转告发，就能免除自己的罪过。触犯法禁的四百六十多人。全部在咸阳活埋，使全国都知道这件事，借以警诫后人。更多地调发徒隶去戍守边境。始皇长子扶苏劝告说："天下平定不久，远方百姓尚未安辑，儒生都学习和效法孔子，现在您用严厉的刑罚绳治他们，我担心天下动乱。希望您明察此事。"始皇很生气，派扶苏到北方的上郡监视蒙恬。

焚书坑儒图

三十六年，荧惑接近心宿。有一颗星坠落东郡，到了地面变为石头，百姓中有人在这块石头上刻写说"始皇帝死而地分"。始皇听到了，派御史挨个审问，没有人认罪，把在石头附近居住的人全部抓起来处死，就用火烧毁这块石头，始皇闷闷不乐，让博士创作《仙真人诗》，和记述出行巡游天下的情况，传令乐工弹唱。秋天，使者从关东来，夜里经过华阴平舒地方，有人拿着璧玉拦住使者说："替我送给滈池君。"又趁机说："今年祖龙死去。"使者问他什么原因，这个人忽然不见，留下他的璧玉走开了。使者向始皇献上璧玉，讲述了事情的全部经过。始皇很长时间沉默无语，后来说："山野的鬼怪只不过知道一年之内的事情。"退朝后又说："祖龙是人们的首领。（"今年祖龙死"说的难道是我吗？）"让御府看这块璧玉，竟然是二十八年出行渡江时沉入水中的那块璧玉。于是始皇使人占卜吉凶，卦象是巡游迁徙就会吉利。迁徙到北河、榆中三万家。赐给爵位一级。

三十七年十月癸丑，始皇出外巡游。左丞相李斯随从，右丞相冯去疾留守。始皇的小儿子胡亥很羡慕，要求跟着去，始皇答应了他。十一月，走到云梦，朝九嶷山方向望祀虞舜。浮江而下，观览籍柯，渡过江渚。途经丹阳，到达钱塘。在浙江岸边，看见波涛汹险，就向西走了一百二十里，从江面狭窄的地方渡了过去。登上会稽山，祭祀大禹，又望祭南海，树立石碑，刻辞颂扬秦朝功德。碑文说：

皇帝建立了丰功伟绩，统一了天下，德惠深远。三十七年，亲自巡行全国，周游观览遥远的地方。于是登上会稽山。视察风俗习惯，百姓都很恭敬。群臣颂扬皇帝的功德，回顾创业的事迹，追溯决策的英明。秦国伟大的皇帝君临天下，开始确定了刑法制度，明白地宣布过去的规章。首次统一了处理政务的法则，审定和区分官吏的职掌，借以建立长久不变的制度。六国诸侯王独断专行，违谬无信，贪婪乖张，傲慢凶猛，拥众称霸。他们暴虐纵恣，倚仗武力，骄狂自大，屡次挑起战争。做间谍的使者暗中互相联系，进行合纵抗秦，行为邪僻放纵。在内伪饰阴谋诡计，对外侵略秦国边境，因而带来灾难，皇帝出于正义，用武力去讨伐他们，平息了暴乱，消灭了乱贼。圣德宏大而深厚，天地四方，蒙受了无限的恩泽。皇帝统一天下，听理万机，远近都政清民静。运筹和治理天地间万物，考察事物的实际情况，分别记载它们的名称。不论是尊贵的人还是卑贱的人，都洞察他们的活动，好事坏事都摆在面前，没有隐瞒的情况。纠正人们的过错，宣扬大义，有了儿子而改嫁他人，就是背弃死去的丈夫，不守贞操。把内外隔离开来，禁止纵欲放荡，男女要洁身诚实。做丈夫的和别人妻子通奸，杀死他也没有罪，这样，男人才能遵守道德规范。做妻子地跑掉另嫁，儿子不能认她做母亲，这样人们都会被廉洁清白的风气所感化。进行大规模地整顿，荡涤不良的风俗习惯，天下百姓接受文明的社会风尚，受到了一种良好的治理。人们都奉规守法，和睦平安，敦厚勤勉，没有不服从国家法令的。百姓德修品洁，人人高兴地遵守统一的规定，欢乐地保持着太平的局面。后世认真地奉行法治，就会无限期地长治久安下去，车船不倾，国家安稳。随从的大臣颂扬皇帝的功业，请求镌刻这一石碑，使这美好的记载光垂后世。

返回时经过吴县，从江乘渡江。沿着海边北上，到达琅玡。方士徐福等人到海中寻找神药，几年都没有找到，耗费了很多钱财，害怕受到谴责，就欺骗始皇说："蓬莱的神药是可以得到的，然而常常苦于鲨鱼的袭击，所以不能到达蓬莱，希望派一些擅长射箭的人和我们一起去，鲨鱼出现就用连弩射死它。"始皇梦中与海神交战，海神像人一样的形状。询问占梦的博士，博士说："水神是看不到的，（它的到来）是以大鱼和蛟龙为征候。现在陛下祷告和祭祀周到而又恭谨，却出现了这个凶恶的海神，应当把它铲除，然后善良的神物就能到来。"于是让到海中去的人携带捕获大鱼的用具，而自己使用连弩，等待大鱼出现时射死它。从琅玡往北到达荣成山，没有见到大鱼。到了之罘，看见了大鱼，射死了一条。于是沿海西行。

到了平原津就病了。始皇厌恶说死，群臣没有人敢提到死的事情。始皇的病日益加重，于是就写了一封盖有皇帝玺印的诏书送给公子扶苏，说："回来参加我的丧礼，一起在咸阳埋葬我。"诏书已经加封，放在中车府令赵高办理诏书文件盖印和送发事宜的地方，还没有送给负责传递的使者。七月丙寅，始皇死于沙丘平台。因为始皇死在外面，丞相李斯怕始皇那些儿子以及国内百姓有人造反，就封锁了消息，不举办丧事。把棺材装在辒辌车中，原来亲近的宦官陪乘，所到之地，照旧送上饭食。百官和过去一样上奏国事，宦官从车辒辌中批准他们所奏之事。只有始皇的儿子胡亥、赵高和五六个亲近的宦官知道始皇已经死去。赵高过去曾经教胡亥学习文字和刑狱法律，胡亥私下对他很亲近。赵高就同公子胡亥、丞相李斯搞阴谋诡计，毁掉了始皇封好送给公子扶苏的诏书，而另外诈称丞相李斯在沙丘接受始皇遗诏，立儿子胡亥为太子。又加写了诏书送给公子扶苏、蒙恬，列举他们的罪状，命令他们自杀。胡亥等人继续前进，于是从井陉到九原。正赶上暑天，始皇的辒辌车散发出臭味，就命令随从官员每车装载一石鲍鱼，用来混淆始皇尸体的臭味。

胡亥等人从直道回到咸阳以后，宣布了始皇死亡的消息。太子胡亥承帝继位，为二世皇帝。九月，把始皇埋葬在骊山。始皇刚刚即位时，就在骊山开山凿洞，等到统一了全国，把天下各方的七十多万刑徒送到骊山，把隧洞一直挖到见水的地方，用铜封洞，然后把棺材安放在里面，仿制的宫殿、百官和各种珍奇宝物都徙置其中，藏得满满的。让工匠制造带机关的弩箭，有人掘墓接近墓室时就会自动射向目标。拿水银作成千川百溪和江河大海，使用机械互相灌注流通，墓中上面各种天象齐备，下面有地上景象万千。利用人鱼的脂肪作蜡烛，估计很长时期不会熄灭。二世说："先帝后宫的姬妾没有儿子的，放出宫去不太合适。"（于是）都让她们殉葬，死去的非常多。已经把始皇埋葬了，有人说工匠制造机关，奴隶们都知道，奴隶人数众多就会泄漏出去。葬礼结束以后，已经封藏了墓室的随葬品，又把当中的墓道封闭起来，放下了最外面一段墓道的大门，把工匠奴隶全部关死在里面，没有一个人能够逃出去的。在墓的外面种植草木，好像山一样。

二世皇帝元年，二世二十一岁。赵高为郎中令，掌握处理国家事务的权力。二世发布诏令，增加始皇庙的祭牲，以及对山川等各种祭祀的礼数。让群臣讨论怎样尊崇始皇庙。群臣都跪在地上磕着头说："古代天子七庙，诸侯五庙，大夫三庙，（太祖庙）即使是万世之后也不废除。现在始皇为极庙，四海之内都献上本地的产品，增多祭牲的数量，祭礼都很完备，没有什么可增加的了。先王庙有的在西雍，有的在咸阳。按天子的礼仪来说，应当亲自手持酒爵拜始皇庙。自襄公以下各庙都废除。所设置的庙共有七座。群臣按照礼仪进行祭祀，尊崇始皇庙为秦国皇帝的祖庙。皇帝还是称'朕'。"

二世和赵高商量说："我年龄小，即位不久，百姓还没有归附之心。先帝巡行郡县，来显示力量的强大，用武威压服天下。现在安然不动，不去巡游，就显得软弱无力，这样是没有办法统治天下的。"春天，二世向东巡行郡县，李斯随从，到过碣石，沿海而行，向南来到会稽，又在始皇所立刻石上全部刻写了文字，石碑旁刻上随从大臣的名字，用来显示先帝取得的功绩和隆盛的德业。（石碑旁刻写的文字是：）

皇帝说："这些金石刻辞都是始皇帝镌刻的。现在我继承了皇帝的称号，而这些金石刻辞不称始皇帝，等到天长日久，好像后来嗣位的人刻写的，这同始皇帝取得的功绩和隆盛的德业是不相称的。"丞相大臣李斯、大臣冯去疾、御史大夫大臣德冒着死罪说："臣下请求把诏书全部刻在石碑上，这样就清楚了。臣下冒着死罪来提出这一要求。"二世下令说："可以。"

二世到辽东后就返回了。

这时二世采纳赵高的建议，申明法令。私下和赵高商量说："大臣不顺服，官吏也还势力强大，那些公子们一定和我争夺权力，该怎么办呢？"赵高说："我本来就想说，但没有敢说。先帝的大臣，都是出自几代负有名望的权贵之家，累世功勋，代代相传，为时已久。我赵高一向卑微低贱，如今陛下亲近抬举我，使我的官品居上，掌管宫中事务。大臣们怏怏不乐，只是表面上顺从我，实际上他们心里并不服气。现在您外出巡行，何不趁这个时机，查究郡县守尉有罪的就处死他，上则威震天下，下则铲除您平生所不满的人。当今这个时代，不能师法文治，而是武力决定一切，希望陛下顺时从势，不要犹豫不决，而群臣还来不及策划造反。您这英明的君主可以收揽起用遗民，低贱的使他高贵，贫穷的使他富有，疏远的亲近他，那就会上下辑睦，国家安定。"二世说："很好。"于是杀戮大臣和那些公子们，假借罪名互相株连，来逮捕地位较低的近侍之臣和三署郎官，没有一个人能够保住他的官位，把六个公子处死在杜县。公子将闾兄弟三个囚禁在宫中，最后审议他们的罪行。二世派使者对将闾下令说："你不像大臣的样子，按所犯罪行应当处死，法官将给予法律制裁。"将闾说："宫廷的礼仪，我未尝敢不服从司仪人的指挥；朝廷上的位次，我未尝敢违背礼节；承命回答问题，我未尝敢词语差错。为什么说我不像大臣的样子呢？希望知道我的罪行之后再死去。”使者说：“我不能参与谋划，只是奉诏办事。”于是将闾仰面连声大呼苍天，喊着说：“天啊！我没有罪！”兄弟三人都涕泪俱下，拔剑自杀。宗室为之震动，恐惧不安。群臣进谏的都认为是诽谤朝廷。大臣拿着俸禄，谄媚讨好，百姓惊恐。

四月，二世回到咸阳，他说：“先帝因为咸阳宫廷狭小，所以兴建阿房宫。殿堂还没有建成，碰上先帝逝世，停止了工程，去骊山覆土筑陵。骊山的工程大体已经结束，如今放弃阿房宫不去完成，就是表明先帝所做的事情是错误的。”又开始修建阿房宫。对外安抚四方夷狄，和始皇的策略一样。把健武的士卒五万全部调来驻守咸阳，让人教习射御。这些人加上畜养的狗马禽兽，要吃很多的粮食，估计储存的粮食不够吃的，就向下面的郡县调用，把粮食草料运送到咸阳，运送的人都自带粮食，咸阳三百里以内的百姓不能食用这批粮谷，（拿去解决咸阳的缺粮问题。）执法更加严厉苛刻。

七月，屯戍的士卒陈胜等人在过去的荆地起兵造反，建立了张楚。陈胜自封为楚王，住在陈县，派遣将领攻城略地。山东郡县的青年人苦于秦朝官吏的统治，都杀死了他们的守尉令丞起来造反，响应陈涉，相互推立为诸侯王，联合起来向西进军，以讨伐秦朝为名，造反的人多得无法计算。谒者出使东方回来，把叛乱的事情报告了二世。二世非常气愤，把谒者交给了狱吏治罪。后面的使者回来了，二世问他情况，使者回答说：“是一群盗贼，郡守郡尉正在追捕，现在全部抓获了，不值得担忧。”二世很高兴。武臣自封为赵王，魏咎为魏王，田儋为齐王。沛公在沛县起义。项梁起兵于会稽郡。

二年冬天，陈涉所派遣的周章等将领西进，到达戏水，有几十万军队。二世大为震惊，和群臣商量说：“怎么办呢？”少府章邯说：“盗贼已经来到这里，兵众势强，现在调发近处县城的军队为时已晚。骊山刑徒很多，希望赦免他们，发给兵器，让他们出击盗贼。”于是二世大赦天下，派章邯为将领，打垮了周章的军队，周章逃走，章邯在曹阳杀死了周章。二世又增派长史司马欣、董翳协助章邯进攻盗贼，在城父杀死了陈胜，在定陶打垮了项梁，在临济消灭了魏咎。楚地盗贼的有名将领都已经死了。章邯就向北渡过黄河，在巨鹿进攻赵王歇。

赵高劝告二世说：“先帝统治天下的时间很长，所以群臣不敢为非作歹，向先帝提出邪说。现在陛下正是年轻的时候，刚刚即位，怎么能和公卿大臣在朝廷上决议事情呢？如果事情有差错，就把自己的短处暴露给群臣了。天子自称朕，本来群臣就不应该听到天子的声音。”于是二世常常住在宫中，和赵高决断各种政务。从此以后公卿大臣很少有朝见的机会。盗贼越来越多，关中士卒被调发向东去攻打盗贼的一批接一批。右丞相冯去疾、左丞相李斯、将军冯劫进谏说：“关东成群的盗贼一块儿起来造反，秦政府出兵讨伐，杀死了很多，然而盗贼还是没有被平息。盗贼这样多，都是因为屯戍边地、水路运载、陆路转输和土木兴作等各种杂泛差役使百姓太劳苦，赋税过于沉重。希望停止阿房宫的兴建，减少四方边境的屯戍和运输任务。”二世说：“我从韩子那里听说：‘尧、舜的栎木屋椽不加整治，茅草屋不加修葺，吃饭用土碗，喝水用瓦盆，即使是供给看守城门的吃食和用品，也不俭薄到这种程度。禹开凿龙门，使大夏畅通，修治河道，疏导积水，引入大海，亲自拿着筑墙的杵和挖土的锹，（两条腿整天泡在泥水里，）小腿上的毛都光了，奴仆的劳苦程度也不比这更厉害。’凡是尊贵而掌握了天下的，应该随心所欲，为所欲为，主要着重宣明法治，下面的臣民不敢胡作非为，以此来统治天下。像那虞、夏的君主，贵为天子，亲自处于穷苦的状况，来顺从百姓，这还有什么法治可言？我尊为万乘之君，却没有万乘之实，我要制造一千乘车驾，设置一万乘的随从徒属，来符合我的万乘之君这一名号。而且先帝起于诸侯，兼并天下，天下已经安定，对外抗御四方夷狄，使边境安宁，兴修宫殿，以显示自己的得意之情，你们看到了先帝功业的开端和发展。如今在我即位的两年之间，成群的盗贼同时并起，你们不能加以禁绝，又想废除先帝所做的事情，这是对上无以报答先帝，其次也是不给我尽忠竭力，凭什么处在现在的职位上？”把冯去疾、李斯、冯劫交给狱吏囚禁，审查追究他们的其他各种罪行。冯去疾、冯劫说：“将相不能身受侮辱。”自杀而死。李斯最后被监禁狱中，遭受了各种刑罚。

三年，章邯等人率领他们的军队包围巨鹿，楚国上将军项羽带领楚国士卒前往援救巨鹿。冬天，赵高做了丞相，彻底审查李斯，杀死了他。夏天，章邯等人在战争上屡次退却，二世派人斥责章邯，章邯心里恐惧，派长史司马欣请示事情。赵高不肯接见，又不信任他。司马欣很害怕，就逃走了。赵高派人追捕，没有追上。司马欣见到章邯说：“赵高在朝廷中操纵大权，将军有功也要被杀，无功也要被杀。”项羽迅速地攻打秦军，俘虏了王离，章邯等人就率军投降了各路诸侯。八月己亥，赵高想要作乱，害怕群臣不肯服从，就预先做了一个试验，拿一只鹿献给二世，说：“这是一匹马。”二世笑着说：“丞相错了吧？把鹿说成是马。”赵高问左右大臣，左右大臣有的缄默不语，有的说是马，来阿谀迎合赵高，有的说是鹿，赵高就假借法律暗中陷害那些说是鹿的人。后来大臣们都很惧怕赵高。

指鹿为马

赵高以前多次说“关东的盗贼不会有什么作为”，等到项羽在巨鹿俘虏了秦军将领王离等人，继续向前推进，章邯等人的军队屡次退却，上书请求增加兵员，燕、赵、齐、楚、韩、魏都自立为王，从函谷关以东，差不多都背叛了秦朝的官吏，响应各路诸侯，诸侯们率领自己的军队向西推进。沛公率领几万人屠毁了武关，派人私通赵高。赵高害怕二世发怒，遭到杀身之祸，就推说有病，不去朝见。二世梦见白色的老虎咬他驾车的左边的那匹马，最后马被咬死了。二世心里闷闷不乐，感到奇怪，就去问占梦的人。占梦的人占卜说：“泾水的水神在作祟。”于是二世在望夷宫斋戒，打算祭祀泾水的水神，沉入水中四匹白马。派使者以有关盗贼的事情去指责赵高。赵高很恐慌，就暗中和他的女婿咸阳令阎乐、他的弟弟赵成商量说：“皇帝不听劝告，如今事已危急，想要嫁祸于我们的家族。我打算废掉二世另立公子婴做皇帝。公子婴仁爱俭约，百姓都听信他的话。”赵高派郎中令作内应，欺骗地说有一大群盗贼来了，命令阎乐叫来官吏发兵追击，又劫持阎乐的母亲，安置在赵高的家里，（逼迫阎乐不能三心二意。）赵高派阎乐带领吏卒一千多人来到望夷宫殿门，把卫令仆射捆绑起来，说：“盗贼跑进这里，为什么不加阻止？”卫令说：“四周墙垣内的庐舍设有士卒，防卫非常严谨，盗贼怎么敢闯入宫内？"阎乐就杀了卫令，带领吏卒直入宫内，一边走，一边射箭，郎官和宦者大为惊慌，有的逃窜，有的上前搏斗，搏斗的人都被杀死，死了几十人。郎中令和阎乐一起进入二世住处，用箭射向二世坐息的帷帐。二世大怒，叫来了左右侍从人员，左右侍从人员都惶恐纷扰，不上前搏斗。身边有一个宦官，陪侍着二世，不敢走掉。二世逃入室内，对陪侍的宦官说："你为什么不早告诉我？（现在）竟到了这种地步！"宦官说："我不敢说，所以能保住性命。假如我早说了，就已经被杀死，哪里会活到现在？"阎乐上前来到二世面前，列举他的罪状说："你骄横纵恣，屠杀吏民，无道已极，天下百姓已经背叛了你，你自己作打算吧。"二世说："我可以见见丞相吗？"阎乐说："不可以。"二世说："我希望得到一个郡，去做一郡之王。"阎乐不答应。又说："我愿做万户侯。"阎乐仍不答应。二世说："希望和妻子儿女成为平民百姓，和那些公子们一样。"阎乐说："我受命于丞相，替天下百姓处死你，虽然你说了很多话，我不敢向丞相报告。"阎乐指挥他的士卒向前进击。二世自杀。

阎乐回来报告赵高，赵高就把所有大臣和公子都召集起来，告诉他们杀死二世的情况。赵高说："秦本来是诸侯王国，始皇君临天下，所以号称皇帝。现在六国又都各自建立了政权，秦国地域日益缩小，竟仍然称帝，空有其名，这是不可以的。应该像过去一样称王，这样比较适宜。"就立二世哥哥的儿子公子婴为秦王。用百姓礼仪把二世埋葬在杜县南面的宜春苑中。赵高让子婴斋戒，到宗庙参拜祖先，接受秦王印玺。斋戒了五天，子婴和他的两个儿子商量说："丞相赵高在望夷宫杀死了二世，害怕群臣诛伐他，就假装以大义为名，立我为王。我听说赵高和楚约定，由他消灭秦国宗室，在关中称王。现在让我斋戒，拜见祖庙，这是想要趁我在祖庙的时候杀死我。我就说有病不去，丞相一定亲自来我这里，来时就杀死他。"赵高派好几班人去请子婴，子婴不去，赵高果然亲自来了，说："国家大事，你怎么不去？"子婴就在斋戒的宫室里刺死了赵高，全部处死赵高家的三族在咸阳示众。子婴做了四十六天秦王，楚将沛公打垮了秦军，进入武关，来到霸上，派人去让子婴签约投降。子婴就用丝带系着脖子，白马素车，捧着天子的印玺和符节，在轵道旁投降。于是沛公进入咸阳，封闭宫室府库，回军霸上。过了一个多月，各路诸侯的军队到了，项羽为诸侯联军的领袖，杀死了子婴和秦公子的宗族。屠毁咸阳，焚烧宫室，俘虏了秦国子弟和妇女，把珍宝财物搜刮在一起，诸侯们共同瓜分了。消灭了秦国以后，把它的土地分为三部分，（封立三个王）名叫雍王、塞王、翟王，号称三秦。项羽为西楚霸王，负责分封天下诸侯王，秦朝最后灭亡了。过了五年，汉朝统一了全国。

太史公说：秦国的祖先伯翳，曾在唐、虞之际建立了功勋，获得了土地，被赐予嬴姓。到了夏、殷之间，势力衰微分散。及至周朝没落，秦国兴起，在西垂建筑了城邑。从缪公以来，渐渐蚕食诸侯，统一事业最后由始皇完成了。始皇自认为功劳超过了五帝，疆域比三王还广阔，耻于和三皇五帝相提并论。贾生的论述非常好。他说：

秦兼并了各个诸侯国，山东三十多郡，缮治津渡和关隘口，占据险隘和要塞，训练军队，加以防守。然而陈涉率领几百个散乱的戍卒，振臂大呼，不用弓戟一类的兵器，只用锄、木棍，走到哪里，吃到哪里，横行天下。秦人有险阻而不能固守，有关口桥梁而不能封锁，有长戟而不能刺杀，有强弩而不能发射。张楚的军队深入腹地，在鸿门作战，连越过篱笆一样的困难都没有。于是山东大乱，诸侯同时并起，豪杰俊士互相推立为王。秦派章邯率军东征，章邯在外利用自己统率的军队相要挟，猎取私利，图谋他的君王。群臣不讲信用,从这里就可以看出来了。子婴立为王,最终也没有醒悟。如果子婴具有一般君主的能力,只要得到中等才能的辅佐大臣,山东虽然叛乱,秦国故地还是可以保全的,宗庙祭祀不会断绝。

秦地被山带河,地势险固,是四面都有屏障和要塞的国家。从缪公以来,至于秦王,有二十多个君主,常常称雄于诸侯。这难道秦国世世代代都是贤明的君主吗?那是它的地理形势造成的。而且天下曾经同心协力进攻秦国。在这个时候,贤人智者会聚,优秀的将领统率指挥军队,贤明的宰相互相交流彼此的谋略,然而被险峻的地形所困阻,不能前进。秦就给他们敞开关门,引诱敌人深入,进行交战,于是六国百万之众败逃,土崩瓦解。这难道是武力和智慧不足吗?是地形不利、形势不便的缘故。秦国把小聚邑合并成大城市,占据险隘,持戟把守这些地方。诸侯都是从平民百姓中起来的,以利相合,他们的交谊并不亲密,他们的下属还没有诚心归服,表面上以灭秦为名,实际上图谋私利。他们看到了秦国地势险阻,难以侵犯,必然撤军。秦使百姓休养生息,等待诸侯的衰败,收养贫弱,扶持疲困,来向大国诸侯发号施令,不怕不得意于天下。贵为天子,富有天下,而自己被抓去成为俘虏,是因为他挽救败亡的策略不正确。

秦王骄傲自满,不虚心下问,因循错误而不进行变革。秦二世继承下来,沿袭不改,残暴凶虐,加重了祸患。子婴势孤力单,没有亲近的人,地位危险脆弱,无人辅助。这三个君主一生迷惑不悟,国家灭亡,不是应该的吗?在这个时候,世上不是没有深谋远虑、知权达变之士,然而所以不敢尽忠直谏,纠正错误,是因为秦国习俗有很多禁忌,忠诚的话还没有说完,而自己已被杀害。所以天下之士,侧耳听命,叠足而立,闭口不言。这三个君主丧失了治国原则,忠臣不敢直言规劝,智士不敢出谋划策,天下已大乱,邪恶的事情没有人向君主报告,这难道不是太可悲了吗!先王知道上下壅塞蒙蔽会损害国家利益,所以设置公卿、大夫、士,以整饬法令,建立刑罚,而使天下太平。国势强盛时,能够禁止残暴,讨伐叛乱,天下归服。国势弱小时,有五霸代替天子征讨,诸侯顺从。国势衰削时,内有所守,外有所附,国家可以存而不亡。秦国强盛时,法令繁密,刑罚严酷,天下震恐。到了它衰落时,百姓怨恨,天下叛离。周朝天子依次得到了治国的规律,所以一千多年间,国运不绝。秦朝本末俱失,因此国祚短促。由此看来,国家安危的基础相差太远了。民间俗话说"前事不忘,后事之师"。因此有道德修养的人治理国家,观察远古的道理,明悉权力威势的恰当运用,弃取有一定的次序,变革有适当的时间,所以历时久远,而国家安定。

秦孝公据守崤山、函谷关这样坚固的地方,拥有雍州地域,君臣坚守自己的国土,窥视周朝的政权,有席卷全国、收取天下、囊括四海的意图,吞并八方的心愿。在这个时候,商君辅佐秦孝公,对内建立法治和各种制度,致力于耕织,整修攻守的武器,对外采取连衡的策略,使诸侯互相争斗,于是秦国轻而易举地取得了西河以外的一片土地。

孝公死后,惠王、武王继承旧业,沿用遗留下来的策略,向南兼并了汉中,向西攻占了巴、蜀,向东割取了肥沃的地方,获得了地势险要的郡县。诸侯恐惧,开会结为同盟,商量削弱秦国,不吝惜奇珍异宝和肥美的土地,用来罗致天下之士,合纵缔盟,互相结合在一起。这时,齐国有孟尝君,赵国有平原君,楚国有春申君,魏国有信陵君。这四个人,都明智忠信,宽厚爱人,尊贤重士,相约以合纵来破坏秦国的连横策略,集合了韩、魏、燕、楚、齐、赵、宋、卫、中山的士卒。当时六国之士有宁越、徐尚、苏秦、杜赫这一类人为各国出谋划策，齐明、周最、陈轸、昭滑、楼缓、翟景、苏厉、乐毅这一伙人沟通各国的意见，吴起、孙膑、带佗、倪良、王廖、田忌、廉颇、赵奢这一批人训练和统率各国的军队。常常用二倍于秦的土地，上百万大军，冲击函谷关，进攻秦国。秦人开关迎击敌人，九国军队徘徊逃遁，不敢前进。秦国没有一箭一镞的耗费而天下诸侯已处于困境。于是合纵瓦解，盟约废弃，争先恐后地割地奉献给秦国。秦国有余力来利用各国的短处，追赶败北逃亡的敌人，使百万尸体横卧在地，流血把大盾都漂浮了起来。趁着战争胜利的便利条件，宰割天下诸侯，把山河一块一块地割取过来，强国请求归附，弱国入秦朝拜。延续到孝文王、庄襄王，在位时间短暂，国家没有发生重大的事情。

等到秦王，继承六代先王遗留下来的功业，挥舞长鞭，他驾驭天下，兼并了西周、东周，消灭了各国诸侯，登上帝位，控制了天地四方，手执刑杖来抽打天下，威震四海。向南取得了百越地区，设置了桂林、象郡，百越的君主低着头，用绳子系着脖子，任凭秦朝官吏处置。又派蒙恬到北方修筑长城，守卫边界，使匈奴退却七百多里，胡人不敢南下牧马，武士不敢挽弓复仇。于是废除古代帝王的原则，烧毁诸子百家的典籍，以此来愚弄百姓。毁坏坚固的名城，杀死豪杰俊士，没收全国的兵器，集中在咸阳，把这些兵器销毁，熔铸成钟鼎，又做了十二个铜人，以此来削弱百姓的反抗力量。然后劈开华山作为城垣，利用黄河为渡口，据守高达亿丈的城池，下临深不可测的溪流，作为固守的凭借。优秀的将领、强劲的弓弩手把守要害的地方。忠实的大臣、精锐的士卒摆开锋利的武器，谁也无可奈何，天下得到安定。秦王的心里，自以为关中地方的坚固，就像有千里铜墙铁壁，子孙可以世代做帝王，功业流传千秋万代。

秦王已经死了，余威还远震四夷。陈涉是用破瓮做窗户、用绳捆门轴的人家的子弟，为人佣耕的农民，而又是流徙之徒，才能赶不上一个中等人，并不具有仲尼、墨翟那样的贤智，陶朱、猗顿那样的财富，插足士卒行列之间，崛起田野之中，率领疲惫散乱的士卒，带着几百个徒众，转身攻秦。砍断树木作为兵器，高举竹竿当作旗帜，天下百姓响应陈涉，云集在一起，携带着粮食，如影相随，山东豪杰俊士同时并起，消灭了秦国。

再说秦国并不弱小，雍州的领土，崤山、函谷关的险固，还是和从前一样。陈涉的地位，并不比齐、楚、燕、赵、韩、魏、宋、卫、中山的君主尊贵；锄把戟柄，并不比钩戟长矛锋利；被遣送远方戍守的一群人，并不能与九国的军队相抗衡；深谋远虑，行军用兵的方法，比不上过去的谋士。然而成败情况变化不同，所建立的功业大小截然相反。如果拿山东各诸侯国与陈涉比较长短大小，衡量权势和力量，则是不能相提并论的。秦凭借小小的一块领土，一千辆兵车的力量，招致八州诸侯国，使与自己地位同等的诸侯来秦朝见，（这种情况）已有一百多年。然后把天地四方当成自己的家私，用崤山、函谷关作为宫垣，（但是，）一人发难，宗庙全部毁灭，生命死在别人手中，被天下人笑话，这是为什么呢？是因为不施行仁义，进退攻守的形势发生了变化的缘故。

秦国统一了四海之内，兼并了各国诸侯，南面称帝，抚海内百姓，天下之士闻风钦服，如此局面是什么原因呢？可以回答说：这是因为近古以来很长时间没有帝王的缘故。周室衰微，五霸已经去世，天子政令在全国不能下达，因此诸侯使用武力进行征伐，强国侵略弱国，人口多的欺压人口少的，战争连绵不断，百姓疲敝。现在秦王南面而坐，称王天下，是在上面有了一个天子。凡是庶民百姓都希望能人生安定，没有不虚心敬仰天子的。在这个时候，保持威势，巩固功业，国家安危的关键就在这里。

秦王怀着贪婪卑鄙的心理，运用一己私智，不信任功臣，不亲近士民，废弃仁义治国的原则，树立个人权威，禁止典籍流传，使刑法残酷，以权术暴力为先，以仁义为后，把暴虐作为统治天下的开端。兼并天下的人崇尚权术暴力，安定天下的人重视顺应民心，知权达变，这就是说攻取征战和持盈守成在方法上是不同的。秦摆脱了战国纷争的局面，称王天下，它的统治原则没有更替，它的政令没有改变，它用以创业和守业的方法没有什么差异。秦王（没有分封子弟功臣），孤单一人占有天下，所以他很快地灭亡了。假使秦王能够考虑一下上古的事情，以及殷、周兴衰的踪迹，来制订和实行他的政策，后世虽然有骄奢淫逸的君主，也不会出现危亡之患。所以三王建立国家，名号显扬而完美，功业传世长久。

如今秦二世即位，天下百姓无不伸长脖子来观察他的政令，挨冷受冻的人有件粗布短衣就很满意，饥火难忍的人觉得糟糠也是甜美的，天下百姓饥寒哀吟，正是新皇帝（治国安民）的资本。这就是说对于劳苦的民众容易实行仁政。如果过去二世具有一般君主的德行，而任用忠臣贤士，君臣同心，把天下百姓的苦难挂在心上，在穿着丧服的时候就纠正先帝的错误，割裂疆土，划分民户，分封给功臣的后裔，让他们创立诸侯王国，设置君主，用礼制治理天下，使监狱空无一人，百姓免遭刑戮，废除收捕罪人妻子儿女为徒隶和各种污秽的罪名，让罪犯回到他们的家乡，打开贮藏粮食的仓库，散发钱财，用来救济孤独穷困的人，轻徭薄赋，帮助百姓解决困急，减省刑法，只有等到礼义教化无效时才运用刑法，使天下百姓都能得到重新做人的机会，改变态度，修养品德，每人都谨慎地立身处世，满足千千万万民众的愿望，使用威震天下的仁德来治理全国，全国就会安定了。那么四海之内，都欢欢喜喜，各自安居乐业，唯恐发生变化，虽然有狡诈顽猾的人，天下百姓也没有背叛皇帝的想法，（这样，）行为不轨的大臣就无法掩饰他的阴谋诡计，不再发生暴乱一类的邪恶事件。二世不实行这种治国方法，而是更加暴虐无道，损害国家和人民，又开始修筑阿房宫，刑法繁细，严于诛杀，官吏处置事情刻薄残酷，赏罚不当，无限制地征收赋税，天下事情繁多，官吏都不能全部办理，百姓穷困，而君主不去安抚救济。于是奸邪诈伪的事情一起爆发，上下互相隐瞒，获罪的人很多，受刑被杀的人充塞道路，天下百姓痛苦不堪。从卿相以下至于庶民百姓，人人怀着自危的心情，亲身处在穷困苦难的境地，都不安心自己的地位，所以很容易动摇。陈涉不必利用商汤、周武王那样优秀的才能和德行，不必凭借公侯一样尊贵的地位，在大泽乡奋臂而起，天下响应，这是由于百姓心怀危惧的缘故。古代先王洞察事物从始至终的变化，知道国家存亡的契机，因此，统治人民的原则，在于尽力使人民安定而已。（这样，）天下虽然有倒行逆施的臣子，但一定不会得到人民的响应和帮助。所以常言说"生活安定的人民可以和他们一起奉公守法，而危惧不安的人民容易和他们一起为非作歹"，就是说的这个道理。贵为天子，拥有天下的财富，自身没有免遭杀害，是因为挽救危亡的方法不正确。这是二世的错误。

襄公即位，在位十二年。开始修建西畤。襄公埋葬在西垂。生了文公。

文公即位，居住西垂。在位五十年死去，埋葬在西垂。生了静公。

静公没有即位就死了。生了宪公。

宪公在位十二年。居住西新邑。死后埋葬在衙邑。生了武公、德公、出子。

出子在位六年。居住西陵。庶长弗忌、威累、参父三个人，率领盗贼在鄙衍把出子杀害了，埋葬在衙邑。武公嗣立。

武公在位二十年。居住平阳封宫。埋葬在宣阳聚东南。三个庶长伏法被诛。德公嗣立。

德公在位二年。居住雍邑大郑宫。生了宣公、成公、缪公。埋葬在阳邑。开始规定三伏节令,在城郭四门杀狗,禳除暑热瘟疫。

宣公在位十二年。居住阳宫。埋葬在阳邑。开始记载闰月。

成公在位四年。居住在雍邑的宫殿里。埋葬在阳邑。齐国讨伐山戎、孤竹。

缪公在位三十九年。天子给予霸主的地位。埋葬在雍邑地区。缪公向宫殿门、屏子间的守卫人员学习。生了康公。

康公在位十二年。居住雍邑高寝。埋葬在竘社。生了共公。

共公在位五年。居住雍邑高寝。埋葬在康公南面。生了桓公。

桓公在位二十七年。居住雍邑太寝。埋葬在义里丘北面。生了景公。

景公在位四十年。居住雍邑高寝。埋葬在丘里南面。生了毕公。

毕公在位三十六年。埋葬在车里北面。生了夷公。

夷公没有即位就死了,埋葬在左宫。生了惠公。

惠公在位十年。埋葬在车里。车里位于康公、景公二墓之间,生了悼公。

悼公在位十五年。埋葬在僖公西面。在雍邑筑城。生了剌龚公。

剌龚公在位三十四年。埋葬在入里。生了躁公、怀公。剌龚公二年,彗星出现。

躁公在位十四年,居住受寝。埋葬在悼公南面。躁公元年,彗星出现。

怀公从晋国返回。在位四年。埋葬在栎圉。生了灵公。群臣围攻怀公,怀公自杀。

肃灵公是昭子的儿子。居住泾阳。在位十年。埋葬在悼公西面。生了简公。

简公从晋国返回。在位十五年。埋葬在僖公西面。生了惠公。简公七年,百姓开始佩戴剑器。

惠公在位十三年。埋葬在陵圉。生了出公。

出公在位二年。出公自杀,埋葬在雍邑。

献公在位二十三年。埋葬在嚣圉。生了孝公。

孝公在位二十四年。埋葬在弟圉。生了惠文王。孝公十三年,开始建都咸阳。

惠文王在位二十七年。埋葬在公陵。生了悼武王。

悼武王在位四年。埋葬在永陵。

昭襄王在位五十六年。埋葬在茝阳。生了孝文王。

孝文王在位一年。埋葬在寿陵。生了庄襄王。

庄襄王在位三年。埋葬在茝阳。生了始皇帝。吕不韦为丞相。

献公即位七年,开始设置市场,进行贸易。十年,建立户籍,按五家为一伍进行编制。

孝公即位十六年,当时桃树李树在冬天开花。

惠文王生后十九年即位。即位二年,开始铸造发行钱币。有一个刚生下来的婴儿说:“秦国将要称王天下。”

悼武王生后十九年即位。即位三年,渭水红了三天。

昭襄王生后十九年即位。即位四年,开始在耕地上设置新田界。

孝文王生后五十三年即位。

庄襄王生后三十二年即位。即位二年,攻取了太原地区。庄襄王元年,大赦天下,崇敬先王的功臣,广施恩德,亲厚宗室骨肉,播惠于百姓。东周和各国诸侯图谋秦国,秦国派相国吕不韦消灭了东周,兼并了它的国土。秦国不断绝它的祭祀,把阳人地区赐予周君,在那里侍奉周朝祭祀。

始皇在位三十七年。埋葬在郦邑。生了二世皇帝。始皇生后十三年即位。

二世皇帝在位三年。埋葬在宜春。赵高为丞相,封安武侯。二世生后十二年即位。

右秦襄公至二世,六百一十年。

孝明皇帝十七年十月十五日乙丑,班固说:

周朝的历数已经过去了,按照仁德规范,处在子位的王朝不能代替母位的王朝的位置。(秦对周来说,应处在子位,)它却自居母位,(成为历史发展规律以外的一个多余的王朝,因此,)吕政为政残酷暴虐,然而却能以十三岁的一个诸侯,兼并了天下,放纵情欲,抚养宗族。三十七年之间,兵锋无所不至,制定政令留传给以后的帝王。他大概得到了圣人的神威,河神给了他图录,身据狼星、狐星,脚踏参星、伐星,上天帮助他驱除天下,最后终于(统一天下),号称始皇。

始皇死后,胡亥极端愚蠢,骊山工程还没有结束,又去继续修建阿房宫,来完成以前始皇遗留下来的计划。说什么"凡是尊贵而掌握了天下的人,应随心所欲,为所欲为"。大臣们竟然想废除先君所做的事情。杀死了李斯、冯去疾,任用赵高。二世说的话,真是令人痛心啊!长着人头,说的话却像畜生叫唤。不凭借帝王威势就不能夸耀自己的邪恶,邪恶不积累很多就不会轻易灭亡,到了君位无法保持时,残酷暴虐使在位时间更加短促。虽然占据地形有利的国土,还是不能存身立国。

子婴按照次序嗣立为王,头戴玉冠,身佩华丽的系印丝带,车子使用黄缯作盖里,身后随从百官,拜谒列祖的灵庙。如果小人登上不符合自己身份的位子,都会恍恍惚惚,若有所失,天天苟且偷安,而子婴却能做长远打算,排除忧虑,父子使用计谋,就近在门户之内,竟然杀死了狡猾的奸臣,替已死的皇帝诛戮了这个贼子。赵高死后,宾亲姻娅还没有全部慰劳,饭还没有来得及咽下去,酒还没有来得及沾着嘴唇,楚国士卒已经屠戮关中,仙人翔至霸上,子婴素车白马,用丝带系着脖子,捧着他的符节和印玺,来归降真正的皇帝。真有点像当年郑伯左持茅旌,右执鸾刀,楚庄王后撤七里。黄河决口不能再堵塞,鱼腐烂了不能再使它完整。

贾谊、司马迁说:"如果当时子婴具有一般君主的能力,只要得到中等才能的辅佐大臣,山东虽然叛乱,秦国故地还是可以保全的,宗庙祭祀不会断绝。秦国的衰败局面是日久天长积聚而成,天下土崩瓦解,虽然有周旦这样的人才,也无法再施展他的聪明才智,去责备即位短暂的一个君主,那是错误的。民间流传一种说法,认为罪恶起源于秦始皇,胡亥时登峰造极,这一看法是有道理的。贾谊、司马迁又责备子婴,说是秦国故地可以保存,这就是所说的不懂得形势变化的人。(齐国将要吞灭纪国)纪季把酅邑送给齐国,(成为齐国的附庸,使纪国的宗庙祭祀保存下来)《春秋》赞美他,(记载这件事时)不直呼其名。(纪季是一个通权达变的人)我读《秦纪》,读到子婴车裂赵高,未尝不认为他的决断果敢而雄武,对他的心意表示同情。子婴就死生之义而言,是很完备的。"

汉高祖本纪

【题解】

汉高祖刘邦(前256~前195),字季,秦朝泗水郡沛县(今江苏沛县)人。出身农家,早年当过泗水亭(在今江苏沛县东)亭长。为人豁达大度,不事生产。

秦二世元年(前209)七月,陈胜起义反秦。九月,刘邦聚众响应,被推戴为沛公。不久,依附项梁。秦二世三年(前207)初,项羽在巨鹿(今河北平乡县西南)与秦军决战。消灭了秦军主力。与此同时,刘邦进军关中。二月,攻占粮仓陈留(今河南开封市东南陈留城)。六月,攻占南阳郡治宛城(今河南南阳市)。八月,攻占武关(在今陕西丹凤县东南)。汉王元年(前206)岁首十月进抵霸上(在今陕西西安市东),秦王子婴投降,秦朝灭亡。项羽消灭秦军主力后,从函谷关(在今河南灵宝县东北)进入关中,十二月至戏(今陕西临潼县东北),屯军鸿门(在今陕西临潼县东北)。刘、项之争,一触即发。刘邦军力弱于项羽,只好亲至鸿门,卑辞言好。四月,项羽自立为西楚霸王,分封诸侯,以刘邦为汉王,封给汉中、巴蜀一带。此后不久,便开始了四年之久的楚汉战争。在楚汉战争中,刘邦知人善任,成功地联合了各种反楚力量,终于取得了胜利。汉王五年(前202)十二月,项羽被围于垓下(在今安徽灵璧县东南),自刎于乌江(今安徽和县东北长江北岸的乌江浦)。二月,刘邦即帝位。

汉代初年,经济凋敝,府库空虚,社会秩序混乱。为了稳定政权,刘邦采取了一系列措施,减轻田租,什五税一,因饥饿自卖为奴婢者,免为庶人,令民归故里,恢复原有的爵位和田宅,士兵复员回家,免除他们的徭役,重农抑商,对商贾加以限制。在政治上,铲除异姓诸侯王,分封同姓王,把关东六国的强宗大族和豪杰名家迁徙到关中。这些措施,对恢复经济,加强中央集权,起了重要的作用。

汉代文献中《高祖本纪》是记载刘邦事迹的重要篇章。《汉书·高帝纪》主要采摘《高祖本纪》撰成,但也有不少增补,可以参阅。

【原文】

高祖,沛丰邑中阳里人,姓刘氏,字季。父曰太公,母曰刘媪。其先,刘媪尝息大泽之陂,梦与神遇。是时雷电晦冥,太公往视,则见蛟龙于其上。已而有身,遂产高祖。

高祖为人,隆准而龙颜,美须髯,左股有七十二黑子。仁而爱人,喜施,意豁如也。常有大度,不事家人生产作业。及壮,试为吏,为泗水亭长,廷中吏无所不狎侮。好酒及色。常从王媪、武负贳酒,醉卧。武负、王媪见其上常有龙,怪之。高祖每酤留饮,酒雠数倍。及见怪,岁竟,此两家常折券弃债。

高祖常繇咸阳,纵观,观秦皇帝,喟然太息曰:“嗟乎!大丈夫当如此也!”

单父人吕公善沛令,避仇从之客,因家沛焉。沛中豪杰吏闻令有重客,皆往贺。萧何为主吏,主进,令诸大夫曰:“进不满千钱,坐之堂下。”高祖为亭长,素易诸吏,乃绐为谒曰“贺钱万”,实不持一钱。谒入,吕公大惊,起,迎之门。吕公者,好相人,见高祖状貌,因重

汉高祖刘邦

敬之，引入坐。萧何曰："刘季固多大言，少成事。"高祖因狎侮诸客，遂坐上坐，无所诎。酒阑，吕公因目固留高祖。高祖竟酒，后。吕公曰："臣少好相人，相人多矣，无如季相，愿季自爱。臣有息女，愿为季箕帚妾。"酒罢，吕媪怒吕公曰："公始常欲奇此女，与贵人。沛令善公，求之不与，何自妄许与刘季？"吕公曰："此非儿女子所知也。"卒与刘季。吕公女乃吕后也，生孝惠帝、鲁元公主。

高祖为亭长时，常告归之田。吕后与两子居田中耨，有一老父过请饮。吕后因餔之。老父相吕后曰："夫人天下贵人。"令相两子，见孝惠，曰："夫人所以贵者，乃此男也。"相鲁元，亦皆贵。老父已去，高祖适从旁舍来。吕后具言客有过，相我子母皆大贵。高祖问，曰："未远。"乃追及，问老父。老父曰："向者夫人、婴儿皆似君，君相贵不可言。"高祖乃谢曰："诚如父言，不敢忘德。"及高祖贵，遂不知老父处。

高祖为亭长，乃以竹皮为冠，令求盗之薛治之，时时冠之。及贵常冠，所谓"刘氏冠"乃是也。

高祖以亭长为县送徒骊山，徒多道亡。自度比至皆亡之。到丰西泽中，止饮，夜乃解纵所送徒，曰："公等皆去，吾亦从此逝矣！"徒中壮士愿从者十余人。高祖被酒，夜径泽中，令一人行前。行前者还报曰："前者大蛇当径，愿还。"高祖醉，曰："壮士行，何畏！"乃前，拔剑击斩蛇。蛇遂分为两，径开。行数里，醉，因卧。后人来至蛇所，有一老妪夜哭。人问："何哭？"妪曰："人杀吾子，故哭之。"人曰："妪子何为见杀？"妪曰："吾子，白帝子也，化为蛇，当道。今为赤帝子斩之，故哭。"人乃以妪为不诚，欲告之。妪因忽不见。后人至，高祖觉。后人告高祖，高祖乃心独喜，自负。诸从者日益畏之。

秦始皇帝常曰："东南有天子气。"于是因东游以厌之。高祖即自疑，亡匿，隐于芒、砀山泽岩石之间。吕后与人俱求，常得之。高祖怪问之。吕后曰："季所居上常有云气，故从往，常得季。"高祖心喜。沛中子弟或闻之，多欲附者矣。

秦二世元年秋，陈胜等起蕲，至陈而王，号为"张楚"。诸郡县皆多杀其长吏以应陈涉。沛令恐，欲以沛应涉。掾、主吏萧何、曹参乃曰："君为秦吏，今欲背之，率沛子弟，恐不听。愿君召诸亡在外者，可得数百人，因劫众，众不敢不听。"乃令樊哙召刘季。刘季之众已数十百人矣。

于是樊哙从刘季来。沛令后悔，恐其有变，乃闭城城守，欲诛萧、曹。萧、曹恐，逾城保刘季。刘季乃书帛射城上，谓沛父老曰："天下苦秦久矣。今父老虽为沛令守，诸侯并起，今屠沛。沛今共诛令，择子弟可立者立之，以应诸侯，则家室完。不然，父子俱屠，无为也。"父老乃率子弟共杀沛令，开城门迎刘季，欲以为沛令。刘季曰："天下方扰，诸侯并起，今置将不善，一败涂地。吾非敢自爱，恐能薄，不能完父兄子弟。此大事，愿更相推择可者。"萧、曹等皆文吏，自爱，恐事不就，后秦种族其家，尽让刘季。诸父老皆曰："平生所闻刘季诸珍怪，当贵，且卜筮之，莫如刘季最吉。"于是刘季数让，众莫敢为，乃立季为沛公。祠黄帝，祭蚩尤于沛庭，而衅鼓，旗帜皆赤。由所杀蛇白帝子，杀者赤帝子，故上赤。于是少年豪吏如萧、曹、樊哙等皆为收沛子弟二三千人，攻胡陵、方与，还守丰。

秦二世二年，陈涉之将周章军西至戏而还。燕、赵、齐、魏皆自立为王。项氏起吴。秦泗川监平将兵围丰，二日，出与战，破之。命雍齿守丰，引兵之薛。泗川守壮败于薛，走至戚，沛公左司马得泗川守壮，杀之。沛公还军亢父，至方与，未战。陈王使魏人周蚩略地。周蚩使人谓雍齿曰："丰，故梁徙也。今魏地已定者数十城。齿今下魏，魏以齿为侯守丰。不下，且屠丰。"雍齿雅不欲属沛公，及魏招之，即反为魏守丰。沛公引兵攻丰，不能取。沛公病，还之沛。沛公怨雍齿与丰子弟叛之，闻东阳宁君、秦嘉立景驹为假王，在留，乃往从之，欲请兵以攻丰。是时秦将章邯从陈，别将司马卬将兵北定楚地，屠相，至砀。东阳宁君、沛公引兵西，与战萧西，不利。还收兵聚留，引兵攻砀，三日乃取砀。因收砀兵，得五六千人。攻下邑，拔之。还军丰。闻项梁在薛，从骑百余往见之。项梁益沛公卒五千人、五大夫将十人。沛公还，引兵攻丰。

从项梁月余，项羽已拔襄城还。项梁尽召别将居薛。闻陈王定死，因立楚后怀王孙心为楚王，治盱台。项梁号武信君。居数月，北攻亢父，救东阿，破秦军。齐军归，楚独追北，使沛公、项梁别攻城阳，屠之。军濮阳之东，与秦军战，破之。

秦军复振，守濮阳，环水。楚军去而攻定陶，定陶未下。沛公与项羽西略地至雍丘之下，与秦军战，大破之，斩李由。还攻外黄，外黄未下。

项梁再破秦军，有骄色。宋义谏，不听。秦益章邯兵，夜衔枚击项梁，大破之定陶，项梁死。沛公与项羽方攻陈留，闻项梁死，引兵与吕将军俱东。吕臣军彭城东，项羽军彭城西，沛公军砀。

章邯已破项梁军，则以为楚地兵不足忧，乃渡河，北击赵，大破之。当是之时，赵歇为王，秦将王离围之巨鹿城，此所谓河北之军也。

秦二世三年，楚怀王见项梁军破，恐，徙盱台，都彭城，并吕臣、项羽军自将之。以沛公为砀郡长，封为武安侯，将砀郡兵。封项羽为长安侯，号为鲁公。吕臣为司徒，其父吕青为令尹。

赵数请救，怀王乃以宋义为上将军，项羽为次将，范增为末将，北救赵。令沛公西略地入关，与诸将约，先入定关中者王之。

当是时，秦兵强，常乘胜逐北，诸将莫利先入关。独项羽怨秦破项梁军，奋，愿与沛公西入关。怀王诸老将皆曰："项羽为人僄悍猾贼。项羽尝攻襄城，襄城无遗类，皆坑之，诸所过无不残灭。且楚数进取，前陈王、项梁皆败，不如更遣长者扶义而西，告谕秦父兄。秦父兄苦其主久矣，今诚得长者往，毋侵暴，宜可下。今项羽僄悍，今不可遣。独沛公素宽大长者，可遣。"卒不许项羽，而遣沛公西略地，收陈王、项梁散卒。乃道砀至咸阳，与杠里秦军夹壁，破秦二军。楚军出兵击王离，大破之。

沛公引兵西，遇彭越昌邑，因与俱攻秦军，战不利。还至栗，遇刚武侯，夺其军，可四千余人，并之。与魏将皇欣、魏申徒武蒲之军并攻昌邑，昌邑未拔。西过高阳。郦食其为监门，曰："诸将过此者多，吾视沛公大人长者。"乃求见说沛公。沛公方踞床，使两女子洗足。郦生不拜，长揖，曰："足下必欲诛无道秦，不宜踞见长者。"于是沛公起，摄衣谢之，延上坐。食其说沛公袭陈留，得秦积粟。乃以郦食其为广野君，郦商为将，将陈留兵，与偕攻开封，开封未拔。西与秦将杨熊战白马，又战曲遇东，大破之。杨熊走之荥阳，二世使使者斩以徇。南攻颍阳，屠之。因张良略韩地轘辕。

当是时，赵别将司马卬方欲渡河入关，沛公乃北攻平阴，绝河津。南，战雒阳东，军不利，还至阳城，收军中马骑，与南阳守𬺈战犨东，破之。略南阳郡。南阳守𬺈走，保城守宛。沛公引兵过而西。张良谏曰："沛公虽欲急入关，秦兵尚众，距险。今不下宛，宛从后击，强秦在前，此危道也。"于是沛公乃夜引兵从他道还，更旗帜，黎明，围宛城三匝。南阳守欲自刭。其舍人陈恢曰："死未晚也。"乃逾城见沛公，曰："臣闻足下约，先入咸阳者王之。今足下留守宛。宛，大郡之都也，连城数十，人民众，积蓄多，吏人自以为降必死，故皆坚守乘城。今足下尽日止攻，士死伤者必多；引兵去宛，宛必随足下后。足下前则失咸阳之约，后又有强宛之患。为足下计，莫若约降，封其守，因使止守，引其甲卒与之西。诸城未下者，闻声争开门而待，足下通行无所累。"沛公曰："善。"乃以宛守为殷侯，封陈恢千户。引兵西，无不下者。至丹水，高武侯鳃、襄侯王陵降西陵。还攻胡阳，遇番君别将梅

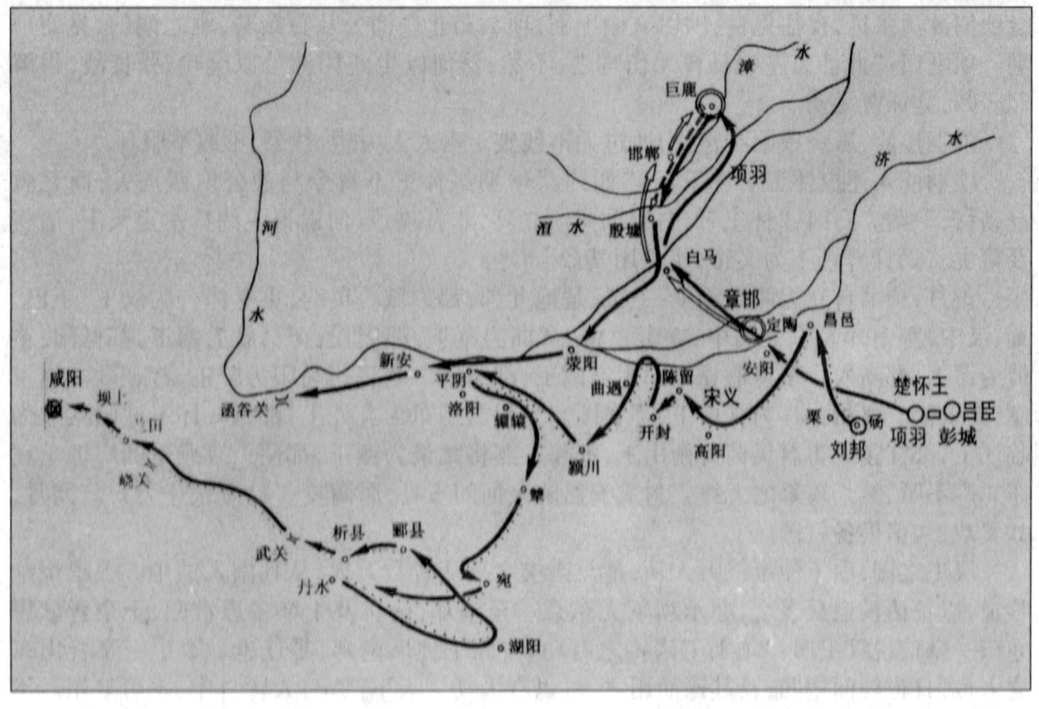

刘邦、项羽灭秦作战经过示意图

铜，与皆，降析、郦。遣魏人宁昌使秦，使者未来。是时章邯已以军降项羽于赵矣。

初，项羽与宋义北救赵，及项羽杀宋义，代为上将军，诸将黥布皆属；破秦将王离军，降章邯，诸侯皆附。及赵高已杀二世，使人来，欲约分王关中。沛公以为诈，乃用张良计，使郦生、陆贾往说秦将，啖以利，因袭攻武关，破之。又与秦军战于蓝田南，益张疑兵旗帜，诸所过毋得掠卤，秦人熹。秦军解，因大破之。又战其北，大破之。乘胜，遂破之。

汉元年十月，沛公兵遂先诸侯至霸上。秦王子婴素车白马，系颈以组，封皇帝玺符节，降轵道旁。诸将或言诛秦王。沛公曰："始怀王遣我，固以能宽容，且人已服降，又杀之，不祥。"乃以秦王属吏，遂西入咸阳。欲止宫休舍，樊哙、张良谏，乃封秦重宝财物府库，还军霸上。召诸县父老豪杰曰："父老苦秦苛法久矣，诽谤者族，偶语者弃市。吾与诸

侯约，先入关者王之，吾当王关中。与父老约，法三章耳：杀人者死，伤人及盗抵罪。余悉除去秦法。诸吏人皆案堵如故。凡吾所以来，为父老除害，非有所侵暴，无恐！且吾所以还军霸上，待诸侯至而定约束耳。"乃使人与秦吏行县乡邑，告谕之。秦人大喜，争持牛羊酒食献飨军士。沛公又让不受，曰："仓粟多，非乏，不欲费人。"人又益喜，唯恐沛公不为秦王。

或说沛公曰："秦富十倍天下，地形强。今闻章邯降项羽，项羽乃号为雍王，王关中。今则来，沛公恐不得有此。可急使兵守函谷关，无内诸侯军，稍征关中兵以自益，距之。"沛公然其计，从之。十一月中，项羽果率诸侯兵西，欲入关，关门闭。闻沛公已定关中，大怒，使黥布等攻破函谷关。十二月中，遂至戏。沛公左司马曹无伤闻项王怒，欲攻沛公，使人言项羽曰："沛公欲王关中，令子婴为相，珍宝尽有之。"欲以求封。亚父劝项羽击沛公。方飨士，旦日合战。是时项羽兵四十万，号百万。沛公兵十万，号二十万，力不敌。会项伯欲活张良，夜往见良，因以文谕项羽，项羽乃止。沛公从百余骑，驱之鸿门，见谢项羽。项羽曰："此沛公左司马曹无伤言之，不然，籍何以生此！"沛公以樊哙、张良故，得解归。归，立诛曹无伤。

项羽遂西，屠烧咸阳秦宫室，所过无不残破。秦人大失望，然恐，不敢不服耳。

项羽使人还报怀王。怀王曰："如约。"项羽怨怀王不肯令与沛公俱西入关，而北救赵，后天下约。乃曰："怀王者，吾家项梁所立耳，非有攻伐，何以得主约！本定天下，诸将及籍也。"乃详尊怀王为义帝，实不用其命。

正月，项羽自立为西楚霸王，王梁、楚地九郡，都彭城。负约，更立沛公为汉王，王巴、蜀、汉中，都南郑。三分关中，立秦三将：章邯为雍王，都废丘；司马欣为塞王，都栎阳；董翳为翟王，都高奴。楚将瑕丘申阳为河南王，都洛阳。赵将司马卬为殷王，都朝歌。赵王歇，徙王代。赵相张耳为常山王，都襄国。当阳君黥布为九江王，都六。怀王柱国共敖为临江王，都江陵。番君吴芮为衡山王，都邾。燕将臧荼为燕王，都蓟。故燕王韩广徙王辽东。广不听，臧荼攻杀之无终。封成安君陈余河间三县，居南皮。封梅鋗十万户。四月，兵罢戏下，诸侯各就国。

汉王之国，项王使卒三万人从，楚与诸侯之慕从者数万人，从杜南入蚀中。去辄烧绝栈道，以备诸侯盗兵袭之，亦示项羽无东意。至南郑，诸将及士卒多道亡归，士卒皆歌思东归。韩信说汉王曰："项羽王诸将之有功者，而王独居南郑，是迁也。军吏士卒皆山东之人也，日夜跂而望归，及其锋而用之，可以有大功。天下已定，人皆自宁，不可复用。不如决策东向，争权天下。"

项羽出关，使人徙义帝。曰："古之帝者地方千里，必居上游。"乃使使徙义帝长沙郴县，趣义帝行，群臣稍倍叛之。乃阴令衡山王、临江王击之，杀义帝江南。项羽怨田荣，立齐将田都为齐王。田荣怒，因自立为齐王，杀田都而反楚；予彭越将军印，令反梁地。楚令萧公角击彭越，彭越大破之。陈余怨项羽之弗王己也，令夏说说田荣，请兵击张耳。齐予陈余兵，击破常山王张耳，张耳亡归汉。迎赵王歇于代，复立为赵王。赵王因立陈余为代王。项羽大怒，北击齐。

八月，汉王用韩信之计，从故道还，袭雍王章邯。邯迎击汉陈仓，雍兵败，还走；止战好畤，又复败，走废丘。汉王遂定雍地。东至咸阳，引兵围雍王废丘，而遣诸将略定陇西、北地、上郡。令将军薛欧、王吸出武关，因王陵兵南阳，以迎太公、吕后于沛。楚闻之，发兵距之阳夏，不得前。令故吴令郑昌为韩王，距汉兵。

二年，汉王东略地，塞王欣、翟王翳、河南王申阳皆降。韩王昌不听，使韩信击破之。于是置陇西、北地、上郡、渭南、河上、中地郡；关外置河南郡。更立韩太尉信为韩王。诸将以万人若以一郡降者，封万户。缮治河上塞。诸故秦苑囿园池，皆令人得田之。正月，虏雍王弟章平，大赦罪人。

汉王之出关至陕，抚关外父老，还，张耳来见，汉王厚遇之。

二月，令除秦社稷，更立汉社稷。

三月，汉王从临晋渡，魏王豹将兵从。下河内，虏殷王，置河内郡。南渡平阴津，至雒阳。新城三老董公遮说汉王以义帝死故。汉王闻之，袒而大哭。遂为义帝发丧，临三日。发使者告诸侯曰："天下共立义帝，北面事之。今项羽放杀义帝于江南，大逆无道。寡人亲为发丧，诸侯皆缟素。悉发关内兵，收三河士，南浮江、汉以下，愿从诸侯王击楚之杀义帝者。"

是时项王北击齐，田荣与战城阳。田荣败，走平原。平原民杀之。齐皆降楚。楚因焚烧其城郭，系虏其子女。齐人叛之。田荣弟横立荣子广为齐王。齐王反楚城阳。项羽虽闻汉东，既已连齐兵，欲遂破之而击汉。汉王以故得劫五诸侯兵，遂入彭城。项羽闻之，乃引兵去齐，从鲁出胡陵，至萧，与汉大战彭城灵壁东睢水上，大破汉军，多杀士卒，睢水为之不流。乃取汉王父母妻子于沛，置之军中以为质。当是时，诸侯见楚强，汉败还，皆去汉复为楚。塞王欣亡入楚。

吕后兄周吕侯为汉将兵，居下邑。汉王从之，稍收士卒，军砀。汉王乃西过梁地，至虞。使谒者随何之九江王布所，曰："公能令布举兵叛楚，项羽必留击之。保留数月，吾取天下必矣。"随何往说九江王布，布果背楚。楚使龙且往击之。

汉王之败彭城而西，行使人求家室，家室亦亡，不相得。败后乃独得孝惠，六月，立为太子，大赦罪人。令太子守栎阳，诸侯子在关中者皆集栎阳为卫。引水灌废丘，废丘降，章邯自杀。更名废丘为槐里。于是令祠官祀天地、四方、上帝、山川，以时祀之。兴关内卒乘塞。

是时九江王布与龙且战，不胜，与随何间行归汉。汉王稍收士卒，与诸将及关中卒益出，是以兵大振荥阳，破楚京、索间。

三年，魏王豹谒归视亲疾，至即绝河津，反为楚。汉王使郦生说豹。豹不听。汉王遣将军韩信击，大破之，虏豹。遂定魏地，置三郡，曰河东、太原、上党。汉王乃令张耳与韩信遂东下井陉击赵，斩陈余、赵王歇。其明年，立张耳为赵王。

汉王军荥阳南，筑甬道属之河，以取敖仓。与项羽相距岁余。项羽数侵夺汉甬道，汉军乏食，遂围汉王。汉王请和，割荥阳以西者为汉。项王不听。汉王患之。乃用陈平之计，予陈平金四万斤，以间疏楚君臣。于是项羽乃疑亚父。亚父是时劝项羽遂下荥阳，及其见疑，乃怒，辞老，愿赐骸骨归卒伍，未至彭城而死。

汉军绝食，乃夜出女子东门二千余人，被甲，楚因四面击之。将军纪信乃乘王驾，诈为汉王，诳楚，楚皆呼万岁，之城东观，以故汉王得与数十骑出西门遁。令御史大夫周苛、魏豹、枞公守荥阳。诸将卒不能从者，尽在城中。周苛、枞公相谓曰："反国之王，难与守城。"因杀魏豹。

汉王之出荥阳入关，收兵欲复东。袁生说汉王曰："汉与楚相距荥阳数岁，汉常困。

愿君王出武关，项羽必引兵南走，王深壁，令荥阳、成皋间且得休。使韩信等辑河北赵地，连燕、齐，君王乃复走荥阳，未晚也。如此则楚所备者多，力分，汉得休，复与之战，破楚必矣。”汉王从其计，出军宛、叶间，与黥布行收兵。

项羽闻汉王在宛，果引兵南。汉王坚壁不与战。是时彭越渡睢水，与项声、薛公战下邳，彭越大破楚军。项羽乃引兵东击彭越。汉王亦引兵北军成皋。项羽已破走彭越，闻汉王复军成皋，乃复引兵西，拔荥阳，诛周苛、枞公，而虏韩王信，遂围成皋。

汉王跳，独与滕公共车出成皋玉门，北渡河，驰宿修武。自称使者，晨驰入张耳、韩信壁，而夺之军。乃使张耳北益收兵赵地，使韩信东击齐。汉王得韩信军，则复振。引兵临河，南飨军小修武南，欲复战。郎中郑忠乃说止汉王，使高垒深堑，勿与战。汉王听其计，使卢绾、刘贾将卒二万人，骑数百，渡白马津，入楚地，与彭越复击破楚军燕郭西，遂复下梁地十余城。

淮阴已受命东，未渡平原。汉王使郦生往说齐王田广，广叛楚，与汉和，共击项羽。韩信用蒯通计，遂袭破齐。齐王烹郦生，东走高密。项羽闻韩信已举河北兵破齐、赵，且欲击楚，则使龙且、周兰往击之。韩信与战，骑将灌婴击，大破楚军，杀龙且。齐王广奔彭越。当此时，彭越将兵居梁地，往来苦楚兵，绝其粮食。

四年，项羽乃谓海春侯大司马曹咎曰：“谨守成皋。若汉挑战，慎勿与战，无令得东而已。我十五日必定梁地，复从将军。”乃行。击陈留、外黄、睢阳，下之。汉果数挑楚军，楚军不出。使人辱之五六日，大司马怒，渡兵汜水。士卒半渡，汉击之，大破楚军，尽得楚国金玉货赂。大司马咎、长史欣皆自刭汜水上。项羽至睢阳，闻海春侯破，乃引兵还。汉军方围钟离眛于荥阳东，项羽至，尽走险阻。

韩信已破齐，使人言曰：“齐边楚，权轻，不为假王，恐不能安齐。”汉王欲攻之。留侯曰：“不如因而立之，使自为守。”乃遣张良操印绶立韩信为齐王。

项羽闻龙且军破，则恐，使盱台人武涉往说韩信。韩信不听。

楚汉久相持未决，丁壮苦军旅，老弱罢转饷。汉王、项羽相与临广武之间而语。项羽欲与汉王独身挑战。汉王数项羽曰：“始与项羽俱受命怀王，曰‘先入定关中者王之’，项羽负约，王我于蜀、汉，罪一。项羽矫杀卿子冠军而自尊，罪二。项羽已救赵，当还报，而擅劫诸侯兵入关，罪三。怀王约入秦无暴掠，项羽烧秦宫室，掘始皇帝冢，私收其财物，罪四。又强杀秦降王子婴，罪五。诈坑秦子弟新安二十万，王其将，罪六。项羽皆王诸将善地，而徙逐故主，令臣下争叛逆，罪七。项羽出逐义帝彭城，自都之，夺韩王地，并王梁、楚，多自与，罪八。项羽使人阴弑义帝江南，罪九。夫为人臣而弑其主，杀已降，为政不平，主约不信，天下所不容，大逆无道，罪十也。吾以义兵从诸侯诛残贼，使刑余罪人击杀项羽，何苦乃与公挑战！”项羽大怒，伏弩射中汉王。汉王伤匈，乃扪足曰：“虏中吾指！”汉王病创卧，张良强请汉王起行劳军，以安士卒，毋令楚乘胜于汉。汉王出行军，病甚，因驰入成皋。

病愈，西入关，至栎阳，存问父老，置酒，枭故塞王欣头栎阳市。留四日，复如军，军广武。关中兵益出。

当此时，彭越将兵居梁地，往来苦楚兵，绝其粮食。田横往从之。项羽数击彭越等，齐王信又进击楚。项羽恐，乃与汉王约，中分天下，割鸿沟而西者为汉，鸿沟而东者为楚。项王归汉王父母妻子，军中皆呼万岁，乃归而别去。

项羽解而东归。汉王欲引而西归，用留侯、陈平计，乃进兵追项羽。至阳夏南止军，与齐王信、建成侯彭越期会而击楚军。至固陵，不会。楚击汉军，大破之。汉王复入壁，深堑而守之。用张良计，于是韩信、彭越皆往。及刘贾入楚地，围寿春。汉王败固陵，乃使使者召大司马周殷举九江兵而迎武王，行屠城父，随刘贾、齐梁诸侯皆大会垓下。立武王布为淮南王。

五年，高祖与诸侯兵共击楚军，与项羽决胜垓下。淮阴侯将三十万自当之，孔将军居左，费将军居右，皇帝在后，绛侯、柴将军在皇帝后。项羽之卒可十万。淮阴先合，不利，却。孔将军、费将军纵，楚兵不利，淮阴侯复乘之，大败垓下。项羽卒闻汉军之楚歌，以为汉尽得楚地，项羽乃败而走，是以兵大败。使骑将灌婴追杀项羽东城，斩首八万，遂略定楚地。鲁为楚坚守不下。汉王引诸侯兵北，示鲁父老项羽头，鲁乃降。遂以鲁公号葬项羽谷城。还至定陶，驰入齐王壁，夺其军。

正月，诸侯及将相相与共请尊汉王为皇帝。汉王曰："吾闻帝贤者有也，空言虚语，非所守也，吾不敢当帝位。"群臣皆曰："大王起微细，诛暴逆，平定四海，有功者辄裂地而封为王侯。大王不尊号，皆疑不信。臣等以死守之。"汉王三让，不得已，曰："诸君必以为便，便国家。"甲午，乃即皇帝位汜水之阳。

皇帝曰："义帝无后。齐王韩信习楚风俗，徙为楚王，都下邳。立建成侯彭越为梁王，都定陶。故韩王信为韩王，都阳翟。徙衡山王吴芮为长沙王，都临湘。番君之将梅鋗有功，从入武关，故德番君。淮南王布、燕王臧荼、赵王敖皆如故。"

天下大定。高祖都雒阳，诸侯皆臣属。故临江王欢为项羽叛汉，令卢绾、刘贾围之，不下。数月而降，杀之雒阳。

五月，兵皆罢归家。诸侯子在关中者复之十二岁，其归者复之六岁，食之一岁。

高祖置酒雒阳南宫。高祖曰："列侯诸将无敢隐朕，皆言其情。吾所以有天下者何？项氏之所以失天下者何？"高起、王陵对曰："陛下慢而侮人，项羽仁而爱人。然陛下使人攻城略地，所降下者因以予之，与天下同利也。项羽妒贤嫉能，有功者害之，贤者疑之，战胜而不予人功，得地而不予人利，此所以失天下也。"高祖曰："公知其一，未知其二。夫运筹策帷帐之中，决胜于千里之外，吾不如子房；镇国家，抚百姓，给馈饷，不绝粮道，吾不如萧何；连百万之军，战必胜，攻必取，吾不如韩信。此三者，皆人杰也，吾能用之，此吾所以取天下也。项羽有一范增而不能用，此其所以为我擒也。"

高祖欲长都雄阳。齐人刘敬说，及留侯劝上入都关中，高祖是日驾，入都关中。六月，大赦天下。

十月，燕王臧荼反，攻下代地。高祖自将击之，得燕王臧荼。即立太尉卢绾为燕王。使丞相哙将兵攻代。

其秋，利几反。高祖自将兵击之，利几走。利几者，项氏之将。项氏败，利几为陈公，不随项羽，亡降高祖。高祖侯之颍川。高祖至雒阳，举通侯籍召之，而利几恐，故反。

六年，高祖五日一朝太公，如家人父子礼。太公家令说太公曰："天无二日，土无二王。今高祖虽子，人主也；太公虽父，人臣也。奈何令人主拜人臣！如此则威重不行。"后高祖朝，太公拥篲迎门却行。高祖大惊，下扶太公。太公曰："帝，人主也，奈何以我乱天下法！"于是高祖乃尊太公为太上皇。心善家令言，赐金五百斤。

十二月，人有上变事告楚王信谋反，上问左右，左右争欲击之。用陈平计，乃伪游云梦,会诸侯于陈,楚王信迎,即因执之。是日,大赦天下。田肯贺,因说高祖曰:"陛下得韩信,又治秦中。秦,形胜之国,带河山之险,县隔千里,持戟百万,秦得百二焉。地势便利,其以下兵于诸侯,譬犹居高屋之建瓴水也。夫齐,东有琅玡、即墨之饶,南有泰山之固,西有浊河之限,北有勃海之利,地方两千里,持戟百万,县隔千里之外,齐得十二焉。故此东西秦也。非亲子弟,莫可使王齐矣。"高祖曰:"善。"赐黄金五百斤。

后十余日,封韩信为淮阴侯,分其地为二国。高祖曰:"将军刘贾数有功,以为荆王,王淮东。弟交为楚王,王淮西。子肥为齐王,王七十余城,民能齐言者皆属齐。"乃论功,与诸列侯剖符行封。徙韩王信太原。

七年,匈奴攻韩王信马邑,信因与谋反太原。白土曼兵臣、王黄立故赵将赵利为王以反,高祖自往击之。会天寒,士卒堕指者什二三,遂至平城。匈奴围我平城,七日而后罢去。令樊哙止定代地,立兄刘仲为代王。

二月,高祖自平城过赵、雒阳,至长安。长乐宫成,丞相已下徙治长安。

八年,高祖东击韩王信余反寇于东垣。

萧丞相营作未央宫,立东阙、北阙、前殿、武库、太仓。高祖还,见宫阙壮甚,怒,谓萧何曰:"天下匈匈苦战数岁,成败未可知,是何治宫室过度也?"萧何曰:"天下方未定,故可因遂就宫室。且夫天子以四海为家,非壮丽无以重威,且无令后世有以加也。"高祖乃悦。

高祖之东垣,过柏人,赵相贯高等谋弑高祖,高祖心动,因不留。代王刘仲弃国亡,自归雒阳,废以为合阳侯。

九年,赵相贯高等事发觉,夷三族。废赵王敖为宣平侯。是岁,徙贵族楚昭、屈、景、怀、齐田氏关中。

未央宫成。高祖大朝诸侯群臣,置酒未央前殿。高祖奉玉卮,起为太上皇寿,曰:"始大人常以臣无赖,不能治产业,不如仲力。今某之业所就孰与仲多?"殿上群臣皆呼万岁,大笑为乐。

十年十月,淮南王黥布、梁王彭越、燕王卢绾、荆王刘贾、楚王刘交、齐王刘肥、长沙王吴芮皆来朝长乐宫。春夏无事。

七月,太上皇崩栎阳宫。楚王、梁王皆来送葬。赦栎阳囚。更名郦邑曰新丰。

八月,赵相国陈豨反代地。上曰:"豨尝为吾使,甚有信。代地吾所急也,故封豨为列侯,以相国守代,今乃与王黄等劫掠代地!代地吏民非有罪也,其赦代吏民。"九月,上自东往击之。至邯郸,上喜曰:"豨不南据邯郸而阻漳水,吾知其无能为也。"闻豨将皆故贾人也,上曰:"吾知所以与之。"乃多以金啖豨将,豨将多降者。

十一年,高祖在邯郸诛豨等未毕,豨将侯敞将万余人游行,王黄军曲逆,张春渡河击聊城。汉使将军郭蒙与齐将击,大破之。太尉周勃道太原入,定代地。至马邑,马邑不下,即攻残之。

豨将赵利守东垣,高祖攻之,不下。月余,卒骂高祖,高祖怒。城降,令出骂者斩之,不骂者原之。于是乃分赵山北,立子恒以为代王,都晋阳。

春,淮阴侯韩信谋反关中,夷三族。

夏,梁王彭越谋反,废迁蜀,复欲反,遂夷三族。立子恢为梁王,子友为淮阳王。

秋七月,淮南王黥布反,东并荆王刘贾地,北渡淮,楚王交走入薛。高祖自往击之。立子长为淮南王。

十二年十月，高祖已击布军会甀，布走，令别将追之。

高祖还归，过沛，留。置酒沛宫，悉召故人父老子弟纵酒，发沛中儿得百二十人，教之歌。酒酣，高祖击筑，自为歌诗曰："大风起兮云飞扬，威加海内兮归故乡，安得猛士兮守四方！"令儿皆和习之。高祖乃起舞，慷慨伤怀，泣数行下。谓沛父兄曰："游子悲故乡。吾虽都关中，万岁后吾魂魄犹乐思沛。且朕自沛公以诛暴逆，遂有天下，其以沛为朕汤沐邑，复其民，世世无有所与。"沛父兄诸母故人日乐饮极欢，道旧故为笑乐。十余日，高祖欲去，沛父兄固请留高祖。高祖曰："吾人众多，父兄不能给。"乃去。沛中空县皆之邑西献。高祖复留止，张饮三日。沛父兄皆顿首曰："沛幸得复，丰未复，唯陛下哀怜之。"高祖曰："丰吾所生长，极不忘耳，吾特为其以雍齿故反我为魏。"沛父兄固请，乃并复丰，比沛。于是拜沛侯刘濞为吴王。

汉将别击布军洮水南北，皆大破之，追得斩布鄱阳。樊哙别将兵定代，斩陈豨当城。

十一月，高祖自布军至长安。十二月，高祖曰："秦始皇帝、楚隐王陈涉、魏安厘王、齐缗王，赵悼襄王皆绝无后，予守冢各十家，秦皇帝二十家，魏公子无忌五家。"赦代地吏民为陈豨、赵利所劫掠者，皆赦之。陈豨降将言豨反时，燕王卢绾使人之豨所，与阴谋。上使辟阳侯迎绾，绾称病。辟阳侯归，具言绾反有端矣。二月，使樊哙、周勃将兵击燕王绾。赦燕吏民与反者。立皇子建为燕王。

高祖击布时，为流矢所中，行道病。病甚，吕后迎良医。医入见，高祖问医。医曰："病可治。"于是高祖嫚骂之曰："吾以布衣提三尺剑取天下，此非天命乎？命乃在天，虽扁鹊何益！"遂不使治病。赐金五十斤罢之。已而吕后问："陛下百岁后，萧相国即死，令谁代之？"上曰："曹参可。"问其次，上曰："王陵可。然陵少戆，陈平可以助之。陈平智有余，然难以独任。周勃重厚少文，然安刘氏者必勃也，可令为太尉。"吕后复问其次，上曰："此后亦非而所知也。"

卢绾与数千骑居塞下候伺，幸上病愈自入谢。

四月甲辰，高祖崩长乐宫。四日不发丧。吕后与审食其谋曰："诸将与帝为编户民，今北面为臣，此常怏怏，今乃事少主，非尽族是，天下不安。"人或闻之，语郦将军。郦将军往见审食其，曰："吾闻帝已崩，四日不发丧，欲诛诸将。诚如此，天下危矣。陈平，灌婴将十万守荥阳，樊哙、周勃将二十万定燕、代，此闻帝崩，诸将皆诛，必连兵还向以攻关中。大臣内叛，诸侯外反，亡可翘足而待也。"审食其入言之，乃以丁未发丧，大赦天下。

卢绾闻高祖崩，遂亡入匈奴。

丙寅，葬。己巳，立太子，至太上皇庙。群臣皆曰："高祖起微细，拨乱世反之正，平定天下，为汉太祖，功最高。"上尊号为高皇帝。太子袭号为皇帝，孝惠帝也。令郡国诸侯各立高祖庙，以岁时祠。及孝惠五年，思高祖之悲乐沛，以沛宫为高祖原庙。高祖所教歌儿百二十人，皆令为吹乐，后有缺，辄补之。

高帝八男：长庶齐悼惠王肥；次孝惠，吕后子；次戚夫人子赵隐王如意；次代王恒，已立为孝文帝，薄太后子；次梁王恢，吕太后时徙为赵共王；次淮阳王友，吕太后时徙为赵幽王；次淮南厉王长；次燕王建。

【译文】

高祖，沛县丰邑中阳里人。姓刘，字季。父亲叫太公，母亲叫刘媪。先前刘媪曾经休息于大湖岸边，睡梦中与神相交合。这时雷电交作，天昏地暗。太公去看刘媪，见到一条蛟龙在她身上。后来刘媪怀了孕，就生了高祖。

高祖这个人，高鼻梁，像龙一样丰满的额角，漂亮的须髯，左腿上有七十二颗黑痣。仁厚爱人，喜欢施舍，胸襟开阔。常有远大的志向，不从事一般百姓的生产作业。到了壮年，试做官吏，当了泗水亭亭长，公廷中的官吏，没有一个不混得很熟，受他戏弄。爱好喝酒，喜欢女色。常常向王媪、武负赊酒，喝醉了卧睡，武负、王媪看见他上面常有一条龙，感到很奇怪。高祖每次来买酒，留在酒店中饮酒，酒店的酒比平常多卖几倍。等到发现了奇怪的现象，年终时，这两家酒店常折毁账目，放弃债权。

高祖曾经到咸阳服徭役，（有一次秦始皇车驾出巡，）纵任人们观看，他看到了秦始皇，喟然长叹说："啊，大丈夫应当像这个样子！"

单父人吕公与沛县县令相友好，为了躲避仇人到县令家做客，因而迁家到沛县。沛县中的豪杰官吏听说县令有贵客，都去送礼祝贺。萧何为县里的主吏，主管收礼物，对各位贵客说："礼物不满一千钱的，坐在堂下。"高祖做亭长，向来轻视那些官吏，于是欺骗地在名刺上说"贺万钱"，其实没有拿出一个钱。名刺递了进去，吕公大惊，站起来，到门口迎接高祖。吕公这个人，好给人相面，看见高祖的状貌，就特别敬重他，领他到堂上入座。萧何说："刘季本来大话很多，很少成事。"（由于受到吕公的敬重，）高祖便戏辱堂上的客人，自己坐在上座，毫不谦让。酒席就要散尽，吕公以目示意高祖不要走。高祖喝完了酒，留在后面。吕公说："我从年少时就好给人相面，相过的人多了，没有一个像你刘季这样的贵相，希望你刘季保重。我有一亲生女儿，愿意作为你刘季执帚洒扫的妻子。"酒席结束后，吕媪生吕公的气，说："你最初常想使女儿与众不同，把她嫁给贵人。沛县县令与你相友好，求娶女儿，你不答应，为什么自己妄作主张许配给了刘季？"吕公说："这不是妇孺之辈所能懂得的。"终于把女儿嫁给了刘季。吕公的女儿就是吕后，她生了孝惠帝、鲁元公主。

高祖作亭长时，曾经请假回家。吕后与两个孩子在田间除草，有一老人路过，要些水喝，吕后就请他吃了饭。老人家给吕后相面，说："夫人是天下的贵人。"吕后让他给两个孩子看相。老人看了孝惠，说："夫人所以显贵，就是这个孩子的缘故。"看了鲁元，也是贵相。老人已经走了，高祖正好从别人家来到田间，吕后告诉他一位客人从这里经过，给我们母子看相，说将来都是大贵人。高祖问老父在哪儿，吕后说："走出不远。"高祖追上了老人，向他询问。老人说："刚才相过夫人和孩子，他们都跟你相似，你的相貌，贵不可言。"高祖便道谢说："如果真像老父所说，决不忘记对我的恩德。"等到高祖显贵，竟然不知道老人的去处了。

高祖做亭长，以竹皮为帽，这帽子是他派求盗到薛县制作的，经常戴着它，等到显贵时，仍然常常戴着，所谓"刘氏冠"，就是指这种帽子。

高祖因身任亭长，为县里送徒役去骊山，徒役多在途中逃亡。他估计，等走到骊山，大概都逃光了。到丰邑西面的沼泽地带，停下来喝酒，夜间高祖就释放了所押送的徒役。高祖说："各位都走吧，我也从此一去不返了！"徒役中有十多个年轻力壮的愿意跟随高祖。高祖带着酒意，当夜抄小路通过这片沼泽，派一人前行探路。前行探路的人回来报告说："前面有条大蛇横在路当中，请回去吧。"高祖醉醺醺地，说："好汉走路，何所畏惧！"于是，就走上前去，拔剑击蛇，斩为两段，道路打通了。走了几里地，酒性发作，便躺下睡

刘邦斩蛇

觉。后面的人来到斩蛇的地方，见有一个老太太夜里哭泣。人们问为什么啼哭，老太太说：“有人杀了我的儿子，所以我哭。”人们又说：“老太太，你的儿子为什么被杀了？”老太太说：“我儿子，是白帝的儿子，变为蛇，横在路当中，现在被赤帝的儿子杀了，所以我才哭。”人们以为老太太不诚实，想要给她点苦头吃，老太太忽然不见了。落在后面的人到了高祖休息的地方，高祖已经醒了。他们把刚才发生的事告诉了高祖，高祖听了暗自高兴，觉得自命不凡。那些跟随他的人对他日益敬畏。

秦始皇帝常说：“东南有天子气。”因而巡游东方，借以镇伏东南的天子气。高祖怀疑这件事与自己有关，就逃跑藏了起来，隐身在芒山、砀山一带的山泽岩石之间。吕后和别人一块儿寻找，常常一去就找到了高祖。高祖感到奇怪，就问吕后。吕后说：“你所处的地方上面常有云气。向着有云气的地方去找，常常可以找到你。”高祖心里非常高兴。沛县子弟有的听到这件事，很多人都想归附他了。

秦二世元年秋天，陈胜等在蕲县起义，到了陈县自立为王，号称“张楚”。各郡县大多都杀死长官，响应陈胜。沛县县令恐惧，想要以沛县响应陈胜。主吏萧何、狱掾曹参对他说：“你身为秦朝的官吏，如今要背秦起事，率领沛县子弟，恐怕他们不愿听命。希望您召集逃亡在外面的人，可以得到几百人。利用这股力量胁持群众，群众不敢不听您的命令。”县令就派樊哙去召唤刘季，刘季的队伍已经近百人了。

于是樊哙跟着刘季来到沛县。沛县县令又后悔了，恐怕刘季发生变故，就关闭城门，派人防守，（不让刘季进城，）打算杀掉萧何、曹参。萧何、曹参恐惧，翻过城墙依附刘季。刘季用帛写了一封信，射到城上，告诉沛县父老说：“天下苦于秦朝的暴政已经很久了。

现有父老为沛令守城，但各国诸侯都已起事，（一旦城破，）就要屠戮沛县。如果沛县父老共同起来杀死沛令，选择子弟中可以立为首领的做领导，以响应诸侯军，那就能保全自家性命。不然的话，父子全遭杀害，死得毫无意义。”父老们就率领子弟共同杀了沛令，打开城门，迎接刘季，想让他做沛县县令。刘季说：“天下正在混乱当中，诸侯都已起事，如果推选的将领不胜任，就会一败涂地。我不是吝惜自己的生命，只怕才劣力薄，不能保全父兄子弟。这是件大事，希望另外共同推选一位能够胜任的人。”萧何、曹参都是文官，看重身家性命，怕事情不成，秦朝会诛灭他们的全族，所以都推刘季。父老们都说：“我们平时听到刘季许多奇异的事情，看来刘季是该显贵的。而且又经过占卜，没有比刘季更吉利的。”这时刘季再三谦让，大家都不敢担任，最后还是立刘季为沛公。在沛县衙门的庭院里祭祀黄帝和蚩尤，又用牲血衅鼓旗。旗子一律红色，因为刘季所杀蛇是白帝的儿子，杀蛇的是赤帝的儿子，所以崇尚赤色。于是少年子弟和有势的官吏，如萧何、曹参、樊哙等人，都为沛公征集兵员，集合了两三千人，攻打胡陵、方与，回军固守丰邑。

秦二世二年，陈胜将领周章的军队西至戏水而还。燕、赵、齐、魏都自立为王。项梁、项羽起兵于吴。秦泗水郡郡监平率兵围丰，两天后，沛公出兵应战，打败了秦军。沛公命令雍齿守卫丰邑，自己引兵赴薛，泗水郡郡守壮在薛战败，逃到戚。沛公左司马擒获泗水郡郡守壮，杀死了他。沛公回军亢父，到了方与，没有交战。陈王陈胜派魏人周市攻城略地。周市使人对雍齿说：“丰，原来梁王曾迁徙到这里。如今魏地已经攻占的有数十城，你雍齿如果降魏，魏封你雍齿为侯，仍然驻守丰邑。不投降的话，就要血洗丰邑。”雍齿本来就很不愿隶属沛公，等到魏国招降他，就背叛沛公，为魏防守丰邑。沛公引兵攻丰，没有攻下。沛公病了，回到沛县。沛公怨恨雍齿和丰邑子弟都背叛他，听说东阳宁君、秦嘉立景驹为假王，住在留县，就去依附他们，想借兵攻打丰邑。这时，秦将章邯在追击陈王的部队，别将司马层率军北向，攻占楚地，在相屠城，到了砀县。东阳宁君、沛公引兵西进，与司马层在萧县西面交战，没有占着便宜。退回来收集散兵，屯聚留县，引兵攻砀，三天就攻下了砀邑。收编砀县降兵，得到五六千人，进攻下邑，打了下来。回军丰邑。听说项梁在薛县，带了随从骑兵一百多人去见项梁。项梁给沛公增拨士兵五千人，五大夫一级的将领十人。沛公回来，引兵攻丰。

沛公跟随项梁一个多月，项羽已经攻克襄城回来。项梁把各路将领都召集到薛县，听说陈王确实死了，就立楚国后人楚怀王的孙子心为楚王，建都盱台。项梁号为武信君。停了几个月，向北攻打亢父，救援东阿（被围的齐军），打败了秦军。齐军回齐，楚军单独追击败兵。派沛公、项羽另率军队攻打城阳，大肆杀戮城中军民。沛公、项羽驻军濮阳东面，与秦军接战，击破了秦军。

秦军又振作起来，固守濮阳，决水自环。楚军离去，转攻定陶，定陶没有攻下。沛公和项羽向西攻城略地，到了雍丘城下，与秦军交战，大破秦军，杀了李由。回军攻打外黄，外黄没有攻克。

项梁又一次打败了秦军，有骄傲的神色。宋义劝诫他，他不听。秦派兵增援章邯，夜间衔枚偷袭项梁，大破项梁于定陶，项梁战死。沛公和项羽正在攻打陈留，听说项梁死了，带兵和吕将军一块向东进发。吕臣驻扎在彭城东面，项羽驻扎在彭城西面，沛公驻扎在砀。

章邯已经打垮了项梁的军队，以为楚地的敌人不用担心了，就渡过黄河，北进攻打赵地，大破赵军。这个时候，赵歇为赵王，秦将王离围困赵歇于钜鹿城。（被围在巨鹿的军队，）这就是所谓的“河北之军”。

秦二世三年，楚怀王看到项梁的军队被打垮了，心里恐惧，迁离盱台，建都彭城，合并吕臣、项羽的军队，亲自统率。以沛公任砀郡长，封为武安侯，统领砀郡的军队。封项羽为长安侯，号为鲁公，吕臣任司徒，他的父亲吕青作令尹。

赵多次请求救援，楚怀王就以宋义为上将军，项羽为次将，范增为末将，北上救赵。命令沛公西出略地，打入关中。同将领们约定：先攻入关中的，就封在关中做王。

这时候，秦军强盛，常常乘胜追击，众将领没有认为先入关是有利的。唯独项羽痛恨秦打垮了项梁的军队，心中愤激，愿和沛公西进入关。怀王的老将都说：“项羽为人轻捷而凶猛，狡诈而残忍。项羽曾经攻打襄城，襄城没有留下一个活人，全都活埋了。所经过的地方，无不残杀毁灭。况且楚军多次进兵攻取，（没有获胜，）以前陈王、项梁都失败了。不如另派宽厚长者，以正义为号召，向西进发，把道理向秦父老兄弟讲清楚。秦父老兄弟苦于他们君主的统治很久了，现在如果真能得到宽厚长者去关中，不加欺凌暴虐，应该能够拿下关中。而今项羽剽悍，不可派遣。”终于没有答应项羽，而派遣沛公西进攻取秦地。收集陈王、项梁的散兵，路经砀，到达咸阳，与杠里的秦军对垒，打败了秦军的两支部队。楚军出兵攻击王离，把他的军队打得大败。

沛公引兵西进，在昌邑遇见彭越，就和他一起攻打秦军，这一仗没有打赢。回到栗县，遇到刚武侯，夺了他的军队，大约四千多人，（与沛公原来的队伍）合并在一起。沛公与魏将皇欣、魏申徒武蒲的军队联合攻打昌邑，昌邑没有攻下，西进路过高阳。郦食其为里监门，说：“将领们路过这里的很多，我看沛公是一个大人物，有仁厚长者的风度。”就去求见游说沛公。沛公正坐在床上，伸着两腿，让两个女子给他洗脚。郦生不下拜，深深地作了个揖，说：“足下一定要消灭残暴无道的秦朝，就不应该伸着两腿接见长者。”于是沛公站了起来，整理好衣服，向他道歉，请入上座。郦食其劝沛公袭击陈留，获得陈留积聚的粮米。沛公就以郦食其为广野君，郦商为将领，统率陈留的军队，和沛公一起攻打开封，开封没有攻下。向西与秦将杨熊在白马打了一仗，又接战于曲遇的东面，大破杨熊军。杨熊逃往荥阳，秦二世派使斩首示众。沛公向南攻打颍阳，屠了颍阳城。依靠张良攻占了韩国的轘辕。

这时，赵将司马卬正要渡过黄河进入函谷关，沛公就北进攻打平阴，切断黄河渡口。向南进发，在雒阳东面交战。战斗不利，回到阳城，集中军中的骑兵，与南阳郡郡守齮战于犨，打败了齮军。攻取南阳郡的城邑，南阳郡郡守齮逃走，退守宛县。沛公引兵绕过宛城西进。张良进谏说：“沛公你虽然急于打入函谷关，但秦兵还很多，又据守险要。如今不拿下宛城，宛城守军从背后攻击，强大的秦军在前面阻挡，这是一种危险的战术。”于是沛公就在夜间率兵从另外一条道路返回，更换了旗帜，天亮时，把宛城包围了三层。南阳郡郡守想要自杀。他的舍人陈恢说：“死的还早。”他就翻过墙去见沛公，说：“我听说阁下接受楚怀王的约定，先攻入咸阳的称王关中。现在阁下停留守在宛城。宛城是大郡的治所，连城数十，口多粮足，官吏和民众认为投降肯定被处死，所以都登城固守。如果足下整天地留在这里攻城，士卒死伤的一定很多；如果引兵离开宛城，宛城守军自然跟踪追击。足下向前则失去先入咸阳的约定，后退又有强大的宛城守军为患。为足下设想，不如明约招降，封南阳郡守官爵，让他留守，足下带领宛城士卒一道西进。许多没有攻下的城邑，听到这个消息，争先打开城门，等待足下，足下可以通行无阻。"沛公说："好。"就以南阳郡守为殷侯，封给陈恢一千户。引兵西进，没有不降服的。到达丹水，高武侯鳃、襄侯王陵在西陵投降。回军攻打胡阳，遇到番君的别将梅锠，与他一起，迫使析县、郦县投降。派遣魏人宁昌出使秦关中，使者没有回来。这时章邯已经带领全军在赵地投降项羽。

起初，项羽和宋义北进援救赵，等到项羽杀死宋义，代替他为上将军，许多将领和黥布都从属项羽。打垮了秦将王离的军队，使章邯投降，诸侯都归附了他。等到赵高已经杀了秦二世，派人来见沛公，想要定约瓜分关中称王。沛公以为是诈骗，就采用张良的计策，派郦生、陆贾去游说秦军将领，用甜头引诱，趁机袭击武关，攻破关口。又和秦军在蓝田南面交战，增设疑兵，多树旗帜，所经过的地方不许掳掠。秦地的群众很高兴，秦军懈怠了，因此大破秦军。又在蓝田北面接战，再次打败秦军。乘胜追击，彻底打垮了秦军。

汉元年十月，沛公的军队先于各路诸侯到达霸上。秦王子婴素车白马，用丝带系着脖子，封了皇帝的印玺和符节，在轵道旁投降。将领们有的主张杀死秦王。沛公说："当初楚怀王派遣我，本来是因为我能宽大容人。况且人家已经降服，又杀死人家，不吉利。"于是就把秦王交给了官吏，向西进入咸阳。沛公想要留在宫殿中休息，樊哙、张良劝说后，才封闭了秦宫的贵重珍宝、财物和库房，回军霸上。召集各县的父老、豪杰说："父老们苦于秦朝的严刑峻法已经很久了，诽谤朝政的要灭族，相聚议论的要在街市上处斩。我和诸侯们约定，先入关的在关中称王，我应当称王关中。同父老们约定，法律只有三章：杀人的处死，伤人和抢劫的处以与所犯罪相当的刑罚。其余的秦朝法律全都废除。官吏和百姓都要安居如故。我所以到这里来，是为父老们除害，不会有欺凌暴虐的行为，不要害怕。我所以回军霸上，是等待诸侯们到来制定共同遵守的纪律。"沛公派人与秦朝官吏巡行县城乡间，告谕百姓。秦地的百姓大为高兴，争先恐后地拿出牛羊酒食款待士兵。沛公又谦让不肯接受，说："仓库的谷子很多，不缺乏，不愿破费百姓。"百姓更加高兴，唯恐沛公不做秦王。

有人劝沛公说："秦地比天下富足十倍，地势好。如今听说章邯投降了项羽，项羽就给了雍王的封号，称王于关中。现在即将来到关中就国，你沛公恐怕不能占有这个地方了。应赶快派兵把守函谷关，不让诸侯军进来，逐渐征集关中兵，以加强实力，抵抗诸侯兵。"沛公赞成他的计策，照着做了。十一月间，项羽果然率领诸侯军西进，想要入关，而关门闭着。听说沛公已经平定关中，大怒，派黥布等攻破了函谷关。十二月间，就到了戏水。沛公左司马曹无伤听说项王发怒，要攻打沛公，派人告诉项羽说："沛公想要称王关中，令子婴为相，珍宝被他全部占有了。"打算以此求得封赏。亚父劝项羽进攻沛公。当时项羽饱餐士卒，准备明日会战。这时项羽兵四十万，号称百万。沛公兵十万，号称二十万，兵力敌不过项羽。恰巧项伯要救张良，夜间去见他。（回来后，）用道理劝说项羽，项羽取消了进攻沛公的计划。沛公带来了一百多骑兵，驰至鸿门，来见项羽，表示歉意。项羽说："这是你沛公左司马曹无伤向我说的。不然，我项羽何至于做这样的事。"沛公因为樊哙、张良的缘故，得以脱身返回。回来后，立刻杀了曹无伤。

项羽向西进军，屠杀无辜，焚毁咸阳秦宫室，所过之处，无不遭到摧残破坏。秦地的百姓大失所望，然而心里恐惧，不敢不服从。

项羽派人回去报告楚怀王，楚怀王说："按照原来的约定办。"项羽怨恨楚怀王不肯让他与沛公一起西进入关，而派他北上救赵，在天下诸侯争夺称王关中的约定中落在后面。他就说：“怀王这个人，我家项梁所立，没有什么功劳，凭什么主持约定。本来安定天下的，是诸位将领和我项籍。”就假意推尊楚怀王为义帝，实际上不听从他的命令。

正月，项羽自立为西楚霸王，在梁、楚地区的九个郡称王，建都彭城。背弃原来的约定，改立沛公为汉王，在巴、蜀、汉中称王，建都南郑，把关中瓜分为三，封立秦朝的三个将领：章邯为雍王，建都废丘，司马欣为塞王，建都栎阳，董翳为翟王，建都高奴。封楚将瑕丘申为河南王，建都洛阳。封赵将司马卬为殷王，建都朝歌。赵王歇迁徙代地称王。封赵将张耳为常山王，建都襄国。封当阳君黥布为九江王，都六县。封楚怀王柱国共敖为临江王，建都江陵。封番君吴芮为衡山王，建都邾县。封燕将臧荼为燕王，建都蓟县。原来的燕王韩广迁徙辽东称王。韩广不服从，臧荼攻杀韩广于无终。封成安君陈余河间三县，住在南皮。封给梅鋗十万户。四月，在项羽旄麾之下罢兵散归，诸侯各自回到封国。

汉王回国，项王派兵三万跟随，楚国和其他诸侯国的士卒仰慕汉王而追从的有几万人。他们从杜县南面进入蚀中，离开后就烧断栈道，以防备诸侯军和匪徒的袭击，也向项羽表示没有东进的意图。到达南郑，那些将领和士卒很多在中途逃亡回去，士卒都唱歌表示思念回到东方。韩信劝汉王说：“项羽封诸将有功的为王，而大王独自被封在南郑，这实际上是贬徙。军中官吏和士卒都是崤山以东的人，日夜企踵盼望回家乡。乘他们气势旺盛时加以利用，可以建立大的功业，等到天下已经平定，人人都自然安下心来，就不能再利用了。不如决策向东进军，争夺天下大权。”

项羽出了函谷关，派人迁徙义帝。说：“古代做帝王的统辖千里见方的土地，必须居住上游。”就派使者把义帝迁徙到长沙郴县，催促义帝快走。群臣渐渐地背叛了义帝，项羽就暗地里让衡山王、临江王袭击他，把义帝杀死在江南。项羽怨恨田荣，封齐将田都为齐王。田荣恼怒，就自立为齐王，杀死田都，反叛项楚，把将军印给予彭越，让他在梁地起兵反楚。楚派萧公角攻打彭越，彭越大败萧公角。陈余怨恨项羽不封自己为王，派夏说游说田荣，借兵攻打张耳。齐借兵给陈余，击败了常山王张耳，张耳逃跑归附了汉王。陈余从代接回赵王歇，又立为赵王，赵王就封陈余为代王。项羽大怒，出兵北向击齐。

八月，汉王用韩信的计策，从故道回军，袭击雍王章邯。章邯在陈仓迎击汉军，雍王兵败退走，在好畤停下来接战，又失败了，逃到废丘。汉王随即平定了雍地。向东到达咸阳，率军围困雍王于废丘，而派遣将领攻占了陇西、北地、上郡。派将军薛欧、王吸出武关，借助王陵驻扎在南阳的兵力，迎接太公、吕后于沛县。楚听到这一消息，出兵在阳夏阻挡，汉军不能前进。楚让原吴县县令郑昌为韩王，抵抗汉军。

二年，汉王东出略取城邑，塞王司马欣、翟王董翳、河南王申阳都投降了。韩王郑昌不愿归附，汉王派韩信打败了他。于是设置了陇西、北地、上郡、渭南、河上、中地各郡，关外设置了河南郡。改立韩太尉信为韩王。将领中以一万人或一郡投降的，封给一万户。整修河上郡内的长城。各处原来的秦朝苑囿园池，都让百姓开垦耕种。正月，俘虏了雍王的弟弟章平。大赦有罪的人。

汉王出函谷关到达陕县，抚慰关外父老，回来后，张耳来见，汉王给了他优厚的待遇。

二月，下令废掉秦社稷，改立汉社稷。

三月，汉王从临晋关渡过黄河，魏王豹率兵随从，攻下河内，俘虏了殷王，设置河内郡。向南渡过平阴津，到达洛阳。新城三老董公拦住汉王，用义帝死这件事游说汉王。

汉王听了，袒臂大哭，于是为义帝发丧，哭吊三天。派遣使者通告诸侯说："天下共同拥立义帝，对他北面称臣。现在项羽把义帝放逐，击杀于江南，大逆无道。我亲自为他发丧，诸侯都要穿白色丧服。全部调发关内的兵力，征集三河的士卒，浮江汉南下，愿意跟随各诸侯王讨伐楚国杀害义帝的人。"

当时项王北进攻打齐国，田荣和他战于城阳。田荣兵败，逃到平原，平原的百姓杀了他，齐地都投降了楚国。楚兵焚烧齐人的城郭，掳掠他们的子女，齐人又反叛楚国。田荣的弟弟田横立田荣的儿子田广为齐王，齐王在城阳反楚。项羽虽然闻知汉军东进，但既然已经与齐军交战，就想打垮齐军之后迎击汉军。汉王利用这个机会劫取了五诸侯的兵力，进入彭城。项羽听到这一消息，就带兵离开齐，由鲁地出胡陵，抵达萧县，与汉军在彭城灵璧东面的睢水上激战，大败汉军，杀死了很多士卒，（由于尸体的堵塞，）睢水都不能流通了。楚军从沛县掳取了汉王的父母妻子，放在军中作为人质。这个时候，诸侯看到楚军强盛，汉军败退，又都离汉归楚。塞王司马欣也逃到楚国。

吕后的哥哥周吕侯为汉带领一支军队，驻扎在下邑。汉王到他那里，渐渐收集士卒，驻军于砀县。汉王西行经过梁地，到了虞县，派谒者随何到九江王黥布那里，汉王说："你能让黥布举兵叛楚，项羽必定留下来攻打他。如果能够滞留几个月，我一定可以取得天下。"随何去说服九江王黥布，黥布果然背叛了楚国，楚国派龙且去攻打他。

汉王兵败彭城后向西撤退，行军中派人寻求家属，家属也逃走了，没有互相碰见。战败后就只找到了孝惠帝，六月，立他为太子，大赦罪人。命令太子驻守栎阳，诸侯国人在关中的都集中在栎阳守卫。引水灌废丘，废丘投降，章邯自杀。把废丘改名为槐里。于是命令祠官祭祀天、地、四方、上帝、山川，以后按时致祭。征发关内士卒登城守卫边塞。

这时九江王黥布与龙且作战，没有取胜，和随何潜行归汉。汉王渐渐地征集了一些士卒加上各路将领和关中兵的增援，因此军势大振于荥阳，在京、索之间击破了楚军。

三年，魏王豹请假回去省视父母的疾病，到了魏地就断绝了黄河渡口，叛汉归楚。汉王使郦生劝说魏豹，魏豹不听。汉王派遣将军韩信进攻魏豹，大破魏军，俘虏了魏豹，于是平定了魏地，设置了三个郡，名叫河东、太原、上党。汉王命令张耳和韩信向东攻下井陉，进击赵地，杀了陈余、赵王歇。第二年，封张耳为赵王。

汉王驻军在荥阳南面，修筑甬道与黄河相连，以便取用敖仓的粮食。与项羽对峙了一年多。项羽多次夺取了汉军甬道，汉军缺少粮食，项羽于是围攻汉王。汉王请求讲和，划分荥阳以西的土地归汉。项王没有同意。汉王忧虑，就采取陈平的计策，给陈平黄金四万斤，用来离间楚国君臣。于是项羽对亚父产生了怀疑。亚父这时劝项羽乘势攻下荥阳，等到他知道已被怀疑，就很生气，推托自己年老，要求乞身引退，回家乡当老百姓。（项羽答应了，）亚父没有到达彭城就死了。

汉军断绝了粮食，就在夜间从东门放出女子二千多人，披戴铠甲，楚军便四面围击。将军纪信乘坐汉王的车驾，伪装成汉王，欺骗楚军。楚军都高呼万岁，争赴城东观看，因此汉王能够与几十骑兵出西门潜逃。汉王命令御史大夫周苛、魏豹、枞公留守荥阳，将领和士卒不能随从的，都留在城中，周苛、枞公商量说："魏豹这个叛国之王，很难和他共守城池。"因此就杀死了魏豹。

汉王逃出荥阳进入函谷关，收集士卒，想再次东进。袁生劝汉王说："汉与楚在荥阳相持了几年，汉军常处于困境，希望君王从武关出去，项羽肯定引兵向南行进，君王深沟高垒，让荥阳、成皋之间得到休息。派韩信等安辑黄河以北的赵地，联合燕、齐，君再赴荥阳，也为时不晚。这样，楚军多方设防，军力分散，汉军得到休整，再与楚军作战，肯定可以打破楚军了。”汉军采纳了他的计策，出兵宛县、叶县之间，与黥布在进军中收集兵马。

项羽听说汉王在宛县，果然带兵南下。汉王坚壁固守，不和他交战。这时彭越渡过睢水，与项声、薛公战于下邳，彭越大败楚军。于是项羽率军向东攻打彭越，汉王也引兵向北驻军成皋。项羽已经取胜，赶走了彭越，得知汉军又驻扎在成皋，就又领兵西进，攻克荥阳，杀了周苛、枞公，俘虏了韩王信，于是进围成皋。

汉王逃走了，单身一人与滕公同乘一辆车出了成皋玉门，向北渡过黄河，驰至修武住了一夜。自称为使者，早晨驰入张耳、韩信的营中，夺取他们的军队，就派张耳去北边赵地更多的收集兵力，派韩信东进攻齐。汉王得到韩信的军队，军威又振作起来。率军来到黄河岸边，向南进发，在小修武南面让士卒吃饱喝足，打算与项羽再一次交战。郎中郑忠劝阻汉王，让他深沟高垒，不要和项羽交锋。汉王采用了郑忠的计策，派卢绾、刘贾率兵两万人，几百个骑士，渡过白马津，进入楚地，与彭越在燕县城西又打败了楚军，随后又攻下梁地十多座城邑。

淮阴侯已经接受命令向东进军，在平原没有渡过黄河。汉王派郦生去说服齐王田广，田广背叛了楚，与汉讲和，一起攻打项羽。韩信采用蒯通的计策，突然袭击，打败了齐国。齐王烹杀了郦生，向东逃到高密。项羽听到韩信已经全部利用黄河以北的兵力打垮了齐、赵，而且要攻打楚军，就派龙且、周兰前去阻击。韩信与楚交战，骑兵将领灌婴配合出击，大败楚军，杀了龙且。齐王田广投奔彭越。在这个时候，彭越领兵驻扎梁地，往来骚扰楚军，断绝它的粮食。

四年，项羽对海春侯大司马曹咎说：“谨慎防守成皋。如果汉军挑战，千万小心，不要应战，不让汉军东进就行了。我十五天一定平定梁地，再与将军会合。”于是就进军攻打陈留、外黄、睢阳，都拿了下来。汉军果然屡次向楚军挑战，楚军不肯出战。汉军派人辱骂了五六天楚军，大司马十分气愤，让士卒渡过汜水。士卒渡过一半，汉军出击，大败楚军，全部缴获了楚国的金玉财宝。大司马曹咎、长史司马欣都自刎在汜水上。项羽到达睢阳，听到海春侯兵败，就带兵返回。汉军正在荥阳东面围攻钟离眛，项羽一到，全部撤走到险阻地带。

韩信已经打垮了齐国，派人对汉王说：“齐国靠近楚国，如果权力太小，不立为暂时代理的国王，恐怕不能安定齐地。”汉王想要攻打韩信。留侯说：“不如就此封他为王，让他自己防守齐地。”汉王便派遣张良带着印绶立韩信为齐王。项羽听到龙且的军队战败了，心里很恐惧，派盱眙人武涉前去游说韩信。韩信不肯听从。

楚、汉长期相持，胜负未决，年轻力壮的苦于当兵打仗，年老体弱的疲于转运粮食。汉王、项羽一同站在广武涧两边对话。项羽想跟汉王单身挑战。汉王历数项羽的罪过说：“最初我和你项羽都受命于怀王，说是先入关平定关中的，就在关中做王。你项羽违背约定，让我在蜀、汉做王，这是第一罪。你项羽假借怀王的命令，杀了卿子冠军，而自尊为上将军，这是第二罪。你项羽已经援救了赵地，应当返回复命，而你擅自胁迫诸侯的军队进入函谷关，这是第三罪。怀王约定到了秦地不要残暴掠夺，你项羽火烧秦朝宫室，挖了始皇帝的坟墓，私自聚敛秦朝财物，这是第四罪。又硬是杀掉了秦朝投降的国王子婴，这是第五罪。在新安，用欺骗的手段坑杀了秦朝子弟二十万，而封他们的将领做王，这是第六罪。你项羽让自己的将领都在好地方做王，而迁走原来的诸侯王，使臣下争为叛逆，这是第七罪。你项羽把义帝驱逐出彭城，自己建都彭城，夺取韩王的土地，合并梁、楚称王，多划给自己土地，这是第八罪。你项羽派人在江南暗杀义帝，这是第九罪。为人臣下而杀害了他的君主，屠杀已经投降的人，执政不公允，主持约定不守信用，为天下人所不容，大逆不道，这是第十罪。我带领正义之师随从诸侯来诛除残暴的贼人，派受过刑的罪人杀死你项羽，我何苦与你挑战！"项羽大怒，埋伏的弓弩射中了汉王。汉王伤了胸部，却摸着脚说："这个贼人射中了我的脚趾！"汉王身受创伤，卧床不起，张良请汉王勉强起来巡行慰劳士卒，以安定军心，不让楚军乘机取胜于汉。汉王出来巡视军队，伤势加重，就驱车进入成皋休养。

汉王病好了，向西进入函谷关，来到栎阳，慰问父老，设酒招待。砍了塞王司马欣的脑袋，挂在栎阳街市上示众。停了四天，又回到军中，驻扎在广武。关中的兵力大举出动。

当时，彭越带兵驻扎梁地，来来往往地骚扰楚军，断绝它的粮食。田横前往依附彭越。项羽多次攻打彭越等人，齐王韩信又进攻楚军。项羽恐惧，就与汉王约定，平分天下，割鸿沟以西归汉，鸿沟以东归楚。项王送回汉王的父母妻子，汉军全都高呼万岁，楚军告别汉军回到了驻地。

项羽解兵东归。汉王想要领兵西还，后来采用留侯、陈平的计策，进兵追击项羽，到达阳夏南面收兵驻扎。与齐王韩信、建成侯彭越约定时间会合攻打楚军。到了固陵，韩信、彭越不来会合。楚军出击汉军，大败汉军。汉王又进入营垒，挖深了壕沟进行防守。使用了张良的计策，于是韩信、彭越都前来会合。又有刘贾进入楚地，围攻寿春。汉王在固陵战败，就派使者去召大司马周殷，用全部的九江士卒迎接武王黥布，黥布、周殷在进军中攻下城父，大肆屠杀。他们随从刘贾和齐、梁的诸侯大会垓下。汉王封武王黥布为淮南王。

五年，高祖和诸侯军一起攻打楚军，与项羽在垓下决一胜负。淮阴侯率兵三十万独当正面，孔将军布兵在左面，费将军布兵在右面，皇帝居后，绛侯、柴将军跟随在皇帝后面。项羽的士兵大约十万。淮阴侯首先会战，没有取胜，向后退却。孔将军、费将军纵兵出击，楚军不利，淮阴侯又乘势反攻，大败项羽于垓下。项羽的士兵听到汉军中的楚歌声，以为汉军全部占领了楚地，项羽就败退逃跑，因此楚兵全军溃败。汉王派骑兵将领灌婴追击项羽，在东城杀了他，斩首八万，于是平定了楚地。鲁县为楚国坚守城池，汉军没有攻下，汉王带领诸侯军北上，把项羽的头给鲁县父老们看，鲁县才投降了。于是就用鲁公的封号在谷城埋葬了项羽。汉王回到定陶，驰入齐王营垒，夺了他的军队。

正月，诸侯和将相一起请求尊崇汉王为皇帝。汉王说："我听说皇帝这一尊号，属于有贤德的人，虚言浮语，空有其名，不是这种人所能占有的，我不敢承受皇帝之位。"群臣都说："大王起于贫寒，诛暴讨逆，平定四海，有功的就割地封王侯。大王不尊崇名号，大家对自己的封号都要疑虑，不敢信以为真。臣等誓死坚持大王尊称皇帝。"汉王再三谦让，迫不得已地说："大家一定以为这样吉利，是因为有利于国家，（我只好做皇帝了。）"甲午，在汜水北面即皇帝位。

皇帝说："义帝没有后代。齐王韩信熟悉楚地风俗，迁徙为楚王，建都下邳。封建成侯彭越为梁王，建都定陶。原来的韩王信仍为韩王，建都阳翟。迁徙衡山王吴芮为长沙王,建都临湘。番君的将领梅销立有战功,跟随进入武关,皇帝感谢番君的恩德。淮南王黥布、燕王臧荼、赵王张敖都保持旧封。”

天下基本平定。高祖建都洛阳,诸侯都成为高祖的属臣。原来的临江王共欢为了项羽起兵叛汉,命令卢绾、刘贾围攻共欢,没有攻克。几个月后投降了,在洛阳杀了共欢。

五月,士卒都解甲回家。诸侯国的士卒留在关中的免除徭役十二年,那些回家乡的免除徭役六年,发给粮食供养一年。

高祖在洛阳南宫摆设酒席。高祖说:“各位诸侯和将领不要隐瞒我,都要说心里话。我之所以能够得到天下是什么原因?项氏所以失去天下是什么原因?”高起、王陵回答说:“陛下傲慢而侮辱人,项羽仁慈而爱护人。然而陛下派人攻城略地,所招降攻占的地方就封给他,与天下人利益相共。项羽嫉贤妒能,有功的人加以陷害,贤能的人受到怀疑,打了胜仗而不论功行赏,取得了土地而不与分利,这就是他所以失去天下的原因。”高祖说:“你们知其一,不知其二。说到那在帷帐中运筹划策,决胜于千里之外,我不如子房。镇守国家,安抚百姓,供给军粮,畅通粮道,我不如萧何。连兵百万,战必胜,攻必克,我不如韩信。这三个人,都是人中俊杰,我能任用他们,这是我所以取得天下的原因。项羽有一个范增而不能任用,这是他所以被我擒杀的原因。”

高祖想长期建都洛阳,齐人刘敬劝阻高祖,等到留侯说服高祖入都关中,当天高祖命驾起身,进入关中建都。六月,大赦天下。

十月,燕王臧荼反叛,攻下代地。高祖亲自统率军队攻打他,擒获燕王臧荼,随即立太尉卢绾为燕王。派丞相樊哙领兵攻代。这年秋天,利几反叛,高祖亲自带兵攻打他,利几逃走了。利几这个人,是项氏的将领。项氏失败时,利几为陈县县令,没有跟随项羽逃走,投降了高祖,高祖封他在颍川为侯。高祖到达洛阳,根据全部通侯名籍遍召通侯,利几也被召。利几很惶惧,因此起兵反叛。

六年,高祖五天朝见一次太公,(跪拜)如同一般百姓的父子礼节。太公家令劝诫太公说:“天无二日,地无二主,如今高祖虽然是你的儿子,但他是万民的君主;太公虽然是高祖的父亲,但属于臣下,怎么能让君主拜见臣下!这样,就使君主失去了威严和尊贵。”后来高祖朝拜太公,太公抱着扫帚,在门口迎接,倒退着行走。高祖大惊,下车搀扶太公。太公说:“皇帝是万民的君主,怎么能因为我的缘故破坏了天下的法纪!”于是高祖就尊奉太公为太上皇。高祖内心赞美家令的话,赏赐给他黄金五百斤。

十二月,有人上书告发楚王韩信谋反。高祖询问左右大臣,大臣们争着要去攻打韩信。高祖采用陈平的计策,假装巡游云梦泽,在陈县会见诸侯,楚王韩信去迎接,就乘机逮捕了他。这一天,大赦天下。田肯来祝贺。就劝高祖说:“陛下抓到韩信,又建都秦中。秦地是地理形势优越的地方,有阻山带河之险,与诸侯国悬隔千里,持戟武士一百万,秦比其他地方好上一百倍。地势便利,从这里出兵诸侯,犹如高屋建瓴。要说那齐地,东有琅琊、即墨的富饶,南有泰山的险固,西有浊河这一天然界限,北有渤海鱼盐之利,地方二千里,持戟武士一百万,与各诸侯国悬隔千里之外,齐比其他地方好上十倍。所以这两个地方是东秦和西秦。不是陛下的亲子弟,不要派他在齐地做王。”高祖说:“好。”赏赐黄金五百斤。后来十多天,封韩信为淮阴侯,把他的封地分作两个国。高祖说将军刘贾屡建战功,封为荆王,称王淮东。弟弟刘交为楚王,称王淮西。儿子刘肥为齐王,封给七十余城,百姓中能讲齐地语言的都归属齐国。高祖论定功劳大小,与列侯剖符为信,封侯食邑。把韩王信迁徙到太原。

七年，匈奴在马邑攻打韩王信，韩王信就与匈奴在太原谋反。白土曼丘臣、王黄立原来的赵国将领赵利为王，反叛汉朝，高祖亲自前往讨伐。正遇上天气寒冷，士卒十人中有两三个都冻掉了手指头，终于到达了平城。匈奴在平城围困高祖，七天之后才撤兵离去。命令樊哙留下来平定代地。立哥哥刘仲为代王。

二月，高祖从平城经过赵地、洛阳，到了长安。长乐宫已经建成，丞相以下迁到新都长安。

八年，高祖率军东去，在东垣攻打韩王信的残余叛贼。萧丞相修筑未央宫，建立东阙、北阙、前殿、武库、太仓。高祖回来，看见宫阙极为壮丽，非常生气，对萧何说："天下喧扰不安，苦战数年，成败尚未可知，现在为什么要修建宫室豪华过度呢？"萧何说："正是因为天下没有安定，所以才乘这个时机建成宫室。况且天子以四海为家，宫室不壮观华丽，就不足以显示天子的尊贵和威严，并且也是为了不让后世的宫室有所超过。"于是高祖高兴了。高祖去东垣，经过柏人，赵相贯高等谋杀高祖，高祖心动异常，因而没有在柏人停留。代王刘仲弃国逃跑，自己回到洛阳，被废为合阳侯。

汉殿论功

九年，赵相贯高等策划谋杀高祖的事发觉了，处死了他们的三族。废赵王张敖为宣平侯。这一年，把楚国贵族昭氏、屈氏、景氏、怀氏和齐国贵族田氏迁徙到关中。

未央宫建成了。高祖大朝诸侯和群臣，在未央宫前殿摆设酒宴。高祖手捧玉制酒杯，起身给太上皇祝寿，说："当初大人常常认为我是无以谋生的二流子，不能料理产业，不如仲勤劳。如今我成就的事业与仲相比，谁的多呢？"殿上群臣都高呼万岁，大笑作乐。

十年十月，淮南王黥布、梁王彭越、燕王卢绾、荆王刘贾、楚王刘交、齐王刘肥、长沙王吴芮都来长乐宫朝见。春夏无事。

七月，太上皇崩于栎阳宫，楚王、梁王都来送葬。赦免栎阳的囚犯。郦邑改名新丰。

八月，赵相国陈豨在代地反叛。高祖说："陈曾经做过我的使者，很遵守信用。代地是我所看重的地方，因此封陈豨为列侯，以相国名义守卫代地，如今竟和王黄等劫掠代地。代地的官吏和百姓并非有罪，赦免代地的吏民。"九月，高祖亲自东去攻打陈豨。到达邯郸，高祖高兴地说："陈豨不南去据守邯郸，而凭借漳水为阵，我知道他是没有本事的。"听说陈豨的将领都是过去的商人，高祖说："我知道该怎样对付他们了。"于是就用黄金引诱陈豨的将领,陈豨的将领有很多投降的。

十一年,高祖在邯郸讨伐陈豨等人还没有结束,陈豨的将领侯敞带领一万多人流动作战,王黄驻军曲逆,张春渡过黄河进攻聊城。汉派将军郭蒙与齐国的将领出击,把他们打得大败。太尉周勃从太原进军,平定代地。到了马邑,一时没有攻克,后来就把它攻打得城破人亡。

陈豨的将领赵利防守东垣,高祖攻打东垣,没有攻下。一个多月后,赵利士卒辱骂高祖,高祖十分气愤。东垣投降了,命令交出辱骂高祖的人斩首处死,没有辱骂高祖的就宽恕了他们。于是划出赵国常山以北的地方,封儿子刘恒为代王,建都晋阳。

春天,淮阴侯韩信谋反关中,处死了他的三族。

夏天,梁王彭越谋反,废除他的封号,迁徙蜀地。他又要反叛,于是就处死了他的三族。封儿子刘恢为梁王,儿子刘友为淮阳王。

秋天七月,淮南王黥布反叛,向东兼并了荆王刘贾的土地,北进渡过淮水。楚王刘交跑到薛县。高祖亲自前往讨伐他,封儿子刘长为淮南王。

十二年十月,高祖在会甀已经击败黥布的军队,黥布逃走。高祖命令将领追击他。

高祖率军归还,路过沛县,停留下来。在沛宫摆设酒宴,把过去的朋友和父老子弟全部召集来纵情畅饮。挑选沛中儿童,得到了一百二十人,教他们唱歌。酒喝到酣畅,高祖击着筑,自己作了一首诗,唱起来:"大风起兮云飞扬,威加海内兮归故乡,安得猛士兮守四方!"让儿童都跟着学唱。高祖又跳起舞,感慨伤怀,泪下数行,对沛县父兄们说:"远游的人思念故乡。我虽然建都关中,千秋万岁后,我的魂魄还是愿意怀思沛县。我从做沛公开始,诛暴讨逆,终于取得了天下。用沛县作为我的汤沐邑,免除沛县百姓的徭役,世世代代不用服徭役。"沛县父老兄弟、长辈妇女、旧日朋友,天天开怀畅饮,极为欢欣,说旧道故,取笑作乐。过了十多天,高祖想要离去,沛县父老兄弟执意挽留高祖。高祖说:"我的随从人员众多,父兄们供养不起。"于是高祖就动身了。沛县百姓倾城而出,都到城西贡献牛酒。高祖又停留下来,搭起帐篷,饮宴三天。沛县父兄们都叩头请求说:"沛县幸运地得到免除徭役,丰邑还没有获准免除。请陛下哀怜丰邑。"高祖说:"丰邑是我生长的地方,绝不会忘记,我只是因为丰邑以雍齿的缘故反叛我而去帮助魏国,(所以才不免除它的徭役。)"沛县父兄们坚持请求,这才一并免除了丰邑的徭役,和沛县相同。封沛侯刘濞为吴王。

汉军将领在洮水南北两路追击黥布的军队,都大破黥布军,在鄱阳追获杀死了黥布。樊哙另带一支部队平定代地,在当城杀死了陈豨。

十一月,高祖从征讨黥布的军队中回到长安。十二月,高祖说:"秦始皇帝、楚隐王陈涉、魏安厘王、齐缗王、赵悼襄王都绝嗣无后,分别给予十户人家看守坟墓,秦始皇二十家,魏公子无忌五家。"代地官吏和百姓被陈豨、赵利所胁迫的,全部赦免。陈的降将说陈豨反叛时,燕王卢绾派人去陈豨那里参与了阴谋策划。高祖派辟阳侯去接卢绾,卢绾称病不来。辟阳侯回来,详细说明了卢绾反叛已有征兆。二月,派樊哙、周勃率军出击燕王卢绾。赦免燕地官吏和百姓参加反叛的人。封皇子刘建为燕王。

高祖攻打黥布时,被流矢射中,行进途中得了病。病情严重,吕后请来好医生。医生进去见高祖,高祖询问医生,医生说:"病可以治好。"于是高祖漫骂医生说:"我以一布衣平民,手提三尺剑取得天下,这不是天命吗?命运在天,虽有扁鹊,又有什么用处!"高祖不让医生治病，赏赐黄金五十斤，叫他离去。不久吕后问高祖："陛下百年以后，萧相国如果死了，让谁接替他？"高祖说："曹参可以。"又问其次，高祖说："王陵可以。然而王陵稍为憨直，陈平可以帮助他。陈平智慧有余，然而难以独任。周勃稳重厚道，缺少文才，但能安定刘氏天下的一定是周勃，可以让他做太尉。"吕后又问其次，高祖说："这以后也不是你所能知道的。"

卢绾和数千名骑兵停留在边塞等待着，希望高祖病好了，自己去向高祖请罪。

四月甲辰，高祖崩于长乐宫。过了四天不发丧。吕后和审食其商量说："将领们和皇帝同为编户平民，如今北面称臣，为此常常怏怏不乐。现在侍奉年轻的皇帝，（心里会更不高兴，）不全部族灭这些人，天下不会安定。"有人听到了这个消息，告诉了郦将军。郦将军去见审食其，说："我听说皇帝已经驾崩，四天不发丧，想要诛杀将领们。如果真是这样，天下就危险了。陈平、灌婴统率十万士卒驻守荥阳，樊哙、周勃统率二十万士卒平定燕、代，这时他们听到皇帝驾崩，将领们全都被杀，必定连兵回来向关中进攻。大臣叛乱于内，诸侯造反于外，天下覆灭可以翘足而待了。"审食其进宫把这些话告诉了吕后，于是就在丁未发丧，大赦天下。

卢绾听说高祖驾崩，就逃入匈奴。

丙寅，安葬了高祖。己巳，立太子为皇帝，来到太上皇庙。群臣都说："高祖起于细微平民，拨乱反正，平定天下，是汉朝的开国始祖，功劳最高。"上尊号为高皇帝。太子袭号为皇帝，这就是孝惠帝。命令各郡和各国诸侯建立高祖庙，按照每年的时节祭祀。到了孝惠帝五年，孝惠帝思念高祖回沛时的悲乐情景，就把沛宫作为高祖原庙。高祖所教唱歌的儿童一百二十人，都让他们做高祖原庙中演奏音乐的人员，以后有缺额，就立刻补上。

高皇帝八个儿子：长子是庶出的齐悼惠王肥；其次是孝惠帝，吕后所生；再次是戚夫人生的赵隐王如意；再次是代王恒，已立为孝文帝，薄太后所生；再次是梁王恢，吕太后时徙为赵共王；再次是淮阳王友，吕太后时徙为赵幽王；再次是淮南厉王长；再次是燕王建。

吕太后本纪

【题解】

吕太后（？~前180年），名雉，单父县（今山东单县）人。她的父亲吕公为了躲避仇家，徙居沛县（今江苏沛县）。在酒筵上认识了刘邦，把吕雉许配给他。刘邦即帝位后，吕雉立为后。惠帝即位，尊吕后为太后。

吕后为人刚毅而残忍，胸怀韬略。高帝十年（前197），与萧何设计骗韩信入宫，处死了韩信，并夷灭三族。刘邦把彭越废为庶人后，吕后令人诬告彭越谋反，乘机诛杀彭越，灭其宗族。韩信、彭越是汉朝初年实力雄厚的异姓诸侯王，在消灭异姓诸侯王势力的过程中，吕后起了很大的作用。

吕后子惠帝即位后，为了巩固她和惠帝的地位，毒死原来与惠帝争夺帝位的赵王如意，砍断如意母戚夫人的手足，挖眼熏耳，使她饮药变哑，置于厕中，称为"人彘"。以至惠帝见了悲痛大哭，精神受到刺激。对刘氏诸王，也多加残害。

惠帝忧郁病死，吕后临朝称制，分封诸吕为王侯，起用亲信，排斥刘邦时期的功臣，把守卫京师的北军和警卫皇宫的南军控制起来，企图建立吕氏的一统天下。

吕后病危时，命令赵王吕禄统领北军，吕王吕产控制南军，以便镇压反吕势力。吕后去世，诸吕策划叛乱，被太尉周勃、丞相陈平和朱虚侯刘章等所平定。

吕后前后临朝称制八年。在这一时期，经济上保持了与高帝时各项政策的连续性，与民休息，奖励农耕，社会生产力有一定程度的发展，人民生活比较安定。

【原文】

吕太后者，高祖微时妃也，生孝惠帝、女鲁元太后。及高祖为汉王，得定陶戚姬，爱幸，生赵隐王如意。孝惠为人仁弱，高祖以为不类我，常欲废太子，立戚姬子如意，如意类我。戚姬幸，常从上之关东，日夜啼泣，欲立其子代太子。吕后年长，常留守，希见上，益疏。如意立为赵王后，几代太子者数矣，赖大臣争之，及留侯策，太子得毋废。

吕后为人刚毅，佐高祖定天下，所诛大臣多吕后力。吕后兄二人，皆为将。长兄周吕侯死事，封其子吕台为郦侯，子产为交侯，次兄吕释之为建成侯。

高祖十二年四月甲辰，崩长乐宫，太子袭号为帝。是时高祖八子：长男肥，孝惠兄也，异母，肥为齐王；余皆孝惠弟，戚姬子如意为赵王，薄夫人子恒为代王，诸姬子子恢为梁王，子友为淮阳王，子长为淮南王，子建为燕王。高祖弟交为楚王，兄子濞为吴王。非刘氏功臣番君吴芮子臣为长沙王。

吕后最怨戚夫子及其子赵王，及令永巷囚戚夫人，而召赵王。使者三返，赵相建平侯周昌谓使者曰："高帝属臣赵王，赵王年少。窃闻太后怨戚夫人，欲召赵王并诛之，臣不敢遣王。王且亦病，不能奉诏。"吕后大怒，乃使人召赵相。赵相征至长安，及使人复召赵王。王来，未到，孝惠帝慈仁，知太后怒，自迎赵王霸上，与入宫，自挟与赵王起居饮食。太后欲杀之，不得间。孝惠元年十二月，帝晨出射，赵王少，不能早起。太后闻其独居，使人持鸩饮之，黎明，孝惠还，赵王已死。于是乃徒淮阳王友为赵王。夏，诏赐郦侯父追谥为令武侯。太后遂断戚夫人手足，去眼，辉耳，饮瘖药，使居厕中，命曰"人彘"。居数日，乃召孝惠帝观人彘。孝惠见，问，乃知其戚夫人，乃大哭，因病，岁余不能起。使人请太后曰："此非人所为。臣为太后子，终不能治天下。"孝惠以此日饮为淫乐，不听政，故有病也。

二年，楚元王、齐悼惠王皆来朝。十月，孝惠与齐王宴饮太后前，孝惠以为齐王兄，置上坐，如家人之礼。太后怒，及令酌两卮鸩，置前，令齐王起为寿。齐王起，孝惠亦起，取卮欲俱为寿。太后乃恐，自起泛孝惠卮。齐王怪之。因不敢饮，佯醉去。问，知其鸩，齐王恐，自以为不得脱长安，忧。齐内史士说王曰："太后独有孝惠与鲁元公主。今王有七十余城，而公主乃食数城。王诚以一郡上太后，为公主汤沐邑，太后必喜，王必无忧。"于是齐王乃上城阳之郡，尊公主为王太后。吕后喜，许之。乃置酒齐邸，乐饮，罢，归齐王。三年，方筑长安城，四年就半，五年六年城就。诸侯来会。十月朝贺。

七年秋八月戊寅，孝惠帝崩。发丧，太后哭，泣不下。留侯子张辟强为侍中，年十五，谓丞相曰："太后独有孝惠，今崩，哭不悲，君知其解乎？"丞相曰："何解？"辟强曰："帝毋壮子，太后畏君等。君今请拜吕台、吕产、吕禄为将，将兵居南北军，及诸吕皆入宫，居中用事，如此则太后心安，君等幸得脱祸矣。”丞相乃如辟强计。太后悦，其哭乃哀。吕氏权由此起。乃大赦天下。九月辛丑葬。太子即位为帝，谒高庙。元年，号令一出太后。

太后称制，议欲立诸吕为王，问右丞相王陵。王陵曰：“高帝刑白马盟曰：‘非刘氏而王，天下共击之。’今王吕氏，非约也。”太后不悦。问左丞相陈平、绛侯周勃。勃等对曰：“高帝定天下，王子弟，今太后称制，王昆弟诸吕，无所不可。”太后喜，罢朝。王陵让陈平、绛侯曰：“始与高帝啑血盟，诸君不在邪？今高帝崩，太后女主，欲王吕氏，诸君纵欲阿意背约，何面目见高帝地下？”陈平、绛侯曰：“于今面折廷争，臣不如君；夫全社稷，定刘氏之后，君亦不如臣。”王陵无以应之。十一月，太后欲废王陵，乃拜为帝太傅，夺之相权。王陵遂病免归。乃以左丞相平为右丞相，以辟阳侯审食其为左丞相。左丞相不治事，令监宫中，如郎中令。食其故得幸太后，常用事，公卿皆因而决事。乃追尊郦侯父为悼武王，欲以王诸吕为渐。

四月，太后欲侯诸吕，乃先封高祖之功臣郎中令无择为博城侯。鲁元公主薨，赐谥为鲁元太后。子偃为鲁王。鲁王父，宣平侯张敖也。封齐悼惠王子章为朱虚侯，以吕禄女妻之。齐丞相寿为平定侯。少府延为梧侯。乃封吕种为沛侯，吕平为扶柳侯，张买为南宫侯。

太后欲王吕氏，先立孝惠后宫子强为淮阳王，子不疑为常山王，子山为襄城侯，子朝为轵侯，子武为壶关侯。太后风大臣，大臣请立郦侯吕台为吕王，太后许之。建成康侯释之卒，嗣子有罪，废，立其弟吕禄为胡陵侯，续康侯后。二年，常山王薨，以其弟襄城侯山为常山王，更名义。十一月，吕王台薨，谥为肃王，太子嘉代立为王。三年，无事。四年，封吕媭为临光侯，吕他为俞侯，吕更始为赘其侯，吕忿为吕城侯，及诸侯丞相五人。

宣平侯女为孝惠皇后时，无子，佯为有身，取美人子名之，杀其母，立所名子为太子。孝惠崩，太子立为帝。帝壮，或闻其母死，非真皇后子。乃出言曰：“后安能杀吾母而名我？我未壮，壮即为变。”太后闻而患之，恐其为乱，乃幽之永巷中，言帝病甚；左右莫得见。太后曰：“凡有天下治为万民命者，盖之如天，容之如地，上有欢心以安百姓，百姓欣然以事其上，欢欣交通而天下治。今皇帝病久不已，乃失惑昏乱，不能继嗣奉宗庙祭祀，不可属天下，其代之。”群臣皆顿首言：“皇太后为天下齐民计所以安宗庙社稷甚深，群臣顿首奉诏。”帝废位，太后幽杀之。五月丙辰，立常山王义为帝，更名曰弘。不称元年者，以太后制天下事也。以轵侯朝为常山王。置太尉官，绛侯勃为太尉。五年八月，淮阳王薨，以弟壶关侯武为淮阳王。六年十月，太后曰吕王嘉居处骄恣，废之，以肃王台弟吕产为吕王。夏，赦天下。封齐悼惠王子兴居为东牟侯。

七年正月，太后召赵王友。友以诸吕女为后，弗爱，爱他姬，诸吕女妒，怒去，谗之于太后，诬以罪过，曰：“吕氏安得王！太后百岁后，吾必击之。”太后怒，以故召赵王。赵王至，置邸不见，令卫围守之，弗与食。其群臣或窃馈，辄捕论之。赵王饿，乃歌曰：“诸吕用事兮刘氏危，迫胁王侯兮强授我妃。我妃既妒兮诬我以恶，谗女乱国兮上曾不悟。我无忠臣兮何故弃国？自决中野兮苍天举直！于嗟不可悔兮宁早自裁。为王而饿死兮谁者怜之！吕氏绝理兮托天报仇。”丁丑，赵王幽死，以民礼葬之长安民冢次。

己丑，日食，昼晦。太后恶之，心不乐，乃谓左右曰：“此为我也。”

二月，徙梁王恢为赵王。吕王产徙为梁王。梁王不之国，为帝太傅。立皇子平昌侯太为吕王。更名梁曰吕，吕曰济川。太后女弟吕媭有女为营陵侯刘泽妻，泽为大将军。

太后王诸吕，恐即崩后刘将军为害，乃以刘泽为琅玡王，以慰其心。

梁王恢之徙王赵，心怀不乐。太后以吕产女为赵王后。王后从官皆诸吕，擅权，微伺赵王，赵王不得自恣。王有所爱姬，王后使人鸩杀之。王乃为歌诗四章，令乐人歌之。王悲，六月即自杀。太后闻之，以为王用妇人弃宗庙礼，废其嗣。

宣平侯张敖卒，以子偃为鲁王，敖赐谥为鲁元王。秋，太后使使告代王，欲徙王赵。代王谢，愿守代边。

太傅产、丞相平等言，武信侯吕禄上侯，位次第一，请立为赵王。太后许之，追尊禄父康侯为赵昭王。九月，燕灵王建薨，有美人子，太后使人杀之，无后，国除。八年十月，立吕肃王子东平侯吕通为燕王，封通弟吕庄为东平侯。

三月中，吕后祓，还过轵道，见物如苍犬，据高后腋，忽弗复见。卜之，云赵王如意为祟。高后遂病腋伤。

高后为外孙鲁元王偃年少，早失父母，孤弱，乃封张敖前姬两子，侈为新都侯，寿为乐昌侯，以辅鲁元王偃。及封中大谒者张释为建陵侯，吕荣为祝兹侯。诸中宦者令丞为关内侯，食邑五百户。

七月中，高后病甚，乃令赵王吕禄为上将军，军北军；吕王产居南军。吕太后诫产、禄曰："高帝已定天下，与大臣约，曰'非刘氏王者，天下共击之'。今吕氏王，大臣弗平，我即崩，帝年少，大臣恐为变。必据兵卫宫，慎毋送丧，毋为人所制。"辛巳，高后崩，遗诏赐诸侯王各千金，将、相、列侯、郎、吏皆以秩赐金。大赦天下。以吕王产为相国，以吕禄女为帝后。

高后已葬，以左丞相审食其为帝太傅。

朱虚侯刘章有气力，东牟侯兴居其弟也，皆齐哀王弟，居长安。当是时，诸吕用事擅权，欲为乱，畏高帝故大臣绛、灌等，未敢发。朱虚侯妇，吕禄女，阴知其谋。恐见诛，乃阴令人告其兄齐王，欲令发兵西，诛诸吕而立。朱虚侯欲从中与大臣为应。齐王欲发兵，其相弗听。八月丙午，齐王欲使人诛相，相召平乃反，举兵欲围王，王因杀其相，遂发兵东，诈夺琅玡王兵，并将之而西。

齐王乃遗诸侯王书曰："高帝平定天下，王诸子弟，悼惠王王齐。悼惠王薨，孝惠帝使留侯良立臣为齐王。孝惠崩，高后用事，春秋高，听诸吕，擅废帝更立，又比杀三赵王，灭梁、赵、燕以王诸吕，分齐为四。忠臣进谏，上惑乱弗听。今高后崩，而帝春秋富，未能治天下，固恃大臣诸侯。而诸吕又擅自尊官，聚兵严威，劫列侯忠臣，矫制以令天下，宗庙所以危。寡人率兵入诛不当为王者。"汉闻之，相国吕产等乃遣颍阴侯灌婴将兵击之。灌婴至荥阳，乃谋曰："诸吕权兵关中，欲危刘氏而自立。今我破齐还报，此益吕氏资也。"乃留屯荥阳，使使谕齐王及诸侯，与连和，以待吕氏变，共诛之。齐王闻之，乃还兵西界待约。

吕禄、吕产欲发乱关中，内惮绛侯、朱虚等，外畏齐、楚兵，又恐灌婴叛之，欲待灌婴兵与齐合而发，犹豫未决。当是时，济川王太、淮阳王武、常山王朝名为少帝弟，及鲁元王吕后外孙，皆年少未之国，居长安。赵王禄、梁王产各将兵居南北军，皆吕氏之人。列侯群臣莫自坚其命。

太尉绛侯勃不得入军中主兵。曲周侯郦商老病，其子寄与吕禄善。绛侯乃与丞相陈平谋，使人劫郦商，令其子寄往绐说吕禄曰："高帝与吕后共定天下，刘氏所立九王，吕氏所立三王，皆大臣之议，事已布告诸侯，诸侯皆以为宜。今太后崩，帝少，而足下佩赵王印，不急之国守藩，乃为上将，将兵留此，为大臣诸侯所疑，足下何不归将印，以兵属太尉？请梁王归相国印，与大臣盟而之国，齐兵必罢，大臣得安，足下高枕而王千里，此万世之利也。”吕禄信然其计，欲归将印，以兵属太尉。使人报吕产及诸吕老人，或以为便，或曰不便，计犹豫未有所决。吕禄信郦寄，时与出游猎。过其姑吕媭，媭大怒，曰：“若为将而弃军，吕氏今无处矣。”乃悉出珠玉宝器散堂下，曰：“毋为他人守也。”

左丞相食其免。

八月庚申旦，平阳侯窋行御史大夫事，见相国产计事。郎中令贾寿使从齐来，因数产曰：“王不早之国，今虽欲行，尚可得邪？”具以灌婴与齐、楚合从，欲诛诸吕告产，乃趣产急入宫。平阳侯颇闻其语，乃驰告丞相、太尉。太尉欲入北军，不得入。襄平侯通尚符节，乃令持节矫内太尉北军，太尉复令郦寄与典客刘揭先说吕禄曰：“帝使太尉守北军，欲足下之国，急归将印辞去，不然，祸且起。”吕禄以为郦兄不欺己，遂解印属典客，而以兵授太尉。太尉将之入军门，行令军中曰：“为吕氏右袒，为刘氏左袒。”军中皆左袒为刘氏。太尉行至，将军吕禄亦已解上将印去，太尉遂将北军。

然尚有南军。平阳侯闻之，以吕产谋告丞相平，丞相平乃召朱虚侯佐太尉。太尉令朱虚侯监军门。今平阳侯告卫尉：“毋入相国产殿门。”吕产不知吕禄已去北军，乃入未央宫，欲为乱，殿门弗得入，徘徊往来。平阳侯恐弗胜，驰语太尉。太尉尚恐不胜诸吕，未敢讼言诛之，乃遣朱虚侯谓曰：“急入宫卫帝。”朱虚侯请卒，太尉予卒千余人。入未央宫门，遂见产廷中。日铺时，遂击产。产走。天风大起，以故其从官乱，莫敢斗，逐产，杀之郎中府吏厕中。

朱虚侯已杀产，帝命谒者持节劳朱虚侯。朱虚侯欲夺节信，谒者不肯，朱虚侯则从与载，因节信驰走，斩长乐卫尉吕更始。还，驰入北军，报太尉。太尉起，拜贺朱虚侯曰：“所患独吕产，今已诛，天下定矣。”遂遣人分部悉捕诸吕男女，无少长皆斩之。辛酉，捕斩吕禄，而笞杀吕媭，使人诛燕王吕通，而废鲁王偃。壬戌，以帝太傅食其复为左丞相。戊辰，徙济川王王梁，立赵幽王子遂为赵王。遣朱虚侯章以诛诸吕氏事告齐王，令罢兵。灌婴兵亦罢荥阳而归。

诸大臣相与阴谋曰：“少帝及梁、淮阳、常山王，皆非真孝惠子也。吕后以计诈名他人子，杀其母，养后宫，令孝惠子之，立以为后，及诸王，以强吕氏。今皆已夷灭诸吕，而置所立，即长用事，吾属无类矣。不如视诸王最贤者立之。”或言“齐悼惠王高帝长子，今其嫡子为齐王，推本言之，高帝嫡长孙，可立也。”大臣皆曰：“吕氏以外家恶而几危宗庙，乱功臣。今齐王母家驷钧，驷钧，恶人也，即立齐王，则复为吕氏。”欲立淮南王，以为少，母家又恶。乃曰：“代王方今高帝见子，最长，仁孝宽厚。太后家薄氏谨良。且立长故顺，以仁孝闻于天下。便。”乃相与共阴使人召代王。代王使人辞谢。再返，然后乘六乘传。后九月晦日己酉，至长安，舍代邸。大臣皆往谒，奉天子玺上代王，共尊立为天子。代王数让，群臣固请，然后听。

东牟侯兴居曰：“诛吕氏吾无功，请得除宫。”乃与太仆汝阴侯滕公入宫，前谓少帝曰：“足下非刘氏，不当立。”乃顾麾左右执戟者掊兵罢去。有数人不肯去兵，宦者令张泽谕告，亦去兵。滕公乃召乘舆车载少帝出。少帝曰：“欲将我安之乎？”滕公曰：“出就舍。”舍少府。乃奉天子法驾，迎代王于邸。报曰：“宫谨除。”代王即夕入未央宫。有谒者十人持戟卫端门，曰：“天子在也，足下何为者而入？”代王乃谓太尉。太尉往谕，谒者十人皆掊兵而去。代王遂入而听政。夜,有司分部诛灭梁、淮阳、常山王及少帝于邸。

代王立为天子。二十三年崩,谥为孝文皇帝。

太史公曰:"孝惠皇帝、高后之时,黎民得离战国之苦,君臣俱欲休息乎无为,故惠帝垂拱,高后女主称制,政不出房户,天下晏然。刑罚罕用,罪人是希。民务稼穑,衣食滋殖。"

【译文】

吕太后是高祖微贱时的妻子,生了孝惠帝和女儿鲁元太后。等到高祖做汉王时,在定陶得到戚姬,很受宠爱,生了赵隐王如意。孝惠帝为人仁慈柔弱,高祖认为不像自己,常常想废掉太子,另立戚姬的儿子如意,认为如意和自己相似。戚姬受到宠幸,常常跟随高祖前往关东,日夜哭泣,想立她的儿子为太子,取代原来的太子。吕后年龄大了,经常留守,很少见到高祖,关系日益疏远。如意封为赵王后,有好多次几乎取代太子,幸亏大臣进谏,再加上留侯的计策,太子才没有被废掉。

吕后为人刚强坚毅,辅助高祖平定天下,诛杀大臣,多是得力于吕后。吕后有两个哥哥,都是将军。大哥周吕侯殉职,封他的儿子吕台为郦侯,吕产为交侯;二哥吕释之封为建成侯。

高祖十二年四月二十五日,死于长乐宫,太子继承皇帝这一名号,登上帝位。这时高祖有八个儿子:长子刘肥,是孝惠帝的哥哥,与孝惠帝不同母,封为齐王;其余的都是孝惠帝的弟弟,戚姬的儿子刘如意封为赵王,薄夫人的儿子刘恒封为代王,其他姬妾生的儿子刘恢封为梁王,刘友封为淮阳王,刘长封为淮南王,刘建封为燕王。高祖的弟弟刘交封为楚王,哥哥的儿子刘濞封为吴王。非刘氏子弟功臣番君吴芮的儿子吴臣封为长沙王。

吕后最怨恨戚夫人和她儿子赵王,就下命令把戚夫人囚禁永巷,而后又召赵王来都城。使者往返了好几次,赵相建平侯周昌对使者说:"高帝把赵王托付给我,赵王年龄还小。听说太后怨恨戚夫人,想把赵王召去一起杀死,我不敢遣送赵王。况且赵王也病了,不能奉诏前往。"吕后大怒,就派人召赵相来都城。赵相被召至长安,就派人再去召赵王。赵王来了,还没有到达都城。孝惠帝为人仁慈,知道太后发怒,亲自到霸上迎接赵王,和赵王一起回到宫里,与赵王同饮食,共起居。太后想要杀害赵王,找不到机会。孝惠帝元年十二月,孝惠帝早晨出去射猎。赵王年龄小,不能早起。太后听说赵王单独一人在家,就派人拿着毒酒给他喝。等到天亮,孝惠帝回来,赵王已经死了。于是就把淮阳王刘友迁为赵王。夏天,下诏追谥郦侯的父亲为令武侯。太后砍断了戚夫人的手脚,挖掉了她的眼睛,用火熏烧她的耳朵,又给她喝哑药,让她住在猪圈里,起了个名字叫"人彘"。过了几天,就让孝惠帝去观看人彘。孝惠帝看到后,经过询问,才知道这是戚夫人,于是就放声大哭,由此得了病,一年多不能起来。他派人去见太后说:"这不是人所做的事情。我作为太后的儿子,终究不能治理天下。"从此孝惠帝天天饮酒逸乐,不去听理朝政,所以身患疾病。

二年,楚元王、齐悼惠王都来朝见。十月,孝惠帝和齐王在太后面前设宴饮酒,孝惠帝认为齐王是兄长,安排在上首的位置,如同普通百姓的礼节。太后很生气,就让人倒了两杯毒酒,放在前面,要齐王起来饮酒祝寿。齐王起来,孝惠帝也站了起来,拿过酒杯想一起向太后祝寿。太后大为惊慌,亲自起来倒掉孝惠帝杯子里的酒。齐王感到奇怪,就不敢喝下这杯酒，假装酒醉走开了。后来一问，才知道是毒酒。齐王很害怕，自以为不能从长安脱身，心里非常忧虑。齐内史士劝齐王说："太后只生有孝惠帝和鲁元公主。如今你拥有七十多个城邑，而公主才食邑数城。你如果把一个郡献给太后，作为公主的汤沐邑，太后一定会高兴，你也一定没有什么可忧虑的了。"于是齐王就献上了城阳郡，尊崇公主为王太后。吕后很高兴，答应了齐王的请求，就在齐王官邸摆酒设宴，高高兴兴地喝了一席酒，酒宴结束后，让齐王返回了封国。

三年，开始修筑长安城。四年，修完了一半。五年六年，全部完工。诸侯来京城会聚。十月，诸侯向皇帝朝贺。

七年秋天八月十二日，孝惠帝去世。发丧时，太后哭了，但不流眼泪。留侯的儿子张辟强做侍中，当时十五岁，他对丞相说："太后只有孝惠帝这么一个儿子，现在去世了，她哭得并不悲伤，你知道其中的缘故吗？"丞相说："是什么缘故？"张辟强说："皇帝没有成年的儿子，太后惧怕你们这些大臣。你现在要求拜吕台、吕产、吕禄为将军，统帅南北军，等到吕氏一帮人都进入朝廷，在朝廷中掌握实权，如此太后才能心安，你们这些大臣才能摆脱灾难。"丞相按照张辟强的计策去做了。太后很高兴，她的哭声才哀痛起来。吕氏的权势从此开始崛起。于是对天下实行大赦。九月五日，安葬了孝惠帝。太子即位做了皇帝，拜谒高祖的陵庙。元年，朝廷的号令全部出自太后。

太后代行皇帝的职权，打算封吕氏子弟为王，先询问右丞相王陵。王陵说："高帝杀白马和大臣们盟誓说：'不是刘氏子弟而称王的，天下人一起消灭他。'现在封吕氏子弟为王，是违背盟誓的。"太后很不高兴。询问左丞相陈平、绛侯周勃。周勃等人回答说："高帝平定天下，封子弟为王，如今太后临朝称制，封弟兄和吕氏子弟为王，没有什么不可以的。"太后高兴起来，退朝回宫。王陵责备陈平、绛侯说："当初和高帝歃血盟誓，难道你们不在场吗？现在高帝死了，太后以女主临朝，意欲封吕氏子弟为王，你们却想要阿谀逢迎，背弃盟誓，死后有什么脸面到九泉之下去见高帝？"陈平、绛侯说："今天在太后面前公开反对，当朝力争，我们不如你；要说保全国家，安定刘氏后代的君王地位，你又不如我们了。"王陵无言以对。十一月，太后想要罢免王陵，就拜他为皇帝的太傅，剥夺了他的丞相的职权。于是，王陵称说有病，被免官回家。然后以左丞相陈平为右丞相，以辟阳侯审食其为左丞相。左丞相不管理政务，让他监督宫中事情，好像郎中令一样。因此，审食其受到太后宠幸，常常决断政务，公卿大臣都依靠他来决定重要的事情。接着又追尊郦侯的父亲为悼武王，打算以此作为封吕氏子弟为王的开端。

四月，太后打算封吕氏子弟为侯，就先封高祖的功臣郎中令冯无择为博城侯。鲁元公主死后，赐谥为鲁元太后。她的儿子被封为鲁王。鲁王的父亲就是宣平侯张敖。封齐悼惠王的儿子刘章为朱虚侯，把吕禄的女儿嫁给他。齐丞相齐寿被封为平定侯，少府阳成延被封为梧侯。接着就封吕种为沛侯，吕平为扶柳侯，张买为南宫侯。

太后想要封吕氏子弟为王，先立孝惠帝后宫所生的儿子刘强为淮阳王，刘不疑为常山王，刘山为襄城侯，刘朝为轵侯，刘武为壶关侯。太后以微言示意大臣，大臣请求封郦侯吕台为吕王，太后答应了。建成康侯吕释之去世，袭封的儿子有罪，被废黜了，封他的弟弟吕禄为胡陵侯，作为继承康侯的后代。二年，常山王死了，让他的弟弟襄城侯刘山为常山王，改名刘义。十一月，吕王吕台死了，谥为肃王，太子吕嘉代立为王。三年，没有发生重大的事情。四年，封吕媭为临光侯，吕他为俞侯，吕更始为赘其侯，吕忿为吕城侯，此外又封诸侯丞相五人为侯。

宣平侯的女儿为孝惠皇后的时候,没有儿子,假装怀孕在身,抱来一个美人生的儿子称作自己生的儿子,然后杀死了孩子的母亲,立这个孩子为太子。孝惠帝死了,太子即位为皇帝。皇帝长大了,听说他的亲生母亲已经死了,他不是皇后所生,便放出话来说:“母后怎么能杀死我的生身之母而把我称作她的儿子?我还没有长大,长大了就要造她的反。”太后听到这话,深为忧虑,怕他叛变,就把他幽禁在永巷中,就说皇帝病得很厉害,左右的侍臣也见不到皇帝。太后说:“凡是据有天下治理万民百姓的人,像天一样覆盖一切,像地一样容纳万物。皇帝怀有欢爱的心情来抚慰百姓,百姓快乐地侍奉皇帝,上下感情欣然交融,天下就能大治。现在皇帝久病不愈,以至于迷惑昏乱,不能做皇帝的继承人来奉祀宗庙,把天下托付给他是不可以的,应该找人取而代之。”大臣们都叩头说:“皇太后为了天下百姓的利益,安定宗庙社稷,考虑得真是深远,我们全体叩头,奉行你的诏令。”皇帝被废除了,太后暗中杀害了他。五月十一日,立常山王刘义为皇帝,改名叫弘。不改年号称元年,是因为太后专制天下。以轵侯刘朝为常山王。设置太尉这一官职,以绛侯周勃为太尉。五年八月,淮阳王死了,封他的弟弟壶关侯刘武为淮阳王。六年十月,太后说吕王吕嘉平常骄横放纵,废掉了他,以肃王吕台的弟弟吕产为吕王。夏天,大赦天下。封齐悼惠王的儿子刘兴居为东牟侯。

七年正月,太后召赵王刘友来都城。刘友娶了吕氏的女儿为王后,不喜欢她,而喜欢其他的姬妾。这个吕氏的女儿心怀嫉妒,气愤地走了,到太后那里说他的坏话,诬告他犯了罪恶,说赵王说过“吕氏怎么能封王!太后百岁以后,我一定消灭他们”。太后大怒,因此召赵王来都城。赵王来到都城,把他安置在官邸,不接见他,命令卫士围困起来,不给他吃的东西。他的臣属有的偷偷地给他送饭吃,就抓来论罪。赵王饿了,就唱起歌来:“诸吕专权啊,刘氏岌岌可危!胁迫王侯啊,硬要我娶吕氏女为妃。我妃嫉妒啊,诬蔑我犯罪恶。谗女乱国啊,在上的人竟然不醒悟。我无忠臣啊,不然为什么我失去了自己的封国?自杀荒野啊,苍天办事可要公直!哎呀无可后悔啊,宁愿早点刎颈自裁。为王而饿死啊,有谁怜悯我!吕氏无理啊,只好托上天为我报仇。”十八日,赵王被幽禁致死,采用一般民众的礼仪把他埋葬在长安百姓的坟墓旁边。

三十日,日食,白天昏暗。太后很厌恶,心里闷闷不乐,就对左右随侍人员说:“这是因为我的缘故吧。”

二月,迁徙梁王刘恢为赵王。吕王吕产迁徙为梁王,梁王不去封国就任,留在都城做皇帝的太傅。立皇帝的儿子平昌侯刘太为吕王。把梁改名为吕,吕改名为济川。太后的妹妹吕媭有一个女儿为营陵侯刘泽的妻子,刘泽为大将军。太后封吕氏子弟为王,害怕自己死后刘将军作乱,就以刘泽为琅琊王,来宽慰他的心。

梁王刘恢被迁徙到赵国称王,心里很不高兴。太后把吕产的女儿作为赵王的王后。王后的随侍官员都是吕氏家族人,他们专权用事,暗中监视赵王,赵王不能为所欲为。赵王有一个宠爱的姬妾,王后派人使用毒酒把她杀害了。于是赵王作了诗歌四章,让乐工歌唱。赵王深为悲伤,在六月就自杀了。太后听到这件事,认为赵王为了女人背弃了宗庙的礼教,不再让他的后人继承王位。

宣平侯张敖死了,因为他的儿子张偃为鲁王,所以赐给张敖的谥号为鲁元王。

秋天,太后派遣使者告诉代王,想要把他迁徙到赵地为王。代王谢绝了,希望守卫代国边地。

太傅吕产、丞相陈平等人都说，武信侯吕禄的侯位在上，次序排列在第一，请立为赵王。太后答应了，追尊吕禄的父亲康侯为赵昭王。九月，燕灵王刘建死了，他有一个美人生的儿子，太后派人杀死了这个儿子，燕灵王没有后嗣，王国被废除了。八年十月，立吕肃王的儿子东平侯吕通为燕王，封吕通的弟弟吕庄为东平侯。

三月，吕后举行祓祭，回来路过轵道，看见一个东西好像黑狗，盘踞在高后的腋下，忽然又看不到了。占卜后，说是赵王如意作祟。于是高后腋下得了毛病。

高后因为外孙鲁元王张偃年幼，过早地失去了父母，孤零零的，势力薄弱，就封张敖前妾的两个儿子为侯，张侈封为新都侯，张寿封为乐昌侯，以此来辅助鲁元王张偃。又封中大谒者张释为建陵侯，吕荣为祝兹侯。那些在宫中由宦官担任的令、丞，都封为关内侯，每食邑五百户。

七月，高后病情恶化，就命令赵王吕禄为上将军，统率北军；吕王吕产统率南军。吕太后告诫吕产、吕禄说："高帝平定天下后，和大臣们约定，说是'不是刘氏子弟而称王的，天下人一起消灭他'。如今吕氏为王，大臣们愤愤不平。我快死了，皇帝年龄还小，恐怕大臣们要发动叛乱。你们一定要掌握军队，保卫宫廷，千万别给我送丧，不要被人所制。"八月一日，高后死了，留下诏书赏赐诸侯王每人黄金一千斤，将、相、列侯、郎、吏都根据秩位赏赐黄金。大赦天下。以吕王吕产为相国，以吕禄的女儿为皇后。

高后埋葬以后，以左丞相审食其为皇帝的太傅。

朱虚侯刘章很有力气，东牟侯刘兴居是他的弟弟，他们都是齐哀王的弟弟，住在长安。当时，吕氏一伙人专权用事，想要作乱，但畏惧昔日高帝的大臣绛侯、灌婴等人，没有敢于轻举妄动。朱虚侯的妻子是吕禄的女儿，暗中知道他们的阴谋。他怕被杀害，就私下派人告诉他的哥哥齐王，想让他发兵西进，诛除吕氏子弟而自立为帝。朱虚侯打算和大臣们在内地与齐王相呼应。齐王想要发兵，他的丞相不肯相从。八月二十六日，齐王准备派人杀死丞相，丞相召平反叛，打算举兵围攻齐王，齐王乘机杀死了他的丞相，于是发兵东进，采用欺诈的方法夺取了琅玡王的军队，两支军队都由他统率着向西进军。

齐王写信给诸侯王说："高帝平定天下，封子弟为王，悼惠王封在齐地为王。悼惠王去世，孝惠帝派留侯张良立我为齐王。孝惠帝去世，高后执政，她年纪大了，听从吕氏一伙人的意见，擅自废立皇帝，又接连杀害了三个赵王，废除了梁国、赵国、燕国，用来封吕氏子弟为王，齐国也被瓜分为四，忠臣进言劝诫，高后迷惑昏乱，不肯接受。如今高后去世，而皇帝年龄还小，不能治理天下，只有依赖大臣、诸侯。而吕氏一伙人擅自尊崇自己的职位，聚集军队，以壮威严，胁迫列侯忠臣，假借诏命，号令天下，因此刘氏宗庙倾危。我率领军队到朝廷去除掉那些不应当为王的人。"汉朝廷听到了这一消息，相国吕产等人就派遣颍阴侯灌婴带领军队去攻打齐王。灌婴到了荥阳，就和人商量说："吕氏一伙人在关中控制了军队，想要消灭刘氏而自立为皇帝。如果现在我打垮齐国的军队回去复命，这就更加壮大了吕氏的势力。"于是灌婴屯兵荥阳，派使者告谕齐王和各国诸侯，要同他们联合在一起，等待吕氏叛乱，共同除掉吕氏。齐王听到这个消息后，就把军队撤回到齐国的西部边界，等待消息，按约行事。

吕禄、吕产想要在关中发动叛乱，但是在内害怕绛侯、朱虚侯等人，在外畏惧齐国、楚国的军队，又担心灌婴叛变，准备等到灌婴的军队与齐国的军队交兵后再发动叛乱。这时，名义上是少帝弟弟的济川王刘太、淮阳王刘武、常山王刘朝，和吕后外孙鲁元王，都因年幼没有就国，住在长安。赵王吕禄、梁王吕产各自统兵住在南北军，他们都是吕氏的人。列侯群臣没有人感到一定能保全自己的性命。

太尉绛侯周勃不能进入军营掌握兵权。曲周侯郦商年老多病，他的儿子郦寄和吕禄相互友好。绛侯就和丞相陈平商量计策，派人劫持郦商，让他的儿子郦寄去欺骗吕禄说："高帝和吕后共同平定天下，刘氏被封了九个王，吕氏被封了三个王，都是大臣们议定的，这件事情已经向诸侯通告，诸侯都认为是妥当的。如今太后死了，皇帝年幼，而你佩带赵王印绶，不赶快回国守卫国土，却身为上将军，率领军队留在这里，被大臣和诸侯所猜疑。你何不归还将军印绶，把军队交给太尉？并请梁王归还相国印绶，和大臣们订立盟约，前往自己的封国，这样齐王必然息兵，大臣能够安定，你可以高枕无忧，称王千里，这有利于子孙万代。"吕禄相信郦寄的建议，准备交还将军印绶，把军队归属太尉。派人去告诉吕产和吕氏宗族的老人，他们有的认为妥当，有的说是不妥当，犹犹豫豫，主意没有决定下来。吕禄很相信郦寄，时常和他出去游猎。有一次经过姑母吕媭家，吕媭大怒，说："你身为将军而放弃军队，吕氏宗族将无安身立命的地方了。"于是拿出全部珠玉宝器抛撒堂下，说："不要替别人看守这些东西了。"

左丞相审食其被罢免。

八月十日早晨，代行御史大夫职务的平阳侯曹窋，会见相国吕产商量事情。郎中令贾寿去齐国出使回来，指责吕产说："你不早些去自己的封国，现在即使想走，还能走得了吗？"他把灌婴与齐、楚联合起来，准备诛除吕氏宗族的事情全部告诉了吕产，催促吕产急速进入宫廷。平阳侯听到了这些话，就骑马跑去报告了丞相和太尉。太尉想要进入北军，但无法进去。襄平侯纪通主管符节，太尉就让他持节假传诏令，使太尉进入北军。太尉又让郦寄和典客刘揭先劝告吕禄说："皇帝派太尉统率北军，想让你去自己的封国，赶快归还将军印绶，离开这里，不然的话，将要发生大祸。"吕禄认为郦寄不会欺骗自己，就解下印绶交给典客，把兵权交给了太尉。太尉掌握兵权后进入军门，下令军中说："拥护吕氏的袒露右臂，拥护刘氏的袒露左臂。"军中士卒都袒露左臂，拥护刘氏。原来太尉快到北军时，将军吕禄已经解下印绶离开了，于是太尉统率了北军。

然而还有南军没有控制。平阳侯听到了贾寿对吕产说的一些话，把吕产的阴谋告诉了丞相陈平，丞相陈平就找来朱虚侯协助太尉。太尉让朱虚侯监守营门。派平阳侯告诉卫尉："不要让相国吕产进入殿门。"吕产不知道吕禄已经离开北军，就进入未央宫，想要作乱，但是没有办法进入殿门，在那里徘徊。平阳侯担心不能取胜，骑马跑去把情况告诉了太尉。太尉还怕战胜不了吕氏一伙人，因此没有敢公开宣言诛灭吕氏，就调遣朱虚侯，对他说："赶快进入宫廷保护皇帝。"朱虚侯要一些兵力，太尉拨给他士卒一千多人。朱虚侯进入未央宫大门，看见吕产在宫廷中。黄昏的时候，就进击吕产，吕产逃走了。天空刮起了大风，因此吕产的随从官吏一片混乱，不敢抵抗。朱虚侯追赶吕产，把他杀死在郎中令官府的厕所里面。

朱虚侯已经杀死了吕产，皇帝派谒者持节慰劳朱虚侯。朱虚侯想要把节信夺过来，谒者不答应，朱虚侯就和他一起乘车，利用节信驱车飞奔，杀了长乐宫卫尉吕更始。回来时，驱车进入北军，报告了太尉。太尉起身向朱虚侯拜贺说："我们所担心的只是吕产，现在已经把他杀死，天下大局已定。"随即派人分别把吕氏男男女女逮捕起来，无论老少，全部处死。九月十一日，捕获吕禄斩首，用鞭子和棍棒打死了吕媭。派人诛杀了燕王吕通，废黜了鲁王张偃。九月十二日，又以皇帝的太傅审食其为左丞相。九月十八日，迁徙济川王为梁王，立赵幽王的儿子刘遂为赵王。派遣朱虚侯刘章把诛除吕氏的事情告诉齐王，让他撤回军队。灌婴的军队也从荥阳罢兵回到都城。

吕后

大臣们互相商量说："少帝和梁王、淮阳王、常山王，都不真正是孝惠帝的儿子。吕后使用诈骗手段把别人的儿子称作孝惠帝的儿子，杀掉孩子的母亲，养育在后宫，让孝惠帝当作自己的儿子，立为皇帝的继承人和封为诸王，以此来加强吕氏的势力。现在已经全部消灭了吕氏宗族，如果让他们所立的人当皇帝，等到长大掌权，我们这些人就要被杀戮无遗。不如从诸王中选择一个最贤明的立为皇帝。"有的说"齐悼惠王是高帝的长子，现在他的嫡子为齐王，从亲疏嫡庶方面探本求源，齐王是高帝的嫡长孙，可以立为皇帝"。大臣们都说："吕氏以外戚的身份秉权作恶，几乎倾危刘氏宗庙，摧残功臣。现在齐王外祖母家的驷钧，是个坏人，如果立齐王为皇帝，就会再出现一个吕氏。"想立淮南王，又认为他年轻，外祖母家也很凶恶。大家就说："代王是高帝现今在世的儿子之一，行次最长，为人仁孝宽厚。太后薄氏的家族谨慎善良。而且立行次最长的本来就名正言顺，再加上代王以仁孝播闻天下，立为皇帝是完全妥当的。"于是就一起暗地里使人召代王来都城。代王派人辞谢。使者第二次去迎接，然后代王才乘着六匹马拉的传车启程，闰九月月底己酉这一天，到达了长安，住在代王的官邸。大臣们都前往拜见，向代王献上天子印玺，一致尊立代王为天子。代王一再推让，大臣们坚持自己的请求，代王终于答应了。

东牟侯刘兴居说："诛除吕氏我没有功劳，请让我来清理宫廷。"他就和太仆汝阴侯滕公进入宫内，上前对少帝说："你不是刘氏的人，不应当立为皇帝。"于是回头命令少帝左右执戟的侍卫放下武器离开。有几个人不肯放下武器，宦官的首领张泽去讲了讲，他们也放下了武器，滕公就叫来车驾载着少帝出了宫廷。少帝说："想把我拉到哪里去？"滕公说："出去住。"少帝被安置在少府住宿。接着使用天子的法驾，去代王官邸迎接代王。向代王报告说："宫内已经清理过了。"代王当天晚上进入未央宫。有十名谒者持戟守卫正门，说："天子在这里，你进去干什么？"代王把情况告诉了太尉。太尉前往做了说明，十名谒者都放下武器走开了。代王随即入宫听理政事。夜间，官吏分头把梁王、淮阳王、常山王和少帝杀死在宫邸。

代王立为天子。在位二十三年去世，谥为孝文皇帝。

我以为，孝惠皇帝和吕后当朝之时，黎民百姓得以远离战乱之苦，君臣均欲清静无为，所以惠帝拱手让位，女主高后代理朝政。处理政务足不出户，天下太平。刑罚罕用，罪人稀少。百姓安于农耕，衣食丰足。

孔子世家

【题解】

孔子（前551~479），名丘，字仲尼，春秋末鲁国昌平乡陬邑（今山东曲阜东南）人。先世为宋国贵族，至孔子时已贫穷卑贱。孔子从小便讲究礼节，长大后曾做过管理仓库和牲畜的小吏。三十五岁时到过齐国，四十一岁才返回鲁国。四十二岁时，鲁定公继位，因他知识渊博，已有人视他为圣人。因不被任用，便在家整理诗书礼乐，四方从学的人很多。五十岁时，鲁定公任他为中都宰，后升为司空、大司寇。五十六岁时由大司寇代理国事，因不满意在鲁国执政的季桓子，于是周游卫、曹、宋、郑、陈、蔡、楚等国，共十四年，都不被任用，若丧家之犬，只能回到鲁国，整理古典文献，教育弟子，直至逝世。他的言论和事迹，主要见于他的弟子和再传弟子所编辑的《论语》。

孔子讲学图

孔子是儒家学派的创始人，他的思想经过董仲舒等人的修改补充而逐渐系统化，从汉以后，成为两千多年封建社会的统治思想，孔子本人也被尊崇为至圣先师。对孔子思想的评价，至今仍众说纷纭，原因在于评论者各自的立场与出发点不同，但他是我国古代杰出的思想家与教育家之一，这是毫无疑问的；他的思想的主体有利于维护封建等级制度，这也是毫无疑问的。读本篇传记，可以简略地了解孔子的生平及思想概貌。

【原文】

孔子生鲁昌平乡陬邑。其先宋人也,曰孔防叔。防叔生伯夏,伯夏生叔梁纥。纥与颜氏女野合而生孔子。祷于尼丘得孔子。鲁襄公二十二年而孔子生。生而首上圩顶,故因名曰丘云。字仲尼,姓孔氏。

丘生而叔梁纥死,葬于防山。防山在鲁东,由是孔子疑其父墓处,母讳之也。孔子为儿嬉戏,常陈俎豆,设礼容。孔子母死,乃殡五父之衢,盖其慎也。陬人挽父之母诲孔子父墓,然后往合葬于防焉。

孔子要绖,季氏飨士,孔子与往。阳虎绌曰:"季氏飨士,非敢飨子也。"孔子由是退。

孔子年十七,鲁大夫孟厘子病且死,戒其嗣懿子曰:"孔丘,圣人之后,灭于宋。其祖弗父何始有宋而嗣让厉公。及正考父佐戴、武、宣公,三命兹益恭,故鼎铭云:'一命而偻,再命而伛,三命而俯,循墙而走,亦莫敢余侮。饘于是,粥于是,以糊余口。'其恭如是。吾闻圣人之后,虽不当世,必有达者。今孔丘年少好礼,其达者与?吾即没,若必师之。"及厘子卒,懿子与鲁人南宫敬叔往学礼焉。是岁,季武子卒,平子代立。

孔子贫且贱。及长,尝为季氏史,料量平;尝为司职吏而畜蕃息。由是为司空。已而去鲁,斥乎齐,逐乎宋、卫,困于陈、蔡之间,于是反鲁。孔子长九尺六寸,人皆谓之"长人"而异之。鲁复善待,由是反鲁。

鲁南宫敬叔言鲁君曰:"请与孔子适周。"鲁君与之一乘车,两马,一竖子俱,适周问礼,盖见老子云。辞去,而老子送之曰:"吾闻富贵者送人以财,仁人者送人以言。吾不能富贵,窃仁人之号,送子以言,曰:'聪明深察而近于死者,好议人者也。博辩广大危其身者,发人之恶者也。为人子者毋以有己,为人臣者毋以有己。'"孔子自周反于鲁,弟子稍益进焉。

是时也,晋平公淫,六卿擅权,东伐诸侯;楚灵王兵强,陵轹中国;齐大而近于鲁。鲁小弱,附于楚则晋怒;附于晋则楚来伐;不备于齐,齐师侵鲁。

鲁昭公之二十年,而孔子盖年三十矣。齐景公与晏婴来适鲁,景公问孔子曰:"昔秦穆公国小处辟,其霸何也?"对曰:"秦,国虽小,其志大;处虽辟,行中正。身举五羖,爵之大夫,起累绁之中,与语三日,授之以政。以此取之,虽王可也。其霸,小矣。"景公说。

孔子年三十五,而季平子与郈昭伯以斗鸡故得罪鲁昭公,昭公率师击平子。平子与孟氏、叔孙氏三家共攻昭公,昭公师败,奔于齐,齐处昭公乾侯。其后顷之,鲁乱。孔子适齐,为高昭子家臣,欲以通乎景公。与齐太师语乐,闻《韶》音,学之,三月不知肉味,齐人称之。

景公问政孔子,孔子曰:"君君,臣臣、父父,子子。"景公曰:"善哉!信如君不君,臣不臣,父不父,子不子,虽有粟,吾岂得而食诸!"

他日又复问政于孔子,孔子曰:"政在节财。"景公说,将欲以尼溪田封孔子。晏婴进曰:"夫儒者滑稽而不可轨法;倨傲自顺,不可以为下;崇丧遂哀,破产厚葬,不可以为俗;游说乞贷,不可以为国。自大贤之息,周室既衰,礼乐缺有间。今孔子盛容饰,繁登降之礼,趋详之节,累世不能殚其学,当年不能究其礼。君欲用之以移齐俗,非所以先细民也。"后景公敬见孔子,不问其礼。异日,景公止孔子曰:"奉子以季氏,吾不能。"以季、孟之间待之。齐大夫欲害孔子,孔子闻之。景公曰:"吾老矣,弗能用也。"孔子遂行,反乎鲁。

孔子年四十二，鲁昭公卒于乾侯，定公立。定公立五年，夏，季平子卒，桓子嗣立。季桓子穿井得土缶，中若羊，问仲尼云“得狗”。仲尼曰：“以丘所闻，羊也。丘闻之，木石之怪夔、罔阆，水之怪龙、罔象，土之怪坟羊。

吴伐越，堕会稽，得骨节专车。吴使使问仲尼：“骨何者最大?”仲尼曰：“禹致群神于会稽山，防风氏后至，禹杀而戮之。其节专车，此为大矣。”吴客曰：“谁为神?”仲尼曰：“山川之神足以纲纪乏下，其守为神，社稷为公侯，皆属于王者。”客曰：“防风何守?”仲尼曰：“汪罔氏之君守封、禺之山，为厘姓。在虞、夏、商为汪罔，于周为长翟，今谓之大人。”客曰：“人长几何?”仲尼曰：“僬侥三尺，短之至也。长者不过十之，数之极也。”于是吴客曰：“善哉圣人!”

桓子嬖臣曰仲梁怀，与阳虎有隙。阳虎欲逐怀，公山不狃止之。其秋，怀益骄，阳虎执怀。桓子怒，阳虎因囚桓子，与盟而释之。阳虎由此益轻季氏。季氏亦僭于公室，陪臣执国政，是以鲁自大夫以下皆僭离于正道，故孔子不仕，退而修诗书礼乐，弟子弥众，至自远方，莫不受业焉。

定公八年，公山不狃不得意于季氏，因阳虎为乱，欲废三桓之适，更立其庶孽阳虎素所善者，遂执季桓子。桓子诈之，得脱。

定公九年，阳虎不胜，奔于齐。是时孔子年五十。

公山不狃以费畔季氏，使人召孔子。孔子循道弥久，温温无所试，莫能己用，曰：“盖周文、武起丰、镐而王，今费虽小，傥庶几乎!”欲往。子路不说，止孔子。孔子曰：“夫召我者岂徒哉？如用我，其为东周乎!”然亦卒不行。

其后定公以孔子为中都宰，一年，四方皆则之。由中都宰为司空，由司空为大司寇。

定公十年春，及齐平。夏，齐大夫黎钽言于景公曰：“鲁用孔丘，其势危齐。”乃使使告鲁为好会，会于夹谷。鲁定公且以乘车好往。孔子摄相事，曰：“臣闻有文事者必有武备，有武事者必有文备。古者诸侯出疆，必具官以从。请具左右司马。”定公曰：“诺。”具左右司马。会齐侯夹谷，为坛位，土阶三等，以会遇之礼相见，揖让而登。献酬之礼毕，齐有司趋而进曰：“请奏四方之乐。”景公曰：“诺。”于是旍旄羽袚矛戟剑拨鼓噪而至。孔子趋而进，历阶而登，不尽一等，举袂而言曰：“吾两君为好会，夷狄之乐何为于此！请命有司!”有司却之，不去，则左右视晏子与景公。景公心怍，麾而去之。有顷，齐有司趋而进曰：“请奏宫中之乐。”景公曰：“诺。”优倡侏儒为戏而前。孔子趋而进，历阶而登，不尽一等，曰：“匹夫而营惑诸侯者罪当诛！请命有司!”有司加法焉，手足异处。景公惧而动，知义不若。归而大恐，告其群臣曰：“鲁以君子之道辅其君，而子独以夷狄之道教寡人，使得罪于鲁君，为之奈何?”有司进对曰：“君子有过则谢以质，小人有过则谢以文。君若悼之，则谢以质。”于是齐侯乃归所侵鲁之郓、汶阳、龟阴之田以谢过。

定公十三年夏，孔子言于定公曰：“臣无藏甲，大夫毋百雉之城。”使仲由为季氏宰，将堕三都。于是叔孙氏先堕郈。季氏将堕费，公山不狃、叔孙辄率费人袭鲁。公与三子入于季氏之宫，登武子之台。费人攻之，弗克。入及公侧，孔子命申句须、乐颀下伐之，费人北。国人追之，败诸姑蔑。二子奔齐，遂堕费。将堕成，公敛处父谓孟孙曰：“堕成，齐人必至于北门。且成，孟氏之保鄣，无成是无孟氏也，我将弗堕。”十二月，公围成，弗克。

定公十四年，孔子年五十六，由大司寇行摄相事，有喜色。门人曰：“闻君子祸至不惧，福至不喜。”孔子曰：“有是言也，不曰‘乐其以贵下人’乎？”于是诛鲁大夫乱政者少正卯。与闻国政三月，粥羔豚者弗饰贾；男女行者别于涂；涂不拾遗；四方之客至乎邑者不求有司，皆予之以归。

齐人闻而惧，曰：“孔子为政必霸，霸则吾地近焉，我之为先并矣。盍致地焉？”黎钼曰：“请先尝沮之；沮之而不可，则致地，庸迟乎！”于是选齐国中女子好者八十人，皆衣文衣而舞《康乐》，文马三十驷，遗鲁君。陈女乐文马于鲁城南高门外。季桓子微服往观再三，将受，乃语鲁君为周道游。往观终日，怠于政事。子路曰：“夫子可以行矣。”孔子曰：“鲁今且郊，如致膰乎大夫，则吾犹可以止。”桓子卒受齐女乐，三日不听政；郊，又不致膰俎于大夫。孔子遂行，宿乎屯。而师己送，曰：“夫子则非罪。”孔子曰：“吾歌可夫？”歌曰：“彼妇之口，可以出走；彼妇之谒，可以死败。盖优哉游哉，维以卒岁！”师己反，桓子曰：“孔子亦何言？”师己以实告。桓子喟然叹曰：“夫子罪我以群婢故也夫！”

孔子遂适卫，主于子路妻兄颜浊邹家。卫灵公问孔子：“居鲁得禄几何？”对曰：“奉粟六万。”卫人亦致粟六万。居顷之，或谮孔子于卫灵公。灵公使公孙余假一出一入。孔子恐获罪焉，居十月，去卫。

将适陈，过匡。颜刻为仆，以其策指之曰：“昔吾入此，由彼缺也。”匡人闻之，以为鲁之阳虎。阳虎尝暴匡人，匡人于是遂止孔子。孔子状类阳虎，拘焉五日。颜渊后，子曰：“吾以汝为死矣。”颜渊曰：“子在，回何敢死！”匡人拘孔子益急，弟子惧。孔子曰：“文王既没，文不在兹乎？天之将丧斯文也，后死者不得与于斯文也。天之未丧斯文也，匡人其如予何！”孔子使从者为宁武子臣于卫，然后得去。

去即过蒲。月余，反乎卫，主蘧伯玉家。灵公夫人有南子者，使人谓孔子曰：“四方之君子不辱欲与寡君为兄弟者，必见寡小君。寡小君愿见。”孔子辞谢，不得已而见之。夫人在絺帷中。孔子入门，北面稽首。夫人自帷中再拜，珠佩玉声璆然。孔子曰：“吾乡为弗见，见之礼答焉。”子路不说。孔子矢之曰：“予所不者，天厌之！天厌之！”居卫月余，灵公与夫人同车，宦者雍渠参乘，出，使孔子为次乘，招摇市过之。孔子曰：“吾未见好德如好色者也。”于是丑之，去卫，过曹。是岁，鲁定公卒。

孔子去曹适宋，与弟子习礼大树下。宋司马桓魋欲杀孔子，拔其树。孔子去。弟子曰：“可以速矣。”孔子曰：“天生德于予，桓魋其如予何！”

孔子适郑，与弟子相失，孔子独立郭东门。郑人或谓子贡曰：“东门有人，其颡似尧，其项类皋陶，其肩类子产，然自要以下不及禹三寸，累累若丧家之狗。”子贡以实告孔子。孔子欣然笑曰：“形状，末也。而谓似丧家之狗，然哉！然哉！”

孔子遂至陈，主于司城贞子家。岁余，吴王夫差伐陈，取三邑而去，赵鞅伐朝歌，楚围蔡，蔡迁于吴；吴败越王勾践会稽。

有隼集于陈廷而死，楛矢贯之，石砮，矢长尺有咫。陈湣公使使问仲尼。仲尼曰：“隼来远矣，此肃慎之矢也。昔武王克商，通道九夷百蛮，使各以其方贿来贡，使无忘职业。于是肃慎贡楛矢石砮，长尺有咫。先王欲昭其令德，以肃慎矢分大姬，配虞胡公而封诸陈。分同姓以珍玉，展亲；分异姓以远方职，使无忘服。故分陈以肃慎矢。”试求之故府，果得之。

孔子居陈三岁，会晋、楚争强，更伐陈。及吴侵陈，陈常被寇。孔子曰：“归与归与！吾党之小子狂简，进取不忘其初。”于是孔子去陈。

过蒲，会公叔氏以蒲畔，蒲人止孔子。弟子有公良孺者，以私车五乘从孔子，其为人长贤，有勇力，谓曰："吾昔从夫子遇难于匡，今又遇难于此，命也已。吾与夫子再罹难，宁斗而死。"斗甚疾，蒲人惧，谓孔子曰："苟毋适卫，吾出子。"与之盟，出孔子东门，孔子遂适卫。子贡曰："盟可负邪？"孔子曰："要盟也，神不听。"

卫灵公闻孔子来，喜，郊迎。问曰："蒲可伐乎？"对曰："可。"灵公曰："吾大夫以为不可。今蒲，卫之所以待晋、楚也，以卫伐之，无乃不可乎？"孔子曰："其男子有死之志，妇人有保西河之志。吾所伐者不过四五人。"灵公曰："善。"然不伐蒲。

灵公老，怠于政，不用孔子。孔子喟然叹曰："苟有用我者，期月而已，三年有成。"孔子行。

佛肸为中牟宰。赵简子攻范、中行，伐中牟。佛肸畔，使人召孔子。孔子欲往。子路曰："由闻诸夫子，'其身亲为不善者，君子不入也'。今佛肸亲以中牟畔，子欲往，如之何？"孔子曰："有是言也。不曰坚乎，磨而不磷；不曰白乎，涅而不淄。我岂匏瓜也哉，焉能系而不食？"

孔子击磬，有荷蒉而过门者，曰："有心哉，击磬乎！硁硁乎，莫己知也夫而已矣！"

孔子学鼓琴师襄子，十日不进。师襄子曰："可以益矣。"孔子曰："丘已习其曲矣，未得其数也。"有间，曰："已习其数，可以益矣。"孔子曰："丘未得其志也。"有间曰："已习其志，可以益矣。"孔子曰："丘未得其为人也。"有间，有所穆然深思焉，有所怡然高望而远志焉。曰："丘得其为人，黯然而黑，几然而长，眼如望羊，如王四国，非文王其谁能为此也！"师襄子辟席再拜，曰："师盖云《文王操》也。"

孔子既不得用于卫，将西见赵简子。至于河而闻窦鸣犊、舜华之死也，临河而叹曰："美哉水，洋洋乎！丘之不济此，命也夫！"子贡趋而进曰："敢问何谓也？"孔子曰："窦鸣犊、舜华，晋国之贤大夫也。赵简子未得志之时，须此两人而后从政；及其已得志，杀之乃从政。丘闻之也，刳胎杀夭则麒麟不至郊，竭泽涸渔则蛟龙不合阴阳，覆巢毁卵则凤凰不翔。何则？君子讳伤其类也。夫鸟兽之于不义也尚知辟之，而况乎丘哉！"乃还息乎陬乡，作为《陬操》以哀之。而反乎卫，入主蘧伯玉家。

他日，灵公问兵陈。孔子曰："俎豆之事则尝闻之，军旅之事未之学也。"明日，与孔子语，见蜚雁，仰视之，色不在孔子。孔子遂行，复如陈。

夏，卫灵公卒，立孙辄，是为卫出公。六月，赵鞅内太子蒯聩于戚。阳虎使太子绕，八人衰绖，伪自卫迎者，哭而入，遂居焉。冬，蔡迁于州来。是岁鲁哀公三年，而孔子年六十矣。齐助卫围戚，以卫太子蒯聩在故也。

夏，鲁桓、厘庙燔，南宫敬叔救火。孔子在陈，闻之，曰："焚必于桓、厘庙乎？"已而果然。

秋，季桓子病，辇而见鲁城，喟然叹曰："昔此国几兴矣，以吾获罪于孔子，故不兴也。"顾谓其嗣康子曰："我即死，若必相鲁；相鲁，必召仲尼。"后数日，桓子卒，康子代立。已葬，欲召仲尼。公之鱼曰："昔吾先君用之不终，终为诸侯笑。今又用之，不能终，是再为诸侯笑。"康子曰："则谁召而可？"曰："必召冉求。"于是使使召冉求。冉求将行，孔子曰："鲁人召求，非小用之，将大用之也。"是日，孔子曰："归乎归乎！吾党之小子狂简，斐然成章，吾不知所以裁之。"子赣知孔子思归，送冉求，因诫曰"即用，以孔子为招"云。

冉求既去，明年，孔子自陈迁于蔡。蔡昭公将如吴，吴召之也。前昭公欺其臣迁州来，后将往，大夫惧复迁，公孙翩射杀昭公。楚侵蔡。秋，齐景公卒。

明年，孔子自蔡如叶。叶公问政，孔子曰："政在来远附迩。"他日，叶公问孔子于子路，子路不对。孔子闻之，曰："由，尔何不对曰'其为人也，学道不倦，诲人不厌，发愤忘食，乐以忘忧，不知老之将至，云尔。"

去叶，反于蔡。长沮、桀溺耦而耕，孔子以为隐者，使子路问津焉。长沮曰："彼执舆者为谁？子路曰："为孔丘。"曰："是鲁孔丘与？"曰："然！"曰："是知津矣。"桀溺谓子路曰："子为谁？"曰："为仲由。"曰："子，孔丘之徒与？"曰："然。"桀溺曰："悠悠者天下皆是也，而谁以易之？且与其从辟人之士，岂若从辟世之士哉！"耰而不辍。子路以告孔子，孔子怃然曰："鸟兽不可与同群。天下有道，丘不与易也。"

他日，子路行，遇荷蓧丈人，曰："子见夫子乎？"丈人曰："四体不勤，五谷不分，孰为夫子！"植其杖而芸。子路以告，孔子曰："隐者也。"复往，则亡。

孔子迁于蔡三岁，吴伐陈。楚救陈，军于城父。闻孔子在陈、蔡之间，楚使人聘孔子。孔子将往拜礼，陈、蔡大夫谋曰："孔子贤者，所刺讥皆中诸侯之疾。今者久留陈、蔡之间，诸大夫所设行皆非仲尼之意。今楚，大国也，来聘孔子。孔子用于楚，则陈、蔡用事大夫危矣。"于是乃相与发徒役围孔子于野。不得行，绝粮。从者病，莫能兴。孔子讲诵弦歌不衰。子路愠见曰："君子亦有穷乎？"孔子曰："君子固穷，小人穷斯滥矣。"

子贡色作。孔子曰："赐，尔以予为多学而识之者与？"曰："然。非与？"孔子曰："非也。予一以贯之。"

孔子知弟子有愠心，乃召子路而问曰："《诗》云'匪兕匪虎，率彼旷野'。吾道非邪？吾何为于此？"子路曰："意者吾未仁邪？人之不我信也。意者吾未知邪？人之不我行也。"孔子曰："有是乎！由，譬使仁者而必信，安有伯夷、叔齐？使知者而必行，安有王子比干？"

子路出，子贡入见。孔子曰："赐，诗云匪兕匪虎，率彼旷野。吾道非邪？吾何为于此？"子贡曰："夫子之道至大也，故天下莫能容夫子。夫子盖少贬焉？"孔子曰："赐，良农能稼而不能为穑，良工能巧而不能为顺。君子能修其道，纲而纪之，统而理之，而不能为容。今尔不修尔道而求为容。赐，而志不远矣！"

子贡出，颜回入见。孔子曰："回，《诗》云'匪兕匪虎，率彼旷野'。吾道非邪？吾何为于此？"颜回曰："夫子之道至大，故天下莫能容。虽然，夫子推而行之，不容何病，不容然后见君子！夫道之不修也，是吾丑也。夫道既已大修而不用，是有国者之丑也。不容何病，不容然后见君子！"孔子欣然而笑曰："有是哉！颜氏之子，使尔多财，吾为尔宰。"

于是使子贡至楚。楚昭王兴师迎孔子，然后得免。

昭王将以书社地七百里封孔子。楚令尹子西曰："王之使使诸侯有如子贡者乎？"曰："无有。""王之辅相有如颜回者乎？"曰："无有。""王之将率有如子路者乎？"曰："无有。""王之官尹有如宰予者乎？"曰："无有。"且楚之祖土周，号为子男五十里。今孔丘述三五之法，明周召之业，王若用之，则楚安得世世堂堂方数千里乎？夫文王在丰，武王在镐，百里之君卒王天下。今孔丘得据土壤，贤弟子为佐，非楚之福也。"昭王乃止。其秋，楚昭王卒于城父。

楚狂接舆歌而过孔子，曰："凤兮凤兮，何德之衰！往者不可谏兮，来者犹可追也！已而已而，今之从政者殆而！"孔子下，欲与之言。趋而去，弗得与之言。

于是孔子自楚反乎卫。是岁也，孔子年六十三，而鲁哀公六年也。

其明年，吴与鲁会缯，征百牢。太宰嚭召季康子。康子使子贡往，然后得已。

孔子曰："鲁、卫之政，兄弟也。"是时，卫君辄父不得立，在外，诸侯数以为让。而孔子弟子多仕于卫，卫君欲得孔子为政。子路曰："卫君待子而为政，子将奚先？"孔子曰："必也正名乎！"子路曰："有是哉，子之迂也！何其正也？"孔子曰："野哉由也！夫名不正则言不顺，言不顺则事不成，事不成则礼乐不兴，礼乐不兴则刑罚不中，刑罚不中则民无所错手足矣。夫君子为之必可名，言之必可行。君子于其言，无所苟而已矣。"

其明年，冉有为季氏将师，与齐战于郎，克之。季康子曰："子之于军旅，学之乎？性之乎？"冉有曰："学之于孔子。"季康子曰："孔子何如人哉？"对曰："用之有名，播之百姓，质诸鬼神而无憾。求之至于此道，虽累千社，夫子不利也。"康子曰："我欲召之，可乎？"对曰："欲召之，则毋以小人固之，则可矣。"而卫孔文子将攻太叔，问策于仲尼。仲尼辞不知，退而命载而行，曰："鸟能择木，木岂能择鸟乎！"文子固止。会季康子逐公华、公宾、公林，以币迎孔子，孔子归鲁。

孔子退修诗书图

孔子之去鲁凡十四岁而反乎鲁。

鲁哀公问政，对曰："政在选臣。"季康子问政，曰："举直错诸枉，则枉者直。"康子患盗，孔子曰："苟子之不欲，虽赏之不窃。"然鲁终不能用孔子，孔子亦不求仕。

孔子之时，周室微而礼乐废，《诗》《书》缺。追迹三代之礼，序《书传》，上纪唐、虞之际，下至秦缪，编次其事。曰："夏礼吾能言之，杞不足征也。殷礼吾能言之，宋不足征也。足，则吾能征之矣。观殷、夏所损益，曰："后虽百世可知也，以一文一质。周监二代，郁郁乎文哉。吾从周。"故《书传》《礼记》自孔氏。

孔子语鲁大师："乐其可知也。始作翕如，纵之纯如，皦如，绎如也，以成。""吾自卫反鲁，然后乐正，《雅》《颂》各得其所。"

古者《诗》三千余篇，及至孔子，去其重，取可施于礼义，上采契、后稷，中述殷、周之盛，至幽、厉之缺始于衽席，故曰："《关雎》之乱以为《风》始，《鹿鸣》为《小雅》始，《文王》

为《大雅》始，《清庙》为《颂》始。三百五篇孔子皆弦歌之，以求合《韶》《武》《雅》《颂》之音。"

礼乐自此可得而述，以备王道，成六艺。

孔子晚而喜《易》，序《彖》《系》《象》《说卦》《文言》。读《易》，韦编三绝。曰："假我数年，若是，我于《易》则彬彬矣。"

孔子以诗书礼乐教，弟子盖三千焉，身通六艺者七十有二人。如颜浊邹之徒，颇受业者甚众。

孔子以四教：文，行，忠，信。绝四：毋意，毋必，毋固，毋我。所慎：齐，战，疾。子罕言利与命与仁。不愤不启，举一隅不以三隅反，则弗复也。

其于乡党，恂恂似不能言者。其于宗庙朝廷，辩辩言，唯谨尔。朝，与上大夫言，訚訚如也；与下大夫言，侃侃如也。入公门，鞠躬如也；趋进，翼如也。君召使傧，色勃如也。君命召，不俟驾行矣。

鱼馁，肉败，割不正，不食。席不正，不坐。食于有丧者之侧，未尝饱也。是日哭，则不歌。见齐衰、瞽者，虽童子必变。

"三人行，必得我师。""德之不修，学之不讲，闻义不能徙，不善不能改，是吾忧也。"使人歌，善，则使复之，然后和之。

子不语：怪，力，乱，神。

子贡曰："夫子之文章，可得闻也。夫子言天道与性命，弗可得闻也已。颜渊喟然叹曰："仰之弥高，钻之弥坚。瞻之在前，忽焉在后。夫子循循然善诱人，博我以文，约我以礼，欲罢不能。既竭我才，如有所立，卓尔。虽欲从之，蔑由也已。"达巷党人曰："大哉孔子，博学而无所成名。"子闻之曰："我何执？执御乎？执射乎？我执御矣。"牢曰："子云'不试，故艺'。"

鲁哀公十四年春，狩大野。叔孙氏车子钼商获兽，以为不祥。仲尼视之，曰："麟也。"取之。曰："河不出图，雒不出书，吾已矣夫！"颜渊死，孔子曰："天丧予！"及西狩见麟，曰："吾道穷矣！"喟然叹曰："莫知我夫！"子贡曰："何为莫知子？"子曰："不怨天，不尤人，下学而上达，知我者其天乎！"

"不降其志，不辱其身，伯夷、叔齐乎！"谓"柳下惠、少连降志辱身矣。"谓"虞仲、夷逸隐居放言，行中清，废中权。""我则异于是，无可无不可。"

子曰："弗乎弗乎，君子病没世而名不称焉。吾道不行矣，吾何以自见于后世哉？"乃因史记作《春秋》，上至隐公，下讫哀公十四年，十二公。据鲁，亲周，故殷，运之三代。约其文辞而指博。故吴、楚之君自称王，而《春秋》贬之曰"子"；践土之会实召周天子，而《春秋》讳之曰"天王狩于河阳"。推此类以绳当世，贬损之义，后有王者举而开之。《春秋》之义行，则天下乱臣贼子惧焉。

孔子在位听讼，文辞有可与人共者，弗独有也。至于为《春秋》，笔则笔，削则削，子夏之徒不能赞一辞。弟子受《春秋》，孔子曰："后世知丘者以《春秋》，而罪丘者亦以《春秋》。"

明岁，子路死于卫。

孔子病，子贡请见。孔子方负杖逍遥于门，曰："赐，汝来何其晚也？"孔子因叹，歌曰："太山坏乎！梁柱摧乎！哲人萎乎！"因以涕下。谓子贡曰："天下无道久矣，莫能宗予。

夏人殡于东阶，周人于西阶，殷人两柱间。昨暮予梦坐奠两柱之间，予始殷人也。”后七日卒。

孔子年七十三，以鲁哀公十六年四月己丑卒。

哀公诔之曰：“旻天不吊，不遗一老，俾屏余一人以在位，茕茕余在疚。呜呼哀哉！尼父，毋自律！”子贡曰：“君其不没于鲁乎！夫子之言曰：‘礼失则昏，名失则愆。失志为昏，失所为愆。’生不能用，死而诔之，非礼也。称‘余一人’，非名也。”

孔子葬鲁城北泗上，弟子皆服三年。三年心丧毕，相诀而去，则哭，各复尽哀；或复留。唯子赣庐于冢上，凡六年，然后去。弟子及鲁人往从冢而家者百有余室，因命曰孔里。鲁世世相传以岁时奉祠孔子冢，而诸儒亦讲礼乡饮大射于孔子冢。孔子冢大一顷。故所居堂弟子内，后世因庙，藏孔子衣冠琴车书，至于汉二百余年不绝。高皇帝过鲁，以太牢祠焉。诸侯卿相至，常先谒然后从政。

孔子生鲤，字伯鱼。伯鱼年五十，先孔子死。

伯鱼生伋，字子思，年六十二。尝困于宋。子思作《中庸》。

子思生白，字子上，年四十七。子上生求，字子家，年四十五。子家生箕，字子京，年四十六。子京生穿，字子高，年五十一。子高生子慎，年五十七，尝为魏相。

子慎生鲋，年五十七，为陈王涉博士，死于陈下。

鲋弟子襄，年五十七。尝为孝惠帝博士，迁为长沙太守。长九尺六寸。子襄生忠，年五十七。忠生武。武生延年及安国。安国为今皇帝博士，至临淮太守，蚤卒。安国生卬，卬生孔欢。

太史公曰：《诗》有之：“高山仰止，景行行止。”虽不能至，然心乡往之。余读孔氏书，想见其为人。过鲁，观仲尼庙堂车服礼器，诸生以时习礼其家，余祗回留之不能去云。天下君王至于贤人众矣，当时则荣，没则已焉。孔子布衣，传十余世，学者宗之。自天子王侯，中国言《六艺》者折中于夫子，可谓至圣矣！

【译文】

孔子出生在鲁国昌平乡陬邑。他的上辈是宋国人，名叫孔防叔。防叔生伯夏，伯夏生叔梁纥。叔梁纥与姓颜的女子在不符合礼仪的情况下结合而生孔子。孔子的出世是在尼丘山进行祷告的结果。孔子生于鲁襄公二十二(前551)年。生下来头顶凹陷，所以取名叫丘。字仲尼，姓孔。

孔丘出生不久叔梁纥便死了，埋葬在防山。防山在鲁国的东边，因此孔子搞不清他父亲埋葬的地方，母亲对此也避而不谈。孔子小时候游戏，常常陈列礼器，讲究礼节法度。孔子母亲去世，便将灵柩停放在五父之衢，因为他十分谨慎。陬人輓父的母亲告诉孔子父亲的墓地，然后前往合葬于防。

孔子穿着丧服，季氏设宴款待士人，孔子前往参加。阳虎指责说：“季氏款待士人，不敢款待你。”孔子因此退下。

孔子十七岁，鲁国大夫孟厘子病危，告诫他的嗣子懿子说：“孔丘，是圣人的后代，前辈被宋国所灭。他的十世祖弗父何开始具有宋国，可是又将继承权让给了宋厉公。到七世祖正考父辅佐宋戴公、武公、宣公，三次接受任命而一次比一次谦恭，所以鼎上镌刻的铭文说：‘第一次接受任命便低头，第二次接受任命便曲背，第三次接受任命便弯腰，沿着

尼山致祷

墙边迅速前行,也没有人敢欺侮我。在鼎里煮饭,在鼎里熬粥,以维持我的生活。'他是如此谦恭。我听说圣人的后代,即使不做国君,也必定出现飞黄腾达的人。如今孔丘年少好礼,大概是要飞黄腾达的人吧!我就要死了,你一定要拜他为师。"厘子死后,懿子和鲁人南宫敬叔到孔子那里学礼。这一年,季武子死了,平子接替了职位。

孔子贫穷而且卑贱。等到长大,曾经做季氏的管理仓库的小吏,实物账目完全相符;曾经做管理牲畜的小吏,牲畜繁衍生息。因此当了司空。不久离开鲁国。在齐国遭指责,在宋国、卫国被驱逐,在陈国、蔡国之间处于困境,于是返回鲁国。孔子身高九尺六寸,人们都叫他"长人"而对他另眼相看。鲁国重新优待他,因此返回鲁国。

鲁人南宫敬叔向鲁君进言说:"请帮助孔子到周。"鲁君送他一乘车,两匹马,一位小童同行,到周请教礼,因而见到老子。辞行,老子送他说:"我听说富贵的人送人是给钱财,仁德的人送人是用言语。我得不到富贵,盗用仁人的名义,用言语为你送行:'耳聪目明观察入微却接近死亡的人,是喜好议论别人的人;渊博善辩无所不包却危害自身的人,是揭发别人罪过的人。作为人子不要表现自己,作为人臣不要表现自己。'"孔子从周返回到鲁国,从学的人逐渐增多起来。

这个时候,晋平公荒淫,六卿专权,向东征伐诸侯;楚灵王兵强,欺压中原各国;齐国强大而靠近鲁国。鲁国弱小,依附于楚国则晋国发怒;依附于晋国则楚国来讨伐;不防备齐国,齐国的军队便侵犯鲁国。

鲁昭公二十年(前 522),孔子大概三十岁了。齐景公和晏婴来到鲁国,景公问孔子说:"过去秦穆公国家弱小,地方偏僻,他称霸是什么缘故呢?"回答说:"秦穆公国家虽小,他的志向很大;地方虽然偏僻,行为公平正直。亲身提拔百里奚,赏他大夫的爵位,从囚犯中起用,交谈三天,便把政事托付给他。凭借这些取天下,即使称王也是可以的。他称霸，成就太小了。”景公十分高兴。

孔子三十五岁，季平子与郈昭伯因为斗鸡的缘故得罪鲁昭公，昭公带领军队攻击平子。平子与孟氏、叔孙氏三家共同进攻昭公，昭公兵败，逃到齐国，齐国将昭公安排在乾侯地方居住。事后不久，鲁国内乱。孔子到齐国，做高昭子的家臣，想因此见到景公。他和齐国的太师研讨音乐，听到演奏《韶》乐，便进行学习，几个月不知道肉的滋味，齐国人十分赞赏他。

景公向孔子请教政事，孔子说：“君要像君的样子，臣要像臣的样子，父要像父的样子，子要像子的样子。”景公说：“太好了！的确，如果君不像君的样子，臣不像臣的样子，父不像父的样子，子不像子的样子，虽有粮食，我难道能吃到吗！”

另一天又再次向孔子请教政事，孔子说：“为政在于节省开支。”景公十分高兴，想要把尼溪的田分封孔子。晏婴进见说：“儒者八面玲珑却不能遵循法度；傲慢随便，不能用来驾驭臣民；看重丧事，放任哀思，破财厚葬，不能用来指导风俗；游说乞讨，不能用来治理国家。自从大贤绝迹，周室已经衰落，礼乐残缺为时已久。如今孔子推崇容颜服饰的阔绰，使上下尊卑的礼节十分烦琐，进退快慢的规定过分复杂，世代不能穷尽他的主张，当年不能弄清他的礼教。您想用他以便改变齐国的风俗，却不可能首先在平民百姓中推广。”

后来景公恭敬地接见孔子，没有请教他主张的礼仪。

有一天，景公留住孔子说：“用对季氏的礼节招待您，我办不到。”于是用介于季氏和孟氏之间的礼节招待孔子。齐国大夫想杀害孔子，孔子知道了这件事。景公说：“我老了，不能任用您了。”孔子于是启行，返回鲁国。

孔子四十二岁，鲁昭公死在乾侯，鲁定公继位。定公继位的第五年，夏天，季平子死，桓子嗣立。季桓子打井得土缶，里边有像羊的动物，询问仲尼时说“得狗”。仲尼说：“据我所知，是羊。我听说，树木山石中的怪物是夔、魍魉，水中的怪物是龙、罔象，土中的怪物是坟羊。”

吴国讨伐越国，毁坏会稽山，得一节骨头要一辆车才能装下。吴国派使臣问仲尼：“什么的骨头最大？”仲尼回答：“禹招群神到会稽山，防风氏最后到，禹将他杀死并暴尸。他的骨节要一辆车才能装下，这算最大的了。”吴国的客人问：“谁是神？”仲尼回答：“名山大川的神足以管理天下，掌管名山大川祭祀的是神，掌管社稷祭祀的是公侯，他们都属于称王的人。”客人问：“防风氏掌管什么祭祀？”仲尼回答：“汪罔氏的君主掌管封山、禺山，称厘姓，在虞、夏、商三代称汪罔，在周代称长翟，如今叫他大人。”客人问：“大人有多高？”仲尼回答：“僬侥氏高三尺，是最矮的了。高的不超过僬侥氏的十倍，是最高的了。”于是吴国的客人说：“多么伟大的圣人啊！”

桓子宠幸的臣子名仲梁怀，与阳虎有矛盾。阳虎想赶走仲梁怀，公山不狃阻止他。这年秋季，仲梁怀益加骄横，阳虎拘捕仲梁怀。桓子怒，阳虎因而囚禁桓子，一起订了盟约才将他释放。阳虎从此益加轻视季氏。季氏也僭越鲁国公室，作为陪臣而执掌鲁国政事，因此鲁国从大夫往下都背离正道，所以孔子不做官，回家整理诗书礼乐。弟子越来越多，从远方到来，没有不跟他学习的。

定公八年（前502），公山不狃在季氏那里很不得意，依靠阳虎作乱，想废除桓公的三个嫡传（季孙氏、孟孙氏、叔孙氏），另立桓公的旁支中阳虎平素所喜欢的人，于是拘捕季桓子。桓子采用欺骗手段，逃脱出来。

定公九年（前 501），阳虎失败，逃到齐国。这时孔子五十岁。

公山不狃盘踞费邑背叛季氏，派人请孔子去。孔子坚守正道已经很久了，过分斯文而无从施展，没有人能任用他，于是说："周文王、武王从丰、镐兴起而称王天下，如今费邑虽小，也许差不多吧！"很想前往。子路不高兴，阻止孔子。孔子说："那个请我去的人，难道是开玩笑吗？如果任用我，将建立一个东方的周朝！"但也终究没有去。

这以后，定公任命孔子为中都宰，仅一年时间，四方都效法他。从中都宰升为司空，从司空升为大司寇。

定公十年（前 500）春季，与齐国媾和。夏季，齐国大夫黎钽向景公进言："鲁国任用孔丘，势必危害齐国。"于是派使臣通知鲁国举行友好会盟，会于夹谷。鲁定公准备乘坐公车抱友好态度前往。孔子主持赞礼事宜，说："我听说对待文事一定要有武备，对待武事一定要有文备。古时候诸侯离开国土，必须配齐官员跟随。请配备左右司马。"定公说："好。"配备左右司马。与齐侯在夹谷会盟，筑盟坛设两君座位，土质台阶三级，按普通会晤的礼节相见，揖让而后登坛。相互敬酒的礼仪结束，齐国的主管官吏快步向前说："请演奏各地的乐曲。"景公说："好。"于是手持各种旗帜武器的人鼓噪而至。孔子快步向

夹谷会盟

前，抢步登上台阶，还差一级，挥袖说道："我们两国君主举行友好会盟，夷狄的乐队到这里干什么！请命令主管官吏执法！"主管官吏让他们退下，无人离开，孔子就向左右看晏子和景公。景公问心有愧，挥手将他们赶开。不一会儿，齐国的主管官吏快步向前说："请演奏宫中的乐曲。"景公说："好。"优伶侏儒戏耍而来。孔子快步向前，抢步登上台阶，

还差一级，说："匹夫而迷惑诸侯的罪当死！请命令主管官吏执法！"主管官吏使用刑法，手足异地。景公惶恐不安，知道理亏。回国后大为恐慌，告诫他的群臣说："鲁国用君子的正道辅佐他们的君主，可你们只用夷狄的主张教导我，致使得罪了鲁君，怎样处理这件事呢？"主管官吏向前回答说："君子有过失就用实实在在的东西表示悔过，小人有过失就用花言巧语表示悔过。您如果对这件事感到过意不去，就用实实在在的东西表示悔过。"于是齐侯便将侵夺来的鲁国的郓、汶阳、龟阴的田地归还鲁国以表示谢过。

定公十三年（前497）夏季，孔子对定公说："大臣没有私储的军队，大夫不筑高大的城墙。"他让仲由做季氏的家臣总管，准备毁掉三桓的三座城邑的城墙。因此叔孙氏首先毁掉郈邑。季氏准备毁掉费邑，公山不狃、叔孙辄率领费人袭击鲁国都城。定公与季孙、叔孙、孟孙三人躲进季氏的宫中，登上武子台。费人进攻，没有得手。有人攻到定公侧面的台下，孔子命令申句须、乐颀下台迎敌，费人败退。都城的人进行追击，在姑蔑将费人打败。公山不狃、叔孙辄二人逃到齐国，于是毁掉费邑。准备毁掉成邑，公敛处父对孟孙说："毁掉成邑，齐国人肯定直抵鲁都北门。况且成邑是孟氏的保障，没有成邑就没有孟氏，我不愿毁掉。"十二月，定公包围成邑，没有攻下。

定公十四年（前496），孔子五十六岁，由大司寇代理国事，显得十分高兴。弟子说："听说君子祸至不惧，福至不喜。"孔子说："有这种说法。不是说'赞赏那些能放下架子的人'吗？"因此处死破坏政事的鲁国大夫少正卯。他参与过问国家政事三个月，卖猪羊的不敢漫天要价，男女行人在路中分开走，路不拾遗，四方客人到达都邑的用不着向主管官吏求情，都为他们提供方便满意而归。

齐国人听说后很担忧，说："孔子主持政事必定称霸，称霸的话，那么我们的国土离他最近，我们将首先被吞并了。何不割地给他？"黎鉏说："请先试着破坏他，破坏他还不行，就割地，难道还晚吗？"于是选择齐都城中的美女八十人，都穿漂亮的衣服并学会跳《康乐》舞，毛色斑斓的马一百二十四，赠送鲁君。齐国将女乐和文马排列在鲁国都城南面的高门外。季桓子微服前往观看多次，准备接受，便对鲁君说要沿大路外出游玩。他前往观看了一整天，荒废了政事。子路说："先生可以离开了。"孔子说："鲁国现在将要祭天，如果把祭肉分给大夫，那么我还可以留下。"桓子终于接受了齐国的女乐，多日不理政事；祭天，又不把祭肉分给大夫。孔子于是离开，在屯地留宿。师己送行，说："那个人乃是无罪的。"孔子说："我朗诵诗歌可以吗？"朗诵诗歌的人说："那个妇人的口，能够使人出走；那个妇人的禀报，足以让人败亡。优哉游哉，只好如此度时光。"师己还回，桓子说："孔子又说些什么？"师己如实禀告。桓子十分感慨地叹道："那个人归罪于我是因为这一群婢女的缘故吧！"

孔子于是到卫国，住在子路内兄颜浊邹家。卫灵公问孔子："在鲁国领多少俸禄？"回答说："俸粮六万斗。"卫国人也供给粮食六万斗。没住多久，有人在卫灵公面前说孔子的坏话。灵公派公孙余假频繁进出。孔子害怕获罪，住了十个月，离开卫国。

准备到陈国，经过匡城。颜刻为车夫，用手中的马鞭指道："从前我进人这里，是从那个缺口。"匡人听到这番话，以为是鲁国的阳虎。阳虎曾经虐待匡人，匡人因此就拦住孔子。孔子的形状类似阳虎，在这里被围了五天。颜渊后到，孔子说："我以为你死了。"颜渊说："您在，我怎敢死！"匡人围孔子更加紧急，弟子十分恐慌。孔子说："文王死后，文化不都在这里吗？上天如果要消灭这种文化，后来的人是不可能掌握这种文化的。上天既没有消灭这种文化，匡人能把我怎么样！”孔子让跟随的人做宁武子的家臣留在卫国，然后得以离开。

离开后立即经过蒲乡。一个月后，回到卫国，住在蘧伯玉家。灵公夫人有叫南子的，派人对孔子说：“四方的君子不觉得是羞辱想与我们的君主结为兄弟的，一定要会见我们君主的夫人。我们君主的夫人愿意相见。”孔子辞谢，不得已才见她。夫人在葛幕里。孔子进门，向北叩拜。夫人从幕后回拜两次，玉环玉佩玎玲作响。孔子说：“我原本是不愿意见的，和她相见是出于礼节性的应酬。”子路不高兴。孔子发誓说：“我如果不是这样的话，上天惩罚我！上天惩罚我！”在卫国住了一个多月，灵公与夫人同车，宦官雍渠陪乘，外出，让孔子乘车随后，招摇过市。孔子说：“我从未见过喜好美德像喜好美女一样的人啊！”因此感到羞愧，离开卫国，经过曹国。这一年，鲁定公逝世。

孔子离开曹国到宋国，和弟子在大树下演习礼仪。宋国司马桓魋想杀孔子，将那棵大树拔掉。孔子离开。弟子说：“可以赶快走了。”孔子说：“上天在我身上造就了美德，桓魋他能把我怎样！”

孔子到郑国，和弟子相互走散，孔子独自站立在城郭的东门。郑国有人告诉子贡说：“东门有一个人，他的额头像尧，他的脖子像皋陶，他的肩膀像子产，但是从腰往下比禹短三寸，无精打采好像丧家狗。”子贡如实禀报孔子。孔子欣然笑道：“外表的描绘，是无关紧要的。但说像丧家狗，是这样啊！是这样啊！”

孔子于是到陈国，住在司城贞子家。过一年多，吴王夫差讨伐陈国，夺取三座城邑才离去；赵鞅讨伐朝歌；楚国围困蔡国，蔡国迁移到吴国；吴国在会稽打败越王勾践。

有一头隼落在陈国朝廷然后死去，楛木箭将它贯穿，石质箭头，箭杆长一尺八寸。陈湣公派使臣问仲尼。仲尼说：“隼从很远的地方飞来，这是肃慎的箭。从前武王战胜商纣，道路沟通九夷百蛮，让各自用他们的特产来贡献，使他们不要忘记本职工作。因此肃慎贡献石质箭头的楛木箭，长一尺又八寸。先王想显示自己的美德，将肃慎箭分给长女大姬，许配虞胡公并分封他们在陈国。将珍贵的玉器分给同姓，使亲属间感情加深；将远方的官职分给异姓，使不要忘记归顺。所以将肃慎箭分给陈国。”试着在老仓库中寻找肃慎箭，果然将它找到。

孔子在陈国住了三年，适值晋楚两国争强，更番讨伐陈国。及吴国侵犯陈国，陈国经常遭到劫掠。孔子说：“回去吧！回去吧！我们那里的学生志大而轻率，没有放弃他们原来那种只知进取的毛病。”因此孔子离开陈国。

经过蒲地，适值公叔氏凭借蒲地叛乱，蒲人拦截孔子。弟子有名公良儒的，用五辆私车跟随孔子。他为人善良贤能，有勇气和力量，说道：“我从前跟随您在匡城遇到危难，如今又在这里遇到危难，这是命里如此吧！我与您再次遭受危难，宁可战斗而死。”战斗非常激烈。蒲人害怕，对孔子说：“如果不到卫国，我放你出去。”和他订立盟约，他将孔子从东门放出，孔子便到卫国。子贡问：“盟约可以违反吗？”孔子回答：“被迫签订的盟约，神是不会理睬的。”

卫灵公听说孔子到来，十分高兴，到郊外迎接。问道：“蒲可以讨伐吗？”回答说：“可以。”灵公说：“我的大夫认为不可以。如今的蒲地，卫国靠它抵御晋国和楚国，用卫国讨伐它，岂不是不可以吗？”孔子回答：“那里的男子有必死的决心，妇人有保卫西河的愿望。我讨伐的不过四五个人。”灵公说：“好。”但没有讨伐蒲。

灵公年迈,对政事十分厌倦,不用孔子。孔子十分感慨地叹道:“如果有用我的,一年便走上正轨,三年就见到成效。”孔子离开卫国。

佛肸为中牟长官。赵简子进攻范氏、中行氏,讨伐中牟。佛肸叛乱,派人召请孔子。孔子想去。子路说:“我听您说过,‘本人亲自干坏事的,君子不到他那儿去’。如今佛肸凭借中牟亲自叛乱,您想去,怎样解释呢?”孔子回答:“是说过这样的话。不是说坚硬的东西磨也磨不薄吗?不是说洁白的东西染也染不黑吗?我难道是匏瓜吗?怎么能只被挂着而不被食用呢?”

孔子击磬。有挑着草筐从门口经过的,说:“有心事啊,是在击磬吧!硁硁作响,是没人了解自己吧,那就算了。”

孔子向师襄子学习弹琴,十天了还原地不动。师襄子说:“可以增加乐曲了。”孔子回答:“我已熟悉乐曲的调子,还未掌握乐曲的节奏啊。”过一段时间,师襄子说:“已熟悉乐曲的节奏,可以增加乐曲了。”孔子回答:“我还未掌握乐曲蕴涵的志向啊。”过一段时间,师襄子说:“已掌握乐曲蕴涵的志向,可以增加乐曲了。”孔子回答:“我还未掌握乐曲作者的为人啊。”过一段时间,好像在默默地用心思考,好像在愉快地仰望而志在远方,说:“我掌握乐曲作者的为人了,黝黑的皮肤,颀长的身躯,眼睛仰视,好像天下的王,不是文王难道还有谁能创作这首乐曲呢!”师襄子离开座位一拜再拜,说:“老师原本说是《文王操》啊!”

孔子在卫国既然得不到任用,准备向西见赵简子。抵达黄河便听到窦鸣犊、舜华的死信,孔子临河而叹道:“多美的水啊,浩浩荡荡!我不能渡过它,是命中注定的吧!”子贡快步向前问:“敢问说的是什么意思呢?”孔子回答:“窦鸣犊、舜华,是晋国的贤大夫。赵简子未得志的时候,须要这两个人而后执政;等他已经得志,杀死他们才执政。我听说,剖胎杀幼那么麒麟不会来到郊外,竭泽而渔那么蛟龙不再兴云降雨,覆巢毁卵那么凤凰便停止飞翔。为什么呢?君子忌讳伤害他的同类啊!那些鸟兽对于不义行为尚且知道回避,何况我呢!”于是回到陬乡休息,创作《陬操》以表示哀悼。又返回卫国,进住蘧伯玉家。

后来,灵公问军队阵法。孔子回答:“礼节方面的事情还曾经听说过,军队方面的事情从未学习过。”第二天,和孔子谈话,看见飞雁,抬头仰望,神色不在孔子。孔子于是离开,又到陈国。

夏季,卫灵公逝世,立孙子辄,这就是卫出公。六月,赵鞅送卫太子蒯聩到戚地。阳虎让卫太子披麻戴孝,八个人身穿丧服,假装是从卫国前来迎接的,哭着进城,于是住了下来。冬季,蔡国迁移到州来。这一年是鲁哀公三年,而孔子已经六十岁了。齐国帮助卫国包围戚地,是因为卫国太子蒯聩在那里的缘故。

夏季,鲁桓公、厘公的庙遭火灾,南宫敬叔救火。孔子在陈国,听到鲁国宗庙着火,说:“火灾必定发生在桓公、厘公两庙吧!”结果真是这样。

秋季,季桓子得病,坐在人拉的车里察看鲁国都城,十分感慨地叹道:“从前这个国家几乎兴盛起来了,因为我得罪了孔子,所以没有兴盛起来。”回顾他的继承人康子说:“我死了,你肯定执掌鲁国朝政。执掌鲁国朝政,必须召请仲尼。”几天以后,桓子逝世,康子代立。安葬完毕,想召请仲尼。公之鱼说:“从前我们已故的君主任用他半途而废,结果被诸侯耻笑。如今又任用他,不能善始善终,这又会被诸侯耻笑。”康子问;“那么召请谁好呢?”公之鱼回答:“必须召请冉求。”因此派使臣召请冉求。冉求将行,孔子说:“鲁国人召请冉求,不是一般地使用他,而是要重用他。”这一天,孔子说:“回去吧!回去吧!我们那里的学生志大而轻率,表现得文采斑斓,我不知道该用什么办法培养他们。”子赣知道孔子想回去,为冉求送行,就告诫说:“如果被任用,就将孔子请回去。”

冉求走后,第二年,孔子从陈国迁移到蔡国。蔡昭公打算到吴国去,是因为吴国召请他。过去昭公欺骗他的臣属要迁移到州来,后来打算前往,大夫们害怕又要迁移,公孙翩射死昭公。楚国侵犯蔡国。秋季,齐景公逝世。

第二年,孔子从蔡国到叶城。叶公问政治,孔子回答:“政治在于使远方归附、近处顺从。”后来,叶公向子路问孔子,子路不回答。孔子听到后,说:“仲由,你何不回答说,‘他的为人,学习道不知疲倦,教诲人不知厌烦,发愤忘食,乐而忘忧,不知衰老行将到来’,如此而已。”

离开叶城,返回蔡国。长沮、桀溺协同耕种,孔子以为是隐士,派子路去问渡口。长沮问:“那位驾车的是谁?”子路回答说:“是孔丘。”问:“这就是鲁国孔丘吗?”回答说:“是。”长沮说:“这就是知道渡口的了。”桀溺对子路说:“您是谁?”回答说:“是仲由。”问:“您是孔丘的门徒吗?”回答说:“是。”桀溺说:“庸俗的人天下都是,你跟谁去改变他们?况且与其跟随躲避庸人的人,还不如跟随躲避社会的人呢!”仍旧不停地平整土地。子路向孔子报告,孔子失望地说:“不能与飞禽走兽同群。天下都遵循道义,我孔丘便用不着去改变了。”

长沮、桀溺

后来,子路独行,遇见荷蓧丈人,问:“您看见我的老师吗?”老人回答说:“四肢不会劳动,五谷分不清楚,谁是你的老师?”放下他的拐杖便去锄草。子路将这件事报告孔子,孔子说:“是隐士啊。”再返回去,已经不见了。

孔子迁移到蔡国的第三年,吴国讨伐陈国。楚国援救陈国,军队驻扎在城父。听说孔子在陈国、蔡国之间,楚国派人聘请孔子。孔子打算前往拜见致礼,陈、蔡大夫谋划说:“孔子是贤人,针砭的内容都切中诸侯的病痛。现在长期逗留在陈、蔡之间,各位大夫设计施行的都违背仲尼的想法。今天的楚国,是大国,前来聘请孔子。孔子被楚国任用,那么陈、蔡主事的大夫就岌岌可危了。”因此便一齐打发服劳役的人将孔子围困在野外。孔子和弟子不能行动,粮食断绝。跟随的人都病了,没有人能站起来。孔子讲课诵读弹琴唱歌毫不泄气。子路很不高兴地来看望说:“君子也会陷于困境吗?”孔子说:“君子陷于困境仍然坚持到底,小人陷于困境便无所不为了。”

子贡脸色也不好看。孔子问:“赐,你认为我是广泛学习而又牢牢记住的人吗?”答:“是的。难道不是这样吗?”孔子说:“不对。我的言行是由一个基本观念贯串起来的。”

孔子知道弟子们心里很不高兴,于是召见子路而问道:“《诗经》上说:‘不是犀牛和老虎,却在旷野中出没。’我的主张错了吗?我为何落到这个地步?”子路说:“细想起来我们还没有做到仁吧,所以人们不相信我们。细想起来我们还很不明智吧，所以人们阻止我们行动。”孔子说：“果真如此吗？由，假若具备仁德的人就必然得到人们的信任，哪里还会有伯夷、叔齐呢？如果明智的人都必然行动自如，哪里还会有王子比干呢？”

子路退出，子贡入见。孔子说：“赐，《诗经》上说：‘不是犀牛和老虎，却在旷野中出没。’我的主张错了吗？我为何落到这个地步？”子贡说：“老师的主张广大无边，所以天下没有人能容纳老师。老师何不稍微收敛一些呢？”孔子说：“赐，出色的农夫能努力种好庄稼而不能保证获得好收成，出色的工匠能巧夺天工而不能保证人人心满意足。君子能完善自己的主张，使它纲举目张，使它条理分明，但不能保证被人容纳。如今你不完善你的主张却追求被人容纳，赐，你的志向太不远大了！”

子贡退出，颜回入见。孔子说：“回，《诗经》上说：‘不是犀牛和老虎，却在旷野中出没。’我的主张错了吗？我为何落到这个地步？”颜回说：“老师的主张广大无边，所以天下没有人能够容纳。尽管如此，老师将它推广实行，不被容纳有什么坏处！不被容纳更能显出君子的本色！不完善自己的主张，这才是我们的耻辱。自己的主张既然已经十分完善但不被采纳，这是国君的耻辱。不被容纳有什么坏处！不被容纳更能显出君子的本色！”孔子十分高兴地笑道：“果真如此啊！颜氏的孩子，如果你十分富有，我当你的管家。”

于是派子贡到楚军驻地。楚昭王发兵迎接孔子，终于避免了这场危难。

楚昭王准备用七百里有户籍的地区分封孔子。楚令尹子西说：“您的出使诸侯的使臣有像子贡这样的吗？”答：“没有。”“您的辅弼大臣有像颜回这样的吗？”答：“没有。”“您的将军有像子路这样的吗？”答：“没有。”“您的行政长官有像宰予这样的吗？”答：“没有。”“况且楚国的先祖受封于周王朝，爵号子男才五十里。如今孔丘陈述三皇五帝的法度，阐明周公、召公的王业，您如果任用他，那么楚国哪里能够世世代代保持堂堂方数千里的领地呢？当年文王在丰地，武王在镐地，只有百里的君主终于称王天下。如果孔丘能够占有领地，又有贤明的弟子作为助手，并非楚国之福啊！”昭王这才打消了分封孔子的想法。这年秋季，楚昭王在城父逝世。

楚国的狂人接舆唱着歌从孔子的旁边经过，唱道：“凤凰啊，凤凰啊，为什么道德如此晦气！过去的无法挽回啊，未来的尚可弥补。算了吧，算了吧，当今的从政者危矣！”孔子下车，想和他交谈。他赶忙离开，孔子无法和他交谈。

因此孔子从楚国返回卫国。这一年，孔子六十三岁，就是鲁哀公六年（前489）。

鲁哀公七年（前488），吴国与鲁国在缯地会见，吴向鲁索要一百头供祭祀用的牛。太宰嚭召见季康子。康子派子贡前往，然后才得以制止。

孔子说：“鲁国、卫国的政事，有如亲兄弟一般相似。”这时，卫君辄的父亲没有被立为国君，流落在外，诸侯屡次对此加以指责。然而孔子的弟子大多在卫国做官，卫君想得到孔子来管理政事。子路问：“卫君等您去管理政事，您准备先做什么？”孔子回答说：“一定要首先辨正名分啊！”子路说：“果真如此的话，您就太迂腐了！这有什么好辩证的？”孔子说：“太放肆了仲由！名分不正那么说话就不成体统，说话不成体统那么事情就办不好，事情办不好那么礼乐就无法提倡，礼乐无法提倡那么刑罚就会失当，刑罚失当那么老百姓连手脚都无处安放了。君子做事必定能名正言顺，说话必定能贯彻执行。君子对于自己的言论，总是毫不苟且，如此而已。”

鲁哀公八年(前487),冉有替季氏统率军队,和齐国在郎地交战,战胜了齐国。季康子问:"您统率军队的本领,是学来的?还是天生的?"冉有回答说:"在孔子那里学来的。"季康子问:"孔子是什么样的人呢?"回答说:"孔子用兵,师出有名,向老百姓宣讲,向鬼神询问,都感到满意。我在这方面达到的水平,即使能增加千社那么广大的土地,老师也不会给予肯定的。"康子问:"我想召请他,行吗?"回答说:"想召请他,就不要用小人包围他,那才行啊。"卫国的孔文子准备攻打太叔,向仲尼请教计策。仲尼推辞不知道,回来后便下令备车而离开,说:"鸟能够选择树木,树木难道能够选择鸟吗!"文子再三挽留。适值季康子驱逐公华、公宾、公林,用礼物迎接孔子,孔子回到鲁国。

孔子离开鲁国共十四年然后返回鲁国。

鲁哀公问政治,孔子回答说:"政治在于选用臣属。"季康子问政治,孔子回答说:"将正直的人提拔到奸邪的人上面,那么奸邪的人也会变得正直。"康子害怕盗贼,孔子说:"如果您不贪心,即使鼓励他们也不会去偷盗。"但鲁国终究不能任用孔子,孔子也不追求做官。

孔子生活的时代,周王朝衰微而礼乐被废弃,《诗》《书》残缺。他跟踪寻求夏商周三代的礼制,编辑《书传》,上起唐尧、虞舜之际,下至秦缪公之时,顺序记述他们的事迹。他说:"夏代的礼制我能叙述出来,可惜杞国已不足以证实。殷代的礼制我能叙述出来,可惜宋国已不足以证实。如足以证实,那么我就能引来作证了。"考察殷代、夏代礼制的增减变化,说:"今后即使是一百代的礼制也是可以预知的,根据是都离不开在文采与质朴之间增减变化。周朝的礼制借鉴于夏、殷两代,文采多么丰富啊!我赞同周朝的礼制。"因此《书传》《礼记》都出自孔氏。

孔子对鲁国太师说:"音乐的概貌是可以预先把握的。乐曲开始演奏,声音十分丰满,展开以后,十分和谐,十分明畅,十分缠绵,一首乐曲到此为止。""我从卫国返回鲁国,才完成了对音乐的研究和整理,《雅》乐、《颂》乐都各自恢复了原来的面貌。"

古时候《诗》有三千多篇,直到孔子,删去其中重复的内容,保留可以用于礼义教化的篇章,最早的选录自商代的始祖契和周代的始祖后稷,其次的内容描述了殷代、周代的盛况,直到反映周幽王、周厉王的腐败从淫乱开始,所以说:"《关雎》全篇作为《风》的开始,《鹿鸣》为《小雅》的开始,《文王》为《大雅》的开始,《清庙》为《颂》的开始。"共三百零五篇,孔子都一一弹琴歌唱,目的在于使它们与《韶》《武》《雅》《倾》之音相符合。

礼乐从此以后才能够得以阐述,用来完善王道,构成六艺(《诗》《书》《礼》《乐》《易》《春秋》)。

孔子晚年喜欢研究《周易》,论述《彖》《系》《象》《说卦》《文言》。他阅读《周易》,编连竹简的皮绳都断了三次。说:"再给我几年时间,如果能这样,我对于《周易》就可以文质兼备了。"

孔子用诗书礼乐进行教授,弟子差不多三千人,身通六艺的有七十二人。像颜浊邹这样的弟子,接受过长期教育的特别多。

孔子从四个方面教育弟子:书本知识,社会实践,待人忠诚,坚守信用。他克服了四种毛病:不主观,不武断,不固执,不自以为是。他十分小心谨慎对待的是:斋戒,战争,疾病。孔子很少谈论功利、命运和仁德。他教育弟子,不到弟子苦苦思索而不得要领的时候,决不进行启发诱导;举一件事而不懂得类推以知道更多方面的事,就不再反复讲解了。

孔子在乡里和街市，恭恭敬敬地好像不善言谈的人。孔子在宗庙和朝廷，谈吐头头是道，只是特别小心谨慎罢了。上朝时，同上大夫说话，态度和颜悦色；同下大夫说话，表情严肃认真。走进朝廷大门，表现得十分恭顺，快步向前，显得格外小心。君主叫他去接待宾客，脸露出庄重的颜色。君主下令召见，不等备车已徒步动身。

鱼腐，肉烂，切割不得法，不吃。座位与身份不符，不坐。在死了亲属的人身旁进餐，从未吃饱过。这一天哭泣过，就不再唱歌。看见穿孝服的人、盲人，即使是孩童，也一定要深表同情。

孔子说："几个人走在一起，肯定可以找到值得我效法的人。""不修养品德，不研究学问，听到正义的言行不能看齐，有错误缺点不能改正，这些都是我最为忧虑的。"如果有人唱歌，唱得很好，他就让人家再唱一遍，然后跟着一起唱。

孔子不谈论怪异、勇力、叛乱、鬼神。

子贡说："老师在诗书礼乐方面的学问，是能够听到的。老师在天道、天性和天命方面的言论是不能够听到的啊。"颜渊十分感慨地叹道："老师的学问十分高深，越抬头看越觉得高，越用力钻研越感到深。看起来好像在前面，忽然间又到后面去了。老师善于有步骤地引导每个人进行学习，他用文化知识来丰富我，用礼仪制度来约束我，使我欲罢不能。已经竭尽我的才力，而老师指引的目标好像仍旧在面前高高耸立。虽然想努力攀登，又不知如何下手才好。"达巷地方的人说："孔子真伟大啊！知识渊博，而不追求某种名声。"孔子听到后说："我做点什么具体工作呢？赶马车吗？射箭吗？我赶马车好了。"牢说："孔子说：'我不被任用，所以懂得不少技艺。'"

鲁哀公十四年（前481）春季，在大野地方狩猎。叔孙氏的车夫钼商获得一头野兽，认为是不祥之物。仲尼看后，说："是麒麟啊。"这才将它取走。孔子说："黄河没有出现图，雒水没有出现书，我这一辈子算完了啊！"颜渊逝世，孔子说："老天不让我活了！"等到西部地区打猎看见麒麟，说："我的主张彻底完了！"十分感慨地叹道："没有人了解我啊！"子贡问："没有人了解您，这是什么意思呢？"孔子回答说："我不是在怨恨天，也不是在归咎人，我一生在广泛学习社会常识并进一步探索治乱的原因，了解我的大概只有天吧！"

孔子说："不降低自己的志向，不使自己的身体遭到侮辱，这就是伯夷和叔齐吧！"又说："柳下惠和少连不仅降低了志向，而且侮辱了身体。"又说："虞仲和夷逸隐居而不发表议论，他们的所作所为与保持纯洁相一致，他们的自暴自弃与遵循权变相符合。"又说："我却与他们不一样，坚持我的主张，进退自如。"

孔子说："不是这样吗，不是这样吗，君子最痛心的是死后而名声不被人称颂啊！我的主张无法推行了，我怎样才能使自己不被后世遗忘呢？"于是根据鲁国史记写作《春秋》，上至隐公，下讫哀公十四年（公元前481），共十二位君主。立足于鲁，亲附于周，溯源于殷，穿插夏、商、周三代。文辞简洁而意旨宏博。因此吴国、楚国的君主自称为王，而《春秋》将它们贬称为"子"；践土会盟实际上是召请周天子，而《春秋》忌讳这件事，说成是"天子在河阳狩猎"。目的在于推广这类主张，用来纠正当代的错误做法，希望贯穿于贬低压抑中的原则，被后代称王天下的君主发扬光大。《春秋》提倡的原则得到施行，那么天下的乱臣贼子就会十分惧怕了。

孔子在位听理诉讼，有的判案文字可与别人共同商量，不是完全由自己决定。至于写作《春秋》,该写的写,该删的删,像子贡这样的弟子也不能参与一句话。弟子学习《春秋》,孔子说:“后代了解我孔丘的是根据《春秋》,而怪罪我孔丘的也是根据《春秋》。”

鲁哀公十五年(公元前480),子路死在卫国。

孔子得病,子贡请求进见。孔子正好将拐杖放在背后悠闲自得地呆在门口,说:“赐,你怎么这样晚才来!”孔子于是十分感叹,唱道:“泰山要毁坏了吧!梁柱要摧折了吧!哲人要病危了吧!”因此泪下。对子贡说:“天下没有德政已经很长时间了,没有人能归心于我。夏朝人将灵柩停放在东边的台阶上,周朝人停放在西边的台阶上,殷朝人停放在两根柱子的中间。昨晚我梦见坐在两根柱子中间受祭奠,我的祖先是殷朝人啊。”过了七天,孔子逝世。

孔子活了七十三岁,在鲁哀公十六年(公元前479年)四月己丑日逝世。

鲁哀公哀悼他说:“老天不发慈悲,连一位老人也不肯暂且留下,抛下我一人管理国家,孤独的我沉浸在痛苦之中。呜呼哀哉!尼父,不要牵挂!”子贡说:“您大概不会在鲁国死去吧!老师的话说:‘礼节丧失就变得昏庸,名分丧失就出现过错。丧失志向是昏庸,丧失本分是过错。’活着的时候不任用,死了以后却哀悼他,是一种无礼行为。自称‘我一人’,不符合自己只是一个诸侯的身份。”

孔子葬于鲁国都城北面的泗水旁,弟子都服丧三年。守丧三年结束,相互告别要离去的时候,就哭起来,各人又竭尽哀悼,有的再次留下。唯有子赣住在墓旁守墓,一共六年,然后离去。弟子及鲁国人前往墓旁落户的有一百多家,因此命名为孔里。鲁国地区世代相传按年节奉祀孔子墓,儒生们也在孔子墓地举行乡饮、大射等礼仪活动。孔了墓大一顷。从前孔子和弟子居处过的堂屋内,后代作为庙宇珍藏孔子用过的衣、帽、琴、车和书籍,直到汉代二百多年延续不绝。汉高祖经过鲁地,用太牢礼祭祀孔子。诸侯卿相到鲁地,常常先拜谒孔庙然后执掌政事。

孔子生孔鲤,字伯鱼。伯鱼活了五十岁,死在孔子之前。

伯鱼生孔伋,字子思,活了六十二岁。曾跟随孔子受困于宋国。子思著有《中庸》。

子思生孔白,字子上,活了四十七岁。子上生孔求,字子家,活了四十五岁。子家生孔箕,字子京,活了四十六岁。子京生孔穿,字子高,活了五十一岁。子高生子慎,活了五十七岁,曾做魏国的辅政大臣。

子慎生孔鲋,活了五十七岁,在陈涉手下做博士,死在陈县。

孔鲋弟弟子襄,活了五十七岁。曾为汉惠帝博士,官至长沙太守,身高九尺六寸。

子襄生孔忠,活了五十七岁。孔忠生孔武。孔武生孔延年和孔安国。孔安国为当今皇帝(汉武帝)博士,官至临淮太守,早逝。安国生孔卬。孔卬生孔欢。

太史公(司马迁)说:“《诗经》中有这样的话:‘道德像高山一样使人敬仰,行为像大路一样供人遵循。’虽然达不到那么高的境界,但心中无时无刻不在向往。我读孔子的书,便想见他的为人。到鲁地,瞻仰仲尼庙堂及其中的车子、服饰和礼器,儒生们按时在孔家学习礼仪,我徘徊流连不忍离去。天下的君王以至于贤人实在太多了,活着的时候十分荣宠,死后便销声匿迹。孔子是一个普通百姓,他的形象流传十几代,学者一直推崇他。从天子王侯起,中国谈论《诗》《书》《礼》《乐》《易》《春秋》等经书的都把孔子的思想作为判断是非的标准,他可以称得上是最伟大的圣人了!”

陈涉世家

【题解】

秦始皇统一中国后,战争频繁、官僚机构庞大,国防建设和土木建筑同时并举,这大大增加了对农民的租赋力役的征发。秦律繁苛、刑罚严峻,国家囚徒多达数十万。秦二世时对农民的剥削和压迫更加惨重,于是爆发了陈胜、吴广领导的农民起义。

陈胜是阳城(今河南商水西南)人,吴广是阳夏(今河南太康)人。秦二世元年(前209),陈胜、吴广率领戍卒九百人北赴渔阳(今北京密云),七月,因雨滞留大泽乡(今安徽宿县境内),不能如期到达渔阳戍地。按秦朝法律,屯戍误期应当斩首。为了求得生存,陈胜、吴广率领戍卒揭竿而起,爆发我国历史上第一次农民大起义。起义军得到了农民的拥护,进至陈县(今河南淮阳)时,人数已达数万。陈胜自立为"张楚王"。分兵三路攻秦,吴广为"假王",西击荥阳,武臣北向攻取赵地,周市进攻魏地。吴广受阻荥阳,陈胜派周文西进攻秦。周文进军到关中的戏(今陕西临潼境内),逼近咸阳。秦二世释放修筑骊山陵墓的刑徒,让少府章邯率领应战,周文军战败。武臣占取了旧赵都城邯郸后,自立为赵王,不服从陈胜的指挥。周市在魏地立旧魏贵族魏咎为魏王,自己任丞相。章邯军连败周文,周文自杀,军队失去战斗能力。章邯东逼荥阳,吴广被部将田臧杀死,田臧率兵西迎秦军,军破身亡。章邯军抵达陈县,陈胜退至下城父(今安徽涡阳东南),被车夫庄贾杀死,陈县失守。陈胜部将吕臣又攻克陈县,杀死庄贾。

从这次农民起义的过程来看,各将领间不够团结,陈胜作为义军领袖,缺乏维系全局的威望,政治和军事经验也是很少的。潜藏民间的六国旧贵族乘义军反秦之机,利用旧时的势力和影响,企图复辟,把义军纳入自己的政治轨道。一些义军将领自立为王,都是受了六国旧贵族的怂恿或影响。这些是义军失败的主要原因。

陈胜领导的农民起义虽然仅仅历时半年,但它却激起了反秦的浪潮,稍后起兵的项羽、刘邦终于推翻了秦王朝,结束了秦朝的暴政。

【原文】

陈胜者,阳城人也,字涉。吴广者,阳夏人也,字叔。陈涉少时,尝与人佣耕,辍耕之垄上,怅恨久之,曰:"苟富贵,无相忘。"佣者笑而应曰:"若为佣耕,何富贵也?"陈涉太息曰:"嗟乎,燕雀安知鸿鹄之志哉!"

二世元年七月,发闾左适戍渔阳,九百人屯大泽乡。陈胜、吴广皆次当行,为屯长。会天大雨,道不通,度已失期。失期,法皆斩。陈胜、吴广乃谋曰:"今亡亦死,举大计亦死;等死,死国可乎?"陈胜曰:"天下苦秦久矣。吾闻二世少子也,不当立,当立者乃公子扶苏。扶苏以数谏故,上使外将兵。今或闻无罪,二世杀之。百姓多闻其贤,未知其死也。项燕为楚将,数有功,爱士卒。楚人怜之;或以为死,或以为亡。今诚以吾众诈自称公子扶苏、项燕,为天下唱,宜多应者。"吴广以为然。乃行卜。卜者知其指意,曰:"足下事皆成,有功。然足下卜之鬼乎?"陈胜、吴广喜,念鬼,曰:"此教我先威众耳。"乃丹书帛曰“陈胜王”，置人所罾鱼腹中。卒买鱼烹食，得鱼腹中书，固以怪之矣。又间令吴广之次所旁丛祠中，夜篝火，狐鸣呼曰：“大楚兴，陈胜王。”卒皆夜惊恐。旦日，卒中往往语，皆指目陈胜。

吴广素爱人，士卒多为用者。将尉醉，广故数言欲亡，忿恚尉，令辱之，以激怒其众。尉果笞广。尉剑挺，广起，夺而杀尉。陈胜佐之，并杀两尉。召令徒属曰：“公等遇雨，皆已失期，失期当斩。藉弟令毋斩，而戍死者固十六七。且壮士不死即已，死即举大名耳，王侯将相宁有种乎！”徒属皆曰：“敬受命。”乃诈称公子扶苏、项燕，从民欲也。袒右，称大楚。为坛而盟，祭以尉首。陈胜自立为将军，吴广为都尉。攻大泽乡，收而攻蕲。蕲下，乃令符离人葛婴将兵徇蕲以东。攻铚、酂、苦、柘、谯皆下之。行收兵。比至陈，车六七百乘，骑千余，卒数万人。攻陈，陈守令皆不在，独守丞与战谯门中。弗胜，守丞死，乃入据陈。数日，号令召三老、豪杰与皆来会计事。三老、豪杰皆曰：“将军身被坚执锐，伐无道，诛暴秦，复立楚国之社稷，功宜为王。”陈涉乃立为王，号为张楚。

当此时，诸郡县苦秦吏者，皆刑其长吏，杀之以应陈涉。乃以吴叔为假王，监诸将以西击荥阳。令陈人武臣、张耳、陈余徇赵地，令汝阴人邓宗徇九江郡。当此时，楚兵数千人为聚者，不可胜数。

葛婴至东城，立襄强为楚王。婴后闻陈王已立，因杀襄强，还报，至陈，陈王诛杀葛婴。陈王令魏人周市北徇魏地。吴广围荥阳。李由为三川守，守荥阳，吴叔弗能下。陈王征国之豪杰与计，以上蔡人房君蔡赐为上柱国。

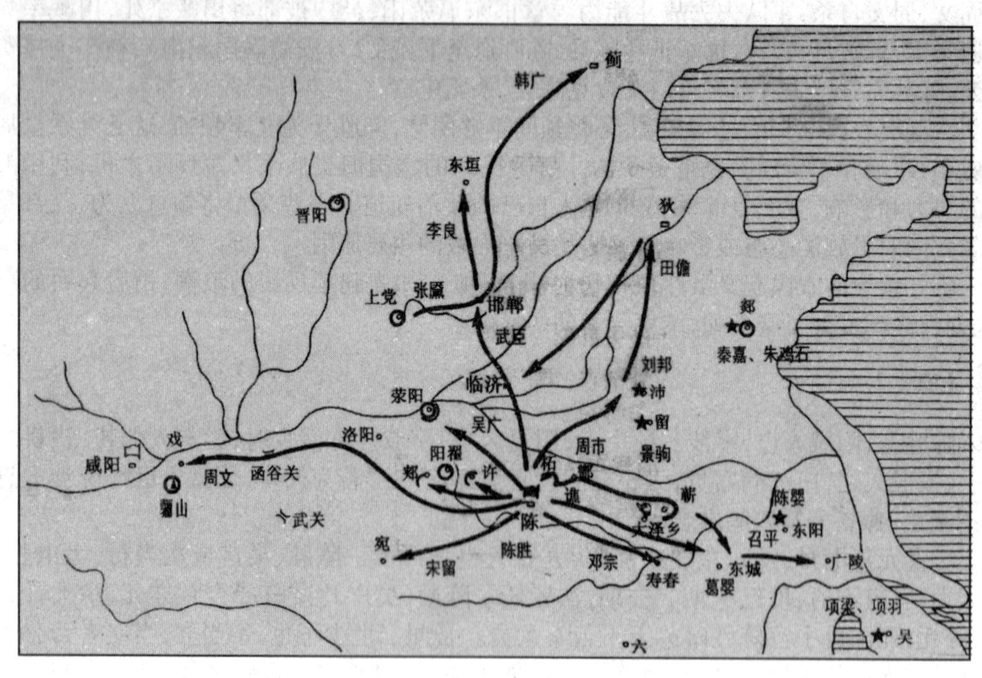

陈胜、吴广起义军进军路线图

周文，陈之贤人也，尝为项燕军视日，事春申君，自言习兵，陈王与之将军印，西击秦。

行收兵至关，车千乘，卒数十万，至戏，军焉。秦令少府章邯免骊山徒、人奴产子生，悉发以击楚大军，尽败之。周文败，走出关，止次曹阳二三月。章邯追败之，复走次渑池十余日。章邯击，大破之。周广自刭，军遂不战。

武臣到邯郸，自立为赵王，陈余为大将军，张耳、召骚为左右丞相。陈王怒，捕系武臣等家室，欲诛之。柱国曰："秦未亡而诛赵王将相家属，此生一秦也。不如因而立之。"陈王乃遣使者贺赵，而徙系武臣等家属宫中，而封耳子张敖为成都君，趣赵兵亟入关。赵王将相相与谋曰："王王赵，非楚意也。楚已诛秦，必加兵于赵。计莫如毋西兵，使使北徇燕地以自广也。赵南据大河，北有燕、代，楚虽胜秦，不敢制赵。若楚不胜秦，必重赵。赵乘秦之弊，可以得志于天下。"赵王以为然，因不西兵，而遣故上谷卒史韩广将兵北徇燕地。

燕故贵人豪杰谓韩广曰："楚已立王，赵又已立王。燕虽小，亦万乘之国也，愿将军立为燕王。"韩广曰："广母在赵，不可。"燕人曰："赵方西忧秦，南忧楚，其力不能禁我。且以楚之强，不敢害赵王将相之家，赵独安敢害将军之家！"韩广以为然，乃自立为燕王。居数月，赵奉燕王母及家属归之燕。

当此之时，诸将之徇地者，不可胜数。周市北徇地至狄，狄人田儋杀狄令，自立为齐王，以齐反击周市。市军散，还至魏地，欲立魏后故宁陵君咎为魏王。时咎在陈王所。不得之魏。魏地已定，欲相与立周市为魏王，周市不肯。使者五反，陈王乃立宁陵君咎为魏王，遣之国。周市卒为相。

将军田臧等相与谋曰："周章军已破矣，秦兵旦暮至，我围荥阳城弗能下，秦军至，必大败。不如少遗兵，足以守荥阳，悉精兵迎秦军。今假王骄，不知兵权，不可与计，非诛之，事恐败。"因相与矫王令以诛吴叔，献其首于陈王。陈王使使赐田臧楚令尹印，使为上将。田臧乃使诸将李归等守荥阳城，自以精兵西迎秦军于敖仓。与战，田臧死，军破。章邯进兵击李归等荥阳下，破之，李归等死。

阳城人邓说将兵居郏，章邯别将击破之，邓说军散走陈。铚人伍徐将兵居许，章邯击破之，伍徐军皆散走陈。陈王诛邓说。

陈王初立时，陵人秦嘉、铚人董绁、符离人朱鸡石、取虑人郑布、徐人丁疾等皆特起，将兵围东海守庆于郯。陈王闻，乃使武平君畔为将军，监郯下军。秦嘉不受命，嘉自立为大司马，恶属武平君。告军吏曰："武平君年少，不知兵事，勿听！"因矫以王命杀武平君畔。

章邯已破伍徐，击陈，柱国房君死。章邯又进兵击陈西张贺军，陈王出监战，军破，张贺死。

腊月，陈王之汝阴，还至下城父，其御庄贾杀以降秦。陈胜葬砀，谥曰"隐王"。

陈王故涓人将军吕臣为仓头军，起新阳，攻陈下之，杀庄贾，复以陈为楚。

初，陈王至陈，令铚人宋留将兵定南阳，入武关。留已徇南阳，闻陈王死，南阳复为秦。宋留不能入武关，乃东至新蔡，遇秦军，宋留以军降秦。秦传留至咸阳，车裂留以徇。

秦嘉等闻陈王军破出走，乃立景驹为楚王，引兵之方与，欲击秦军定陶下，使公孙庆使齐王，欲与并力俱进。齐王曰："闻陈王战败，不知其死生，楚安得不请而立王！"公孙庆曰："齐不请楚而立王，楚何故请齐而立王！且楚首事，当令于天下。"田儋诛杀公孙庆。

秦左右校复攻陈，下之。吕将军走，收兵复聚。鄱盗当阳君黥布之兵相收，复击秦左右校，破之青波，复以陈为楚。会项梁立怀王孙心为楚王。

陈胜王凡六月。已为王，王陈。其故人尝与佣耕者闻之，之陈，扣宫门曰："吾欲见涉。"宫门令欲缚之。自辩数，乃置，不肯为通。陈王出，遮道而呼"涉"。陈王闻之，乃召见，载与俱归。入宫，见殿屋帷帐，客曰："夥颐！涉之为王沉沉者！"楚人谓"多"为"夥"，故天下传之；"夥涉为王"，由陈涉始。客出入愈益发舒，言陈王故情。或说陈王曰："客愚无知，颛妄言，轻威。"陈王斩之。诸陈王故人皆自引去，由是无亲陈王者。陈王以朱房为中正，胡武为司过，主司群臣。诸将徇地，至，令之不是者，系而罪之，以苛察为忠。其所不善者，弗下吏，辄自治之。陈王信用之。诸将以其故不亲附，此其所以败也。

陈胜虽已死，其所置遣侯王将相竟亡秦，由涉首事也。高祖时为陈涉置守冢三十家砀，至今血食。

褚先生曰：地形险阻，所以为固也；兵革刑法，所以为治也。犹未足恃也。夫先王以仁义为本，而以固塞文法为枝叶，岂不然哉！吾闻贾生之称曰：

"秦孝公据殽函之固，拥雍州之地，君臣固守，以窥周室。有席卷天下，包举宇内，囊括四海之意，并吞八荒之心。当是时也，商君佐之，内立法度，务耕织，修守战之备；外连衡而斗诸侯。于是秦人拱手而取西河之外。

"孝公既没，惠文王、武王、昭王蒙故业，因遗策，南取汉中，西举巴蜀，东割膏腴之地，收要害之郡。诸侯恐惧，会盟而谋弱秦。不爱珍器重宝肥饶之地，以致天下之士。合从缔交，相与为一。当此之时，齐有孟尝，赵有平原，楚有春申，魏有信陵：此四君者，皆明知而忠信，宽厚而爱人，尊贤而重士。约从连衡，兼韩、魏、燕、赵、宋、卫、中山之众。于是六国之士有宁越、徐尚、苏秦、杜赫之属为之谋，齐明、周最、陈轸、邵滑、楼缓、翟景、苏厉、乐毅之徒通其意，吴起、孙膑、带他、倪良、王廖、田忌、廉颇、赵奢之伦制其兵。尝以什倍之地，百万之师，仰关而攻秦。秦人开关而延敌，九国之师遁逃而不敢进。秦无亡矢遗镞之费，而天下固已困矣。于是从散约败，争割地而赂秦。秦有余力而制其弊，追亡逐北，伏尸百万，流血漂橹，因利乘便，宰割天下，分裂山河，强国请服，弱国入朝。

"施及孝文王、庄襄王，享国之日浅，国家无事。

"及至始皇，奋六世之余烈，振长策而御宇内。吞二周而亡诸侯，履至尊而制六合，执敲朴以鞭笞天下，威震四海。南取百越之地，以为桂林、象郡，百越之君俯首系颈，委命下吏。乃使蒙恬北筑长城而守藩篱，却匈奴七百余里，胡人不敢南下而牧马，士亦不敢贯弓而报怨。于是废先王之道，燔百家之言，以愚黔首。堕名城，杀豪俊，收天下之兵聚之咸阳，销锋鍉，铸以为金人十二，以弱天下之民。然后践华为城，因河为池，据亿丈之城，临不测之溪以为固。良将劲弩，守要害之处，信臣精卒，陈利兵而谁何。天下已定，始皇之心，自以为关中之固，金城千里，子孙帝王万世之业也。

"始皇既没，余威振于殊俗。然而陈涉瓮牖绳枢之子，甿隶之人，而迁徙之徒也。材能不及中人，非有仲尼、墨翟之贤，陶朱、猗顿之富也。蹑足行伍之间，俯仰仟佰之中，率疲散之卒，将数百之众，转而攻秦。斩木为兵，揭竿为旗，天下云会响应，赢粮而景从，山东豪俊遂并起而亡秦族矣。

"且天下非小弱也；雍州之地，殽函之固自若也。陈涉之位，非尊于齐、楚、燕、赵、韩、魏、宋、卫、中山之君也；锄耰棘矜，非铦于句戟长铩也；适戍之众，非俦于九国之师也；深谋远虑，行军用兵之道，非及向时之士也。然而成败异变，功业相反也。尝试使山东之国与陈涉度长大，比权量力，则不可同年而语矣。然而秦以区区之地，致万乘之权，抑八州而朝同列，百有余年矣。然后以六合为家，殽函为宫。一夫作难而七庙堕，身死人手，为天下笑者，何也？仁义不施，而攻守之势异也。”

【译文】

陈胜，阳城人，字涉。吴广，阳夏人，字叔。陈涉年轻的时候，曾和别人雇佣给人家耕田。有次耕田停下来，来到田埂上，愤愤不平了很久，说：“如果富贵了，不要相互忘记了。”一起受雇的伙伴笑着回答说：“你是受雇耕田的，有什么富贵？”陈涉长叹说：“唉！燕雀哪里知道鸿鹄的志向啊！”

秦二世元年七月，征发闾里左侧的贫民去戍守渔阳，有九百人，驻屯在大泽乡。陈胜、吴广都编在队伍中，作屯长。正赶上天下大雨，道路不通，估计已经耽误了应该到达的期限。误了期限，根据法律要斩首。陈胜、吴广就合计说：“现在逃亡也是死，干一番大事也是死，同样是死，为国家大事而死不是好些吗？”陈胜说：“天下人受秦朝之苦已经很久了。我听说二世皇帝是小儿子，不应当继位，该继位的是公子扶苏。扶苏因为多次劝谏的缘故，始皇派他在外统领军队。现在有人听说他没有罪过，二世杀死了他。百姓大多听说他贤能，不知道他已经死去。项燕作楚国将军，屡有战功，爱护士卒，楚国人爱戴他。有人认为他死了，有人认为他逃亡了。如今我们诈称公子扶苏、项燕，为天下的带头人，应该有很多响应的人。”吴广认为是对的。于是进行占卜。占卜的人知道他们的意图，说：“先生的事情都可行，有大的业绩。然而先生向鬼卜问了吗？”陈胜、吴广很高兴，考虑向鬼卜问的事，说：“这是教我首先取威于群众。”于时就用朱砂在帛上书写“陈胜王”，放入人家网到的鱼肚子里。戍卒买回鱼煮着吃，得到鱼肚子中的帛书，已经感到奇怪了。陈胜又私下让吴广到驻地旁丛林中神庙去，夜间燃起篝火，学着狐狸嗥叫，说：“大楚兴，陈胜王。”戍卒都夜间惊惧恐慌。第二天早晨，戍卒中到处议论，都指指点点地看着陈胜。

吴广素来关心别人，戍卒中很多人都听从他使唤。带队的县尉喝醉了，吴广故意一再扬言想要逃走，使县尉生气，让他侮辱自己，以便激怒众人。县尉果然鞭笞吴广。县尉拔出剑来，吴广奋起，夺下剑，杀死了县尉。陈胜帮助吴广，合力杀死两名县尉，召集徒众宣告说：“诸位遇上大雨，都已经误了期限，误了期限应当斩首。即使不斩首，而戍边死去的本来就十有六七。况且壮士不死则已，死就造就鼎鼎大名，王侯将相难道是天生的种吗？”徒众都说：“恭敬地接受命令。”于是诈称公子扶苏、项燕，顺从民众的意愿。大家裸露右臂，号称“大楚”。修筑高坛盟誓，用县尉的首级作祭品。陈胜自立为将军，吴广作都尉，进攻大泽乡，招集士卒，攻打蕲县。攻下蕲县，就派符离人葛婴率军攻略蕲县以东地区，进攻铚、酂、苦、柘、谯地，都攻了下来。行进中招收士卒。等到抵达陈县，已有战车六七百辆，骑兵一千余人，步兵数万人。进攻陈县，陈县县令不在，只有县丞与陈胜军队在谯门中交战，没有取胜，县丞死了，陈胜军队便进城占领了陈县。过了几天，下令召集三老、豪杰都来集会商议事情。三老、豪杰都说：“将军身披铠甲，手执锐利武器，讨伐无道，消灭暴秦，重建楚国，根据功劳应该称王。”陈涉便自立为王，国号为“张楚”。

这时，各郡县受苦于秦朝官吏的，都惩处他们的长官，杀死长官，响应陈涉。于是让吴广为“假王”，督率各将领西进，攻打荥阳。命令陈县人武臣、张耳、陈余攻略赵地，命令汝阴人邓宗攻略九江郡。在这个时候，楚地义兵数千人相聚集的，数不胜数。

葛婴到达东城，拥立襄强为楚王。葛婴后来听说陈胜已经立为王，便杀了襄强，回来报告陈胜。到达陈县，陈王杀死了葛婴。陈王命令魏人周市北进攻略魏地。吴广围攻荥阳。李由为三川郡守，守卫荥阳，吴广没有攻下来。陈王召集国内豪杰，与他们商讨对策，用上蔡人房君蔡赐为上柱国。

周文是陈县的贤人，曾为项燕军队中占卜时日的官吏，事奉过春申君，自称谙习军事，陈王授给他将军印，西进攻打秦朝。行军途中招收兵马，抵达函谷关，拥有战车一千辆，士卒数十万，到达戏亭，驻扎下来。秦朝派少府章邯赦免骊山的刑徒、奴婢之子，全部调发以攻击楚大军，全都打败了他们。周文败退，逃出函谷关，停止驻扎在曹阳两三个月。章邯追击，大败楚军，周文又逃走，驻扎渑池十多天。章邯进击，大破楚军。周文自杀，军队便失去了战斗力。

武臣到达邯郸，自立为赵王，陈余为大将军，张耳、召骚为左右丞相。陈王大怒，逮捕关押了武臣等人的家眷，想要杀死他们。柱国蔡赐说："秦朝没有灭亡，而处死赵将相的家眷，这等于又出现了一个秦朝，不如乘势封立他。"陈王便派遣使者祝贺赵国，而把武臣等人家眷移禁在宫中，而封张耳的儿子张敖为成都君，催促赵军迅速进入函谷关。赵王将相共同商量说："大王称王赵地，不是楚国的意愿。楚国消灭了秦朝，一定用兵于赵。如今之计，莫过于不向西进军，派遣使者北去攻略燕地，自我扩充领土。赵国南面扼守大河，北面拥有燕、代地区，楚国虽然战胜了秦朝，也不敢制服赵国。如果楚国没有战胜秦朝，一定会重视赵国。赵国乘秦朝衰败，可以在天下实现自己的志向。"赵王认为正确，因而不向西进军，而派遣原来的上谷郡卒史韩广统率军队北去攻略燕地。

燕国旧贵族豪杰对韩广说："楚地已经立王，赵地也已立王。燕地虽然狭小，也是拥有一万辆兵车的国家，希望将军立为燕王。"韩广说："我的母亲在赵国，不能自立为王。"燕地的人说："赵国正西面害怕秦朝，南面害怕楚国，它的力量不能限制我们。况且，以楚国的强大，还不敢杀害赵王将相家眷，赵国怎么独敢杀害将军的家眷！"韩广认为说得对，于是，自立为燕王。过了几个月，赵国把燕王的母亲和家眷送归燕国。

在这个时候，各将领攻城略地的，数不胜数。周市向北略地到达狄县，狄县人田儋杀死狄县县令，自立为齐王，凭借齐地抗击周市。周市军队溃散，回到魏地，想要拥立原魏国后裔宁陵君咎为魏王。当时咎正在陈王那里，不能前往魏国。魏地已经平定，打算一起立周市为魏王，周市不同意。使者五次往返于陈王和魏之间，陈王才封立宁陵君咎为魏王，遣送他就国。周市最后做了相。

将军田臧等人共同谋划说："周章的军队已经崩溃，秦朝军队早晚间就要来到，我们围攻荥阳城，不能攻克，秦军一到，必然大败。不如留下少量部队，够包围荥阳的，用全部精兵迎击秦军。现在假王吴广骄横，不懂得用兵的权谋，无法和他商议，不杀了他，事情恐怕要失败。"因而一起假借陈王的命令杀死了吴叔，把首级献给陈王。陈王派遣使者赐给田臧楚国令尹官印，任命他为上将军。田臧便派部将李归等人驻守荥阳城，自己率领精兵西去迎击秦军于敖仓。与秦军交战，田臧战死，军队溃败。章邯在荥阳城下进军攻击李归等人，打垮了他们，李归等人战死。

阳城人邓说率军驻扎郯地，章邯部将击溃了他，邓说的军队散乱地逃到陈县。陈王处死了邓说。

陈王刚立为王时，陵县人秦嘉、铚县人董继、符离人朱鸡石、取虑人郑布、徐人丁疾等都异军突起，率兵围攻东海郡守庆于郯城。陈王听到了，就派武平君畔为将军，督率郯城下的军队。秦嘉拒不受命，自立为大司马，不愿隶属武平君。他告诉军吏说："武平君年轻，不懂军事，不要听他的！"便假借陈王的命令杀死了武平君畔。

章邯已经打垮了伍徐，进攻陈县。上柱国房君蔡赐战死。章邯又进军攻击陈县西侧的张贺军队。陈王出来督战，军队溃败，张贺战死。

十二月，陈王去汝阴，又回到下城父，他的驾车人庄贾杀害了他投降秦朝。陈胜埋葬在砀县，谥号"隐王"。

陈王旧时的侍从，即将军吕臣组建了青巾裹头的苍头军，奋起新阳，攻克了陈县，杀死庄贾，又把陈县作为楚国的地域。

当初，陈王到达陈县，命令铚县人宋留率兵平定南阳，进入武关。宋留已经略定南阳，听说陈王死了，南阳又归向秦朝。宋留不能进入武关，便向东到达新蔡，遇上秦军，宋留率军投降秦朝。秦朝用传车押送宋留到咸阳，把宋留车裂示众。

秦嘉等人听说陈王军队溃败逃走，就立景驹为楚王，率军前往方与，打算在定陶城下攻击秦军。派公孙庆出使齐王，想要与齐王联合起来共同进军。齐王说："听说陈王战败，不知道生死情况，楚国怎么不请示我们而自立为王！"公孙庆说："齐国不请示楚国而立王，楚国有什么理由请示齐国而立王！况且楚国首先起事，应该号令天下。"田儋杀死了公孙庆。

秦军左右校尉又进击陈县，攻克了县城。吕将军逃走，招收兵众，又聚结起来。在鄱阳为盗的当阳君黥布的军队与吕将军汇合，又进击秦军左右校尉，在青波打败了他们，再度把陈归为楚国。恰好这时项梁拥立楚怀王的孙子心为楚王。

陈胜称王共六个月。称王后，把陈县作为王都。他曾与一起作雇农的旧友听说这件事，来到陈县，敲打宫门说："我想见见陈涉。"宫门令想把他捆绑起来。他一再解释，才放开他，不肯为他通报。陈王出来了，他拦路大喊陈涉。陈王听到喊声，就召见了他，让他乘车一道回宫。进入王宫，看到殿堂帷帐，客人说："夥矣！陈涉做了王，宫殿多么深邃啊！"楚地喊叫"多"为"夥"，所以天下流传开来，"夥涉为王"这句话，是从陈涉开始的。客人进进出出愈益放肆，谈论陈王的往事。有人劝陈王说："客人愚昧无知，专门胡说八道，这会有损您的威信。"陈王杀了客人。陈王的旧友都自行离去，从此没有亲近陈王的人了。陈王任用朱房担任中正，胡武担任司过，主管督察群臣。各将领攻城略地，回来后，不听从他们的命令，便逮捕问罪，把苛刻严察看作忠诚。他们不喜欢的人，不交给司法官吏处治，就由他们亲自惩处。陈王信任并重用他们。各将领因为这个缘故不亲附陈王，这是陈王失败的原因。

陈胜虽然已经死了，他所封立、派遣的王侯将相终于消灭了秦朝，这是由于陈涉首先发难。高祖时，在砀县为陈涉安排三十户人家守坟，到现在杀牲祭祀。

褚先生说：地形险要阻塞，是用来巩固防务的；武器装备和刑法制度，是用来治理国家的。这些还不足以依恃。先王以仁义作为根基，而把坚固的城池要塞作为细枝末节，事情难道不是这样吗！我听贾生说过：

"秦孝公据守澧崤山、函谷关这样坚固的地方，拥有雍州地域，君臣坚守自己的国土，窥视周朝的政权，有席卷天下、包卷宇内、囊括四海的意图，吞并八方的心愿。在这个时候，商君辅佐秦孝公，对内建立法治和各种制度，致力于耕织，整修攻守的武器，对外实行连衡，使诸侯互相争斗，于是秦国人轻而易举地取得了西河以外的土地。”

“秦孝公死后，惠文王、武王、昭王继承旧业，沿用遗留下来的策略，向南夺取了汉中，向西占领了巴、蜀，向东割取了肥沃的土地。获得了地势险要的郡县。诸侯恐惧，结为同盟商量削弱秦国。不吝惜奇珍异宝和肥饶的土地，用来罗致天下之士，合纵缔盟，互相结合在一起。这时，齐国有孟尝君，赵国有平原君，楚国有春申君，魏国有信陵君，这四位封君都明智忠信，宽厚爱人，尊贤重士。各国联合结盟，集合了韩、魏、燕、赵、宋、卫、中山的士卒。当时六国之士有宁越、徐尚、苏秦、杜赫这一类人为各国出谋划策，齐明、周最、陈轸、邵滑、楼缓、翟景、苏厉、乐毅这一伙人沟通各国的意见，吴起、孙膑、带他、倪良、王廖、田忌、廉颇、赵奢这一批人训练和统率各国的军队。常常用十倍于秦的土地，上百万大军，仰攻函谷关，进击秦国。秦人开关引进敌军，九国军队逍逃而不敢前进。秦国没有一箭一镞的耗费，而天下诸侯已处于困境。于是合纵瓦解，盟约废弃，争先恐后地割地贿赂秦国。秦国有余力利用各国的短处，追赶败北逃亡的敌人，使百万尸体横卧在地，流血把大盾都漂浮了起来。趁着战争胜利的便利条件，宰割天下诸侯，分裂各国领土，强国请求归附，弱国入秦朝拜。”

“延续到孝文王、庄襄王，在位时间短暂，国家没有发生重大事情。”

“到了秦始皇，发扬六代先王遗留下来的功业，挥舞长鞭，驾驭天下，兼并了西周、东周，消灭了各国诸侯，登上帝位，控制天地四方，手执刑杖来抽打天下，威振四海。向南取得百越地区，设置了桂林、象郡，百越的君主低着头，用绳子系着脖子，任凭秦朝官吏处置。又派蒙恬到北方修筑长城，守卫边界，使匈奴退却七百多里，胡人不敢南下放牧马匹，武士不敢挽弓复仇。于是废除古代先王的原则，烧毁诸子百家的典籍，以此来愚弄平民百姓。摧毁六国名城，杀死豪杰俊士，收缴全国的兵器，集中在咸阳，把这些兵器销毁，铸造成十二个铜人，以此来削弱天下百姓的反抗力量。然后依据华山作为城垣，凭借黄河作为城池，据守高达亿丈的坚城，下临深不可测的溪流作为固守的屏障。优秀的将领和强劲的弓弩手，把守要害之地，忠实的大臣和精锐的士卒，摆开锐利的武器，谁也无可奈何。天下已经安定，始皇的心里，自认为关中地方的坚固，就像有千里铜墙铁壁，子子孙孙可以万世继承的帝王基业。”

“始皇已经死了，余威还远振四夷。然而陈涉是用破瓮做窗户、用绳捆门轴的穷人家子弟，为人庸耕的农民，而又是流徙之徒，才能赶不上一个中等人，没有仲尼、墨翟那样的贤明，陶朱、猗顿那样的富有。置身士卒行列之间，劳作于田野之中，率领疲惫散乱的士卒，带领几百个徒众，转身攻秦。砍断树木作为兵器，高举竹竿当作旗帜，天下百姓云集，响应陈涉，携带着粮食，如影相随，山东豪杰同时并起，消灭了秦的宗族。”

“况且秦国并不弱小，雍州的领土，崤山、函谷关的险固，还是和从前一样。陈涉的地位，并不比齐、楚、燕、赵、韩、魏、宋、卫、中山的君主尊贵；锄把戟柄，并不比钩戟长矛锋利；被遣送远方戍守的一群人，并不能与九国的军队相抗衡；深谋远虑，行军用兵的方法，比不上过去的谋士。然而成败情况大不相同，所建立的功业截然相反。如果拿山东各诸侯国与陈涉比较长短大小，衡量权势和力量，则是不能相提并论的。然而秦国凭借小小的一块领土，达到拥有万辆兵车的势力，抑制八州，而使各国诸侯朝贡，这已有一百多年了。最后把天地四方作为自己的家私，用崤山、函谷关作为宫垣。但是，一人发难，宗庙全部毁灭，生命死在别人手中，被天下人笑话，这是为什么呢？是因为不施行仁义，进攻和退守的形势就不同了。”

老子、庄子、韩非传

【题解】

本篇传记载录了老子、庄子、申不害和韩非的生平事迹。

老子，姓李，名耳，字聃，春秋时楚国苦县（今河南鹿邑东）人。做过周朝藏书室的史官，后隐居。著有《老子》（又名《道德经》），是道家学派的创始人。也有人说老子是老莱子或太史儋的，但司马迁也弄不清这些说法是对还是错。

庄子（约前369~前286），名周，战国时宋国蒙（今河南商丘市东北）人。做过蒙地的漆园吏，曾拒绝楚威王的聘任。著有《庄子》，推崇老子而排斥儒、墨。

申不害（约前385~前337），战国时郑国京（今郑州市西南）人。曾为韩昭侯相十五年，推行法治，使国治兵强。著有《申子》，今仅有辑本。

韩非（约前280~前233），出身韩国贵族。曾建议韩王变法，未被任用。他的著作受到秦王政的赞赏。他与李斯同是荀子的学生，后出使秦国，遭李斯陷害，死在狱中。著有《韩非子》。司马迁对他的死特别感到悲伤。

【原文】

老子者，楚苦县厉乡曲仁里人也，姓李氏，名耳，字聃，周守藏室之史也。

孔子适周，将问礼于老子。老子曰：“子所言者，其人与骨皆已朽矣，独其言在耳。且君子得其时则驾，不得其时则蓬累而行。吾闻之，良贾深藏若虚，君子盛德，容貌若愚。去子之骄气与多欲，态色与淫志，是皆无益于子之身。吾所以告子，若是而已。”孔子去，谓弟子曰：“鸟，吾知其能飞；鱼，吾知其能游；兽，吾知其能走。走者可以为罔，游者可以为纶，飞者可以为矰。至于龙，吾不能知，其乘风云而上天。吾今日见老子，其犹龙邪！”

老子修道德，其学以自隐无名为务。居周久之，见周之衰，乃遂去。至关，关令尹喜曰：“子将隐矣，强为我著书。”于是老子乃著书上下篇，言道德之意五千余言而去，莫知其所终。

或曰老莱子亦楚人也，著书十五篇，言道家之用，与孔子同时云。

盖老子百有六十余岁，或言二百余岁，以其修道而养寿也。

自孔子死之后百二十九年，而史记周太史儋见秦献公曰：“始秦与周合，合五百岁而离，离七十岁而霸王者出焉。”或曰儋即老子，或曰非也，世莫知其然否。

老子，隐君子也。

老子之子名宗，宗为魏将，封于段干。宗子注，注子宫，宫玄孙假。假仕于汉孝文帝，而假之子解为胶西王卬太傅，因家于齐焉。

世之学老子者则绌儒学，儒学亦绌老子。“道不同不相为谋”，岂谓是邪？

李耳无为自化，清静自正。

庄子者，蒙人也，名周。周尝为蒙漆园吏，与梁惠王、齐宣王同时。其学无所不窥，然其要本归于老子之言。故其著书十余万言，大抵率寓言也。作《渔父》《盗跖》《胠箧》以诋訾孔子之徒，以明老子之术。《畏累虚》《亢桑子》之属，皆空语无事实。然善属书离辞，指事类情，用剽剥儒、墨，虽当世宿学不能自解免也。其言洸洋自恣以适己，故自王公大人不能器之。

老子

楚威王闻庄周贤，使使厚币迎之，许以为相。庄周笑谓楚使者曰："千金，重利；卿相，尊位也。子独不见郊祭之牺牛乎？养食之数岁，衣以文绣，以入大庙。当是之时，虽欲为孤豚，岂可得乎？子亟去，无污我。我宁游戏污渎之中自快，无为有国者所羁，终身不仕，以快吾志焉。"

申不害者，京人也，故郑之贱臣。学术以干韩昭侯，昭侯用为相。内修政教，外应诸侯，十五年。终申子之身，国治兵强，无侵韩者。

申子之学本于黄老而主刑名。著书二篇，号曰《申子》。

韩非者，韩之诸公子也。喜刑名法术之学，而其归本于黄老。非为人口吃，不能道说，而善著书。与李斯俱事荀卿，斯自以为不如非。

非见韩之削弱，数以书谏韩王，韩王不能用。于是韩非疾治国不务修明其法制，执势以御其臣下，富国强兵而以求人任贤，反举浮淫之蠹而加之于功实之上。以为儒者用文乱法，而侠者以武犯禁。宽则宠名誉之人，急则用介胄之士。今者所养非所用，所用非所养。悲廉直不容于邪枉之臣，观往者得失之变，故作《孤愤》《五蠹》《内外储》《说林》、《说难》十余万言。

然韩非知说之难，为《说难》书甚具，终死于秦，不能自脱。

《说难》曰：

凡说之难，非吾知之有以说之难也，又非吾辩之难能明吾意之难也，又非吾敢横失能尽之难也。凡说之难，在知所说之心，可以吾说当之。

所说出于为名高者也，而说之以厚利，则见下节而遇卑贱，必弃远矣。所说出于厚利者也，而说之以名高，则见无心而远事情，必不收矣。所说实为厚利而显为名高者也，而说之以名高，则阳收其身而实疏之；若说之以厚利，则阴用其言而显弃其身。此之不可不知也。

夫事以密成，语以泄败。未必其身泄之也，而语及其所匿之事，如是者身危。贵人有过端，而说者明言善议以推其恶者，则身危。周泽未渥也而语极知，说行而有功则德亡，说不行而有败则见疑，如是者身危。夫贵人得计而欲自以为功，说者与知焉，则身危。彼显有所出事，乃自以为也故，说者与知焉，则身危。强之以其所必不为，止之以其所不能已者，身危。故曰：与之论大人，则以为间己；与之论细人，则以为粥权；论其所爱，则以为借资；论其所憎，则以为尝己。径省其辞，则不知而屈之；泛滥博文，则多而久之。顺事陈意，则曰怯懦而不尽；虑事广肆，则曰草野而倨侮。此说之难，不可不知也。

凡说之务，在知饰所说之所敬，而灭其所丑。彼自知其计，则毋以其失穷之；自勇其断，则毋以其敌怒之；自多其力，则毋以其难概之。规异事与同计，誉异人与同行者，则以饰之无伤也。有与同失者，则明饰其无失也。大忠无所拂悟，辞言无所击排，乃后申其辩知焉。此所以亲近不疑，知尽之难也。得旷日弥久，而周泽既渥，深计而不疑，交争而不罪，乃明计利害以致其功，直指是非以饰其身，以此相持，此说之成也。

伊尹为庖，百里奚为虏，皆所由干其上也。故此二子者，皆圣人也，犹不能无役身而涉世如此其汙也，则非能仕之所设也。

宋有富人，天雨墙坏。其子曰"不筑且有盗"，其邻人之父亦云。暮而果大亡其财。其家甚知其子而疑邻人之父。昔者郑武公欲伐胡，乃以其子妻之。因问群臣曰："吾欲用兵，谁可伐者？"关其思曰："胡可伐。"乃戮关其思，曰："胡，兄弟之国也，子言伐之，何也？"胡君闻之，以郑为亲己而不备郑。郑人袭胡，取之。此二说者，其知皆当矣，然而甚者为戮，薄者见疑。非知之难也，处知则难矣。

昔者弥子瑕见爱于卫君。卫国之法，窃驾君车者罪至刖。既而弥子之母病，人闻，往夜告之。弥子矫驾君车而出。君闻之而贤之曰："孝哉，为母之故而犯刖罪！"与君游果园，弥子食桃而甘，不尽而奉君，君曰："爱我哉，忘其口而念我！"及弥子色衰而爱弛，得罪于君。君曰："是尝矫驾吾车，又尝食我以其余桃。"故弥子之行未变于初也，前见贤而后获罪者，爱憎之至变也。故有爱于主，则知当而加亲；见憎于主，则罪当而加疏。故谏说之士不可不察爱憎之主而后说之矣。夫龙之为虫也，可扰狎而骑也。然其喉下有逆鳞径尺，人有婴之，则必杀人。人主亦有逆鳞，说之者能无婴人主之逆鳞，则几矣。

人或传其书至秦。秦王见《孤愤》《五蠹》之书，曰："嗟乎，寡人得见此人与之游，死不恨矣！"李斯曰："此韩非之所著书也。"秦因急攻韩。韩王始不用非，及急，乃遣非使秦。秦王悦之，未信用。李斯、姚贾害之，毁之曰："韩非，韩之诸公子也。今王欲并诸侯，非终为韩不为秦，此人之情也。今王不用，久留而归之，此自遗患也，不如以过法诛之。"秦王以为然，下吏治非。李斯使人遗非药，使自杀。韩非欲自陈，不得见。秦王后悔之，使人赦之，非已死矣。

申子、韩子皆著书，传于后世，学者多有。余独悲韩子为《说难》而不能自脱耳。

太史公曰："老子所贵道，虚无，因应变化于无为，故著书辞称微妙难识。庄子散道德，放论，要亦归之自然。申子卑卑，施之于名实。韩子引绳墨，切事情，明是非，其极惨礉少恩。皆原于道德之意，而老子深远矣。

【译文】

老子是楚国苦县厉乡曲仁里人，姓李，名耳，字聃，是周王朝藏书室的史官。

孔子到周，打算向老子请教礼。老子说："您所说的，那些人连骨头都已经腐烂了，只有他们的言论还存在。况且君子处在能施展抱负的时代才担当重任，处在不能施展抱负的时代就遮盖面目而混迹社会。我听说，出色的商人善于囤积货物好像什么都没有；君子道德高尚，容貌却显得特别寻常。抛弃您的傲气和贪心，装模作样和好高骛远，这些都不利于您的身体。我要告诉您的，如此而已。"孔子离开以后，对弟子说："鸟，我知道它会飞；鱼，我知道它会游；兽，我知道它会跑。会跑的可以准备网，会游的可以准备纶，会飞的可以准备矰，至于龙，我无法知道，它乘风驾云而到达天上。我今天见到老子，他和龙一样啊！"

老子研究道和德，他的学说提倡自身隐姓埋名。在周居住了很长时间，看到周王朝已经衰败，于是便离开。到函谷关，关令尹喜说："您将要隐居了，勉强为我著书。"于是老子就著书上下两篇，论述对道和德的看法五千多字然后离开，没有人知道他的下落。

有人说老莱子也是楚国人，著书十五篇，论述道家的作用，与孔子同时。

原来老子活了一百六十多岁，有人说活了二百多岁，是因为他研究道而且善于养生的缘故。

从孔子死后一百二十九年，史书还记载周太史儋进见秦献公说："起初秦国与周合并，合并五百年才分开，分开七十年才有称霸称王的人出现。"有人说太史儋就是老子，有人说不是，世上没有人弄清这些说法是对还是错。

老子是有道德的隐士。

老子的儿子名宗，宗是魏国将领，分封在段干。宗的儿子注，注的儿子宫，宫的玄孙假。假在汉文帝时做官，而假的儿子解是胶西王刘卬的太傅，因此在齐地定居。

世上学习老子的人就贬低儒学，儒学也贬低老子。孔子说"主张不一样，不相互进行商量"，难道指的就是这种情况吗？

老子主张无所作为，听凭万物自生自灭；清静自守，听凭人们返璞归真。

庄子是宋国蒙县人，名周。庄周曾在蒙县漆园地方做小吏，和梁惠王、齐宣王同时。他的学识没有什么不洞察的，但他的基本观点与老子的言论相一致，因此他著书十多万字，大抵都类似寓言。他创作《渔父》《盗跖》《，用来诽谤孔子，以阐明老子的主张。《畏累虚》《墨家，当代的饱学之士也不能自我开脱。他的议论宏阔豪放在于自我陶醉，所以即使是王公大人不能器重他。

楚威王听说庄周十分贤能，派使臣携重礼迎接他，答应委他为相。庄周笑对楚王的使臣说："千金是优厚的待遇，卿相是尊贵的职位。您难道没有看见郊祭时用来做祭品的纯毛牛吗？喂养它几年，给它披上彩缎，将它牵入太庙。在这个时候，即使想做一头小猪活下来，难道能行吗？您赶快离开，不要玷污我。我宁可在污泥浊水中游戏而自得其乐，不愿被统治国家的人所羁縻，一辈子不做官，以满足我的意愿。"

申不害是京县人，过去郑国的贱臣。他学习刑名之学以干谒韩昭侯，韩昭侯用他为相。在国内他完善政治教化，对国外他应付诸侯，前后共十五年。直至申子逝世，韩国国治兵强，没有侵犯韩国的。

申子的学说以黄帝、老子的思想为基础，而注重循名责实，主张法制。著书二篇，名为《申子》。

韩非是韩国的庶生公子。他爱好刑名法术之学，而他的学说归根结底是以黄帝、老子的思想为基础。韩非生来口吃，不擅长说话，而善于著书。他和李斯都是荀卿的弟子，李斯自以为不如韩非。

韩非见韩国削弱，屡次写信规谏韩王，韩王都没有采纳。因此韩非十分憎恨君主治理国家不努力完善国家的法制，充分利用权势以驾驭自己的臣下，通过求人任贤达到富国强兵，反而举用虚浮不实的蠹虫凌驾于建功立业者的上面。认为儒生用文乱法，侠客以武犯禁。太平时就尊崇徒有虚名的文人，危难时就使用披坚执锐的将士。当今正是所养非所用，所用非所养。他怜悯清廉正直的人遭到奸诈邪恶之臣的迫害，考察历来成败的变迁，因此写了》《《五蠹》《内外储》《说林》《说难》等十余万字的文章。

尽管韩非十分清楚游说君主的困难,在《说难》一书中讲得头头是道,但是终究死于秦国,自己并没有能够逃脱厄运。

《说难》议论说:

大凡游说中存在的困难,不是我知道的东西能有办法把它表达出来这样的困难,也不是我辩论问题难以阐明我的思想这样的困难,也不是我敢于放开议论将所有的道理全部讲清楚这样的困难。大凡游说中存在的困难,在于知道被说对象的心里,能够通过我的游说使他心悦诚服。

被说对象是以追求显赫名声为目的的君主,却用怎样得到厚利去游说他,那就会被看成是没有气节而甘处卑贱,必定被远远抛弃。被说对象是以谋取厚利为目的的君主,却用怎样得到显赫名声去游说他,那就会被看成是没有头脑而远离事体,必定不肯录用。被说对象是内心想谋取厚利却露出要追求显赫名声的君主,若用怎样得到显赫名声去游说他,那么表面会录用这个人而事实上将被疏远;若用怎样得到厚利去游说他,那么暗里采纳这个人的主张却会公开将这个人抛弃。这些方面是不能不搞清楚的啊!

事情是由于保密而获得成功,言谈中由于不慎泄密而招致失败。未必是说者本人要泄漏君主的秘密,而是言谈中无意露出了君主隐匿的事,像这样的人就有生命危险。君主出现过失,而说者公开论述正确的意见以追究他的错误,就有生命危险。恩宠不深却将知道的全部说出来,所说的得到实施并获得成功,那么君主的恩惠也就到此为止;所说的行不通并遭到失败,那么就会被怀疑,像这样的人就有生命危险。君主有所谋划而想把它作为自己的功绩,说者同样知道而讲出来,就有生命危险。君主公开做某件事,可是他借此却要完成别的事,说者同样知道而讲出来,就有生命危险。勉强君主做他肯定不愿做的事,阻止君主做他不肯罢休的事,生命就有危险。所以说,和君主议论大臣,他就认为是企图离间自己;和君主议论小民,他就认为是想出卖他的权利;议论他宠爱的人,他就认为是在寻求靠山;议论他憎恶的人,他就认为是在试探自己。干脆精简言辞,他就认为是无知而理屈;文辞优美,滔滔不绝,他就认为是空话连篇而浪费时间。就事论事,陈述意见,他就认为是怯懦而不敢畅所欲言;虑事周遍,思路开阔,他就认为是轻率而傲慢。这些游说中存在的困难,是不能不搞清楚的啊!

大凡游说的当务之急,在于懂得使被说对象所崇敬的能锦上添花,而使他所憎恶的销声匿迹。他自认为他的计谋十分明智,就不要指出他的失误使他感到窘迫;自认为他的决裁十分果断,就不要指出他的对手使他愤愤不平;自认为他的力量十分强大,就不要列举他的困难对他横加阻拦。规划别的事情却与君主的考虑相同,表彰别的人物却与君主的行为一致的,就加以美化而不要中伤。有与君主的过失相同的,就公开进行掩饰,表明这不是失误。对君主一片忠心,没有丝毫违碍,言辞没有任何触犯,然后才发挥自己的口辩和才智。这正是能使君主亲近不疑,能使自己竭尽才智的困难所在啊。能旷日持久,恩宠已经深厚,达到充分谋划而不起疑心,相互争辩而不致获罪,这才公开计较利弊以使君主获得成功,直接指出是非以使君主提高修养,能以此相互对待,这才算游说取得成功。

伊尹充当厨师,百里奚充当奴隶,都是为了干谒君主以得到任用。这两人原本都是圣人,尚且不能不役使自己而有此卑贱的经历,那么有才能的士人就不会取笑我的主张了。

宋国有一位富人，天下雨损坏了墙壁。他的儿子说："不修筑将会被盗。"他的邻人的父亲也这样说。到了晚上，他的财物果然大量丢失。他的家里对他的儿子十分了解，于是对邻人的父亲产生了怀疑。从前郑武公想讨伐胡人，便将自己的女儿嫁给了他。于是问群臣道："我想用兵，谁是可以讨伐的对象？"关其思回答说："胡人可以讨伐。"便杀死关其思，说："胡人是兄弟邻邦，你说讨伐他，为什么呢？"胡人的君主听到后，认为郑国亲近自己，便对郑国不加防备。郑人袭击胡人，取得胜利。这两位提建议的人，他们的看法都是正确的，但是严重的被处死，轻微的被怀疑。对问题有正确的认识并不困难，将正确的认识使用得恰到好处就困难了。

从前弥子瑕得到卫国君主的宠爱。卫国的法律规定，私驾君主车辆的处以刖刑。不久弥子瑕的母亲生病，有人听说后，连夜告诉他。弥子瑕矫命驾驶君主的车辆外出。卫君听说后反而赞美他说："多么孝顺啊！为了母亲的缘故不怕触犯刖刑！"同卫君游览果园，弥子瑕吃桃觉得味道非常好，没吃完便奉献给卫君。卫君说："多么爱我啊，连自己的嘴都不顾却想念着我！"等到弥子瑕面色衰老而丧失宠爱，得罪于卫君，卫君说："这个人曾经矫命私驾我的车辆，又曾经将他吃剩的桃子给我吃。"本来弥子瑕的行为和当初一样没什么变化，从前被称赞而后来却获罪，根本原因在于爱和憎发生了变化。所以得到君主的宠爱，那就认识完全一改而感情更加亲密；遭到君主憎恶，那就罪名恰到好处而关系更加疏远。因此进行规谏和游说的士人，不能不首先审察君主对自己的爱憎，然后再向他进言了。龙作为一种爬虫，可以驯服亲近而骑在它身上。但它的脖子下面有一尺长的逆鳞，人要是触动它，就必定将人杀死。君主也有逆鳞，游说他的人能够做到不触动君主的逆鳞，那就差不多能取得成功了。

有人将韩非的书传到秦国。秦王阅读《孤愤》《五蠹》等作品，说："唉，我能见到这个人和他交往，死也不感到遗憾了！"李斯回答说："这是韩非写的书。"秦国因此加紧进攻韩国。韩王当初不任用韩非，等到事情紧急，才派韩非出使秦国。秦王十分高兴，还没有加以信任和使用。李斯、姚贾十分害怕韩非，诋毁他说："韩非是韩国的庶出公子。如今您想兼并诸侯，韩非终究向着韩国不向着秦国，这是人之常情。如今您不任用，留了很长时间才放他回去，这是给自己留下后患，不如加以罪过依法惩治他。"秦王认为很对，将韩非交法官治罪。李斯指使人送药给韩非，让他自杀。韩非想亲自向秦王表白，不让见。秦王十分后悔，派人赦免韩非，韩非已经死了。

申子、韩非都写有作品，流传到后世，学者大多具有。我独自感到悲哀的是韩非写了《说难》而自己并没有能够逃脱厄运啊！

太史公（司马迁）说：老子尊崇的是道，主张虚无，在无为之中顺应千变万化，因此著书用词堪称微妙难识。庄子排斥道德，放纵言论，基本观点亦是强调回归自然。申子孜孜不倦，一心实践循名责实的主张。韩子申明法度，分别事实，明辨是非，他的法制主张极其残酷无情。他们的学说都来源于老子对道和德的看法，可见老子思想的深刻远大了。

孙武传

【题解】

孙武，齐国人。原本姓田，因其祖父田书伐莒有功，赐姓孙氏。后遭齐国内乱，奔吴为将军，以兵法十三篇求用于吴王阖庐。西破疆楚，北威齐晋，显名于诸侯。著有《孙子兵法》，是古代兵家的鼻祖。

【原文】

孙子武者，齐人也，以兵法见于吴王阖庐。阖庐曰："子之十三篇，吾尽观之矣，可以小试勒兵乎？"对曰："可。"阖庐曰："可试以妇人乎？"曰："可。"于是许之，出宫中美女，得百八十人。孙子分为二队，以王之宠姬二人各为队长，皆令持戟。令之曰："汝知而心与

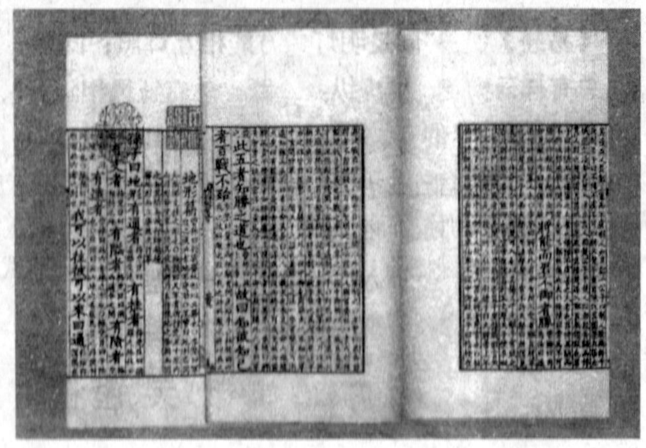

孙武与《孙子兵法》书影

左右手背乎？"妇人曰："知之。"孙子曰："前，则视心；左，视左手；右，视右手；后，即视背。"妇人曰："诺。"约束既布，乃设铁钺，即三令五申之。于是鼓之右，妇人大笑。孙子曰："约束不明，申令不熟，将之罪也。"复三令五申而鼓之左，妇人复大笑。孙子曰："约束不明，申令不熟，将之罪也；既已明而不如法者，吏士之罪也。"乃欲斩左右队长。吴王从台上观，见且斩爱姬，大骇，趣使使下令曰："寡人已知将军能用兵矣。寡人非此二姬，食不甘味，愿勿斩也。"孙子曰："臣既已受命为将，将在军，君命有所不受。"遂斩队长二人以徇。用其次为队长，于是复鼓之。妇人左右前后跪起皆中规矩绳墨，无敢出声。于是孙子使使报王曰："兵既整齐，王可试下观之，唯王所欲用之，虽赴水火犹可也。"吴王曰："将军罢休就舍，寡人不愿下观。"孙子曰："王徒好其言，不能用其实。"于是阖庐知孙子能用兵，卒以为将。西破强楚，入郢，北威齐晋，显名诸侯，孙子与有力焉。

【译文】

孙子武，齐国人，以兵法求见吴王阖庐。阖庐对孙武说："你写的十三篇兵法，我都全部看过了，是否可以试演一下操兵的阵法？"孙武答道："可以。"阖庐又问："可以用妇人试验一下吗？"孙武说："可以。"于是阖庐为了试验孙武的许诺，从后宫挑选美女一百八十人交给孙武。孙武把美女分成二队，叫吴王最宠爱的两个美姬分别充当队长，每人都手持长戟一把。孙武下令说："你们知道前心与后背以及左右手的位置吗？"妇女们说："知道。"孙武说："向前，你们就朝心口看；向左，你们就朝左手看；向右，你们就朝右手看；向后，你们就转身朝背看。"妇人说："行。"规定既已宣布清楚，又陈设斧钺，当即三令五申重复了几次，于是敲响向右的鼓声，妇人们听了都哈哈大笑。孙武说："规定不清楚，号令不熟悉，这是将领的罪过。"于是又三令五申，把规定讲了几遍，然而敲响向左的鼓声，妇人们又大笑不止。孙武说："规定不清楚，号令不熟悉，这是将领的罪过；现在既已讲清规定而仍不按规定的去做，那就是吏士的罪过了。"当即下令要把左右队长斩首。吴王在台上观看演习，见要斩他爱姬，大为吃惊，急忙派使者下令说："我已经知道将军能用兵了。我没有这两美姬，食不甘味，希望不要斩首。"孙武说："臣既已受命为将，将在军中，对君王的命令可以不予接受。"说完就下令将队长二人斩首示众。用地位稍次的美姬担任队长，于是又敲起了鼓声。妇人左右前后、跪下起立，都符合规定要求，不敢出声。然后孙武派使者回报吴王说："士兵已演习整齐，君王可下台来试试看，任凭君王如何调用，哪怕是赴汤蹈火也一样能行。"吴王说："将军回居舍休息，我不愿下台观看。"孙武说："君王只不过喜欢我兵书上的话，而不能用它去做。"于是阖庐知道孙武能用兵，终于任他为将军。西破强楚，攻入楚国国都郢，北威齐晋，显名于诸侯，孙武在其中出过不少力。

吴起传

【题解】

吴起（约前440~前381），战国早期卫国左氏（今山东曹县北）人。曾从师于曾子。初为鲁将大破齐军，后入魏为将，任西河郡守二十余年，以拒秦、韩。后遭大夫王错排挤，离魏入楚。楚悼王任吴起为令尹，掌军政大权，实行变法。仅一年，楚国由弱变强，兵威四方。次年楚悼王死，反对变法的旧贵族作乱，乘机杀害吴起。吴起精通兵法，善于用兵，后世把他与孙子相提并论，连称为"孙吴"，著有《吴子兵法》。

【原文】

吴起者，卫人也，好用兵。尝学于曾子，事鲁君。齐人攻鲁，鲁欲将吴起，吴起取齐女为妻，而鲁疑之。吴起于是欲就名，遂杀其妻，以明不与齐也。鲁卒以为将。将而攻齐，大破之。

鲁人或恶吴起曰："起之为人，猜忍人也。其少时，家累千金，游仕不遂，遂破其家。乡党笑之，吴起杀其谤己者三十余人，而东出卫郭门。与其母诀，啮臂而盟曰：'起不为卿相，不复入卫。’遂事曾子。居顷之，其母死，起终不归。曾子薄之，而与起绝。起乃之鲁，学兵法以事鲁君。鲁君疑之，起杀妻以求将。夫鲁小国，而有战胜之名，则诸侯图鲁矣。且鲁卫兄弟之国也，而君用起，则是弃卫。”鲁君疑之，谢吴起。

吴起

吴起于是闻魏文侯贤，欲事之。文侯问李克曰：“吴起何如人哉？”李克曰：“起贪而好色，然用兵司马穰苴不能过也。”于是魏文侯以为将，击秦，拔五城。

起之为将，与士卒最下者同衣食，卧不设席，行不骑乘，亲裹赢粮，与士卒分劳苦。卒有病疽者，起为吮之。卒母闻而哭之。人曰：“子卒也，而将军自吮其疽，何哭为？”母曰：“非然也。往年吴公吮其父，其父战不旋踵，遂死于敌。吴公今又吮其子，妾不知其死所矣，是以哭之。”文侯以吴起善用兵，廉平，尽能得士心，乃以为西河守，以拒秦、韩。

魏文侯既卒，起事其子武侯。武侯浮西河而下，中流，顾而谓吴起曰：“美哉乎！山河之固，此魏国之宝也！”起对曰：“在德不在险。昔三苗氏左洞庭，右彭蠡，德义不修，禹灭之；夏桀之居，左河、济，右泰、华，伊阙在其南，羊肠在其北，修政不仁，汤放之；殷纣之国，左孟门，右太行，常山在其北，大河经其南，修政不德，武王杀之。由此观之，在德不在险。若君不修德，舟中之人尽为敌国也。”武侯曰：“善。”

吴起为西河守，甚有声名。魏置相，相田文。吴起不悦，谓田文曰：“请与子论功，可乎？”田文曰：“可。”起曰：“将三军，使士卒乐死，敌国不敢谋，子孰与起？”文曰：“不如子。”起曰：“治百官，亲万民，实府库，子孰与起？”文曰：“不如子。”起曰：“守西河而秦兵不敢东乡，韩赵宾从，子孰与起？”文曰：“不如子。”起曰：“此三者，子皆出吾下，而位加吾上，何也？”文曰：“主少国疑，大臣未附，百姓不信，方是之时，属之于子乎？属之于我乎？”起默然良久曰：“属之子矣。”文曰：“此乃吾所以居子之上也。”吴起乃自知弗如田文。

田文既死，公叔为相，尚魏公主，而害吴起。公叔之仆曰：“起易去也。”公叔曰：“奈何？”其仆曰：“吴起为人节廉而自喜名也。君因先与武侯言曰：‘夫吴起贤人也，而侯之国小，又与强秦壤界，臣窃恐起之无留心也。’武侯即曰：‘奈何？’君因谓武侯曰：‘试延以公主。起有留心则必受之，无留心则必辞矣，以此卜之。’君因召吴起而与归，即令公主怒而轻君。吴起见公主之贱君也，则必辞。”于是吴起见公主之贱魏相，果辞魏武侯。武侯疑之而弗信也。吴起惧得罪，遂去，即之楚。

楚悼王素闻起贤，至则相楚。明法审令，捐不急之官，废公族疏远者，以抚养战斗之士。要在强兵，破驰说之言从横者。于是南平百越；北并陈蔡，却三晋；西伐秦。诸侯患楚之强。故楚之贵戚尽欲害吴起。及悼王死，宗室大臣作乱而攻吴起，吴起走之王尸而伏之。击起之徒因射刺吴起，并中悼王。悼王既葬，太子立，乃使令尹尽诛射吴起而并中王尸者。坐射起而夷宗死者七十余家。

【译文】

吴起，卫国人，善于用兵。曾求学于曾子，侍奉鲁君。齐国进攻鲁国，鲁国想任命吴起为将军，但吴起娶了齐国的女子为妻，因而鲁国对他有所怀疑。吴起为了要成就功名，竟杀了自己的妻子，以表明自己与齐国没有关系。结果鲁国任命他为将军，率兵攻齐，大破齐军。

鲁国有人在鲁君面前对吴起恶意中伤说："吴起为人，猜忌残忍。他年少时，家有千金，到处游说，但做官未成，结果反而弄得倾家荡产。乡邻人都讥笑他，吴起杀死毁谤自己的三十多人，出卫国城廓门东去。临走与他母亲诀别，咬臂作记发誓说：'我吴起不做到卿相，决不再回卫国。'这样就求学于曾子。过了不久，他的母亲死了，吴起却始终没有回去。曾子为此而轻薄他，并与吴起断绝往来。吴起才不得不到了鲁国，改学兵法想替鲁君效力。鲁君对他有怀疑，吴起又杀掉妻子以谋求为将。鲁国是一个小国，而今有战胜齐国之名，则诸侯对鲁国就另有图谋了。况且，鲁国与卫国是兄弟之国，而国君若用吴起，那么等于背弃了卫国。"鲁国国君听后怀疑不止，终于谢退了吴起。

吴起听说魏文侯贤明，想去效力。魏文侯问李克说："吴起是何等样人？"李克说："吴起贪图官位而好色，但用兵连司马穰苴也不及他。"于是魏文侯任他为将，令他攻击秦国，拔取五座城池。

吴起身为将军，与士卒最下层的衣食相同，睡觉不铺席，行路不骑马乘车，亲自裹扎和挑担粮食，与士卒分担劳苦。有一士卒生了脓疮，吴起用嘴为他吸脓。这个士卒的母亲听到后就哭了。有人问她说："你的儿子是个士卒，而将军却亲自为他吸脓，你为什么要哭呢？"士卒的母亲回答说："不为别的。往年吴公为士卒的父亲吸脓，他父亲作战就从不后退，结果死于敌人之手。现今吴公又为我的儿子吸脓，妾身不知道他又要死在哪里了，故而才哭。"魏文侯由此以为吴起善于用兵，廉洁公平，深得士兵爱戴，因此任命吴起为西河郡守，以抗拒秦、韩两国的侵犯。

魏文侯死后，吴起又为其子魏武侯效力。魏武侯乘船顺西河而下，行至中流，回顾吴起说："真是太好了！山河险固，这是魏国之宝啊！"吴起回答说："重要的在于德政而不在于险固。从前三苗氏左有洞庭，右有彭蠡，由于不修德政礼义，结果被夏禹灭亡；夏桀居有的疆土，左有河水、济水，右有泰山、华山，南有伊阙，北有羊肠，但不修仁政，结果被商汤放逐；殷纣王的国土，左有孟门，右有太行，北有常山，南经大河，因为不修德政，被周武王所杀。由此看来，国家的兴亡在于德政而不是险固。如果您国君不修德政，那么今天船上的人都要属于敌国了。"武侯说："你讲得好。"

吴起担任西河郡守，很有声名。魏国设置相位时，挑选了田文为相。吴起很不高兴，对田文说："请让我与您比功劳，可以吗？"田文说："可以。"吴起说："统率三军，使士卒乐于为我拼死效命，敌国不敢有所图谋，您比我如何？"田文说："我不如您。"吴起说："治理百官，亲顺万民，充实府库，您比我如何？"田文说："我不如您。"吴起说："镇守西河，使秦军不敢东向侵犯，韩国与赵国以宾客相从，您比我如何？"田文说："我不如您。"吴起说："这三方面，您都在我之下，而职位反而在我之上，是何道理？"田文说："国君年少，国人疑虑，大臣未亲附，百姓未信任，在这种时候，这相位是属于您呢？还是属于我呢？"吴起沉默了好久说："应该属于您。"田文说："这就是我所以职位居于您之上的道理。"吴起才知道自己不如田文。

田文死后，公叔为相，娶了魏国公主为妻，想陷害吴起。公叔的仆人说："除掉吴起很容易。"公叔说："有什么办法？"他仆人说："吴起为人节俭廉正而喜欢出名。您因此向魏武侯进言说：'吴起是个贤能之人，而您的国土太小，又与强秦为邻，臣下担心吴起不会有久留之心。'武侯会问：'那怎么办呢？'你就对武侯说：'假说要把公主嫁给他，吴起如果愿意留在魏国就会接受，如果不愿留在魏国则必定会推辞，以此来卜测吴起的去留。'接着你就请吴起一同与您回家，然而叫公主发脾气对您不礼貌。吴起见到公主如此作践于您，则必定推辞。"于是吴起见公主作践魏相，果然向魏武侯推辞娶公主为妻。魏武侯就对吴起疑而不信了。吴起害怕因此而获罪，就离开了魏国，不久就来到了楚国。

楚悼王素来听说吴起贤能，一到楚国就任命他为楚相。吴起审明法令，裁减多余的官吏，废除公族中疏远子孙的特权与津贴，用以抚养善于战斗之士。以强兵为要旨，反对纵横游说之士。于是南面平定了百越；北面吞并了陈国和蔡国，迫使三晋的韩、赵、魏退却；西面攻伐了秦国。诸侯都忧患楚国的强大。以前的楚国贵族都想害死吴起。到楚悼王死时，宗室大臣乘机作乱向吴起发动攻击，吴起走到楚悼王尸体上趴着。攻击吴起的人因为要射刺吴起，也射中了悼王的尸体。楚悼王葬后，太子即位，就叫令尹把射杀吴起而射中楚悼王尸体的人全部处死。因射杀吴起而被连坐夷宗灭族的有七十多家。

孙膑传

【题解】

孙膑，战国著名军事家，是孙武的后世子孙，生于齐国阿、鄄之间（今山东阳谷鄄城一带）。曾与庞涓同学兵法，后庞涓为魏惠王将，忌其才能，骗孙膑至魏，处以膑刑（砍掉两块膝盖骨），故名孙膑。后经齐国使者相救至齐，被齐威王任为军师。他提出"围魏救赵"的作战方针，大败魏军于桂陵（今河南长垣西北）。后又利用魏军轻敌，孙膑用"减灶"的计谋，引庞涓孤军深入，结果在马陵（今河南范县西南）中齐军埋伏，庞涓兵败自杀。著有《孙膑兵法》。

【原文】

孙武既死，后百余岁有孙膑。膑生阿、鄄之间，膑亦孙武之后世子孙也。孙膑尝与庞涓俱学兵法。庞涓既事魏，得为惠王将军，而自以为能不及孙膑，乃阴使召孙膑。膑至，庞涓恐其贤于己，疾之，则以法刑断其两足而黥之，欲隐勿见。

齐使者如梁，孙膑以刑徒阴见，说齐使。齐使以为奇，窃载与之齐。齐将田忌善而客待之。忌数与齐诸公子驰逐重射，孙子见其马足不甚相远，马有上、中、下辈。于是孙子谓田忌曰："君弟重射，臣能令君胜。"田忌信然之，与王及诸公子逐射千金。及临质，孙子曰："今以君之下驷与彼上驷，取君上驷与彼中驷，取君中驷与彼下驷。"既驰三辈毕，而田忌一不胜而再胜，卒得王千金。于是忌进孙子于威王。威王问兵法，遂以为师。

其后魏伐赵，赵急，请救于齐。齐威王欲将孙膑，膑辞谢曰："刑余之人不可。"于是乃以田忌为将，而孙子为师，居辎车中，坐为计谋。田忌欲引兵之赵，孙子曰："夫解杂乱纷纠者不控捲；救斗者不搏撠。批亢捣虚，形格势禁，则自为解耳。今梁赵相攻，轻兵锐卒必竭于外，老弱罢于内。君不若引兵疾走大梁，据其街路，冲其方虚，彼必释赵而自救。

是我一举解赵之围而收弊于魏也。”田忌从之。魏果去邯郸，与齐战于桂陵。大破梁军。

后十三岁，魏与赵攻韩，韩告急于齐。齐使田忌将而往，直走大梁。魏将庞涓闻之，去韩而归，齐军既已过而西矣。孙子谓田忌曰：“彼三晋之兵，素悍勇而轻齐，齐号为怯。善战者因其势而利导之。兵法，百里而趣利者蹶上将，五十里而趣利者军半至。使齐军入魏地为十万灶，明日为五万灶，又明日为三万灶。”庞涓行三日，大喜曰：“我固知齐军怯，入吾地三日，士卒亡者过半矣。”乃弃其步军，与其轻锐倍日并行逐之。孙子度其行，暮当至马陵。马陵道狭，而旁多阻隘，可伏兵，乃斫大树白而书之曰“庞涓死于此树之下。”于是令齐军善射者万弩，夹道而伏，期曰：“暮见火举而俱发。”庞涓果夜至斫木下，见白书，乃钻火烛之。读其书未毕，齐军万弩俱发，魏军大乱相失。庞涓自知智穷兵败，乃自刭曰：“遂成竖子之名！”齐因乘胜尽破其军，虏魏太子申以归。孙膑以此名显天下，世传其兵法。

【译文】

孙武死后，过了一百多年出了个孙膑。孙膑生于阿、鄄之间一带，是孙武的后世子孙。孙膑曾与庞涓同学兵法。后来庞涓从事魏国，成为魏惠王的将军，而自以为才能不及孙膑，便私下派人召来孙膑。孙膑到了魏国，庞涓唯恐孙膑优胜于自己而嫉妒他，于是以刑法割断他的两脚并在他脸上刺刻涂墨，使其隐居而不能与魏王见面。

齐国的使者出使到魏国的大梁，孙膑以刑徒身份私下会见，与齐使交谈。齐国使者觉得孙膑是个奇才，于是偷偷地用车把他载送到齐国。齐国的将军田忌欣赏孙膑的才能而以客礼接待他。田忌与齐国的诸公子多次赛马重金赌胜，孙膑见到他们的马奔跑能力都相差不多，并且把马分为上、中、下三等。于是孙膑与田忌说：“您尽管下大赌注，臣下能使您大胜。”田忌对孙膑的话深信不疑，与齐王及诸公子以千金赌胜。到临比赛时，田忌问计于孙膑，孙膑说：“今以您的下等驷马与他们的上等驷马比赛，请用您的上等驷马与他们的中等驷马比赛，请用您的中等驷马与他们的下等驷马比赛。”三等驷马比赛完毕，结果田忌一场不胜而胜两场，终于赢得齐王的千金。由此田忌把孙膑推荐给齐威王。威王问孙膑兵法，并封他为军师。

后来魏国攻打赵国，赵国危急，向齐国请求救援。齐威王想任命孙膑为将，孙膑推辞谢绝说：“受过刑的残疾人不可为将。”于是任田忌为将，而孙膑为军师，坐于辎车之中筹划计谋。田忌要引兵到赵国，孙膑对田忌说：“解除杂乱纠纷不能用拳头；解救争斗不能以手刺人。避实击虚，利用形势来牵制敌人，才能不救而自可解除。现在魏国与赵国正相互攻战，精兵锐卒必定全部用于国外作战，老弱病残留在国内。您不如引兵迅速前往大梁，占据街路交通要道，攻击敌人虚弱的地方，他们必然会放弃进攻赵国而回兵自救。这是我们一举解除赵国之围而同时又收到攻击魏国弊弱的效果。田忌接受了孙膑的计谋。魏国果然离开了赵国的邯郸，回军与齐军战于桂陵。结果大败魏军。

以后又过了十三年，魏国联合赵国进攻韩国。韩国向齐国告急求援。齐国任命田忌为将前去，直攻大梁。魏国将军庞涓听到这一消息，急忙从韩国赶回，但齐军已越过西部边境攻入魏国。孙膑对田忌说：“他们三晋的魏、赵、韩军队，素来剽悍勇武而轻视齐军，称齐军为怯懦。善于战斗者要因势而利导。兵法上说，行军百里与敌争利者损上将，行军五十里与敌争利者只有一半的军队才能赶到。齐军攻入魏地时先造十万个灶，第二天为五万灶，再过一天为三万灶。”庞涓行军追赶了三日，见齐军炊灶日益减少心中大喜说：“我本来就知道齐军怯懦，进入我国境内三天，士卒就逃亡了一大半。”于是丢下步军，只率轻骑锐卒日夜加速追赶。孙膑估计庞涓的行军速度，天黑即可赶到马陵。马陵道路狭窄，旁多阻险，可埋伏兵马。于是命人削去一棵大树的树皮，在露出的白木上写了：“庞涓死于此树下。”然后命令齐军中善于射箭者拿了一万张弓弩，埋伏在道路两旁，预先与他们说好：“夜里见到有人举火就万箭俱发。”庞涓果然夜晚来到削去树皮的大树下，见白木上写着字，便钻火照明。字未读完，齐军万箭俱发，魏军大乱而互相顾此失彼。庞涓自知智穷兵败，便自刎说：“成全了孙膑这小子之名吧！”齐军乘胜全歼魏军，俘虏了魏国太子申回国。孙膑以此名显天下，世人传习他的兵法。

白起传

【题解】

白起（？~前257），郿（今陕西眉县东）人，战国后期秦国杰出名将。善用兵。初为秦左庶长，因军功先后升为左更、国尉、大良造，后与韩、赵、魏、楚等国，征战沙场，屡战屡胜，战功赫赫。公元前278年，他领兵攻楚，占领楚国国都郢（今湖北江陵西北），迫使楚国迁都到陈（今河南淮阳），被秦昭王封为武安君。公元前260年，白起利用赵国将领赵括骄躁轻敌、缺乏实战经验，诱赵军出战离开有利阵地，予以分割包围，切断粮道，长平（今山西高平县西北）一战，杀赵国主将赵括，活埋赵国降卒四十多万。白起欲乘胜灭赵，因遭相国范雎妒忌而未成。后来秦昭王多次强令白起率军攻赵，但此时形势对赵有利，白起屡次指出不能伐赵原因，拒不从命。果然不出白起所料，伐赵秦军大败而归。秦昭王亲自请白起率军伐赵。白起仍坚决不从，被秦昭王贬为士伍，接着自杀身亡。白起戎马一生，为秦统一立下卓著战功。

【原文】

白起者，郿人也。善用兵，事秦昭王。昭王十三年，而白起为左庶长，将而击韩之新城。是岁，穰侯相秦，举任鄙以为汉中守。其明年，白起为左更，攻韩、魏于伊阙，斩首二十四万，又虏其将公孙喜，拔五城，起迁为国尉。涉河取韩安邑以东，到乾河，明年，白起为大良造。攻魏，拔之，取城大小六十一。明年，起与客卿错攻垣城，拔之。后五年，白起攻赵，拔光狼城。后七年，白起攻楚，拔鄢、邓五城。其明年，攻楚，拔郢，烧夷陵，遂东至竟陵。楚王亡去郢，东走徙陈。秦以郢为南郡。白起迁为武安君。武安君因取楚，定巫、黔中郡。昭王三十四年，白起攻魏，拔华阳，走芒卯，而虏三晋将，斩首十三万。与赵将贾偃战，沈其卒二万人于河中。昭王四十三年，白起攻韩陉城，拔五城，斩首五万。四十四年，白起攻南阳太行道，绝之。

四十五年，伐韩之野王。野王降秦，上党道绝。其守冯亭与民谋曰：“郑道已绝，韩必不可得为民。秦兵日进，韩不能应，不如以上党归赵。赵若受我，秦怒，必攻赵。赵被兵，必亲韩。韩赵为一，则可以当秦。”因使人报赵。赵孝成王与平阳君、平原君计之。平阳君曰："不如勿受。受之，祸大于所得。"平原君曰："无故得一郡，受之便。"赵受之，因封冯亭为华阳君。

四十六年，秦攻韩缑氏、蔺，拔之。

四十七年，秦使左庶长王龁攻韩，取上党。上党民走赵。赵军长平，以按据上党民。四月，龁因攻赵。赵使廉颇将。赵军士卒犯秦斥兵。秦斥兵斩赵裨将茄。六月，陷赵军，取二鄣四尉。七月，赵军筑垒壁而守之。秦又攻其垒，取二尉，败其阵，夺西垒壁。廉颇坚壁以待秦，秦数挑战，赵兵不出。赵王数以为让。而秦相应侯又使人行千金于赵，为反间曰："秦之所恶，独畏马服子赵括将耳；廉颇易与，且降矣。"赵王既怒廉颇军多失亡，军数败，又反坚壁不敢战，而又闻秦反间之言，因使赵括代廉颇将以击秦。秦闻马服子将，乃阴使武安君白起为上将军，而王龁为尉裨将，令军中有敢泄武安君将者斩。赵括至，则出兵击秦军。秦军佯败而走，张二奇兵以劫之。赵军逐胜，追造秦壁，壁坚拒不得入。而秦奇兵二万五千人绝赵军后，又一军五千骑绝赵壁间。赵军分而为二，粮道绝。而秦出轻兵击之。赵战不利，因筑壁坚守，以待救至。秦王闻赵食道绝，王自之河内，赐民爵各一级，发年十五以上悉诣长平，遮绝赵救及粮食。至九月，赵卒不得食四十六日，皆内阴相杀食。来攻秦垒，欲出。为四队，四五复之，不能出。其将军赵括出锐卒自搏战，秦军射杀赵括。括军败，卒四十万人降武安君。武安君计曰："前秦已拔上党，上党民不乐为秦而归赵。赵卒反复，非尽杀之，恐为乱。"乃挟诈而尽坑杀之，遗其小者二百四十人归赵。前后斩首虏四十五万人。赵人大震。

白起

四十八年十月，秦复定上党郡。秦分军为二：王龁攻皮牢，拔之；司马梗定太原。韩、赵恐，使苏代厚币说秦相应侯曰："武安君禽马服子乎？"曰："然。"又曰："即围邯郸乎？"曰："然。""赵亡则秦王王矣，武安君为三公。武安君所为秦战胜攻取者七十余城，南定鄢、郢、汉中，北禽赵括之军，虽周、召、吕望之功不益于此矣。今赵亡，秦王王，则武安君必为三公，君能为之下乎？虽无欲为之下，固不得已矣。秦尝攻韩，围邢丘，困上党，上党之民皆反为赵，天下不乐为秦民之日久矣。今亡赵，北地入燕，东地入齐，南地入韩、魏，则君之所得民亡几何人，故不如因而割之，无以为武安君功也。"于是应侯言于秦王曰："秦兵劳，请许韩、赵之割地以和，且休士卒。"王听之，割韩垣雍、赵六城以和。正月，皆罢兵。武安君闻之，由是与应侯有隙。

其九月，秦复发兵，使五大夫王陵攻赵邯郸。是时武安君病，不任行。四十九年正月，陵攻邯郸，少利。秦益发兵佐陵。陵兵亡五校。武安君病愈，秦王欲使武安君代陵将。武安君言曰："邯郸实未易攻也。且诸侯救日至，彼诸侯怨秦之日久矣。今秦虽破长平军，而秦卒死者过半，国内空。远绝河山而争人国都，赵应其内，诸侯攻其外，破秦军必矣。不可。"秦王自命，不行；乃使应侯请之，武安君终辞不肯行，遂称病。

秦王使王龁代陵将。八、九月围邯郸，不能拔。楚使春申君及魏公子将兵数十万攻秦军，秦军多失亡。武安君言曰："秦不听臣计，今如何矣！"秦王闻之，怒，强起武安君。武安君遂称病笃。应侯请之，不起。于是免武安君为士伍，迁之阴密。武安君病，未能行。居三月，诸侯攻秦军急，秦军数却，使者日至。秦王乃使人遣白起，不得留咸阳中。武安君既行，出咸阳西门十里，至杜邮。秦昭王与应侯群臣议曰："白起之迁，其意尚怏怏不服，有余言。"秦王乃使使者赐之剑，自裁。武安君引剑将自到曰："我何罪于天而至此哉？"良久，曰："我固当死。长平之战，赵卒降者数十万人，我诈而尽坑之，是足以死。"遂自杀。武安君之死也，以秦昭王五十年十一月。死而非其罪，秦人怜之，乡邑皆祭祀焉。

【译文】

白起，秦国郿地人，他善于用兵，为秦昭王效力。秦昭王十三年，任白起为左庶长，率军攻打韩国的新城。这一年，穰侯魏冉为秦相国，荐举任鄙为汉中郡守。明年，白起升为左更，攻韩、魏联军于伊阙，斩敌首二十四万，俘虏韩将公孙喜，攻占伊阙等五座城池，白起因军功擢为国尉。不久，又渡河攻取韩国安邑以东到乾河的一大块地方，第二年白起升为大良造。接着又攻打魏国，夺取大小城池六十一座。明年，白起与客卿司马错攻打魏国的垣城，拔去了垣城这一敌人据点。以后又过了五年，白起攻打赵国，攻克了光狼城。七年以后，白起攻打楚国，攻占了鄢、邓五个城池。到了明年，白起攻楚，攻占楚国国都郢，烧毁楚国先王墓地夷陵，一直东到竟陵。楚王逃离郢都，向东徙都于陈。秦国把郢地立为南郡。白起因有功晋升为武安君。武安君白起又攻占楚国大量土地，设立了巫郡和黔中郡。秦昭王三十四年，白起攻魏，占领了华阳，进军芒卯，俘虏了三晋将领，斩敌首级十三万。随后，白起率秦军进攻贾偃率领赵军，败亡中有二万赵军沉溺于河中。秦昭王四十三年，白起攻打韩国的陉城，连下五城，斩敌首五万。秦昭王四十四年，白起攻打南阳太行道，断绝韩国的交通要道。

秦昭王四十五年，白起攻伐韩国的野王，野王守将向秦军投降，切断了韩国上党郡通往国都郑的交通。上党郡守冯亭与百姓商量说："通往郑都的道路已被堵绝，韩国必然把我们抛弃不管。如今秦军进攻日益迫近，韩国又不能来救应，不如把上党郡献给赵国。赵国如果接受我们的要求，秦国就会大怒，必定会发兵攻赵。赵国受秦军攻击，就必定会与韩国亲近。只要韩国与赵国联合起来，就可以挡住秦军的进攻。"于是派使者与赵国联系。赵孝成王与平阳君赵豹、平原君赵胜商议。平阳君赵豹说："不能接受韩国的上党郡，接受了会招来大祸，得不偿失。"平原君赵胜不同意赵豹的意见说："无缘无故就白白地得到一郡土地，接受了对我们有利。"赵王接受了平原君的意见，封冯亭为华阳君。

秦昭王四十六年，秦国攻占了韩国的缑氏、蔺二个地方。

秦昭王四十七年，秦国派左庶长王龁进攻韩国，直取上党郡。上党郡百姓纷纷向赵国逃离。赵国屯军长平，以此来接应上党难民。到了四月，王龁由此攻赵。赵国派廉颇为将。赵军士卒向秦军侦察兵进攻。秦军侦察兵斩杀赵国裨将茄。六月，又政陷赵军，夺取二座城堡，斩杀四名尉官。七月，赵军筑垒壁防守。秦军又向垒壁进攻，斩杀二名尉官，破赵军营阵，夺占西垒壁。廉颇筑垒固守，秦军屡次挑战，赵兵坚守不出。赵王对廉颇坚守不战颇为不满，几次派人质斥。而秦国相应侯范雎派人携带千金向赵国权臣行贿，用离间计散布流言说："秦国所厌恶的，独怕马服子赵括为大将；廉颇容易对付，不久就会投降。"赵王既怨怒廉颇连吃败仗，士卒伤亡很多，又坚壁固守不敢出战，因而听到秦国反间计的流言，便派赵括代廉颇为将，命他率兵击秦。秦国听到赵括为将，就暗地里派武安君白起为上将军，王龁为尉裨将，并下令军中有谁敢泄漏武安君为将的消息者立即斩首。赵括到了长平前线，就下令出兵进击秦军。秦军假装败走，张开二翼设奇兵挟制赵军。赵军乘胜穷追到秦国壁垒处，遭到秦军顽强抵抗而不能进。而此时秦国奇兵二万五千人切断赵军的后路，另一路奇兵五千骑士切断赵军垒壁内的出路，赵军首尾分离，一分为二，粮道也被切断。秦军又派轻骑兵不断骚扰赵军。赵军数战不利，被迫就地筑垒壁坚守，等待救援。秦昭王听到赵军粮道被切断的消息，亲自到河内征发十五岁以上的人从军，赏赐民爵一级，然后支援在长平作战的秦军，狙击赵军的援军和粮道。到了九月，赵军断粮已达四十六天，士卒暗中互相残杀以充饥。赵括不得不再次向秦军垒壁发动进攻，企图突围。他把赵军分为四队，轮番进攻，但仍不能突围。将军赵括亲率精兵进行搏战，被秦军用箭射杀。赵括之军大败，四十万士卒向武安君白起投降。白起与人计议说："以前秦军已攻占上党郡，上党百姓不乐意为秦民而却归顺于赵国。赵国士卒反复无常，如果这次不杀尽他们，恐怕以后又会作乱。"于是用要挟欺诈的手段，把赵军降卒全部活埋，只留下二百四十个弱小者放回赵国去报信。长平之战，秦军先后斩杀和俘获赵军共四十五万。赵国全国为之震惊。

秦昭王四十八年十月，秦军再次攻占上党郡。然后兵分二路：一路由王龁率军进攻赵国的皮牢，很快攻克了下来；一路由司马梗攻占了太原。韩国与赵国惊恐万状，急忙派使者苏代用重金贿赂秦相应侯范雎说："武安君白起已擒杀赵括了吧？"范雎说："对。"又问："即将围攻赵国国都邯郸了吧？"范雎说："对"。苏代接着说："赵国一亡则秦王就会称王，而武安君白起就会封为三公。武安君白起为秦国攻战，夺取七十多城，南定鄢、郢、汉中，北擒赵括之军，虽周公、召公、吕望之功也不能超过他。现在如果赵国灭亡，秦王称王，那么武安君白起必为三公，您能在白起之下吗？虽然您不想在他之下，但也由不得您了。秦国过去曾经攻伐韩国，围邢丘，困上党，上党百姓都投奔赵国，天下之人不乐意为秦民由来已久。现今如果赵国被灭亡，赵国百姓北入燕地，东入齐国，南入韩、魏，那么您所得百姓没有多少，故而不如让韩、赵割地求和，这样不让武安君白起有灭赵之功了。"于是应侯范雎向秦昭王进言说："秦军久战疲劳请允许韩、赵割地求和，让士卒休整。"秦昭王听从范雎的建议，割韩国的垣雍城与赵国的六城而讲和。正月，秦、赵、韩三国都罢兵回国。以后武安君白起听到范雎的建议，由是与范雎有了分隙。

当年九月，秦又发兵，派五大夫王陵攻赵国国都邯郸。当时武安君白起生病，没有任命他出征。秦昭王四十九年正月，王陵攻邯郸，不太顺利。秦昭王又增发兵马支援王陵。结果王陵损兵五校。白起病好了以后，秦昭王想叫白起代替王陵为将。白起对秦昭王说："邯郸着实很难攻克。况且诸侯各国救兵快到，这些诸侯各国对秦国的怨恨已很深久了。现今秦军虽然在长平大破赵军，而秦军也阵亡大半，国内空虚。我军远隔河山去争夺别人的国都，赵军从国内应敌，诸侯从外面进攻，必定能破秦军。因此不可发兵攻赵。"秦昭王亲自命令白起为将伐赵，白起不走；又派范雎去请，白起仍推辞不肯走，并称有病。

秦昭王派王龁代替王陵为将。八、九月秦军围攻邯郸，攻克不下。楚国派春申君以及与魏公子联合率兵数十万攻秦，秦军伤亡很大。白起听到后就说："当初秦王不听我的计谋，现在怎么样？"秦昭王听后大怒，强迫白起起来。白起称病重。秦昭王又叫范雎去请，白起仍称病不起。于是秦昭王免去白起的官职，降为士伍，迁居阴密。由于白起生病，未能成行。在咸阳住了三个月，诸侯军不断向秦军发动攻击，秦军节节退却，告急的使者接连而至。秦昭王就派人叫白起，不得留在咸阳。白起不得不往阴密进发，刚出咸阳西门十里，到了杜邮。秦昭王与范雎等群臣商议说："白起被贬迁咸阳，心中怏怏不服，有怨言。"秦昭王就派使者拿了宝剑，赐白起自刎。白起拿了宝剑准备自刎时说："我有什么罪过于天，以致如此下场?"过了一会儿，白起又说："我当该死。长平之战，赵国降卒数十万人，我用诈骗手段全把他们活埋了，这就足够我死的了"。于是就自杀。白起之死，时在秦昭王五十年十一月。白起无罪而死，秦人对他很怜悯，乡邑地方都祭祀他。

孟子、荀卿传

【题解】

本篇传记记述了孟子（孟轲，字子舆，约公元前372~前289年）和齐国稷下学者邹衍、淳于髡、慎到、环渊、接子、田骈、邹奭以及荀卿（荀况，公元前313~前238）、公孙龙、剧子、李悝、尸子、长卢、吁子、墨翟等人的事迹和思想，虽然少得可怜，却是十分珍贵的史料。其中一些论述，如认为好利是祸乱的根源；孟子讲德政不合时宜，因此四处碰壁；邹衍的怪诞迂阔只不过是迎合君主的一种手段，目的仍在于要推行仁义节俭的主张；稷下学者之盛，说明了齐王能招贤纳士等，反映了司马迁的思想倾向。

【原文】

太史公曰：余读《孟子》书，至梁惠王问何以利吾国，未尝不废书而叹也。曰："嗟乎，利诚乱之始也！夫子罕言利者，常防其原也。故曰："放于利而行，多怨"。自天子至于庶人，好利之弊何以异哉！

孟轲，邹人也。受业子思之门人。道既通，游事齐宣王，宣王不能用。适梁，梁惠王不果所言，则见以纵为迂远而阔于事情。当是之时，秦用商君，富国疆兵；楚、魏用吴起，战胜弱敌；齐威王、宣王用孙子、田忌之徒，而诸侯东面朝齐。天下方务于合纵连横，以攻伐为贤，而孟轲乃述唐、虞、三代之德，是以所如者不合。退而与万章之徒序《诗》《书》，述仲尼之意，作《孟子》七篇，其后有邹子之属。

齐有三邹子。其前邹忌，以鼓琴干威王，因及国政，封为成侯而受相印，先孟子。

其次邹衍，后孟子。邹衍睹有国者益淫侈，不能尚德，若《大雅》整于身，施及黎庶矣。乃深观阴阳消息而作怪迂之变，《终始》《大圣》之篇十余万言。其语闳大不经，必先验小物，推而大之，至于无垠。先序今上以至黄帝，学者所共术，大并世盛衰，因载其讥祥度制，推而远之，至天地未生，窈冥不可考而原也。先列中国名山大川，通谷禽兽，水土所殖。物类所珍，因而推之，及海外人之所不能睹。称引天地剖判以来，五德转移，治各有宜，而符应若兹。以为儒者所谓中国者，于天下乃八十一分居其一分耳。中国名曰赤县神州。县神州内自有九州，禹之序九州是也，不得为州数。中国外如赤县神州者九，乃所谓九州也。于是有裨海环之，人民禽兽莫能相通者，如一区中者，乃为一州。如此者九，乃有大瀛海环其外，天地之际焉。其术皆此类也。然要其归，必止乎仁义节俭，君臣上下六亲之施始也滥耳。王公大人初见其术，惧然顾化，其后不能行之。

是以邹子重于齐。适梁，惠王郊迎，执宾主之礼。适赵，平原君侧行撇席。如燕，昭王拥彗先驱，请列弟子之座而受业，筑碣石宫，身亲往师之。作《主运》。其游诸侯见尊礼如此，岂与仲尼菜色陈蔡，孟轲困于齐梁同乎哉！故武王以仁义伐纣而王，伯夷饿不食周粟；卫灵公问陈，而孔子不答；梁惠王谋欲攻赵，孟轲称大王去邠。此岂有意阿世俗苟合而已哉！持方枘欲内圆凿，其能入乎？或曰，伊尹负鼎而勉汤以王，百里奚饭牛车下而缪公用霸，作先合，然后引之大道。邹衍其言虽不轨，倘有牛鼎之意乎？

孟子

自邹衍与齐之稷下先生，如淳于髡、慎到、环渊、接子、田骈、邹奭之徒，各著书言治乱之事，以干世主，岂可胜道哉！

淳于髡，齐人也。博闻强记，学无所主。其谏说，慕晏婴之为人也，然而承意观色为务。客有见髡于梁惠王，惠王屏左右，独坐而再见之，终无言也。惠王怪之，以让客曰："子之称淳于先生，管、晏不及，及见寡人，寡人未有得也。岂寡人不足为言邪？何故哉？"客以谓髡。髡曰："固也。吾前见王，王志在驱逐；后复见王，王志在音声；吾是以默然。"客具以报王，王大骇，曰："嗟乎，淳于先生诚圣人也！前淳于先生之来，人有献善马者，寡人未及视，会先生至。后先生之来，人有献讴者，未及试，亦会先生来。寡人虽屏人，然私心在彼，有之。"后淳于髡见，壹语连三日三夜无倦。惠王欲以卿相位待之，髡因谢去。于是送以安车驾驷，束帛加璧，黄金百镒。终身不仕。

慎到，赵人。田骈、接子，齐人。环渊，楚人。皆学黄老道德之术，因发明序其指意。故慎到著十二论，环渊著上下篇，而田骈、接子皆有所论焉。

邹奭者，齐诸邹子，亦颇采衍之术以纪文。

于是齐王嘉之，自如淳于髡以下，皆命曰列大夫，为开第康壮之衢，高门大屋，尊宠之。览天下诸侯宾客，言齐能致天下贤士也。

荀卿，赵人。年五十始来游学于齐。邹衍之术迂大而宏辨；奭也文具难施；淳于髡久与处，时有得善言。故齐人颂曰："谈天衍，雕龙奭，炙毂过髡。田骈之属皆已死。齐襄王时，而荀卿最为老师。齐尚修列大夫之缺，而荀卿三为祭酒焉。齐人或谗荀卿，荀卿乃适楚，而春申君以为兰陵令。春申君死而荀卿废，因家兰陵。李斯尝为弟子，已而相秦。荀卿嫉浊世之政，亡国乱君相属，不遂大道而营于巫祝，信禨祥，鄙儒小拘，如庄周等又猾稽乱俗，于是推儒、墨、道德之行事兴坏，序列著数万言而卒。因葬兰陵。

而赵亦有公孙龙为坚白同异之辨，剧子之言；魏有李悝，尽地力之教；楚有尸子、长卢；阿之吁子焉。自如孟子至于吁子，世多有其书，故不论其传云。

盖墨翟，宋之大夫，善守御，为节用。或曰并孔子时，或曰在其后。

【译文】

太史公（司马迁）说：我读《孟子》，至梁惠王问"用什么办法使我的国家得到利益"，未尝不将书放下而叹息，说："唉，利这个东西确实是祸乱的根源啊！"孔夫子很少谈论利，根本原因就是为了时常防范祸乱的根源，所以他说："以利为出发点而行动，就会招惹很多怨恨。"从天子到普通百姓，好利的弊端有什么不同呢！

孟轲，是邹县人，受业于子思的门人。学业既已精通，便游说齐宣王以谋取职位，宣王不能任用。前往梁国，梁惠王不同意他的主张，被看作是迂腐而不通情理。正在这时，秦国任用商君，富国强兵；楚国、魏国任用吴起，战胜弱敌；齐威王、宣王任用孙子、田忌之辈，诸侯向东朝见齐国。天下正致力于合纵连横，把进攻讨伐当作真本领，而孟轲却阐明唐尧、虞舜、夏商周三代的德政，因此走到哪里都不受欢迎。回来以后便与万章等人研讨《诗》《书》，阐明仲尼的思想，创作《孟子》七篇。孟子以后又出现邹子等人。

齐国有三位邹子。他们中最早的是邹忌，以善于弹琴干谒齐威王，因此涉足国家政事，被封为成侯而接受相印，早于孟子。

其次是邹衍，后于孟子。邹衍目睹各国君主日益荒淫奢侈，不能崇尚道德，像《大雅》歌颂的那样，自身加强修养，百姓得到恩惠。可是深入观察阴阳的更替消长而进行怪诞迂阔的推演，著《终始》《大圣》等篇章十多万言。他的言论广博妙远而缺乏根据，都是先从小事物上取得验证，然后进行推论，将它夸大，直到无边无际。比如先从当今开始，一直往上排列到黄帝，都是学者共同遵循的，大体依据时代的盛衰，相应记载其中的吉凶制度，然后往远处推论，直至天地还没有产生，幽深不可考的源头。比如先罗列中国的名山大川，所有山谷中的飞禽走兽，水中地上繁衍的东西，各种珍奇的物品，然后据此进行推论，直至连海外的人都无法目睹的物件。他引证开天辟地以来，历代均按金木水火土五行相生相克的属性而互相更替，虽然治理国家各有合适的措施，但预示吉凶的征兆都是如此。他认为儒生所说的中国，对于整个天下来说，只不过是八十一分中仅占其中的一分罢了。中国名叫赤县神州。赤县神州内本身又分为九州，这就是夏禹所分定的九州，不能计算在天下的州数之中。中国以外像赤县神州这样的共有九个，这才是所谓的九州。在九州之间有小海环绕它们，人民禽兽没有能够相互沟通的，像这样一个区域范围中的，才是一州。像这样的共有九个，便有大海环绕在它们外面，就是天地的边缘。他的主张都是这样一类的东西。但总结他的归宿，必定离不开讲求仁义节俭，君臣上下六亲之间的恩德，是最基本的出发点。王公大人最初见到他的主张，十分惊喜留念而信服，但此后都不能加以实行。

因此邹子在齐国十分受人尊重。前往梁国，惠王到郊外迎接，用的是主人欢迎宾客的礼节。前往赵国，平原君走在他旁边，用衣袖替他拂净座席。到燕国，昭王拿着扫帚走在前面清道，请求坐在弟子的座位上而接受学业。建造碣石宫，自己亲身前往拜他为师。邹子写了《主运》。他游历各诸侯国得到如此尊贵的礼遇，难道和仲尼在陈国、蔡国挨饿，孟轲在齐国、梁国受困一样吗？因此周武王凭借仁义讨伐纣王而称王天下，伯夷宁可挨饿也不吃周朝的粮食；卫灵公问军队阵法，而孔子避而不答；梁惠王想谋划攻取赵国，孟轲却称赞周朝的太王为避开狄人侵犯而离开邠地。这哪里是在为迎合世俗而采取苟合态度了事呢！拿着方形榫头想放进圆形卯眼里，难道能放进去吗？有人说，伊尹充当厨师而勉励商汤终于称王天下，百里奚充当仆人在车下喂牛而秦穆公因重用他便称霸诸侯，开始出现先做到意趣相投，然后再引上大道。邹衍的主张虽然不规范，或许也有伊尹和百里奚那样的意向吧！

从邹衍和在齐国的稷下讲学的各位先生算起，如淳于髡、慎到、环渊、接子、田骈、邹奭等人，各自著书论述有关国家治乱的事情，用来干谒当时的君主，哪里能够介绍得完呢！

淳于髡是齐国人。他博闻强记，学习不宗一家。他进行游说和规谏，羡慕晏婴的为人，然而却致力于察言观色以迎合君主的心意。有一位客人将淳于髡引见给梁惠王，惠王让左右的人员回避，单独坐下而后再次会见淳于髡，可是淳于髡始终一言不发。惠王十分不高兴，因而指责客人说："你称赞淳于先生，说管仲、晏婴也赶不上他，等到和我相见，我一点收获也没有。难道我不配听他说活吗？这是什么缘故呢？"客人将这番话告诉淳于髡。淳于髡回答说："的确如此。我先前见到惠王，他心里正考虑如何驰骋；后来又见到惠王，他心里正想着听音乐，我因此只好一声不吭。"客人原原本本告诉惠王，惠王大惊，说："唉，淳于先生真是圣人啊！前一次淳于先生来，有人贡献良马，我没有来得及察看，正好先生到。后一次先生来，有人贡献歌伎，没来得及表演，也正好先生到。我虽然让人回避，但自己的心思却在那里，是有这么回事。"后来淳于髡进见，一直连着谈了三天三夜毫无倦容。惠王想安排他做卿相，淳于便辞谢离去。因此惠王送他一辆四匹马拉的供乘坐用的车，五匹一捆的帛，上面放着玉璧，黄金百镒。他终身不做官。

慎到，是赵国人；田骈、接子，是齐国人；环渊，是楚国人，都学习黄帝、老子有关道和德的主张，由此发明论述他们的意旨，所以慎到著《十二论》，环渊著《上下篇》，而田骈、接子都有所论述。

邹奭，是齐国众邹子之一，也大量采用邹衍的主张而著书立说。

因此齐王对这些人十分赞赏，从淳于髡往下，都称他们为列大夫，在康庄大道两旁为他们建造住宅，高门大屋，使他们倍受尊崇。纵览天下诸侯的宾客，首推齐国能招致天下的贤士。

荀卿

荀卿，是赵国人，五十岁才到齐国来讲学。邹衍的主张十分迂阔而且能言善辩；邹奭的文论面面俱到而难于付诸实践；淳于髡与人长期相处，时常发表一些精彩的言论。因此齐国人称颂道："谈天说地数邹衍，文辞精美是邹奭，能言善辩淳于髡。"田骈等人都在齐襄王时死去，因而荀卿是最有名望的老师。齐国非常重视补充列大夫的缺额，而荀卿曾三次充任祭酒。齐国有人诬陷荀卿，荀卿便到楚国，于是春申君用他为兰陵县令。春申君死，于是荀卿被免职，便在兰陵安家落户。李斯曾经是荀卿的学生，不久在秦国为相。荀卿对浊世的政治十分憎恶，由于亡国昏君一个接着一个，不遵循大道而被巫祝荧惑，迷信鬼神；庸俗的儒生目光短浅，不知变通；像庄周等人又荒唐滑稽，伤风败俗，因此推敲儒家、墨家、道家在实践中成功与失败的经验教训,论述编著数万言而后逝世,就安葬在兰陵。

而赵国也有名叫公孙龙的从事于明辨事物的属性及同异,还有剧子的言论。魏国有李悝,主张发展生产力以富国强兵。楚国有尸子、长卢,阿地的吁子。从孟子到吁子,他们的著作在社会上大量存在,所以不再论述其流传情况。

墨翟,是宋国的大夫,擅长守卫城池,主张节省费用。有人说他与孔子同时,有人说他后于孔子。

田单传

【题解】

田单,战国后期齐国名将。生卒年不详。齐国田氏疏族,初为齐都临菑小吏。燕国乐毅伐齐,攻克齐国七十余城。齐王奔莒(今山东莒县),齐国危在旦夕。田单孤军坚守即墨(今山东平度东南),积极创造反攻条件,用"火牛阵"在夜间奇袭燕军,收复失土,为中国军事史上以弱胜强的著名战例。

【原文】

田单者,齐诸田疏属也。湣王时,单为临菑市掾,不见知。及燕使乐毅伐破齐,齐湣王出奔,已而保莒城。燕师长驱平齐,而田单走安平,令其宗人尽断其车轴末而傅铁笼。已而燕军攻安平,城坏,齐人走,争涂,以轊折车败,为燕所虏。唯田单宗人以铁笼故得脱,东保即墨。燕既尽降齐城,唯独莒、即墨不下。燕军闻齐王在莒,并兵攻之。淖齿既杀湣王于莒,因坚守,距燕军,数年不下。燕引兵东围即墨,即墨大夫出与战,败死。城中相与推田单曰:"安平之战,田单宗人以铁笼得全,习兵。"立以为将军,以即墨距燕。

顷之,燕昭王卒,惠王立,与乐毅有隙。田单闻之,乃纵反间于燕,宣言曰:"齐王已死,城之不拔者二耳。乐毅畏诛而不敢归,以伐齐为名,实欲连兵南面而王齐。齐人未附,故且缓攻即墨以待其事。齐人所惧,唯恐他将之来,即墨残矣。"燕王以为然,使骑劫代乐毅。

乐毅因归赵,燕人士卒忿。而田单乃令城中人食必祭其先祖于庭,飞鸟悉翔舞城中下食。燕人怪之。田单因宣言曰:"神来下教我。"乃令城中人曰:"当有神人为我师。"有一卒曰:"臣可以为师乎?"因反走。田单乃起,引还,东乡坐,师事之。卒曰:"臣欺君,诚无能也。"田单曰:"子勿言也!"因师之。每出约束,必称神师。乃宣言曰:"吾唯惧燕军之劓所得齐卒,置之前行与我战,即墨败矣。"燕人闻之,如其言。城中人见齐诸降者尽劓,皆怒,坚守,唯恐见得。单又纵反间曰:"吾惧燕人掘吾城外冢墓,戮先人,可为寒心。"燕军尽掘垄墓,烧死人。即墨人从城上望见,皆涕泣,俱欲出战,怒自十倍。

田单知士卒之可用,乃身操版插,与士卒分功,妻妾编于行伍之间,尽散饮食飨士。令甲卒皆伏,使老弱女子乘城,遣使约降于燕,燕军皆呼万岁。田单又收民金,得千镒,令即墨富豪遗燕将曰:"即墨即降,愿无虏掠吾族家妻妾,令安堵。"燕将大喜,许之。燕军由此益懈。

田单乃收城中得千余牛，为绛缯衣，画以五彩龙文，束兵刃于其角，而灌脂束苇于尾，烧其端。凿城数十穴，夜纵牛，壮士五千人随其后。牛尾热，怒而奔燕军。燕军夜大惊。牛尾炬火光明炫耀，燕军视之皆龙文，所触尽死伤。五千人因衔枚击之，而城中鼓噪从之，老弱皆击铜器为声，声动天地。燕军大骇，败走。齐人遂夷杀其将骑劫。燕军扰乱奔走，齐人追亡逐北，所过城邑皆畔燕而归田单，兵日益多，乘胜，燕日败亡，卒至河上，而齐七十余城皆复为齐。乃迎襄王于莒，入临菑而听政。襄王封田单，号曰安平君。

【译文】

田单是齐国田氏贵族的远族人。齐滑王时，田单为齐国国都临菑管理市场的小吏，不著名。后来燕国派乐毅伐齐，齐滑王从临菑出奔，逃到莒城坚守自保。燕国的军队长驱直入，田单逃到了安平，接着就命令同族的人把车轴两头长出车身部分的轴棒全部锯掉，再用铁箍包住轴头。不久燕军进攻安平，城破，齐人纷纷驾车向城外逃走，互相争夺道路，由于露在车身外面的车轴互相挤撞，轴头折断，车子散架，被燕军俘获。唯有田单和他的同族人，由于轴短并用铁箍住，故能全部逃脱，向东来到了即墨。燕军攻克了齐国的全部城池，唯独莒与即墨久攻不下。燕军听说齐王在莒，合兵全力进攻。齐国淖齿在莒杀死了齐王，坚守莒城，抗拒燕军，历时数年。燕军攻莒不下便引兵东向围攻即墨，即墨大夫出战，兵败战死。城中军民都相互推选田单说："安平之战，田单及宗族人以铁箍车轴而全部脱险，他懂军事。"于是拥立田单为将军，领导即墨军民抵抗燕军。

过了不久，燕昭王去世，惠王立。他与乐毅过去有不和，田单听到这个消息，于是对燕使用反间计，到处散布流言说："齐王已死，只有莒与即墨没有攻下。乐毅怕燕惠王杀他而不敢回国，因此借伐齐为名，实际上想拥兵在齐地称王。齐人未能全部归附，故而乐毅以缓攻即墨来等待时机。齐国人所惧怕的，唯恐燕国派别的将领来，那么即墨就得遭殃了。"燕惠王听信了流言，派骑劫去代替乐毅。

乐毅不得已投奔了赵国，燕军士卒对此愤慨不平。而田单下令城中之人，饮食之前必须先祭祖先于庭院中，飞鸟在城中翔舞都下来觅食。燕军在城外见了都觉得奇怪。田单就向燕军散布流言说："有神人下来教我。"与城中的人说："当有神人为我师。"有一士卒开玩笑说："我可以为师吗？"说了就往回走。田单立即站起来，把士卒迎还，让他东向而坐，要拜他为师。士卒说："我欺骗了您。我实在是无能之人。"田单忙说："您不要与外人说啊！"就此拜他为师。每出法令，都称是神师的意旨。接着又散布流言说："我们只怕燕军把俘获的齐卒，割掉他们的鼻子，放在阵前与我们作战，这样即墨也就守不住了。"燕军听了，就照流言所说的做了。城中的人见到被俘的齐卒都被割了鼻子，都非常愤怒，这样就更坚守即墨，唯恐与所见的那样也被割掉鼻子。田单又派人到燕军中行施反间计说："我们最怕燕军在城外掘我们的祖坟，侮辱死去的先人，这样使即墨军民寒心，便无斗志。"燕军果然在城外挖掘坟墓，焚烧尸体。即墨人从城上望见，个个痛哭流涕，纷纷要求出战，怒气冲天。

田单见此情况，知道士卒可用于作战了，于是亲自拿着筑城的木板与插具，与士卒一同劳动，把自己的妻妾编到队伍里，散发饮食给士兵。又命令强壮的士兵埋伏起来，让老弱残兵和妇女登城守望，然后派遣使者到燕军中请求投降，燕军听了就齐声高呼万岁。田单又从民间收得黄金千镒，命即墨富豪送往燕将说："即墨就要投降了，希望您们进城之后不要掳掠我们的家族妻妾，使我们平安，不受骚扰。”燕将大喜，满口答应。燕军由此更加麻痹松懈。

田单在城中征集了千余头牛，给牛披上了罩衣，在罩衣上画上了五彩龙纹，在牛角上缚上尖刀，在牛尾上捆了浸透油脂的苇草，用火烧着了尾巴的尖端。在城墙中凿洞数十处，到夜里放牛出去，五千个壮士跟随其后。牛的尾巴被火烧热，就暴怒向燕军冲去。在夜里燕军见了大吃一惊。牛尾巴上的火光耀眼，火光中只见五彩龙纹，被撞的人非死即伤。五千壮士口衔木箸，不声不响地跟在火牛后面袭击燕军，而即墨城中一片鼓声，老弱与妇女都敲铜器作声，声震天地。燕军更加害怕，大败而逃。齐军杀死了燕军主将骑劫。燕军溃不成军，四散奔走，齐军向北追杀，一路经过的城邑都起来反燕而归顺田单。田单的兵力日益增多，便乘胜追击，燕军接连败逃，直到齐国北部边界河上，而齐国失去的七十余城都得到了收复。田单到莒迎接齐襄王，入临菑听政。齐襄王封田单为安平君。

屈原传

【题解】

屈原(约前339~约前278)，我国最早的大诗人。名平，字原；《离骚》中又自云名正则，字灵均。战国时期楚国人，曾辅佐楚怀王，任左徒，三闾大夫，后遭谗去职。顷襄王时，被长期流放湘江流域。秦兵攻克楚国都城后，他痛感政治理想破灭，无力挽救楚国的危亡，遂投汨罗江而死。

屈原学识渊博，他吸收民间文学的营养，创造出“骚体”这一新的诗歌形式，对后世产生很大影响。他的作品溶化神话传说，语言优美，想象丰富，富有积极浪漫主义气息。《离骚》《九章》等篇陈述他的政治主张，揭露楚国政治的黑暗，融汇了诗人的理想、遭遇、痛苦和热情。《天问》对一系列自然现象、社会历史等方面的传统观念提出了怀疑和质问。此外还有《九歌》等作品传世。

本世纪中，屈原曾被推举为世界文化名人而受到广泛纪念。

【原文】

屈原者，名平，楚之同姓也。为楚怀王左徒。博闻强志，明于治乱，娴于辞令。入则与王图议国事，以出号令；出则接遇宾客，应对诸侯。王甚任之。

上官大夫与之同列，争宠而心害其能。怀王使屈原造为宪令，屈平属草稿未定。上官大夫见而欲夺之，屈平不与，因谗之曰：“王使屈平为令，众莫不知，每一令出，平伐其功，以为‘非我莫能为’也。”王怒而疏屈平。

屈平疾王听之不聪也，谗谄之蔽明也，邪曲之害公也，方正之不容也，故忧愁幽思而作《离骚》。《离骚》者，犹离忧也。夫天者，人之始也；父母者，人之本也。人穷则反本，故劳苦倦极，未尝不呼天也；疾痛惨怛，未尝不呼父母也。屈平正道直行，竭忠尽智以事其君，谗人间之，可谓穷矣。信而见疑，忠而被谤，能无怨乎？屈平之作《离骚》，盖自怨生也。《国风》好色而不淫，《小雅》怨诽而不乱。若《离骚》者，可谓兼之矣。上称帝喾，下道齐桓，中述汤武，以刺世事。明道德之广崇，治乱之条贯，靡不毕见。其文约，其辞微，其志洁，其行廉，其称文小而其指极大，举类迩而见议远。其志洁，故其称物芳。其行廉，故死而不容自疏。濯淖汙泥之中，蝉蜕于浊秽，以浮游尘埃之外，不获世之滋垢皭，然泥而不滓者也。推此志也，虽与日月争光可也。

屈平既绌，其后秦欲伐齐，齐与楚从亲，惠王患之，乃令张仪详去秦，厚币委质事楚，曰："秦甚憎齐，齐与楚从亲，楚诚能绝齐，秦愿献商、於之地六百里。"楚怀王贪而信张仪，遂绝齐，使使如秦受地。张仪诈之曰："仪与王约六里，不闻六百里。"楚使怒去，归告怀王。怀王怒，大兴师伐秦。秦发兵击之，大破楚师於丹、淅，斩首八万，虏楚将屈丐，遂取楚之汉中地。怀王乃悉发国中兵以深入击秦，战於蓝田。魏闻之，袭楚至邓。楚兵惧，自秦归。而齐竟怒不救楚，楚大困。

屈原

明年，秦割汉中地与楚以和。楚王曰："不愿得地，愿得张仪而甘心焉。"张仪闻，乃曰："以一仪而当汉中地，臣请往如楚。"如楚，又因厚币用事者臣靳尚，而设诡辩於怀王之宠臣郑袖。怀王竟听郑袖，复释去张仪。是时屈平既疏，不复在位，使於齐，顾反，柬怀王曰："何不杀张仪？"怀王悔，追张仪不及。

其后诸侯共击楚，大破之，杀其将唐眛。

时秦昭王与楚婚，欲与怀王会。怀王欲行，屈平曰："秦虎狼之国，不可信，不如毋行。"怀王稚子子兰劝王行："奈何绝秦欢！"怀王卒行。入武关，秦伏兵绝其后，因留怀王，以求割地。怀王怒，不听。亡走赵，赵不内。复之秦，竟死于秦而归葬。

长子顷襄王立，以其弟子兰为令尹。楚人既咎子兰以劝怀王入秦而不反也。

屈平既嫉之，虽放流。睠顾楚国，系心怀王，不忘欲反，冀幸君之一悟，俗之一改也。其存君兴国而欲反复之，一篇之中三致志焉。然终无可奈何，故不可以反，卒以此见怀王之终不悟也。人君无愚智贤不肖，莫不欲求忠以自为，举贤以自佐，然亡国破家相随属，而圣君治国累世而不见者，其所谓忠者不忠，而所谓贤者不贤也。怀王以不知忠臣之分，故内惑于郑袖，外欺于张仪，疏屈平而信上官大夫，令尹子兰。兵挫地削，亡其立郡，身客死于秦，为天下笑。此不知人之祸也。易曰："井泄不食，为我心恻，可以汲。王明，并受其福。"王之不明，岂不福哉！

令尹子兰闻之大怒，卒使上官大夫短屈原於顷襄王，顷襄王怒而迁之。

屈原至於江滨，被发行吟泽畔。颜色憔悴，形容枯槁。渔父见而问之曰："子非三闾大夫与？何故而之此？"屈原曰："举世混浊而我独清，众人皆醉而我独醒，是以见放。"渔父曰:“夫圣人者,不凝滞于物而能与世推移。举世混浊,何不随其流而扬其波?众人皆醉,何不餔其糟而啜其醨?何故怀瑾握瑜而自令见放为?”屈原曰:“吾闻之,新沐者必弹冠,新浴者必振衣,人又谁能以身之察察,受物之汶汶者乎!宁赴常流而葬乎江鱼腹中耳,又安能以皓皓之白而蒙世俗之温蠖乎!”

乃作怀沙之赋。其辞曰:

陶陶孟夏兮,草木莽莽。伤怀永哀兮,汨徂南土,眴兮窈窈,孔静幽墨。冤结纡轸兮,离愍之长鞠;抚情效志兮,俛诎以自抑。

刓以为圜兮,常度未替;易初本由兮,君子所鄙。章画职墨兮,前度未改;内直质重兮,大人所盛。巧匠不斫兮,孰察其揆正?玄文幽处兮,矇谓之不章;离娄微睇兮,瞽以为无明。变白而为墨兮,倒上以为下。凤凰在帆兮,鸡雉翔舞。同糅玉石兮,一概而相量。夫党人之鄙妒兮,羌不知吾所臧。

任重载盛兮,陷滞而不济;怀瑾握瑜兮,穷不得余所示。邑犬群吠兮,吠所怪也;诽骏疑桀兮,固庸态也。文质疏内兮,众不知吾之异采;材朴委积兮,莫知余之所有。重仁袭义兮,谨厚以为丰;重华不可牾兮,孰知余之从容!古固有不并兮,岂知其故也?汤禹久远兮,邈不可慕也。惩违改忿兮,抑心而自强;离湣而不迁兮,愿志之有象。进路北次兮,日昧昧其将暮;含优虞哀兮,限之以大故。

乱曰:“浩浩沅、湘兮,分流汨兮。修路幽拂兮,道远忽兮。曾唫恒悲兮,永叹慨兮。世既莫吾知兮,人心不可谓兮。怀情抱质兮,独无匹兮。伯乐既殁兮,骥将焉程兮?人生禀命兮,各有所错兮。定心广志,馀何畏惧兮?曾伤爰哀,永叹喟兮。世混不吾知,心不可谓兮。知死不可让兮,愿勿爱兮。明以告君子兮,吾将以为类兮。

于是怀石遂自沉汨罗以死。

【译文】

屈原,名平,和楚国是同姓。担任楚怀王的左徒。屈原博学强记,明了国家安定、动乱的原因和治理方法,善于应对言词,尤其是外交辞令。所以他入朝就和国王谋划国家大事,用以发布号令;出朝就接待宾客,应对四方诸侯。楚怀王十分信任他。

上官大夫和屈原在朝廷是同班列之臣,为同屈原争夺皇帝的宠爱,因而心里非常妒忌屈原的贤能。楚怀王让屈原制订法令,屈原起草尚未定稿。上官大夫见到了,就要夺去自己写,屈原不给他,他就到楚怀王面前说屈原的坏话:“大王让屈平起草法令,众人没有不知道的,每一法令发布出来,屈平就夸耀是自己的功劳,认为‘不是我,没有人能写得出来的’。”楚怀王听了很生气,从此疏远了屈原。

屈原怨恨楚怀王听臣进言不明是非,被假话坏话遮住了眼睛,任凭奸邪陷害公正,容不得端方正直之士,所以忧愁幽思,写了一篇很长的辞章《离骚》。所谓“离骚”,也就是离忧的意思。天,是人的起源;父母,是人的根本。人到了走投无路的时候,就会溯源返本,所以人到劳苦疲惫之极,未尝不呼喊“天哪!”人到疾病疼痛难忍,也未尝不呼喊“爹呀!娘呀!”屈原走的是正道,又照直行事,竭尽忠诚和智慧,服侍他的君主。然而坏人从中挑拨离间,失去了皇帝的信任,可谓走投无路了。真诚的人受到怀疑,忠贞的人受到诽谤,能没有怨恨吗?屈原写作的《离骚》,大概由于怨恨产生的,就像人到走投无路时呼天叫娘一样自然。《诗经》中的《国风》一类诗,它的风格特色犹如喜爱美色而不过分一样,

《小雅》一类诗，它的风格特色犹如怨恨国家失政而不造反一样。而《离骚》这样的作品，可谓两种特色兼而有之。屈原在《离骚》中上称喾等古帝，下道齐桓公等霸主，中述汤、武等贤王，用来指责当时的社会政治。所表明的道德之广大崇高，安定和动乱之条理贯通，无不彻底表现出来。文体简约，辞义深微，志向高洁，行为清廉，用的文体形式虽小，而所表现的内容却很大，所举事例虽浅近，而所表现的意义却很深远。因为作者志向高洁，所以举的事物都很芬芳美好。作者行为清廉，所以宁死也不能容忍自己被疏远。洗涤于污泥之中，蝉蜕于浊秽以浮游于尘埃之外，没有受到世俗的沾染污垢，光亮的样子就像纯净的黑泥没有一点杂质。如果比喻这种高洁的志向，那么即使说它与日月争光也是可以的。

屈原遭到贬斥后，秦国要征伐齐国，而齐国和楚国联合起来相互支援，秦惠王对此很忧虑，于是命令张仪假装背离秦国，以丰厚的钱币和卑下的礼节服侍楚国。张仪说："秦国非常憎恨齐国，可是齐国和楚国联合起来相互支援，如果楚国真的能和齐国绝交，那么秦国愿意将秦国的商、於之地六百里献给楚国。"楚怀王贪婪钱物而相信了张仪的话，于是和齐国绝交，派使者到秦国接受献地。张仪随即变卦，骗他说："我与楚怀王相约时说的是六里，没听说过有六百里。"楚国使者很气愤地离去了，回去就报告给楚怀王。楚怀王发怒，大举兴兵讨伐秦国。秦国发兵迎击，在丹、淅两地大破楚兵，斩首八万，掳去楚国将军屈丐，夺取了楚国的汉中之地。楚怀王于是调动国中全部兵力深入攻击秦国，战于蓝田。魏国听到这个消息，于是突然袭击楚国的邓城。楚兵十分恐惧，从秦国境内退兵。而齐国终是生楚国的气，不去救援楚国。楚国落入非常困窘的境地。

第二年，秦国把夺取的汉中之地割让给楚国，与楚国讲和。楚怀王说："不想得到汉中之地，而愿意得到张仪才甘心。"张仪听到了，对秦惠王说："用一个张仪而相当于汉中之地，我请求前往楚国。"张仪到了楚国，又用丰厚的钱币贿赂楚国的当权之臣靳尚，在楚怀王宠臣郑袖面前编造了花言巧语。楚怀王竟然听从了郑袖，再次放走了张仪。这时屈原已经被疏远，不复在位，出使于齐国，又返回，规劝楚怀王说："为什么不杀张仪呢？"楚怀王很后悔，但再追张仪却赶不上了。

此后，诸侯共同攻击楚国，大破楚兵，杀了他们的将军唐昧。

当时秦昭王与楚国联姻，要和楚怀王相会。楚怀王要启程，屈原说："秦国就像虎狼，不可信，不如不去。"楚怀王的小儿子子兰劝说楚怀王前去，说："怎么能拒绝秦国和我们的和好呢？"楚怀王终于去了。走到武关，秦国的伏兵截住了楚怀王的随从人员，只留住他一人，要求割让土地。楚怀王十分气愤，没有听从。他逃跑到赵国，赵国不接纳。他又到秦国，竟然死在秦国而送回楚国安葬。

楚怀王的长子顷襄王立为楚国国王，用他的弟弟子兰为楚国最高军政长官令尹。楚国人很怪罪子兰，因为他曾劝楚怀王到秦国而未得生还。

屈原早已憎恨子兰，但是他即使被流放，仍然眼望楚国，心系怀王，不忘回来，是希望国君的觉悟，风俗的改变。他思念国君、振兴祖国的深情反复不息，在《离骚》一篇之中，多次表达这种思想感情。然而终于无可奈何，所以不能回到楚国，最后见怀王终不觉悟。国君不论愚蠢、智慧、贤明、糊涂，莫不愿意求得忠臣用来为自己出力，提拔贤才用来辅助自己，然而亡国破家接连发生，圣明的君主、安定的国家世世代代不能出现，正是由于所谓"忠臣"并不忠，所谓"贤才"并不贤。楚怀王因为不知道忠臣的职分，所以在国内被郑袖所惑，在国外被张仪所欺，疏远屈原而信任上官大夫、令尹子兰。军队受挫，国土被割，失掉了六郡，自身客死于秦国，为天下人嘲笑。这是不知人善任的灾祸呀！《易经》上说："井淘干净了，仍无人食用，是令人伤心，这井的水是可以提上来食用的。国王如若英明，全国都会享受幸福。"楚怀王糊涂，哪里能给全国以幸福呢？

令尹子兰听到屈原的议论后，大为恼火，使上官大夫在顷襄王面前说屈原的短处。顷襄王也很生气，因而将屈原再次放逐。

屈原到了大江之滨，在湖泽之畔，头披长发，一边行走一边吟唱，脸色憔悴，形体枯槁。渔翁看见了，问他说："你不是职掌王族三姓的三闾大夫吗？是什么缘故落到这种地步？"屈原说："整个世界都是混浊的，而只有我才是清白的；众人都是沉醉的，而只有我才是清醒的，因此才被放逐。"渔翁说："圣人，不拘泥于某种事物，而是与世道推移。整个世界混浊，你为什么不随波逐流？众人都沉醉，你为什么不连酒带糟都吃下去呢？何必怀抱着美玉般的稀世之才，而人为地自己让国君放逐呢？"屈原说："我听说过，刚洗过头的人，戴帽之前必定先弹弹帽上的灰尘；刚洗过澡的人，穿衣之前必定先抖抖衣上的灰尘。人谁能以自己的高洁操行，接受昏暗污浊的世道呢？我宁可投进永不停歇的流水而葬身于大江鱼腹之中，又岂能以明亮洁白之躯蒙上世俗的尘滓呢？"于是写作《怀沙》这篇辞赋。其词说：

阳气腾腾的初夏呀，草木长得多么茂盛。使我伤怀而永远哀痛啊，如今又匆匆独自南行。转眼四顾一片阴森，没有一点声息，死一般的寂静。胸有闷气呀迂曲不止，身遭忧患而长期困窘。抚念衷情而检查志向啊，已受很大的冤屈，仍要压抑自己。尽管小人削方为圆哪，然而永恒的法则决不可任意废弃。改变自己本来的道路，为道德高尚的人所鄙夷。标明规矩要坚持原则，以前的风范决不能改易。内心厚道而品质庄重，这种美德为有地位的哲人所赞扬。能工巧匠如不运用斧凿，谁能看到他那准确的度量？若把黑色的彩绣放在暗处，患有青光眼病的人则妄言花纹不鲜亮。古代眼明的离娄，用眼一瞥就看到秋毫之末，而瞎眼人还以为他也是个老盲。把白的当作黑的呀，将上倒过来作为下。美丽的凤凰被关进竹笼里，丑陋的鸭群却乱飞乱抓。美玉和顽石掺和混杂呀，不加区别，一起用升斗来衡量。尤其是那些结党营私的小人，鄙陋而顽固，他们岂知道我的才德优长！我的任务太重，如车满载哟，陷于泥泞而不能通过。怀抱的和手握的都是美玉哟，却找不到一个能看一看我这美玉的明哲。村里的群狗乱叫呀，叫的是它觉到的奇怪。诽谤英雄，猜疑豪杰，本是小人的一贯心态。文质彬彬，内心通达，群小们哪里知道我所具有的异彩？良材好料聚积很多，却没有人知道我有如此丰富的储备。用仁义将我穿戴起来吧，使美德修养得又厚又丰。圣明的舜帝重华不再遇到了，谁知道我的才德有余，气度从容？圣君贤臣古来就不能同世并生，哪里得知其中的缘故？商汤、夏禹距今久远了，久远得如同旷绝，简直不可追慕。停止怨恨，排除愤懑吧，抑制浮躁心情，以便自勉自强。虽遭忧患，坚贞不移，但愿我的意志成为后来者的榜样。因为赶路而错过了宿地，日色昏昏，时将傍晚。自舒忧怀，自宽哀心吧，死而后已，才算个极限。

尾声：

浩浩荡荡的沅江湘江，各自滚滚地奔流啊！道路漫漫，林木幽幽，前程渺渺无尽头啊！抒不尽的长悲，叹不尽的感慨。世间无人理解我，人心不可说。坚守自己的真情和美德，而独独无人予以作证。古代相马人伯乐早已死去，今日的千里马由谁品评？人生禀受天命啊,个个早被安排定。安定情绪,弘扬志气,我还有什么畏惧?层层伤怀,层层悲哀,长声叹息,没有休止。世间混浊,无人理解我,人心不可说。我知道死亡不可回避,愿意离开人世不自爱惜。明白地告诉道德高尚的人,我将做出榜样让后人学习。

于是,屈原怀抱石头,自沉汨罗江而死。

李斯传

【题解】

李斯(? ~前208),战国末楚上蔡(今属河南)人。年轻时跟从荀卿学习。他考虑六国都弱,无法让他施展才能,于是西入秦国,作秦相吕不韦舍人,又转为郎。因向秦王提供兼并六国策略,受秦王重视,被任命为客卿。不久,秦国因故决定驱逐一切诸侯客。李斯谏阻,逐客令被取消。秦王全部采纳李斯兼并六国策略,李斯官升至廷尉。李斯是秦王并吞六国的重要助手。秦统一六国后,秦王称始皇帝,李斯协助始皇废除分封制,推行郡县制,焚书坑儒,废除私学,统一度量衡,统一文字,修筑驰道,扩展疆域,陪同秦始皇巡行天下。李斯官升至丞相。李斯是秦始皇建立和巩固中央专制集权统一帝国的最主要助手。秦始皇死后,李斯为了保有自己的高官厚禄,接受赵高勾结,协助胡亥篡夺皇权,使胡亥成为二世皇帝。阿谀奉承,助长了二世的倒行逆施。最后在争权夺利中被赵高诬陷杀害。李斯对败坏秦皇朝统治基础、导致秦皇朝覆灭负有重要历史责任。他的一生与秦朝兴亡息息相关。

【原文】

李斯者,楚上蔡人也。年少时,为郡小吏,见吏舍厕中鼠食不洁,近人犬,数惊恐之。斯入仓,观仓中鼠,食积粟,居大庑之下,不见人犬之忧。于是李斯乃叹曰:"人之贤不肖譬如鼠矣,在所自处耳!"乃从荀卿学帝王之术。

学已成,度楚王不足事,而六国皆弱,无可为建功者,欲西入秦。辞于荀卿曰:"斯闻得时无怠。今万乘方争时,游者主事。今秦王欲吞天下,称帝而治,此布衣驰骛之时而游说者之秋也。处卑贱之位而计不为者,此禽鹿视肉,人面而能强行者耳。故诟莫大于卑贱,而悲莫甚于穷困。久处卑贱之位,困苦之地,非世而恶利,自托于无为,此非士之情也。故斯将西说秦王矣。"

至秦,会庄襄王卒,李斯乃求为秦相文信侯吕不韦舍人。不韦贤之,任以为郎。李斯因以得说,说秦王曰:"胥人者,去其几也。成大功者,在因瑕衅而遂忍之。昔者秦穆公之霸,终不东并六国者,何也?诸侯尚众,周德未衰。故五伯迭兴,更尊周室。自秦孝公以来,周室卑微,诸侯相兼,关东为六国,秦之乘胜役诸侯,盖六世矣。今诸侯服秦,譬若郡县。夫以秦之强,大王之贤,由灶上骚除,足以灭诸侯,成帝业,为天下一统。此万世之一时也。今怠而不急就,诸侯复强,相聚约从,虽有黄帝之贤,不能并也。"秦王乃拜斯为长史,听其计,阴遣谋士赍持金玉以游说诸侯。诸侯名士可下以财者,厚遗结之;不肯者,利剑刺之。离其君臣之计,秦王乃使其良将随其后。秦王拜斯为客卿。

会韩人郑国来间秦，以作注溉渠，已而觉。秦宗室大臣皆言秦王曰："诸侯人来事秦者，大抵为其主游间于秦耳。请一切逐客。"李斯议亦在逐中。斯乃上书曰：

臣闻吏议逐客，窃以为过矣。昔穆公求士，西取由余于戎，东得百里奚于宛，迎蹇叔于宋，来丕豹、公孙支于晋。此五子者，不产于秦，而穆公用之，并国二十，遂霸西戎。孝公用商鞅之法，移风易俗，民以殷盛，国以富强，百姓乐用，诸侯亲服，获楚、魏之师，举地千里，至今治强。惠王用张仪之计，拔三川之地，西并巴、蜀，北收上郡，南取汉中，包九夷，制鄢、郢，东据成皋之险，割膏腴之壤，遂散六国之从，使之西面事秦，功施到今。昭王得范雎，废穰侯，逐华阳，强公室，杜私门，蚕食诸侯，使秦成帝业。此四君者，皆以客之功。由此观之，客何负于秦哉！向使四君却客而不内，疏士而不用，是使国无富利之实而秦无强大之名也。

李斯

今陛下致昆山之玉，有随、和之宝，垂明月之珠，服太阿之剑，乘纤离之马，建翠凤之旗，树灵鼍之鼓。此数宝者，秦不生一焉，而陛下说之。何也？必秦国之所生然后可，则是夜光之璧不饰朝廷，犀象之器不为玩好，郑、卫之女不充后宫，而骏良駃騠不实外厩，江南金锡不为用，西蜀丹青不为采。所以饰后宫充下陈娱心意说耳目者，必出于秦然后可，则是宛珠之簪，傅玑之珥，阿缟之衣，锦绣之饰不进于前，而随俗雅化佳冶窈窕赵女不立于侧也。夫击瓮叩缶弹筝搏髀，而歌呼呜呜快耳者，真秦之声也；《郑》《卫》《桑间》《昭》《虞》《武》《象》者，异国之乐也。今弃击瓮叩缶而就《郑》《卫》，退弹筝而取《昭》《虞》，若是者何也？快意当前，适观而已矣。今取人则不然。不问可否，不论曲直，非秦者去，为客者逐。然则是所重者在乎色乐珠玉，而所轻者在乎人民也。此非所以跨海内制诸侯之术也。

臣闻地广者粟多，国大者人众，兵强则士勇。是以太山不让土壤，故能成其大；河海不择细流，故能就其深；王者不却众庶，故能明其德。是以地无四方，民无异国，四时充美，鬼神降福，此五帝、三王之所以无敌也。今乃弃黔首以资敌国，却宾客以业诸侯，使天下之士退而不敢西向，裹足不入秦，此所谓"藉寇兵而赍盗粮"者也。

夫物不产于秦，可宝者多；士不产于秦，而愿忠者众。今逐客以资敌国，损民以益仇，内自虚而外树怨于诸侯，求国无危，不可得也。

秦王乃除逐客之令，复李斯官，卒用其计谋。官至廷尉。二十余年，竟并天下，尊主为皇帝，以斯为丞相。夷郡县城，销其兵刃，示不复用。使秦无尺土之封，不立子弟为王，功臣为诸侯者，使后无战攻之患。

始皇三十四年，置酒咸阳宫，博士仆射周青臣等颂称始皇威德。齐人淳于越进谏曰："臣闻之，殷周之王千余岁，封子弟功臣自为支辅。今陛下有海内，而子弟为匹夫，卒有田常、六卿之患，臣无辅弼，何以相救哉？事不师古而能长久者，非所闻也。今青臣等又面谀以重陛下过，非忠臣也。”始皇下其议丞相。丞相谬其说，绌其辞，乃上书曰：“古者天下散乱，莫能相一，是以诸侯并作，语皆道古以害今，饰虚言以乱实，人善其所私学，以非上所建立。今陛下并有天下，别白黑而定一尊；而私学乃相与非法教之制，闻令下，即各以其私学议之，入则心非，出则巷议，非主以为名，异趣以为高，率群下以造谤。如此不禁，则主势降乎上，党与成乎下。禁之便。臣请诸有文学《诗》《书》百家语者，蠲除去之。令到满三十日弗去，黥为城旦。所不去者，医药卜筮种树之书。若有欲学者，以吏以师。”始皇可其议，收去《诗》《书》百家之语以愚百姓，使天下无以古非今。明法度，定律令，皆以始皇起。同文书。治离宫别馆，周遍天下。明年，又巡狩，外攘四夷。斯皆有力焉。

斯长男由为三川守，诸男皆尚秦公主，女悉嫁秦诸公子。三川守李由告归咸阳，李斯置酒于家，百官长皆前为寿，门廷车骑以千数。李斯喟然而叹曰：“嗟乎！吾闻之荀卿曰：‘物禁大盛’。夫斯乃上蔡布衣，闾巷之黔首，上不知其驽下，遂擢至此。当今人臣之位无居臣上者，可谓富贵极矣。物极则衰，吾未知所税驾也！”

始皇三十七年十月，行出游会稽，并海上，北抵琅琊。丞相斯、中车府令赵高兼行符玺令事，皆从。始皇有二十余子，长子扶苏以数直谏上，上使监兵上郡，蒙恬为将。少子胡亥爱，请从，上许之。余子莫从。其年七月，始皇帝至沙丘，病甚，令赵高为书赐公子扶苏曰：“以兵属蒙恬，与丧会咸阳而葬。”书已封，未授使者，始皇崩。书及玺皆在赵高所。独子胡亥、丞相李斯、赵高及幸宦者五六人知始皇崩，余群臣皆莫知也。李斯以为上在外崩，无真太子，故秘之。置始皇居辒辌车中，百官奏事上食如故，宦者辄从辒辌车中可诸奏事。

赵高因留所赐扶苏玺书，而谓公子胡亥曰：“上崩，无诏封王诸子而独赐长子书。长子至，即立为皇帝，而子无尺寸之地，为之奈何？”胡亥曰：“固也。吾闻之，明君知臣，明父知子。父捐命，不封诸子，何可言者！”赵高曰：“不然。方今天下之权，存亡在子与高及丞相耳，愿子图之。且夫臣人与见臣于人，制人与见制于人，岂可同日道哉！”胡亥曰：“废兄而立弟，是不义也；不奉父诏而畏死，是不孝也；能薄而材谫，强因人之功，是不能也。三者逆德，天下不服，身殆倾危，社稷不血食。”高曰：“臣闻汤、武杀其主，天下称义焉，不为不忠。卫君杀其父，而卫国载其德，孔子著之，不为不孝。夫大行不小谨，盛德不辞让，乡曲各有宜而百官不同功。故顾小而忘大，后必有害；狐疑犹豫，后必有悔。断而敢行，鬼神避之，后有成功。愿子遂之！”胡亥喟然叹曰：“今大行未发，丧礼未终，岂宜以此事干丞相哉！”赵高曰：“时乎时乎，间不及谋！赢粮跃马，唯恐后时！”胡亥既然高之言，高曰：“不与丞相谋，恐事不能成，臣请为子与丞相谋之。”

高乃谓丞相斯曰：“上崩，赐长子书，与丧会咸阳而立为嗣。书未行，今上崩，未有知者也。所赐长子书及符玺皆在胡亥所，定太子在君侯与高之口耳。事将何如？”斯曰：“安得亡国之言！此非人臣所当议也！”高曰：“君侯自料能孰与蒙恬？功高孰与蒙恬？谋远不失孰与蒙恬？无怨于天下孰与蒙恬？长子旧而信之孰与蒙恬？”斯曰：“此五者皆不及蒙恬，而君责之何深也？”高曰：“高固内官之厮役也，幸得以刀笔之文进入秦宫，管事二十余年，未尝见秦免罢丞相功臣有封及二世者也，卒皆以诛亡。皇帝二十余子，皆君之所知。长子刚毅而武勇，信人而奋士，即位必用蒙恬为丞相，君侯终不怀通侯之印归于乡里，明矣。高受诏教习胡亥，使学以法事数年矣，未尝见过失。慈仁笃厚，轻财重士，辩于心而诎于口，尽礼敬士，秦之诸子未有及此者，可以为嗣。君计而定之。”斯曰：“君其反位！斯奉主之诏，听天之命，何虑之可定也？”高曰：“安可危也，危可安也。安危不定，何以贵圣？”斯曰：“斯，上蔡闾巷布衣也，上幸擢为丞相，封为通侯，子孙皆至尊位重禄者，故将以存亡安危属臣也。岂可负哉！夫忠臣不避死而庶几，孝子不勤劳而见危，人臣各守其职而已矣。君其勿复言，将令斯得罪。”高曰：“盖闻圣人迁徙无常，就变而从时，见末而知本。观指而睹归。物固有之，安得常法哉！方今天下之权命悬于胡亥，高能得志焉。且夫从外制中谓之惑，从下制上谓之贼。故秋霜降者草花落，水摇动者万物作，此必然之效也。君何见之晚？”斯曰：“吾闻晋易太子，三世不安；齐桓兄弟争位，身死为戮；纣杀亲戚，不听谏者，国为丘墟，遂危社稷；三者逆天，宗庙不血食。斯其犹人哉，安足为谋！”高曰：“上下合同，可以长久；中外若一，事无表里。君听臣之计，即长有封侯，世世称孤，必有乔松之寿，孔、墨之智。今释此而不从，祸及子孙，足以为寒心。善者因祸为福，君何处焉？”斯乃仰天而叹，垂泪太息曰：“嗟乎！独遭乱世，既以不能死，安托命哉！”于是斯乃听高。高乃报胡亥曰：“臣请奉太子之明命以报丞相，丞相斯敢不奉令！”

于是乃相与谋，诈为受始皇诏丞相，立子胡亥为太子。更为书赐长子扶苏曰：“朕巡天下，祷祠名山诸神，以延寿命。今扶苏与将军蒙恬将师数十万以屯边，十有余年矣，不能进而前，士卒多耗，无尺寸之功，乃反数上书直言诽谤我所为，以不得罢归为太子，日夜怨望。扶苏为人子不孝，其赐剑以自裁；将军恬与扶苏居外，不匡正，宜知其谋。为人臣不忠，其赐死，以兵属裨将王离。”封其书以皇帝玺，遣胡亥客奉书赐扶苏于上郡。

使者至，发书，扶苏泣，入内舍，欲自杀。蒙恬止扶苏曰：“陛下居外，未立太子，使臣将三十万众守边，公子为监，此天下重任也。今一使者来，即自杀，安知其非诈？请复请，复请而后死，未暮也。”使者数趣之。扶苏为人仁，谓蒙恬曰：“父而赐子死，尚安复请！”即自杀。蒙恬不肯死，使者即以属吏，系于阳周。

使者还报，胡亥、斯、高大喜。至咸阳，发丧，太子立为二世皇帝。以赵高为郎中令，常侍中用事。

二世燕居，乃召高与谋事，谓曰：“夫人生居世间也，譬犹骋六骥过决隙也。吾既已临天下矣，欲悉耳目之所好，穷心志之所乐，以安宗庙而乐万姓，长有天下，终吾年寿，其道可乎？”高曰：“此贤主之所能行也，而昏乱主之所禁也。臣请言之，不敢避斧钺之诛，愿陛下少留意焉。夫沙丘之谋，诸公子及大臣皆疑焉，而诸公子尽帝兄，大臣又先帝之所置也。今陛下初立，此其属意怏怏皆不服，恐为变。且蒙恬已死，蒙毅将兵居外，臣战战栗栗，唯恐不终。且陛下安得为此乐乎？”二世曰：“为之奈何？”赵高曰：“严法而刻刑，令有罪者相坐诛，至收族，灭大臣而远骨肉，贫者富之，贱者贵之。尽除去先帝之故臣，更置陛下之所亲信者近之。此则阴德归陛下，害除而奸谋塞，群臣莫不被润泽，蒙厚德，陛下则高枕肆志宠乐矣。计莫出于此。”二世然高之言，乃更为法律。于是群臣诸公子有罪，辄下高，令鞠治之。杀大臣蒙毅等。公子十二人戮死咸阳市，十公主矺死于杜，财物入于县官，相连坐者不可胜数。

公子高欲奔，恐收族，乃上书曰：“先帝无恙时，臣入则赐食，出则乘舆。御府之衣，臣得赐之，中厩之宝马，臣得赐之。臣当从死而不能，为人子不孝，为人臣不忠。不忠者无名以立于世，臣请从死，愿葬骊山之足。唯上幸哀怜之。”书上，胡亥大悦，召赵高而示之，曰：“此可谓急乎？”赵高曰：“人臣当忧死而不暇，何变之得谋！”胡亥可其书，赐钱十万以葬。

法令诛罚日益刻深，群臣人人自危，欲畔者众。又作阿房之宫，治直、驰道，赋敛愈重，戍徭无已。于是楚戍卒陈胜、吴广等乃作乱，起于山东，杰俊相立，自置为侯王，叛秦，兵至鸿门而却。李斯数欲请间谏，二世不许。而二世责问李斯曰："吾有私议而有所闻于韩子也，曰'尧之有天下也，堂高三尺，采椽不斫，茅茨不翦，虽逆旅之宿不勤于此矣。冬日鹿裘，夏日葛衣，粢粝之食，藜藿之羹，饭土匦，啜土铏，虽监门之养不觳于此矣。禹凿龙门，通大夏，疏九河，曲九防，决渟水致之海，而股无胈，胫无毛，手足胼胝，面目黎黑，遂以死于外，葬于会稽，臣虏之劳不烈于此矣。'然则夫所贵于有天下者，岂欲苦形劳神，身处逆旅之宿，口食监门之养，手持臣虏之作哉？此不肖人之所勉也，非贤者之所务也。彼贤人之有天下也，专用天下适己而已矣，此所以贵于有天下也。夫所谓贤人者，必能安天下而治万民，今身且不能利，将恶能治天下哉！故吾愿赐志广欲，长享天下而无害，为之奈何？"李斯子由为三川守，群盗吴广等西略地，过去弗能禁。章邯以破逐广等兵，使者覆案三川相属，诮让斯居三公位，如何令盗如此。李斯恐惧，重爵禄，不知所出，乃阿二世意，欲求容，以书对曰：

夫贤主者，必且能全道而行督责之术者也。督责之，则臣不敢不竭能以徇其主矣。此臣主之分定，上下之义明，则天下贤不肖莫敢不尽力竭任以徇其君矣。是故主独制于天下而无所制也。能穷乐之极矣，贤明之主也，可不察焉！

故申子曰"有天下而不恣睢，命之曰以天下为桎梏"者，无他焉，不能督责，而顾以其身劳于天下之民，若尧、禹然，故谓之"桎梏"也。夫不能修申、韩之明术，行督责之道，专以天下自适也，而徒务苦形劳神，以身徇百姓，则是黔首之役，非畜天下者也，何足贵哉！夫以人徇己，则己贵而人贱；以己徇人，则己贱而人贵。故徇人者贱，而人所徇者贵，自古及今，未有不然者也。凡古之所为尊贤者，为其贵也；而所为恶不肖者，为其贱也。而尧、禹以身徇天下者也，因随而尊之，则亦失所为尊贤之心矣，夫可谓大缪矣。谓之为"桎梏"，不亦宜乎？不能督责之过也。

故韩子曰："慈母有败子而严家无格虏"者，何也？则能罚之加焉必也。故商君之法，刑弃灰于道者。夫弃灰，薄罪也，而被刑，重罚也。彼唯明主为能深督轻罪，夫罪轻且督深，而况有重罪乎？故民不敢犯也。是故韩子曰："布帛寻常，庸人不释，铄金百镒，盗跖不搏"者，非庸人之心重，寻常之利深，而盗跖之欲浅也；又不以盗跖之行，为轻百镒之重也。搏必随手刑，则盗跖不搏百镒；而罚不必行也，则庸人不释寻常。是故城高五丈，而楼季不轻犯也；泰山之高百仞，而跛牂牧其上。夫楼季也而难五丈之限，岂跛牂也而易百仞之高哉？峭堑之势异也。明主圣王之所以能久处尊位，长执重势，而独擅天下之利者，非有异道也，能独断而审督责，必深罚，故天下不敢犯也。今不务所以不犯，而事慈母之所以败子也，则亦不察于圣人之论矣。夫不能行圣人之术，则舍为天下役何事哉？可不哀邪！

且夫俭节仁义之人立于朝，则荒肆之乐辍矣；谏说论理之臣间于侧，则流漫之志诎矣；烈士死节之行显于世，则淫康之虞废矣。故明主能外此三者，而独操主术以制听从之臣，而修其明法，故身尊而势重也。凡贤主者，必将能拂世磨俗，而废其所恶，立其所欲，故生则有尊重之死势，则有贤明之谥也。是以明君独断，故权不在臣也。然后能灭仁义之涂，掩驰说之口，困烈士之行，塞聪掩明，内独视听，故外不可倾以仁义烈士之行，而内不可夺以谏说忿争之辩。故能荦然独行恣睢之心而莫之敢逆。若此然后可谓能明申、韩之术而修商君之法。法修术明而天下乱者,未之闻也。故曰"王道约而易操"也。唯明主为能行之。若此则谓督责之诚,则臣无邪。臣无邪则天下安,天下安则主严尊,主严尊则督责必,督责必则所求,所求得则国家富,国家富则君乐丰。故督责之术设,则所欲无不得矣。群臣百姓救过不给,何变之敢图?若此则帝道备,而可谓能明君臣之术矣。虽申、韩复生,不能加也。

书奏,二世悦。于是行督责益严。税民深者为明吏。二世曰:"若此,则可谓能督责矣。"刑者相半于道,而死人日成积于市。杀人众者为忠臣。二世曰:"若此,则可谓能督责矣。"

初,赵高为郎中令,所杀及报私怨众多,恐大臣入朝奏事毁恶之,乃说二世曰:"天子所以贵者,但以闻声,群臣莫得见其面,故号曰'朕'。且陛下富于春秋,未必尽通诸事,今坐朝廷,谴举有不当者,则见短于大臣,非所以示神明于天下也。且陛下深拱禁中,与臣及侍中习法者待事,事来有以揆之。如此则大臣不敢奏疑事,天下称圣主矣。"二世用其计,乃不坐朝廷见大臣,居禁中。赵高常侍中用事,事皆决于赵高。

高闻李斯以为言。乃见丞相曰:"关东群盗多,今上急益发徭治阿房宫,聚狗马无用之物。臣欲谏,为位贱。此真君侯之事,君何不谏?"李斯曰:"固也,吾欲言之久矣。今时上不坐朝廷,上居深宫,吾有所言者,不可传也,欲见无间。"赵高谓曰:"君诚能谏,请为君侯上间语君。"于是赵高待二世方燕乐,妇女居前,使人告丞相:"上方间,可奏事"。丞相至宫门上谒,如此者三。二世怒曰:"吾常多闲日,丞相不来。吾方燕私,丞相辄来请事。丞相岂少我哉,且固我哉?"赵高因曰:"如此殆矣!夫沙丘之谋,丞相与焉。今陛下已立为帝,而丞相贵不益,此其意亦望裂地而王矣。且陛下不问臣,臣不敢言。丞相长男李由为三川守,楚盗陈胜等皆丞相傍县之子,以故楚盗公行,过三川,城守不肯击。高闻其文书相往来,未得其审,故未敢以闻。且丞相居外,权重于陛下。"二世以为然。欲案丞相,恐其不审,乃使人案验三川守与盗通状。李斯闻之。

是时二世在甘泉,方作角抵优俳之观。李斯不得见,因上书言赵高之短曰:"臣闻之,臣疑其君,无不危国;妾疑其夫,无不危家。今有大臣于陛下擅利擅害,与陛下无异,此甚不便。昔者司城子罕相宋,身行刑罚,以威行之,期年遂劫其君。田常为简公臣,爵列无敌于国,私家之富与公家均,布惠施德,下得百姓,上得群臣,阴取齐国,杀宰予于庭,即杀简公于朝,遂有齐国。此天下所明知也。今高有邪佚之志,危反之行,如子罕相宋也;私家之富,若田氏之于齐也。兼行田常、子罕之逆道而劫陛下之威信,其志若韩玘为韩安相也。陛下不图,臣恐其为变也。"二世曰:"何哉?夫高,故宦人也,然不为安肆志,不以危易心,洁行修善,自使至此。以忠得进,以信守位,朕实贤之。而君疑之,何也?且朕少失先人,无所识知,不习治民,而君又老,恐与天下绝矣。朕非属赵君,当谁任哉?且赵君为人精廉强力,下知人情,上能适朕,君其勿疑。"李斯曰:"不然。夫高,故贱人也,无识于理,贪欲无厌,求利不止,列势次主,求欲无穷,臣故曰殆。"二世已前信赵高,恐李斯杀之,乃私告赵高。高曰:"丞相所患者独高,高已死,丞相即欲为田常所为。"于是二世曰:"其以李斯属郎中令!"赵高案治李斯。

李斯拘执束缚,居囹圄中,仰天而叹曰:"嗟乎,悲夫!不道之君,何可为计哉!昔者桀杀关龙逢,纣杀王子比干,吴王夫差杀伍子胥。此三臣者,岂不忠哉?然而不免于死。

身死而所忠者非也。今吾智不及三子，而二世之无道过于桀、纣、夫差，吾以忠死，宜矣。且二世之治岂不乱哉！日者夷其兄弟而自立也，杀忠臣而贵贱人，作为阿房之宫，赋敛天下。吾非不谏也，而不吾听也。凡古圣王，饮食有节，车器有数，宫室有度，出令造事，加费而无益于民利者禁，故能长久治安。今行逆于昆弟，不顾其咎；侵杀忠臣，不思其殃；大为宫室，厚赋天下，不爱其费；三者已行，天下不听。今反者已有天下之半矣，而心尚未悟也，而以赵高为佐。吾必见寇至咸阳，麋鹿游于朝也。"

于是二世乃使高案丞相狱，治罪，责斯与子由谋反状，皆收捕宗族宾客。赵高治斯，搒掠千余。不胜痛，自诬服。斯所以不死者，自负其辩，有功，实无反心，幸得上书自陈，幸二世之悟而赦之。李斯乃从狱中上书曰："臣为丞相治民，三十余年矣。逮秦地之陕隘。先王之时，秦地不过千里，兵数十万。臣尽薄材，谨奉法令，阴行谋臣，资之金玉，使游说诸侯，阴修甲兵，饰政教，官斗士，尊功臣，盛其爵禄，故终以胁韩弱魏，破燕、赵，夷齐、楚，卒兼六国，虏其王，立秦为天子。罪一矣。地非不广，又北逐胡、貉，南定百越，以见秦之强。罪二矣。尊大臣，盛其爵位，以固其亲。罪三矣。立社稷，修宗庙，以明主之贤。罪四矣。更克画，平斗斛度量文章，布之天下，以树秦之名。罪五矣。治驰道，兴游观，以见主之得意。罪六矣。缓刑罚，薄赋敛，以遂主得众之心，万民戴主，死而不忘。罪七矣。若斯之为臣者，罪足以死固久矣。上幸尽其能力，乃得至今。愿陛下察之！"书上，赵高使吏弃去不奏，曰："囚安得上书！"

赵高使其客十余辈诈为御史、谒者、侍中，更往覆讯斯。斯更以其实对，辄使人复榜之。后二世使人验斯，斯以为如前，终不敢更言，辞服。奏当上，二世喜曰："微赵君，几为丞相所卖。"及二世所使案三川之守至，则项梁已击杀之。使者来，会丞相下吏，赵高皆妄为反辞。

二世二年七月，具斯五刑，论腰斩咸阳市。斯出狱，与其中子俱执，顾谓其中子曰："吾欲与若复牵黄犬俱出上蔡东门逐狡兔，岂可得乎！"遂父子相哭，而夷三族。

李斯已死，二世拜赵高为中丞相，事无大小辄决于高。高自知权重，乃献鹿，谓之马。二世问左右："此乃鹿也？"左右皆曰："马也。"二世惊，自以为惑，乃召太卜，令卦之。太卜曰："陛下春秋郊祀，奉宗庙鬼神，斋戒不明，故至于此。可依盛德而明斋戒。"于是乃入上林斋戒。日游弋猎，有行人入上林中，二世自射杀之。赵高教其女婿咸阳令阎乐劾不知何人贼杀人移上林。高乃谏二世曰："天子无故贼杀不辜人，此上帝之禁也。鬼神不享，天且降殃，当远避宫以禳之。"二世乃出居望夷之宫。留三日，赵高诈诏卫士，令士皆素服持兵内向，入告二世曰："山东群盗兵大至！"二世上观而见之，恐惧，高即因劫令自杀。引玺而佩之，左右百官莫从。上殿，殿欲坏者三。高自知天弗与，群臣弗许，乃召始皇弟，授之玺。

子婴即位，患之，乃称疾不听事，与宦者韩谈及其子谋杀高。高上谒，请病，因召入，令韩谈刺杀之，夷其三族。

子婴立三月，沛公兵从武关入，至咸阳，群臣百官皆畔，不适。子婴与妻子自系其颈以组，降轵道旁。沛公因以属吏。项王至而斩之。遂以亡天下。

太史公曰：李斯以闾阎历诸侯，入事秦，因以瑕衅，以辅始皇，卒成帝业，斯为三公，可谓尊用矣。斯知六艺之归，不务明政以补主上之缺，持爵禄之重，阿顺苟合，严威酷刑，听高邪说，废适立庶。诸侯已畔，斯乃欲谏争，不亦末乎！人皆以斯极忠而被五刑死，察其本，乃与俗议之异。不然，斯之功且与周、召列矣。

【译文】

李斯是楚国上蔡人。年轻时，当郡小吏。他见到官吏办公处厕所里老鼠吃脏东西，临近人和狗，一次次受惊。李斯到仓库，见仓库里老鼠，吃着积聚成堆的粮食，住在高大房屋之下，受不到人和狗的惊扰。由此李斯感叹地说："人的出人头地还是落居人后，像老鼠一样，就看把自己放置到什么样的处境里了。"于是跟从荀卿学习帝王治理天下的学问。

毕业了，李斯考虑楚王不值得追随，而六国都弱，提供不出让他李斯为他们建功立业的条件，打算西投秦国去。他向荀卿告辞道："我听说过，碰上了时机就不要疏懒怠惰。现在是大国相争互斗时期，游说之士可以掌握大权。当前秦王想要吞并天下，以帝的名义统治天下，这是平民从事政治活动，游说者施展才能的好机会。身处卑贱地位而打算不从事进取活动的，这就像禽兽看着肉而不去吃，却装出人的面孔勉强走开一样罢了。所以耻辱没有比身处卑贱地位为大；悲哀没有比身陷穷困处境为大。长久处于卑贱地位，穷困境遇，却抨击世上的富贵，厌恶荣利，标榜自己清高无为，这不是士人的真实感情。所以我将要西去游说秦王了。"

到了秦国，碰上庄襄王去世，李斯经过谋求而当上了秦相文信侯吕不韦的舍人。不韦认为他才能杰出，就转荐他为郎。李斯因而得到了游说机会。他游说秦王说："身为胥吏小人的，那是因为他丢失了有利时机；成大功的，在于能利用敌方的可乘之机而无情地下手进击。当年秦穆公创成了霸业，但最终也不去东并六国，那是为什么呢？那是因为诸侯还众多，周室政治声望还没大衰。所以五霸一个一个兴起，都一个接一个尊奉周室。自从秦孝公以来，周室影响降低、缩小，诸侯相互兼并，关东成了六个国家，秦乘胜控制诸侯，大约六个世代了。现在诸侯服从秦国，就像郡县一样。凭借秦的强大，大王的贤明，像从灶上扫除尘土一样轻易，完全有条件灭诸侯，成就帝业，实现天下一统，这是万世一遇的好时机啊。如果怠惰而不急去完成，等诸侯再次强大起来，相互聚合缔结合从盟约，那时即使有黄帝一样的贤能，也吞并不了天下啊。"秦王于是任命李斯为长史，听从他的计策，秘密派遣有谋略的人带着金玉去游说诸侯。诸侯有名之士，可以用钱收买的，就赠送重礼拉拢；不肯接受收买的，用利剑刺杀。离间开他们君臣的谋划后，秦王再命令优秀将领跟踪进击。秦王任命李斯为客卿。

就在这个时候，韩国人名叫郑国的来秦国从事间谍活动，怂恿秦国开掘灌溉渠道（以牵制秦的人力物力，使其无力东伐）。不久，计谋败露。秦国宗室大臣都对秦王说："诸侯各国人士来为秦服务的，大都是为他们国君来秦国做间谍的。请把诸侯国人来客居秦国的全都赶走。"李斯也在计划赶走的人员之中。李斯于是上书秦王：

我听说官吏在议论驱赶由诸侯来秦的宾客，我私下以为这种议论不对。当年穆公求士，西面从戎王那里争取来一位由余，东面从宛地得个百里奚。从宋迎来蹇叔，从晋吸收来丕豹、公孙支。这五位先生都不出生于秦，而穆公任用了他们，兼并邻国二十，因而成为西戎霸主。孝公采用商鞅新法，移风易俗，百姓因而财产增加人口增多，国家因而富足强大，百姓乐于为国效力，诸侯愿意亲近服从。打败楚、魏军队，拓地千里，国家至今安定强大。惠王采用张仪计策，夺得三川地区，西南兼并巴、蜀，北面得到上郡，南面取得汉中，占有九夷土地，控制鄢、郢，东面占据险要的成皋，割取肥沃的地区，从而拆散了六国合从联盟，使它们西向服侍秦国，这些成就的良好影响，一直延续到当前。昭王得到范雎，废黜了穰侯，放逐华阳君，壮大了公室，抑制了贵族大臣，蚕食诸侯，使秦成就了帝业。这四位国君，都借助宾客的贡献。由此看来，宾客有什么对不起秦国的呢？当初如果四位国君，斥退宾客而不接纳他们，疏远游说之士而不任用他们，那就将使秦国没有富足的事实和强大的名声了。

现在陛下找来昆山的玉，拥有随侯、和氏的珍宝，冕上悬垂明月珠，身上佩着太阿剑，骑纤离马，挂翠凤旗，陈列着灵鼍鼓。这几种宝物，秦国一件都不出产，但陛下喜爱它们，为什么呢？必须是秦国出产的才愿接受，那夜光璧就不能用来装饰朝廷，犀角象牙制品就不能用于观赏，郑国卫国的女子不能进入后宫，良马不能拴进马房，江南金锡不能用来制器，西蜀丹青不能用于绘画。后宫上上下下用来增进美感的佩带化妆用品，如果必须秦国的产品才可以采用，那么饰有宛珠的发簪，小珠制的耳环，用阿缟裁制的衣服，锦缎缝制的佩饰就不能呈现在眼前，着装时髦修饰美丽的赵国女子也不会侍立在身边了。那击着提水瓶，敲着瓦盆，弹着筝，拍着大腿，呜呜高唱取乐的，是真正的秦国音乐；《郑》《卫》，《桑间》《昭》，《虞》，《武》，《象》，是外国音乐。现在放弃了击瓶敲盆而有《郑》《卫》，丢掉弹筝而取《昭》《虞》，这么办是什么原因？因为这样才能在眼前呈现出好看好听的艺术形象啊。现在选取人才却不这么办。不论可用不可用，品质好不好，不是秦国人就排斥，是宾客全都赶走。这么办，就成了重视美色音乐珍珠宝玉而轻视人才百姓了。这不是统一天下制服诸侯的办法啊。

我听说，土地广阔的粮食多，国家大的人口多，兵力强大的战士勇敢。泰山不推辞柔软土粒，所以形成了高大；黄河大海对流来的细小河渠不挑不拣全都接纳，所以才形成了它们的渊深；圣王不拒斥来附的民众，所以才能显现出他的圣德。所以，地，不分四方；民，不分这国那国；春夏秋冬四时，各尽其功能；鬼神，让他各降其福，这是五帝、三王所以能无敌于天下的原因啊。现在却要丢弃百姓以帮助敌国，赶走宾客去助成诸侯的事业，使天下贤士后退而不敢向西走，停步而不进入秦国，这就是所谓"给敌寇提供兵器，给盗匪供应食粮"的行为了。

不是秦国出产的物品，可宝藏的很多；不是秦国出生的贤士，愿效忠的很多。现在赶走宾客去资助敌国，减少百姓去增益仇人实力，在内部削弱自己，在外部去结怨诸侯，要想让国家不遭遇危险，那是不可能的事。

秦王于是废除逐客命令，恢复李斯官职，让他的计谋全部实行起来。李斯官做到廷尉。经过二十多年，终于统一天下，把国君推尊为皇帝。皇帝以李斯为丞相，拆平郡县城墙，销毁各地兵器，表示不再使用。让秦朝没有一尺的土地分封，不立皇帝儿子和兄弟为王，不立功臣为诸侯，目的是使以后不再有战争灾祸。

始皇三十四年，在咸阳宫摆酒席，博士仆射周青臣等称颂始皇威德，齐人淳于越劝谏始皇说："我听说过，殷、周王朝延续了一千多年，那是因为他们分封了子弟功臣作为自己的枝叶辅佐。现在陛下拥有全部海内权利而子弟却仍是平民，一旦突然出现了田常、六卿那样的祸患，没有辅佐大臣，怎么相救呢？办事不效法古人而能长久行得通的，我没听说过。现今青臣等当面奉承以加重陛下的过失，不是忠臣啊。"始皇把他议论交给丞相研究处理。丞相认为他观点错误，言辞片面，于是上书始皇说："古时候天下分散混乱，没有谁能统一，所以诸侯林立相互竞争。那时言论都是称引古事古语以批评当代，编造假话混淆事实，人人认为自己掌握的民间私学美善，依据它来批评非议国君倡导的东西。现在陛下统一了天下，分辨了是非黑白，确定了天下必须共同尊奉的唯一评价标准。但民间私学却此呼彼应一起非议政府颁布法律教诲的命令。一听有命令下达，就各自依据所掌握的民间私学评说议论。独自在家则牢骚满腹，走上街头则结伙抨击。以非议皇帝来创建自己的名声，以提出不同主张来显示自己的高明，率领下层民众去制造攻击政府的谎言。这种情况不禁止，则上面君主的威势下降，下面臣民分别结成党伙。禁止私学有好处。我请下令让所有拥有文学《诗》《书》诸子百家学说的，都要把书销毁掉，命令到达满三十天不销毁的，要处以黥刑，罚为城旦。不须销毁的，是医药、卜筮、农林种植书籍。有要求学习的，以政府官吏作老师。"始皇批准了这项建议，没收销毁掉《诗》《书》诸子百家书以愚蔽百姓。使天下人无法以古非今。申明制度，制定法律条令，都以始皇时代为起点从头创设。统一文字。修筑离宫别墅遍及全国各地。第二年，始皇又巡狩郡县，向外驱赶四方外族。这些事，李斯都出了力。

李斯大儿子李由当三川郡守，李斯各个儿子都娶秦皇室公主，女儿都嫁给秦皇室公子。三川郡守李由告假回咸阳，李斯在家设酒宴，百官首长都来祝贺。门里门外车辆数以千计。李斯深有感慨地叹道："唉！我听荀卿说过，'事物要防止发展过头'，我李斯只是上蔡一个平民，街巷里一个百姓，皇帝不了解我才能的低下，于是提拔到这样地位，当今人臣官位没有在我之上的。可说是富贵高到极点了。事物达到顶点就要转为衰降了，我不知怎样才能从这处境中超脱出来呢！"

始皇三十七年七月，巡游会稽郡，沿海边走，向北抵达琅琊郡。丞相李斯，中车府令兼管符玺令事务的赵高，皆随同出游。始皇有二十多个儿子。长子扶苏由于多次坦诚劝谏始皇，始皇派他去上郡监兵，蒙恬是上郡将领。小儿子胡亥受宠爱，请求跟从出游，始皇批准了他的请求。其余儿子没有谁跟从出游。这年七月，始皇帝到沙丘，病得厉害，命令赵高撰写诏书赐公子扶苏说："把军队交给蒙恬，和灵柩在咸阳会合，安排丧事。"诏书已经封好，还没交给使者，始皇死了。诏书和印玺都在赵高处。只有儿子胡亥、丞相李斯、赵高和最亲近的五六个宦官知道始皇死，其余群臣谁也不知道。李斯认为皇帝是在外地死亡，还没有法定太子，所以不公布始皇死的事。把始皇放置在辒辌车里，百官奏事奉送食品和往常一样，宦官从辒辌车里批准各项奏事。

赵高因此扣留下该给扶苏的印玺和诏书，而对公子胡亥说："皇帝死了，没有诏书封各个公子为王而只赐诏书给长子。长子到了，就立为皇帝，而您没有一尺一寸的封地，这怎么办呢？"胡亥说："这很自然。我听说过，贤明的君主了解臣子，贤明的父亲了解儿子。父亲死了，不封各个儿子，有什么可说的呢？"赵高说："不是这样。当今天下大权，存亡死生，在您和我与丞相决定，希望您考虑。再说，让别人做自己的臣属和自己做别人臣属，控制人和被人控制，难道可以同日而语吗？"胡亥说："废兄立弟，这是不义的事；不尊奉父亲诏书安排而只考虑自己的生死，这是不孝的事；才能浅薄，勉强凭借别人的帮助而办事，这不算是有才能。这三件都违背道德。天下不会服从，自身有危险，国家要灭亡。"赵高说："我听说，汤、武杀他们国王，天下人称颂他们有义，不算是不忠。卫君杀他父亲，而卫国记载他的德，孔子阐明他的德，不算不孝。办大事不在小处谨慎，修养大德不注重日常的推谢辞让，乡里民间和朝廷百官各有自己的价值标准。所以顾及小事忘掉大事，日后必有危害。犹豫不决,日后必有懊悔。果断敢干,鬼神都躲他,日后必有成功。希望您把这事办成!”胡亥深深叹息道:“现在皇帝死亡的事还没公开,丧礼还没完成,怎好拿这事去求丞相呢?”赵高说:“时机啊,时机啊,短暂得让人来不及考虑!带干粮策马飞奔,还怕赶不上有利时机啊!”胡亥同意赵高的看法以后,赵高说:“不和丞相商量,恐怕事情办不成,请让我为您去和丞相商量。”

赵高于是对丞相说:“皇帝逝世,赐给长子诏书,叫他和灵柩在咸阳会合而立为继承人。诏书没送出去,现在皇帝逝世了,还没有人知道。赐给长子的那份诏书和皇帝符玺都在胡亥那里,确立太子,在您和我的说法了,这事怎么办呢?”李斯说:“哪里来的这种亡国话!这不是人臣该说的事!”赵高说:“您自己估计,能力和蒙恬比怎样?功劳大小和蒙恬比怎么样?谋虑远大而没有失算和蒙恬比怎样?跟天下没有仇怨和蒙恬比怎么样?和皇帝长子交往久远而受到信任和蒙恬比怎么样?”李斯说:“这五方面都不如蒙恬,但您为什么对我要求这么多呢?”赵高说:“我本不过是宫内一个奴仆,幸而凭着公文书写能力进入秦宫,管事二十多年了,没曾见秦撤免的丞相功臣有延续受封两代的,最后都是被杀身亡。皇帝二十多个儿子,都是您所了解的。长子为人刚强,坚决,英武勇敢,能信任人,激励人,即位后必用蒙恬为丞相,您最后不可能带着通侯印绶还归乡里,这是明摆着的事了。我接受命令教育胡亥,让他学习法律事务好几年了,没曾见他有过错误。他慈祥仁爱忠实厚道,看轻财物重视人才,内心聪明但不善于言辞,严格遵从礼仪并且尊敬贤士,秦各位公子没有如他的。可以做继承人。您考虑考虑拿定主意吧。”李斯说:“您去执行分内职务吧!我奉行皇帝的诏书,听从天命安排,有什么主意需要拿定!”赵高说:“平安可能转为危险,危险可能转为平安,掌握不住安危,要超人智慧干什么用?”李斯说:“我李斯,是上蔡民间一个平民,皇帝加恩把我提拔为丞相,封为通侯,子孙都升到高位取得厚禄,意思就是要把国家存亡安危的重任交付给我啊。怎能辜负皇帝恩惠呢?当忠臣,要不怕死才算合格,当孝子,则不辛苦操劳就会带来危险,人臣要各自遵守自己的本职要求。希望您不要再说,再说就要让我犯罪了。”赵高说:“听说圣人机动灵活,适应变化、紧跟时代,发现现象就知道本质所在,察觉动机就知道最终目的,事物本来就是这样迁徙转移,哪有一成不变的常规呢!现在天下的命运操在胡亥手中,我能体会到胡亥的意图。再说从地方控制中央,那是糊涂,从臣属地位控制皇帝,那是盗匪行为,所以秋霜下降,草木花叶就要坠落,冰解水流,万物就要生长了,这是必然的效应啊。您对局势的判断为什么这么迟缓呢?”李斯说:“我听说晋国更换太子,三世不安定。齐桓公时儿子们兄弟争立,桓公死后,陈尸六十七日才得安葬。纣杀亲属,不听劝谏,都城变成废墟,国家终于灭亡。这三件事违背天意,搞得宗庙无人祭祀了。我大概还是正常人呢,怎么能考虑这类违天的事!”赵高说:“上下一条心,可以长保富贵,而中外一致,事情就不分彼此了,您听从我的计策,就能长期保持封侯之赏,一代代称孤道寡,一定会享受王子乔、赤松子的长寿,具有孔子墨子那样的智慧。现在放弃这种选择不干,灾祸就要连累子孙,足够令人寒心了。会处事的人,化祸为福,您打算怎样安置自己呢?”李斯仰面叹息,流着泪长叹一声说:“唉!偏偏碰到这个乱世,既然已经不能以死效忠,那把我这条命往哪儿去安排呢!”于是李斯听从了赵高。赵高这才回报胡亥说:“我请求奉您的英明命令去通告丞相,丞相李斯哪敢不遵奉您的命令呢!”

于是共同密谋,假造始皇让丞相立胡亥为太子的诏书。另外假造一份始皇赐长子扶苏的诏书说："朕巡视天下，祈祷名山各位神灵以延长寿命。现在扶苏和将军蒙恬领兵几十万屯守边境，十多年了，不能向前推进，士卒损耗，却没有一尺一寸功劳，反而一次次上书毫无掩饰地诽谤我的所作所为。因为不能解职回京当太子，日夜埋怨。扶苏作为儿子不孝，就赐剑让他自杀！将军蒙恬和扶苏驻扎外地，不纠正他，应该是知道他的想法。做为人臣不忠，就让蒙恬自杀。把兵权移交裨将王离。"用皇帝印玺封了诏书的口，派胡亥宾客把信送去上郡给扶苏。

使者到，打开诏书，扶苏哭了，退入内室，打算自杀。蒙恬制止扶苏说："陛下在外地，没立太子，派我领三十万兵守卫边疆，您为监，这是关系天下存亡的重任啊。现在一个使者来到就自杀，怎知他不是假冒？请您再请示一次，再请示而后去死，也不晚啊。"使者一次次催促。扶苏为人仁弱，对蒙恬说："父亲赐儿子死，还再请示什么呢！"就自杀了。蒙恬不肯自杀，使者就把它交给狱吏，关押在阳周。

使者回来报告，胡亥、李斯、赵高非常高兴。回到咸阳，发布丧事，太子立为二世皇帝。以赵高为郎中令，经常在宫中侍候二世掌管政务。

有一天，二世闲着没有政务，就召赵高商量事情，对赵高说："一个人生活在世间，就像驾着六匹马拉的车子飞奔过地面的一条裂缝那样地一晃即过。我既然已经掌握天下，打算满足耳目的嗜好，享尽想得到的欢乐，同时又能使国家安定，百姓欢乐，长久保有天下，直到我寿命的自然结束，这想法能办到吗？"赵高说："这是贤明君主能办到而昏乱君主所回避禁止的。请让我做些说明，我不敢逃避被斧钺诛杀的罪责，大胆说出来希望陛下稍稍留意听取。那沙丘之谋，各位公子和大臣都在怀疑，而诸位公子都是皇帝兄长，大臣又是先帝所任用的，现在陛下刚即位，这批人心怀不满，都不服气，怕他们要作乱。而且蒙恬已死，蒙毅领兵在外。我战战兢兢，唯恐局面维持不下去，这种情况下，陛下怎能享受您向往的那种欢乐呢？"二世说："怎么办呢？"赵高说："让法律更严厉，刑罚更苛刻，规定有罪的连坐受诛，直到逮捕他们的全家族，杀灭大臣而疏远骨肉至亲，穷的让他富起来，贱的让他贵起来，全部除掉先帝留下的旧臣，另换上陛下亲信的，接近他们。这样一来，人心感念陛下的好处，灾难消除，奸谋堵塞，群臣没有谁不得到您的照顾，承受您的浑厚恩德，陛下就可以高枕无忧放心享乐了。计谋没有比这更好的了。"二世认为赵高说的对，就改定法律。于是群臣诸公子有罪就交给赵高，叫他追查审办。杀了蒙毅等大臣。十二个公子被杀后陈尸咸阳街市，十二个公主在杜邑被杀，财物没收入国库。被牵连办罪的不计其数。

公子高想出逃，怕因此而全家族被逮捕杀害，于是上书二世说："先帝健在时，我进宫则赐我饮食，出宫则赐我乘车。皇家衣服，我能受到赏赐，宫中马房的宝马，我能得到赏赐，我应当跟随先帝去死而当时没做到，作为儿子，我不孝，作为臣子，我不忠。不忠的，没有理由活在世上。我请求跟从先帝去死，愿埋葬在郦山脚下。希望陛下施恩哀怜我。"请求书呈献上去，胡亥很高兴，召来赵高给他看，说："这可以说是感到危急了吧？"赵高说："人臣在担心杀还担心不过来的时候，还能策划什么变乱呢？"胡亥批准了公子高的请求，赐钱十万以供安葬。

法令诛罚日益苛刻残酷，群臣人人担心自己的生命安全，想反叛的很多。二世又建造阿房宫，修筑直道、驰道，赋税进一步加重，徭役没完没了。于是楚地被征调来准备派去戍守边境的士兵陈胜、吴广等起来作乱，在山东发起，英雄豪杰纷起响应，自立为侯王，反叛秦朝，兵进到鸿门才退却。李斯多次想找机会劝谏二世，二世不允许。二世反而责问李斯说："我有一项个人看法，听说韩非先生曾谈过：'尧统治天下的时候，堂高不过三尺，采伐来木头做椽子并不经过雕刻，用茅草做屋顶也不加修饰，即使在旅馆投宿也不比这更苦。冬天鹿皮袍，夏天麻布衣，粗米饭，野菜汤，瓦碗吃饭，瓦盆喝汤，守门人的饮食不比这更简易。夏禹开凿龙门，畅通大夏水流，疏浚九河河道，顺着弯曲的九河河岸筑堤防，把淤塞的积水导流入海，弄得大腿小腿失去毛，手脚长了茧，面色暗黑，终于因此身死外地，葬在会稽山，奴隶的劳苦也不比这更厉害了。'这样看来，享有天下的可贵之处，难道就在于要苦累身体疲劳精神，住旅馆一样的简陋卧室，吃守门人的饭食，亲手从事奴隶进行的劳动吗？这是没出息的人理当努力从事的，不是贤人应该做的啊。那些贤人享有天下，专门把天下拿来满足自己而已，这才是享有天下的可贵之处呢。那些所谓贤人，一定能够安定天下治理好万民，现在连自己的利益都保证不了，那怎么能治天下呢！所以我想要纵心任情扩展欲望，长享天下而没有危害，怎样才能做到呢？"李斯儿子李由担任三川郡守，大股盗匪吴广等向西扩展地盘，进入和撤出三川时，李由无力制止，章邯击溃赶走吴广等人军队后，调查三川郡守失职情况的使者一批又一批，责备李斯身居三公高位，怎么让盗匪这么猖狂。李斯既恐惧又舍不得爵位俸禄，不知如何办是好，于是顺随二世意思希望求得二世的宽容，就写报告回答二世的责问：

那些贤明君主，是能全面掌握治国道理并能施行一种督察臣属罪状加以严刑责罚的督责之术的。督责他们，则臣属不敢不竭尽所能来效命君主。这样，君臣的权责就确定了，上下的区别就分明了，天下贤能或平庸之辈谁也不敢不尽力尽职效命他的君主了，所以君主能独自控制天下而不受任何人牵制，能享尽最大乐趣了。贤明君主啊，可以不了解这个道理吗？

所以申子谈到"享有天下而不去为所欲为，这叫作拿天下做镣铐用"，这话没有别的意思，是说不能实施督责，反而亲自为天下操劳，象尧禹一样，所以说是"镣铐"。如果不研究申、韩的高明办法，推行督责之术，把天下专门用来满足自己，而一味去苦身劳心，让自己去效命百姓，那是百姓的仆役，不是豢养天下的君主了，还有什么可贵呢！让人效命自己，则自己高贵，别人低贱；拿自己去效命别人，则自己低贱别人高贵。所以，效命他人的低贱；而受人效命的，高贵。从古到今，没有不是这样的。古代所以尊重贤人，是因为他高贵，所以厌恶平庸人，是因为他低贱。而尧禹是用自己效命天下百姓的人，如果顺从习惯而仍尊敬他们，那就失掉尊重贤人的本来意义，那可说是大错了，说他们把天下当成了"镣铐"，不也恰当吗？他们犯了不能督责的错误啊。

所以韩非先生说："慈母有败家的儿子，而规矩严格的家庭没有不听话的奴仆"，为什么呢？就是因为能做到该施责罚的必定加以责罚。所以商君之法规定，在道路上倾倒灶灰的要判刑。那倾倒灶灰是轻罪，而判刑则是重罚。只有那贤明君主能重办轻罪。连轻罪还要重办，何况有重罪呢？所以百姓不敢犯法啊。所以韩非先生说："即使少到一丈左右的布帛，没本领的人都不愿放弃而不偷取；熔炼着的金，虽然多至百多斤，盗跖那样的惯匪大盗也不伸手去碰。"这并不是说没本领的人贪利心重，一丈左右的布帛价值高，而盗跖贪利心淡薄。也不是说根据盗跖的行动习惯，看不起这一百多斤的金。伸手去碰，手就要烧伤，所以盗跖不伸手去拿一百多斤金；而偷盗者不一定受罚，所以没本领的人也不会放弃一丈左右的布帛不偷取了。所以城墙高到五丈，连楼季也不敢轻犯，泰山高到几百丈，而跛脚母羊却能赶到上面去牧放。那个楼季面对五丈城墙畏难不前，难道跛脚母羊不在乎几百丈高峰？这是因为城墙和山坡的陡峭平缓情况不同啊。圣明的君王所以能长久身处高位，执掌大权，独占天下之利，并非有什么特异办法，只是因为能遇事独断而认真督责，重罚必定兑现，所以天下不敢犯法啊。现在不从消除犯罪动机方面采取措施，却按慈母娇惯败家子的办法行事，这就是不明白圣人的教导了。如不能施行圣人的办法，那除了沦为天下人的奴仆之外还能干什么呢？能不令人悲哀吗！

再说，节俭仁义的人在朝做官，则铺张奢侈的乐舞就得停止了，据理劝谏的大臣站在身边，荒诞离奇的追求就要受到限制了，坚守原则至死不屈的烈士死节行为得到社会赞扬，那胡作非为的娱乐就要禁止了，所以贤明的君主能排除这三种人，而独掌君主统治术以操纵顺从的臣属，制定严明的法律。所以身处高位而手握大权。凡是贤明君主，必都能够冒犯社会人情，扭转风俗习惯，排除他厌恶的惯例，确立他喜欢的内容。所以他活着能拥有高位重权，他死了，享受贤明的谥号。所以，贤明君主专断独裁，大权就不会旁落到臣下手中去。然后能灭除求仁求义之路，堵掩劝谏者的嘴，阻挠拼命坚守原则的行为。不听不看，只凭自己意想办事。所以社会上的仁义节烈行为影响不了自己的决断。朝廷内的劝谏争议转移不了自己的意向。所以能超凡脱俗独自按自己的爱恶去为所欲为，谁也不敢拦阻。像这样，而后可说是能懂得申、韩之术，而实施商君之法了。法实施了，术懂得了，而天下还会散乱的，我没听说过。所以说"帝王治国道理简单而容易掌握"啊。只有贤明君主才能办到这些。像这样就可以说督责认真了。督责认真则臣下没有邪行邪念。臣下没有邪念邪行则天下安定。天下安定则君主威严尊贵。君主威严尊贵则督责必定能兑现。督责必定兑现则需求都能得到满足。需求得到满足则国家富有。国家富有则国君欢乐增加，所以督责之术实施了，则向往的东西没有得不到的了。群臣百姓挽救自身过失还来不及，还敢谋划什么变乱？像这样办，就全面体现了帝王治国之道，这可说是能懂得处理君臣关系的办法了。即使申、韩再世，也提不出比这更好的办法了。

李斯的报告呈送上去以后，二世高兴了。于是推行督责更加严厉。向百姓收取重税的，算是贤明官吏。二世说："像这样，就可说是能督责了。"受过刑罚的，多达路上行人的半数，而每天在街市上被处死的人都堆积成堆。杀人多的算忠臣。二世说："像这样，就可以说能督责了。"

当初，赵高任郎中令，被他杀害和私怨报复的人众多，他恐怕大臣人朝奏事时说他坏话，于是对二世说："天子所以高贵，只是因为群臣能听到他声音但见不到他的面，所以自称为'朕'。另外，陛下年轻，未必各种事情都通晓，如果坐在朝廷上，惩罚奖励有不当之处，就要受大臣的非议了，这不是向天下显示皇帝神明的办法。如果陛下不直接插手具体政务而深居宫中，和我以及懂法令的侍中在一起等候下面呈报事务，事情来了研究着处理，这样，大臣就不会再敢把拿不准的事呈报上来敷衍塞责，天下就会称颂陛下是圣明君主了。"二世采纳了他的计策，于是不坐朝廷接见大臣，而深居宫中，赵高经常侍候在宫里处理政务，政务都由赵高决定。赵高听说李斯对二世不坐朝廷见大臣有不满言论，就去面见丞相说："关东股匪很多，而现在皇帝加紧更大规模地征发徭役修建阿房宫。聚集狗马等无用之物。我想劝谏，但顾虑地位低下。这真是君侯您应过问的事，您为什么不进谏呢？"李斯说："这确是我应该过问的事，我早就想进谏了。现在皇帝不坐朝廷，皇帝在深宫里，我有要说的，不便于让人转达，想面见，没有机会。"赵高对他说："您如果真能进谏，请让我为您等候皇帝有了接见您的机会时通知您。”于是赵高等二世正在休息娱乐，妇女们围侍在前时，派人通知丞相：“皇帝正有空闲，可以奏事了。”丞相就到宫门请求接见。这样好几次。二世发怒说：“我常有很多空闲时间，丞相不来，我到休息娱乐时，丞相就找来请求事情，难道是丞相因为我年轻而轻视我？”赵高乘机就说：“这样看来有危险了！那沙丘之谋，丞相参与了。现在陛下已立为皇帝，而丞相的尊贵没有增加，这种情况下，他的意思也是希望能得一块封地称王呢。此外，陛下不问我不敢说，丞相长子李由担任三川郡守，楚地盗贼陈胜等都是丞相邻县的青年，所以楚地盗匪公行，行经三川郡时，李由只守城而不肯进击。我听说他们互相有文书往来，还没了解到确实情况，所以没敢向陛下报告。而且丞相在外面权势比陛下重呢。”二世认为说的对。想审处丞相，怕情况不确实，就派人查办三川郡守和盗匪通气的情况。李斯听说了这件事。

当时二世在甘泉宫，观赏军事竞技和滑稽戏表演，李斯朝见不了。于是上书陈说赵高的危害：“我听说过，臣下权势与国君相当，没有不使国家危亡的；妾的地位与丈夫不相上下，没有不使家族危亡的。现在有个大臣掌握赏罚大权和陛下没有区别，这种情况很不稳妥。以前司城子罕做宋国的相，亲自执掌刑罚大权，凭借威势运用这个权力，经过一年，就劫杀了他的国君。田常做简公的臣子，爵位的尊贵，全国无双，他家财富和国君相等。他广泛布施恩德，在下层得到百姓拥护，在上层得到群臣拥护，暗中侵夺齐国政权，把宰予杀在庭院里，接着在朝堂上杀了简公，终于夺得了齐国政权。这些是天下人都明确知道的。现在赵高有邪恶非分欲望，危险反常行为，就像子罕做宋国相时一样，他家财富之多就像齐国田氏一样。他兼用田常子罕的谋叛办法夺取陛下的威信，他的志向就像韩玘当韩国相那样。陛下不考虑解决，我怕他要搞政变。”二世说：“怎回事啊？那赵高原是宦官，但他不因处境安逸而任意胡为，不因处境艰危而意志动摇，能保持行动的纯洁而多办善事，经自己努力而得到今天地位。靠忠心得到提拔，靠信义守住了禄位。我确实认为他是杰出人才，而您怀疑他，为什么呢？再说，我年纪轻轻失去了父亲，不懂得什么，不会治理人民，而您又年纪大，不知哪天就会有三长两短。我不把国家事托付给赵君，应当交给谁呢？况且赵君为人精明廉洁坚毅有力，下能体察人情，上能适应我的要求，希望您不要怀疑。”李斯说：“不是这样。那赵高，原本是卑贱人，不懂道理，贪得无厌，求利不止，权势仅次于皇帝，而追求私欲没有止境，我所以说危险。”二世原已信任赵高，恐怕李斯杀赵高，就私下把李斯上书的事告诉了赵高。赵高说：“丞相担心的只是赵高，赵高死，丞相就要办田常所办的事了。”于是二世说：“那就把李斯交郎中令处理！”赵高查办李斯。

李斯被逮捕捆绑在监狱里，仰天叹息说：“唉，悲惨啊，不按正道治国的国君，怎好为他谋划呢！以前夏桀杀关龙逄，殷纣杀王子比干，吴王夫差杀伍子胥，这三位臣子难道是不忠吗？然而不免于死。他们被杀是由于效忠献身的对象选错了啊。现在我的智慧不如他们三位先生，而二世的胡作非为超过桀、纣、夫差。我由于献忠心而死，这是应有的结果。另一方面，二世对国家的治理不是乱来一套吗。前不久，屠杀兄弟而自立为皇帝，杀害忠臣而把卑贱人提拔到高贵地位，修造阿房宫，搜括天下财富。我不是不劝谏，但他不听我的。所有古代圣王都饮食有节制，车辆器皿有一定的规格，宫室房屋有明确的制度，出令办事，凡加大财政开支而不能增加人民福利的，都加以禁止，所以能长治久安。现在违反常理屠杀兄弟，不顾其危害；迫害杀戮忠臣，不考虑其灾难后果；大造宫室，加重天下赋税，不珍惜国家资财。因为这三件事干出来了，所以天下人不听从了。现在造反的人已占全国人口的一半了，而二世思想还没明白过来，却用赵高为助手。我一定会看到寇贼进抵咸阳，麋鹿在朝廷废墟上游戏啊。”

这时二世正派赵高审理丞相案件，确定罪责，查找李斯和儿子李由谋反的情况，把李斯宗族和宾客全都收捕了起来。赵高审讯李斯，拷打一千多次，李斯疼痛难忍，自己捏造罪行招了供。李斯不肯自杀，是因为自负能言善辩，有过大功，并且确实没有造反图谋。希望能够上书自我辩护，希望二世醒悟过来赦免了自己。李斯于是从监狱里呈上一份申辩书说：“我当丞相治理人民三十多年了，我赶上了秦国领土狭小的时代。先王时候，秦地不过千里，军队几十万。我竭尽浅薄才能，恭谨地奉行法令，秘密派遣有谋略的使臣，为他们提供金玉珍宝，让他们去游说诸侯。另一方面，秘密建设部队，整顿政治教化，把官爵授予英勇战士，尊崇功臣，提升其爵位，增加其俸禄。终于靠这些手段，威逼韩国，削弱魏国，击破燕、赵，平灭齐、楚，最后，兼并六国，俘虏其国王，立秦王为天子。这是我第一条罪状。领土不是不广大，却又在北方驱逐胡貉，南方平定百越，以显示秦的强大。这是我第二条罪状。尊崇大臣，提高其爵位，以增强他们对天子的亲近。这是我第三条罪状。建立社稷，修造宗庙，以表明皇帝的贤明。这是我第四条罪状。更改计量标准，统一计量制度，向天下公布，以树秦的名望。这是我第五条罪状。修治驰道，兴造游览景观，以体现皇帝的得意心情。这是我第六条罪状。减缓刑罚，减轻赋税，以实现皇帝取得百姓拥护的愿望，使天下万民拥戴皇帝，宁死不忘，这是我第七条罪状。像我这样做臣子，早已罪多得足够处死了。皇帝施恩让我竭力报效，才得活到今天。希望陛下对我的问题进行考察！”申辩书递上去，赵高叫狱吏丢在一边不送给二世，他说：“囚犯怎么还能上书！”

赵高派他的门客十多人，冒充御史、谒者、侍中，轮换着反复提讯李斯。李斯抛开诬供改作如实申述，提讯人就令人再拷打。后来二世派人来查验李斯案情，李斯以为还像以前一样，就始终不敢更改供词，认了罪。判决书送上来了。二世高兴地说：“如果没有赵君，差一点被丞相骗了。”等二世派去三川郡调查郡守的使者到了三川，发现李由已被项梁杀了。使者回咸阳，这时丞相已被关进监狱，赵高把使者的报告都篡改成李由反叛的内容。

二世二年七月，判决李斯应受五刑处死，决定在咸阳市场腰斩李斯。李斯被押出监狱，和他二儿子一起都捆绑着，他回头对二儿子说：“我再想和你一起牵着黄狗出故乡上蔡的东门去打猎，还行吗？”于是父子相对痛哭。杀了李斯父子之外，还杀光了李斯的三族。

李斯死后，二世任命赵高为中丞相，事情不论大小，全由赵高决定。赵高自知权力大，就献一头鹿给二世，却说是马。二世问身边侍从：“是鹿吧？”侍从都说：“是马。”二世惊恐不已，认为自己神经错乱了，于是召太卜来占卜吉凶。太卜说：“陛下春秋两季郊礼、供奉宗庙鬼神时，斋戒不严明，所以导致这种情况。可以依照盛德君主的榜样，严明陛下的斋戒。”于是二世就进入上林苑斋戒，每天游玩射猎。有一个行人走进了上林苑，二世亲自射杀了他。赵高指使他女婿咸阳令阎乐告发：“不知什么人杀了人却移放到上林苑里来了。”赵高就劝谏二世说：“天子无故杀害没罪的人，这是上帝不允许的，鬼神也不愿再享用他的奉献。天就要降下灾难了，陛下应该住到远处去，以祈求鬼神保佑，消灾免祸。”二世就搬出上林苑而住到望夷宫去。在望夷宫住了三天，赵高假托二世命令召来卫士，叫士兵都穿上白衣服，手持武器，面朝望夷宫。赵高进宫对二世说："山东盗匪大批到了！"二世登上高处，看到了白衣战士，恐惧起来，赵高就趁势逼迫他自杀了。拽过印玺自己佩带上。左右百官没有谁听从他。他走上殿堂，殿堂好几次要倒塌。赵高知道上天不支持他，群臣不赞同他，于是召来始皇的弟弟，把印玺交给他。

子婴即位，担忧赵高作乱，于是声称有病不处理政务，和宦官韩谈以及自己儿子谋划刺杀赵高。赵高来朝见他，慰问他病情，于是趁机召进赵高，命令韩谈刺杀了赵高，杀尽赵高的三族。

子婴立为秦王三个月，沛公军队从武关进来，到了咸阳，群臣百官都反叛子婴不抵抗沛公。子婴和妻子儿女主动在脖颈上套了绳子，跪在轵道旁投降沛公。沛公就把他交给手下官吏看管，项王到咸阳杀了子婴，秦于是就亡了天下。

蒙恬传

【题解】

蒙恬（？~前210），秦始皇时期的著名将领。其祖先原本齐人，自祖父蒙骜起为秦国将军，屡建战功。其父蒙武，曾与王翦一起灭楚。蒙恬之弟蒙毅，也深得秦始皇的宠信，拜为上卿。蒙氏世代为秦将，在秦的统一战争和巩固边疆斗争中做出了重要贡献。

秦始皇统一六国后，为了防御匈奴的侵扰，派蒙恬率领三十万大军，收复了黄河以南的领土，把匈奴逐出黄河河套地区。蒙恬又大规模修筑长城，把昔日的秦、赵、燕国北边的长城连接起来，西起陇西郡的临洮（今甘肃岷县），东至辽水（今辽宁境内）。蒙恬又奉命修筑"直道"，由九原郡直通京都咸阳，长达一千八百多里。

秦始皇去世，赵高阴谋立少子胡亥为二世，杀长子扶苏。蒙恬也遭赵高陷害，被迫吞药自杀。

【原文】

蒙恬者，其先齐人也。恬大父蒙骜，自齐事秦昭王，官至上卿。秦庄襄王元年，蒙骜为秦将，伐韩，取成皋、荥阳，作置三川郡。二年，蒙骜攻赵，取三十七城。始皇三年，蒙骜攻韩，取十三城。五年，蒙骜攻魏，取二十城，作置东郡。始皇七年，蒙骜卒。骜子曰武，武子曰恬。恬尝书狱典文学。始皇二十三年，蒙武为秦裨将军，与王翦攻楚，大破之，杀项燕。二十四年，蒙武攻楚，虏楚王。蒙恬弟毅。

始皇二十六年，蒙恬因家世得为秦将，攻齐，大破之，拜为内史。秦已并天下，乃使蒙恬将三十万众北逐戎狄，收河南。筑长城，因地形，用制险塞，起临洮，至辽东，延袤万余里。于是渡河，据阳山，逶蛇而北，暴师于外十余年。居上郡，是时蒙恬威振匈奴。始皇甚尊宠蒙氏，信任贤之；而亲近蒙毅，位至上卿，出则参乘，入则御前。恬任外事而毅常为内谋，名为"忠信"，故虽诸将相莫敢与之争焉。

赵高者，诸赵疏远属也。赵高昆弟数人，皆生隐宫，其母被刑戮，世世卑贱。秦王闻高强力，通于狱法，举以为中车府令。高即私事公子胡亥，喻之决狱。高有大罪，秦王令

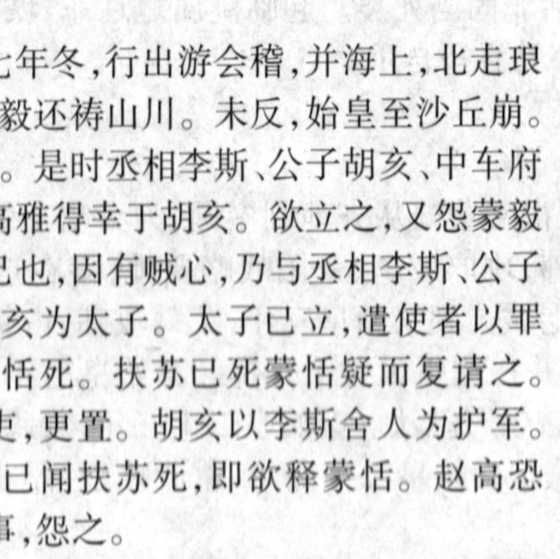

蒙毅法治之。毅不敢阿法,当高罪死,除其宦籍。帝以高之敦于事也,赦之,复其官爵。

始皇欲游天下,道九原,直抵甘泉。乃使蒙恬通道,自九原抵甘泉,堑山堙谷,千八百里。道未就。

始皇三十七年冬,行出游会稽,并海上,北走琅琊。道病,使蒙毅还祷山川。未反,始皇至沙丘崩。秘之,群臣莫知。是时丞相李斯、公子胡亥、中车府令赵高常从。高雅得幸于胡亥。欲立之,又怨蒙毅法治之而不为己也,因有贼心,乃与丞相李斯、公子胡亥阴谋,立胡亥为太子。太子已立,遣使者以罪赐公子扶苏、蒙恬死。扶苏已死蒙恬疑而复请之。使者以蒙恬属吏,更置。胡亥以李斯舍人为护军。使者还报,胡亥已闻扶苏死,即欲释蒙恬。赵高恐蒙氏复贵而用事,怨之。

蒙恬雕像

毅还至。赵高因为胡亥忠计,欲以灭蒙氏,乃言曰:“臣闻先帝欲举贤立太子久矣,而毅谏曰‘不可。’若知贤而俞弗立,则是不忠而惑主也。以臣愚意,不若诛之。”胡亥听而击蒙毅于代。前已囚蒙恬于阳周。丧至咸阳,已葬,太子立为二世皇帝。而赵高亲近,日夜毁恶蒙氏,求其罪过,举劾之。子婴进谏曰:“臣闻故赵王迁杀其良臣李牧而用颜聚,燕王喜阴用荆轲之谋而倍秦之约,齐王建杀其故世忠臣而用后胜之议。此三君者,皆各以变古者失其国而殃及其身。今蒙氏,秦之大臣谋士也,而主欲一旦弃去之,臣窃以为不可。臣闻轻虑者不可以治国,独智者不可以存君。诛杀忠臣而立无节行之人,是内使群臣不相信而外使斗士之意离也,臣窃以为不可。”胡亥不听,而遣御史曲宫乘传之代,令蒙毅曰:“先主欲立太子而卿难之。今丞相以卿为不忠,罪及其宗。朕不忍,乃赐卿死,亦甚幸矣。卿其图之!”毅对曰:“以臣不能得先主之意,则臣少宦,顺幸没世,可谓知意矣。以臣不知太子之能,则太子独从,周旋天下,去诸公子绝远,臣无所疑矣。夫先主之举用太子,数年之积也,臣乃何言之敢谏,何虑之敢谋!非敢饰辞以避死也,为羞累先主之名。愿大夫为虑焉,使臣得死情实。且夫顺成全者,道之所贵也;刑杀者,道之所卒也。昔者秦穆公杀三良而死,罪百里奚而非其罪也,故立号曰‘缪’。昭襄王杀武安君白起。楚平王杀伍奢。吴王夫差杀伍子胥。此四君者,皆为大失,而天下非之,以其君为不明,以是籍于诸侯。故曰‘用道治者不杀无罪,而罚不加于无辜’。唯大夫留心!”使者知胡亥之意,不听蒙毅之言,遂杀之。

二世又遣使者之阳周,令蒙恬曰:“君之过多矣,而卿弟毅有大罪,法及内史。”恬曰:“自吾先人及至子孙,积功信于秦三世矣。今臣将兵三十余万,身虽囚系,其势足以倍畔,然自知必死而守义者,不敢辱先人之教,以不忘先主也。昔周成王初立,未离襁褓,周公旦负王以朝,卒定天下。及成王有病甚殆,公旦自揃其爪以沈于河,曰:‘王未有识,是旦执事。有罪殃,旦受其不祥。’乃书而藏之记府,可谓信矣。及王能治国,有贼臣言:‘周公旦欲为乱久矣,王若不备,必有大事。’王乃大怒,周公旦走而奔于楚。成王观于记府,得周公旦沈书,乃流涕曰:‘孰谓周公旦欲为乱乎!’杀言之者而反周公旦。故《周书》曰‘必参而伍之’。今恬之宗,世无二心,而事卒如此,是必孽臣逆乱,内陵之道也。夫成王失而复振则卒昌;桀杀关龙逢,纣杀王子比干而不悔,身死则国亡。臣故曰过可振而谏可觉也。察于参伍,上圣之法也。凡臣之言,非以求免于咎也,将以谏而死,愿陛下为万民思从道也。”使者曰:“臣受诏行法于将军,不敢以将军言闻于上也。”蒙恬喟然太息曰:“我何罪于天,无过而死乎?”良久,徐曰:“恬罪固当死矣。起临洮属之辽东,城堑万余里,此其中不能无绝地脉哉?此乃恬之罪也。”乃吞药自杀。

【译文】

蒙恬,其祖先是齐国人。蒙恬的祖父蒙骜从齐地到秦国,为秦昭王效力,官至上卿。秦庄襄王元年,蒙骜为秦将,奉命伐韩,攻取成皋、荥阳战略要地,秦在这里设立了三川郡。第二年,蒙骜攻赵,夺取了三十七城。到秦始皇三年,蒙骜攻韩,占领了十三城。秦始皇五年,蒙骜攻魏,攻占了二十城,并在这里设置了东郡。秦始皇七年,蒙骜去世。蒙骜的儿子名武,武的儿子名恬。蒙恬曾学习狱法。秦始皇二十三年,蒙武为秦裨将军,与王翦一起攻楚,大败楚军,杀楚将项燕。秦始皇二十四年,蒙武攻楚,俘获了楚王。蒙恬有个弟弟蒙毅。

秦始皇二十六年,蒙恬因父祖的关系拜为秦将,奉命攻齐,大败齐军,被拜为内史。秦统一六国以后,派蒙恬率兵三十万北逐匈奴,收复黄河以南的地区。又筑长城,根据地形,在险峻处建置要塞,西起临洮,东至辽东,延绵万里长城。接着又北渡黄河进攻匈奴,占据阳山,军队沿着山脉河流曲曲弯弯地向北进军,在塞外作战十多年。后来回到了上郡,这时蒙恬已威震匈奴了。秦始皇由此非常尊崇蒙恬,信任他的贤能;而对蒙恬之弟蒙毅也十分亲近,位至上卿,出则可坐三匹马的车子,入则可在皇帝面前商议国家大事。蒙恬在外管战事,蒙毅在内做参谋,时人誉称为“忠信”,因此之故,秦国其他将领都无法与蒙氏一门恩宠相比。

赵高原来是赵国贵族的疏远族。赵高有昆弟数人,都受到割去生殖器的宫刑,其母受过刑罚耻辱,因而世世卑贱。秦始皇听说赵高力气很大,又精通狱法,就任他为中车府令。赵高私下为秦公子胡亥办事,教他狱法。有一次赵高犯有大罪,秦始皇命令蒙毅以法审理。蒙毅不敢徇私王法,判赵高死罪,削除宦官户籍。秦始皇认为赵高办事敏捷,就赦免了他,恢复其官爵。

秦始皇想要游览天下,从九原直达甘泉宫。于是派蒙恬筑通道,自九原到甘泉宫,一路开山填谷,长达一千八百里。道路建好后,秦始皇未去游览。

秦始皇三十七年冬,秦始皇却南下巡游会稽郡,到了海上,然后又北上到了琅琊。在路上得病,派蒙毅出去祈祷山川之神。蒙毅还没有返回,秦始皇到沙丘就病死了。秦始皇死后,不发丧,群臣都不知道。当时丞相李斯、公子胡亥、中车府令赵高经常跟随在秦始皇身边。赵高由于得宠于胡亥,因此想立胡亥为帝,同时又怨蒙毅当初执法不阿而不利于己,所以有了贼心,便与丞相李斯、公子胡亥阴谋商议,立胡亥为太子。胡亥立为太子后,派遣使者到北边假借罪名赐公子扶苏与蒙恬死。扶苏先自杀了,蒙恬对赐死表示怀疑,请求再下诏。使者便把蒙恬的军权交给下属官吏,更置了将领。胡亥还派李斯的舍人前去作为监军。使者回来向胡亥报信,胡亥听到扶苏已死,就想释放蒙恬。赵高恐怕蒙氏被重用而再度显贵,心中很不愉快。

蒙毅祈祷山川后赶了回来。赵高见胡亥对自己言听计从，于是想杀灭蒙氏，便进谗言说："臣下听说始皇先帝想在诸子中举贤能者立为太子，而蒙毅反对说'不可'。明明知道您贤能而不立太子，这是不忠而迷惑主上，以臣下的愚意，不如将蒙毅杀了。"胡亥听从赵高的话，把蒙毅抓了起来关在代郡。在此之前，胡亥已囚禁蒙恬于阳周。胡亥等人到咸阳发丧，埋葬了秦始皇，于是太子胡亥立为二世皇帝。而赵高的亲信在秦二世面前，日夜恶意诋毁蒙氏，广求其罪过不断举行弹劾。子婴出来反对，对秦二世讲谏说："臣下听说从前赵王迁杀良臣李牧而重用颜聚，燕王喜用荆轲之阴谋而背叛秦国的盟约，齐王建杀其先世忠臣而用后胜之建议。这三国君王，都由于改变原来的大臣，结果丢失了国家而殃及自身。今蒙氏是秦国的大臣谋士，而主上想一旦弃而去之，臣下以为不可。臣下听说，缺少思虑的人不可以治理国家，一个人的智慧不可以保存君王。诛杀忠臣而立没有品行的人，会使群臣离心，士无斗志，臣以为不可。"胡亥不听劝阻，派遣御史曲宫乘马从驿道到代郡，传令蒙毅说："先帝始皇想立我为太子而您从中作难。现在丞相赵高以为您不忠，罪及宗族。我不忍心看到蒙氏灭族亡宗，只赐您一死，也算是大幸了。您自己看着办吧！"蒙毅对答说："臣下虽然不能深知先帝的意见，但我年轻时就跟随始皇做官，直到他去世仍受宠信，也可以说是对始皇了解的吧。臣下虽然不能深知太子的贤能，但始皇出巡时只有太子一人跟从，周游天下，与其他诸公子相比差得远了，我对太子的贤能也不会有任何怀疑了。始皇先主举立太子，已考虑了好多年了，我怎敢进谏，怎敢虑谋！我说这些话并非想掩饰自己以逃一死，实为先主名声不受损失。请大夫您想一想，好使我死得符合实情。况且善于成全别人的人，是道德高贵之处；喜好刑杀别人的人，是道德死亡之时。过去秦穆公杀三良而死，判百里奚有罪而不符合事实，因此立号称'缪'。秦昭王杀武安君白起。楚平王杀伍奢。吴王夫差杀伍子胥。以上四位国君都犯了大的过失，而遭到天下非议，主要是国君不明，于是在诸侯中声名狼藉。古人说：'用道德治理国家的不杀无罪之人，而刑罚不施于无辜'。唯请大夫您留心！"使者曲宫知道胡亥的本意，根本不听蒙毅之言，便杀了蒙毅。

秦二世又派遣使者到阳周，传令蒙恬说："你的过错太多了，而你弟蒙毅也犯有大罪，正由内史审理。"蒙恬说："自吾祖父到现今的子孙，有功宠信于秦已有三世了。今臣下掌兵三十多万，虽被囚禁，其势也足以起来造反，然而自知必死而守义不叛，是不敢有辱先辈之教诲，不忘先主之恩宠。从前周成王初立，年幼尚在襁褓之中，周公旦抱着成王上朝，治理天下。有一次成王生病非常危险，周公旦就剪断指甲胡须作丧礼，对洛河起誓说：'成王年幼尚未懂事，国家由我执事，如果上天要降下什么罪殃，应该由我来承担不幸。'并把这话写成文书藏在记府，可以说是有信誉的。后来成王长大自己能治理国家时，有贼臣进谗言说：'周公旦要想作乱已很久了，王若不早做准备，以后必有大事。'成王听了大怒，迫使周公奔楚。有一次成王到记府去观看，看到周公旦的誓书，就痛哭流涕地说：'怎么能说周公旦想作乱啊！'于是杀了进谗言之人，从楚地迎回了周公旦。因此《周书》说：'凡事必须先与三卿五大夫商议。'今天蒙恬一门宗亲，对秦朝世无二心，而事情的结果却落得如此下场，必定有奸臣乱逆，在朝中横行霸道。周成王知错而改，结果使国家日益昌盛；夏桀杀关龙逄、殷纣杀王子比干而不悔改，结果是身死国亡。因此善于听劝谏则可以改正过错。察问三卿五大夫，是圣人之法。我说这些话，并非想请求免去我的罪责，而是以死相谏，希望陛下为万民考虑。"使者听了说："我只是奉皇帝诏书对将军执法，不敢把将军的话转达给皇上。"蒙恬听罢喟然叹息说:"我有何罪于天下,竟无辜而死啊?"他沉思了一会儿,慢慢地说:"我蒙恬罪该当死。我西起临洮而东至辽东,筑长城万余里,在此之中不能不破坏风水地脉吧?这是我蒙恬的罪过。"于是便吞药自杀。

扁鹊仓公传

【题解】

扁鹊姓秦,名越人,因为他医术高明,所以人们用传说中黄帝时期名医扁鹊之名来称呼他。扁鹊活动于春秋战国时代,渤海鄚县(今河北任丘县)人,从师长桑君。遍游各国行医,擅长各科,在赵国邯郸时当妇科医生,在周地洛阳当老人五官科医生,在秦国咸阳当儿科医生,随各地风俗的不同来改变行医科别。他治愈了许多疑难病症,名扬天下。在给秦武王治病时,被秦太医令李醯所忌恨,李醯派人刺杀了扁鹊。扁鹊在行医实践中运用的脉学理论和方法,深为中国古代医学界所推崇。他事迹除见载本篇外,《战国策》记载较多,可以参阅。

仓公姓淳于,名意,齐临菑(今山东淄博市东北)人,活动于西汉初期。因曾当过齐国太仓长,故又称太仓公,省称仓公。他年轻时先学医于公孙光。后从师阳庆。掌握了黄帝、扁鹊的脉书,到处流动行医。他辩证审脉,治病多有效验。汉文帝四年(公元前176),仓公犯罪应该受刑,押送长安。他五个女儿中最小的女儿缇萦随父西行,上书文帝,愿意设为官奴,以赎父刑。文帝被她的精神所感动,仓公免受肉刑。本篇记载了仓公行医的二十五例医案,记录了他治病的真实情况,是我国现存最早的病史记录。

【原文】

扁鹊者,勃海郡鄚人也,姓秦氏,名越人。少时为人舍长。舍客长桑君过,扁鹊独奇之,常谨遇之。长桑君亦知扁鹊非常人也。出入十余年,乃呼扁鹊私坐,间与语曰:"我有禁方,年老,欲传与公,公毋泄。"扁鹊曰:"敬诺。"乃出其怀中药予扁鹊:"饮是以上池之水,三十日当知物矣。"乃悉取其禁方书尽与扁鹊。忽然不见,殆非人也。扁鹊以其言饮药三十日,视见垣一方人。以此视病,尽见五藏症结,特以诊脉为名耳。为医或在齐,或在赵。在赵者名扁鹊。

当晋昭公时,诸大夫强而公族弱,赵简子为大夫,专国事。简子疾,五日不知人,大夫皆惧,于是召扁鹊。扁鹊入视病,出,董安于问鹊,扁鹊曰:"血脉治也,而何怪?昔秦穆公尝如此,七日而寤。寤之日,告公孙支与子舆曰:'我之帝所甚乐。吾所以久者,适有所学也。帝告我:'晋国且大乱,五世不安。其后将霸,未老而死。霸者之子且令而国男女无别。''"公孙支书而藏之,秦策于是出。夫献公之乱,文公之霸,而襄公败秦师于殽而归纵淫,此子之所闻。今主君之病与之同,不出三日必间,间必有言也。"

居二日半,简子寤,语诸大夫曰:"我之帝所甚乐,与百神游于钧天,广乐九奏万舞,不类三代之乐,其声动心。有一熊欲援我,帝命我射之,中熊,熊死。有罴来,我又射之。中罴,罴死。帝甚喜,赐我二笥,皆有副。吾见儿在帝侧,帝属我一翟犬,曰:'及而子之壮也以赐之。'帝告我:'晋国且世衰,七世而亡。嬴姓将大败周人于范魁之西,而亦不能有也'。"董安于受言,书而藏之。以扁鹊言告简子,简子赐扁鹊田四万亩。

扁鹊

其后扁鹊过虢。虢太子死,扁鹊至虢宫门下,问中庶子喜方者曰:"太子何病,国中治穰过于众事?"中庶子曰:"太子病血气不时,交错而不得泄,暴发于外,则为中害。精神不能止邪气,邪气畜积而不得泄,是以阳缓而阴急,故暴蹶而死。"扁鹊曰:"其死何如时?"曰:"鸡鸣至今。"曰:"收乎?"曰:"未也,其死未能半日也。""言臣齐勃海秦越人也,家在于郑,未尝得望精光侍谒于前也。闻太子不幸而死,臣能生之。"中庶子曰:"先生得无诞之乎?何以言太子可生也!臣闻上古之时,医有俞跗,治病不以汤液、醴洒,镵石桥引,案抏毒熨,一拨见病之应,因五藏之输,乃割皮解肌,诀脉结筋,搦髓脑,揲荒爪幕,湔浣肠胃,漱涤五藏,练精易形。先生之方能若是,则太子可生也;不能若是而欲生之,曾不可能告咳婴之儿。"终日,扁鹊仰天叹曰:"夫子之为方也,若以管窥天,以隙视文。越人之为方也,不待切脉望色听声写形,言病之所在。闻病之阳,论得其阴;闻病之阴,论得其阳。病应见于大表,不出千里,决者至众,不可曲止也。子以吾言为不诚,试入诊太子,当闻其耳鸣而鼻张,循其两股以至于阴,当尚温也。"

中庶子闻扁鹊言,目眩然而不瞚,舌挢然而不下,乃以扁鹊言入报虢君。虢君闻之大惊,出见扁鹊于中阙,曰:"窃闻高义之日久矣,然未尝得拜谒于前也。先生过小国,幸而举之,偏国寡臣幸甚。有先生则活,无先生则弃填捐沟壑,长终而不得反。"言未卒,因嘘唏服臆,魂精泄横,流涕长潸,忽忽承睫,悲不能自止,容貌变更。扁鹊曰:"若太子病,所谓'尸蹶'者也。夫以阳入阴中,动胃繵缘,中经维络,别下于三焦、膀胱,是以阳脉下遂,阴脉上争,会气闭而不通,阴上而阳内行,下内鼓而不起,不外绝而不为使,上有绝阳之络,下有破阴之纽,破阴绝阳,色废脉乱,故形静如死状。太子未死也。夫以阳入阴支兰藏者生,以阴入阳支兰藏者死。凡此数事,皆五藏蹶中之时暴作也。良工取之,拙者疑殆。"

扁鹊乃使弟子子阳厉针砥石,以取外三阳五会。有间,太子苏。乃使子豹为五分之熨,以八减之剂和煮之,以更熨两胁下。太子起坐。更适阴阳,但服汤二旬而复故。故天下尽以扁鹊为能生死人。扁鹊曰:"越人非能生死人也,此自当生者,越人能使之起耳。"

扁鹊过齐,齐桓侯客之。入朝见,曰:"君有疾在腠理,不治将深。"桓侯曰:"寡人无疾。"扁鹊出,桓侯谓左右曰:"医之好利也,欲以不疾者为功。"后五日,扁鹊复见,曰:"君有疾在血脉,不治恐深。"桓侯曰:"寡人无疾。"扁鹊出,桓侯不悦。后五日,扁鹊复见,曰:"君有疾在肠胃间,不治将深。"桓侯不应。扁鹊出,桓侯不悦。后五日,扁鹊复见,望见桓侯而退走。桓侯使人问其故。扁鹊曰:"疾之居腠理也,汤熨之所及也;在血脉,针石之所及也;其在肠胃,酒醪之所及也;其在骨髓,虽司命无奈之何。今在骨髓,臣是以无请也。"后五日,桓侯体病,使人召扁鹊,扁鹊已逃去。桓侯遂死。

使圣人预知微，能使良医得早从事，则疾可已，身可活也。人之所病，病疾多；而医之所病，病道少。故病有六不治，骄恣不论于理，一不治也；轻身重财，二不治也；衣食不能适，三不治也；阴阳并，藏气不定，四不治也；形羸不能服药，五不治也；信巫不信医，六不治也。有此一者，则重难治也。

扁鹊名闻天下。过邯郸，闻贵妇人，即为带下医；过雒阳，闻周人爱老人，即为耳目痹医；来入咸阳，闻秦人爱小儿，即为小儿医：随俗为变。秦太医令李醯自知伎不如扁鹊也，使人刺杀之。至今天下言脉者，由扁鹊也。

太仓公者，齐太仓长，临菑人也，姓淳于氏，名意。少而喜医方术。高后八年，更受师同郡元里公乘阳庆。庆年七十余，无子，使意尽去其故方，更悉以禁方予之，传黄帝、扁鹊之脉书，五色诊病，知人死生，决嫌疑，定可治，及药论，甚精。受之三年，为人治病，决死生多验。然左右行游诸侯，不以家为家，或不为人治病，病家多怨之者。

文帝四年中，人上书言意，以刑罪当传西之长安。意有五女，随而泣。意怒，骂曰："生子不生男，缓急无可使者！"于是少女缇萦伤父之言，乃随父西。上书曰："妾父为吏，齐中称其廉平，今坐法当刑。妾切痛死者不可复生而刑者不可复续，虽欲改过自新，其道莫由，终不可得。妾愿入身为官婢，以赎父刑罪，使得改行自新也。"书闻，上悲其意，此岁中亦除肉刑法。

意家居，诏召问所为治病死生验者几何人也，主名为谁。

诏问故太仓长臣意："方伎所长，及所能治病者？有其书无有？皆安受学？受学几何岁？尝有所验，何县里人也？何病？医药已，其病之状皆何如？具悉而对。"臣意对曰：

自意少时，喜医药，医药方试之多不验者。至高后八年，得见师临菑元里公乘阳庆。庆年七十余，意得见事之。谓意曰："尽去而方书，非是也。庆有古先道遗传黄帝、扁鹊之脉书，五色诊病，知人生死，决嫌疑，定可治，及药论书，甚精。我家给富，心爱公，欲尽以我禁方书悉教公。"臣意即曰："幸甚，非意之所敢望也。"臣意即避席再拜谒，受其脉书上下经、五色诊、奇咳术、揆度阴阳外变、药论、石神、接阴阳禁书，受读解验之，可一年所。明岁即验之，有验，然尚未精也。要事之三年所，即尝已为人治，诊病决死生，有验，精良。今庆已死十年所，臣意年尽三年，年三十九岁也。

齐侍御史成自言病头痛，臣意诊其脉，告曰："君之病恶，不可言也。"即出，独告成弟昌曰："此病疽也，内发于肠胃之间，后五日当臃肿，后八日呕脓死。"成之病得之饮酒且内。成即如期死。所以知成之病者，臣意切其脉，得肝气。肝气浊而静，此内关之病也。脉法曰"脉长而弦，不得代四时者，其病主在于肝。和即经主病也，代则络脉有过。"经主病和者，其病得之筋髓里。其代绝而脉贲者，病得之酒且内。所以知其后五日而臃肿，八日呕脓死者，切其脉时，少阳初代。代者经病，病去过人，人则去。络脉主病，当其时，少阳初关一分，故中热而脓未发也，及五分，则至少阳之界，及八日，则呕脓死，故上二分而脓发，至界而臃肿，尽泄而死。热上则熏阳明，烂流络，流络动则脉结发，脉结发则烂解，故络交。热气已上行，至头而动，故头痛。

齐王中子诸婴儿小子病，召臣意诊切其脉，告曰："气鬲病。病使人烦懑，食不下，时呕沫。病得之心忧，数忔食饮。"臣意即为之作下气汤以饮之，一日气下，二日能食，三日即病愈。所以知小子之病者，诊其脉，心气也，浊躁而经也，此络阳病也。脉法曰"脉来数疾去难而不一者，病主在心。"周身热，脉盛者，为重阳。重阳者，逿心主。故烦懑食不下则络脉有过，络脉有过则血上出，身上出者死。此悲心所生也，病得之忧也。

齐郎中令循病，众医皆以为蹶入中，而刺之。臣意诊之，曰："涌疝也，令人不得前后溲。"循曰："不得前后溲三日矣。"臣意饮以火剂汤，一饮得前后溲，再饮大溲，三饮而疾愈。病得之内。所以知循病者，功其脉时，右口气急，脉无五脏气，右口脉大而数。数者中下热而涌，左为下，右为上，皆无五脏应，故曰涌疝。中热，故溺赤也。

齐中御府长信病，臣意入诊其脉，告曰："热病气也。然暑汗，脉少衰，不死。"曰："此病得之当浴流水而寒甚，已则热。"信曰："唯，然！往冬时，为王使于楚，至莒县阳周水，而莒桥梁颇坏，信则揽车辕未欲渡也，马惊，即堕，信身入水中，几死，吏即来求信，出之水中，衣尽濡，有间而身寒，已热如火，至今不可以见寒。"臣意即为之液汤火剂逐热，一饮汗尽，再饮热去，三饮病已。即使服药，出入二十日，身无病者。所以知信之病者，切其脉时，并阴。脉法曰"热病阴阳交者死。"切之不交，并阴。并阴者，脉顺清而愈，其热虽未尽，犹活也。肾气有时间浊，在太阴脉口而希，是水气也，肾固主水，故以此知之。失治一时，即转为寒热。

齐王太后病，召臣意入诊脉，曰："风瘅客脬，难于大小溲，溺赤。"臣意饮以火剂汤，一饮即前后溲，再饮病已，溺如故。病得之流汗出滫，滫者，去衣而汗晞也。所以知齐王太后病者，臣意诊其脉，切其太阴之口，湿然风气也。脉法曰"沈之而大坚，浮之而大紧者，病主在肾。"肾切之而相反也，脉大而躁。大者，膀胱气也；躁者，中有热而溺赤。

齐章武里曹山跗病，臣意诊其脉，曰："肺消瘅也，加以寒热。"即告其人曰："死，不治。适其共养，此不当医治。"法曰"后三日而当狂，妄起行，欲走；后五日死。"即如其死。山跗病得之盛怒而以接内。所以知山跗之病者，臣意切其脉，肺气热也。脉法曰"不平不鼓，形弊。"此五脏高之远数以经病也，故切之时不平而代。不平者，血不居其处；代者，时参击并至，乍躁乍大也。此两络脉绝，故死不治。所以加寒热者，言其人尸夺。尸夺者，形弊；形弊者，不当关灸镵石及饮毒药也。臣意未往诊时，齐太医先诊山跗病，灸其足少阳脉口，而饮之半夏丸，病者即泄注，腹中虚；又灸其少阴脉，是坏肝刚绝深，如是重损病者气，以故加寒热。所以后三日而当狂者，肝一络连属结绝乳下阳明，故络绝，开阳明脉，阳明脉伤，即当狂走。后五日死者，肝与心相去五分。故曰五日尽，尽即死矣。

齐中尉潘满如病少腹痛，臣意诊其脉，曰："遗积瘕也。"臣意即谓齐太仆臣饶、内史臣繇曰："中尉不复自止于内，则三十日死。"后二十余日，溲血死。病得之酒且内。所以知潘满如病者，臣意切其脉深小弱，其卒然合合也，是脾气也。右脉口气至紧小，见瘕气也。以次相乘，故三十日死。三阴俱抟者，如法；不俱抟者，决在急期；一抟一代者，近也。故其三阴抟，溲血如前止。

阳虚侯相赵章病，召臣意。众医皆以为寒中，臣意诊其脉曰："迵风。"迵风者，饮食下嗌而辄出不留。法曰"五日死"，而后十日乃死。病得之酒。所以知赵章之病者，臣意切其脉，脉来滑，是内风气也。饮食下嗌而辄出不留者，法五日死，皆为前分界法。后十日乃死，所以过期者，其人嗜粥，故中脏实，中脏实故过期。师言曰"安谷者过期，不安谷者不及期。"

济北王病，召臣意诊其脉，曰："风蹶胸满。"即为药酒，尽三石，病已。得之汗出伏地。所以知济北王病者，臣意切其脉时，风气也，心脉浊。病法"过入其阳，阳气尽而阴气入"。阴气入张，则寒气上而热气下，故胸满。汗出伏地者，切其脉，气阴。阴气者，病必入中，出及瀺水也。

齐北宫司空命妇出于病，众医皆以为风入中，病主在肺，刺其足少阳脉。臣意诊其脉，曰："病气疝，客于膀胱，难于前后溲，而溺赤。病见寒气则遗溺，使人腹肿。"出于病得之欲溺不得，因以接内。所以知出于病者，切其脉大而实，其来难，是蹶阴之动也。脉来难者，疝气之客于膀胱也。腹之所以肿者，言蹶阴之络结小腹也。蹶阴有过则脉结动，动则腹肿。臣意即灸其足蹶阴之脉，左右各一所，即不遗溺而溲清，小腹痛止。即更为火剂汤以饮之，三日而疝气散，即愈。

故济北王阿母自言足热而懑，臣意告曰："热蹶也。"则刺其足心各三所，案之无出血，病旋已。病得之饮酒大醉。

济北王召臣意诊脉诸女子侍者，至女子竖，竖无病。臣意告永巷长曰："竖伤脾，不可劳，法当春呕血死。"臣意言王曰："才人女子竖何能？"王曰："是好为方，多伎能，为所是案法新，往年市之民所，四百七十万，曹偶四人。"王曰："得毋有病乎？"臣意对曰："竖病重，在死法中。"王召视之，其颜色不变，以为不然，不卖诸侯所。至春，竖奉剑从王之厕，王去，竖后，王令人召之，即仆于厕，呕血死。病得之流汗。流汗者，法病内重。毛发而色泽，脉不衰，此亦内关之病也。

齐中大夫病龋齿，臣意灸其左大阳明脉，即为苦参汤，日嗽三升，出入五六日，病已。得之风，及卧开口，食而不嗽。

菑川王美人怀子而不乳，来召臣意。臣意往，饮以莨菪药一撮，以酒饮之，旋乳。臣意复诊其脉，而脉躁。躁者有余病，即饮以消石一剂，出血，血如豆比五六枚。

齐丞相舍人奴从朝入宫，臣意见之食宫门外，望其色有病气。臣意即告宦者平。平好为脉，学臣意所，臣意即示之舍人奴病，告之曰："此伤脾气也，当至春鬲塞不通，不能食饮，法至夏泄血死。"宦者平即往告相曰："君之舍人奴有病，病重，死期有日。"相君曰："卿何以知之？"曰："君朝时入宫，群之舍人奴尽食宫门外，平与仓公立，即示平曰，病如是者死。"相即召舍人而谓之曰："公奴有病不？"舍人曰："奴无病，身无痛者。"至春果病，至四月，泄血死。所以知奴病者，脾气周乘五脏，伤部而交，故伤脾之色也，望之杀然黄，察之如死青之兹。众医不知，以为大虫，不知伤脾。所以至春死病者，胃气黄，黄者土气也，土不胜木，故至春死。所以至夏死者，脉法曰"病重而脉清者曰内关"，内关之病，人不知其所痛，心急然无苦。若加以一病，死中春；一愈顺，及一时。其所以四月死者，诊其人时愈顺。愈顺者，人尚肥也。奴之病得之流汗数出，炙于火而以出见大风也。

菑川王病，召臣意诊脉，曰："蹶上为重，头痛身热，使人烦满。"臣意即以寒水拊其头，刺足阳明脉，左右各三所，病旋已。病得之沐发未乾而卧。诊如前，所以蹶，头热至肩。

齐王黄姬兄黄长卿家有酒召客，召臣意。诸客坐，未上食。臣意望见王后弟宋建，告曰："君有病，往四五日，君要胁痛不可俯仰，又不得小溲。不亟治，病即入濡肾。及其未舍五脏，急治之。病方今客肾濡，此所为'肾痹'也。"宋建曰："然，建故有要脊痛。往四五日，天雨，黄氏诸倩见建家京下方石，即弄之，建亦欲效之，效之不能起，即复置之。暮，要脊痛，不得溺，至今不愈。"建病得之好持重。所以知建病者，臣意见其色，太阳色乾，肾部上及界要以下者枯四分所，故以往四五日知其发也。臣意即为柔汤使服之，十八日所而病愈。

济北王侍者韩女病要背痛，寒热，众医皆以为寒热也。臣意诊脉，曰："内寒，月事不下也。"即窜以药，旋下，病已。病得之欲男子而不可得也。所以知韩女之病者，诊其脉时，切之，肾脉也，啬而不属。啬而不属者，其来难，坚，故曰月不下。肝脉弦，出左口，故曰欲男子不可得也。

临菑汜里女子薄吾病甚，众医皆以为寒热笃，当死，不治。臣意诊其脉，曰：“蛲瘕。”蛲瘕为病，腹大，上肤黄粗，循之戚戚然。臣意饮以芫华一撮，即出蛲可数升，病已，三十日如故。病蛲得之于寒湿，寒湿气宛笃不发，化为虫。臣意所以知薄吾病者，切其脉，循其尺，其尺索刺粗，而毛美奉发，是虫气也。其色泽者，在藏无邪气及重病。

齐淳于司马病，臣意切其脉，告曰：“当病迵风。迵风之状，饮食下嗌辄后之。病得之饱食而疾走。”淳于司马曰：“我之王家食马肝，食饱甚，见酒来，即走去，驱疾至舍，即泄数十出。”臣意告曰：“为火剂米汁饮之，七八日而当愈。”时医秦信在旁，臣意去，信谓左右阁都尉曰：“意以淳于司马病为何？”曰：“以为迵风。可治。”信即笑曰：“是不知也。淳于司马病，法当后九日死。”即后九日不死，其家复召臣意。臣意往问之，尽如意诊。臣即为一火剂米汁，使服之，七八日病已。所以知之者，诊其脉时，切之，尽如法。其病顺，故不死。

齐中郎破石病，臣意诊其脉，告曰：“肺伤，不治，当后十日丁亥溲血死。”即后十一日，溲血而死。破石之病，得之堕马僵石上。所以知破石之病者，切其脉，得肺阴气，其来散，数道至而不一也。色又乘之。所以知其堕马者，切之得番阴脉。番阴脉入虚裏，乘肺脉。肺脉散者，固色变也乘之。所以不中期死者，师言曰“病者安谷即过期，不安谷则不及期”。其人嗜黍，黍主肺，故过期。所以溲血者，诊脉法曰“病养喜阴处者顺死，养喜阳处者逆死”。其人喜自静，不躁，又久安坐，伏几而寐，故血下泄。

齐王侍医遂病，自练五石服之。臣意往过之，遂谓意曰：“不肖在病，幸诊遂也。”臣意即诊之，告曰：“公病中热。论曰‘中热不溲者，不可服五石’。石之为药精悍，公服之不得数溲，亟勿服。色将发臃。”遂曰：“扁鹊曰‘阴石以治阴病，阳石以治阳病’。夫药石者有阴阳水火之剂，故中热，即为阴石柔剂治之；中寒，即为阳石刚剂治之。”臣意曰：“公所论远矣。扁鹊虽言若是，然必审诊，起度量，立规矩，称权衡，合色脉表里有余不足顺逆之法，参其人动静与息相应，乃可以论。论曰‘阳疾处内，阴形应外者，不加悍药及镵石’。夫悍药入中，则邪气辟矣，而宛气愈深。诊法曰‘二阴应外，一阳接内者，不可以刚药’。刚药入则动阳，阴病益衰，阳病益箸，邪气流行，为重困于俞，忿发为疽。”意告之后百余日，果为疽发乳上，入缺盆，死。此谓论之大体也，必有经纪。拙工有一不习，文理阴阳失矣。

齐王故为阳虚侯时，病甚，众医皆以为蹷。臣意诊脉，以为痹，根在右胁下。大如覆杯，令人喘，逆气不能食。臣意即以火剂粥且饮，六日气下；即令更服丸药，出入六日，病已。病得之内。诊之时不能识其经解，大识其病所在。

臣意尝诊安阳武都里成开方，开方自言以为不病，臣意谓之病苦沓风，三岁四支不能自用，使人瘖，瘖即死。今闻其四肢不能用，瘖而未死也。病得之数饮酒以见大风气。所以知成开方病者，诊之，其脉法奇咳言曰“藏气相反者死”。切之，得肾反肺，法曰“三岁死”也。

安陵阪里公乘项处病，臣意诊脉，曰：“牡疝。”牡疝在鬲下，上连肺。病得之内。臣意谓之：“慎毋为劳力事，为劳力事则必呕血死。”处后蹴踘，要蹷寒，汗出多，即呕血。臣意复诊之，曰：“当旦日日夕死。”即死。病得之内。所以知项处病者，切其脉得番阳。番阳入虚裏，处旦日死。一番一络者，牡疝也。

臣意曰：“他所诊期决死生及所治已病众多，久颇忘之，不能尽识，不敢以对。”

问臣意：“所诊治病，病名多同而诊异，或死或不死，何也？”对曰：“病名多相类，不可知，故古圣人为之脉法，以起度量，立规矩，悬权衡，案绳墨，调阴阳，别人之脉各名之，与天地相应，参合于人，故乃别百病以异之，有数者能异之，无数者同之。然脉法不可胜验，诊疾人以度异之，乃可别同名，命病主在所居。今臣意所诊者，皆有诊籍。所以别之者，臣意所受师方适成，师死，以故表籍所诊，期决死生，观所失所得者合脉法，以故至今知之。"

问臣意曰："所期病决死生，或不应期，何故？"对曰："此皆饮食喜怒不节，或不当饮药，或不当镵灸，以故不中期死也。"

问臣意："意方能知病死生，论药用所宜，诸侯王大臣有尝问意者不？及文王病时，不求意诊治，何故？"对曰："赵王、胶西王、济南王、吴王皆使人来召臣意，臣意不敢往。文王病时，臣意家贫，欲为人治病，诚恐吏以除拘臣意也，故移名数左右，不修家生，出行游国中，问善为方数者事之久矣，见事数师，悉受其要事，尽其方书意，及解论之。身居阳虚侯国，因事侯。侯入朝，臣意从之长安，以故得诊安陵项处等病也。"

问臣意："知文王所以得病不起之状？"臣意对曰："不见文王病，然窃闻文王病喘，头痛，目不明。臣意心论之，以为非病也。以为肥而蓄精，身体不得摇，骨肉不相任，故喘，不当医治。脉法曰'年二十脉气当趋，年三十当疾步，年四十当安坐，年五十当安卧，年六十已上气当大董'。文王年未满二十，方脉气之趋也而徐之，不应天道四时。后闻医之即笃，此论病之过也。臣意论之，以为神争而邪气入，非年少所能复之也，以故死。所谓气者，当调饮食，择晏日，车步广志，以适筋骨肉血脉，以泻气。故年二十，是谓'易暍'，法不当砭灸，砭灸至气逐。"

问臣意："师庆安受之？闻于齐诸侯不？"对曰："不知庆所师受。庆家富，善为医，不肯为人治病，当以此故不闻。庆又告臣意曰：'慎毋令我子孙知若学我方也。'"

问臣意："师庆何见于意而爱意，欲悉教意方？"对曰："臣意不闻师庆为方善也。意所以知庆者，意少时好诸方事，臣意试其方，皆多验，精良。臣意闻菑川唐里公孙光善为古传方，臣意即往谒之。得见事之，受方化阴阳及传语法，臣意悉受书之。臣意欲尽受他精方，公孙光曰：'吾方尽矣，不为爱公所。吾身已衰，无所复事之。是吾年少所受妙方也，悉与公，毋以教人。'臣意曰：'得见事侍公前，悉得禁方，幸甚。意死不敢妄传人。'居有间，公孙光间处，臣意深论方，见言百世为之精也。师光喜曰："公必为国工，吾有所善者皆疏，同产处临菑，善为方，吾不若，其方甚奇，非世之所闻也。吾年中时，尝欲受其方，杨中倩不肯，曰"若非其人也"。胥与公往见之，当知公喜方也。其人亦老矣，其家给富。'时者未往，会庆子男殷来献马，因师光奏马王所，意以故得与殷善。光又属意于殷曰：'意好数，公必谨遇之，其人圣儒。'即为书以意属阳庆，以故知庆。臣意事庆谨，以故爱意也。"

问臣意曰："吏民尝有事学意方，及毕尽得意方不？何县里人？"对曰："临菑人宋邑。邑学，臣意教以五诊，岁余。济北王遣太医高期、王禹学，臣意都以经脉高下及奇络结，当论俞所居，及气当上下出入邪正逆顺，以宜镵石，定砭灸处，岁余。菑川王时遣太仓马长冯信正方，臣意孝以案法逆顺，论药法，定五味及和剂汤法。高永侯家丞杜信，喜脉，来学，臣意教以上下经脉五诊，二岁余。临菑召里唐安来学，臣意教以五诊上下经脉，奇咳，四时应阴阳重，未成，除为齐王侍医。"

问臣意："诊病决死生，能全无失乎？"臣意对曰："意治病人，必先切其脉，乃治之。败逆者不可治，其顺者乃治之。心不精脉，所期死生视可治，时时失之，臣意不能全也。"

太史公曰："女无美恶，居宫见妒；士无贤不肖，入朝见疑。故扁鹊以其伎见殃，仓公乃匿迹自隐而当刑。缇萦通尺牍，父得以后宁。故老子曰"美好者不祥之器"，岂谓扁鹊等邪？若仓公者。可谓近之矣。

【译文】

扁鹊是勃海郡鄚县人，姓秦，名叫越人。年轻时做人家宾馆的主管。宾馆的客人长桑君过往宾馆时，唯独扁鹊认为他不平凡，常常恭谨地对待他。长桑君也知道扁鹊不是平庸之辈。长桑君出入宾馆十多年，才私下叫扁鹊坐下来谈谈，旁边没有人时秘密地对扁鹊说："我有秘方，我已年老，想传授给你，你不要泄露。"扁鹊说："是的。"于是取出他怀中的药交给扁鹊："服这药要用没有落地的露水，三十天后就会洞察事物了。"于是长桑君拿出他所有的秘方交与扁鹊。忽然间长桑君不见了，大概他不是凡人。扁鹊按照长桑君的话服用了三十天药，能隔墙看到对面的人。凭着这种本领看病，完全看得见五脏病根的部位，只是用切脉为名罢了。有时在齐国行医，有时在赵国行医。在赵国时名叫扁鹊。

晋昭公时期，大夫们势力强大而国君宗族势力衰弱，赵简子做大夫，专断国事。赵简子患病，五天不省从事，大夫们都很恐惧，这时叫来扁鹊。扁鹊入内看病，走出来，董安于向扁鹊询问病情，扁鹊说："血脉正常，你们不必大惊小怪。过去秦穆公也曾发生过这种现象，第七天才醒。醒过来的那天，告诉公孙支和子舆说：'我前往天帝那儿非常快乐，我之所以去了很长时间，是因为刚好接受天帝的教命。天帝告诉我："晋国将要大乱，五代国君不安宁。这以后将称霸，称霸后不久霸主死去。霸主的儿子将使你们国家的男女淫乱。"'公孙支记下这段话，而且把它收藏起来，于是秦国史册上出现了这些事情的记载。晋献公时的内乱，晋文公的称霸，晋襄公在崤山大败秦军回国后的放纵淫乱，这些事你知道。现在主君的病和秦穆公相同，不出三天病就会见轻，病好转后一定有话说。"

过了两天半，简子醒过来，告诉大夫们说："我到天帝那里很快乐，和众神在天中游玩，各种乐器九奏音乐，跳着文武兼备的舞蹈，不象远古三代的舞乐，乐曲声动人心弦。有一只熊想拉我，天帝命令我射它，我射中熊，熊死了。有只罴过来，我又射它，射中罴，罴死了。天帝非常高兴，赐予我两个竹笥，都有副品。我看见一个小孩在天帝旁边，天帝给我一只翟犬，说：'等你的儿子长大时把翟犬赏给他。'天帝告诉我：'晋国将一代一代衰落，七代后国家灭亡。嬴姓人将在范魁的西方大败周人，却也不能拥有这块土地。'"董安于听了这些话，记录并收藏起来。把扁鹊的话告诉赵简子，简子赏赐给扁鹊四万亩田。

后来扁鹊经过虢国，虢国的太子死了，扁鹊到虢国宫廷门前，询问中庶子官中喜好医术的人，说："太子患有什么病，都城里举办祈祷的活动都超过了其他各种事情？"中庶子说："太子得了血气不按时运行的病，交错混乱，不能畅通，突然发作于体外，实际不是体内受到伤害。蕴含的精气不能制止邪气，邪气蓄积而不能发散，因此阳跻脉弛缓而阴跻脉急迫，所以猝然昏厥而死。"扁鹊问："他死在什么时辰？"回答说："鸡鸣到现在。"扁鹊问："收殓了吗？"回答说："没有，他死亡还没有到半天时间。"扁鹊说："请禀报说我是齐国勃海的秦越人，家在鄚县，未曾仰见虢君的神采，拜谒并服侍于前。听说太子不幸去世，我能让他活过来。"中庶子说："先生大概不是欺骗我吧？根据什么说太子可以活过来？我听说上古时代，有个叫俞跗的医生，治病不使用汤药、酒剂、镵针、砭石、导引、按摩、药物熨帖，一下手诊断就知道病情的反应，顺着五脏的腧穴，便切开皮肤，剖开肌肉，疏导经脉，结扎筋腱，按治脊髓和脑部，触动膏肓，抓摸横膈膜，清洗肠胃，洗涤五脏，修炼精气，改换形体。先生的医术能象这种样子，那么可以让太子活过来，医术达不到这种水平，而想让太子活过来，简直不能把这话告诉刚会发笑的婴儿。"过了好长时间，扁鹊仰天长叹,说:“你行医看病,好像以管窥天,从缝隙中观看斑斓的花纹。我行医看病,不必等待诊脉,察色、听声、观察形态,就能说出病源在什么方位。知道病人阳分的症状,就可以判断出病人阴分的症状;知道病人阴分的症状,就可以判断病人阳分的症状。疾病应该表现在体表,无须远行千里便能决断病人吉凶。判断的方法很多,不能局于一隅。你认为我说的话不诚实,让我进去为太子试诊一下,应该听到他的耳鸣声和鼻翼的搧动声,顺着他的两条腿至于阴部,应当还有体温。”

中庶子听了扁鹊的话,惊讶得两眼发花不能眨动,翘着舌头放不下,进去把扁鹊的话汇报给虢君。虢君听说后大为惊讶,出来在宫廷中门接见扁鹊,说:“很久以前就听说您高尚的德行,然而没能够拜谒于前。先生经过我们这个小国,幸运地帮助我,偏僻小国的我真是太荣幸了。有了先生,太子可以救活,没有先生,就会抛弃在沟谷中,永远死去而不能复生。”话没有说完,就哭泣抽咽,喘不过气,神志恍惚,长时间流着眼泪,泪珠涌滚,挂在睫毛上,悲痛得不能自我控制,容貌变了样。扁鹊说:“像太子这种病,是所说的假死症。那是因为阳气进入阴分,胃受到震动的缠绕,损害了经脉,阻塞了络脉,分别下注入三焦、膀胱,因此阳气下坠,阴气争抢上行,两气相聚,闭塞不通,阴气逆行而上,阳气向内运行,阳气在下向内,鼓动而不能上升,在上在外的阳气断绝,不被阴气所遣使,上有断绝阳气络脉,下有破坏了阴气筋纽,破阴绝阳,面容失色,脉搏混乱,所以躯体静止不动如同死亡的样子,太子没有真的死去。由于阳气侵入阴分而阻断了脏气的是可以救活的,由于阴气侵入阳分而阻断了脏气的会死亡。凡是这几种情况,都是五脏厥逆时突然发作。医术高明的医生能够治好,医术拙劣的医生疑惑不解。”

扁鹊就让弟子子阳磨针和砭石,用来刺百会穴。过一会儿,太子苏醒了,就让子豹使用温暖之气入体五分的熨法,用八减之方的药物混合煎煮,拿来交替熨帖两胁下部。太子坐起来了。另外又调整阴阳,服用汤药只有二十天就康复如初。所以天下人都认为扁鹊能让死人活过来。扁鹊说:“不是我能使死者复活,这是他自己应该活过来,我不过促使他恢复起来。”

扁鹊经过齐国,齐桓侯把他当作客人招待。扁鹊去朝廷拜见齐桓侯,说:“您在皮肤和肌肉之间有小病,不医治会加重。”齐桓侯说:“我没有疾病。”扁鹊走出来,齐桓侯对左右近臣说:“医生贪图功利,想用没有病的人来冒充自己的功劳。”五天后,扁鹊又去拜见齐桓侯,说:“您血脉里有病,不医治会加重。”齐桓侯说:“我没有病。”扁鹊走出来,齐桓侯不高兴。五天后,扁鹊又去拜见齐桓侯,说:“您在肠胃之间有病,不医治会加重。”齐桓侯不理睬。扁鹊走出来,齐桓侯不高兴。五天后,扁鹊又去拜见齐桓侯,望见齐桓侯就退出来跑走了。齐桓侯派人询问他是什么缘故。扁鹊说:“病在皮肤和肌肉之间,汤药和熨药的效力能够达到。病在血脉,针灸和砭法的效力能够达到。病在肠胃之间,酒药的效力能够达到。病在骨髓,即使是主管生死之神也无可奈何。现在病在骨髓,因此我不再请求给他医治。”五天后,齐桓侯身体发病,派人去叫扁鹊,扁鹊已经逃走了,齐桓侯便死去了。

如果圣人见微知著,能让医术高明的医生及早治疗,那么疾病可以根治,生命可以活下来。人们所惧怕的,是惧怕疾病多。而医生所惧怕的,是惧怕缺乏医术。所以疾病有六种情况不能治愈:骄横恣纵,不讲道理,是第一种不能治愈;轻视身体,看重钱财,是第二种不能治愈;衣着饮食不能调节适当,是第三种不能治愈;阴阳交错,五脏失去正常机能,是第四种不能治愈;身体瘦弱,不能服用药物,是第五种不能治愈;相信巫术,而不相信医生，是第六种不能治愈。有这些情况的一种，就非常难治疗。

扁鹊名闻天下，经过邯郸，听说当地重视妇女，就当妇科医生。经过洛阳，听说周地人敬爱老人，就当治疗耳聋、眼花、四肢痹痛疾病的医生。来到洛阳，听说秦国人喜欢小孩，就当儿科医生。随着各地习俗改变行医范围。秦国太医令李醯自知医术不如扁鹊，派人刺杀了他。到现在天下谈论脉学的人，都遵循扁鹊的学说。

太仓公是齐国都城粮仓的长官，临菑人，姓淳于，名意。年轻时代喜好医药方术。高后八年，另向同郡元里的公乘阳庆拜师。阳庆已经七十多岁了，没有儿子，让淳于意全部抛弃他的旧医术，再把自己的秘方传给他，传授黄帝、扁鹊的诊脉书，以及根据面部五色诊断疾病的方法，知道人的生死，判断疑难病症，确定是否可以治愈，还有谈论药理的医书，非常精妙。淳于意学习了三年，给别人治病，判断生死大多数有效验。然而到诸侯国四处行游，不以家为家，有时不替人治病，病人中有许多怨恨他的。

文帝四年时，有人上书告发淳于意，因为他犯罪应该受刑，用传车押着西去长安。淳于意有五个女儿，跟随着他哭泣。淳于意很生气，骂道："生孩子不生男孩，紧急关头没有可使用的人！"这时小女儿缇萦伤感父亲的话，就跟随父亲西行。她上书说："我的父亲做官吏，齐国称赞他廉洁公平，如今犯法应该受刑。我深切地悲痛被处死的不能复活，而受刑体残的人不能再复原，虽然打算改过自新，没有道路可走，最终得不到改过自新的机会。我愿意没入官府为奴婢，来赎父亲的刑罪，使他得以改过自新。"这封书信皇帝知道了，皇帝怜悯她的心情，这一年也废弃了肉刑法令。

淳于意住在家里，有诏书询问他治病决断生死灵验的有什么人？病主叫什么名字？

诏书询问太仓长臣子淳于意："医术有什么特长，以及能治什么病？有没有医书？都是从哪里学来的？学了几年？曾经有效验，是哪个县哪个里的？患的什么病？用医药治他的病，情况都怎么样？都全部回答。"臣子淳于意回答说：

从我年轻时起，就喜好医药，医药方试于病人大多数不灵验。到了高后八年，遇见了我们老师临菑元里公乘阳庆。阳庆年岁七十有余，我得以侍奉他。他告诉我说："全部抛弃你的医书，你的医书不正确。我有古代有学问的先辈医师遗传的黄帝、扁鹊的脉书，根据面部五色诊断疾病，知道人的生死，决断疑难病症，确定可以治愈的方案，以及医药理论书籍，非常精妙。我家富裕，心里喜欢你，想全部把我的秘方医药书教给你。"我就说："太幸运了，这不是我所敢希冀的。"我马上离开座席两次跪拜请求，接受了'脉书上下经'，'五色诊'、'奇咳术'、'揆度阴阳外变'、'药论'、'石神'、'接阴阳'等秘书，加以阅读、理解和体验，大约一年左右。第二年就去试验，有成效，然而还没有达到精益求精。大约侍奉我的老师三年左右，就曾为人医疗，诊断病情，决断生死，有成效，医术已经精良。现在阳庆已死去十年左右，我又从师学习了满三年，今年我三十九岁。

齐侍御史成自己说得病头痛，我诊他的脉，告诉他说："你的病情严重，不能说出来。"已经走出来，单独告诉成的弟弟昌说："这是得毒疮病，在体内长在肠胃之间，五天后会肿起来，八天后呕脓死亡。"成的疾病得自于酒色。成便如期死了。我所以知道成的疾病，是我诊他的脉，得到了肝脏有病的脉气。反映肝脏的脉气重浊而沉静，这是内关的疾病。脉法说："脉长而且弦，不能四季变化的，他的病根在于肝脏。脉和是肝的经脉有病，脉不规则是肝的络脉有病。"脉和肝的经脉有病的，其病得自于筋髓。脉不规则而突然中止的，疾病得自于醉酒后行房事。我所以知道五天后毒疮肿起，八天后呕脓死去，是因为切他脉时，发现少阳经络的脉象出现代脉。出现代脉说明少阳经脉有病后，又发展到了少阳络脉，由络脉主病。病势遍及全身，人就死亡了。当时，左手寸口脉的关部一分处出现代脉，所以内热而脓未发作，达到五分处，就到了少阳脉位的界限。到第八天，就呕脓死亡。所以代脉到达二分处而脓疮发作，到了最高界限而毒疮肿大，脓尽泄而死，热气上行就熏蒸阳阴经脉，烧伤小络脉，小络脉变动就使络脉交结处出现病情，络脉交结处出现病情，继而就糜烂崩溃了，所以络脉之间交相阻塞。热气已经上行，到达头部而摇动，所以头痛。

齐王二儿子的所有婴儿中最小的儿子患病，叫我诊他的脉，我告诉说："是气鬲病。这病使人烦闷，吃不下饭，常常呕出胃沫，病得自于心中忧愁，时常厌食。"我就给他配制下气汤让他喝，一天就膈气下消，两天能吃饭，三天病就痊愈了。我所以了解小孩子的病，是因为诊他脉，感觉到了心病的脉气，心脉重浊、急躁而轻浮，这是阳气郁结的疾病。脉法说"脉来时频繁迅速，脉去时艰难，来去不同的，病根在心脏。"浑身发热，脉象强盛，这是重阳，阳热过重，心神摇荡。所以烦闷，吃不下饭，就是络脉有病，络脉有病则血液向上冲出，血液向上冲出的要死亡。这病是心中悲伤引发的，病得自于忧虑。

齐国郎中令循患病，一群医生都认为是逆气进入胸腹，而采取针刺治疗。我给他诊断说："这是涌疝，让人不能前后大小便。"循说："不能前后大小便三天了。"我给他喝火齐汤，第一次喝了能前后大小便，第二次喝了大小便畅通，第三次喝了病痊愈了。病得自于房事。我所以知道循的病是因为诊他的脉时，右手寸口脉气急迫，感触不到五脏的病气，只是右手寸口脉大而数。脉数是中焦、下焦积热汹涌，左手脉数是热往下行，右手脉数是热往上行，左右手的寸口各部都没有五脏病脉，所以说是涌疝。体内积热，所以尿是赤色的。

齐国的中御府长信患病，我去诊他脉，告诉说："这是热病的脉气。然而由于天热出汗，脉搏略有衰弱，不会死亡。"我说："这病得自于用流水洗浴非常寒冷，过后就发烧。"信说："嗯，对的。去年冬天，替齐王出使楚国，到达莒县阳周水过，莒县的桥梁毁坏严重，我就揽住车辕不想渡水，马惊了，便掉了下来，我的身体淹没水中，几乎死去。小吏员立刻来救我，我从河水中出来后，衣服湿透了，过了片刻身体感到寒冷，寒冷过后热得如同火烧，到现在不能遇寒。"我就给他配制了液汤火剂退热，第一次喝了汗消失了，第二次喝了烧退了，第三次喝了病止住了。让他接着服药，前后二十天左右，身上没有病了。我所以知道信的病情，是因为诊他的脉时，发现他的脉都属于阴脉。脉法说"热病中阴阳交相错乱的死亡"。我诊服的脉阴阳并不交相错乱，但都属阴脉。全是阴脉的，脉象顺畅清静的可以治愈，他的体热虽然没有全部消除，还是可以活命。肾的脉气有时微浊，在寸口依稀可以感触到，这是体内有水气。肾本来是主管水的代谢，根据这一点了解了病情。一段时间失治，就会转变为时寒时热。

齐王的太后患病，叫我去诊脉，我说："这是风热袭入膀胱，大小便困难，尿色赤红。"我让她服用火剂汤，第一次服用后可以大小便，第二次服用病痊愈了，小便和从前一样。这种病得自于大小便时宽衣出㵒。所谓"㵒"，就是脱去衣服而汗被吹干受凉。我所以知道齐王太后的病情，是因为我诊她的脉，感触到手腕湿润，受了风。脉法说'脉象沉又大又坚，脉象浮又大又紧的，病根在肾。"触摸太后的肾脉却相反，脉象粗大而急躁。脉象粗大，是膀胱有病，脉象急躁，是体内发热而尿赤红。

齐国章武里的曹山跗患病，我诊他的脉，说："这是肺消瘅，加上寒热症。"立刻告诉他说："必定死亡，无法治疗。"医书上说三天后该发狂，妄自起来乱走，想要乱跑，五天后死亡。果然就如期死去。曹山跗的病得自于大怒后便行房事。我所以知道曹山跗的病情，是因为我诊他的脉，发现肺热。脉法说"脉象不平稳，跳动无力，是身体衰败。"这是五脏从上部的心肺，到下部的肝肾罹病，所以诊脉时，脉象不平稳而出现代脉。脉象不平稳，血液不停留在肝脏。代脉是脉搏紊乱和剧烈跳动一起发生，忽然急躁，忽然粗大。这是肺肝的络脉被破坏了，所以必定死亡，无法医治。之所以另外加上寒热症，说明病人如死尸一样神散肉脱。死尸一样的人，身体已经毁坏。身体毁坏的人，不能用针灸和服药来治疗。我没有前去诊断时，齐国的太医先诊治过曹山跗的病，炙他足上少阳经脉的穴位，让他服用半夏丸，病人立刻大量腹泻，腹中虚弱。又炙他的少阴脉，这就很厉害损伤了肝的阳刚之气。破坏病人的元气达到这种程度，因此病人另外增加了寒热症。之所以三天后该发狂，是因为肝脏的一条络脉横过乳下，连结阳明经脉。所以肝脏的这条络脉被损坏，累及阳明经脉，阳明经脉被损伤，就会发狂乱跑。之所以五天后死亡，是因为肝脏与心脏相距五分，肝脏的元气五天消耗完，消耗完也就死了。

齐国的中尉潘满如患有小腹疼痛病，我诊他的脉，说："这是遗留腹中的气体积聚成瘕痛。"我立刻对齐国太濮饶、内史繇说："中尉再不自己停止房事，三十天就会死去。"后来过了二十多天，尿血而死。这病得自于饮酒后行房事。我所以知道潘满如的病情，是因为我诊他的脉深沉、细小、微弱，三种阴脉突然汇合，这是脾脏有病的脉气。右手寸口脉象非常紧张、细小，呈现出瘕痛的脉象。根据人体五脏相克制的次序，所以推断三十天后死亡。三种阴脉聚集在一起出现的，符合三十日死的规律。三种阴脉不聚集在一起出现的，很短时间内断定生死。三种阴脉出现一次，代脉出现一次的，近期死亡。潘满如三种阴脉聚集在一起出现，所以如上所说尿血而死。

阳虚侯的丞相赵章患病，叫我去。许多医生都认为受了寒。我诊他的脉，说："这病是迴风。"所谓迴风，饮食下咽后，常常呕出来。医书上说五天后死亡，后来十天才死。这种病得自于饮酒。我所以知道赵章的病情，是因为我诊他的脉，脉象来的滑，是内风病的脉。饮食下咽常常呕出来，按医书上说五天死亡，这都是前面说的"分界法"。过了十天才死去，之所以超过了期限，是因为赵章喜爱稀粥，所以胃气充实，胃气充实，所以超过了死期。我的老师说："能够容纳消化谷物的过期死亡，不能容纳消化谷物的不到期限就会死亡。"

济北王患病，叫我诊他的脉，我说："这是风厥，胸内烦闷。"立刻配制了药酒，服用完了三石，病痊愈了。这病得自于出汗时人伏在地上。我所以知道济北王的病情，是因为我诊服他的脉时，感觉到了风邪的脉，心脉重浊。根据病理，疾病进入人体肌表，卫外的阳气消失了，而阴寒之气侵入体内。阴寒之气进入体内扩张开，寒气就往上逆，而热气下流，所以胸内发闷。知道病人出汗后伏在地上，是因为我诊他的脉，脉气阴邪。脉气阴邪，必定是疾病已进入体内，服用药酒后，病邪随着汗水出来了。

齐国北宫司空的夫人出於得了病，许多医生都认为风邪进入体内，病根在肺，刺出於足少阳经脉进行治疗。我诊她的脉，说："患的是气疝病，影响到膀胱，大小便困难，而尿赤红。这种病遇寒就小便失禁，让人腹肿。"出於的病得自于想要小便而没有去小便，接着行房事。我所以知道出於的病情，是因为我诊她的脉粗大而充实，脉来时艰难，这是厥阴经脉变动而发生的病。脉来的艰难，是因为疝气影响了膀胱。腹之所以肿，是因为厥阴经的络脉结系在小腹。厥阴经脉有病，络脉结系的地方出现变动，出现变动就会腹肿。我炙她的足上厥阴经络，左右各一处，小便就不失禁，尿也变清，小腹不疼痛了。又另配制火齐汤让她服用，三天疝气消失，就痊愈了。

从前济北王的乳母自己说足心发热而烦闷，我告诉她："这病是热厥。"就刺她的足心各三处，按住针孔，不让血渗出来，病立刻痊愈。这病得自于饮酒大醉。

济北王叫我给各位侍女诊脉，到了女子竖，表面看竖没有病。我告诉永巷长说："竖伤脾，不能劳累，按常规应该春天呕血死亡。"我告诉济北王说："这位才女竖有什么本事？"济北王说："她的才能是喜好技术，有许多技能，能从旧技术中创造出新意，往年从民间买来，花了四百七十万钱，买了同样的四个人。"济北王说："莫非她有病？"我回答说："竖的病很严重，在死亡的范围中。"济北王把竖叫来审视，她的颜色没有变化，认为不会像说的那样，不卖给其他诸侯。到了春天，竖捧着剑跟随济北王去厕所，济北王离开厕所，竖落在后面，济北王派人去叫她，她倒在厕所，呕血而死。这种病得自于流汗。流汗的，按规律体内病重，毛发、面色润泽，脉搏并不衰弱，这也是内关一类的病。

齐的中大夫有龋齿病，我炙他左手阳明经脉，立刻给他配制了苦参汤，每天用三升漱口，前后五、六天，病痊愈了。这病得自于受风，以及躺着睡觉张着嘴，吃饭后不漱口。

川王的妃嫔怀胎难产，来叫我。我前往，让她服用一小撮莨砀药末，用酒送服，不一会就生出来了。我又诊她的脉，脉搏急躁。急躁的还有遗留的病，就让她服用一剂硝石，阴道出血，血像豆粒那么大，大概有五、六枚。

齐国丞相门客的奴仆跟随主人上朝走进王宫，我看见他在宫门外吃食物，审视他的脸色带有病气。我立刻告诉了宦官平。平喜好诊脉，在我这儿学习，我就把门客奴仆的病指点给他，告诉他说："这是伤脾的病，应到春天阻塞不通，不能饮食，根据常规到夏天泄血死亡。"宦官平就前去告诉丞相说："您门客的奴仆有病，病情严重，死期指日可待。"丞相说："你怎么知道的？"回答说："您上朝时进入宫内，您门客的奴仆在宫门外吃个没完，我和仓公站着，仓公就指给我说，像这样的病会死亡。"丞相立刻叫来门客告诉他说："您的奴仆有没有病？"门客说："我的奴仆没有病，身体没有疼痛的地方。"到了春天果然病了。到了四月，泄血死亡。我所以知道奴仆的病情，是因为脾病普遍地压制五脏，伤脾的颜色交错出现在脸上各个色部，这种伤脾的颜色，看上去枯黄，仔细审视好像死草一样的青灰色。许多医生不了解，认为肚子里有大虫，不知道是伤脾。之所以到春天因病死亡，是因为脾胃病患者面色发黄，黄是土色，脾土经受不住肝木的疏达，所以到春天死亡。之所以到夏天才死亡，是因为脉法说"病已经严重而脉象顺畅清静的叫内关"，内关一类的病，病人不知道疼痛，心情急躁，然而没有痛苦之感。如果增加一种病，便死在春天二月。如果愉快，顺其自然，可以延长一个季节的生命。之所以四月死亡，是因为我诊断病人时，他心情愉快，顺其自然。心情愉快，顺其自然的，人体还比较肥胖。奴仆的病得自于多次流汗，在火上烘烤，而又出到外面遇上大风。

菑川王患病，叫我诊脉，我说："郁热之气上行的'厥'病，上部病情严重，头痛身热，让人烦闷。"我就用冷水拍他的头部，刺他足上阳明经脉，左右各三处，病症立刻消失。这病得自于洗发后就躺下睡觉。诊断如上所说，之所以称'厥'，是因为头部发热，一直到肩。

齐王黄姬的兄长黄长卿设酒筵请客，叫我去。各位客人入座，没有上酒食，我看见王后的弟弟宋建，告诉说："您有病，以前四五天，您的腰、胁疼痛，不能俯仰，又不能小便。不赶快医治，病就会侵入肾脏。趁着病邪还没有进入五脏，赶快治疗。病邪现正在肾部，这就是所说的肾脾。"宋建说："是的，我过去有腰脊痛的病。四五天前，天下雨，黄家的各位女婿看见我家仓廪下的基石，就去搬弄，我也想效法他们，虽然学他们的样子，却举不起来，我又放下了。黄昏时，腰脊疼痛，不能小便，到现在没有痊愈。”宋建的病得自于喜欢拿重东西。我所以知道宋建的病，是因为我审视他的脸色，颧骨部位颜色发干，肾部和腰围以下大约有四分部位枯干，所以知道他前四五天发病。我就配制柔汤让他服用，十八天左右病痊愈。

济北王姓韩的侍女患有腰背痛的病，发冷发热，许多医生都认为是寒热病。我诊脉后说：“内寒，来不了月经。”就使用窜药，马上来了月经，病痊愈了。病得自于想要男子而又得不到。我所以知道韩侍女的病情，是因为我诊她的脉时，切到了肾的病脉，脉象艰涩而不连续。脉象艰涩而不连续的，来月经很艰难，所以说她来不了月经。她的肝脉强直而又细长，超出左手寸口，所以说她想要男子而又得不到。

临菑汜里女子薄吾病得很厉害，许多医生都认为患了严重的寒热病，会死去，没有办法医治。我诊她的脉，说：“这是蛲虫聚集成块。”这种病，病人腹部大，皮肤又黄又粗，触摸病灶病人感到难受。我让病人饮服一小撮芫花，排出几升蛲虫，病痊愈了，三十天恢复如故。蛲虫病得自于寒湿，寒湿气严重郁积不能散发，变化为虫。我所以知道薄吾的病情，是因为我诊她的脉，摸她的尺肤部，尺肤部粗糙，而毛发有光泽，这是有虫的迹象。她面色润泽，是因为内脏没有感受邪气，没有重病。

齐国的淳于司马患病，我诊他的脉，告诉说：“得的应当是迥风病。迥风病的症状，食物咽下喉咙后，就拉出来。病得自于吃饱饭后迅速奔跑。”淳于司马说：“我到王家吃马肝，吃得非常饱，看见酒端上来，就离去了。乘马很快地跑回家，立刻泄了几十次。”我告诉说：“调制火剂汤和米汁服用，七、八天应该痊愈。”当时医生秦信在旁边，我离开后，秦信对身旁的阁都尉说：“淳于意认为淳于司马得的是什么病？”回答说：“认为是迥风，可以治愈。”秦信就笑着说：“这是不知道病情。淳于司马的病，按常规九天后死亡。”九天后没有死，淳于司马家又叫我去。我前去询问病况，全都象我诊断的一样。我就开了一方火剂汤与米汁一起让他服用，七、八，天病就好了。我所以知道病人能治好，是因为我诊断他的脉时，摸他的脉，完全和常规相符，病和脉相顺应，所以他不会死。

齐国中郎破石生病，我为他诊脉，告诉说：“肺受伤了，不能治了，会在十天后的丁亥日尿血死去。”就在十一天后，尿血而死。破石的病，是由于从马上摔下来，栽在硬石头上得来的。我所以知道破石的病，是因为诊他的脉，感受到肺阴脉，脉来的散乱，几次脉搏跳动都不一致，面部又出现心压制肺的颜色。我所以知道他从马上摔下来，是因为诊他的脉，触摸到了反阴脉，反阴脉进入虚里，乘肺脉。肺的脉位出现了散脉，因为心压制肺，原来的面色就发生了变化。之所以不和预料的死亡日期相符，是因为老师说‘病人能吃得下饭就会超过死期，吃不下饭不到死期就会死去。”这个人爱吃黄黍，黄黍补肺，所以病人超过死期。病人所以尿血，是因为诊脉法说：“病人调养时喜欢安静，血从下流出而死，病人调养喜欢活动，血从上流出而死。”这个人喜欢安静，不急躁，又长时间坐着不动，趴在小桌子上睡觉，所以血从下部泄出。

齐的侍医遂病了，自已炼制五石服用。我前去拜访他，他对我说：“我得了病，很幸运能得到你的医治。”我就为他诊断，告诉说：“你得的是内热病。医药理论书上说‘内热不解小便的，不能服用五石。’石药药性猛烈，你服用它后，小便次数就会减少，赶快不要服用。从面部颜色来看，将要出现疮肿。”遂说：“扁鹊说‘性寒的石药可以治疗阴虚的病，性热的石药可以治疗阳虚的病。’药石有阴阳寒热的不同方剂，所以内有热，就有阴性石药配制的柔和药剂治疗，内有寒，就用阳性石药配制的猛烈药剂治疗。”我说：“你所说的谬误得太厉害了。扁鹊虽然这么说过，然而一定要仔细诊断，确定用药数量标准，建立各方面的规则，衡量得失，结合色与脉、表与里、有余与不足、顺与逆的规律，斟酌病人动态静态与呼吸是否协调，才可以决定怎样利用石药。医书理论说'热病潜伏在内，寒病反应在外表的，不能使用性烈的药和石针'。烈性药进入体内，邪气就更加聚积，而蕴结在内的郁热更加深重。诊脉法说'少阴寒病反应在外，少阴郁火蓄积在内的，不能使用性烈的药'。烈性药进入体内就撼动阳气，阴虚更加严重，阳气愈益显露，邪气流动，层层盘聚围困在腧穴周围，迅速发展成毒疮。"我告诉他以后一百多天，果然形成毒疮，发作在乳头上部，侵入锁骨上窝，导致身亡。这就是所说的医学理论只是讲述大体情况，一定要掌握其中的要领。拙劣的医生有一处没有学到，就失去了条理，颠倒了阴阳。

齐王从前为阳虚侯时，病情严重，许多医生都认为是气上逆。我诊脉后，认为是脾病，病根在右胁下面，大的像倒着放的杯子，令人气喘，气向上逆行，不能饮食。我就让他喝火剂粥，六天后，气就下行。就又让他改服丸药，前后六天左右，病痊愈了。这病得自于房事。我诊断病人时，不知道用什么经脉理论解释这种病，大体了解这种病所发生的部位。

我曾给安阳武都里成开方诊脉，成开方自己说没有病，我对他说将被沓风病所折磨，三年后四肢失去正常功能，令人喑哑无音，喑哑无音便会死亡。现在听说他的四肢已失去正常功能，喑哑而未死。这病得自于频频饮酒，又遇上剧烈的风邪。我所以知道成开方的病情，是因为我为他诊断，脉搏与脉法、奇咳术上说的"脏气相反的是死症"相合。摸他的脉，感觉到了肾反肺的脉象，按常规来说三年死亡。

安陵阪里的公乘项处患病，我诊他的脉，说："这是牡疝。"牡疝位于胸膈下面，向上连结肺。这病得自于房事。我对项处说："千万不要作劳累的事情，作劳累的事情一定会呕血致死。"项处后来踢球，腰部寒冷，出了很多汗，立刻呕血。我又诊他的脉，说："该在明天傍晚死去。"到时就死了。这病得自于房事。我所以知道项处的病情，是因为我诊服的脉感触到了反阳脉。反阳脉进入虚里，项处第二天死去。一方面能摸到反阳脉，一方面疝痛连结肺部，这便是牡疝。

臣子淳于意说："在其他地方诊脉预言判断生死情况和医治好的疾病很多，时间长远，许多都忘记了，不能全部记忆，不敢对答。"

询问淳于意："你所医治的病，病名大多数相同而诊断结果有差别，有的人死亡，有的人没有死亡，这是为什么？"回答说："病的名称大多数相类似，不能全弄懂，所以古代圣人创立脉法，确定标准，建立原则，衡量得失，依据规矩，协调阴阳，区分人们的脉象，给予各种名称，与天地相适应，参考人体情况，因此才能区别百病，使它们有所差异。精于医术的人能把各种病区分开来，医疗乏术的人把各种病混同在一起。然而脉法不能全部灵验，诊断病人要利用以分度脉的方法进行区别，才可能把相同的病名区别开，说出病根所在的部分。如今我诊治的病人，都有诊断记录。我之所以把病症加以区别，是因为我拜师学习医术，刚刚学成，老师死去，因此在簿册上记录我诊治的情况，以及预测生死的日期，观察治病得失是否与脉法相合，所以到现在我知道得很清楚。"

询问臣子淳于意："你所判断的病人生死期限，有时与期限不合，是什么缘故？"回答说："这都是饮食喜怒不合常规，或者不应该服用药物，或者不应该针灸，因此不按期死亡。"

询问臣子淳于意："你的医疗技术水平能明了病情，知道生死期限，能够讲出药物哪些该用，哪些不该用，诸侯王和大臣曾有人询问你吗？在齐文王患病时，不求你诊治，是什么缘故？”回答说：“赵王、胶西王、济南王、吴王都派人来叫我，我不敢前往。齐文王患病时，我家境贫穷，想要为人治病，又实在害怕官吏留住我任命为御医，所以把户籍迁移到附近邻居名下，不治家产，出外行游，访问擅长医术的人，服侍他，经历了很长时间。我拜见了好几位老师，完全学到他们的特长，全部领悟了他们医书的内容，又能分析判断。我住在阳虚侯国，便侍奉他。阳虚侯去朝见，我跟随他去往长安，因此得到机会诊治安陵项处等人的疾病。”

询问臣子淳于意：“你知道齐文王为什么得病不起？”淳于意回答说：“没有看到文王的病情，然而私下听说文王气喘、头痛、目不明。我心里分析，认为这不是病。我认为身体肥胖而精力蓄积，身躯活动，骨肉互相不适应，所以气喘，不应该医治。脉法说‘年龄二十脉气旺盛，应当跑动，年龄三十应当快步走，年龄四十应当安静地坐着，年龄五十应当安静地息卧，年龄六十以上元气应当深藏’。文王年龄不足二十岁，正当脉气旺盛而行动徐缓，不顺应天道四时的自然规律。后来听说医生给他针灸，病情立刻加重，这是判断病情的错误。我分析病情，认为是正气外争而邪气内入，这不是年轻人所能康复的，因此文王死去了。对于脉气旺盛的人，应该调节饮食，选择天气晴朗的日子，或驾车，或步行，开阔心胸，使筋、骨、肉和血脉调和，排除多余的精气。所以年龄二十，称作‘易暍’，形体变化阶段，按常规不应当用砭法灸法治疗，用砭法灸法治疗会导致脉气奔腾。”

询问臣子淳于意：“你的老师阳庆从什么地方学来的医术？齐国诸侯是否知道他？”回答说：“不知道阳庆是从哪位老师那里学来的。阳庆家很富有，擅长医术，不肯为人治病，应该是由于这一缘故不被人知道。阳庆又告诉我说：‘千万不要让我的子孙知道你学了我的医术’。”

询问淳于意：“你的老师阳庆为什么看中你，而喜爱你，愿意把医术全部传授给你？”回答说：“我没有听说老师阳庆擅长医术。我所以知道阳庆，是因为我年轻时喜欢各家的医术，我试验阳庆的医方，多数灵验，效果极好。我听说菑川唐里公孙光擅长使用留传下来的古代医方，我就前去拜谒他。得以服侍他，学习医方、阴阳变化，以及口授心传的医疗方法，我全部接受并记录下来。我想把他的其他精妙医方全部学习过来，公孙光说：‘我的医方都传授完了，对你不会吝惜。我身体已经衰老，不要再服侍我了。这是我年轻时学习来的妙方，全部送给你，不要教给别人。’我说：‘得以服侍在您眼前，得到全部秘方，幸运极了。我死也不敢妄自传授给别人。’过了不久，公孙光生活闲暇，我深入地分析医方的原理，公孙光看见我说的是百世不易的精辟之论，老师高兴地说：‘你一定会成为国医。我所擅长的医术都荒疏了，我的同胞兄弟住在临菑，擅长医术，我比不上他，他的医方特别奇妙，不是世人所能听到的。我中年时代，曾经想学习他的医方，阳庆不答应，说‘你不是可以学习医方的人’。必须和你一起去见他，他该会了解你喜爱医方。他这个人也衰老了，他家中很富有。’当时没有去，正遇上阳庆的儿子阳殷来献马，通过老师公孙光向齐王进献马匹，因此我与阳殷关系友好。公孙光又把我嘱托给阳殷说：‘淳于意喜欢医术，你一定细心地对待他，他是一个道德高尚的儒士。’公孙光就写信把我嘱托给阳庆，因此我知道了阳庆。我服侍阳庆很恭谨，由于这个原因阳庆很喜欢我。”

询问臣子淳于意说：“官吏和百姓曾有人从师学习你的医术，等到学习完了，全部得到你的医术吗？是什么县什么里的人？”回答说：“临菑人宋邑。宋邑向我学习，我用五脏脉的诊法来教他，有一年多的时间。济北王派太医高期、王禹来学习，我教他们经脉上下分布情况和异常的络脉结第情况，讨论身上腧穴部分，以及脉气在体内上下出入邪正逆顺的情况，来选择合适的石针治疗方案，确定砭灸治疗穴位，有一年多时间。菑川王当时派太仓署负责马政的长官冯信向我请教医术，我教他顺逆两种按摩手法，讨论分析用药的规则，鉴定酸、苦、甘、辛、咸五味药性，以及组合方剂和调制汤药的方法。高永侯家丞杜信喜爱切脉，到我这里学习，我教他掌握人体各处经脉分布情况和五脏脉的诊法，有两年多时间。临菑召里的唐安到我这里来学习，我教他五脏脉的诊法和人体各处经脉分布情况，以及奇咳术，四季随着阴阳变化的道理，没有学成，被任为齐王的侍医。”

询问臣子淳于意：“诊断疾病，判断生死，能全部没有差错吗？”淳于意回答说：“我医治病人，一定首先诊他的脉，才对他进行治疗。脉象衰败和与病情相悖的不能医治，脉象顺应的才予以治疗。如果心里没有精确地掌握脉象，把预断死亡期限的病看作可以医治，经常出现差错，我不能全部无误。”

太史公说：女子不论美丽或丑陋，进入宫廷就被妒忌；士人不论贤能还是不贤能，进入朝廷就被怀疑。所以扁鹊由于他医术高明而被害，仓公于是匿迹自隐而被判刑。缇萦上书朝廷，父亲后来得以安宁，所以老子说：“美好的东西是不祥之物。”难道说的是扁鹊这类人吗？像仓公，可以说是很接近了。

西门豹传

【题解】

西门豹，复姓西门，名豹。生卒年不可考，只知是战国（公元前475～前221年）时人。魏文侯曾任他为邺（今河北临漳西南邺镇）令。西门豹关心民生疾苦，到任后就破除当地“河伯娶妇”的迷信活动，并率领老百姓开凿水渠十二条，引漳水灌溉农田，土壤得到改良，促进了农业生产发展，使邺地老百姓得“以给富足”。西门豹也因而扬名天下，流芳后世。

漳水渠，又叫作“西门渠”。邺地正处在漳水由山区进入平原的地带，由于地形和降雨的原因，漳河水有猛涨暴落的特点。因而经常泛滥成灾。西门豹率民凿成的漳水十二渠，是多渠口的有坝取水，后代的情形是十二个堰，十二个口，十二条渠，渠口都有闸门控制。而这完全有可能就是沿袭战国时的旧制。汉代，曾有人想把十二渠合并，遭到老百姓的强烈反对。由此可见漳水十二渠效益显著。漳河水含有大量的细颗粒泥沙，富含有机质，引水灌田，不仅可以补充农作物的需水量，并能够填淤加肥，从而使原来两岸的盐碱地得到了改良。邺地的田地，自开凿漳水十二渠后，就“成为膏腴，则亩收一钟”了。

【原文】

魏文侯时，西门豹为邺令。豹往到邺，会长老，问民之所疾苦。长老曰：“苦为河伯娶妇，以故贫”。豹问其故，对曰：“邺三老、廷掾常岁赋敛百姓，收取其钱得数百万，用其二三十万为河伯娶妇，与祝巫共分其余钱持归。当其时，巫行视小家女好者，云是当为河伯妇，即聘取。洗沐之，为治新缯绮縠衣，间居斋戒；为治斋宫河上，张缇绛帷，女居其中。为具牛酒饭食，行十余日。共粉饰之，如嫁女床席，令女居其上，浮之河中。始浮，行数十里乃没。其人家有好女者，恐大巫祝为河伯取之，以故多持女远逃亡。以故城中益空无人，又困贫，所从来久远矣。民人俗语曰‘即不为河伯娶妇，水来漂没，溺其人民’云。”西门豹曰：“至为河伯娶妇时，愿三老、巫祝、父老送女河上，幸来告语之，吾亦往送女。”皆曰：“诺。”

至其时，西门豹往会之河上。三老、官属、豪长者、里父老皆会，以人民往观之者三二千人。其巫，老女子也，年已七十。从弟子女十人所，皆衣缯单衣，立大巫后。西门豹曰：“呼河伯妇来，视其好丑。”即将女出帷中，来至前。豹视之，顾谓三老、巫祝、父老曰：“是女子不好，烦大巫妪为入报河伯，得更求好女，后日送之。”即使吏卒共抱大巫妪投之河中。有顷，曰：“巫妪何久也？弟子趣之！”复以弟子一人投河中。有顷，曰：“弟子何久也？复使一人趣之！”复投一弟子河中。凡投三弟子。西门豹曰：“巫妪弟子是女子也，不能白事，烦三老为入白之。”复投三老河中。西门豹簪笔磬折，响河立待良久。长老、吏傍观者皆惊恐。西门豹顾曰：“巫妪、三老不来还，奈之何？”欲复使廷掾与豪长者一人入趣之。皆叩头，叩头且破，额血流地，色如死灰。西门豹曰：“诺，且留待之须臾。”须臾，豹曰：“廷掾起矣。状河伯留客之久，若皆罢去归矣。”邺吏民大惊恐，从是以后，不敢复言为河伯娶妇。

西门豹即发民凿十二渠，引河水灌民田，田皆溉。当其时，民治渠少烦苦，不欲也。豹曰：“民可以乐成，不可与虑始。今父老子弟虽患苦我，然百岁后期令父老子孙思我言。”至今皆得水利，民人以给足富。十二渠经绝驰道，到汉之立，而长吏以为十二渠桥绝驰道，相比近，不可。欲合渠水，且至驰道合三渠为一桥。邺民人父老不肯听长吏，以为西门君所为也，贤君之法式不可更也。长吏终听置之。故西门豹为邺令，名闻天下，泽流后世，无绝已时，几可谓非贤大夫哉！

【译文】

魏文侯时候，西门豹做邺地方的长官。他到邺就任后，召集地方年老长者，向他们询问老百姓的生活情况。年老长者们说：“人们主要困苦于给河伯娶妇，所以都很贫穷。”西门豹问原因何在？回答说：“邺地掌教化的乡官三老，还有分工管事的廷掾，因此每年要向老百姓收取聚拿钱财。收取的钱财有几百万，把其中的二、三十万用给河伯娶妇，余下的钱他们就和巫祝瓜分拿回自己家去了。到给河伯娶妇的时候，巫祝挨家察看，见到谁家姑娘长得比较漂亮，就说她应当做河伯的妻子，下定礼聘娶。先让她沐浴干净，穿上用绮、缯等丝绸新做的衣服，与家人分开居住，以使身心洁净。在漳河上有专门修建的祭祀用宫殿，里面张挂着橘红和红色的帷帐，姑娘就居住其中。每天供给酒食，过了十多天，大家一起来给她装饰打扮。然后让她坐到一张嫁女用的床席上，抬送浮放河中。开始床席浮在水上，流行几十里就沉下去了。有女儿长得比较漂亮的人家，怕大巫祝代河伯来娶走，所以大多带着女儿逃亡到远方去。因此城里更加空空荡荡，人少而且贫穷。这种情况由来已久了。老百姓俗话说：‘就是不为河伯娶妇，也是水来漂走财物，人被淹死’。”西门豹说：“到给河伯娶妇的时候，希望三老、巫祝和父老们都去送姑娘到漳河上，并要来通知我。我也去送送姑娘。”众人都说：“可以。”

到了河伯娶妇那天，西门豹准时赴约去到漳河上。三老、官员们、地方豪绅和乡里父老都来了，前来观看的人有三二千。那巫祝，是一年老的妇人，年纪已有七十。跟随她的女弟子有十来个，都穿着单的绸衣，站在大巫的身后。西门豹说：“把河伯的媳妇叫来，让我看看是美还是丑?"人们把姑娘扶出帐帷,来到西门豹面前。西门豹看了一看,回头对三老、巫祝、父老们说:"这姑娘长得不好,麻烦大巫婆到水中去向河伯报告,我将找个更漂亮的姑娘,后天送去。"便命令士兵把大巫婆抱起来投到了漳河中。过了一会,说:"巫婆怎去这么久啊!弟子该去催促一下。"就把一个弟子投到了河里。过了一会,又说:"弟子怎的也去这么久啊!再派一个人催促。"又把一个弟子投入了河中。先后总共把三个弟子投到了漳河里。西门豹说:"巫婆的弟子是女的,不会说话,麻烦三老代为去说一下。"又把三老投到河水中。西门豹帽子前面插着笔以示尊敬,同时弯腰作揖,向河站着等了好久。旁观的长老和胥吏都很惊恐害怕。西门豹对他们说:"巫婆、三老都没有返回来,怎么办?"他想要再派廷掾或乡绅一人到河中去催促。这些人都跪下来叩头,叩得头皮破了,额上的血流到地上,脸色则像死灰。西门豹说:"好,暂且留着等待一会儿。"过了一会,西门豹说:"廷掾站起来,向大家宣布说:河伯留客太久,今天停止,你们都回家吧。"邺地的胥吏们和老百姓都很惊恐害怕,从此以后,再也不敢提起为河伯娶妇的事。

西门豹

西门豹接着就发动老百姓开凿了十二条河渠,引漳河水灌溉农田,田地都得到了灌溉。当时,老百姓修建水渠稍有烦苦,就不想把修渠工程继续下去。西门豹说:"可以与老百姓分享成果,而不能与他们始共忧患。现在父老子弟虽然认为我使他们吃苦受累,然而百年以后,他们的子孙会想到我说的话的。"直到今天,邺地的人都得到河水灌溉的利益,老百姓因而能够得以富足,十二渠南北向跨越过车马行走的交通大道。到汉朝建立,地方长官胥吏认为十二渠桥跨越交通大道,相互靠得太近,不可照旧。想要把渠合于一起,将到交通大道处合三渠而建立一桥。邺地父老百姓不肯听从长官胥吏们的话去做,认为这是西门君所修建的,贤君定下的法式是不可以更改的。地方长官胥吏最终也就听任搁开此事。所以,西门豹做邺地长官,名闻天下,恩泽流传到后世,是没有止境的时候的,难道可以说他不是一个有德行的大官嘛!

二十四史
汉书
二十四史

导　读

继《史记》之后，班固撰写了《汉书》。《汉书》又称《前汉书》是中国第一部纪传体断代史，《二十五史》之一。全书包括本纪十二篇，表八篇，志十篇，列传七十篇，共一百篇，一百卷，包括子卷在内，则为一百二十卷。它的记事始于汉高帝刘邦元年(前206年)，终于王莽地皇四年(公元23年)。

《汉书》的体例与《史记》相比，已经发生了变化。《史记》是一部通史，《汉书》则是一部断代史。《汉书》把《史记》的“本纪”省称“纪”，“列传”省称“传”，把“书”改曰“志”，取消了“世家”，汉代勋臣世家一律编入传。这些变化，被后来的一些史书沿袭下来。

《汉书》记载的时代与《史记》有交叉，汉武帝中期以前的西汉历史，两书都有记述。这一部分，《汉书》常常移用《史记》。但由于作者思想境界的差异和材料取舍标准不尽相同，移用时也有增删改易。如《贾谊传》增加了“治安策”；《晁错传》补入了“言兵事书”“募民徙塞下疏”；《路温舒传》增收了“尚德缓刑疏”，在《史记》之外，提供了新的史料。可见，要了解汉武帝中期以前的历史，《汉书》是不可废弃的。至于汉武帝中期以后的西汉历史，就现存的史籍来说，以《汉书》的记载最为系统和完备。

《汉书》新增加了《刑法志》《五行志》《地理志》《艺文志》。《刑法志》第一次系统地叙述了法律制度的沿革和一些具体的律令规定。《地理志》记录了当时的郡国行政区划、历史沿革和户口数字，有关各地物产、经济发展状况、民情风俗的记载更加引人注目。《艺文志》考证了各种学术派别的源流，记录了存世的书籍，它是我国现存最早的图书目录。《食货志》是由《平准书》演变来的，但内容更加丰富了。它有上下两卷，上卷谈“食”，即农业经济状况；下卷论“货”，即商业和货币的情况，是当时的经济专篇。

《汉书》八表中有一篇《古今人表》，从太昊帝记到吴广，有“古”，而无“今”，因此引起了后人的讥责。后人非常推崇《汉书》的《百官公卿表》，这篇表首先讲述了秦汉分官设职的情况，各种官职的权限和俸禄的数量，然后用分为十四级、三十四官格的简表，记录汉代公卿大臣的升降迁免。它篇幅不多，却把当时的官僚制度和官僚的变迁清清楚楚地展现在我们面前。

《汉书》喜用古字古词，比较难读。东汉人已经有很多地方读不通。著名学者马融年轻时就到班昭那里学习《汉书》。孙权为了让孙登读《汉书》，熟悉当时的近代史，让张休到懂《汉书》的张昭那里学习，然后再教孙登。这就提出了为《汉书》作注的要求。东汉末年已有服虔、应劭作注。到了唐代，颜师古汇集了前人二十三家的注释，纠谬补缺，完成了《汉书》的新注。清朝人王先谦著有《汉书补注》。

平帝本纪

【题解】

汉平帝（前8~5），原名刘箕子，元始二年（2）改名为刘箕，是汉元帝的庶孙，中山孝王刘兴的儿子。母亲卫氏。三岁时，继承王位，为中山王。元寿二年（前1），汉哀帝去世，太皇太后临朝，大司马王莽掌权，派使臣迎接平帝回京即皇帝位，时年九岁。

平帝九岁即位，十四岁去世，短短的帝王生涯，充满哀怨凄苦。国家军政大权全由王莽执掌，平帝不过是傀儡而已。就是个人生活，平帝也全是任人摆布。十一岁时，根据王莽的意志改名，十二岁时，不情愿地讨王莽的女儿做皇后，而母亲却因为牵连到谋反案件被杀。从此，平帝郁郁不乐，诚如他死后诏书所说，"每疾一发，气辄上逆"，以至于说不出话来。王莽见平帝不可靠，在他十四岁那年，用药酒毒死了他。在末代帝王中，平帝是一位最可怜的政治牺牲品。

汉平帝

【原文】

孝平皇帝，元帝庶孙，中山孝王子也。母曰卫姬。年三岁嗣立为王。元寿二年六月，哀帝崩，太皇太后诏曰："大司马贤年少，不合众心。其上印绶，罢。"贤即日自杀。新都侯王莽为大司马，领尚书事。秋七月，遣车骑将军王舜、大鸿胪左咸使持节迎中山王。辛卯，贬皇太后赵氏为孝成皇后，退居北宫，哀帝皇后傅氏退居桂宫。孔乡侯傅晏、少府董恭等皆免官爵，徙合浦。九月辛酉，中山王即皇帝位，谒高庙，大赦天下。

帝年九岁，太皇太后临朝，大司马莽秉政，百官总己以听于莽。诏曰："夫赦令者，将与天下更始，诚欲令百姓改行絜己，全其性命也。往者有司多举奏赦前事，累增罪过，诛陷亡辜，殆非重信慎刑，洒心自新之意也。及选举者，其历职更事有名之士，则以为难保，废而弗举，甚谬于赦小过举贤材之义。对诸有臧及内恶未发而荐举者，皆勿案验。令士厉精乡进，不以小疵妨大材。自今以来，有司无得陈赦前事置奏上。有不如诏书为亏恩，以不道论。定著令，布告天下，使明知之。"

元始元年春正月，越裳氏重译献白雉一，黑雉二，诏使三公以荐宗庙。

群臣奏言大司马莽功德比周公，赐号安汉公，及太师孔光等皆益封。语在《莽传》。赐天下民爵一级，吏在位二百石以上，一切满秩如真。

立故东平王云太子开明为王，故桃乡顷侯子成都为中山王。封宣帝耳孙信等三十六人皆为列侯。太仆王恽等二十五人前议定陶傅太后尊号，守经法，不阿指从邪，右将军孙建爪牙大臣，大鸿胪咸前正议不阿，后奉节使迎中山王，及宗正刘不恶、执金吾任岑、中郎将孔永、尚书令姚恂、沛郡太守石诩，皆以前与建策，东迎即位，奉事周密勤劳，赐爵关内侯，食邑各有差。赐帝征即位前所过县邑吏二千石以下至佐史爵，各有差。又令诸侯王、公、列侯、关内侯亡子而有孙若子同产子者，皆得以为嗣。公、列侯嗣子有罪，耐以上先请。宗室属未尽而以罪绝者，复其属，其为吏举廉佐史，补四百石。天下吏比二千石以上年老致仕者，参分故禄，以一与之，终其身。遣谏大夫行三辅，举籍吏民，以元寿二年仓卒时横赋敛者，偿其直。义陵民冢不妨殿中者勿发。天下吏民亡得置什器储偫。

二月，置羲和官，秩二千石；外史、闾师，秩六百石。班教化，禁淫祀，放郑声。乙未，义陵寝神衣在柙中，丙申旦，衣在外床上，寝令以急变闻。用太牢祠。

夏五月丁巳朔，日有蚀之。大赦天下。公卿、将军，中二千石举敦厚能直言者各一人。

六月，使少傅左将军丰，赐帝母中山孝王姬玺书，拜为中山孝王后。赐帝舅卫宝、宝弟玄爵关内侯。赐帝女弟四人号皆曰君，食邑各二千户。

封周公后公孙相如为褒鲁侯，孔子后孔均为褒成侯，奉其祀。追谥孔子曰褒成宣尼公。罢明光宫及三辅驰道。天下女徒已论，归家，顾山钱月三百。复贞妇，乡一人。置少府海丞、果丞各一人；大司农部丞十三人，人部一州，劝农桑。

太皇太后省所食汤沐邑十县，属大司农，常别计其租入，以赡贫民。秋九月，赦天下徒。以中山苦陉县为中山孝王后汤沐邑。

二年春，黄支国献犀牛。诏曰："皇帝二名，通于器物，今更名，合于古制。使太师光奉太牢告祠高庙。"

夏四月，立代孝王玄孙之子如意为广宗王，江都易王孙盱台侯宫为广川王，广川惠王曾孙伦为广德王。封故大司马博陆侯霍光从父昆弟曾孙阳、宣平侯张敖玄孙庆忌、绛侯周勃玄孙共、舞阳侯樊哙玄孙之子章皆为列侯，复爵。赐故曲周侯郦商等后玄孙郦明友等百一十三人爵关内侯，食邑各有差。

郡国大旱，蝗，青州尤甚，民流亡。安汉公、四辅、三公、卿大夫、吏民为百姓困乏献其田宅者二百三十人，以口赋贫民。遣使者捕蝗，民捕蝗诣吏，以石斗受钱。天下民赀不满二万，及被灾之郡不满十万，勿租税。民疾疫者，舍空邸第，为置医药。赐死者一家六尸以上葬钱五千，四尸以上三千，二尸以上二千。罢安定呼池苑，以为安民县，起官寺市里，募徙贫民，县次给食。至徙所，赐田宅什器，假与犁、牛、种、食。又起五里于长安城中，宅二百区，以居贫民。

秋，举勇武有节明兵法，郡一人，诣公车。九月戊申晦，日有蚀之。赦天下徒。使谒者大司马掾四十四人持节行边兵。

遣执金吾候陈茂假以钲鼓，募汝南、南阳勇敢吏士三百人，谕说江湖贼成重等二百余人皆自出，送家在所收事。重徙云阳，赐公田宅。冬，中二千石举治狱平，岁一人。

三年春，诏有司为皇帝纳采安汉公莽女。又诏光禄大夫刘歆等杂定婚礼。四辅、公卿、大夫、博士、郎、吏家属皆以礼娶，亲迎立轺并马。

夏，安汉公奏车服制度，吏民养生、送终、嫁娶、奴婢、田宅、器械之品。立官稷及学官。郡国曰学，县、道、邑、侯国曰校。校、学置经师一人。乡曰庠，聚曰序。序、庠置《孝经》师一人。

阳陵任横等自称将军，盗库兵，攻官寺，出囚徒。大司徒掾督逐，皆伏辜。安汉公世子宇与帝外家卫氏有谋。宇下狱死，诛卫氏。

四年春正月，郊祀高祖以配天，宗祀孝文以配上帝。改殷绍嘉公曰宋公，周承休公曰郑公。

诏曰："盖夫妇正则父子亲，人伦定矣。前诏有司复贞妇，归女徒，诚欲以防邪辟，全贞信。及眊悼之人，刑罚所不加，圣王之所制也。惟苛暴吏多拘系犯法者亲属，妇女老弱，构怨伤化，百姓苦之。其明敕百寮，妇女非身犯法，及男子年八十以上七岁以下，家非坐不道，诏所名捕，它皆无得系。其当验者，即验问，定著令。"

二月丁未，立皇后王氏，大赦天下。遣太仆王恽等八人置副，假节，分行天下，览观风俗。赐九卿已下至六百石、宗室有属籍者爵，自五大夫以上各有差。赐天下民爵一级，鳏寡孤独高年帛。

夏，皇后见于高庙。加安汉公号曰"宰衡"。赐公太夫人号曰功显君。封公子安、临皆为列侯。安汉公奏立明堂、辟雍。尊孝宣庙为中宗，孝元庙为高宗，天子世世献祭。置西海郡，徙天下犯禁者处之。梁王立有罪，自杀。

分京师置前辉光、后丞烈二郡。更公卿、大夫、八十一元士官名位次及十二州名。分界郡国所属，罢置改易，天下多事，吏不能纪。冬，大风吹长安城东门，屋瓦且尽。

五年春正月，祫祭明堂。诸侯王二十八人、列侯百二十人、宗室子九百余人征助祭。礼毕，皆益户，赐爵及金帛，增秩补吏，各有差。

诏曰："盖闻帝王以德抚民，其次亲亲以相及也。昔尧睦九族，舜惇叙之。朕以皇帝幼年，且统国政，惟宗室子皆太祖高皇帝子孙及兄弟吴顷、楚元之后，汉元至今，十有余万人，虽有王侯之属，莫能相纠，或陷入刑罪，教训不至之咎也。传不云乎？'君子笃于亲，则民兴于仁。'其为宗室自太上皇以来族亲，各以世氏，郡国置宗师以纠之，致教训焉。二千石选有德义者以为宗师。考察不从教令有冤失职者，宗师得因邮亭书言宗伯，请以闻。常以岁正月赐宗师帛各十匹。"

羲和刘歆等四人使治明堂、辟雍，令汉与文王灵台、周公作洛同符。太仆王恽等八人使行风俗，宣明德化，万国齐同。皆封为列侯。

征天下通知逸经、古记、天文、历算、钟律、小学、《史篇》、方术、《本草》及以《五经》《论语》《孝经》《尔雅》教授者，在所为驾一封轺传，遣诣京师。至者数千人。

闰月，立梁孝王玄孙之耳孙音为王。冬十二月丙午，帝崩于未央宫。大赦天下。有司议曰："礼，臣不殇君。皇帝年十有四岁，宜以礼敛，加元服。"奏可。葬康陵。诏曰："皇帝仁惠，无不顾哀，每疾一发，气辄上逆，害于言语，故不及有遗诏。其出媵妾，皆归家得嫁，如孝文时故事。"

赞曰：孝平之世，政自莽出，褒善显功，以自尊盛。观其文辞，方外百蛮，亡思不服；休征嘉应，颂声并作。至乎变异见于上，民怨于下，莽亦不能文也。

【译文】

孝平皇帝是汉元帝庶出的孙子，是中山孝王的儿子。母亲是卫姬。三岁的时候，继承父亲的爵位称王。元寿二年六月，哀帝去世，太皇太后下诏书说："大司马董贤年轻，不合大臣们的心意，交回印章，免去官职。”董贤当天自杀。任命新都侯王莽为大司马，兼管尚书台的工作。秋七月，派遣车骑将军王舜、大鸿胪左咸作使臣，持符节迎接中山王到京师。辛卯日，把皇太后赵氏贬为孝成皇后，退住北宫，哀帝皇后傅氏退住桂宫。孔乡侯傅晏，少府董恭等都被罢免官职，流放到合浦去。九月辛酉日，中山王就皇帝位，到高祖庙朝拜，大赦天下。

平帝才九岁，太皇太后上朝听政，大司马王莽掌权，百官都听从王莽的指挥。诏书说：“赦令，是想要和天下臣民重新开始，确实是想让百姓洗心革面，保全性命。从前有关部门常上奏赦令下达以前的事，致使犯罪增加，无辜的人遭杀害，完全失去了重视信义、谨慎用刑、让民众洗心革面的旨意。至于选举，那些担任官职有工作能力的有名人士，却因曾有罪而难以保举，以至于废而不用，大大违背了赦免小过，选举贤才的原则。对那些有经济错误及有罪恶念头而未犯法的人，推举上来就不要追究了。让士人振奋精神努力向上，不因为小毛病而妨碍选用大才。从此以后，有关官府不要再上奏赦令下达以前的事。有不符合诏书旨意、伤害国事的，以大逆不道论处。把此事定为法令，告知天下，让大家都清楚地知道。”

元始元年春正月，越裳氏经过重重翻译献上一只白鸡、两只黑鸡，下诏书命三公用作时新食物，到宗庙祭祀祖先。

群臣上奏说大司马王莽功劳如同周公，于是赐王莽安汉公称号，对太师孔光等人也都增加封地、爵位。天下民众赐一级爵，二百石以上的在职官员，不管具体情况如何，统统免除试用期，为真职。

立原东平王云的太子开明为王，立原桃乡顷侯的儿子成都为中山王。封汉宣帝耳孙刘信等三十六人做列侯。太仆王恽等二十五人，在前些时候商议定陶傅太后尊号的时候，恪守经典、法令，不阿谀奉承，不屈从奸邪，右将军孙建是近卫大臣，大鸿胪左咸先是坚持正义不献媚讨好，后又持符节出使迎接中山王，还有宗正刘不恶、执金吾任岑、中郎将孔永、尚书令姚恂、沛郡太守石诩，都因为前些时候参与拥立大计，东去迎接中山王即位，侍奉君王周到勤劳，赐关内侯爵位，按不同等级赏给封地。平帝被征召即帝位时所经过的县乡官员，从二千石以下到佐史，均按不同等级赏赐爵位。又下令，诸侯王、公、列侯、关内侯没有儿子但有孙子，或者过继侄儿为儿子的，都可以继承爵位。公、列侯的继承人犯罪，处耐罪以上的，要先报请朝廷批准。皇族有亲属但因犯罪而断绝的，应赦免其亲属，皇族作吏因推举为廉吏而升为佐史的，俸禄补为四百石。全国官吏俸禄在二千石以上的，年老退休后，给予原俸禄的三分之一，一直到死。派遣谏大夫巡行三辅地区，登记在元寿二年哀帝去世时被多收了赋税的官吏百姓，一律偿还其价值。义陵百姓坟墓，只要不妨碍陵墓内正殿的，一律不要发掘。全国官吏百姓都不许置办储存生活用具。

二月，设置羲和官，官秩为二千石，外史、闾师，官秩六百石。颁布教化，禁止不合礼制的祭祀，斥逐淫乱的乐曲。乙未日，义陵正殿里原放在柜子中的神衣，丙申日清晨跑到外面床上，殿令以非常变故报告上来。用太牢祭祀。

夏五月丁巳日初一，发生日食。大赦天下。公卿、将军、中二千石各推举一名忠厚诚恳能够直言劝谏的人。

六月，派少傅左将军甄丰向平帝母亲中山孝王姬颁赐玺书，拜她为中山孝王后。赐封平帝舅父卫宝及其弟弟卫玄为关内侯。平帝姊妹四人都赐称号为“君”，各自食二千户的租税。

封周公后裔公孙相如为褒鲁侯，孔子后裔孔均为褒成侯，掌管周公及孔子的祭祀。追赐孔子谥号为褒成宣尼公。废除明光宫和三辅地区的驰道。全国已判罪的女犯人，都放回家去，反而，让他们每月出钱三百，雇人服役。免除贞妇的赋税徭役，每乡一人。设置少府海丞、果丞各一人；大司农部丞十三人，每人负责一州，鼓励务农，植桑。

太皇太后减省自己的封邑十个县，划归大司农，单独核算它们的租税，用来救济穷人。秋九月，赦免全国刑徒。把中山苦陉县划为中山孝王后的封邑。

元始二年春，黄支国献犀牛。诏书说："皇帝的名字是两个字的，而且和器物同名，现在改名，以便符合古代制度。让太师孔光用太牢到高帝庙祭告祖先。"

夏四月，把代孝王玄孙的儿子如意立为广宗王，把江都易王的孙子盱台侯宫立为广川王，把广川惠王的曾孙伦立为广德王。原大司马博陆侯霍光的叔伯兄弟的曾孙霍阳，宣平侯张敖的玄孙张庆忌，绛侯周勃的玄孙周共，舞阳侯樊哙的玄孙的儿子樊章，都被封为列侯，恢复其爵位。原曲周侯郦商等人后裔玄孙郦朋友等一百一十三人，赐封为关内侯，按不同等级赏赐封邑。

郡、诸侯国大旱，又发生蝗灾，青州特别厉害，百姓流亡。安汉公、四辅、三公、卿大夫、官吏、平民，因为百姓穷困捐献田地、住宅者，共二百三十人，把这些财物按人头赐给贫民。派遣使者捕捉蝗虫。民众捕到蝗虫交给官吏，用石、斗量好，根据数量多少付钱。全国百姓，家中财产不满两万的，受灾的郡家财不满十万的、免除租税。百姓得传染病，住到空着的王侯府中，给他医治，给他药品。死去的人给丧葬钱，一家死去六口以上的给五千，四口以上的给三千，二口以上的给二千。废安定呼池苑，改造为安定县，兴建官府，市里，招募贫民迁去，沿路公家供给食宿。到达迁徙地后，赏赐田地、住宅、生活用具，借给犁、牛、种子、粮食。又在长安城中兴建五个里，造二百所住宅，让贫民居住。

秋天，每郡推举一名勇敢、有气节、懂兵法的人，到公车府。九月戊申日，发生日食，赦免天下刑徒。派谒者大司马掾四十四人，持符节到边境去带兵。

派遣执金吾侯陈茂带着钲鼓，招募汝南、南阳勇敢士兵、官吏三百人，去劝降江湖盗贼成重等二百余人，盗贼都自动出降，送到家乡所在地服役。成重迁徙到云阳，公家赏赐田地住宅。冬天，让中二千石官推举判案公正的人，每年推举一人。

元始三年春天，命令有关部门替皇帝向安汉公王莽的女儿纳采，此事记载在《王莽传》。又命令光禄大夫刘歆等共同议定婚礼。四辅，公卿、大夫、博士、郎、吏家属都根据礼节娶妻，迎亲的时候站在轺车上，拉车的马并驾齐驱。

夏天，安汉公上奏车服制度以及官吏平民养生、送死、嫁娶和占有奴婢、田地、住宅、器具的等级。建立官稷和学宫。郡和诸侯国称学，县、道、邑、侯国称校。校和学设一名经师。乡称庠，聚称序。序和庠设一名《孝经》师。

阳陵任横等自称将军，盗取武库的兵器进攻官府，放出囚徒。大司徒掾追捕，他们都服罪了。安汉公的长子王宇和平帝外戚家卫氏密谋叛乱。王宇关进监狱，死去。杀死卫氏。

元始四年春正月，郊祀时用高祖配享天，宗祀时用孝文帝配享上帝。把殷绍嘉公改称为宋公，周承休公改称为郑公。诏书说："夫妇正就能使父子亲，人伦就确定了。前次诏命有关官府免除贞妇的赋役，放女犯人回家，确是想用来防止奸邪，保全贞洁。至于对八十以上的老人、七岁以下的孩子不施刑罚，乃是圣王的规定。但酷暴的官吏大都拘捕犯法者的亲属，妇女老幼都不免，郁结怨恨，有伤风化，百姓深以为苦。明白地告知百官，妇女只要不是自己犯法，男子八十以上七岁以下，只要不是全家犯大逆不道、诏书点名拘捕的，都不能逮捕。需要查验的，到他们家中去查验。把这事确定记录为法令。”

二月丁未日，立王氏为皇后，大赦天下。派遣太仆王恽等八人，配备副使，持旌节，分别巡行天下，观看风俗。九卿以下至六百石官员以及登记在册的皇族，按不同等级赏赐五大夫以上的爵位，天下平民均赏赐一级爵位，鳏寡孤独及老人赏赐布帛。

夏天，皇后到高帝庙拜见。给安汉公加以“宰衡”的称号。赏赐安汉公太夫人“功显君”称号。安汉公的儿子王安、王临都封为列侯。安汉公奏请设立明堂、辟雍。把孝宣庙尊称为中宗，孝元庙尊称为高宗，天子代代祭祀。设置西海郡，把天下违犯禁令的人都迁徙到那里去。梁王立犯罪，自杀。

分割京师，设置前辉光、后丞烈两郡。改公卿、大夫、八十一元士的官名和位次，改十二州的名称。把各郡、诸侯国所属地界重新划分，有的废除，有的改变。天下事情多变，官吏不胜记载。冬天。大风把长安城东门的屋瓦几乎全部吹走了。

元始五年春正月，在明堂进行袷祭。征召二十八名诸侯王、一百二十名列侯、九百名皇族子弟助祭。祭礼完毕后，都增加封邑户数，赏赐爵位及钱财布帛，按不同等级增加俸禄，补升官职。

太皇太后下诏书说：“听说帝王首先用德行安抚民众，其次则亲近亲族以及于百姓。从前尧和睦九族，舜也厚待他们。我因为皇帝年幼，暂且执掌国家政权，只是皇室子弟都是太祖高皇帝的子孙，以及兄弟吴顷王、楚元王的后裔，从汉初至今，已达十余万人，虽然有王侯之辈，但不能互相查禁，有的犯法论罪，这都是教育不到的过错。《传》不是说过吗：‘君子对亲族诚恳，那么人民就实行仁义。’对皇族自太上皇以来的亲属，都以其家世确定姓氏，郡、诸侯国设置宗师来纠察他们，对他们进行教育。二千石官员要选出有道德修养的人作宗师。考察出不听从教令以及失职害人者，宗师可以用邮传上书告知宗伯。宗伯奏报皇上。平时每年正月赏赐宗师每人十四布帛。”

派羲和刘歆等四人为使者，掌管明堂、辟雍，让汉代和周文王筑灵台、周公作洛邑相符合。派太仆王恽等八人为使者，巡行观察风俗，宣扬德行、教化，使万国同一。八人都封为列侯。

征召天下通晓逸经、古记、天文、历算、音乐、文字、史书、方术、本草以及能教授《五经》《论语》《孝经》《尔雅》的人，所在地区替他们备一辆轺车，封好书信，送往京师。到达的人有数千人。

闰月，把梁孝王玄孙的耳孙刘音立为王。冬十二月丙午日，平帝在未央宫去世。大赦天下。有关官府议论说：“据礼制，臣子不能称君王为殇。皇帝已十四岁，应该按照礼仪安葬，戴皇冠。”上奏获得批准。平帝安葬在康陵。诏书说：“皇帝仁爱慈惠，对谁都很同情哀怜，每次发病，气总是向上顶，说不出话来，所以来不及留下遗嘱。他的陪送妃妾，都放出宫回家，可以改嫁，就像孝文帝当年那样。”

韩信传

【题解】

韩信(？～前196)，汉初著名将领。淮阴(今江苏淮阴西南)人。早年家贫，以寄食度日。陈胜、吴广起义时，韩信投奔项梁，项梁战死后归属项羽。由于没有得到重用，离楚归汉。经萧何推荐，汉王刘邦拜韩信为大将。韩信明修栈道，暗度陈仓，引兵东向，平定三秦。在楚汉战争相持阶段，韩信率兵袭击项羽后路。他亲自指挥了三次著名的战役。在破魏之战中，他佯作正面渡河，暗从侧后偷渡，采取声东击西战术，活捉魏王豹。在井陉之战中，他采取背水列阵，置之死地而后生的战术，大破赵军。在潍水之战中，采取拦阴河水，半渡击敌的战术，将楚、齐联军各个击破。韩信一连攻灭魏、赵、齐军以后，汉王刘邦被迫封他为齐王。不久，韩信与汉军合围，垓下(今安徽灵璧南)决战，击灭项羽楚军。后遭刘邦疑忌，夺其兵权，徙为楚王，继又贬为淮阴侯。公元前197年，陈豨反汉，刘邦亲征。韩信托病不出，以做内应，准备袭击吕后、太子。因被人告发，泄露机密，吕后命萧何骗韩信入宫，被吕后捕杀。韩信著有兵法三篇，今已亡佚。

韩信

【原文】

韩信，淮阴人也。家贫无行，不得推择为吏，又不能治生为商贾，常从人寄食，其母死无以葬，乃行营高燥地，令傍可置万家者。信从下乡南昌亭长食，亭长妻苦之，乃晨炊蓐食。食时信往，不为具食。信亦知其意，自绝去。至城下钓，有一漂母哀之，饭信，竟漂数十日。信谓漂母曰："吾必重报母。"母怒曰："大丈夫不能自食，吾哀王孙而进食，岂望报乎！"淮阴少年又侮信曰："虽长大，好带刀剑，怯耳。"众辱信曰："能死，刺我；不能，出胯下。"于是信孰视，俯出胯下。一市皆笑信，以为怯。

及项梁度淮，信乃杖剑从之，居戏下，无所知名。梁败，又属项羽，为郎中。信数以策干项羽，羽弗用。汉王之入蜀，信亡楚归汉，未得知名，为连敖。坐法当斩，其畴十三人皆已斩，至信，信乃仰视，适见滕公，曰："上不欲就天下乎？而斩壮士！"滕公奇其言，壮其貌，释弗斩。与语，大悦之，言于汉王。汉王以为治粟都尉，上未奇之也。

数与萧何语，何奇之。至南郑，诸将道亡者数十人。信度何等已数言上，不我用，即亡。何闻信亡，不及以闻，自追之。人有言上曰："丞相何亡。"上怒，如失左右手。居一二日，何来谒。上且怒且喜，骂何曰："若亡，何也？"何曰："臣非敢亡，追亡者耳。"上曰："所追者谁也？"曰："韩信。"上复骂曰："诸将亡者已数十，公无所追，追信，诈也。"何曰："诸将易得,至如信,国士无双。王必欲长王汉中,无所事信;必欲争天下,非信无可与计事者。顾王策安决。"王曰:"吾亦欲东耳,安能郁郁久居此乎?"何曰:"王计必东,能用信,信即留;不能用信,信终亡耳。"王曰:"吾为公以为将。"何曰:"虽为将,信不留。"王曰:"以为大将。"何曰:"幸甚。"于是王欲召信拜之。何曰:"王素嫚无礼,今拜大将如召小儿,此乃信所以去也。王必欲拜之,择日斋戒,设坛场具礼,乃可。"王许之。诸将皆喜,人人各自以为得大将。至拜,乃韩信也,一军皆惊。

信已拜,上坐。王曰:"丞相数言将军,将军何以教寡人计策?"信谢,因问王曰:"今东乡争权天下。岂非项王邪?"上曰:"然。"信曰:"大王自料勇悍仁强孰与项王?"汉王默然良久曰:"弗如也。"信再拜贺曰:"唯信亦以为大王弗如也。然臣尝事项王,请言项王为人也。项王意乌猝嗟,千人皆废,然不能任属贤将,此特匹夫之勇也。项王见人恭谨,言语姁姁,人有病疾,涕泣分食饮,至使人有功,当封爵,刻印刓,忍不能予,此所谓妇人之仁也。项王虽霸天下而臣诸侯,不居关中而都彭城;又背义帝约,而以亲爱王,诸侯不平。诸侯之见项王逐义帝江南,亦皆归逐其主,自王善地。项王所过亡不残灭,多怨百姓,百姓不附,特劫于威,强服耳。名虽为霸,实失天下心,故曰其强易弱。今大王诚能反其道,任天下武勇,何不诛!以天下城邑封功臣,何不服!以义兵从思东归之士,何了散!且三秦王为秦将,将秦子弟数岁,而所杀亡不可胜计,又欺其众降诸侯。至新安,项王诈坑秦降卒二十余万人,唯独邯、欣、翳脱。秦父兄怨此三人,痛于骨髓。今楚强以威王此三人,秦民莫爱也。大王之入武关,秋豪亡所害,除秦苛法,与民约,法三章耳,秦民亡不欲得大王王秦者。于诸侯之约,大王当王关中,关中民户知之。王失职之蜀,民亡不恨者。今王举而东,三秦可传檄而定也。"于是汉王大喜,自以为得信晚。遂听信计,部署诸将所击。

汉王举兵东出陈仓,定三秦。二年,出关,收魏、河南,韩、殷王皆降。令齐、赵共击楚彭城,汉兵败散而还,信复发兵与汉王会荥阳,复击破楚京、索间,以故楚兵不能西。

汉之败却彭城,塞王欣、翟王翳亡汉降楚,齐、赵、魏亦皆反,与楚和。汉王使郦生往说魏王豹,豹不听,乃以信为左丞相击魏。信问郦生:"魏得毋用周叔为大将乎?"曰:"柏直也。"信曰:"竖子耳。"遂进兵击魏。魏盛兵蒲坂,塞临晋。信乃益为疑兵,陈船欲度临晋,而伏兵从夏阳以木罂缶度军,袭安邑。魏王豹惊,引兵迎信。信遂虏豹,定河东,使人请汉王:"愿益兵三万人,臣请以北举燕、赵,东击齐,南绝楚之粮道,西与大王会于荥阳。"汉王与兵三万人,遣张耳与俱,进击赵、代。破代,禽夏说阏与。信之下魏、代,汉辄使人收其精兵,诣荥阳以拒楚。

信、耳以兵数万,欲东下井陉击赵。赵王、成安君陈余闻汉且袭之。聚兵井陉口,号称二十万。广武君李左车说成安君曰:"闻汉将韩信涉西河,虏魏王,禽夏说,新喋血阏与。今乃辅以张耳,议欲以下赵,此乘胜而去国远斗,其锋不可当。臣闻'千里馈粮,士有饥色;樵苏后爨,师不宿饱。'今井陉之道,车不得方轨,骑不得成列,行数百里,其势粮食必在后。愿足下假臣奇兵三万人,从间路绝其辎重;足下深沟高垒勿与战。彼前不得斗,退不得还,吾奇兵绝其后,野无所掠卤,不至十日,两将之头可致戏下。愿君留意臣之计,必不为二子所禽矣。"成安君,儒者,常称义兵不用诈谋奇计,谓曰:"吾闻兵法'什则围之,倍则战。'今韩信兵号数万,其实不能,千里袭我,亦以罢矣。今如此避弗击,后有大者,何以拒之?诸侯谓吾怯,而轻来伐我。"不听广武君策。

信使间人窥知其不用,还报,则大喜,乃敢引兵遂下。未至井陉口三十里,止舍。夜半传发，选轻骑二千人，人持一赤帜，从间道萆山而望赵军，戒曰："赵见我走，必空壁逐我，若疾入，拔赵帜，立汉帜。"令其裨将传餐，曰："今日破赵会食。"诸将皆呒然，阳应曰："诺。"信谓军吏曰："赵已先据便地壁，且彼未见大将旗鼓，未肯击前行，恐吾阻险而还。"乃使万人先行，出，背水陈。赵兵望见大笑。平旦，信建大将旗鼓，鼓行出井陉口。赵开壁击之，大战良久。于是信、张耳弃鼓旗，走水上军，复疾战，赵空壁争汉鼓旗，逐信、耳。信、耳已入水上军，军皆殊死战，不可败。信所出奇兵二千骑者，候赵空壁逐利，即驰入赵壁，皆拔赵旗帜，立汉赤帜二千。赵军已不能得信、耳等，欲还归壁，壁皆汉赤帜，大惊，以汉为皆已破赵王将矣，遂乱，遁走。赵将虽斩之，弗能禁。于是汉兵夹击，破虏赵军，斩成安君泜水上，禽赵王歇。

信乃令军毋斩广武君，有生得之者，购千金。顷之。有缚而至戏下者，信解其缚，东乡坐，西乡对，而师事之。

诸校效首虏休，皆贺，因问信曰："兵法有'右背山陵，前左水泽'，今者将军令臣等反背水陈，曰破赵会食，臣等不服。然竟以胜，此何术也？"信曰："此在兵法，顾诸君弗察耳。兵法不曰'陷之死地而后生，投之亡地而后存'乎？且信非得素拊循士大夫，经所谓'驱市人而战之'也，其势非置死地，人人自为战；今即予生地，皆走，宁尚得而用之乎？"诸将皆服曰："非所及也。"

于是问广武君曰："仆欲北攻燕，东伐齐，何若有功？"广武君辞曰："臣闻'亡国之大夫不可以图存，败军之将不可以语勇。'若臣者，何足以权大事乎！"信曰："仆闻之，百里奚居虞而虞亡，之秦而秦伯，非愚于虞而智于秦也，用与不用，听与不听耳。向使成安君听子计，仆亦禽矣。仆委心归计，愿子勿辞。"广武君曰："臣闻'智者千虑，必有一失；愚者千虑，亦有一得。'故曰'狂夫之言，圣人择焉'。故恐臣计未足用，愿效愚忠。故成安君有百战百胜之计，一日而失之，军败鄗下，身死泜水上。今足下虏魏王，禽夏说，不旬朝破赵二十万众，诛成安君。名闻海内，威震诸侯，众庶莫不辍作怠惰，靡衣媮食，倾耳以待命者。然而众劳卒罢，其实难用也，今足下举倦敝之兵，顿之燕坚城之下，情见力屈，欲战不拔，旷日持久，粮食单竭。若燕不破，齐必距境而以自强。二国相持，则刘项之权未有所分也。臣愚，窃以为亦过矣。"信曰："然则何由？"广武君对曰："当今之计，不如按甲休兵，百里之内，牛酒日至，以飨士大夫。北首燕路，然后发一乘之使，奉咫尺之书，以使燕，燕必不敢不听。从燕而东临齐，虽有智者，亦不教。知为齐计矣。如是则天下事可图也。兵故有无声而厉实者，此之谓也。"信曰："敬奉。"于是用广武君策，发使燕，燕从风而靡。乃遣使报汉，因请立张耳王赵以抚其国。汉王许之。

楚数使奇兵度河击赵，王耳、信往来救赵，因行定赵城邑，发卒佐汉。楚方急围汉王荥阳，汉王出，南之宛、叶，得九江王布，入成皋，楚复急围之。四年，汉王出成皋，度河，独与滕公从张耳军修武。至，宿传舍。晨自称汉使，驰入壁。张耳、韩信未起，即其卧，夺其印符，麾召诸将易置之。信、耳起，乃知独汉王来，大惊。汉王夺两人军，即令张耳备守赵地，拜信为相国，发赵兵未发者击齐。

信引兵东，未度平原，闻汉王使郦食其已说下齐。信欲止，蒯通说信令击齐。信然其计，遂渡河，袭历下军，至临菑。齐王走高密，使使于楚请救，信已定临菑，东追至高密西。楚使龙且将，号称二十万，救齐。

齐王、龙且并军与信战，未合。或说龙且曰："汉兵远斗，穷寇久战，锋不可当也。齐、楚自居其地战，兵易败散。不如深壁，令齐王使其信臣招所亡城，城闻王在，楚来救，必反汉。汉二千里客居齐，齐城皆反之，其势无所得食，可毋战而降也。”龙且曰：“吾平生知韩信为人，易与耳。寄食于漂母，无资身之策；受辱于跨下，无兼人之勇，不足畏也。且救齐而降之。吾何功？今战而胜之，齐半可得，何为而止？”遂战，与信夹潍水陈。信乃夜令人为万余囊，盛沙以壅水上流，引兵半度，击龙且。阳不胜，还走。龙且果喜曰：“固知信怯。”遂追度水。信使人决壅囊，水大至。龙且军太半不得度，即急击，杀龙且。龙且水东军散走，齐王广亡去。信追北至城阳，虏广。楚卒皆降，遂平齐。

使人言汉王曰：“齐夸诈多变，反复之国，南边楚，不为假王以填之，其势不定。今权轻，不足以安之，臣请自立为假王。”当是时，楚方急围汉王于荥阳，使者至，发书，汉王大怒，骂曰：“吾困于此，旦暮望而来佐我，乃欲自立为王！”张良、陈平伏后蹑汉王足，因附耳语曰：“汉方不利，宁能禁信之自王乎？不如因立，善遇之，使自为守。不然，变生。”汉王亦寤，因复骂曰：“大丈夫定诸侯，即为真王耳，何以假为？”遣张良立信为齐王，征其兵使击楚。

楚以亡龙且，项王恐，使盱台人武涉往说信曰：“足下何不反汉与楚？楚王与足下有旧故。且汉王不可必，身居项王掌握中数矣，然得脱，背约，复击项王，其不可亲信如此。今足下虽自以为与汉王为金石交，然终为汉王所禽矣。足下所以得须臾至今者，以项王在。项王即亡，次取足下。何不与楚连和，三分天下而王齐？今释此时，自必于汉王以击楚，且为智者固若此邪！”信谢曰：“臣得事项王数年，官不过郎中，位不过执戟，言不听，画策不用，故背楚归汉。汉王授我上将军印，数万之众，解衣衣我，推食食我，言听计用，吾得至于此。夫人深亲信我，背之不祥。幸为信谢项王。”武涉已去，蒯通知天下权在于信，深说以三分天下，鼎足而王。信不忍背汉，又自以功大，汉王不夺我齐，遂不听。

汉王之败固陵，用张良计，征信将兵会陔下。项羽死，高祖袭夺信军，徙信为楚王，都下邳。

信至国，召所从食漂母，赐千金。及下乡亭长，钱百，曰：“公，小人，为德不竟。”召辱己少年令出胯下者，以为中尉，告诸将相曰：“此壮士也。方辱我时，宁不能死；死之无名，故忍而就此。”

项王亡将钟离眛家在伊庐，素与信善。项王败，眛亡归信。汉怨眛，闻在楚，诏楚捕之。信初之国，行县邑，陈兵出入。有变告信欲反，书闻，上患之。用陈平谋，伪游于云梦者，实欲袭信，信弗知。高祖且至楚，信欲发兵，自度无罪；欲谒上，恐见禽。人或说信曰：“斩眛谒上，上必喜，亡患。”信见眛计事，眛曰：“汉所以不击取楚，以眛在。公若欲捕我自媚汉，吾今死，公随手亡矣。”乃骂信曰：“公非长者！”卒自刭。信持其首谒于陈。高祖令武士缚信，载后车。信曰：“果若人言，‘狡兔死，良狗烹。’”上曰：“人告公反。”遂械信。至洛阳，赦以为淮阴侯。

信知汉王畏恶其能，称疾不朝从。由此日怨望，居常鞅鞅，羞与绛、灌等列。尝过樊将军哙，哙趋拜送迎，言称臣，曰：“大王乃肯临臣。”信出门，笑曰：“生乃与哙等为伍！”

上尝从容与信言诸将能各有差。上问曰：“如我，能将几何？”信曰：“陛下不过能将十万。”上曰：“如公何如？”曰：“如臣，多多益办耳。”上笑曰：“多多益办，何为为我禽？”信曰：“陛下不能将兵，而善将将，此乃信之为陛下禽也。且陛下所谓天授，非人力也。”

后陈豨为代相监边，辞信。信挈其手，与步于庭数匝，仰天而叹曰：“子可与言乎？吾欲与子有言。”豨因曰：“唯将军命。”信曰：“公之所居，天下精兵处也，而公，陛下之信幸臣也。人言公反，陛下必不信；再至陛下乃疑；三至，必怒而自将。吾为公从中起，天下可图也。”陈豨素知其能，信之，曰：“谨奉教！”

汉十年，豨果反，高帝自将而往，信称病不从。阴使人之豨所，而与家臣谋，夜诈赦诸官徒奴，欲发兵袭吕后、太子，部署已定，待豨报。其舍人得罪信，信囚，欲杀之。舍人弟上书变告信欲反状于吕后。吕后欲召，恐其党不就，乃与萧相国谋，诈令人从帝所来，称豨已死，群臣皆贺。相国绐信曰：“虽病，强入贺。”信入，吕后使武士缚信，斩之长乐钟室。信方斩，曰：“吾不用蒯通计，反为女子所诈，岂非天哉！”遂夷信三族。

高祖已破豨归，至，闻信死，且喜且哀之，问曰：“信死亦何言？”吕后道其语。高祖曰：“此齐辩士蒯通也。”召欲烹之。通至自说，释弗诛。

【译文】

韩信是淮阴人，家里贫穷而又无德行，未能被推选为地方官吏，又不能经商谋生，经常依靠别人糊口度日。韩信的母亲死了无钱埋葬，就找了一块干燥的高地安葬了，准备将来在他母亲的墓旁安葬万家。韩信依靠下乡南昌亭长糊口度日，这就苦了亭长的妻子。亭长的妻子就清早起来做饭，在床上把饭吃了。到吃饭的时候，韩信去了，就不为他准备饭食。韩信也知道他们的用意，就自己断绝了关系而离去。韩信至城下钓鱼，有一人漂洗棉絮的漂母见他可怜，就给他饭吃，这样竟漂洗了数十天。韩信对漂母说：“我以后一定重重报答您。”漂母生气地说：“大丈夫不能自食其力，我只是可怜您才给饭吃，岂能希望您图报啊！”淮阴少年又欺侮韩信说：“你身材虽然高大，喜欢随身佩带刀剑，这是怯懦的表现。”并当众侮辱韩信说：“你不怕死，就用剑刺我；如果你不刺，就从我胯下出来。”于是韩信凝视了他很久，慢慢低下身来从胯下爬了出去。街市上的人都嘲笑韩信，以为他是个怯懦之人。

当项梁渡过淮水的时候，韩信就带着剑投奔了项梁，居于麾下，没有什么名气。项梁败死后，又归属项羽，为郎中。韩信几次向项羽献策，项羽不予采用。汉王入蜀，韩信离楚归汉，仍不得扬名，只做了个管理粮仓的小吏。他后来犯法当处斩刑，与他一伙作案的十三个人都已斩首，轮到韩信，韩信就抬头仰视，正好看见了滕公，韩信说：“汉王不想要天下了？而竟斩杀壮士！”滕公听到他的话很惊奇，又见相貌不凡，就释放了他。与他交谈了一番，非常欣赏他，并进言于汉王。汉王任命他为治粟都尉，但没有发现他有什么特别的才能。

韩信几次与萧何交谈，萧何很赏识他。到了南郑，将领中有数十人逃亡。韩信估计萧何等人在刘邦面前几次推荐过自己，既然不用，也就逃走了。萧何听说韩信逃走，来不及向刘邦报告，就亲自去追韩信。有人向刘邦说：“丞相萧何逃走了。”刘邦听了很生气，如同失去左右手一样。过了一、二天，萧何来拜见。刘邦又生气又高兴，骂萧何说：“你也逃走了，为什么？”萧何说：“臣下不敢逃走，是追逃走的人。”刘邦说：“所追的是谁？”萧何说：“是韩信。”刘邦听了又骂道：“将领中逃跑的已有数十人，你都不追；说追韩信，这是骗人。”萧何说：“那些将领容易求得，至于像韩信那样，却是国中没有第二个人。大王如果打算在汉中长期称王，那就可以不任用韩信；如果决心想争夺天下，除了韩信就没有人能与您共商大事的了。这要看大王的决策了。”汉王说：“我也想向东进军，怎能忧忧郁郁地在此久居?”萧何说:“大王决计东进,那么能用韩信,韩信就会留下;如果不能用韩信,韩信终究是要逃走的。”汉王说:“我为了您封他为将领。”萧何说:“虽然你任命他为将领,韩信还是不会留下的。”汉王说:“那就任命他为大将。”萧何说:“太好了。”于是汉王要召见韩信拜他为大将。萧何说:“大王素来对人轻慢无礼,现在任命大将好像叫小孩似的,这就是韩信所以要离去的缘故。大王如果决心想任命,就要选个日子,沐浴斋戒,设广场高台举行仪式才行。”汉王同意了萧何的建议。众将领非常高兴,人人各自都以为要有一个大将军了。等到任命大将军时,原来是韩信,全军都感到惊讶。

韩信拜将以后,就坐了下来。汉王说:“丞相在我面前几次提到将军,将军有什么计策来教我呢?”韩信推谢了一会,就问汉王说:“现在东进争权天下,主要敌手岂非项王一人吗?”汉王说:“是这样。”韩信说:“大王自己估量在勇敢、凶悍、仁爱、强壮方面与项王相比如何?”汉王沉默了好久才说:“不如项王。”韩信再次拜谢表示庆贺说:“我韩信也以为大王不如项王。然而臣下也曾事奉过项王,请让我谈谈项王的为人。项王厉声怒喝时,千百人的话都作废不听,然而就不能任用有才能的将领,这只是匹夫之勇。项王见人恭敬谨慎,讲起话来细声细气,人患了疾病,他就得流下泪来,把自己的饮食分给病人吃,但到了别人有功应当封爵时,他就把手中的官印磨得没有了棱角,仍舍不得给人,这叫作妇人之仁。项王虽然称霸天下而臣有诸侯,但他不居守关中却建都于彭城;又违背义帝的约定,而把自己亲信的人封为王,诸侯纷纷不平。诸侯见项王驱逐义帝于江南,也都回去驱逐他们原来的君主,占有好的地方自立为王。项王所经过的地方,无不遭受破灭,积怨于百姓,百姓不愿归附,只不过迫于淫威,勉强服从罢了。名义上虽称为霸王,实际上失去了天下的民心,因此说他的强大容易变为衰弱。现今大王如果能反其道而行之,任用天下勇武之人,何愁敌人不被诛灭!以天下的城邑封给有功的大臣,何愁大臣不服!率领顺从思乡东归的义军,何愁敌军不被打败!况且三秦的封王都原本是秦朝的将领,率领秦国子弟已有数年,所杀士卒不可胜计,又欺骗他们投降了诸侯,到了新安,项王用诈骗的手段坑杀秦国降卒二十多万,唯独章邯、司马欣、董翳三人没有被杀,秦父兄们都怨恨这三个人,恨之入骨。现在楚霸王项羽以武力强封这三人为王,秦国的百姓是不会拥护的。而大王入武关时,秋毫无犯,废除秦朝的苛酷刑法,与百姓约法三章,秦国百姓没有一个不希望大王在秦地称王。根据当初诸侯的约定,大王应当在关中称王,关中的百姓家喻户晓。可是大王失掉应有的职位而称王蜀地,秦国百姓无不怨恨。今天大王举兵东进,三秦地区只要发一道檄文就可平定。”于是汉王听了非常高兴,自己也以为得到韩信晚了。汉王就听从了韩信的计划,部署诸将积极备战。

汉王举兵从陈仓东出,平定三秦。汉高祖二年,出函谷关,收服了魏王豹、河南王申阳,韩王郑昌、殷王司马卬也都投降。汉王又命令齐国与赵国共同出兵攻击楚国的彭城,汉军兵败而回。后来韩信发兵与汉王会师在荥阳,又击破楚军于京、索之间,因此楚军再也不能西进。

汉王在彭城被打败以后,塞王司马欣、翟王董翳就叛汉降楚,齐、赵、魏三国也都反汉,与楚和好。汉王派郦生去游说魏王豹,魏王豹不听,于是汉王封韩信为左丞相率军攻击魏国。韩信问郦生说:“魏王不会用周叔为大将吧?”郦生答道:“用栢直为大将。”韩信说:“栢直是个无能小子。”就进兵击魏。魏国在蒲坂设重兵,封锁了临晋。韩信就多设疑兵,摆开船只装作要渡临晋的样子,而伏兵却从夏阳用木制作了小口大腹罂缶酒器渡河,袭击魏都安邑。魏王豹大为震惊，引兵迎击韩信。韩信俘虏了魏王豹，平定了河东，派人请求汉王说："望增兵三万，由臣下北平燕、赵，东击齐，南绝楚国的粮道，西与大王会师于荥阳。"汉王就给韩信增兵三万，又派张耳与韩信一同东进。攻击赵、代。攻破了代地，在阏与活捉了代相夏说。韩信攻下了魏、代以后，汉王派人收回了他的精兵，到荥阳抵御楚军。

韩信、张耳率兵数万，准备东下井陉击赵。赵王与成安君陈余听到汉军来袭，就聚兵进陉口，号称二十万。广武君李左车游说成安君说："听说汉将韩信渡西河，俘魏王，擒夏说，血洗阏与，现在又得到张耳的辅助，企图攻下赵国，这是乘胜出国远征，其势锐不可当。我听说：'千里运粮，士卒就有挨饿的危险；到吃饭时才去打柴做饭，军队就不会餐餐吃饱。'现在井陉的道路，车不得并行，骑兵不能成队列，行军数百里，其粮食势必落在后面。希望您借给我臣下三万奇兵，从小道切断汉军粮食武器供应，您在这里挖深沟筑高垒，不与汉军作战，使汉军前不得战，退不得回，我以奇兵断绝汉军后路，使他们在野外抢不到任何吃的东西，不出十天，韩信和张耳二将的脑袋就能献到您的麾下。希望您能重视臣下的计谋，否则必定被这两个小子所擒获。"成安君是个信奉儒学的人，经常声称正义之师不用奇诈计谋，因而说："我听兵法说，'十倍于敌人的兵力就包围它，一倍于敌人的兵力就与它交战。'现在韩信的兵力号称数万，其实不可能有那么多，千里迢迢来奔袭我们，也就精疲力尽了。像现在如此的兵力我们也要避而不击，以后如有更大的敌人，我们将有什么办法去对付他们呢？诸侯们都会说我们胆怯，今后会轻易地来攻打我们。"于是就不听广武君的计策。

韩信暗中派间谍打听到广武君的计策未被采纳，间谍回报后就非常高兴，于是才敢率兵进攻井陉狭道。在距离井陉口三十里的地方，就停了下来。到半夜时就传发军令，挑选二千轻骑兵，每人手中拿一面红旗，从小道前去隐蔽在山里，窥视赵军，并告戒他们说："赵军见到我军逃跑，必会倾巢出动来追赶我们，你们就快速冲进赵营，拔掉赵军旗帜，竖立汉军红旗。"同时又叫裨将下令准备伙食，说："今日打败赵军后会餐。"各位将领听了都不知所以，就假装答应说："遵命。"韩信又对军官们说："赵军已先占据有利地势，在他们没有见到汉军大将旗鼓之前，是不肯轻易出击我们的先头部队的，怕我们遇到了阻险而退兵。"于是韩信派了一万人作为先头部队，出了井径口，就背靠着河水摆开了阵势。赵军看到以后，都大笑不止。天刚亮的时候，韩信竖起了大将的旗帜，击鼓而行出了井径口，赵军开营出击汉军，激战了很久。于是韩信、张耳就假装丢弃了旗鼓，向河边的汉军方向败走，到了河边阵地，又回头再战。赵军果然倾巢而出，都来争夺汉军的旗鼓，追击韩信、张耳。韩信、张耳回到河边的汉军阵地，全军都拼死作战，赵军无法打败。这时韩信所派出的两千骑兵，等到赵军倾巢出来争夺汉军战利品时，就立即冲入赵军营地，拔掉了赵军的全部旗帜，竖起了二千面汉军的红旗。赵军见到不能俘获韩信、张耳等将领，就想收兵回营，但赵营中都已竖起了汉军红旗，大惊失色，以为汉军已经全部俘获赵军将领，于是队伍大乱，四散奔逃。赵军将领虽然斩杀了很多逃兵，但仍阻禁不住。于是汉军两面夹击，大破赵军，在泜水上斩杀了成安君，擒获了赵王歇。

韩信下令军中不得杀死广武君，如以活捉广武君者，重赏千金。不久，有人捆缚广武君到韩信帅营，韩信解开了捆绑，请广武君面东而坐，自己却面西相对，用老师一样的礼节来对待他。

诸将领向韩信呈献赵军的首级和俘虏之后，都向韩信表示祝贺，有人趁机问韩信："兵法上说。布阵应该是'右背山陵，左对水泽，'如今将军反而命令我们背水列阵，还说破赵军后会餐，当时我们都不服。然而竟取得了胜利，这是什么战术呢？"韩信说："这在兵法上也是有的，只是诸位没有察觉罢了。兵法不是说：'陷之死地而后生，置之亡地而后存'吗？我韩信没有能够得到训练有素而能服从调动的将士，这就像兵法所说的'驱赶着街市的百姓去作战'一样，在这种形势下只有把他们置于死地，使他们每人都为求生而奋勇作战；如果今天把他们置于生地，那他们都会逃走，我还能用他们去作战吗？"诸将听了都佩服地说："我们都没有想到。"

于是韩信问广武君说："我准备北攻燕，东伐齐，怎样才能成功？"广武君推辞说："我听说'亡国之臣没有资格来谈论国家兴存，败军之将没有资格来谈论勇敢作战'。像我这样，怎么能出来权衡国家大事啊！"韩信说："我听说，百里奚在虞国而虞国灭亡，到了秦国则秦国称霸，这并不是他在虞国时愚蠢，而在秦国时聪敏，而在于国君用不用他的才能，听不听他的计策。如果成安君当初听了你的计策，我早已成了俘虏。我诚心向你求计，希望你不要推辞。"广武君说："我听说：'智者千虑，必有一失；愚者千虑，也有一得'故而说'狂人之言，圣人也可选择采纳'。只恐怕我的计策未必能用，但愿只效愚忠而已。成安君本来有百战百胜之计，但一旦失策，就兵败鄗下，自己也死于泜水之上。现今将军俘虏了魏王，生擒了夏说，不到一个上午就击破赵军二十万，杀死了成安君。名闻海内，威震诸侯，大众百姓都不得不停止劳作，拿出轻衣美食，侧耳等待你的命令。然而民众劳苦，士卒疲乏，实在是难以用兵。现在将军用疲惫不堪之兵，劳顿在燕国坚固的城池之下，显然让人看出力量已经不足，要想攻战，又攻不下来，旷日持久，粮食耗尽。如果不能攻破燕国，齐国也必定会拒守边境，以图自强。与燕、齐二国相持不下，那么刘邦与项羽的胜负也就不能分明了。我的愚见，也可能是错误的"。韩信说："按照你的意见，该怎么办呢？"广武君答道："当今之计，不如按兵不动，百里之内的百姓就会每天拿出牛肉美酒来犒劳将士。将军在北边去燕国的路上布置军队，然后派遣一名使者，拿着不满一尺的书信，去游说燕国，燕国必定不敢不听。接着从燕国向东到齐国，虽然有智谋的人，也不能为齐国想出更好的计策。如是这样，天下的大事就可以图谋了。兵书上有先虚而后实，就是这个道理。"韩信说："好，敬奉你的指教。"于是采用了广武君的计策，派使者到燕国，燕国闻风而降。接着就派使者报告汉王，请求立张耳为赵王来镇抚赵地。汉王允许了这一请求。

楚军曾多次派奇兵渡过黄河来攻击赵国，赵王张耳、韩信往来救赵，一路上平定了赵国城邑，并发兵支援汉王。当时楚国正急于围攻汉王于荥阳，汉正从荥阳逃出，到了南面的宛、叶两地，收得了九江王英布，进入了成皋，楚国又很快地围困了成皋。汉高祖四年，汉王从成皋逃出，渡过黄河，独自与滕公投奔在修武的张耳军营。到了以后，住宿在传舍中。第二天清晨，汉王自称是汉王使者，骑马驰入军营。张耳、韩信还未起床，汉王来到了卧室，夺走了他们的印信兵符，召集诸将，调换了他们的职务。韩信、张耳起床后，才知道汉王独自来到，大吃一惊。汉王夺取了张耳、韩信的军权，就当即命令张耳备守赵地，又拜韩信为相国，征发来去荥阳而留下来的赵军，去攻打齐国。

韩信率兵东向攻齐，还没有渡过平原津，就听到汉王派出的使者郦食其已说降了齐王田广。韩信准备停止进军，蒯通就游说韩信，劝他攻打齐。韩信听从了蒯通的意见，就渡过了黄河，袭击驻在历下的齐军，一直打到了临菑。齐王逃到了高密，派使者向楚国求救。韩信攻占了临菑以后，向东追击齐王到高密的西边。楚王派大将龙且，率军号称二十万，前来救齐。

齐王、龙且两军联合起来与韩信作战，还未交锋。有人对龙且说："汉兵远征，拼死作战，其锋锐不可当。齐、楚两国在自己的国土上作战，士兵容易溃散。不如深沟高垒，叫齐王派亲信大臣去招抚攻失的城邑。城邑中的百姓听到齐王还活着，楚国又派兵来求援，就一定会反叛汉军。汉军从二千里外客居齐地，而齐国城邑的百姓都起来反叛，势必得不到粮食供给，就可使汉军不战而降。"龙且说："我平生深知韩信的为人，容易对付。他曾向漂母求食，没有养活自己的办法；又受人侮辱而从别人的胯下爬了出去，没有一般人所具有的勇气，因而是不足以畏惧的。况且我来救齐，不战而使汉军投降，那我还有什么功劳呢？现在如果我战而胜之，又可以得到齐国的一半土地，为什么要停止进攻呢？"于是决定交战，与韩信汉军隔着潍水摆开了阵势。韩信就连夜派人做了一万多个袋子，装满了沙泥，堵住了潍水上游的河水，率领一半的人马渡过潍水袭击龙且。韩信假装作战不胜，往回败走。龙且果然高兴地说："我本来就知道韩信胆怯。"于是领兵渡潍水追击韩信。韩信派人挖开堵水的沙袋，大水一拥而至。龙且的军队一大半留在岸上无法渡过河水，韩信立即迅速攻击渡河楚军，斩杀了龙且。在潍水东岸的龙且军队四散溃走，齐王田广也逃跑了。韩信追击齐兵直到城阳，俘获了田广。楚军纷纷投降，终于平定了齐国。

韩信派人向汉王说："齐国狡诈多变，是个反复无常的国家，南面又与楚国邻近，如果不设一个代理的齐王来镇抚它，局势就不会安定。现在齐地没有国王，权力太轻，不足以镇抚安定，我请求自立为代理齐王。"当时，楚国正急于围攻汉王于荥阳，韩信的使者到了以后，递上书信，汉王看了大怒，骂道："我被围困在这里，日夜盼望他来帮助我，而他却想自立为王！"张良、陈平躲在后面踩汉王的脚，凑近汉王耳边低声说："汉军正处境不利，怎么能禁止韩信自立为王呢？不如就此而立他为王，好好地对待他，使他自守一方。不然的话，就会发生变乱。"汉王立即明白过来，因而又骂道："大丈夫平定诸侯，就应当立为真王，为什么要做代理国王呢？"于是派张良前往立韩信为齐王，征调韩信的军队攻打楚国。

楚国失去了龙且，项王有些恐慌，派盱台人武涉前去游说韩信说："将军为何不反汉与楚联合？楚王与将军有旧交。况且汉王不一定可信，他几次身家性命掌握在项王手中，然而一旦脱险就立即背弃盟约，又攻击项王，不可亲信到如此地步。现在将军自以为与汉王的交情像金石那样坚固，然而终究要被他抓起来的。您之所以留得性命到今天，是由于项王还在的缘故。如果项王一死，接下来就会取您的性命。您为何不与楚讲和，三分天下而称王齐地？现在您若放弃了这一时机，而一定要帮助汉王一同攻打楚王，作为有才智的人能这样做吗？"韩信谢绝说："我侍奉项王数年，官不过是个郎中，位不过是个持戟卫士，我讲的话不听，计谋不用，故而我离楚归汉。汉王授我上将军印，率数万之众，脱下他的衣服给我穿，拿他的饭食给我吃，言听计从，我才能得以有此地位。人家如此对我十分亲近和信任，我背叛他是不会有好结果的。请为我韩信辞谢项王。"武涉走后，蒯通知道决定天下局势的关键在于韩信。就向项王分析三分天下，鼎足称王的形势。韩信不忍心背叛汉王，又自以为功劳大，汉王不会来夺取自己的齐国，于是就不听蒯通的计谋。

汉王在固陵兵败之时，采用了张良的计谋，征召韩信率兵在垓下与汉王会师。项羽一死，汉高祖刘邦就乘人不备夺取了韩信的军权，改封韩信为楚王，定都下邳。

韩信到了楚国，召见当年给他饭吃的漂母，赏赐她千金。轮到了下乡亭长，只赏给他一百钱，说："你是个小人，做好事有始无终。"又召见曾经侮辱过自己，让他从胯下爬过去的少年，封他为中尉，并告诉他的将相说："此人是位壮士。当初他侮辱我时，我宁可不去杀他；杀了他也不能扬名，故而就忍让了下来，至今我才有这样的成就。"

项王的逃亡将领钟离昧家住在伊庐，素来与韩信关系很好。项王兵败，钟离昧投奔了韩信。汉王怨恨钟离昧，听说他在楚国，就下令让楚王捕捉钟离昧。韩信刚到楚国时，巡行各地县邑，带着兵出入。有人告韩信想谋反，举报的奏书到了汉王的手里，汉王认为韩信是个隐患。于是采用陈平的计谋，假装巡游到云梦地方，实际上想要袭击韩信，韩信还不知道。高祖将要到达楚国时，韩信打算起兵造反，但又想到自己是无罪的；想去觐见汉王，又恐怕当场被抓起来。有人劝韩信说："杀了钟离昧去谒见汉王。汉王必定会很高兴，也就没有祸患了"。韩信把此事与钟离昧商量，钟离昧说："汉王之所以不攻取楚国，是由于我钟离昧还在您这里，如果您把我抓起来去献媚汉王，我今天一死，您也随即灭亡了。"并大骂韩信道："你不是个忠厚长者！"结果就自杀而死。韩信拿着钟离昧的首级到陈地去朝见汉王。高祖命令武士把韩信捆缚起来，放在后面的车子上。韩信说："果然像有人所说的，'狡黠的兔子死了，出色的猎狗也就该烹杀了'。"汉王说："有人告您谋反。"于是又给韩信戴上械具。回到了洛阳，赦免了韩信，改封为淮阴侯。

韩信知道汉王嫉妒他的才能，就称病不去朝见或跟从出行。韩信由此日益怨恨，在家中闷闷不乐。对与绛侯周勃、灌婴处于同等地位感到羞耻。韩信曾路过将军樊哙家门，樊哙行跪拜礼迎送，并自称为臣下，说："不知大王竟肯光临臣下的家门"。韩信出门后对部下笑着说："想不到我这一辈子竟要与樊哙为伍！"

汉王高兴时与韩信谈论诸将的才能高下。汉王问韩信说："如果是我，能率领多少兵？"韩信说："陛下最多也不能超过十万"。汉王说："如果是您，能率兵多少？"韩信说："如果是我，则多多益善。"汉王笑道："您既然多多益善，为什么被我抓住呢？"韩信说："陛下不能领兵，而善于驾驭将领，这就是我韩信被陛下抓住的缘故。况且陛下的权力是上天授予的，不是人力所能做到的。"

后来陈豨为代地相国去监察边郡，临行向韩信告辞。韩信拉着他的手，在庭院里散步来回数次，仰天长叹地说："您可有话与我讲吗？我可有话想与您讲。"陈豨接着说："一切听从将军的命令。"韩信说："您所管辖的地方，是天下精兵聚集之处，而你又是陛下亲信得宠的大臣。如果有人说您谋反，陛下必定不会相信；如果再有人告您谋反，陛下就会产生怀疑；如果第三次有人告发，陛下一定会大怒而亲自率军来征讨您。我为您在此做内应，就可以图谋天下了。"陈豨一向知道韩信的才能，也就相信他的话说："一定听从您的指教。"

汉高祖十年，陈豨果然起兵造反，汉高帝亲自率军前往征讨，韩信称病不去。韩信一方面暗中派人到陈豨处联络，一方面又与家臣谋划，准备在黑夜假传诏书赦免在官府服役的罪犯与奴隶，然后发兵袭击吕后与太子。部署已定，正等待陈豨的消息。韩信的门客得罪了韩信，韩信把他囚禁了起来，准备杀他。那个门客的弟弟就上书向吕后告发韩信谋反的状况。吕后打算把韩信召来，又恐怕韩信的党羽不肯就范，于是与相国萧何合谋，假装说有人从皇帝那里回来，说称陈豨已被杀死，群臣都进宫朝贺。相国萧何就欺骗韩信说："虽然您有病，但还是要勉强去朝贺一下。"韩信进了宫中，吕后就命令武士把韩信捆缚起来，在长乐宫中的钟室里把他杀了。韩信临斩时说："我当初没有采用蒯通的计策，如今反而被妇人小子所欺骗，这岂不是天意吗！"于是吕后诛灭了韩信的三族。

汉高祖平定了陈豨叛乱后回到了京城，听到韩信已死的消息，又是欢喜又是悲哀，询问说："韩信死时说了些什么？"吕后就把韩信死时说的话告诉了高祖。高祖说："蒯通此人是齐国的辩士。"于是下诏捉拿蒯通，准备烹杀他。蒯通被抓后就为自己辩解，高祖就释放蒯通而没有杀他。

周勃、周亚夫列传

【题解】

周勃（？~前169），秦末汉初名将。沛县（今江苏沛县）人。少时家贫，以织蚕苗吹箫为生。秦二世元年（前209），随刘邦起义，屡建战功，封为威武侯。在楚汉战争中，周勃击败章平，围困章邯，东守峣关重镇。项羽兵败身亡后，周勃东定楚地泗水、东海二郡。以后又随汉高祖击败燕王臧荼，受封为绛侯。继因平定韩王信叛乱有功，升为太尉。后又率军跟随汉高祖平定陈豨、卢绾之乱。汉高祖临死前曾说："安刘氏天下者一定是周勃。"汉高祖死后，吕后专权，大封吕氏为王。吕后死后，周勃与陈平等智诛吕氏诸王，拥立文帝，官至右丞相。后被人诬告他谋反下狱，虽经赦免，但不究病死。

周亚夫（？~前143）是周勃的儿子。汉文帝后元六年（前158），匈奴侵犯上郡。周亚夫驻军细柳（今陕西咸阳西南）。他治军严整，被汉文帝赞为"真将军"，并告诫太子，以后国家遇有危急之事，可由周亚夫统兵。汉景帝时，刘氏同姓王刘濞、刘戊等起兵叛乱，史称"吴楚七国之乱"。汉景帝封周亚夫为太尉，命他平定叛乱。当时吴楚叛军势盛，围攻景帝子刘武为王的梁国，梁国都城睢阳（今河南商丘南）告急。周亚夫没有率军救梁之围，而是直抵战略要地昌邑（今山东区野南），深沟高垒，以逸待劳。又派轻骑迂回吴楚叛军侧后，断其粮道。吴楚叛军攻梁不下，转攻周亚夫汉军主力。周亚夫仍坚壁不出。吴楚叛军久战粮绝，被迫撤退。周亚夫乘机追击，大破吴楚叛军，不久就平定了吴楚七国之乱。周亚夫坚守昌邑，断叛军粮道的战略方针，充分显示了他杰出的军事才能。但由于他不肯出兵救梁，得罪了梁孝王。后因其子犯法受株连，在狱中绝食五日，气愤而死。

周勃与周亚夫父子，历时汉高祖、吕后、文帝、景帝四个朝代。《周勃列传》不但记录了周勃父子的赫赫战功，同时也是了解汉初这四个朝代的历史篇章。

【原文】

周勃，沛人。其先卷人也，徙沛。勃以织薄曲为生，常以吹箫给丧事，材官引强。

高祖为沛公初起，勃以中涓从攻胡陵，下方与。方与反，与战，却敌。攻丰。击秦军砀东。还军留及萧。复攻砀，破之。下下邑，先登。赐爵五大夫。攻蒙、虞，取之。击章邯车骑殿。略定魏地。攻辕戚、东缗，以往至栗，取之。攻啮桑，先登。击秦军阿下，破之。追至濮阳，下鄄城。攻都关、定陶，袭取宛朐，得单父令。夜袭取临济，攻寿张，以前至卷，破李由雍丘下。攻开封，先至城下为多。后章邯破项梁，沛公与项羽引兵东如砀。自初起沛还至砀，一岁二月。楚怀王封沛公号武安侯，为砀郡长。沛公拜勃为襄贲令。从沛公定魏地，攻东郡尉于成武，破之。攻长社，先登。攻颍阳、缑氏，绝河津。击赵贲军尸北。南攻南阳守齮，破武关、峣关。攻秦军于蓝田，至咸阳，灭秦。

项羽至，以沛公为汉王。汉王赐勃爵为威武侯。从入汉中，拜为将军。还定三秦，赐食邑怀德。攻槐里、好畤，最。北击赵贲、内史保于咸阳，最。北救漆。击章平、姚卬军。西定汧。还下郿、频阳。围章邯废丘，破之。西击益已军，破之。攻上邽，东守峣关。击项籍。攻曲遇，最。还守敖仓，追籍。籍已死，因东定楚地泗水、东海郡，凡得二十二县。还守雒阳、栎阳，赐与颍阴侯共食钟离。以将军从高祖击燕王臧荼，破之易下。所将卒当驰道为多。赐爵列侯，剖符世世不绝。食绛八千二百八十户。

以将军从高帝击韩王信于代，降下霍人。以前至武泉，击胡骑，破之武泉北。转攻韩信军铜鞮，破之。还，降太原六城。击韩信胡骑晋阳下，破之，下晋阳。后击韩信军于硰石，破之，追北八十里。还攻楼烦三城，因击胡骑平城下，所将卒当驰道为多。勃迁为太尉。

击陈豨，屠马邑。所将卒斩豨将军乘马降。转击韩信、陈豨、赵利军于楼烦，破之。得豨将宋最、雁门守圂。因转攻得云中守圂、丞相箕肆、将军博。定雁门郡十七县，云中郡十二县。因复击豨灵丘，破之，斩豨丞相程纵、将军陈武、都尉高肆。定代郡九县。

燕王卢绾反，勃以相国代樊哙将，击下蓟，得绾大将抵、丞相偃、守陉、太尉弱、御史大夫施屠浑都。破绾军上兰，后击绾军沮阳。追至长城，定上谷十二县，右北平十六县，辽东二十九县，渔阳二十二县。最从高帝得相国一人，丞相二人，将军、二千石各三人；别破军二，下城三，定郡五、县七十九，得丞相、大将各一人。

勃为人木强敦厚，高帝以为可属大事。勃不好文学，每召诸生说士，东乡坐责之："趣为我语。"其椎少文如此。

勃既定燕而归，高帝已崩矣，以列侯事惠帝。惠帝六年，置太尉官，以勃为太尉。十年，高后崩。吕禄以赵王为汉上将，吕产以吕王为相国，秉权，欲危刘氏。勃与丞相平、朱虚侯章共诛诸吕。

于是阴谋以为"少帝及济川、淮阳、恒山王皆非惠帝子。吕太后以计诈名它人子，杀其母，养之后宫，令孝惠子之，立以为后，用强吕氏。今已灭诸吕，少帝即长用事，吾属类无矣，不如视诸侯贤者立之。"遂迎立代王，是为孝文皇帝。

东牟侯兴居，朱虚侯章弟也，曰："诛诸吕，臣无功，请得除宫。"乃与太仆汝阴滕公入宫。滕公前谓少帝曰："足下非刘氏，不当立。"乃顾麾左右执戟，皆仆兵罢。有数人不肯去，宦者令张释谕告，亦去。滕公召乘舆车载少帝出。少帝曰："欲持我安之乎？"滕公曰："就舍少府。"乃奉天子法驾，迎皇帝代邸，报曰："宫谨除。"皇帝入未央宫，有谒者十人持戟卫端门，曰："天子在也，足下何为者？"不得入。太尉往喻，乃引兵去，皇帝遂入。是夜，有司分部诛济川、淮阳、常山王及少帝于邸。

文帝即位，以勃为右丞相，赐金五千斤，邑万户。居十余月，人或说勃曰："君既诛诸吕，立代王，威震天下，而君受厚赏处尊位以厌之，则祸及身矣。"勃惧，亦自危，乃谢请归相印。上许之。岁余，陈丞相平卒，上复用勃为相。十余月，上曰："前日吾诏列侯就国，或颇未能行，丞相朕所重，其为朕率列侯之国。"乃免相就国。

岁余，每河东守尉行县至绛，绛侯勃自畏恐诛，常被甲，令家人持兵以见。其后人有上书告勃欲反，下廷尉，逮捕勃治之。勃恐，不知置辞。吏稍侵辱之。勃以千金与狱吏，狱吏乃书牍背示之，曰"以公主为证。"公主者，孝文帝女也，勃太子胜之尚之，故狱吏教引为证。初，勃之益封，尽以予薄昭。及系急，薄昭为言薄太后，太后亦以为无反事。文帝朝，太后以冒絮提文帝，曰："绛侯绾皇帝玺，将兵于北军，不以此时反，今居一小县，顾欲反邪？"文帝既见勃狱辞，乃谢曰："吏方验而出之。"于是使使持节赦勃，复爵邑。勃既出，曰："吾尝将百万军，安知狱吏之贵也！"

勃复就国，孝文十一年薨，谥曰武侯。子胜之嗣，尚公主不相中，坐杀人，死，国绝。一年，文帝乃择勃子贤者河内太守亚夫复为侯。

亚夫为河内守时，许负相之："君后三岁，而侯。侯八岁为将相，持国秉，贵重矣，于人臣无二。后九年而饿死。"亚夫笑曰："臣之兄以代父侯矣，有如卒，子当代，我何说侯乎？然既已贵如负言，又何说饿死？指视我。"负指其口曰："从理入口，此饿死法也。"居三岁，兄绛侯胜之有罪，文帝择勃子贤者，皆推亚夫，乃封为条侯。

文帝后六年，匈奴大入边。以宗正刘礼为将军军霸上，祝兹侯徐厉为将军军棘门，以河内守亚夫为将军军细柳，以备胡。上自劳军，至霸上及棘门军，直驰入，将以下骑出入送迎。已而之细柳军，军士吏被甲，锐兵刃，彀弓弩，持满。天子先驱至，不得入。先驱曰："天子且至！"军门都尉曰："军中闻将军之令，不闻天子之诏。"有顷，上至，又不得入。于是上使使持节诏将军曰："吾欲劳军。"亚夫乃传言开壁门。壁门士请车骑曰："将军约，军中不得驱驰。"于是天子乃按辔徐行。至中营，将军亚夫揖，曰："介胄之士不拜，请以军礼见。"天子为动，改容式车。使人称谢："皇帝敬劳将军。"成礼而去。既出军门，群臣皆惊。文帝曰："嗟乎，此真将军矣！乡者霸上、棘门如儿戏耳，其将固可袭而虏也。至于亚夫，可得而犯邪！"称善者久之。月余，三军皆罢。乃拜亚夫为中尉。

文帝且崩时，戒太子曰："即有缓急，周亚夫真可任将兵。"文帝崩，亚夫为车骑将军。

孝景帝三年，吴楚反。亚夫以中尉为太尉，东击吴楚。因自请上曰："楚兵剽轻，难与争锋。愿以梁委之，绝其食道，乃可制也。"上许之。

亚夫既发，至霸上，赵涉遮说亚夫曰："将军东诛吴楚，胜则宗庙安，不胜则天下危，能用臣之言乎？"亚夫下车，礼而问之。涉曰："吴王素富，怀辑死士久矣。此知将军且行，必置间人于殽黾厄狭之间。且兵事上神密，将军何不从此右去，走蓝田，出武关，抵雒阳，间不过差一二日，直入武库，击鸣鼓。诸侯闻之，以为将军从天而下也。"太尉如其计。至雒阳，使吏搜殽黾间，果得吴伏兵。乃请涉为护军。

亚夫至，会兵荥阳。吴方攻梁，梁急，请救。亚夫引兵东北走昌邑，深壁而守。梁王使使请亚夫，亚夫守便宜，不往。梁上书言景帝，景帝诏使救梁。亚夫不奉诏，坚壁不出，而使轻骑兵弓高侯等绝吴楚兵后食道。吴楚兵乏粮，饥，欲退，数挑战，终不出。夜，军中惊，内相攻击扰乱，至于帐下。亚夫坚卧不起。顷之，复定。吴奔壁东南陬，亚夫使备西北。已而其精兵果奔西北，不得入。吴楚既饿，乃引而去。亚夫出精兵追击，大破吴王濞。吴王濞弃其军，与壮士数千人亡走，保于江南丹徒。汉兵因乘胜，遂尽虏之，降其县，购吴王千金。月余，越人斩吴王头以告。凡相守攻三月，而吴楚破平，于是诸将乃以太尉计谋为是。由此梁孝王与亚夫有隙。

归，复置太尉官。五岁，迁为丞相，景帝甚重之。上废栗太子，亚夫固争之，不得。上由此疏之。而梁孝王每朝,常与太后言亚夫之短。

窦太后曰:“皇后兄王信可侯也。”上让曰:“始南皮及章武先帝不侯,及臣即位,乃侯之,信未得封也。”窦太后曰:“人生各以时行耳。窦长君在时,竟不得封侯,死后,乃其子彭祖顾得侯。吾甚恨之。帝趣侯信也!”上曰:“请得与丞相计之。”亚夫曰:“高帝约‘非刘氏不得王,非有功不得侯。不如约,天下共击之’。今信虽皇后兄,无功,侯之,非约也。”上默然而沮。

其后匈奴王徐卢等五人降汉,上欲侯之以劝后。亚夫曰:“彼背其主降陛下,陛下侯之,即何以责人臣不守节者乎?”上曰:“丞相议不可用。”乃悉封徐卢等为列侯。亚夫因谢病免相。

顷之,上居禁中,召亚夫赐食。独置大胾,无切肉,又不置箸。亚夫心不平,顾谓尚席取箸。上视而笑曰:“此非不足君所乎?”亚夫免冠谢上。上曰:“起。”亚夫因趋出。上目送之,曰:“此鞅鞅,非少主臣也!”

居无何,亚夫子为父买工官尚方甲楯五百被可以葬者。取庸苦之,不与钱。庸知其盗买县官器,怨而上变告子,事连汙亚夫。书既闻,上下吏。吏簿责亚夫,亚夫不对。上骂之曰:“吾不用也。”召诣廷尉。廷尉责问曰:“君侯欲反何?”亚夫曰:“臣所买器,乃葬器也,何谓反乎?”吏曰:“君纵不欲反地上,即欲反地下耳。”吏侵之益急。初,吏捕亚夫,亚夫欲自杀,其夫人止之,以故不得死,遂入廷尉,因不食五日,欧血而死。国绝。

一岁,上乃更封绛侯勃它子坚为平曲侯,续绛侯后。传子建德,为太子太傅,坐酎金免官。后有罪,国除。

亚夫果饿死。死后,上乃封王信为盖侯。至平帝元始二年,继绝世,复封勃玄孙之子恭为绛侯,千户。

【译文】

周勃,沛县人。其祖先是卷县人,后来迁移到沛县。周勃以织蚕茧为生,常给办丧事的吹箫,后来当了弓弩材官。

汉高祖为沛公的起义之初,周勃以中涓之职跟从刘邦攻打胡陵,占领方与。秦军反攻方与,周勃与秦军交战,打退了敌军的进攻。然后攻打丰县。接着又在砀郡的东面攻击秦军,回师留县、萧县,再次攻打砀郡,砀郡被攻下。在攻打下邑的战斗中,周勃捷足先登城楼,被赐五大夫之军功爵。后来周勃又攻打蒙、虞,夺取了这些地方。攻击章邯车骑的殿后部队,略定了魏地。攻打辕戚、东缗,一直到栗县,夺取了这些地方。攻齧桑,周勃又勇敢地捷足先登城楼。击秦军于阿下,大破秦军,追击秦军到濮阳,攻下了甄城。攻打都关、定陶,袭取宛朐,活捉单父的县令。夜袭夺取了临济,攻下了寿张,一直打到了卷县,破李由秦军于雍丘下。攻开封时,周勃率先攻到城下,战功最多。后章邯袭破项梁军,沛公与项羽就引兵东向回到了砀郡。周勃跟从沛公自沛县起事到回还砀郡,历时一年二个月。楚怀王封沛公号武安侯,为砀郡长。沛公拜周勃为襄贲令。跟从沛公平定魏地,在成武攻打东郡的郡尉,大破秦军。攻长社,奋勇先登城楼。攻颍阳、缑氏,切断黄河渡津。在尸乡的北面攻击赵贲的军队。南攻南阳郡守吕齮,攻破了武关、峣关。又在蓝田攻击秦军。到了咸阳,灭亡了秦朝。

项羽到咸阳,封沛公为汉王。汉王赐周勃为威武侯之爵。周勃跟从汉王入汉中,拜为将军。汉王还定三秦，赐怀德为周勃的封邑。在攻打槐里、好畤的战斗中，周勃功劳最大。在北击赵贲、内史保于咸阳的战斗中，周勃功劳最大。以后又北救漆县，攻击章平、姚的军队。向西平定了汧县。回师攻下了郿、频阳。在废丘围困了章邯，攻破了章邯军。然而向西击益已的军队，破之。攻打上邽，东守峣关。攻击项羽。在攻打曲遇战斗中功劳最大。接着又还守敖仓，追击项羽。项羽已死，周勃向东平定楚地泗水、东海郡，共得二十二县。还师守洛阳、栎阳，汉王赐钟离之地作为周勃与颍阴侯共同的食邑。以将军的身份跟从高祖攻击燕王臧荼，在易下破臧荼军，周勃所率领的士卒冲在驰道前的最多。周勃被赐爵列侯，给予可以代代相传的世袭符证。在绛县食邑八千二百八十户。

周勃

周勃以将军的身份跟从高帝在代郡攻击韩王信，霍人县投降。又率军最先到达武泉，攻击匈奴骑兵，破匈奴骑兵于武泉北。又转攻韩信军于铜鞮，大破韩信军。回师时降服了太原六城。在晋阳城下向韩信、匈奴骑兵进攻，破之，攻下了晋阳。后又在硰石向韩信军进攻，破之，向北追击八十里。回师进攻楼烦三城，在平城袭击匈奴骑兵，周勃所率士卒冲在驰道前的最多。周勃升迁为太尉。

周勃进击陈豨，屠毁马邑县城。他所率的将士斩杀陈豨的将军乘马降。接着转击韩信、陈豨、赵利的军队于楼烦，大破敌军，活捉陈豨的将领宋最、雁门郡守圂。随而转攻云中，活捉郡守遬、丞相箕肆、将军博。平定雁门郡十七个县，云中郡十二个县。随而又在灵丘攻击陈豨，大败陈豨军，斩陈豨的丞相程纵、将军陈武、都尉高肆。平定代郡九个县。

燕王卢绾反汉，周勃以相国的身份代樊哙为将，攻下了蓟城，生擒卢绾的大将抵、丞相偃、郡守陉、太尉弱、御史大夫施屠浑都。破卢绾军于上兰，以后又击卢绾军于沮阳。周勃率军一直追击到长城，平定了上谷十二个县，右北平十六个县，辽东二十九县，渔阳二十二县。周勃随从高帝征战共得相国一人，丞相二人，将军与二千石官员各三人；另外又破敌军二支，攻下三个城池，平定五个郡、七十九县，俘获丞相、大将各一人。

周勃为人质朴敦厚，高帝认为可将大事委托给他。周勃不喜欢文辞，每次召集诸生说士，就不以宾主之礼朝东而坐，斥责他们："快为我直言。"其朴纯无华就是如此。

周勃平定燕国回到京都时，高帝已驾崩死了，他以列侯的职位侍奉惠帝。惠帝六年，设置了太尉的官职，以周勃为太尉。惠帝十年，高后去世。赵王吕禄为汉上将军，吕王吕产为相国，执掌政权，想篡夺刘氏王朝。周勃与丞相陈平、朱虚侯刘章共同起来诛灭诸吕。

周勃与陈平等人暗中谋划，认为"少帝以及济川、淮阳、恒山王都不是惠帝的儿子。吕太后用计诈骗别人之子，杀死其母，养在后宫，叫惠帝把他们作为自己的儿子，立为后嗣，以此来加强吕氏的势力。现在虽已消灭了诸吕，但少帝长大管理国家大事后，我们就会被诛杀无遗，因此不如找诸侯中贤能的人来当皇帝。”于是就迎立了代王，即为孝文皇帝。

东牟侯兴居，是朱虚侯刘章的弟弟，他说：“诛灭诸吕，我没有什么功劳，请让我去清除皇宫。”就与太仆汝阴侯滕公进入了宫中。滕公上前对少帝说：“你不是刘氏的后裔，不应该当皇帝。”就回头命令少帝左右执戟的卫士都放下武器离开。有几个人不肯离开，宦官首领张释向他们说明情况，他们也就离去。滕公叫来舆车，载着少帝出宫。少帝说：“你们想把我安置在哪里？”滕公说：“在少府住宿。”接着又使用天子的御驾，到代王宫邸迎接皇帝，并报告说：“皇宫已清除好了。”皇帝进入未央宫，有十名谒者持戟守卫宫殿的正门，说：“天子在这里，你要干什么？”不得进入。太尉周勃上前说明，这些谒者就引兵离去，皇帝才进入宫中。当夜，官吏分头把济川、淮阳、常山王以及少帝杀死在宫邸。

文帝即位后，任命周勃为右丞相，赏赐黄金五千斤，食邑一万户。过了十多个月，有人对周勃说：“您既已诛灭了诸吕，拥立代王为皇帝，威震天下，而您又受到丰厚的赏赐，处于尊贵的地位，时间久了，定会大祸临头。”周勃听了十分恐惧，也感到自己处境危险，于是就向皇帝请求归还相印。皇上答应了他的请求。过了一年多，丞相陈平去世，皇上又用周勃为丞相。十多个月以后，皇上说：“前些日子我下诏叫列侯回到自己的封国去，有不少人没有走，丞相您是我所器重的，应该率先回到自己的封国去。”于是周勃就免除了丞相之职，回到自己的封国。

过了一年多，每当河东郡守与郡尉巡行下属县城而到绛县时，绛侯周勃害怕自己恐被诛杀，经常身披盔甲，命令家人手持兵器去见郡守、郡尉。后来有人上书告发周勃想谋反，告发信下达到廷尉，廷尉下令逮了周勃，进行审理。周勃非常害怕，不知如何对答。狱吏就渐渐地侮辱他。周勃拿出一千斤黄金送给狱吏，狱吏就在公文简牍的背面写字向他示意，上面写：“以公主为证。”公主是孝文帝的女儿，周勃的长子周胜之娶她为妻，因此狱吏教周勃以公主为证。当初，周勃所得的封赏，都全部给了公主薄昭。到了狱事危急的时候，薄昭就向薄太后进言求情，薄太后也认为周勃没有反叛的事情。文帝来朝见她时，薄太后就拿头上头巾掷向文帝，说：“绛侯曾掌管皇帝的玉玺，在北军统率军队，他不在此时造反，而今居住在一个小县，反而却要造反吗？”文帝已经看了周勃在狱中的供词，就向太后谢罪说：“狱吏刚查清，准备放他出狱。”于是派使者拿着符节去赦免周勃，恢复了他的爵位和封邑。周勃出狱后，说：“我曾率军百万，然而哪里知道狱吏之尊贵啊！”

周勃又回到了自己的封国。孝文帝十一年周勃去世，文帝赐他谥号为武侯。周勃的儿子胜之嗣立为侯，娶公主为妻感情不和睦，又犯了杀人罪，胜之死，被废除了封国。一年以后，文帝就选择周勃儿子中贤能的河内太守周亚夫为列侯。

周亚夫为河内太守时，许负给他相面说：“您三年后封侯，封侯八年为将相，执掌国家大权，地位之贵重，在大臣中独一无二。再过九年后就饥饿而死。”周亚夫笑着说：“我的兄长已经承袭了父亲的爵位为侯，如果他死去的话，也当由他的儿子代他为侯，我封侯从何说起呢？既然我已尊贵得像你许负所说的那样，又怎么说我会饿死呢？请明确指示我。”许负指着周亚夫的口说：“脸上有一条竖直的纹理进入口中，这是饿死的想法。”过了三年，他的哥哥绛侯周胜之有罪，文帝选择周勃儿子中的贤能者，大家都推荐周亚夫，于是封周亚夫为条侯。

文帝后元六年，匈奴大举入侵边境。文帝任命宗正刘礼为将军，驻军霸上；任命祝兹侯徐厉为将军。驻军棘门；任命河内郡守周亚夫为将军，驻军细柳，来防御匈奴。皇上亲自去慰劳军队，到了霸上与棘门的军营，一直驰入军中，将军下马出入迎送。不久皇帝到了细柳军营，军官吏都身披盔甲，拿着锋利的兵器，张着弓箭，把箭弦拉得紧满的。皇帝的先驱部队到了，细柳军营的军士不让进。先驱部队的官吏说："天子就要到了。"军门都尉说："军中只听从将军的命令，不听从天子的诏令。"过了不久，皇上来到军门，又不让进入。于是皇上派使者手持符节去诏令将军说："我想进军营慰劳军队。"周亚夫才传令打开营门。营门的军士对皇帝的车骑说："将军有规定，军中不得奔驰车骑。"于是天子下马拉着缰绳慢慢地步行。到了中营，将军周亚夫只是作揖说："穿着甲胄的将士不能下拜，请以军礼相见。"天子为之感动，扶着车前的横木俯下身子作为答礼。派人称谢说："皇帝恭敬地慰劳将军。"礼毕而去。出了军门，群臣都感到惊奇。文帝说："啊，这才是真正的将军！刚才霸上、棘门的军营如同儿戏，其将领可能被偷袭而成为俘虏。至于周亚夫，可以如此去侵犯吗？"文帝赞不绝口地说了好久。一个多月以后，三支军队都撤了回来。文帝就拜周亚夫为中尉。

文帝临死之时，告诫太子说："如果有了危急的事情，周亚夫是真正可以统率军队的人。"文帝死后，周亚夫任为车骑将军。

孝景帝三年，吴国、楚国反叛。周亚夫以中尉升为太尉，领兵东进攻击吴楚。因此亲自向皇上请示说："楚兵剽悍轻捷，难以针锋相对。希望把梁国委弃给他们，我们断绝他们的粮道，这样就可制服他们。"皇上答应了他的请求。

周亚夫立即率军出发，行至霸上，赵涉拦住去路对周亚夫说："将军东击吴楚，胜则国家安定，不胜则天下危险，能否听听我的计策吗？"周亚夫立即下车，很有礼貌地问他。赵涉说："吴王刘濞一向就很富有，长期豢养一批亡命之士。他得知将军此行东征，必定会布置这些人埋伏在到黾之间狭隘的山路边。况且兵事以神秘为上策，将军何不从这里向右进军，经过蓝田，出武关，直抵洛阳，这虽不过相差一二天的时间，但可以直入武库，击鼓而鸣。诸侯听到这一消息，以为将军从天而降。"周亚夫听从了赵涉的计策。到了洛阳，派人搜索黾之间的山路，果然发现有吴国的伏兵。于是周亚夫提升赵涉为护军。

周亚夫在荥阳会集各路兵马以后，吴国军队正在攻打梁国，梁国危急，请求救援。周亚夫率兵向东北抵昌邑，深沟壁垒而守。梁王派使者向周亚夫求援，周亚夫认为坚守昌邑有利，不肯前去求援。梁王上书景帝，景帝下诏令周亚夫救援梁国。周亚夫不接受诏令，坚守不出，而派轻骑兵弓高侯等去断绝吴楚军队后方的粮道。吴楚军队缺乏粮食，士兵饥饿，想要退却，几次前来挑战，周亚夫始终不出。有一天夜里，军中惊乱，内部互相攻击，一直乱到周亚夫的帐下。周亚夫镇定不慌，始终卧床不起。过了一会儿，军队终于安定了下来。吴国的军队假装奔袭汉军营垒的东南角，周亚夫却派人去防守西北角。过了不久吴国的精兵果然奔袭西北角，结果不能攻入。吴楚的军队饥饿无食，就引兵撤退离去。周亚夫派出精兵追击，大败吴王刘濞。吴王丢弃了他的军队，带着壮士数千人逃亡，到了江南丹徒坚守自保。汉兵乘胜追击，俘虏了全部叛军，降服了许多县邑，并悬赏千金来购买吴王的脑袋。过了一月多，越人割了吴王的脑袋前来报告。这次战争共打了三个月，而吴楚的叛乱就被平息，于是将领们认为太尉的计谋是对的，但也由此梁孝王与周亚夫之间产生了裂痕。

周亚夫回来以后，朝廷又恢复设置了太尉的官职。过了五年，周亚夫升为丞相，深得景帝的器重。景帝废除栗太子时，周亚夫曾极力反对，但没有成功。景帝也由此而疏远了他。而梁孝王每次上朝，常常在太后面前说周亚夫的坏话。

周亚夫

窦太后说："皇后的哥哥王信可以封侯。"景帝推辞说："当初南皮和章武侯在先帝时都没有封侯，等到我即了皇帝位后，才封他们为侯，因此王信现在也不得封侯。"窦太后说："人君各自根据当时的情况办事。窦长君在世时，竟然不能封侯，他死了以后，他的儿子彭祖却反而封了侯，为此我非常悔恨。皇帝您快封王信为侯吧！"景帝说："请允许我与丞相商议一下。"周亚夫说："高皇帝曾有约定：'非刘氏不得为王，非有功不得封侯。如有不遵守约定的人，天下人一起讨伐他'。现在王信虽然是皇后的哥哥，但没有什么功劳，如果封他为侯，是不遵守约定。"景帝默默不语而作罢。

后来的匈奴王徐卢等五人投降了汉朝，景帝准备封他们为侯以劝励后来的人。周亚夫说："他们背叛了他们的主人来投降陛下，陛下如果封他们为侯，那么如何来谴责不守节操的大臣呢？"景帝说："丞相的建议不可采用。"于是全部封徐卢等为列侯。周亚夫因此而称病免去了丞相的官职。

过了不久，景帝在宫禁中召见周亚夫，赐给他食物。在桌上只放了一盘大肉，没有刀可以切肉，也不放筷子。周亚夫心中愤愤不平，回头叫主管酒席的人去取筷子。景帝看了笑着说："这难道你还不满足吗？"周亚夫脱去官帽向景帝谢罪。景帝说："你起来。"周亚夫就很快地走了出去。景帝目送他出去，说："此人心中悻悻不平，不是太子的臣子啊！"

过了不久，周亚夫的儿子为他父亲向工官尚方令买了五百具铠甲盾牌作为随葬品。雇佣了一些人搬运，很辛苦，但又不给工钱。雇工知道这是盗买皇帝的专用器物，便怨恨地上书告发了他的儿子，事情牵连到周亚夫。景帝看了上书，就交给下面的官吏去处理。官吏拿着记录的簿子责问周亚夫，周亚夫不回答。景帝骂他说："我不用你了"，下诏叫他到廷尉处接受审理。廷尉责问他说："你要想造反吗？"周亚夫说："我所买的器物，都是随葬器具，怎么能说造反呢？"官吏说："你纵然不在地上造反，也是想在地下造反。"官吏追逼越来越急迫。当初，官吏在逮捕周亚夫时，周亚夫就想自杀，他的夫人劝阻了他，因此没有死，后来到了廷尉那里，就此绝食五天，吐血而死。封国也被废除。

过了一年，皇上就改封绛侯周勃的另一个儿子周坚为平曲侯，作为绛侯的继承人袭爵。平曲侯周坚死后，爵位就传给了儿子周建德，为太子大傅，后犯了酎金不符合规定的罪而免官。后来又犯罪，被废除了封国。

周亚夫果然饿死了。他死后，皇帝就封王信为盖侯。到了平帝元始二年，为了继承断绝了的世袭官爵，又封周勃的玄孙之子周恭为绛侯，食邑千户。

贾谊传

【题解】

贾谊（公元前200~前168年），西汉洛阳（今河南洛阳东）人，杰出的政治家、文学家。十八岁时，因文才出众，倍受郡人称赞。汉文帝即位，召为博士，不久官至太中大夫，并提议用他任公卿要职，因周勃、灌婴等反对，被贬为长沙王太傅，因心中感到压抑，在湘水写赋凭吊屈原。为长沙王太傅三年，作《鵩鸟赋》以自我宽慰。后为梁怀王太傅，因梁王胜坠马死，他悲伤过度，不久便逝世，年三十三岁。本传中记载了他“众建诸侯而少其力”，以削弱诸侯王势力，确立封建等级制度，强调礼义治国，以加强中央集权及抗击匈奴掠夺等政治主张。著书五十八篇，有所佚失。今本《贾子新书》亦五十八篇，其中《过秦论》等为有口皆碑的传世佳作。

【原文】

贾谊，洛阳人也，年十八，以能诵诗书属文称于郡中。河南守吴公闻其秀材，召置门下，甚幸爱。文帝初立，闻河南守吴公治平为天下第一，故与李斯同邑，而尝学事焉，征以为廷尉。廷尉乃言谊年少，颇通诸家之书。文帝召以为博士。

贾谊

是时，谊年二十余岁，最为少。每诏令议下，诸老先生未能言，谊尽为之对，人人各如其意所出，诸生于是以为能。文帝说之。超迁，岁中至太中大夫。

谊以为汉兴二十余年，天下和洽，宜当改正朔，易服色制度，定官名，兴礼乐。乃草具其仪法，色上黄，数用五，为官名悉更，奏之。文帝谦让未皇也。然诸法令所更定，及列侯就国，其说皆谊发之。于是天子议以谊任公卿之位。绛、灌、东阳侯、冯敬之属尽害之，乃毁谊曰：“雒阳之人年少初学，专欲擅权，纷乱诸事。”于是天子后亦疏之，不用其议，以谊为长沙王太傅。

谊既以适去，意不自得，及度湘水，为赋以吊屈原。屈原，楚贤臣也，被谗放逐，作《离骚赋》，其终篇曰：“已矣！国亡人，莫我知也。”遂自投江而死。谊追伤之，因以自谕。其辞曰：

恭承嘉惠兮，竢罪长沙。仄闻屈原兮，自湛汨罗。造托湘流兮，敬吊先生。遭世罔极兮，乃陨厥身。乌乎哀哉兮，逢时不祥！鸾凰伏窜兮，鸱鸮翱翔。阘茸尊显兮，谗谀得志；贤圣逆曳兮，方正倒植。谓随、夷溷兮，谓跖、跃廉；莫邪为钝兮，铅刀为铦。于嗟默默，生之亡故兮！斡弃周鼎，宝康瓠兮。腾驾罢牛，骖蹇驴兮；骥垂两耳，服盐车兮。章父荐履渐不可久兮；嗟若先生，独离此咎兮！

谇曰："已矣！国其莫吾知兮，子独壹郁其谁语？凤缥缥其高逝兮，夫固自引而远去。袭九渊之神龙兮，沕渊潜以自珍；面蟂獭以隐处兮，夫岂从暇与蛭螾？所贵圣之神德兮，远蜀世而自臧。使麒麟可系而羁兮，岂云异夫犬羊？般纷纷其离此邮兮，亦夫子之故也！历九州而相其君兮，何必怀此都也？凤凰翔于千仞兮，览德辉而下之；见细德之险徵兮，遥增击而去之。彼寻常之汙渎兮，岂容吞舟之鱼！横江湖之鳣鲸兮，固将制于蝼蚁。

谊为长沙傅三年，有服飞入谊舍，止于坐隅。服似鸮，不祥鸟也。谊既以适居长沙，长沙卑湿，谊自伤悼，以为寿不得长，乃为赋以自广，其辞曰：

单阏之岁，四月孟夏，庚子日斜，服集余舍，止于坐隅，貌甚闲暇。异物来崪，私怪其故，发书占之，谶言其度。曰"野鸟入室，主人将去。"问于子服："余去何之？吉乎告我，凶言其灾。淹速之度，语余其期。"

服乃太息，举首奋翼，口不能言，请对以意。万物变化，固亡休息。斡流而迁，或推而还。形气转续，变化而嬗。沕穆亡间，胡可胜言！祸兮福所倚，福兮祸所伏；忧喜聚门，吉凶同域。彼吴强大，夫差以败。粤棲会稽，勾践伯世。斯游遂成，卒被五刑；傅说胥靡，乃相武丁。夫祸之与福，何异纠缠命不可说，孰知其极？水激则旱，矢激则远。万物回薄，震荡相转。云丞雨降，纠错相纷。大钧播物，坱圠无垠。天不可与虑，道不可与谋。迟速有命，乌识其时？

且夫天地为铲，造化为工；阴阳为炭，万物为铜，合散消息，安有常则？千变万化，未始有极。忽然为人，何足控揣；化为异物，又何足患！小智自私，贱彼贵我；达人大观，物亡不可。贪夫徇财，列士徇名；夸者死权，品庶每生。怵迫之徒，或趋西东；大人不曲，意变齐同。愚士击俗，窘若囚拘；至人遗物，独与道俱。众人惑惑，好恶积意；真人恬漠，独与道息。释智遗形，超然自丧；寥廓忽荒，与道翱翔。乘流则逝，得坎则止；纵躯委命，不私与己。其生兮若浮，其死兮若休。澹乎若深渊之靓，汜乎若不击之舟。不以生故自保，养空而浮。德人无累，知命不忧。细故带芥，何足以疑！

后岁余，文帝思谊，徵之。至，入见，上方受厘，坐宣室。上因感鬼神事，而问鬼神之本。谊具道所以然之故。至夜半，文帝前席。既罢，曰："吾久不见贾生，自以为过之，今不及也。"乃拜谊为梁怀王太传。怀王，上少子，爱，而好书，故令谊传之，数问以得失。

是时，匈奴强，侵边。天下初定，制度疏阔。诸侯王僭儗，地过古制，淮南、济北王皆为逆诛。谊数上疏陈政事，多所欲匡建，其大略曰：

臣窥怀事势，可为痛哭者一，可为流涕者二，可为长太息者六，若其它背亘而伤道者，难偏以疏举。进言者皆曰天下已安已治矣，臣独以为未也。曰安且治者，非愚则谀，皆非事实知治乱之体者也。夫抱火厝之积薪之下而浸其上，火未及燃，因谓之安，方今之势，何以异此！本末舛逆，首尾衡决，国制抢攘，非甚有纪，胡可谓治！陛下何不壹令臣得孰数之于前，因陈治安之策，试详择焉！

夫射猎之娱，与安危之机孰急？使为治劳智虑，苦身体，乏钟鼓之乐，勿为可也。乐与今同，而加之诸侯轨道，兵革不动，民保道领，匈奴宾服，四荒乡风，百姓素朴，狱讼衰息。大数既得，则天下顺治，海内之气，清和咸理，生为明帝，没为明神，名誉之美，垂于为穷。礼祖有功而宗有德，使雇成之庙称为太宗，上配太祖，与汉亡极。建久安之势，成长治之业，以承祖庙，以奉六亲，至孝也；以幸天下，以育群生，至仁也；立经陈纪，轻重同得，后可以为万世法程，虽有愚幼不肖之嗣，犹得蒙业而安，至明也。以陛下之明运，因使少知治体者得佐下风，致此非难也。其具可素陈于前，愿幸无忽。臣谨稽之天地，验之往古，按之当今之务，日夜念此至孰也，虽使禹舜复生，为陛下下计，亡以易此。

夫树国固必相疑之势，下数被其殃，上数爽其忧，甚非所以安上而全下也。今或亲弟谋为东帝，亲兄之子西乡而击，今吴又见告矣。天子春秋鼎盛，行义未过，德泽有加焉，犹尚如是，况莫大诸侯，权力且十此者乎！

然而天下少安，何也？大国之王幼弱未壮，汉之所置傅相方握其事。数年之后，诸侯之王大抵皆冠，血气方刚，汉之傅相称病而赐罢，彼自丞尉以上偏置私人，如此，有异淮南、济北之为邪！此时而欲为治安，虽尧舜不治。

黄帝曰："日中必，操刀必割。今令此道顺而全安，甚易，不肯早为，已乃堕骨肉之属而抗刭之，岂有异秦之季世乎！夫以天子之位，乘今之时，因天之助，尚惮以危为安，以乱为治，假设陛下居齐桓之处，将不合诸侯而匡天下乎？臣又以知陛下有所必不能矣。假设天下如曩时，淮阴侯尚王楚，黥布王淮南，彭越王梁，韩信王韩，张敖王赵，贯高为相，绾王燕，陈豨在代，令此六七公者皆亡恙，当是时而陛下即天子位，能自安乎？臣有以知陛下之不能也。天下淆乱，高皇帝与诸公并起，非有仄室之势以豫席之也。诸公幸者，乃为中涓，其次廑得舍人，材之不逮至远也。高皇帝以明圣威武即天子位，割膏腴之地以王诸公，多者百余城，少者乃三四十县，德至渥也，然其后十年之间，反者九起。陛下之与诸公，非亲角材而臣之也，又非身封王之也，自高皇帝不能以是一岁为安，故臣知陛下之不能也。然尚有可诿者，曰疏，臣请试言其亲者。假令悼惠王王齐，元王王楚，中子王赵，幽王王淮阳，共王王梁，灵王王燕，厉王王淮南，六七贵人皆亡恙，当是时陛下即位，能为治乎？臣又知陛下之不能也。若此诸王，虽名为臣，实皆有布衣昆弟之心，虑亡不帝制而天子自为者。擅爵人，赦死罪，甚者或戴黄屋，汉法令非行也。虽行不轨如厉王者，令之不肯听，召之安可致乎！幸而来至，法安可得加！动一亲戚，天下圜视而起，陛下之臣虽有悍如冯敬者，适启其口，匕首已陷其匈矣。陛下虽贤，谁与领此？故疏者必危，亲者必乱，已然之效也。其异姓负强而动者，汉已幸胜之矣，又不易其所以然。同姓袭是迹而动，既有徵矣，其势尽又复然。殃祸之变，未知所移，明帝处之尚不能以安，后世将如之何！

屠牛坦一朝解十二牛，而芒刃不顿者，所排击剥割，皆众理解也。至于髋髀之所，非斤则斧。夫仁义恩厚，人主之芒刃也；权势法制，人主之斤斧也。今诸侯王皆众髋髀也，释斤斧之用，而欲婴以芒刃，臣以为不缺则折。胡不用之淮南、济北？势不可也。

臣窃迹前事，大抵强者先反。淮阴王楚最强，则最先反，韩信倚胡，则又反；贯高因赵资，则又反；陈豨兵精，则又反；彭越用梁，则又反；黥布用淮南，则又反；卢绾最弱，最后反。长沙乃在二万五千户耳，功少而最完，势疏而最忠，非独性异人也，亦形势然也。曩令樊、郦、绛、灌据数十城而王，今虽以残亡可也；令信、越之伦列为彻侯而居，虽至今存可也。然则天下之大计可知已。欲诸王之皆忠附，则莫若令如长沙王；欲臣子之勿菹醢，则莫若令如樊、郦等；欲天下之治安，莫若众建诸侯而少其力。力少则易使以义，国小则亡邪心。令海内之势如身使臂，臂之使指，莫不制从，诸侯之君不敢有异心，辐凑并进而归命天子，虽在细民，且知其安，故天下咸知陛下之明。割地定制，令齐、赵、楚各为若干国，使悼惠王、幽王、元王之子孙毕以次各受祖之分地，地尽而止，及燕、梁它国皆然。其分地众而子孙少者，建以为国，空而置之，须其子孙生者，举使君之。诸侯之地其削颇入汉者，为徙其侯国及封其子孙也，所以数偿之，一寸之地，一人之众，天子亡所利焉，诚以定治而已，故天下咸知陛下之廉。地制壹定，宗室子孙莫虑不王，下无倍畔之心，上无诛伐之志，故天下咸知陛下之仁。法立而不犯，令行而不逆，贯高、利几之谋不生，柴奇、开章之计不萌，细民乡善，大臣致顺，故天下咸知陛下之义。卧赤子天下之上而安，植遗腹，朝委裘，而天下不乱，当时大治，后世诵圣。壹动而五业附，陛下谁惮而久不为此？

天下之势方病大肿。一胫之大几如要，一指之大几如股，平居不可屈信，一二指搐，身虑亡聊。失今不治，必为锢疾，后虽有扁鹊，不能为已。病非徒肿也，又苦跋盩。元王之子，帝之从弟也；今之王者，从弟之子也。惠王，亲兄子也；今之王者，兄子之子也。亲者或亡分地以安天下，疏者或制大权以逼天子，臣故曰非徒病肿也，又苦跋盩。可痛哭者，此病是也。

天下之势方倒县。凡天子者，天下之首，何也？上也。蛮夷者，天下之足，何也？下也。今匈奴嫚娒侵掠，至不敬也，为天下患，至亡已也，而汉岁致金絮采缯以奉之。夷狄徵令，是主上之操也；天子共贡，是臣下之礼也。足反居上，首顾居下，倒县如此，莫之能解，犹为国有人乎？非亶倒县而已，又类辟，且病痱。夫辟者一面病，痱者一方痛。今西边北边之郡，虽有长爵不轻得复，五尺以上不轻得息，斥候望烽燧不得卧，将吏被介胄而睡，臣故曰一方病矣。医能治之，而上不使，可为流涕者此也。

陛下何忍以帝皇之号为戎人诸侯，势既卑辱，而祸不息，长此安穷！进谋者率为是，固不可解也，亡具甚矣。臣窃料匈奴之众不过汉一大县，以天下之大困于一县之众，甚为执事者羞之，陛下何不试以臣为属国之官以主匈奴？行臣之计，请必系单于之颈而制其命，伏中行说而笞其背，举匈奴之众唯上之令。今不猎猛敌而猎田彘，不搏反寇而搏畜菟，玩细娱而不图大患，非所以为安也。德可远施，威可远加，而直数百里外威令不信，可为流涕者此也。

今民卖僮者，为之绣衣丝履偏诸缘，内之闲中，是古天子后服，所以庙而不宴者也，而庶人得以衣婢妾。白谷之表，薄纨之裹，緁以偏诸，美者黼绣，是古天子之服，今富人大贾嘉会召客者以被墙。古者以奉一帝一后而节适，今庶人屋壁得为帝服，倡优下贱得为后饰，然而天下不屈者，殆未有也。且帝之身自衣皂绨，而富民墙屋被文，天子之后以缘其领，庶人孽妾缘其履，此臣所谓舛也。夫百人作之不能衣一人，欲天下亡寒，胡可得也？一人耕之，十人聚而食之，欲天下亡饥，不可得也。饥寒切于民之肌肤，欲其亡为奸邪，不可得也。国已屈矣，盗贼直须时耳，然而献计者曰"毋动"，为大耳。夫俗至大不敬也，至亡等也，至冒上也，进计者犹曰"毋为"，可为长太息者此也。

商君遗礼义，弃仁恩，并心于进取，行之二岁，秦俗日败。故秦人家富子壮则出分，家贫子壮则出赘。借父耰钼，虑有德色；母取箕帚，立而谇语。抱哺其子，与公并倨；妇姑不相说，则反唇而相稽。其慈子耆利，不同禽兽者亡几耳。然并心而赴时，犹曰蹶六国，兼天下。功成求得矣，终不知反廉愧之节，仁义之厚。信并兼之法，遂进取之业，天下大败；众掩寡，智欺愚，勇威怯，壮陵衰，其乱至矣。是以大贤起之，威震海内，德从天下。曩之为秦者，今转而为汉矣。然其遗风余俗，犹尚未改。今世以侈靡相竞，而上亡制度，弃礼谊，捐廉耻，日甚，可谓月异而岁不同矣。逐利不耳，虑非顾行也，今其甚者杀父兄矣。盗者掇寝户之帘，搴两庙之器，白昼大都之中剽吏而夺之金。矫伪者出几十万石粟，赋六百余万钱。乘传而行郡国,此其亡行义之尤至者也。而大臣特以簿书不报,期会之间,以为大故。至于俗流失,世坏败,因恬而不知怪,虑不动于耳目,以为是适然耳。夫移风易俗,使天下回心而乡道,类非俗吏之所能为也。俗吏之所务,在于刀笔筐箧,而不知大礼。陛下又不自忧,窃为陛下惜之。

夫立君臣,等上下,使父子有礼,六亲有纪,此非天之所为,人之所设也。夫人之所设,不为不立,不植则僵,不修则坏。《管子》曰:“礼义廉耻,是谓四维;四维不张,国乃灭亡。”使管子愚人也则可,管子而少知治体,则是岂可不为寒心哉!秦灭四维而不张,故君臣乖乱,六亲殃戮,奸人并起,万民离叛,凡十三岁,而社稷为虚。今四维犹未备也,故奸人几幸,而众心疑惑。岂如今定经制,令君君臣臣,上上有差,父子六亲各得其宜,奸人亡所几幸,而群臣众信,上不疑惑!此业壹定,世世常安,而后有所持循矣。若夫经制不定,是犹度江河亡维楫,中流而遇风波,舩必覆矣。可为长太息者此也。

夏为天子,十有余世,而殷受之。殷为天子,二十余世,而周受之。周为天子,三十余世,而秦受之。秦为天子,二世而亡。人性不甚相远也,何三代之君有道之长,而秦无道之暴也?其故可知也。古之王者,太子乃生,固举以礼,使士负之,有司齐肃端冕,见之南郊,见于天也。过阙则下,过庙则趋,孝子之道也。故自为赤子而教固已行矣。昔者成王幼在襁褓之中,召公为太保,周公为太傅,太公为大师。保,保其身体;傅,傅之德义;师,道之教训:此三公之职也。于是为置三少,皆上大夫也,曰少保、少傅、少师,是与太子宴者也。故乃孩提有识,三公、三少固明孝仁礼义以道习之,逐去邪人,不使见恶行。于是皆选天下之端士孝悌博闻有道术者以卫翼之,使与太子居处出入。故太子乃生而见正事,闻正言,行正道,左右前后皆正人也。夫习与正人居之,不能毋正,犹生长于齐不能不齐言也;习与不正人居之,不能毋不正,犹生长于楚之地不能不楚言也。故择其所耆,必先受业,乃得尝之;择其所乐,必先有习,乃得为之。孔子曰:“少成若天性,习贯如自然。”及太子少长,知妃色,则入于学。学者,所学之官也。《学礼》曰:“帝入东学,上亲而贵仁,则亲疏有序而恩相及矣;帝入南学,上齿而贵信,则长幼有差而民不诬矣;帝入西学,上贤而贵德,则圣智在位而功不遗矣;帝入北学,上贵而尊爵,则贵贱有等而下不谕矣。帝入太学,承师问道,退习而考于太傅,太傅罚其不则而匡其不及,则德智长而治道得矣。此五学者既成于上,则百姓黎民化辑于下矣。”及太子既冠成人,免于保傅之严,则有记过之史,彻膳之宰,进善之旌,诽谤之木,敢谏之鼓。瞽史诵诗,工诵箴谏,大夫进谋,士傅民语。习与智长,故切而不媿;化与心成,故中道若性。三代之礼:春朝朝日,秋暮夕月,所以明有敬也;春秋入学,坐国老,执酱而亲馈之,所以明有孝也;行以鸾和,步中《采齐》,趣中《肆夏》,所以明有度也;其于禽兽,见其生不食其死,闻其声不食其肉,故远庖厨,所以长恩,且明有仁也。

夫三代之所以长久者,以其辅翼太子有此具也。及秦而不然。其俗固非贵辞让也,所上者告讦也;固非贵礼义也,所上者刑罚也。使赵高傅胡亥而教之狱,所习者非斩劓人,则夷人之三族也。故胡亥今日即位而明日射人,忠谏者谓之诽谤,深计者谓之妖言,其视杀人若艾草菅然。岂惟胡亥之性恶哉。彼其所以道之者非其理故也。

鄙谚曰:“不习为吏,视已成事。”又曰:“前车覆,后车诫。”夫三代之所以长久者,其已事可知也;然而不能从者,是不法圣智也。秦世之所以亟绝者,其辙迹可见也;然而不避,是后车又将覆也。夫存亡之变,治乱之机,其要在是矣。天下之命,县于太子;太子之善,在于早谕教与选左右。夫心未滥而先谕教，则化易成也；开于道术智谊之指，则教之力也。若其服习积贯，则左右而已。夫胡、粤之人，生而同声，耆欲不异，及其长而成俗，累数译而不能相通，行者有虽死而不相为者，则教习自然也。臣故曰选左右早谕教最急。夫教得而左右正，则太子正矣，太子正而天下定矣。《书》曰："一人有庆，兆民赖之。"此时务也。

凡人之智，能见已然，不能见将然。夫礼者禁于将然之前，而法者禁于已然之后，是故法之所用易见，而礼之所为生难知也。若夫庆赏以劝善，刑罚以惩恶，先王执此之政，坚如金石，行此之令，信如四时，据此之公，无私如天地耳，岂顾不用哉？然而曰礼云礼云者，贵绝恶于未萌，而起教于微眇，使民日迁善远罪而不自知也。孔子曰："听讼，吾犹人也，必也使毋讼乎！"为人主计者，莫如先审取舍；取舍之极定于内，而安危之萌应于外矣。安者非一日而安也，危者非一日而危也，皆以积渐然，不可不察也。人主之所积，在其取舍。以礼义治之者，积礼义；以刑罚治之者，积刑罚。刑罚积而民怨背，礼义积而民和亲。故世主欲民之善同，而所以使民善者或异。或道之以德教，或欧之以法令。道之以德教者，德教洽而民气乐；欧之以法令者，法令极而民风哀。哀乐之感，祸福之应也。秦王之欲尊宗庙而安子孙，与汤武同，然而汤武广大其德行，六七百岁而弗失，秦王治天下，十余岁则大败。此亡它故矣，汤武之定取舍审而秦王之定取舍不审矣。夫天下，大器也。今人之置器，置诸安处则安，置诸危处则危。天下之情与器亡以异，在天子之所置之。汤武置天下于仁义礼乐，而德泽洽，禽兽草木广裕，德被蛮貊四夷，累子孙数十世，此天下所共闻也。秦王置天下于法令刑罚，德泽亡一有，而怨毒盈于世，下憎恶之如仇雠，祸几及身，子孙诛绝，此天下之所共见也。是非其明效大验邪！人之言曰："听言之道，必以其事观之，则言者莫敢妄言。"今或言礼谊之不如法令，教化之不如刑罚，人主胡不引殷、周、秦事以观之也？

人主之尊譬如堂，群臣如陛，众庶如地。故陛九级上，廉远地，则堂高；陛亡级，廉近地，则堂卑。高者难攀，卑者易陵，理势然也。故古者圣王制为等列，内有公卿大夫士，外有公侯伯子男，然后有官师小吏，延及庶人，等级分明，而天子加焉，故其尊不可及也。里谚曰："欲投鼠而忌器。"此善谕也。鼠近于器，尚惮不投，恐伤其器，况于贵臣之近主乎！廉耻节礼以治君子，故有赐死而亡戮辱。是以黥劓之罪不及大夫，以其离主上不远也。礼不敢齿君之路马，蹴其刍者有罚；见君之几杖则起，遭君之乘车则下，入正门则趋；君之宠臣虽或有过，刑戮之罪不加其身者，尊君之故也。此所以为主上豫远不敬也。所以体貌大臣而厉其节也。今自王侯三公之贵，皆天子之所改容而礼之也，古天子之所谓伯父、伯舅也，而令与众庶同黥劓髡刖笞傌弃市之法，然则堂不亡陛乎？被戮辱者不泰迫乎？廉耻不行，大臣无乃握重权、大官而有徒隶亡耻之心乎？夫望夷之事，二世见当以重法者，投鼠而不忌器之习也。

臣闻之，履虽鲜不加于枕，冠虽敝不以苴履。夫尝已在贵宠之位，天子改容而体貌之矣，吏民尝俯伏以敬畏之矣，今而有过，帝令废之可也，退之可也，赐之死可也，灭之可也；若夫束缚之，系緤之，输之司寇，编之徒官，司寇小吏詈骂而榜笞之，殆非所以令众庶见也。夫卑贱者习知尊贵者之一旦吾亦乃可以加此也，非所以习天下也，非尊尊贵贵之化也。夫天子之所尝敬，众庶之所尝宠，死而死耳，贱人安宜得如此而顿辱之哉！

豫让事中行之君，智伯伐而灭之，移事智伯。及赵灭智伯，豫让衅面吞炭，必报襄子，五起而不中，人问豫子，豫子曰："中行众人畜我，我故众人事之；智伯国士遇我，我故国士报之。"故此一豫让也，反君事雠，行若狗彘，已而抗节致忠，行出乎列士，人主使然也。故主上遇其大臣如遇犬马，彼将犬马自为也；如遇官徒，彼将官徒自为也。顽顿亡耻，污诟亡节，廉耻不立，且不自好，苟若而可，故见利则逝，见便则夺。主上有败，则因而挺之矣；主上有患，则吾苟免而已，立而观之耳；有便吾身者，则欺卖而利之耳。人主将何便于此？群下至众，而主上至少也，所托财器职业者粹于群下也。俱亡耻，俱苟妄，则主上最病。故古者礼不及庶人，刑不至大夫，所以厉宠臣之节也。古者大臣有坐不廉而废者，不谓不廉，曰"簠簋不饰"；坐汙秽淫乱男女亡别者，不曰汙秽，曰："帷薄不修"；坐罢软不胜任者，不谓罢软，曰"下官不职"。故贵大臣定有其罪矣，犹未斥然正以评之也，尚迁就而为之讳也。故其在大谴大何之域者，闻谴何则白冠牦缨，盘水加剑，造请室而请罪耳，上不执缚系引而行也。其有中罪者，闻命而自弛，上不使人颈而加也。其有大罪者，闻命盩则北面再拜，跪而自裁，上不使捽抑而刑之也，曰："子大夫自有过耳！吾遇子有礼矣。"遇之有礼，故群臣自吉总；婴以廉耻，故人矜节行。上设廉耻礼义以遇其臣，而臣不以节行报其上者，则非人类也。故化成俗定，则为人臣者主耳忘身，国耳忘家，公耳忘私，利不苟就，害不苟去，唯义所在。上之化也，故父兄之臣诚死宗庙，法度之臣诚死社稷，辅翼之臣诚死君上，守圄扞敌之臣诚死城郭封疆。故曰圣人有金城者，比物此志也。彼且为我死，故吾得与之俱生；彼且为我亡，故吾得与之俱存；夫将为我危，故吾得与之皆安。顾行而忘利，守节而仗义，故可以讬不御之权，可以寄六尺之孤。此厉廉耻行礼谊之所致也，主上何丧焉！此之不为，而顾彼之久行，故曰可为长太息者此也。

是时丞相绛侯周勃免就国，人有告勃谋反，逮击长安狱治，卒亡事，复爵邑，故贾谊以此讥上。上深纳其言，养臣下有节。是后大臣有罪，皆自杀，不受刑。至武帝时，稍复入狱，自甯成始。

初，文帝以代王入即位，后分代为两国，立皇子武为代王，参为太原王，小子胜则梁王矣。后又徙代王武为淮阳王，而太原王参为代王，尽得故地。居数年，梁王胜死，亡子。谊复上疏曰：

陛下即不定制，如今之势，不过一传再传，诸侯犹且人恣而不制，豪植而大强，汉法不得行矣。陛下所以为蕃扞及皇太子之所恃者，唯淮阳、代二国耳。代北边匈奴，与强敌为邻，能自完则足矣。而淮阳之比大诸侯，廑如黑子之著面，适足以饵大国耳，不足以有所禁御。方今制在陛下，制国而令子适足以为饵，岂可谓工哉！人主之行异布衣。布衣者，饰小行，竞小廉，以自托于乡党，人主唯天下安社稷固不耳。高皇帝瓜分天下以王功臣，反者如蝟毛而起，以为不可，故蔪去不义诸侯而虚其国。择良日，立诸子雒阳上东门之外，毕以为王，而天下安。故大人者，不牵小行，以成大功。

今淮南地远者或数千里，越两诸侯，而县属于汉。其吏民繇役往来长安者，自悉而补，中道衣敝，钱用诸费称此，其苦属汉而欲得王至甚，逋逃而归诸侯者已不少矣。其势不可久。臣之愚计，愿举淮南地以益淮阳，而为梁王立后，割淮阳北边二三列城与东郡以益梁；不可者，可徙代王而都睢阳。梁起于新郪以北著之河，淮阳包陈以南揵之江，则大诸侯之有异心者，破膽而不敢谋。梁足以扞齐、赵，淮阳足以禁吴、楚，陛下高枕，终亡山东之忧矣，此二世之利也。当今恬然，適遇诸侯之皆少，数岁之后，陛下且见之矣。夫秦日夜苦心劳力以除六国之祸，今陛下力制天下，颐指如意，高拱以成六国之祸，难以言智，苟身亡事，畜乱宿祸，孰视而不定，万年之后，传之老母弱子，将使不宁，不可谓仁。臣闻圣主言问其臣而不自造事，故使人臣得毕其愚忠。唯陛下财幸！

文帝于是从谊计，乃徙淮阳王武为梁王，北界泰山，西至高阳，得大县四十余城；徙城阳王喜为淮南王，抚其民。

时又封淮南厉王四子皆为列侯。谊知上必将复王之也，上疏谏曰："窃恐陛下接王淮南诸子，曾不与如臣者孰计之也。淮南王之悖逆亡道，天下孰不知其罪？陛下幸而赦迁之，自疾而死，天下孰以王死之不当？今奉尊罪人之子，适足以负谤于天下耳。此人少壮，岂能忘其父哉？白公胜所为父报仇者，大父与伯父、叔父也。白公为乱，非欲取国代主也，发愤快志，剡手以冲仇人之匈，固为俱靡而已。淮南虽小，黥布尝用之矣，汉存特幸耳。夫擅仇人足以危汉之资，于策不便。虽割而为四，四子一心也。予之众，积之财，此非有子胥、白公报于广都之中，即疑有剸诸、荆轲起于两柱之间，所谓假贼兵为虎翼者也。愿陛下少留计！"

梁王胜坠马死，谊自伤为傅无状，常哭泣，后岁余，亦死。贾生之死。年三十三矣。

后四岁，齐文王死，亡子。文帝思贾生之言，乃分齐为六国，尽立悼惠王子六人为王；又迁淮南王喜于城阳，而分淮南为三国，尽立厉王三子以王之。后十年，文帝崩，景帝立，三年而吴、楚、赵与四齐王合从举兵，西乡京师，梁王扞之，卒破七国。至武帝时，淮南厉王子为王者两国亦反诛。

孝武初立，举贾生之孙二人至郡守。贾嘉最好学，世其家。

赞曰：刘向称"贾谊言三代与秦治乱之意，其论甚美，通达国体，虽古之伊、管未能远过也。使时见用，功化必盛。为庸臣所害，甚可悼痛。"追观孝文玄默躬行以移风俗，谊之所陈略施行矣。及欲改定制度，以汉为土德，色上黄，数用五，及欲试属国，施五饵三表以系单于，其术固以疏矣。谊亦天年早终，虽不至公卿，未为不遇也。凡所著述五十八篇，掇其切于世事者著于传云。

【译文】

贾谊，是洛阳人，十八岁时，因能诵读诗书，撰写文章，在郡中受到称赞。河南太守吴公听说他才能优秀，召他作为弟子，十分宠爱。汉文帝初立，听说河南太守吴公政绩为天下第一，原本与李斯同邑，而且曾师事李斯，跟李斯学习，便征调他做了廷尉。廷尉于是推荐贾谊，说他年纪虽小，却十分精通各家的著作。文帝召见贾谊，让他做了博士。

这时，贾谊二十多岁，在博士中年龄是最小的。每次诏书下达，让发表意见，各位老先生未及开口，贾谊便面面俱到地做了回答，人人感觉到好像出自自己的心中。众儒生于是公认他很有本事。文帝十分高兴，破格提拔，年内官至太中大夫。

贾谊认为汉代兴盛二十多年，天下和睦融洽，应当颁布新历法，变换礼仪制度中崇尚的颜色，制定官名，提倡礼乐。于是起草一套他主张的礼仪规定，颜色尚黄，数目用五，所有官名全部更换，以此上奏。文帝表示谦让，认为来不及周旋。但各种法令的变更，及列侯到封地就任，都是贾谊最早倡议的。因此天子提议用贾谊担任公卿的职务。绛侯、灌婴、东阳侯、冯敬等人都十分妒忌，便攻击贾谊说："洛阳人年幼初学，自作主张，专擅权力，扰乱众事。"因此天子后来也疏远他，不采纳他的建议，让贾谊做了长沙王太傅。

贾谊既然已遭贬谪，离开都城，心中感到压抑，在渡湘水时，便写赋凭吊屈原。屈原是楚国的贤臣，遭诬陷被放逐，写下了《离骚赋》，赋的末尾说："算了吧，我的国家没有人了解我啊！"便自己投江自尽。贾谊追悼他，借以自喻。悼词说：

恭接诏命啊，待罪长沙。谨闻屈原啊，自沉汨罗。来托湘流啊，敬吊先生。遭世无道啊，乃灭此身。呜呼哀哉啊，逢时不祥。鸾凤隐逃啊，鸱枭翱翔。庸才尊显啊，谗言得志。贤圣困穷啊，正直倒悬。谓卞随、伯夷贪心啊，说盗跖、庄跻清廉。莫邪变钝啊，铅刀变利。可叹啊，先生逝世。如此寂寞！抛弃周鼎，珍藏瓦盆。疲牛驾辕驰骋，跛驴两旁帮衬。骐骥耷拉两耳，俯身拖拉盐车。帽子当作草鞋，其诈何能久长。可叹啊，先生倍受折磨，独遭如此祸殃！

劝告说：算了吧！国内无人知我啊，您独自忧伤向谁说？凤凰轻举高飞啊，它原本自动远灾祸。深渊里的神龙啊，潜藏为的是自珍。避蟂獭而隐居啊，岂随虾蛭与蚯蚓！慕圣人的美德啊，远浊世而自重。若麒麟可以拘系啊，怎能说与犬羊不同？乱纷纷而遭此祸啊，也与您同一缘故。走遍天下辅君王啊，何必念此国都！凤凰翔于千仞啊，览大德之光才下集。见细德之险兆啊。老远便奋击而离去。那寻常的污渎啊，岂容吞舟之鱼！鳣鲸横躺其中啊，自然受蝼蚁凌欺。

贾谊做长沙王太傅的第三年，有鹏鸟飞进贾谊的屋内，停在座位的旁边。鹏鸟类似鸮，是不吉利的鸟。贾谊既已贬居长沙，长沙地势低而潮湿，贾谊独自悲伤，以为寿命不会长，便作赋以自我宽心。赋的原文说：

文帝七年，四月初夏，庚子日暮，鹏落我家，停在座旁，貌甚闲暇。怪物来降，暗奇其故，翻书卜占，预言前途，说"野鸟入室，主人将去"。请问鹏兄："我去何地？吉则告我，凶言灾异，寿夭之数，语我限期。"

鹏鸟叹息，举首奋翼，口不能言，聊表心意。万物变化，本无休息。旋转迁徙，暗推而返。形气转换，变化万千。微妙无隙，哪能胜言！祸啊福所倚，福啊祸所伏。忧喜相聚，吉凶同途。吴国强大，夫差取败。越困会稽，勾践霸世。李斯游说成功，终于遭受五刑。傅说先为刑徒，结果身相武丁。祸福相依，无异拧绳。命不可说，谁知底蕴？水激流速，矢激射远。万物互迫，激烈转变。云蒸雨降，交错纷纭。造化荡物，无际无垠。天不可与虑，道不可与谋。迟速有命，怎知其时？

况且天地是炉，造化是工，阴阳是炭，万物是铜，聚散生灭，安有常则？千变万化，何尝有极！偶然为人，何足喜欢？死后为物，又何足患？小智自私，贱彼贵我，通人达观，物无不可。贪夫殉财，烈士殉名，显贵死权，百姓念生。逐利之人，奔赴西东，大人不屈，万变齐同。愚士累俗，困若拘囚，至人无物，与道为友。众人糊涂，好恶填胸，真人恬淡，与道共荣。弃智忘形，超然自失，寥廓恍惚，与道为一。顺流则逝，遇险便止，托身委命，不为己私。视生若漂游，视死若长眠，淡泊如深渊般寂静，浮荡如未拴的小船。不因生过分自重，养真性听凭自然。德人无累，知命不忧。琐碎小事，何足犯愁！

又过了一年多，文帝思念贾谊，征召他。到都城，进见，皇上正在享用祭肉，坐在宣室。皇上根据人和鬼神相感通这件事，询问鬼神的本质。贾谊全面回答了有关的原理。至半夜，文帝已逐渐向前坐到了贾谊面前。论说已经结束。文帝说："我许久没有见到贾生，自以为超过他，现在看来还是不如他。"于是拜贾谊为梁怀王太傅。怀王，是皇上的小儿子，十分受宠，喜好读书，所以让贾谊做他的老师，经常向贾谊询问政事的得失。

这时，匈奴强大，侵犯边境。国家刚刚安定下来，制度很不完善。诸侯王超越本分，封地超过古代的有关规定，淮南王、济北王都因为谋反而被诛杀。贾谊屡次上书陈述政事，想纠正和创建的地方很多，大概意思是说：

我私下考虑政治形势，令人痛哭的有一个方面，令人流涕的有两个方面，令人长叹息的有六个方面。像其他那些悖理伤道的地方，就很难用上书的形式全面罗列了。进言的人都说“天下已经安定，已经治理好了”，我独以为不然。说已经安定而且已经治理好了的人，不是愚蠢便是献媚，都是些事实上不懂得治乱根本的人。把火放在柴堆下面而在上面睡觉，火还没有燃烧起来，便说这样很安全，当今的形势和这种现象有什么不同！本末倒置，首尾脱节，国家制度混乱，不全面进行整顿，怎能说天下太平！您何不干脆让我有机会在您面前彻底讲清楚，根据我陈述的使国家安定的谋略，试着仔细地抉择呢！

射猎的快乐和关系国家安危的关键那一个更为重要呢？倘若进行治理要耗费精神，劳苦身体，缺乏钟鼓的欢乐，那么不去进行还能说得过去。欢乐与现在相同，再加上诸侯遵守法度，军队不必调动，人民生命安全，匈奴臣服，四境感化，百姓纯朴，狱讼减少甚至没有。基本的得以实现，那么天下大治，海内气氛，清明和平，生为贤圣的君主，死为英明的神灵，美好的名声，永垂不朽。按《礼》的规定，祖宗有功有德，将您的顾成庙称为太宗，上配太祖，同汉朝一起永远流传下去。奠定久安的形势，成就长治的业绩，以承祀祖庙，以奉养六亲，是最完美的孝行；以亲临天下，以养育众生，是最伟大的仁德；确定纲常法度，大小事情都能有所遵循，今后可以作为万世法典，即使出现平庸幼小品行不好的继承人，也能安守基业，是最了不起的明智。凭您的明达，依靠稍微懂得治国要点的人在下面辅佐，做到这些并不困难。有关的具体措施现在便可在您面前陈述，希望不被忽略。我稽考天地，验证往古，结合当今的实际需要，日夜思考这些问题已十分成熟，即使夏禹、虞舜复生，替您进行谋划，也无法改变这些主张。

建立诸侯国原本必定出现相互猜疑的局面，下面多次因此遭到灾祸，上面多次因此忧心忡忡，的确不是安上全下的办法。如今亲弟弟图谋称东帝，亲哥哥的儿子向西出击，现在吴王又被上告了。天子年富力强，操行道义均无过失，并施行仁爱恩惠，尚且如此，何况更大的诸侯，权力将超过他们十倍的呢！

但天下还算安定，为什么呢？大国的国王幼弱未壮，汉朝廷安置的傅相正掌握他们的政事。几年以后，诸侯的国王大抵都成年，血气方刚，汉朝廷安置的傅相称病而准以罢免，他从丞尉以上普遍安置亲信，像这样，能做出与淮南王、济北王不同的事来吗？到这个时候而想使国家长治久安，即使尧舜也办不到。

黄帝说：“太阳当空必须赶快晾晒，刀在手中必须马上切割。”如今使这个道理得以实施便上下安宁，是十分容易的，不肯及早动手，结果伤害骨肉同胞而将头砍下来，难道与秦朝末年有什么不同呢！凭天子的地位，趁现在的时机，靠上天的帮助，尚且惧怕把危险视作安全，将乱世当作太平，假如您处在齐桓公的境地，难道会不聚合诸侯而匡正天下吗？我又因此知道您肯定不会这样的。假如天下像过去那样，淮阴侯还在楚为王，黥布在淮南为王，彭越在梁为王，韩信在韩为王，张敖在赵为王，贯高为相，卢绾在燕为王，陈豨盘踞代地，如果这六七人都健在，在这个时候您当上天子，能自安吗？我又因此知道您不能自安。天下混乱，汉高祖与诸公一同起兵，没有丝毫的权势作为本钱。诸公中侥幸一些的才当上侍从官，其他的仅为舍人，是由于才能差得太远的缘故。汉高祖因圣明威武当上天子，将肥沃的土地分给诸公为王，多的百多座城池，少的有三四十县，恩惠特别深厚，但其后十年之间，反叛的就有九起。您与诸公的关系，不是亲身较量才能而使他们称臣的，也不是亲身封他们为王的，从汉高祖不能因此得到一年的安宁看，所以我知道您不可能安宁。但还可以有借口，说诸公都不是亲属，那就让我说一说其中的亲属吧。如果让悼惠王在齐为王，元王在楚为王，中子在赵为王，幽王在淮阳为王，共王在梁为王，灵王在燕为王，厉王在淮南为王，这六七位贵人都健在，在这个时候您当上天子，能使天下太平吗？我又知道您办不到啊。像这些侯王，显然名义上是臣，实际上都存在普通兄弟之间可以平起平坐的想法，没有不考虑建立帝制而自认为是天子的。擅自给人封爵，赦免死罪，更有甚者还享用与天子相同的车盖，汉朝廷的法令是行不通的。就连行为不轨像厉王那样的，命令他不肯服从，召见他怎么能来呢！幸而到来，刑法哪里能够得到施行！动一个亲戚，天下便瞪目而起，您手下即使有强悍像冯敬那样的大臣，才开口说说，匕首已刺进他的胸膛了。您虽然十分贤能，又同谁一起来治理这样的事情呢？所以非亲属肯定危险，亲属必定叛乱，是已经发生的事实。那些自以为强大而造反的异姓诸侯，汉朝廷已侥幸将他们打败，可是还没有铲除产生这种事情的根源。同姓诸侯沿着这样的路子而行动，已经有征兆了，其局势尽然又回复到老样子。祸殃已经发生，还不知如何转移，圣明的皇帝处在这样的环境中尚且不得安宁，后世将怎么办呢！

以杀牛为业的坦，一上午宰割十二头牛，而刀的锋刃丝毫不钝，其原因在于斫开分割的地方都是关节的结合部，到了髋髀等部位，便使用斧头。仁义厚恩，是君主的锋刃；权势法制，是君主的斧头。如今的诸侯王都是众多的髋髀，放弃斧头不用，却想用锋刃绕着弯地切割，我认为锋刃不缺口就折断。为什么不向淮南王、济北王施以仁义厚恩？形势不允许这样啊！

我私下考察过去的事件，大抵强者首先谋反。淮阴在楚为王最强，就最先谋反。韩信依附匈奴，就又谋反。贯高凭借赵王为资本，就又谋反。陈豨军队精锐，就又谋反。彭越专擅梁地，就又谋反。黥布专擅淮南，就又谋反。卢绾最弱，最后谋反。长沙王才据有二万五千户，功劳很少却最完好无损，关系疏远却最为忠诚，不只是性情与他人不同，也是形势必然如此啊。昔日如果樊、郦、绛、灌占据数十城而为王，今天虽然已经灭亡也是应该的。如果信、越之辈封在彻侯的位置上，虽然至今仍旧生存也是应该的。如此说来那么天下的大计也就可以一清二楚了。想各诸侯王都忠心归附，就不如让他们和长沙王一样；欲臣子都不被杀戮，就不如让他们和樊、郦等人一样；想天下能够太平无事，不如多封诸侯而让他们的权力很小。权力小就能根据礼义使唤，国家小就不会产生邪念。让海内的局面就像身体支使手臂，手臂支使手指，没有不听从的，诸侯王不敢有二心，一齐前来归命天子，即使是小民，尚且知道安稳，因此天下都知道您的英明。分割土地，确定制度，让齐、赵、楚各为若干国；让悼惠王、幽王、元王的子孙全都依次各自接受前辈的分地，直到土地分完为止；直至燕、梁等其他王国都照此办理。那些分得的土地多而子孙少的，同样作为王国分别建立，摆个空架子放在那里，等他们的子孙出世，便全都让他们为王。诸侯的土地被剥夺而有许多归入汉朝廷的，是因为迁徙他们的侯国及封他们的子孙，所以按数偿还的缘故。一寸地，一个人，天子都没有得到，一心是为了奠定太平而已，因此天下都知道您的廉洁。土地制度一经确定，宗室子孙无人担心当不上王，在下没有背叛之心，在上没有诛伐之志，因此天下都知道您的仁德。法制确定而无人冒犯，命令推行而无人违反，贯高、利几的阴谋不产生，柴奇、开章的计策不出现，小民向善，大臣归顺，因此天下都知道您的道义。将婴儿躺在天子的位置上而平安无事，立遗腹子，坐朝时衣裘委于地上，而天下不乱，当时大治，后世称圣。一动而英明、廉洁、仁德、道义、贤圣五个方面都具备，您害怕谁而长时间不做这件事呢？

天下的局势正像害了肿脚病。一条小腿几乎像腰那么粗，一个指头几乎像胳膊那么大，平时无法屈伸，一两个指头抽搐，躯干便忧虑没有办法。放过今天不进行治理，必定变成痼疾，以后即使有扁鹊，也不能治了。病还不只是脚肿，又被脚掌上翻所苦。元王的儿子，是您的从弟；今天为王的，是从弟的儿子。惠王，是亲兄的儿子；今天为王的，是兄子的儿子。亲者有的无一分地以安定天下，疏者有的控制大权以威逼天子，我因此说不只是患脚肿病，又被脚掌上翻所苦。令人痛哭的，正是这个病。

天下形势就像人正被倒挂着。大凡作为天子的，是天下的头，为什么呢？处在上位。作为蛮夷的，是天下的足，为什么呢？处在下位。如今匈奴侮慢侵掠，不敬到了极点，祸害天下，毫无休止，而汉朝廷每年收集金帛采缯奉献他。对夷狄征召号令，这是天子掌握的权力；向天子恭敬地贡献，这是臣下应有的礼节。足反而位居在上，头反而位居在下，像这样被倒挂着，没有人能解救，还能说国家有人吗？非只倒挂而已，又好像腿瘸，而且害了四肢无法动弹的风病。腿瘸是一个部位生病，四肢无法动弹的风病，是一种大面积的病。如今西边北边的郡，即使有很高的爵位也不能轻易免除赋税劳役，五尺孩童以上不能轻易得到休息，放哨观望烽火的人不能安卧，将士披着铠甲睡觉，我所以说是得了一种大面积的病。医生能治愈这种病，而天子不使用他，令人流涕的正是这一点。

您为何忍心以皇帝的名义去当戎人的诸侯，地位既卑贱又受欺侮，而且祸患不息，长此以往那里有个头！进献谋略的人都认为这样是对的，本来无法解救，真是没有才能到了极点！我私下算计匈奴之众，不超过汉的一个大县，以天下之大，被一县之众所困，实在替执政的人感到羞辱。您何不试着让我做主管属国的官来掌管匈奴？实行我的计策，保证一定拴住单于的脖子而控制他的命运，制伏投靠匈奴的中行说并鞭笞他的脊背，奉上匈奴之众唯天子之命是从。如今不猎获凶猛的敌人却猎获田中的小猪，不捆绑反叛的强盗却捆绑饲养的小兔，沉湎微不足道的娱乐而不想法根除天大的祸患，不是求得天下太平的办法。恩德可以远施，刑威可以远加，而仅仅数百里外便法令不伸，令人流涕的正是这一点。

如今百姓出卖奴婢的，替他们穿上绣衣丝鞋还镶有花边，关在栅栏里，这是古代后妃的服装，只在进入宗庙时服用，平时是不穿的，而普通百姓能够把它穿在婢妾的身上。素纱做面，薄绢做里，缝上花边，漂亮的绣上彩图，这是古代天子的服装，如今富人大商宴请宾客时用来装饰墙壁。古时候用来供奉一帝一后而符合礼节，今天普通百姓家中的墙壁上能装饰帝王的服饰，倡优下贱的人能服用后妃的服饰，如此而天下财源不枯竭的，从来没有过。况且帝王亲身穿黑色粗丝的衣服，而富人的墙壁装饰彩绣；天子的后妃用来镶衣领，普通百姓的贱妾用来镶鞋边，这就是我所说的荒谬绝伦。一百人劳作不能供一人穿，想天下不受冻，怎么可能呢？一人耕耘，十人一起食用，想天下不挨饿，不可能啊。饥寒迫近老百姓的肌肤，想他们不为非作歹，不可能啊。国家已穷途末路了，盗贼正待时而起，然而献计策的人却说不动便能解决问题，纯粹是说大话。世俗对天子大不恭敬到了极点，无尊卑长幼到了极点，犯上作乱到了极点，进献计策的人还主张清静无为，令人叹息不止的正是这一点。

商鞅扔掉礼义，放弃仁恩，齐心进取，推行两年，秦国风俗一天天败坏。因此秦人家庭富裕儿子长大就分家，家庭贫苦儿子长大就出赘。将农具借给父亲，脸上就露出施恩的神色；母亲用一下簸箕扫帚，马上就责骂没完。儿媳抱着孩子喂奶，与公公并排蹲坐一起；婆媳间不高兴，就反唇相讥。他们慈爱孩子，贪图钱财，和禽兽不同的地方实在太少了！但齐心争抢时机，还是挫败了六国，兼并了天下。已经取得成功，达到目的，最终不懂得恢复廉洁和知耻的操守，仁德和道义的淳厚。迷信兼并的方法，醉心于进取的事业，使天下极度败坏；以众暴寡，以智欺愚，以勇胜怯，以强凌弱，混乱到了极点。因此大贤兴起，威震海内，施行仁德，天下归顺。昔日是秦的，如今转而归汉了。但秦的遗风余俗，很多还未改变。现在社会上互相攀比侈靡，而上无制度，放弃礼义，不讲廉耻，日甚一日，可以称得上是月异而岁不同了。只知唯利是图，不管行为善恶，而今更有甚者，至于谋杀父兄了。盗贼割取陵寝的门帘，拿走高祖、惠帝两庙的祭器，大白天在都市中劫持小吏而夺走他们的钱财。奸猾诈伪的人，骗取数十万石粮食，六百多万钱税收，乘坐四匹马拉的公车，来往于郡县和诸侯国，这是些最不讲品行道义到了极点的人。而大臣只把官府文书不在指定期限内上报作为重大事故，至于风俗变坏，世道衰败，却泰然处之而毫不警觉，一点忧虑的表情都没有，认为这是理所当然的事情。移风易俗，使天下人回心向道，这些不是俗吏所能办得到的。俗吏的职责，在于增删和收藏文书档案，都不懂得治国的要领。陛下自己又不知道忧虑，我暗自替陛下惋惜。

确立君臣关系，上下区分等级，使父子有礼，六亲有伦，这不是天的安排，是人的创建。人的创建，不为不立，不扶就倒，不修就坏。《管子》说："礼义廉耻，这叫四大纲领，四大纲领不提倡，国家就灭亡。"如果管子是蠢人也就罢了，如果管子多少懂得治理国家的要领，那么这难道能不令人感到寒心吗！秦朝毁灭礼义廉耻而不加以提倡，所以君臣乖乱，六亲殃戮，奸人并起，万民叛离，才十三年，社稷就变为废墟。如今礼义廉耻还未齐备，因此奸人能够侥幸，而众心疑惑。不如现在订立制度，让君是君，臣是臣，上下有区别，父子六亲各得其宜，奸人无所侥幸，而群臣共守忠信，君主不起疑心！此事一经确立。世代不变，然后就有所遵循了。如果制度不定，这好比渡江河没有缆绳和船桨，到中流而遇风波，船定翻无疑。令人叹息不止的正是这一点。

夏朝统治天下，共十几代，而被殷朝接替。殷朝统治天下，共二十几代，而被周朝接替。周朝统治天下，共三十几代，而被秦朝接替。秦朝统治天下，二代便灭亡。人的本性相差并不太远，为何夏商周三代的君主有道并享国长久，而秦朝无道并突然灭亡呢？其中的道理可想而知。古代的君主，太子刚生下来，一定按礼进行养育，让士背着他，主管官吏进行斋戒，整齐朝服，带他出现在南郊，为的是拜见上天。经过君主居住的地方就将他放到地上，经过宗庙就快步走过去，是为了培养做孝子的道德。可见从婴儿时开始就已经进行教育了。从前成王幼小，还在襁褓之中，召公是太保，周公是太傅，太公是太师。所谓保，是保护太子的身体；所谓傅，是用道德培养他；所谓师，是通过教育训导来启迪他，这是做三公的职责。因此又为他设置三少，都由上大夫担任，指少保、少傅、少师，他们是与太子朝夕相处的。所以在幼儿刚刚具有认识能力时，三公、三少已经明确地用孝仁礼义引导和训练他。赶走坏人，不让他见到不良行为。因此普遍选择天下正直之士，用那些品行孝悌、知识广博、具有治国本领的在他周围帮助他，让这些人与太子同居处共出入。所以太子才生下来便见正事，闻正言，行正道，左右前后都是正派人物。刚开始学习就与正派人物相处在一起，不可能不走正道，就像生长在齐国不能不说齐国话一样；刚开始学习就与不正派的人相处在一起，不可能不走邪道，就像生长在楚国土地上不能不说楚国话一样。所以对他的嗜好加以选择，必须预先接受教育，才能去尝试；对他的兴趣加以选择，必须预先进行学习，才能去实践。孔子说："小时候造就的品德就像与生俱来的一样，长期养成的行为就像自然具备的一样。"等太子稍微长大，懂得女色，就进入学校。学校是进行学习的场所。《学礼》说："君主入东学，尊崇亲人而重视仁德，那么就亲疏有序而恩德相加了。君主入南学。尊崇老人而重视信用，那么就长幼有别而民不相欺了。君主入西学，尊崇贤人而重视道德，那么就圣人智者在位而功绩不被泯灭了。君子入北学，尊崇高位而重视爵禄，那么就贵贱有等而下不僭上了。君主入太学，向老师求教治国之道，回去复习并请太傅考核，太傅指出他的不对而补救他的不足，那么就提高了道德，增长了智慧，而且掌握了治国之道了。这五个方面的学问在上位的君主已经全面具备，那么在下位的黎民百姓也就被感化而驯服了。"等太子已经长大成人，免去太保太傅的严格训导，就设置记录过失的史官、敢于撤去膳食的宰夫、进善言用的旌旗、书写坏事的木板、敢谏者击打的鼓。瞽史诵谏诗，乐工诵箴言，大夫提意见，士转达人民的议论。智慧随实践增长，所以多方磨砺而不愧作；思想随教化成熟，所以契合正道就像与生俱来的一样。夏商周三代的礼制：春分祭日，秋分祭月，在于表明心存虔诚；春秋两季到学校，让告老退职的卿大夫坐上座，亲自端酱劝食，在于表明有孝行；按车铃的节拍行车，慢步符合《采齐》的节奏，快走符合《肆夏》的节奏，在于表明有法度；对待禽兽，它活着的时候见过，它死了就不吃，听见它的叫声就不吃它的肉，因此远离厨房，在于培养爱心，而且表明有仁德。

三代之所以能够长久，是因为辅助太子有这些措施。到秦朝就不是这样了。秦的习俗本来不讲究辞让，尊崇的是告密；本来不讲究礼义，尊崇的是刑罚。让赵高做胡亥的老师而教他办案，学习的不是杀人割鼻子，就是夷人三族。因此胡亥今天即位而明天就用箭射人，忠心进谏被说成是诽谤，从长计议被说成是妖言，他把杀人看作和割茅草一样。岂止是胡亥禀性很坏呢，是赵高教导胡亥的不是正道的缘故啊！

俗谚说："不学为吏，参照往事。"又说："前车之覆，后车之鉴。"三代之所以长久，从他们做过的事情便可知晓，然而不能继承他们，这是因为不效法圣人智者的缘故。秦朝之所以短命，从他的车轮印痕便可看出，然而不知回避，这是后车又将覆灭的缘故。存和亡的交替，治和乱的关键，其要点全在这里了。天下的命运系于太子，太子的美德在于提前教育和选择身边的人。趁心还未野便先进行教育，那么教化就容易取得成功。揭开道德学术智慧礼义的宗旨，那是教育的力量，至于反复练习积久成习，就全靠身边的人了。胡和粤地的人，生下来发声相同，嗜好没有差别，等他们长大而养成习俗，虽多方转译也不能相互沟通，他们的所作所为即便到死也不能相互替代，那是教育学习造成这样的缘故。所以我说最急迫的是选择身边的人和提前进行教育。教育得法而身边的人物正派，那么太子也就正派了。太子正派，那么天下就太平了。《尚书》说："天子品行好，万民有依靠。"这是当今最要紧的事。

大凡人的智慧，能看清已经出现的事，不能看清将要发生的事。礼是在事情将要发生之前加以禁止，法是在事情已经出现之后加以禁止，因此法的作用容易看清，而礼的作用很难知晓。至于用奖赏鼓励为善，用刑罚惩治罪恶，前代君主掌握这方面的政事，就像金石一样坚强；施行这方面的命令，就像四季一样守信；坚持这方面的公心，就像天地一样无私，怎能反而不用呢！这样看来，孔子感叹“礼啊礼啊”，是强调在未出现苗头时就将坏事杜绝，而在细微的地方就抓紧教育，使人民每天都在提高道德远离罪过而不自知。孔子说：“审理诉讼，我和别人差不多，应努力做到使诉讼无从发生！”替君主着想，不如首先慎重对待取舍，取舍的标准在内心决定，而安危的苗头便在外部表现出来了。安不是一朝一夕便安，危不是一朝一夕便危，都是经过逐渐积累才这样的，不能不察。君主积累的，在于他的取舍。用礼义治理天下的，积累礼义；用刑罚治理天下的，积累刑罚。刑罚积累的结果是人民怨恨背离，礼义积累的结果是人民和睦相亲。所以君主想让人民具有美德的愿望是相同的，但是用来让人民具有美德的办法就有不同。有的用德教来引导他们，有的用法令来驱赶他们。用德教来引导他们的，德教使人感到亲切，那么民间风气就充满欢乐；用法令来驱赶他们的，那么民间风气就一片哀伤。哀乐的表现，正是祸福的征兆。秦始皇想宗庙尊显而子孙安泰，和汤、武相同，然而汤、武光大他们的德行，商朝、周朝六七百年没有丧失天下；秦始皇治理天下，十多年就完全崩溃。这里没有别的原因，是由于汤、武决定取舍慎重而秦始皇决定取舍不慎重造成的。天下是大用具。如今人们放置用具，放置在安全的地方就安全，放置在危险的地方就危险。天下的情形和用具没有两样，在天子怎样放置它。汤、武将天下放置在仁义礼乐之上，因而恩德厚渥，禽兽草木普遍深受滋养，恩德覆盖蛮貊四夷，经历子孙几十代，这是天下都听说的。秦始皇将天下放置在法令刑罚之上，恩德一点没有，因而怨恨祸患充满天下，在下面的人憎恶他就像对待仇敌，自身差点儿遇害，子孙被诛杀灭绝，这是天下都见到的。这难道不是最明显不过的证明吗？人们常说：“听话的办法，必须用有关的事例来加以考查，那么说话的人就不敢胡说八道。”如今有人说礼义不如法令，教化不如刑罚，您何不引用殷、周、秦的事例来进行考查呢？

君主的尊贵好比殿堂，群臣就像台阶，百姓就像平地。所以台阶九级之上，殿堂地基的边沿远离地面，那么殿堂就高；一级台阶都没有，殿堂地基的边沿接近地面，那么殿堂就矮。高的难于登，矮的容易上，情势如此。所以古代圣王制定等级，内有公卿大夫士，外有公侯伯子男，然后分长官小吏，直到普通百姓，等级分明，而天子高居其上，因此他的尊贵是不可比拟的。俗谚说：“欲投鼠而忌器。”这是最好不过的比喻。老鼠靠近器物，尚且有所顾忌，而不投东西打它，恐怕损坏旁边的器物，何况对于贵臣靠近君主这样的现状呢！用廉耻礼节来治理君子，所以有赐死而没有杀戮与侮辱。因此黥劓的刑罚不及大夫，是因为他们离君主不远的缘故。按礼的规定，不敢打听君主的辂马的岁数，践踏辂马草料的要处罚；看见君主的几杖就站起来，遇到君主乘坐的车辆就下到地上，进入正门就快步走；君主的宠臣即使有时出现过错，不对他们施加刑罚，是因为尊重君主的缘故。这是为了预先让不恭敬的行为远离君主，为了给大臣体面而激励他们的节操。现在从王侯三公开始，都是天子为之改变态度而加以礼遇的，是古代天子称为伯父、伯舅的，如果让他们与普通百姓一样受黥劓髡刖笞骂弃市的刑罚，那么殿堂不就没有台阶了吗？被杀戮侮辱的不就骄纵威逼天子了吗？不讲廉耻，大臣岂不掌握大权、大官不就有奴仆罪犯才具有的无耻之心了吗？阎乐在望夷宫杀死秦二世这件事，二世被处以重刑，就是由投鼠而不忌器的习俗酿成的恶果。

我听说，鞋虽然新不放在枕上，帽虽然破不垫在鞋里。已经处在尊贵宠信的地位，天子改变态度而给他们体面了，小吏百姓已经俯伏表示尊敬畏惧他们了，如今有过错，君主下令废除他们就行了，贬退他们就行了，赐死他们就行了，族灭他们就行了。如果捆绑他们，拘禁他们，将他们押解到司寇那里，安排在管理刑徒的官员手下，司寇小吏詈骂而且鞭笞他们，大概不应当让普通百姓见到这样的事吧。卑贱者熟知尊贵的人有一天我也可以施加侮辱，这是不应该让天下的人学习的，不是尊敬尊者重视贵人的教化。曾经被天子尊敬，被普通百姓宠信，死就死吧，贱人怎么能如此伤害侮辱他们呢！

豫让侍奉中行氏的君主，智伯讨伐并灭掉中行氏，便转过来侍奉智伯。等赵国灭掉智伯，豫让熏面吞炭改变相貌和声音，决心报复赵襄子，五次而没有成功。有人问豫让，豫让回答说："中行氏把我当普通人养活，所以我用普通人的身份侍奉他；智伯把我当国士看待，所以我用国士的身份回报他。"因此这同一个豫让，背叛君主，侍奉仇敌，行若猪狗，不久却持节尽忠，所作所为胜过烈士，这是君主使他判若两人的。所以君主对待他的大臣像对待犬马，他们会按犬马来要求自己；如果像对待官府刑徒，他们会按官府刑徒来要求自己。愚顽无耻，丧志辱节，廉耻不立，且不自重，苟且偷生，因此见利益就争，见便宜就占。君主失利，就趁机抢夺；君主有难，我就只求苟免，袖手旁观；对自身有好处的，就欺骗而谋利。在这种情况下，君主会有什么好处呢？群臣甚众，而君主最少，财产器物职务全都托付给群臣。群臣俱无耻，俱苟且不法，那么君主最难办。因此古时候礼不下庶人，刑不上大夫，为的是勉励宠臣的节操。古时候有的大臣犯了不廉洁的罪行而被罢免，不说他不廉洁，只说他对饮食不检点；犯了污秽淫乱、男女无别的罪行，不说他污秽，只说他对内室的门帘不加修饰；犯了软弱渎职的罪行，不说他软弱，只说他的下属不称职。所以对重臣定罪已有具体内容，还不直接了当指出来，尚且婉转地替他们隐讳。因此那些处于被大声谴责、大声呵斥范围内的人，听到谴责呵斥就穿上丧服，在盘中盛满水并放上剑，到接受请罪的地方去请罪，君主不施捆绑拖拽他们就动身了。那些犯中等罪行的，听到命令便自毁而死，君主用不着让人扭转他们的脖子而施加刀斧；那些犯大罪的，听到命令便面北再拜，跪着自裁，君主用不着让人抓住他们的头发按倒在地而行刑，说："您作为大夫是自己有过失啊，我对待您已尽到礼了。"对待他们尽礼，所以群臣知道自爱；要求做到廉洁知耻，所以人人崇尚节操。君主设礼义廉耻以对待他的臣属，而臣属不以节操回报他们的君主的，就不是人了。因此教化成功，风俗淳厚，那么作为人臣便主而忘身，国而忘家，公而忘私，利不苟趋，害不苟去，唯义所在。君主崇尚教化，因此父兄之臣一片忠心为宗庙而死，法度之臣一片忠心为社稷而死，辅翼之臣一片忠心为君主而死，守御抗敌之臣一片忠心为城池领土而死。所以说圣人有攻不破的防线，是因为人人都抱有这样的志向。他们将为我而死，因此我才能同他们一起活着；他们将为我而亡，因此我才能同他们一起存在；他们将为我奔赴危难，因此我才能同他们一起都平平安安。重德而忘利，守节而仗义，因此可以托付至高无上的权力，可以寄托未成年的君主。这是勉励廉耻遵循礼义的结果，君主有什么可以丧失的呢！这样的事情不做，却看着其他的事情长期泛滥，所以说令人叹息不止的正是这一点。

这时丞相绛侯周勃被免职回到封国，有人告周勃谋反，被逮捕拘禁在长安监狱治罪，结果无事，恢复爵位和封地，因此贾谊借这件事讽喻君主。君主诚恳的接纳他的主张，教养臣下讲究礼节。从此以后，大臣有罪都自杀，不受刑。到武帝时，逐渐恢复入狱，从宁成开始。

当初，文帝作为代王进入都城继承帝位，后来将代分为两国，立皇子武为代王，参为太原王，小儿子胜则为梁王。后来又迁代王武为淮阳王，太原王参为代王，全部获得原来的封地。过了数年，梁王胜逝世，无子。贾谊又上疏说：

陛下不立即订立制度，像今天这样的形势，不过传一世二世，诸侯还将人人恣肆而不能控制，豪族耸立而更加强大，汉朝王法便行不通了。陛下赖以为屏障及皇太子得以依靠的，只有淮阳和代两国罢了。代国北边是匈奴，与强敌为邻，能自我保全就不错了。而淮阳与大诸侯相比，仅像黑痣长在面庞上，正好给大国吞食，不足以有所捍卫。当今在陛下统治之下，统治国家而让儿子正好被当作食物，怎能称得上高明呢！君主的作为与百姓不一样，百姓修饰小节，争取得到廉洁的小名声，使自己在乡里有所依托，君主只考虑天下是否太平，国家是否稳固。高祖瓜分天下用来封功臣为王，反叛的如同猬毛立起，认为不行，所以将不义诸侯铲除，让他们的封国空在那里。选择吉日，封众子于洛阳上东门外，全都为王，从而天下安宁。所以大人物不被小节所拘，以成大功。

如今淮南地方远的有数千里，跨越两个诸侯国，而作为县属于汉。那里的小吏百姓服徭役往来于长安的，竭尽自家钱财而缝补衣物，半道衣物破损，各种钱财的征收情况与此相同，他们苦于归属汉朝廷而非常迫切希望得到君主，因而逃亡归附诸侯的已经不少了。这种形势是不能长久的。我有一个不太高明的想法。希望将淮南地方用来扩充淮阳，并替梁王确定继承人，割淮阳北边二三个县和东郡一起用来扩充梁；不行的话，可迁代王建都睢阳。梁从新郪起往北直抵黄河，淮阳囊括陈往南径接长江，那么大诸侯有异心的，撑破胆也不敢谋反。梁足以抵御齐、赵，淮阳足以扼住吴、楚，陛下高枕而卧，永远不必为山东地区担忧。这关系两代人的利益啊！当今安然无恙，是恰好赶上诸侯都年少，几年以后，陛下就会见到是什么样子了。秦朝日夜苦心经营以清除六国的祸患，今天陛下凭借权力统治天下，颐指气使都能如愿以偿，但安坐以成六国之祸，很难说就是明智。即使自身无事，蓄积祸乱，熟视无睹而不加平定，去世以后，传位老母弱子，将使他们不得安宁，不可称为仁。我听说圣主发表意见先要征询他的臣下，而不自己生事，所以让臣下有机会竭尽他们的愚忠。愿陛下裁择，幸甚！

文帝因此听从贾谊的计谋，便迁淮阳王武为梁王，北到泰山，西至高阳，得大县四十余城；迁城阳王喜为淮南王，安抚那里的百姓。

当时又封淮南厉王的四个儿子都为列侯。贾谊知道皇上必将再封他们为王，上疏规谏说："我担心陛下接着封淮南众子为王，却不同像我这样的从长计议。淮南王悖逆无道，天下谁不知他的罪恶？幸好陛下宽恕他，将他贬谪外地，自己得病死亡，天下谁说他死得不应该？如今尊崇罪人的儿子，适足以遭到天下的非议。这些人稍稍长大，难道能忘记他们的父亲吗？白公胜替父亲报仇的对象，是他的祖父和伯父、叔父。白公作乱，并不是要夺取楚国争当君主，而是泄愤快意，举手冲着敌人的胸膛，决心同归于尽罢了。淮南虽小，黥布已曾利用过它。汉朝得以存在实在太侥幸了。让仇人据有足以危害汉朝的资本，实属下策。即使将淮南分而为四，厉王的四个儿子也是一条心。给他们民众，替他们积累财富，这样没有子胥、白公复仇于大庭广众之中，也会有刬诸、荆轲行刺于宫殿之上，这正是常言所说的授贼以兵、为虎添翼啊！愿陛下多加小心！"

梁王胜坠马死，贾谊自己因作为太傅没有尽到职责而悲伤，时常哭泣，过一年多也死了。贾谊死的时候，已三十三岁了。

过了四年,齐文王逝世,无子。文帝思念贾谊的话,于是分齐为六国,将悼惠王六个儿子全都立为王;又迁淮南王喜到城阳,分淮南为三国,将厉王三个儿子全都立为王。过了十年,文帝逝世。景帝即位,三年,吴、楚、赵与四位齐王联合起兵,往西向京师进发。梁王进行抵御,终于将七国灭掉。至武帝时,淮南厉王儿子做王的两国也因谋反被诛灭。

武帝刚即位,提拔贾谊的两个孙子官至郡守。贾嘉最好学,继承贾氏家业。

赞说:刘向称道"贾谊阐述夏商周三代和秦朝天下治乱的原因,他的议论十分完美,通达国家的根本制度,即使古代的伊尹、管仲也不能超过他。如果当时被采纳,功业教化必定很可观。被庸臣所害,实在令人痛心。"纵观文帝缄默躬行以移风易俗,贾谊的主张已稍加施行了。至于想改定制度,认为汉是土德,颜色尚黄,数目用五,以及想考较属国,用满足眼口耳腹心五方面的物质享受的手段,表现出仁义信三种美德,以达到拴住单于的目的,这些办法实在太迂阔了。贾谊寿命不长,虽没有当上公卿,不能说没有受到君主的赏识。著书共五十八篇,选取其中切合于世事的著录在他的传记中。

李广传

【题解】

李广(? ~前119)西汉名将。陇西成纪(今甘肃静宁南)人。其祖先是秦朝大将李信,世传善于射箭。汉文帝十四年(前116)从军击匈奴,因功为郎中。景帝时,先后任上谷、上郡、陇西、北地、雁门、云中太守。武帝时,为未央宫卫尉。元光六年(前129)李广率军出雁门击匈奴,因寡不敌众负伤被俘。李广假装已死,途中夺马逃回。后任右北平郡守,由于李广箭法高超,匈奴称他为"飞将军",数年不敢进犯。元朔三年(前126),李广率四千骑兵出右北平,匈奴左贤王率四万骑兵围困汉军。汉军伤亡过半,箭矢将尽,李广毫无惧色,亲自用箭射杀匈奴将领数人,等待缓兵,迫使匈奴退兵。元狩四年(前119),大将军卫青出塞,李广仍年老请战,任前将军。受命迂回匈奴侧翼,因道路迷失,未能参战,卫青问罪,李广愤愧自杀。

李广历任七郡太守,前后与匈奴作战四十多年。家无余财,与士卒同甘苦。《汉书·艺文志》载有他著作的《李将军射法三篇》,今佚。

【原文】

李广,陇西成纪人也。其先曰李信,秦时为将,逐得燕太子丹者也。广世世受射。孝文十四年,匈奴大入萧关,而广以良家子从军击胡,用善射,杀首虏多,为郎,骑常侍,数从射猎,格杀猛兽,文帝曰:"惜广不逢时,令当高祖世,万户侯岂足道哉!"

景帝即位,为骑郎将。吴楚反时,为骁骑都尉,从太尉亚夫战昌邑下,显名。以梁王授广将军印,故还,赏不行。为上谷太守,数与匈奴战。典属国公孙昆邪为上泣曰:"李广材气,天下亡双,自负其能,数与虏确,恐亡之。"上乃徙广为上郡太守。

匈奴侵上郡,上使中贵人从广,勒习兵击匈奴。中贵人者将数十骑从,见匈奴三人,与战,射伤中贵人,杀其骑且尽。中贵人走广,广曰:"是必射鹛者也。"广乃从百骑往驰三人。三人亡马步行，行数十里，广令其骑张左右翼，而广身自射彼三人者，杀其二人，生得一人，果匈奴射鵰者也。已缚之上山，望匈奴数千骑；见广，以为诱骑，惊，上山陈。广之百骑皆大恐，欲驰还走。广曰："我去大军数十里，今如此走，匈奴追射，我立尽。今我留，匈奴必以我为大军之诱，不我击。"广令曰："前！"未到匈奴陈二里所，止，令曰："皆下马解鞍！"骑曰："虏多如是，解鞍，即急，奈何?"广曰："彼虏以我为走，今解鞍以示不去，用坚其意。"有白马将出护兵。广上马，与十余骑奔射杀白马将，而复还至其百骑中，解鞍，纵马卧。时会暮，胡兵终怪之，弗敢击。夜半，胡兵以为汉有伏军于傍欲夜取之，即引去。平旦，广乃归其大军。后徙为陇西、北地、雁门、云中太守。

李广

武帝即位，左右言广名将也，由是入为未央卫尉，而程不识时亦为长乐卫尉。程不识故与广俱以边太守将屯。及出击胡，而广行无部曲行陈，就善水草顿舍，人人自便，不击刁斗自卫，莫府省文书，然亦远斥候，未尝遇害。程不识正部曲行伍营陈，击刁斗，吏治军簿至明，军不得自便。不识曰："李将军极简易，然虏卒犯之，无以禁；而其士亦佚乐，为之死。我军虽烦扰，虏亦不得犯我。"是时汉边郡李广、程不识为名将，然匈奴畏广，士卒多乐从，而苦程不识。不识孝景时以数直谏为太中大夫，为人廉，谨于文法。

后汉诱单于以马邑城，使大军伏马邑傍，而广为骁骑将军，属护军将军。单于觉之，去，汉军皆无功。后四岁，广以卫尉为将军，出雁门击匈奴。匈奴兵多，破广军，生得广。单于素闻广贤，令曰："得李广必生致之。"胡骑得广，广时伤，置两马间，络而盛卧。行十余里，广阳死，睨其傍有一儿骑善马，暂腾而上胡儿马，因抱儿鞭马南驰数十里，得其余军。匈奴骑数百追之，广行取儿弓射杀追骑，以故得脱。于是至汉，汉下广吏。吏当广亡失多，为虏所生得，当斩，赎为庶人。

数岁，与故颍阴侯屏居蓝田南山中射猎。尝夜从一骑出，从人田间饮。还至亭，霸陵尉醉，呵止广，广骑曰："故李将军。"尉曰："今将军尚不得夜行，何故也！"宿广亭下。居无何，匈奴入辽西，杀太守，败韩将军。韩将军后徙居右北平，死。于是上乃召拜广为右北平太守。广请霸陵尉与俱，至军而斩之，上书自陈谢罪。上报曰："将军者，国之爪牙也。《司马法》曰：'登车不式，遭丧不服，振旅抚师，以征不服；率三军之心，同战士之力，故怒形则千里竦，威振则万物伏；是以名声暴于夷貉，威棱憺乎邻国。'夫报忿除害，捐残去杀，朕之所图于将军也；若乃免冠徒跣，稽颡请罪，岂朕之指哉！将军其率师东辕，弥节白檀，以临右北平盛秋。"广在郡，匈奴号曰"汉飞将军"，避之。数岁不入界。

广出猎，见草中石，以为虎而射之，中石没矢，视之，石也。他日射之，终不能入矣。广所居郡闻有虎，常自射之。及居右北平射虎，虎腾伤广，广亦射杀之。

石建卒，上召广代为郎中令。元朔六年，广复为将军，从大将军出定襄。诸将多中首虏率为侯者，而广军无功。后三岁，广以郎中令将四千骑出右北平，博望侯张骞将万骑与广俱，异道。行数百里，匈奴左贤王将四万骑围广，广军士皆恐，广乃使其子敢往驰之。敢从数十骑直贯胡骑，出其左右而还，报广曰："胡虏易与耳。"军士乃安。为圜陈外乡，胡急击，矢下如雨。汉兵死者过半，汉矢且尽。广乃令持满毋发，而广身自以大黄射其裨将，杀数人，胡虏益解。会暮，吏士无人色，而广意气自如，益治军。军中服其勇也。明日，复力战，而博望侯军亦至，匈奴乃解去。汉军罢，弗能追。是时广军几没，罢归。汉法，博望侯后期，当死，赎为庶人。广军自当，亡赏。

初，广与从弟李蔡俱为郎，事文帝。景帝时，蔡积功至二千石。武帝元朔中，为轻车将军，从大将车击右贤王，有功中率，封为乐安侯。元狩二年，代公孙弘为丞相。蔡为人在下中，名声出广下远甚，然广不得爵邑，官不过九卿。广之军吏及士卒或取封侯。广与望气王朔语去："自汉击匈奴，广未尝不在其中，而诸妄校尉已下，材能不及中，以军功取侯者数十人。广不为后人，然终无尺寸功以得封邑者，何也？岂吾相不当侯邪？"朔曰："将军自念，岂尝有恨者乎？"广曰："吾为陇西守，羌尝反，吾诱降者八百余人，诈而同日杀之，至今恨独此耳。"朔曰："祸莫大于杀已降，此乃将军所以不得侯者也。"

广历七郡太守，前后四十余年，得赏赐，辄分其戏下，饮食与士卒共之。家无余财，终不言生产事。为人长，爰臂，其善射亦天性，虽子孙他人学者莫能及。广呐口少言，与人居，则画地为军阵，射阔狭以饮，专以射为戏。将兵乏绝处见水，士卒不尽饮，不近水；不尽餐，不尝食。宽缓不苛，士以此爱乐为用。其射，见敌，非在数十步之内，度不中不发，发即应弦而倒。用此，其将数困辱，及射猛兽，亦数为所伤云。

元狩四年，大将军骠骑将军大击匈奴，广数自请行。上以为老，不许；良久乃许之，以为前将军。

大将军青出塞，捕虏知单于所居，乃自以精兵走之，而令广并于右将军军，出东道。东道少回远，大军行，水草少，其势不屯行。广辞曰："臣部为前将军，今大将军乃徙臣出东道。且臣结发而与匈奴战，乃今一得当单于，臣愿居前，先死单于。"大将军阴受上指，以为李广数奇，毋令当单于，恐不得所欲。是时公孙敖新失侯，为中将军，大将军亦欲使敖与俱当单于，故徒广。广知之，固辞。大将军弗听，令长史封书与广之莫府，曰："急诣部，如书。"广不谢大将军而起行，意象愠怒而就部，引兵与右将军食其合军出东道。惑失道，后大将军。大将军与单于接战，单干遁走，弗能得而还。南绝幕，乃遇两将军。广已见大将军，还入军。大将军使长史持糒醪遗广，因问广、食其失道状，曰："青欲上书报天子失军曲折。"广未对。大将军长史急责广之莫府上薄。广曰："诸校尉亡罪，乃我自失道。吾今自上薄。"

至莫府，谓其麾下曰："广结发与匈奴大小七十余战，今幸从大将军出接单于兵，而大将军徙广部行回远，又迷失道，岂非天哉！且广年六十余，终不能复对刀笔之吏矣！"遂引刀自刭。百姓闻之，知与不知，老壮皆为垂泣。而右将军独下吏，当死，赎为庶人。

【译文】

李广，陇西成纪人。他的祖先名叫李信，在秦朝时为大将，曾俘获过燕太子丹。李广接受世代授传弓法，射得一手好箭。孝文帝十四年，匈奴大举入侵萧关，李广以良家子弟的身份从军进击匈奴，因善于用箭，杀死和俘虏很多敌人，升为郎中，以骑士侍卫皇帝。几次随从皇帝射猎，格杀猛兽，文帝因而说："可惜李广生不逢时，如果赶上高祖打天下的时代，封万户侯是不用说的！"

景帝即位，李广为骑郎将。吴楚七国造反时，李广任骁骑将军，跟从太尉周亚夫作战于昌邑城下，因功由此扬名。但李广接受了梁王给他的将军印，故而班师回京后，没有得到封赏。后调任上谷太守，几次与匈奴交战。典属国公孙昆邪上书皇帝哭诉说："李广的才气，天下无双，但他自恃有才能，经常与我争胜负，我恐怕活不长了。"于是景帝把李广调迁为上郡太守。

匈奴入侵上郡，皇帝派宫中贵人跟从李广统率和操习军队以抗击匈奴。宫中贵人带了数十个骑兵出去游猎，路上遇见匈奴三人，就与他们交战起来。匈奴三人射伤了宫中贵人，几乎杀尽了宫中贵人同去的骑兵。宫中贵人跑到李广处告诉这一情况，李广说："这一定是匈奴的射雕手。"李广就带领一百个骑兵去追赶这三个匈奴。这三人没有骑马，徒步而行，已走出数十里。李广命令骑兵张开左右两翼，由他亲自来射这三个匈奴，射死二人，活捉一人，一问果然是匈奴的射雕手。他们捆缚了匈奴往山上走，望见有数千个匈奴骑兵；匈奴骑兵也看见了李广，以为是引诱他们的骑兵，大为吃惊，便上山摆开了阵势。李广的一百名骑兵都非常害怕，想快马往回跑。李广说："我们离开大军数十里，如果现在这样逃跑，匈奴一定会来追射，我们就会立即死尽。如果现在我们留下，匈奴一定会以为我们是大军的诱敌，不敢来攻击我们。"于是李广命令骑兵说："前进！"离匈奴阵地不到二里的地方，就停止了下来，又命令骑兵说："都下马解开马鞍！"他的骑兵说："匈奴军队那么多，我们解下马鞍，如果情况紧急，我们怎么办？"李广说："那些匈奴以为我们会逃跑，现在我们解下马鞍表示不走，用这个办法来坚定他们把我们看作诱敌的意志。"匈奴中有一个白马将领出来监视他的士兵，李广立即上马，带了十多个骑兵奔驰过去，射杀了匈奴的白马将领，然而又回到了百骑的队伍之中，解下马鞍，把马放开，躺下休息。当时恰好天色已暮，匈奴兵始终感到奇怪，不敢进击。到了半夜，匈奴兵以为汉军在附近有伏兵，要乘夜袭击他们，便引兵离去。第二天早晨，李广才回到大军之中。李广后来又迁任为陇西、北地、雁门、云中太守。

武帝即位以后，武帝周围的人进言，说李广是名将，于是李广入京城为未央宫卫尉，而程不识当时为长乐宫卫尉。程不识在以前与李广都是边郡太守统领军屯。到出兵攻打匈奴时，李广行军不讲究部曲编制与队阵，挑有好的水源草地就安顿住宿下来，人人都很方便，夜里不敲刁斗巡逻自卫，军中幕府的文书也一概简省，然而却在很远的地方布置了哨探，因此从未遇到过敌人的袭击。程不识严格要求部曲编制和队列行阵，晚上敲刁斗巡逻，军吏整理文书簿籍，常通宵达旦，军队不得自由活动。因此程不识说："李将军治军极为简易，然而敌人想突然侵犯他，却无法突破；而他的士兵因此也闲逸快乐，愿为他拼死。我的军队虽然烦扰多事，但敌人也不敢侵犯我们。"当时汉边郡李广、程不识都是有名的将领，然而匈奴畏惧李广，士卒也多乐于跟从李广，而苦于跟随程不识。程不识在景帝时，因为数次直言劝谏而当上了太中大夫，为人廉洁，谨守法令。

后来汉廷以马邑城来引诱匈奴单于，派大军埋伏在马邑附近，而李广当时是骁骑将军，受护军将军韩安国节制。由于单于发觉了这一情况，率军离去，致使汉军无功而还。后来过了四年，李广以卫尉的身份为将军，出雁门郡抗击匈奴。匈奴兵多，打败了李广的军队，生擒了李广。匈奴单于一向听说李广贤能，下令说："捉得李广必须要活的送来。"匈奴骑兵捉得了李广，李广当时受伤，他们便把李广放置在两匹马之间，结成网络让李广躺着。走了十多里路，李广装死，从眼缝中看见他身旁有一小儿骑着一匹好马，便突然纵身一跃，骑上胡儿的马，趁势抱住胡儿扬鞭打马向南奔驰了数十里，收拾了自己的残余部队。数百名匈奴的骑兵追赶他，李广一边跑一边拿胡儿的弓箭射杀追他的匈奴骑兵，因此得以脱身。于是李广回到了汉廷，汉朝廷把李广交给执法官吏审讯。官吏认为李广损失兵马太多，又为敌人活捉，理当斩首，但允许他以钱赎罪，作为平民。

过了数年，李广与隐居在蓝田县的前颍阴侯灌婴之孙灌强到南山打猎。曾经在夜里带一名骑兵外出，和别人在乡间饮酒。回到了霸陵亭，霸陵亭尉酒醉了，呵斥着李广不让通行，李广的骑兵说："这是前任李将军"。亭尉说："现任将军尚且不能夜间通行，何况是前任呢？"就让李广留宿在霸陵亭下。过了不久，匈奴入侵辽西郡，杀死了太守，击败了韩将军安国。韩安国后来调迁到右北平，不久死去。于是皇帝就拜李广为右北平太守。李广请求派霸陵亭尉一同去，到了军中就把他杀了，然后就向皇帝上书主动谢罪。皇帝回报他说："将军者，是国家的爪牙。司马法说：'登车不抚车前横木以礼敬人，遇到丧事不根据亲疏关系穿规定的丧服，振兵兴师，去征伐这些不顺服的人；出征时，要统率三军之心，协同战士之力，这样才能做到一怒则千里惊惧，威振则万物归顺，是以名声显露于夷貉，神威使邻国畏惧'。报仇除害，除暴去杀，这是我企望于将军的；您如果要脱帽赤脚，叩头请罪，这岂是我所指望的！将军率师在东辕门，暂时留住白檀，到盛秋马肥，敌寇入侵时就临阵右北平。"李广在右北平郡，匈奴号称他为"汉飞将军"，都畏而避之，几年不敢入界侵犯。

李广骑射图

有一次李广外出打猎，见到草中石头，以为是老虎而用箭猛射，箭头射进了石头，走近一看，才知是石头。以后再射，却始终不能再射进石头里去了。李广一听说郡里出现老虎,他就常常要亲自去射。到他居守右北平时,有一次射虎,老虎跳腾起来,扑伤了李广,李广带伤最后终于射杀了老虎。

郎中令石建去世,皇帝就把李广召京接替郎中令的职位。元朔六年,李广又为将军,跟从大将军卫青出军定襄。在许多将领中,由于斩杀和虏获敌军的数量符合规定要求,都论功封侯,而李广的部队却未能立功。过了三年,李广以郎中令的身份率四千骑兵出右北平,博望侯张骞率领一万骑兵与李广一同往击匈奴,分两路走。走了数百里,匈奴左贤王率领四万骑兵来围攻李广,李广的军吏都很恐慌,李广就派他的儿子李敢快马冲击敌人。李敢带了数十骑兵直穿匈奴骑兵阵地,出入左右两翼而回,向李广报告说:"匈奴敌容易对付。"李广的军士听了才安定了下来。李广布成圆形阵势,骑士都面朝外,匈奴猛攻他们,箭如雨下。汉兵死亡过了一半,箭也快用尽了。李广下令拉满弓而不发箭,并亲自用大黄弩弓专射匈奴副将,射杀了数人,匈奴敌军的攻势才慢慢缓解下来。恰巧此时天色已暮,汉军吏士都吓得面无人色,而李广的神气却很自然,精神百倍地指挥军队,军中士卒无不钦服他的勇气。第二天,又继续奋力作战,而博望侯张骞的军队也赶到了,匈奴军队才解围离去。汉军由于疲劳,未能去追击。这时李广的军队几乎全军覆没,也只好收兵而归。按照汉朝军法,博望侯张骞耽误了日期,当处死刑,出钱买赎为平民。李广的军功与罪责相当,没有得到封赏。

当初,李广与堂弟李蔡一同为郎中,侍奉文帝。景帝时,李蔡积累功劳得到二千石的官职。武帝元朔年间,李蔡为轻车将军,跟从大将军出击匈奴右贤王,有功达到规定的标准,封为乐安侯。元狩二年,李蔡代公孙弘为丞相。李蔡的人品才能在下等之中,名声也在李广之下很远,然而李广却未得爵邑,官职也没有超过九卿。李广部下的许多军官及士卒,有的也取得了封侯。李广与望气算命的王朔交谈说:"自从汉朝出击匈奴,我李广没有一次不在其中,而各部队校尉以下,才能不及中等,以军功取得侯爵的已有数十人。我李广不为人后,然而始终没有尺寸之功而不得封爵,不知何故?难道我的面相就不该当侯吗?"王朔说:"请将军自己想想,是否做过有悔恨的事情?"李广说:"我为陇西太守时,羌族曾经造反,我引诱他们八百多人投降,后来就在当天用诈骗的手段把他们杀了,至今独为此事而悔恨不已。"王朔说:"罪过没有比杀已经投降的人更大的了,这就是将军之所以不得封侯的原因。"

李广先后历任七个郡的太守,前后与匈奴作战达四十多年,所得的赏赐,都分给部下,与士卒共饮食。家里没有多余的财产。也始终不谈论置办家产的事情。李广身材高大,两臂像猿一样灵活,他擅长射箭也是天赋的,虽然他的子孙与其他人向他学习,也都不能赶得上他。李广口才笨拙,很少说话,与别人住在一起,就在地上画军队布阵,或与人射大小阔狭的目标进行比赛,输了罚饮酒,专门把射箭当儿戏。他率领的士兵,每当粮少水绝时发现了水源,士卒不全部喝到,他不走近水边;士卒不全部吃到,他不尝一口饭食。对士卒宽容不苛刻,因而士卒都乐于为他所用。他射的箭,非在数十步之内才射,如果估计因距离远而射不到,就不射,因此凡箭一发,敌人必应声而倒。由于他用这一方法,所以有好多次被敌军追上而围困受辱,射猛兽也由于距离太近而几次受伤。

元狩四年,大将军卫青与骠骑将军霍去病率领军队向匈奴大举进攻,李广多次要求参加,皇帝认为他老了,没有答应;过了好久才答应他的请求,任他为前将军。

大将军卫青出边塞后,从俘虏那里知道匈奴单于居住的地方,便亲自带精兵去突击,命令李广与右将军的军队合并，出东路进击匈奴。东路稍迂回绕远，大军经过的地方，水草稀少，地势不利于驻屯与行军。李广就推辞说："我是部队的前将军，现在大将军却改派我从东路出兵。况且我从年轻时就与匈奴作战，今天才有这一机会与匈奴单于对阵，我愿担任前锋，先斩杀单于。"大将军卫青曾私下受到皇帝的指教，以为李广多次为匈奴所败，不要让他与单于正面对阵，以免失望。这时，公孙敖刚失去侯爵，为中将军，大将军卫青也想让公孙敖和自己一同与单于对阵，故而把李广调开。李广知道了这一情况，仍坚持拒绝调动。大将军卫青不听，命令长史写文书给李广的军部，说："立即到所在的部队去，照文书上的办。"李广不向大将军告谢辞行就走了，满脸怒色地回到所在部队，引兵与右将军赵食其合军出东路。军队迷失了道路，落在大将军后面。大将军与单于接战，单于逃跑了，没有捉得单于而回。大军渡过南边的沙漠，才遇见了前、右两将军。李广会见了大将军后，回到了自己的军部。大将军派长史拿着饭食美酒送给李广，顺便问起李广与赵食其迷失道路的情况，说："大将军想要向皇帝上书报告这次失军的曲直情形。"李广不予回答。大将军所派的长史又急忙责令李广军部的人员前去听候审问。李广说："众校尉无罪，是我自己迷失了道路。现在我亲自去听候审问。"

李广到军部，对他部下说："我李广从年轻时起就与匈奴经历了大小七十余次战斗，这次有幸跟从大将军迎战单于的部队，而大将军却又派我的部队走迂回绕远的路，又偏偏迷失了路向，难道不是天意！况且我李广年已六十多岁，终不能再受刀笔吏办案的侮辱！"说罢便拔刀自杀。百姓听到这件事，不论是认识还是不认识的，老人和壮士都为他流泪。而右将军赵食其被单独下官府审问，罪当死刑，出钱买赎为平民。

卫青、霍去病列传

【题解】

卫青（？~前106），西汉武帝时期抗击匈奴的名将。字仲卿，河东平阳（今山西临汾西南）人。他是平阳侯曹寿家奴婢卫媪与小吏郑季的私生子。因其姊卫夫子入选宫中受武帝宠幸，卫青先后任建章宫监、侍中、太中大夫之职。汉与匈奴大规模战争爆发后，卫青任车骑将军。元朔二年（前127），卫青采用迂回包围的战法，击败匈奴楼烦王、白羊王，完全控制了河套一带地区，解除了对京都长安的威胁，受封长平侯。接着又两次率军出击漠南（今蒙古高原大沙漠以南）单于本部，迫使匈奴远徙漠北，卫青升任为大将军。为了全面解除匈奴的侵犯，卫青集中兵力，深入漠北，采取正面钳制，两翼包围的战法，歼灭匈奴主力，追至窴颜山赵信城（今蒙古国杭爱山南）而还。后升任大司马，掌管全国军事。元封五年（前106）卫青去世。

霍去病（前140~前117）是卫青的外甥。其母卫少儿与霍仲孺私通，生下了霍去病。其姨母卫子夫当皇后时，霍去病就被汉武帝任为票姚校尉，时年仅十八岁。他跟随卫青出征漠南，以八百骑兵奔袭数百里，歼敌二千多，受冠军侯。元狩二年（前121）任骠骑将军，两次出击河西的匈奴部队，歼敌四万多人。元狩四年，与卫青各率五万骑兵出征漠北，深入匈奴腹地，出塞二千多里，重创匈奴主力，基本上解除了匈奴对汉朝的威胁。汉武帝赏赐他一府第，霍去病谢绝说："匈奴未灭，无以家为"，这是他战斗一生的写照。霍去病后来升任大司马，与卫青同掌军政大权。元狩六年病卒，年仅二十四岁。

【原文】

卫青字仲卿。其父郑季，河东平阳人也，以县吏给事侯家。平阳侯曹寿尚武帝姊阳信长公主。季与主家僮卫媪通，生青。青有同母兄卫长君及姊子夫，子夫自平阳公主家得幸武帝，故青冒姓为卫氏。卫媪长女君孺，次女少儿，次女则子夫。子夫男弟步广，皆冒卫氏。

卫青

青为侯家人，少时归其父，父使牧羊。民母之子皆奴畜之，不以为兄弟数。青尝从人至甘泉居室，有一钳徒相青曰："贵人也，官至封侯。"青笑曰："人奴之生，得无笞骂即足矣，安得封侯事乎？"

青壮，为侯家骑，从平阳主。建元二年春，青姐子夫得入宫幸上。皇后，大长公主女也，无子，妒。大长公主闻卫子夫幸，有身，妒之，乃使人捕青。青时给事建章，未知名。大长公主执囚青，欲杀之。其友骑郎公孙敖与壮士往篡之，故得不死。上闻，乃召青为建章监，侍中。及母昆弟贵，赏赐数日间累千金。君孺为太仆公孙贺妻。少儿故与陈掌通，上召贵掌。公孙敖由此益显。子夫为夫人。青为太中大夫。

元光六年，拜为车骑将军，击匈奴，出上谷；公孙贺为轻车将军，出云中；太中大夫公孙敖为骑将军，出代郡；卫尉李广为骁骑将军，出雁门：军各万骑。青至茏城，斩首虏数百。骑将军敖亡七千骑，卫尉广为虏所得，得脱归，皆当斩，赎为庶人。贺亦无功。唯青赐爵关内侯。是后匈奴仍侵犯边。

元朔元年春，卫夫人有男，立为皇后。其秋，青复将三万骑出雁门，李息出代郡。青斩首虏数千。明年，青复出云中，西至高阙，遂至于陇西，捕首虏数千，畜百余万，走白羊、楼烦王。遂取河南地为朔方郡。以三千八百户封青为长平侯。青校尉苏建为平陵侯，张次公为岸头侯。使建筑朔方城。上曰："匈奴逆天理，乱人伦，暴长虐老，以盗窃为务，行诈诸蛮夷，造谋籍兵，数为边害。故兴师遣将，以征厥罪。诗不云乎？'薄伐猃允，至于太原'；'出车彭彭，城彼朔方'。今车骑将青度西河至高阙，获首二千三百级，车辎畜产毕收为卤，已封为列侯，遂西定河南地，案榆旧塞，绝梓领，梁北河，讨蒲泥，破符离，斩轻锐之卒，捕伏听者三千一十七级。执讯获丑，驱马牛羊百有余万，全甲兵而还，益封青三千八百户。"其后匈奴比岁入代郡、雁门、定襄、上郡、朔方，所杀略甚众。语在《匈奴传》。

元朔五年春，令青将三万骑出高阙，卫尉苏建为游击将军，左内史李沮为强弩将军，太仆公孙贺为骑将军，代相李蔡为轻车将军，皆领属车骑将军，俱出朔方。大行李息、岸头侯张次公为将军，俱出右北平。匈奴右贤王当青等兵，以为汉兵不能至此，饮醉。汉兵夜至，围右贤王。右贤王惊，夜逃，独与其爱妾一个骑数百驰，溃围北去。汉轻骑校尉郭成等追数百里，弗得，得右贤裨王十余人，众男女万五千余人，畜数十百万，于是引兵而还。至塞，天子使使者持大将军印，即军中拜青为大将军，诸将皆以兵属，立号而归。上曰："大将军青躬率戎士，师大捷，获匈奴王十有余人，益封青八千七百户。而封青子伉为宜春侯，子不疑为阴安侯，子登为发干侯"。青固谢曰："臣幸得待罪行间，赖陛下神灵，军大捷，皆诸校力战之功也。陛下幸已益封臣青，臣青子在襁褓中，未有勤劳，上幸裂地封为三侯，非臣待罪行间所以劝士力战之意也。伉等三人何敢受封！"上曰："我非忘诸校功也，今固且图之。"乃诏御史曰："护军都尉公孙敖三从大将军击匈奴，常护军傅校获王，封敖为合骑侯。都尉韩说从大军出窴浑，至匈奴右贤王庭，为戏下搏战获王，封说为龙额侯。骑将军贺从大将军获王，封贺为南窌侯。轻车将军李蔡再从大将军获王，封蔡为乐安侯。校尉李朔、赵不虞、公孙戎奴各三从大将军获王，封朔为陟轵侯，不虞为随成侯，戎奴为从平侯。将军李沮、李息及校尉豆如意、中郎将绾皆有功，赐爵关内侯。沮、息、如意食邑各三百户。"其秋，匈奴入代，杀都尉。

明年春，大将军青出定襄，合骑侯敖为中将军，太仆贺为左将军，翕侯赵信为前将军，卫尉苏建为右将军，郎中令李广为后将军，左内史李沮为强弩将军，咸属大将军，斩首数千级而还。月余，悉复出定襄，斩首虏万余人。苏建、赵信并军三千余骑，独逢单于兵，与战一日余，汉兵且尽。信故胡人，降为翕侯，见急，匈奴诱之，遂将其余骑可八百犇降单于。苏建尽亡其军，独以身得亡去，自归青。青问其罪正闳、长史安、议郎周霸等："建当云何？"霸曰："自大将军出，未尝斩裨将，今建弃军，可斩，以明将军之威。"安曰："不然。兵法'小敌之坚，大敌之禽也。'今建以数千当单于数万，力战一日余，士皆不敢有二心。自归而斩之，是示后无反意也。不当斩。"青曰："青幸得以胏附待罪行间，不患无威，而霸说我以明威，甚失臣意。且使臣职虽当斩将，以臣之尊宠而不敢自擅专诛于境外。其归天子，天子自裁之。於以风为人臣不敢专权，不亦可乎？"军吏皆曰："善"。遂囚建行在所。

是岁也，霍去病始侯。

霍去病，大将军青姊少儿子也。其父霍仲孺先与少儿通，生去病。及卫皇后尊，少儿更为詹事陈掌妻。去病以皇后姊子，年十八为侍中。善骑射，再从大将军。大将军受诏，予壮士，为票姚校尉，与轻勇骑八百直弃大(将)军数百里赴利，斩捕首虏过当。於是上曰："票姚校尉去病斩首捕虏二千二十八级，得相国、当户，斩单于大父行藉若侯产，捕季父罗姑比，再冠军，以二千五百户封去病为冠军侯。上谷太守郝贤四从大将军，捕首虏千三百级，封贤为终利侯。骑士孟已有功，赐爵关内侯，邑二百户。"

是岁失两将军，亡翕侯，功不多，故青不益封。苏建至，上弗诛，赎为庶人。青赐千金。是时王夫人方幸于上，宁乘说青曰："将军所以功未甚多，身食万户，三子皆为侯者，以皇后故也。今王夫人幸而宗族未富贵，愿将军奉所赐千金为王夫人亲寿。"青以五百金为王夫人亲寿。上闻，问青，青以实对。上乃拜宁乘为东海都尉。

校尉张骞从大将军，以尝使大夏，留匈奴中久，道军，知善水草处，军得以无饥渴，因前使绝国功，封骞为博望侯。

去病侯三岁，元狩二年春为骠骑将军，将万骑出陇西，有功。上曰："骠骑将军率戎士隃乌盭，讨遬濮，涉狐奴，历五王国，辎重人众摄詟者弗取，几获单于子，转战六日，过焉支山千有余里，合短兵，鏖皋兰下，杀折兰王，斩卢侯王，锐悍者诛，全甲获丑，执浑邪王子，及相国、都尉，捷首虏八千九百六十级，收休屠祭天金人，师率减什七，益封去病二千二百户。"

霍去病

其夏，去病与合骑侯敖俱出北地，异道。博望侯张骞、郎中令李广俱出右北平，异道。广将四千骑先至，骞将万骑后。匈奴左贤王将数万骑围广，广与战二日，死者过半，所杀亦过当。骞至，匈奴引兵去。骞坐行留，当斩，赎为庶人。而去病出北地，遂深入，合骑侯失道，不相得。去病至祁连山，捕首虏甚多。上曰："骠骑将军涉钧耆，济居延，遂臻小月氏，攻祁连山，扬武乎觻得，得单于单桓、酋涂王，及相国、都尉以众降下者二千五百人，可谓能舍服知成而止矣。捷首虏三万二百，获五王，王母、单于阏氏、王子五十九人，相国、将军、当户、都尉六十三人，师大率减什三，益封去病五千四百户。赐校尉从至小月氏者爵左庶长。鹰击司马破奴再从骠骑将军斩遬濮王，捕稽且王；右千骑将得王、王母各一个，王子以下四十一人，捕虏三千三百三十人，前行捕虏千四百人，封破奴为从骠侯。校尉高不识从骠骑将军捕呼于耆王王子以下十一人，捕虏千七百六十八人，封不识为宜冠侯。校尉仆多有功，封为煇渠侯。"合骑侯敖坐行留不与骠骑将军会，当斩，赎为庶人。诸宿将所将士马兵亦不如去病，去病所将常选，然亦敢深入，常与壮骑先其大军，军亦有天幸，未尝困绝也。然而诸宿将常留落不耦。由此去病日以亲贵，比大将军。

其后，单于怒浑邪王居西方数为汉所破，亡数万人，以骠骑之兵也，欲召诛浑邪王。浑邪王与休屠王等谋欲降汉，使人先要道边。是时大行李息将城河上，得浑邪王使，即驰传以闻。上恐其以诈降而袭边，乃令去病将兵往迎之。去病既度河，与浑邪众相望。浑邪裨王将见汉军而多欲不降者，颇遁去。去病乃驰入，得与浑邪王相见，斩其欲亡者八千人，遂独遣浑邪王乘传先诣行在所，尽将其众度河，降者数万人，号称十万。既至长安，天子所以赏赐数十巨万。封浑邪王万户，为漯阴侯。封其裨王呼毒尼为下摩侯，雁疵为煇渠侯，禽黎为河綦侯，大当户调虽为常乐侯。于是上嘉去病之功曰："骠骑将军去病率师征匈奴，西域王浑邪王及厥众萌咸奔于率，以军粮接食，并将控弦万有余人，诛獟悍，捷首虏八千余级，降异国之王三十二。战士不离伤，十万之众毕怀集服。仍兴之劳，爰及河塞，庶几亡患。以千七百户益封骠骑将军。减陇西、北地，上郡戍卒之半，以宽天下徭役。"乃分处降者于边五郡故塞外，而皆在河南，因其故俗为属国。其明年，匈奴入右北平、定襄，杀略汉千余人。

其明年，上与诸将议曰："翕侯赵信为单于画计，常以为汉兵不能度幕轻留，今大发卒，其势必得所欲。"是岁元狩四年也。春，上令大将军青、骠骑将军去病各五万骑，步兵转者踵军数十万，而敢力战深入之士属属去病。去病始为出定襄，当单于。捕虏，虏言单于东，乃更令去病出代郡，令青出定襄。郎中令李广为前将军，太仆公孙贺为左将军，主爵赵食其为右将军，平阳侯襄为后将军，皆属大将军。赵信为单于谋曰："汉兵即度幕，人马罢，匈奴可坐收虏耳。"乃悉远北其辎重，皆以精兵待幕北。而适值青军出塞千余里，见单于兵陈而待，于是青令武刚车自环为营，而纵五千骑往当匈奴。匈奴亦纵万骑。会日且入，而大风起，沙砾击面，两军不相见，汉益纵左右翼绕单于。单于视汉兵多，而士马尚强，战而匈奴不利，薄莫，单于遂乘六裸，壮骑可数百，直冒汉围西北驰去。昏，汉匈奴相纷挐，杀伤大当。汉军左校捕虏，言单于未昏而去，汉军因发轻骑夜追之，青因随其后。匈奴兵亦散走，会明，行二百余里，不得单于，颇捕斩首虏万余级，遂至寘颜山赵信城，得匈奴积粟食军。军留一日而还，悉烧其城余粟以归。

青之与单于会也，而前将军广、右将军食其军别从东道，或失道。大将军引还，过幕南，乃相逢。青欲使使归报，令长史簿责广，广自杀。食其赎为庶人。青军入塞，凡斩首虏万九千级。

是时匈奴众失单于十余日，右谷蠡王自立为单于。单于后得其众，右王乃去单于之号。

去病骑兵车重与大将军军等，而亡裨将。悉以李敢等为大校，当裨将，出代、右北平二千余里，直左方兵，所斩捕功已多于青。既皆还，上旧："骠骑将军去病率师躬将所获荤允之士，约轻赍，绝大幕，涉获单于章渠，以诛北车耆，转击左大将双，获旗鼓，历度难侯，济弓卢，获屯头王、韩王等三人，将军、相国、当户、都尉八十三人，封狼居胥山，禅于姑衍，登临翰海，执讯获丑七万有四百四十三级，师率减什二，取食于敌，卓行殊远而粮不绝，以五千八百户益封骠骑将军。右北平太守路博德属骠骑将军，会兴城，不失期，从至梼余山，斩首捕虏二千八百级，封博德为邳离侯。北地都尉卫山从骠骑将军获王，封山为义阳侯。故归义侯因淳王复陆支、楼剸王伊即靬皆从骠骑将军有功，封复陆支为杜侯，伊即靬为众利侯。从票侯破奴、昌武侯安稽从骠骑有功，益封各三百户。渔阳太守解、校尉敢皆获鼓旗，赐爵关内侯，解食邑三百户，敢二百户。校尉自为爵左庶长。"军吏卒为官，赏赐甚多。而青不得益封，吏卒无封者。唯西河太守常惠、云中太守遂成受赏，遂成秩诸侯相，赐食邑二百户，黄金百斤，惠爵关内侯。

两军之出塞，塞阅官及私马凡十四万匹，而后入塞者不满三万匹。乃置大司马位，大将军、骠骑将军皆为大司马。定令，令骠骑将军秩禄与大将军等。自是后，青日衰而去病日益贵。青故人门下多去事去病，辄得官爵，唯独任安不肯去。

去病为人少言不泄，有气敢往。上尝欲教之吴孙兵法，对曰："顾方略何如耳，不至学古兵法。"上为治第，令视之，对曰："匈奴不灭，无以家为也。"由此上益重爱之。然少而侍中，贵不省士。其从军，上为遣太官赍数十乘，既还，重车余弃粱肉，而士有饥者。其在塞外，卒乏粮，或不能自振，而去病尚穿域蹋鞠也。事多类此。青仁，喜士退让，以和柔自媚于上，然于天下未有称也。

去病自四年军后三岁，元狩六年薨。上悼之，发属国玄甲，军陈自长安至茂陵，为冢像祁连山。谥之并武与广地曰景桓侯。子嬗嗣。嬗字子侯，上爱之，幸其壮而将之。为奉车都尉，从封泰山而薨。无子，国除。

自去病死后，青长子宜春侯伉坐法失侯。后五岁，伉弟二人，阴安侯不疑、发干侯登，皆坐酎金失侯。后二岁，冠军侯国绝。后四年，元封五年，青薨，谥曰烈侯。子伉嗣，六年坐法免。

自青围单于后十四岁而卒，竟不复击匈奴者，以汉马少，又方南诛两越，东伐朝鲜，击羌、西南夷，以故久不伐胡。

初，青既尊贵，而平阳侯曹寿有恶疾就国。长公主问："列侯谁贤者？"左右皆言大将军。主笑曰："此出吾家，常骑从我，奈何？"左右曰："于今尊贵无比。"于是长公主风白皇后，皇后言之，上乃诏青尚平阳主，与主合葬，起冢像庐山云。

【译文】

卫青字仲卿。他的父亲名叫郑季，是河东平阳人，以县中小吏的身份给列侯家当差。平阳侯曹寿娶汉武帝的姊姊阳信长公主为妻。郑季与主人平阳侯的家僮卫媪私通，生下了卫青。卫青有同母异父的兄长叫卫长君以及姊姊卫子夫，卫子夫在平阳公主的家中受到了汉武帝的宠幸，因此卫青就冒充卫姓。卫媪长女名叫君孺，次女叫少儿，三女则是卫子夫。卫子夫的弟弟步广，都冒称卫姓。

卫青是平阳侯的家人，年少时归他父亲抚养，他父亲就让他牧羊。郑季正妻所生的儿子都像奴仆那样对待卫青，不把他当作兄弟。卫青曾经跟从别人到甘泉宫囚禁刑徒的居室，有一个受过钳刑的刑徒给他相面说："你是个贵人，官职可以封侯。"卫青听了笑着说："我是奴婢所生的儿子，能不挨打受骂就心满意足了，哪里有封侯的事呢！"

卫青长大成年，当上了平阳侯家的骑士，跟从平阳公主。建元二年春天，卫青的姊姊卫子夫入宫得到了汉武帝的宠幸。当时的皇后，是汉武帝姑母大长公主的女儿，没有生儿子，嫉妒别人。大长公主听到卫子夫得到武帝宠幸，有了身孕，就嫉妒她，便派人逮捕了卫青。卫青当时在建章宫当差，还未出名。大长公主把卫青囚禁起来，想杀掉他。卫青的朋友骑郎公孙敖和其他壮士前去把他劫夺了出来，因此才得不死。武帝听到这件事，就召见卫青，封为建章宫监，并加衔侍中。后来他的同母兄弟也显贵了，几天之内赏赐的黄金多达千斤。卫君孺作了太仆公孙贺的妻子。卫少儿原来与陈掌私通，武帝召见陈掌封官。公孙敖也由此更加显贵。卫子夫作了皇帝的夫人。卫青当上了太中大夫。

元光六年，卫青拜为车骑将军，攻打匈奴，从上谷郡出征；公孙贺为轻车将军，从云中郡出兵；太中大夫公孙敖担当骑将军，从代郡出兵；卫尉李广为骁骑将军，从雁门出兵。每路军队各有一万骑兵。卫青进军到笼城，斩杀敌军数百人。骑将军公孙敖损失七千骑兵，卫尉李广为敌军所俘，后逃脱回来，这二人按军法都要斩首，用钱赎罪降为平民。公孙贺也没有战功。唯独卫青赐爵关内侯。后来匈奴仍不断侵犯边境。详细记载在《匈奴列传》中。

元朔元年春天，卫子夫生了个儿子，立为皇后。这年秋天，卫青又率三万骑兵出雁门郡，李息出兵代郡。卫青斩敌首数千。明年，卫青又出兵云中郡，向西到达高阙，进而到达陇西，俘虏敌军数千人，牲畜一百多万，赶跑了匈奴白羊王、楼烦王。汉朝把这次夺取的河南地区立为朔方郡。以三千八百户封卫青为长平侯。卫青的部下校尉苏建为平陵侯，张次公为岸头侯。派苏建去筑造朔方城。皇帝下诏说："匈奴违背天理，乱人伦，虐待老人，以盗窃为职业，欺诈行骗于各部蛮夷，制造阴谋，征集兵员，屡次侵犯边境。因此朝廷兴兵遣将，征讨他的罪恶。《诗经》里不是说过吗？'伐薄狁，到达太原'；'军车彭彭，筑城朔方’。现在车骑将军卫青渡过西河到达高阙，斩敌首二千三百颗，车粮畜产都为我所获，已受封为列侯，又西进平定河南地区，巡行榆谿旧塞，横越梓领，架桥北河，讨平蒲泥，攻破符离，斩杀精锐轻骑兵，捕获侦察兵三千零十七人。讯问俘虏，俘获大批敌军，赶回马牛羊一百多万，全师而还，增封卫青三千八百户食邑。”后来匈奴每年入侵代郡、雁门、定襄、上郡、朔方，杀掠很多。

元朔五年春天，汉朝命令卫青率三万骑兵出高阙，卫尉苏建为游击将军，左内史李沮为强弩将军，太仆公孙贺为骑将军，代国丞相李蔡为轻车将军，都归车骑将军卫青节制，出兵朔方郡。大行令李息、岸头侯张次公为将军，都出兵右北平。匈奴右贤王率军抵挡卫青等部的进攻，以为汉军不能到达此地，喝醉了酒。汉军夜间赶到，包围了右贤王。右贤王大惊，连夜逃跑，独与他爱妾一个、骑士数百，突围北去。汉朝轻骑校尉郭成等追击数百里，没有捉得右贤王，但俘获右贤王属下小王十多人，男女人众一万五千多人，牲口数十百万，于是引兵还。军到边塞，天子派使者捧着大将军印，当即在军中拜卫青为大将军，众将各部都归属他统率，建立了官号返回。皇帝说：“大将军卫青亲率征战将士，出师大捷，俘获匈奴王十多人，增封卫青八千七百户食邑。”又封卫青的儿子卫伉为宜春侯，另一个儿子卫不疑为阴安侯，再一个儿子卫登为发干侯。卫青坚持谢绝说：“我有幸能待罪参加这次出击，仰赖陛下神灵，出军大捷，都是众多校尉奋力作战的功劳。陛下已经垂幸增封了臣下卫青，而我卫青的儿子尚在襁褓之中，没有功劳，皇上却垂幸裂地封他们三人为侯，这不是我待罪参加这次出击和用以劝励将士奋力作战的本意。卫伉等三个怎么敢领受封爵！”皇上说：“我不是忘记了众多将校的战功，今天本来就要办这件事的。”于是就下诏御史说：“护军都尉公孙敖三次跟随大将军出击匈奴，经常总护诸军，调节部校，俘获匈奴王，封公孙敖为合骑侯。都尉韩说跟从大军出击谌浑，直到匈奴右贤王的王庭，在敌人的帅旗下搏战拼杀，俘获了匈奴王，封韩说为龙额侯。骑将军公孙贺跟从大将军俘获匈奴王，封公孙贺为南窌侯。轻车将军李蔡二次跟从大将军俘获匈奴王，封李蔡为乐安侯。校尉李朔、赵不虞、公孙戎奴各自三次跟从大将军俘获匈奴王，封李朔为陟轵侯，赵不虞为随成侯，公孙戎奴为从平侯。将军李沮、李息及校尉豆如意、中郎将绾都有战功，赐爵关内侯。李沮、李息、豆如意，食邑各三百户。”这一年的秋天，匈奴入侵代郡，杀死了汉军都尉。

汉“单于天降”瓦当，内蒙古包头市召湾出土，内蒙古博物馆藏。

明年的春天，大将军卫青兵出定襄，合骑侯公孙敖为中将军，太仆公孙贺为左将军，翕侯赵信为前将军，卫尉苏建为右将军，郎中令李广为后将军，左内史李沮为强弩将军，都归属大将军统率，斩敌首级数千而回。后一个多月，又全部从定襄出兵，斩杀敌军一万多人。苏建、赵信合军三千多骑兵，恰遇到了匈奴单于的大军，交战了一天多，汉军伤亡将尽。赵信本来就是匈奴人，投降汉朝后封为翕侯，他见到情况危急，匈奴又来引诱他，于是率领残余骑兵八百人投奔了单于。苏建全军覆灭，只身逃脱，回来向卫青自首。卫青问军正官闳、长史安、议郎周霸等说："苏建当如何处置？"周霸说："自从大将军出兵至今，还没有杀过副将，现在苏建弃军而逃，可以斩首，以显示将军的威严。"闳、安二个说："不对，兵法说'坚强的小部队，也会被强大的部队所擒获'。现在苏建以几千汉军去抵挡单于几万的兵力，奋力作战一天多，将士都不敢有二心。如果回来自首而杀了他，等于告示后人不要回来。因此苏建不应该斩杀。"卫青说："我有幸以皇上的亲戚待罪参加这次战斗，不怕没有威信，而周霸劝说我杀苏建来显示威严，不符合我的本意。即使我有职权可以斩杀将领，也不应以地位的尊崇就敢擅自专杀将领于境外。把苏建送回天子处，让天子亲自决裁，以表明做臣子的不敢专权，不也是很好吗？"军官们都说："好。"于是就把苏建囚禁起来，送到皇帝那里。

这一年，霍去病开始封侯。

霍去病是大将军卫青姊姊少儿的儿子。他父亲霍仲孺早先与少儿私通，生下了霍去病。后来到卫皇后尊贵之时，少儿就改为詹事陈掌的妻子。霍去病以皇后姊姊的儿子身份，十八岁就当了侍中。他善于骑马射箭，两次跟从大将军出征，大将军根据皇上的诏令，派给他壮士，让他担任票姚校尉。他带领八百轻骑勇士，离开大军部队，到数百里外去寻找立功的机会，斩杀和俘获敌人很多，而汉军损失很少。于是皇上说："票姚校尉霍去病斩杀俘获敌人二千零二十八人，活捉敌人相国、当户，又杀死单于祖父一辈的籍若侯产，生俘单于叔父罗姑比，功劳两次冠于全军，因此以二千五百户封霍去病为冠军侯。上谷太守郝贤四次跟从大将军，俘敌一千三百人，封郝贤为终利侯。骑士孟己有功，赐爵关内侯，食邑二百户。"

这一年，汉朝损失了苏建、赵信两个将军的部队，翕侯赵信逃归匈奴，军功不多，因此卫青没有增封。苏建被押送到京，皇上也没有杀他，用钱赎为平民。赐卫青千金。这时，王夫人正受到武帝宠幸，宁乘劝卫青说："将军之所以立功不多，而享受万户的食邑，三个儿子都封为侯，这是皇后的缘故。现在王夫人得宠而她的宗族尚未富贵，希望将军将把皇上所赐的千金作为王夫人母亲的寿礼。"卫青便以五百金为王夫人母亲祝寿。皇上听到这件事后，就问卫青，卫青就照实做了回答。皇上就拜宁乘为东海都尉。

校尉张骞跟从大将军，因为他曾出使大夏，在匈奴留住很久，所以让他作为大军的向导。他知道好的水草在何处，因此汉军没有受到饥渴，又因为他出使远方异国的功劳，皇上封张骞为博望侯。

霍去病封侯后三年，元狩二年的春天，皇帝任命他为骠骑将军，率领一万骑兵出陇西郡，攻打匈奴有功。皇上说："骠骑将军率领将士，翻过乌盭山，讨伐匈奴的遬濮部落，渡过狐奴水，经历过五个王国，不掠取降服者的物资人口，差一点俘获了单于的王子，转战六天，越过焉支山一千多里，与敌军短兵相接，鏖战皋兰山下，将折兰王，斩卢侯王，凶悍反抗者一律诛杀，俘获全军，活捉浑邪王的儿子以及相国、都尉，斩杀敌军八千九百六十人，缴收休屠王祭天的金人佛像，匈奴之师损失十分之七，因此增封霍去病二千二百户食邑。"

这一年的夏天，霍去病与合骑侯公孙敖一同从北地郡出兵，兵分二路。博望侯张骞、郎中令李广一同从右北平郡出兵，兵分二路。李广率领的四千骑兵先到，张骞率领的一万骑兵后到。匈奴左贤王率领数万骑兵围困了李广军，李广与匈奴奋战了二天，死亡已过大半，杀死敌军更多。张骞赶到，匈奴引兵离去。张骞因犯行动滞留罪，按军法应当斩首，用钱赎为平民。而霍去病出兵北地郡，进军深入，但由于合骑侯迷失了道路，不得相遇。霍去病到祁连山，俘获敌军很多。皇上说："骠骑将军涉水钧耆，舟渡居延，经过小月氏，攻打祁连山，扬威于觻得，俘获单于单桓、酋涂王，以及相国、都尉和下属部众二千五百人，可以说已做到降服者舍弃不管，功业已成就到此为止。斩杀敌军三万零二百人，俘获了五个王和他们的王母、单于阏氏、王子五十九人，相国、将军、当户、都尉六十三人，匈奴军队大约损失十分之三，因此增封霍去病五千四百户食邑。赐予跟从骠骑将军到达小月氏的校尉以左庶长的爵位。鹰击司马赵破奴二次跟从骠骑将军斩杀遬濮王，捕获稽且王；其部下右千骑将俘获匈奴王、王母各一人，王子以下四十一人，捕获敌军三千三百三十人；前锋部队俘获一千四百人，因此封赵破奴为从票侯。校尉高不识跟从骠骑将军捕获呼于耆王王子以下十一人，俘敌一千七百六十八人，封高不识为宜冠侯。校尉仆多立有军功，封为煇渠侯。"合骑侯公孙敖犯行动迟留没有与骠骑将军会合的罪，按军法应当斩首，用钱赎罪为平民。各位老将所率领的士兵马匹也不如骠骑将军霍去病，霍去病所统率的将士经常经过挑选，也敢于深入敌军，常常与精壮骑士冲在大军前面，军队也有老天保佑，因此从未受到困绝的危险。而各位老将常常行动迟缓而失去战机。因此霍去病日益受到皇帝的亲信而显贵，地位与大将军不下上下。

后来，匈奴单于恼怒浑邪王在西方常被汉军打败，死亡数万人，尤其被霍去病之兵击败，因此单于想把浑邪王叫来杀掉。浑邪王与休屠王商量，想投降汉朝，派人到汉军边界联系。当时大行令李息正在黄河边上筑城，得到浑邪王派来使者所说的情况，就立即报告了朝廷。皇上恐怕匈奴诈降来袭击边境，就命令霍去病率领军队去对付他们。霍去病渡过了黄河，与浑邪王率领的军队相对而望。浑邪王的副王将领见到汉军，很多人就不想投降，纷纷逃走。霍去病就立即驰入匈奴军中，与浑邪王相见，下令斩杀想逃亡的匈奴兵八千人，让浑邪王独自先乘驿站的传车到京师，然后将浑邪王的全部人马渡过黄河，投降的有数万人，号称十万。到了长安，天子赏赐匈奴降者钱数十万。封浑邪王万户食邑，为漯阴侯。封他的副王呼毒尼为下摩侯，雁疪为煇渠侯，禽黎为河綦侯，大当户调虽为常乐侯。皇上奖嘉霍去病的功劳说："骠骑将军率军征伐匈奴，西域的浑邪王以及众多的部属都来投奔我们，我们以军粮供给他们饮食，控制匈奴弓箭手一万多人，诛杀凶悍不肯顺服的，斩首八千多人，降服异国之王三十二人。汉朝的战士没有遭到伤亡，而匈奴十万之众都乖乖地臣服。这次兴师之劳，关系到黄河边塞，几乎没有边患。因此增封骠骑将军一千七百户食邑。减免陇西、北地、上郡的一半戍卒，以减少天下百姓的徭役负担。"把投降的匈奴人分别安置在边境五郡的故塞外，都在黄河以南，保留他们原有的风俗习惯，为汉朝的属国。到了明年，匈奴入侵右北平、定襄郡，杀掠汉军一千多人。

第二年，皇上与诸将商议说："翕侯赵信为匈奴单于出谋划策，常以为汉兵不能渡过大漠轻易久留，现在发大军进击漠北，定能达到目的。"这是元狩四年。元狩四年春，皇上命令大将军卫青、骠骑将军霍去病各自领五万骑兵，数十万步兵运输物资跟随其后，而敢于奋力深入作战的将士都归属霍去病统领。霍去病开始准备从定襄出兵，去攻打单于。后来抓到匈奴的俘虏说单于在东边，于是就改令霍去病从代郡出兵，命令卫青出兵定襄。郎中令李广为前将军，太仆公孙贺为左将军，主爵赵食其为右将军，平阳侯曹襄为后将军，都归属大将军卫青统领。赵信向单于献计说："汉兵即使能渡过大漠，也人马疲劳，匈奴可以获胜。"于是将军用物资都远远地运到北方，把精锐部队都留在漠北等待汉军的到来。而恰好卫青的军队出塞一千多里，见单于兵马严阵而待，卫青便命令用武刚车围绕四周作为营寨，自己带领五千骑兵前往，与匈奴交战。匈奴也放出一万骑兵。这时太阳进入云中，大风骤起，沙砾扑面，两军不能相见，汉军又增派骑兵从左右两翼绕到单于的两侧进行攻击。单于见汉兵众多，而且兵马尚强，怕打下去对匈奴不利，到了天色快黑时，单于乘坐六匹骡子拉着的车子，带着精壮骑兵数百人，直冲汉军包围圈向西北方向逃去。这时天色已黑，汉军与匈奴在黑暗中乱相搏杀，杀伤大致相当。汉军左校尉捕捉了匈奴俘虏，俘虏说单于在天未黑之前逃走，汉军就派轻装骑兵连夜追击，卫青大军紧随其后。匈奴兵也四散奔走。到了天亮，汉军追击二百多里，没有捉到单于，俘获斩杀敌军一万多人，直到谌颜山赵信城，获得匈奴储积的粮食，供给部队食用。汉军留在赵信城一天，全部烧毁了城中的余粮而回。

卫青与单于会战的时候，前将军李广、右将军赵食其另从东路进击，但迷失了道路。大将军卫青引兵回来，在渡过漠南之时才两军相遇。卫青准备派使者向皇上报告，叫长史根据军簿文书去责问李广，李广自杀了。赵食其赎为平民。卫青的军队进入了边塞，总计俘杀敌军一万九千人。

当时，匈奴部队失去单于十多天，右谷蠡王就自立为单于。单于后来找到了自己的匈奴部队，右谷蠡王才去掉了单于的称号。

霍去病的骑兵、军需物资与大将军卫青的军队相等，但没有副将。霍去病都用大校尉李敢等人充当副将，出代郡、右北平二千多里，攻击匈奴左方的军队，杀俘敌军的功劳已大大超过卫青。军队回来后，皇上说："骠骑将军霍去病亲自率领汉军以及投诚的匈奴勇士，携带少量的粮食，横越大沙漠，涉水抓获单于之近臣章渠，诛杀北车耆，转战左大将双，缴获了大量的旗鼓，又历险越过难侯山，渡过弓卢水，抓获屯头王、韩王等三人，将军、相国、当户、都尉八十三人，在狼居胥山祭天，于姑衍祭地，登上临海的山峰眺望瀚海，俘获斩杀匈奴七万零四百四十三人，匈奴军队损人十分之二，从敌人那里夺取粮食，远距离行军而军粮不绝。因此，增封骠骑将军五千八百户食邑。右北平太守路博德部属骠骑将军，会师兴城，不误军期，跟从骠骑将军到梼余山，斩俘敌军二千八百人，封路博德为邳离侯。北地都尉卫山跟从骠骑将军抓获匈奴王，封卫山为义阳侯。以前归降汉朝的归义侯因淳王复陆支、楼剸王伊即靬都跟从骠骑将军立了战功，封复陆支为杜侯，伊即靬为众利侯。从票侯赵破奴、昌武侯安稽跟从骠骑将军立有战功，各自增封三百户食邑。渔阳太守解、校尉李敢都缴获大量军旗战鼓，赐爵关内侯，赐解食邑三百户，李敢食邑二百户。校尉徐自为赐爵左庶长。"其他军吏士卒封官，赏赐很多。而卫青没有得到增封，军吏士卒也没有受封。只有西河太守常惠、云中太守遂成受到赏赐，遂成的官俸秩禄与诸侯相同，赐食邑二百户，黄金一百斤，常惠封爵关内侯。

卫青与霍去病两军出塞时，边塞官吏查阅他们的官马和私马共计十四万匹，而后来回归时入塞的马不满三万匹。汉朝廷于此时设置了大司马的官位，大将军、骠骑将军都为大司马。制定法令，让骠骑将军的秩禄与大将军相等。从此以后，卫青的权势日益衰减，而霍去病则日益显贵。卫青过去的门客大多转到霍去病那里做事，唯独任安不肯离去。

霍去病为人少言寡语,有气魄敢作敢为。皇上曾想教他学习吴起、孙吴兵法,霍去病对皇上说:"作战要看方略如何,不必学习古代兵法。"皇上为他建造府第,叫他去看看,霍去病对皇上说:"匈奴不灭,我不能有家。"由此皇上更加器重宠爱他。然而他少年入宫侍奉皇帝,自以为高贵而不关心士卒。皇上派遣太官送去数十辆食物给他,等到回来时,多余的好米肥肉由于车重而都扔弃,而士卒却有挨饿受饥的。他在塞外时,士卒缺粮,有的人饿得不能动弹,而霍去病却画地作球场踢球为乐。诸如此类的事情很多。卫青为人仁爱,喜爱士卒,谦和退让,以和柔取得皇帝喜欢,然而天下没有人称颂他。

霍去病自从元狩四年出兵后的第三年,即元狩六年去世了。皇上为了哀悼他,调发边郡匈奴属国的武士,身穿黑色的衣甲,排成长队,从长安到茂陵为霍去病送葬,其坟墓像祁连山的形状。赐给他的谥号,合并勇猛武威与辟土开疆的意思,称为景桓侯。还让他的儿子霍嬗继承他的爵位。霍嬗字子侯,皇上很喜欢他,期望他长大以后任命他为将。让他担任奉车都尉,跟从皇帝在泰山祭天时去世。由于霍嬗没有儿子,封国也就被废除了。

自从霍去病死后,卫青的长子宜春侯卫伉因犯法失去了侯爵。过了五年,卫伉的二个弟弟,阴安侯卫不疑、发干侯卫登,都因献给皇帝助祭的黄金成色不足也失去侯爵。过了二年,冠军侯霍嬗身死,封国被废除。又过了四年,即元封五年,卫青去世,谥号为烈侯。其子卫伉继承了侯爵位,元封六年因犯法免除了爵位。

自从卫青围攻单于之战以后,过了十四年就去世了,在此期间始终没有出击匈奴,这是因为汉军马少,同时又正值向南攻诛两越,向东征伐朝鲜,以及攻打羌、西南夷,所以很长时间没有征伐匈奴。

当初,卫青既已日益尊贵,而平阳侯曹寿身患恶疾回到了封国。长公主问左右随从说:"列侯中谁最贤能?"左右随从都称大将军卫青。长公主听了笑着说:"卫青出自我家,是经常跟从我出游的家骑,我如何能下嫁于他?"左右随从说:"卫青现在已尊贵无比。"于是长公主便把改嫁卫青的意向告诉了皇后,皇后又向皇帝进言,皇帝便又诏令卫青娶平阳公主为妻,卫青死后与公主合葬,所建的坟墓像庐山的形状。

董仲舒传

【题解】

董仲舒(公元前179~前104年),西汉广川(今河北枣强东)人,景帝时为博士,武帝时为江都相和胶西王相。为人廉洁正直,勤于治学著书,专心致志到"三年不窥园",后世传为佳话。他是西汉时著名的思想家,是中国两千多年封建社会以儒学为正统思想的奠基人。他的天人感应、君权神授、思想大一统、仁义治国、崇尚教化、"天不变道亦不变"等主张在本传中都有系统的论述,阅读本传便可以大致把握他的思想概貌。

【原文】

董仲舒,广川人也。少治《春秋》,孝景时为博士。下帷讲诵,弟子传以久次相授业,

董仲舒

或莫见其面。盖三年不窥园，其精如此。进退容止，非礼不行，学士皆师尊之。

武帝即位，举贤良文学之士前后百数，而仲舒以贤良对策焉。

制曰：朕获承至尊休德，传之亡穷，而施之罔极，任大而守重，是以夙夜不皇康宁，永惟万事之统，犹惧有缺。故广延四方之豪儁，郡国诸侯公选贤良修絜博习之士，欲闻大道之要，至论之极。今子大夫褎然为举首，朕甚嘉之。子大夫其精心致思，朕垂听而问焉。

盖闻五帝三王之道，改制作乐而天下洽和，百王同之。当虞氏之乐莫盛于《韶》，于周莫盛于《勺》。圣王已没，钟鼓管弦之声未衰，而大道微缺，陵夷至乎桀纣之行，王道大坏矣。夫五百年之间，守文之君，当途之士，欲则先王之法以戴翼其世者甚众，然犹不能反，日以仆灭，至后王而后止，岂其所持操或悖缪而失其统与？固天降命不可复反，必推之于大衰而后息与？乌乎！凡所为屑屑，夙兴夜寐，务法上古者，又将无补与？三代受命，其符安在？灾异之变，何缘而起？性命之情，或夭或寿，或仁或鄙，习闻其号，未烛厥理。伊欲风流而令行，刑轻而奸改，百姓和乐，政事宣昭，何修何饬而膏露降，百谷登，德润四海，泽臻山木，三光全，寒暑平，受天之祐，享鬼神之灵，德泽洋溢，施乎方外，延及群生？

子大夫明先圣之业，习俗化之变，终始之序，讲闻高谊之日久矣，其明以谕朕。科别其条，勿猥勿并，取之于术，慎其所出。乃其不正不直，不忠不极，枉于执事，书之不泄，与于朕躬，毋悼后害。子大夫其尽心，靡有所隐，朕将亲览焉。

仲舒对曰：

陛下发德音，下明诏，求天命与情性，皆非愚臣之所能及也。臣谨案《春秋》之中，视前世已行之事，以观天人相与之际，甚可畏也。国家将有失道之败，而天乃先出灾害以谴告之，不知自省，又出怪异以警惧之，尚不知变，而伤败乃至。以此见天心之仁爱人君而欲止其乱也。自非大亡道之世者，天尽欲扶持而全安之，事在强勉而已矣。强勉学问，则闻见博而知益明；强勉行道，则德日起而大有功：此皆可使还至而有效者也。《诗》曰“夙夜匪解”，《书》云“茂哉茂哉！”皆强勉之谓也。

道者，所繇适于治之路也，仁义礼乐皆其具也。故圣王已没，而子孙长久安宁数百岁，此皆礼乐教化之功也。王者未作乐之时，乃用先王之乐宜于世者，而以深入教化于民。教化之情不得，雅颂之乐不成，故王者功成作乐，乐其德也。乐者，所以变民风，化民俗也；其变民也易，其化人也著。故声发于和而本于情，接于肌肤，藏于骨髓。故王道虽微缺，而管弦之声未衰也。夫虞氏之不为政久矣，然而乐颂遗风犹有存者，是以孔子在齐而闻《韶》也。夫人君莫不欲安存而恶危亡，然而政乱国危者甚众，所任者非其人，而所繇者非其道，是以政日以仆灭也。夫周道衰于幽厉，非道亡也，幽厉不繇也。至于宣王，思昔先王之德，兴滞补弊，明文武之功业，周道粲然复兴，诗人美之而作，上天祐之，为生贤佐，后世称颂，至今不绝。此夙夜不解行善之所致也。孔子曰“人能弘道，非道弘人”也。故治乱废兴在于己，非天降命不可得反，其所操持悖谬失其统也。

臣闻天之所大奉使之王者，必有非人力所能致而自至者，此受命之符也。天下之人同心归之，若归父母，故天瑞应诚而至。《书》曰“白鱼入于王舟，有火复于王屋，流为乌”，此盖受命之符也。周公曰“复哉复哉”，孔子曰“德不孤，必有邻”，皆积善累德之效也。及至后世，淫逸衰微，不能统理群生，诸侯背叛，残贼良民以争壤土，废德教而任刑罚。刑罚不中，则生邪气；邪气积于下，怨恶畜于上。上下不和，则阴阳缪盭而妖孽生矣。此灾异所缘而起也。

臣闻命者天之令也，性者生之质也，情者人之欲也。或夭或寿，或仁或鄙，陶冶而成之，不能粹美，有治乱之所生，故不齐也。孔子曰：“君子之德风，小人之德草，草上之风必偃。”故尧舜行德则民仁寿，桀纣行暴则民鄙夭。夫上之化下，下之从上，犹泥之在钧，唯甄者之所为；犹金之在熔，唯冶者之所铸。“绥之斯俫，动之斯和”，此之谓也。

臣谨案《春秋》之文，求王道之端，得之于正。正次王，王次春。春者，天之所为也；正者，王之所为也。其意曰，上承天之所为，而下以正其所为，正王道之端云尔。然则王者欲有所为，宜求其端于天。天道之大者在阴阳。阳为德，阴为刑；刑主杀而德主生。是故阳常居大夏，而以生育养长为事；阴常居大冬，而积于空虚不用之处。以此见天之任德不任刑也。天使阳出布施于上而主岁功，使阴入伏于下而时出佐阳；阳不得阴之助，亦不能独成岁。终阳以成岁为名，此天意也。王者承天意以从事，故任教德而不任刑。刑者不可任以治世，犹阴之不可任以成岁也。为政而任刑，不顺于天，故先王莫之肯为也。今废先生德教之官，而独任执法之吏治民，毋乃任刑之意与！孔子曰：“不教而诛谓之虐。”虐政用于下，而欲德教之被四海，故难成也。

臣谨案《春秋》谓一元之意，一者万物之所从始也，元者辞之所谓大也。谓一为元者，视大始而欲正本也。《春秋》深探其本，而反自贵者始。故为人君者，正心以正朝廷，正朝廷以正百官，正百官以正万民，正万民以正四方。四方正，远近莫敢不壹于正，而亡有邪气奸其间者。是以阴阳调而风雨时，群生和而万民殖，五谷孰而草木茂，天地之间被润泽而大丰美，四海之内闻盛德而皆徕臣，诸福之物，可致之祥，莫不毕至，而王道终矣。

孔子曰：“凤鸟不至，河不出图，吾已矣夫！”自悲可致此物，而身卑贱不得致也。今陛下贵为天子，富有四海，居得致之位，操可致之势，又有能致之资，行高而恩厚，知明而意美，爱民而好士，可谓谊主矣。然而天地未应而美祥莫至者，何也？凡以教化不立而万民不正也。夫万民之从利也，如水之走下，不以教化堤防之，不能止也。是故教化立而奸邪皆止者，其堤防完也；教化废而奸邪并出，刑罚不能胜者，其堤防坏也。古之王者明于此，是故南面而治天下，莫不以教化为大务。立大学以教于国，设庠序以化于邑，渐民以仁，摩民以谊，节民以礼，故其刑罚甚轻而禁不犯者，教化行而习俗美也。

圣王之继乱世也，扫除其迹而悉去之，复修教化而崇起之。教化已明，习俗已成，子孙循之，行五六百岁尚未败也。至周之末世，大为亡道，以失天下。秦继其后，独不能改，又益甚之，重禁文学，不得挟书，弃捐礼谊而恶闻之，其心欲尽灭先王之道，而颛为自恣苟简之治，故立为天子十四岁而国破亡矣。自古以来，未尝有以乱济乱，大败天下之民如秦者也。其遗毒余烈，至今未灭，使习俗薄恶，人民嚚顽，抵冒殊扞，孰烂如此之甚者也。孔子曰："腐朽之木不可雕也，粪土之墙不可圬也。"今汉继秦之后，如朽木粪墙矣，虽欲善治之，亡可奈何。法出而奸生，令下而诈起，如以汤止沸，抱薪救火，愈甚亡益也。窃譬之琴瑟不调，甚者必解而更张之，乃可鼓也；为政而不行，甚者必变而更化之，乃可理也。当更张而不更张，虽有良工不能善调也；当更化而不更化，虽有大贤不能善治也。故汉得天下以来，常欲善治而至今不可善治者，失之于当更化而不更化也。古人有言曰："临渊羡鱼，不如退而结网。"今临政而愿治七十余岁矣，不如退而更化；更化则可善治，善治则灾害日去，福禄日来。《诗》云："宜民宜人，受禄于天。"为政而宜于民者，固当受禄于天。夫仁谊礼知信五常之道，王者所当修饬也；五者修饬，故受天之祐，而享鬼神之灵，德施于方外，延及群生也。

天子览其对而异焉，乃复册之曰：

制曰："盖闻虞舜之时，游于岩廊之上，垂拱无为，而天下太平。周文王至于日昃不暇食，而宇内亦治。夫帝王之道，岂不同条共贯与？何逸劳之殊也？

盖俭者不造玄黄旌旗之饰。及至周室，设两观，乘大路，朱干玉戚，八佾陈于庭而颂声兴。夫帝王之道岂异指哉？或曰良玉不琢，又曰非文无以辅德，二端异焉。

殷人执五刑以督奸，伤肌肤以惩恶。成康不式，四十余年天下不犯，囹圄空虚。秦国用之，死者甚众，刑者相望，耗矣哀哉！

乌乎！朕夙寤晨兴，惟前帝王之宪，永思所以奉至尊，章洪业，皆在力本任贤。今朕亲耕藉田以为农先，劝孝弟，崇有德，使者冠盖相望，问勤劳，恤孤独，尽思极神，功烈休德未始云获也。今阴阳错谬，氛气充塞，群生寡遂，黎民未济，廉耻贸乱，贤不肖浑淆，未得其真，故详延特起之士，庶几乎！今子大夫待诏百有余人，或道世务而未济，稽诸上古之不同，考之于今而难行，毋乃牵于文系而不得骋与？将所繇异术，所闻殊方与？各悉对，著于篇，毋讳有司。明其指略，切磋究之，以称朕意。

仲舒对曰：

臣闻尧受命，以天下为忧，而未以位为乐也，故诛逐乱臣，务求贤圣，是以得舜、禹、稷、卨、咎繇、众圣辅德，贤能佐职，教化大行，天下和洽，万民皆安仁乐谊，各得其宜，动作应礼，从容中道。故孔子曰"如有王者，必世而后仁"，此之谓也。尧在位七十载，乃逊于位以禅虞舜。尧崩，天下不归尧子丹朱而归舜。舜知不可辟，乃即天子之位，以禹为相，因尧之辅佐，继其统业，是以垂拱无为而天下治。孔子曰："《韶》尽美矣，又尽善矣，此之谓也。至于殷纣，逆天暴物，杀戮贤知，残贼百姓。伯夷、太公皆当世贤者，隐处而不为臣。守职之人皆奔走逃亡，入于河海。天下耗乱，万民不安，故天下去殷而从周。文王顺天理物，师用贤圣，是以闳夭、大颠、散宜生等亦聚于朝廷。爱施兆民，天下归之，故太公起海滨而即三公也。当此之时，纣尚在上，尊卑昏乱，百姓散亡，故文王悼痛而欲安之，是以日昃而不暇食也。孔子作《春秋》，先正王而系万事，见素王之文焉。繇此观之，帝王之条贯同，然而劳逸异者，所遇之时异也。孔子曰"《武》尽美矣，未尽善也"此之谓也。

臣闻制度文采玄黄之饰，所以明尊卑，异贵贱，而劝有德也。故《春秋》受命所先制者，改正朔，易服色，所以应天也。然则宫室旌旗之制，有法而然者也。故孔子曰："奢则不逊，俭则固。"俭非圣人之中制也。臣闻良玉不琢，资质润美，不待刻琢，此亡异于达巷党人不学而自知也，然则常玉不琢，不成文章；君子不学，不成其德。

臣闻圣王之治天下也，少则习之学，长则材诸位，爵禄以养其德，刑罚以威其恶，故民晓于礼谊而耻犯其上。武王行大谊，平残贼，周公作礼乐以文之，至于成康之隆，囹圄空虚四十余年。此亦教化之渐而仁谊之流，非独伤肌肤之效也。至秦则不然。师申商之法，行韩非之说，憎帝王之道，以贪狼为俗，非有文德以教训于下也。诛名而不察实，为善者不必免，而犯恶者未必刑也。是以百官皆饰虚辞而不顾实，外有事君之礼，内有背上之心，造伪饰诈，趣利无耻；又好用惨酷之吏，赋敛亡度，竭民财力，百姓散亡，不得从耕织之业，群盗并起。是以刑者甚众，死者相望，而奸不息，俗化使然也。故孔子曰"导之以政，齐之以刑，民免而无耻"，此之谓也。

今陛下并有天下，海内莫不率服，广览兼听，极群下之知，尽天下之美，至德昭然，施于方外。夜郎、康居，殊方万里，说德归谊，此太平之致也。然而功不加于百姓者，殆王心未加焉。曾子曰："尊其所闻，则高明矣；行其所知，则光大矣。高明光大，不在于它，在乎加之意而已。"愿陛下因用所闻，设诚于内而致行之，则三王何异哉！

陛下亲耕藉田以为农先，夙寤晨兴，忧劳万民，思惟往古，而务以求贤，此亦尧舜之用心也，然而未云获者，士素不厉也。夫不素养士而欲求贤，譬犹不琢玉而求文采也。故养士之大者，莫大乎太学；太学者，贤士之所关也，教化之本原也。今以一郡一国之众，对亡应书者，是王道往往而绝也。臣愿陛下兴太学，置明师，以养天下之士，数考问以尽其材，则英俊宜可得矣。今之郡守、县令，民之师帅，所使承流而宣化也；故师帅不贤，则主德不宣，恩泽不流。今吏既亡教训于下，或不承用主上之法，暴虐百姓，与奸为市，贫穷孤弱，冤苦失职，甚不称陛下之意。是以阴阳错谬，氛气充塞，群生寡遂，黎民未济，皆长吏不明，使至于此也。

夫长吏多出于郎中、中郎，吏二千石子弟选郎吏，又以富訾，未必贤也。且古所谓功者，以任官称职为差，非谓积日累久也。故小材虽累日，不离于小官；贤材虽未久，不害为辅佐。是以有司竭力尽知，务治其业而以赴功。今则不然。累日以取贵，积久以致官，是以廉耻贸乱，贤不肖浑淆，未得其真。臣愚以为使诸列侯、郡守、二千石各择其吏民之贤者，岁贡各二人以给宿卫，且以观大臣之能；所贡贤者有赏，所贡不肖者有罚。夫如是，诸侯、吏二千石皆尽心于求贤，天下之士可得而官使也。偏得天下之贤人，则三王之盛易为，而尧舜之名可及也。毋以日月为功，实试贤能为上，量材而授官，录德而定位，则廉耻殊路，贤不肖异处矣。陛下加惠，宽臣之罪，令勿牵制于文，使得切磋究之，臣敢不尽愚！

于是天子复册之。

制曰："盖闻"善言天者必有徵于人，善言古者必有验于今。"故朕垂问乎天人之应，上嘉唐虞，下悼桀纣，寖微寖灭寖明寖昌之道，虚心以改。今子大夫明于阴阳所以造化，习于先圣之道业，然而文采未极，岂惑乎当世之务哉？条贯靡竟，统纪未终，意朕之不明与？听若眩与？夫三王之教所祖不同，而皆有失，或谓久而不易者道也，意岂异哉？今子大夫既已著大道之极，陈治乱之端矣，其悉之究之，孰之复之。《诗》不云乎？"嗟尔君子，毋常安息，神之听之，介尔景福。"朕将亲览焉，子大夫其茂明之。

仲舒复对曰：

臣闻《论语》曰："有始有卒者，其唯圣人乎！"今陛下幸加惠，留听于承学之臣，复下明册，以切其意，而究尽圣德，非愚臣之所能具也。前所上对，条贯靡竟，统纪不终，辞不别白，指不分明，此臣浅陋之罪也。

册曰："善言天者必有徵于人，善言古者必有验于今。"臣闻天者群物之祖也，故偏覆包函而无所殊，建日月风雨以和之，经阴阳寒暑以成之。故圣人法天而立道，亦溥爱而亡私，布德施仁以厚之，设谊立礼以导之。春者天之所以生也，仁者君之所以爱也；夏者天之所以长也，德者君之所以养也；霜者天之所以杀也，刑者君之所以罚也。繇此言之，天人之徵，古今之道也。孔子作《春秋》，上揆之天道，下质诸人情，参之于古，考之于今。故《春秋》之所讥，灾害之所加也；《春秋》之所恶，怪异之所施也。书邦家之过，兼灾异之变，以此见人之所为，其美恶之极，乃与天地流通而往来相应，此亦言天之一端也。古者修教训之官，务以德善化民，民已大化之后，天下常亡一人之狱矣。今世废而不修，亡以化民，民以故弃行谊而死财利，是以犯法而罪多，一岁之狱以万千数。以此见古之不可不用也，故《春秋》变古则讥之。天令之谓命，命非圣人不行；质朴之谓性，性非教化不成；人欲之谓情，情非度制不节。是故王者上谨于承天意，以顺命也；下务明教化民，以成性也；正法度之宜，别上下之序，以防欲也；修此三者，而大本举矣。人受命于天，固超然异于群生，入有父子兄弟之亲，出有君臣上下之谊，会聚相遇，则有耆老长幼之施；粲然有文以相接，欢然有恩以相爱，此人之所以贵也。生五谷以食之，桑麻以衣之，六畜以养之，服牛乘马，圈豹槛虎，是其得天之灵，贵于物也。故孔子曰："天地之性人为贵。"明于天性，知自贵于物；知自贵于物，然后知仁谊；知仁谊，然后重礼节；重礼节，然后安处善；安处善乎然后乐循理；乐循理，然后谓之君子。故孔子曰"不知命，亡以为君子"，此之谓也。

册曰："上嘉唐虞，下悼桀纣，寖寖微寖灭寖明寖昌之道，虚心以改。"臣闻众少成多，积小致钜，故圣人莫不以晻致明，以微致显。是以尧发于诸侯，舜兴乎深山，非一日而显也，盖有渐以致之矣。言出于己，不可塞也；行发于身，不可掩也。言行，治之大者，君子之所以动天地也。故尽小者大，慎微者著。《诗》云："惟此文王，小心翼翼。"故尧兢兢日行其道，而舜业业日致其孝，善积而名显，德章而身尊，此其寖明寖昌之道也。积善在身，犹长日加益，而人不知也；积恶在身，犹火之销膏，而人不见也。非明乎情性察乎流俗者，孰能知之？此唐虞之所以得令名，而桀纣之可为悼惧者也。夫善恶之相从，如景乡之应形声也。故桀纣暴谩，谗贼并进，贤知隐伏，恶日显，国日乱，晏然自以如日在天，终陵夷而大坏。夫暴逆不仁者，非一日而亡也，亦以渐至，故桀、纣虽亡道，然犹享国十余年，此其寖微寖灭之道也。

册曰："三王之教所祖不同，而皆有失，或谓久而不易者道也，意岂异哉？"臣闻夫乐而不乱复而不厌者谓之道；道者万世亡弊，弊者道之失也。先王之道必有偏而不起之处，故政有眊而不行，举其偏者以补其弊而已矣。三王之道所祖不同，非其相反，将以捄溢扶衰，所遭之变然也。故孔子曰："亡为而治者，其舜乎！"，改正朔，易服色，以顺天命而已；其余尽循尧道，何更为哉！故王者有改制之名，亡变道之实。然夏上忠，殷上敬，周上文者，所继之捄，当用此也。孔子曰"殷因于夏礼，所损益可知也；周因于殷礼，所损益可知也；其或继周者，虽百世可知也。"此言百王之用，以此三者矣。夏因于虞，而独不言所损益者，其道如一而所上同也。道之大原出于天，天不变，道亦不变，是以禹继舜，舜继尧，三圣相受而守一道，亡救弊之政也，故不言其所损益也。繇是观之，继治世者其道同，继乱世者其道变。今汉继大乱之后，若宜少损周之文致，用夏之忠者。

陛下有明德嘉道，愍世俗之靡薄，悼王道之不昭，故举贤良方正之士，论议考问，将欲兴仁谊之休德，明帝王之法制，建太平之道也。臣愚不肖，述所闻，诵所学，道师之言，厪能勿失尔。若乃论政事之得失，察天下之息耗，此大臣辅佐之职，三公九卿之任，非臣仲舒所能及也。然而臣窃有怪者。夫古之天下亦今之天下，今之天下亦古之天下，共是天下，古以大治，上下和睦，习俗美盛，不令而行，不禁而止，吏亡奸邪，民亡盗贼，囹圄空虚，德润草木，泽被四海，凤凰来集，麒麟来游，以古准今，壹何不相逮之远也！安所缪盭而陵夷若是？意者有所失于古之道与？有所诡于天之理与？试迹之古，返之于天，党可得见乎？

夫天亦有所分予，予之齿者去其角，傅其翼者两其足，是所受大者不得取小也。古之所予禄者，不食于力，不动于末，是亦受大者不得取小，与天同意者也。夫已受大，又取小，天不能足，而况人乎！此民之所以嚣嚣苦不足也。身宠而载高位，家温而食厚禄，因乘富贵之资力，以与民争利于下，民安能如之哉！是故众其奴婢，多其牛羊，广其田宅，博其产业，畜其积委，务此而亡已，以迫蹴民，民日削月朘，寖以大穷。富者奢侈羡溢，贫者穷急愁苦；穷急愁苦而上不救，则民不乐生；民不乐生，尚不避死，安能避罪！此刑罚之所蕃而奸邪不可胜者也。故受禄之家，食禄而已，不与民争业，然后利可均布，而民可家足。此上天之理，而亦太古之道，天子之所宜法为制，大夫之所当循以为行也。故公仪子相鲁，之其家见织帛，怒而出其妻，食于舍而茹葵，愠而拔其葵，曰："吾已食禄，又夺园夫红女利乎！"古之贤人君子之在列位者皆如是，是故下高其行而从其教，民化其廉而不贪鄙。及至周室之衰，其卿大夫缓于谊而急于利，亡推让之风而有争田之讼。故诗人疾而刺之，曰："节彼南山，惟石岩岩，赫赫师尹，民具尔瞻。"尔好谊，则民乡仁而俗善；尔好利，则民好邪而俗败。由是观之，天子大夫者，下民之所视效，远方之所四面而内望也。近者视而放之，远者望而效之，岂可以居贤人之位而为庶人行哉！夫皇皇求财利常恐乏匮者，庶人之意也；皇皇求仁义常恐不能化民者，大夫之意也。易曰："负且乘，致寇至。"乘车者君子之位也，负担者小人之事也，此言居君子之位而为庶人之行者，其患祸必至也。若居君子之位，当君子之行，则舍公仪休之相鲁，亡可为者矣。

《春秋》大一统者，天地之常经，古今之通谊也。今师异道，人异论，百家殊方，指意不同，是以上亡以持一统；法制数变，下不知所守。臣愚以为诸不在六艺之科孔子之术者，皆绝其道，勿使并进。邪辟之说灭息，然后统纪可一而法度可明，民知所从矣。

对既毕，天子以仲舒为江都相，事易王。易王，帝兄，素骄，好勇。仲舒以礼谊匡正，王敬重焉。久之，王问仲舒曰："粤王勾践与大夫泄庸、种、蠡谋伐吴，遂灭之。孔子称殷有三仁，寡人亦以为粤有三仁。桓公决疑于管仲，寡人决疑于君。"仲舒对曰："臣愚不足以奉大对。闻昔者鲁君问柳下惠：吾欲伐齐，何如？"柳下惠曰："不可。"归而有忧色，曰："吾闻伐国不问仁人，此言何为至于我哉！"徒见问耳，且犹羞之，况设诈以伐吴乎？繇此言之，粤本无一仁。夫仁人者，正其谊不谋其利，明其道不计其功，是以仲尼之门，五尺之童羞称五伯，为其先诈力而后仁谊也，苟为诈而已，故不足称于大君子之门也。五伯比于他诸侯为贤，其比三王，犹武夫之与美玉也。"王曰："善。"

仲舒治国，以《春秋》灾异之变推阴阳所以错行，故求雨，闭诸阳，纵诸阴，其止雨反是；行之一国，未尝不得所欲。中废为中大夫。先是辽东高庙、长陵高园殿灾，仲舒居家推说其意，山稿未上，主父偃候仲舒，私见，嫉之，窃其书而奏焉。上召视诸儒，仲舒弟子吕步舒不知其师书，以为大愚。于是下仲舒吏，当死，诏赦之。仲舒遂不敢复言灾异。

仲舒为人廉直。是时方外攘四夷，公孙弘治《春秋》不如仲舒，而弘希世用事，位至公卿。仲舒以弘为从谀，弘嫉之。胶西王亦上兄也，尤纵恣，数害吏二千石。弘乃言于上曰:“独董仲舒可使相胶西王。”胶西王闻仲舒大儒,善待之,仲舒恐久获罪,病免。凡相两国,辄事骄王,正身以率下,数上疏谏争,教令国中,所居而治。及去位归居,终不问家产业,以修学著书为事。

仲舒在家,朝廷如有大议,使使者及廷尉张汤就其家而问之,其对皆有明法。自武帝初立,魏其、武安侯为相而隆儒矣。及仲舒对册,推明孔氏,罢黜百家。立学校之官,州郡举茂材孝廉,皆自仲舒发之。年老,以寿终于家。家徒茂陵,子及孙皆以学至大官。

仲舒所著,皆明经术之意,及上疏条教,凡百二十三篇。而说《春秋》得失,《闻举》《玉杯》《蕃露》《清明》《竹林》之属,复数十篇,十余万言,皆传于后世。掇其切当世施朝廷者著于篇。

赞曰:刘向称“董仲舒有王佐之材,虽伊吕亡以加,管晏之属,伯者之佐,殆不及也。”至向子歆以为“伊吕乃圣人之耦,王者不得则不兴。故颜渊死,孔子曰‘噫!天丧余。’唯此一人为能当之,自宰我、子赣、子游、子夏不与焉。仲舒遭汉承秦灭学之后,《六经》离析,下帷发愤,潜心大业,令后学者有所统壹,为群儒首。然考其师友渊源所渐,犹未及乎游夏,而曰管晏弗及,伊吕不加,过矣。”至向曾孙龚,笃论君子也,以歆之言为然。

【译文】

董仲舒是广川人,从小研究《春秋》,汉景帝时为博士。他放下帘幕讲习诵读,学生按资历深浅转相传授学业,有的没有见过他的面。他多年不窥视园圃,专心致志到这种程度。进退容止,非礼不行,学者士人都把他当老师加以尊敬。

武帝即位,存举为贤良文学的士人前后一百多,唯有董仲舒以贤良的身份对策。

诏令说:

我得以继承最尊贵的地位和最美好的品德,要将地位传至无穷而将美德延至无极,责任重大而职守艰巨,因此昼夜不得安宁,深思万事的来龙去脉,唯恐有不周到的地方。所以广泛招致四方的杰出人才,郡国列侯公选贤良正直博学的士人,想听听治国之道的要领,最为正确的主张。如今大夫您在荐举的贤良中俨然是最杰出的,我非常赞赏您。大夫您精心思考,我专心听取并向您询问。

听说五帝三王的做法,是改革制度,大兴礼乐,从而天下融洽和睦,历代帝王都是如此。舜时的音乐没有比《韶》更完美的,在周代没有比《勺》更完美的。圣王已故,钟鼓管弦之声并未衰竭,而治国之道已逐渐残缺。衰败至于桀、纣的所作所为,王道便太坏了。五百年之间,遵守法度的君主,掌握大权的士人,想效法先王的办法来拯救社会的很多,但还是没有能够扭转,一天天走向灭亡,直到后代君主出来而后停止。难道是他们的操守有悖谬的地方而丧失天下呢?还是原来天命便不可挽回,必定使他们发展到特别衰败而后止息呢?呜呼!凡是苦心经营,夙兴夜寐,努力效法上古的,也都无补于事吗?夏、商、周三代禀承天命,他们的符瑞应在哪里?灾异这种不祥之物,由什么原因引起?性和命的真实情况,有的夭折,有的长寿,有的仁爱,有的粗野,经常听到这些名目,并不清楚其中的道理。想教化流行而号令畅通,刑罚减轻而奸邪归正,百姓和睦,政事开明,如何修养,如何整饬,才能甘露普降,百谷丰登,德润四海,恩及草木,三光普照,寒暑平和,受上天之福,享鬼神之佑,恩德洋溢,施于境外,延及众生?

大夫您通晓先圣的业绩,熟知世俗教化的演变,了解从始至终的顺序,研讨高深理论的日子已经很久了，请明确地将这些告诉我。要条理分明，不要堆砌材料，不要眉目不清。选择要得法，表达要慎重。对那些不公正、无原则、不忠诚、违正道、卖权渎职的，将他们写出来不要漏掉，进献给我，不用惧怕以后会遭到迫害。大夫您应当尽心，不要有任何隐瞒，我将亲自过目。

董仲舒对策说：

陛下发出善言，下达英明指示，询问天命与情性，都不是愚臣能回答的。臣谨慎地根据《春秋》中的记载，考察前代的既成事实，以观看天和人之间的相互作用，实在太可怕了。国家将发生因违背道德而引起的坏事，那么天便预先现出灾害对君主进行谴责告诫，如果自己不知醒悟，又现出怪异的事情对君主进行警告恐吓，如果还不知改变，那么损伤毁坏就会到来。从这里可以看出上天仁爱君主想帮助他阻止祸乱的发生。只要不是十分无道的时代，上天总是尽力帮助而保全他，事情在于努力勉励自己去做就是了。努力勉励自己从事学问，那么见闻就广博而智慧就光大；努力勉励自己走正道，那么道德就一天天完善而成就便十分显著，这都是可以立竿见影而行之有效的。《诗经》上说"昼夜不懈"，《尚书》上说"努力呀，努力呀"，都是说的要努力勉励自己啊！

所谓道，就是达到治理好国家必须遵行的路啊。仁义礼乐都是治理好国家的工具，所以圣王已没，而子孙长久安宁几百年，这都是礼乐教化的功劳啊。王者还没有创作音乐的时候，便采用适合于当代的先王的音乐，用它来深入教化百姓。教化的真实效果没有得到，雅颂的乐章就创作不成，所以王者功成然后作乐，用来歌颂自己的功德。音乐这个东西，是用来改变民风、转化民俗的。它改变民风十分容易，它转化民俗成绩显著。因此声音从和谐中产生而来源于真情实意，接触肌肤，深入骨髓。所以王道虽然逐渐损坏，而管弦的声音未尝衰微。虞舜不当政已经很久远了，然而赞颂的乐章遗音犹存，所以孔子在齐国能听到《韶》乐。君主没有不希望国家太平而厌恶危亡的，然而政治混乱、国家岌岌可危的很多，因为任用的人不恰当，而遵循的不是正道，所以政权一天天走向灭亡。周朝一直遵循的道，在幽王、厉王时衰微了，不是道本身没有了，而是幽王、厉王不遵循它啊。到宣王时，想念昔日先王的德行，振兴停滞，弥补弊端，光大文王、武王的功业，周道粲然复兴。诗人写诗赞美他，认为上天保佑他，替他降生了贤能的助手。后世称诵，至今不绝。这是白天黑夜努力行善的结果。孔子说"人能使道光大，不是道使人光大"，因此国家的治乱兴废决定于自己，不是上天降命不能挽回，是自己的所作所为十分荒谬，丧失了先王的传统。

臣听说上天特别推举让他做王的，肯定有不是人力能够招致而是自然而然到来的东西，这就是禀承天命做王的符瑞。天下的人都同心归顺他，像归顺父母一样，所以上天的符瑞被诚心感应而到来。《尚书》说"白鱼跃进了武王乘坐的船；有火覆盖在武王的屋顶，变成了赤鸟"，这便是禀承天命的符瑞。周公说"善报啊善报啊"，孔子说"有德的人不孤立，肯定有辅佐的人"，都是积善积德的效应啊！等到后世，肆意享乐，道德衰败，不能统治万民，诸侯背叛，为争土地而残害良民，废弃德教而任用刑罚。刑罚失当，就产生邪气，邪气沉积于下，怨恶聚集于上，上下不和，那么阴阳错乱而妖孽便产生了。这是灾异发生的原因。

臣听说命就是上天的命令，性就是天生的本质，情就是人的欲望。有的短命，有的长寿；有的仁爱，有的粗野，烧陶冶金而成器，不能都精美，人生经历有治有乱的社会，因此各自的命、性、情不一样。孔子说:“君子的德行像风,小人的德行像草,草被风吹一定倒下。”因此尧、舜施行德政那么老百姓就仁爱、长寿,桀、纣施行暴政那么老百姓就粗野、短命。统治者教化民众,民众顺从统治者,好比泥在陶钧上,任凭制陶的工匠加工;好比金在熔炉里,任凭冶炼的工匠铸造。“安抚百姓,他们就忠心归顺;鼓励百姓,他们就齐心协力”,指的就是这个意思。

臣细心考察《春秋》的文字“春王正月”,寻求王道的开端,在“正”字上得到了答案。“正”在“王”的下边,“王”在“春”的下边。“春”是天的所为,“正”是“王”的所为。这句话的意思是说,君主向上禀承天的所为,而在下用来端正自己的所为,这正是王道的开端啊。那么君主想有所为,就应当在天那里寻求王道的开端。天道最核心的东西是阴阳,阳为德,阴为刑,阴主杀而阳主生,因此阳始终处于盛夏,把生长养育作为应做的事情;阴始终处于严冬,聚积在空虚无用的地方。从这里可以看出,天是任用德教而不任用刑罚的。天使阳出现在上面布施而主管着一年的时序变化,使阴潜藏在下面而时常出来辅佐阳,阳得不到阴的帮助,也不能独自成就一年。阳从始生至终了称为一年,这是天意。君主禀承天意行事,因此任用德教而不任用刑罚。刑罚不能任用来治理社会,就好像阴不可任用来成就一年一样。处理政事而任用刑罚,是不顺从于天,所以先王没有一人肯这样做。如今废弃先王管理德教的官吏,而专用执法的官吏来治理百姓,岂不是任用刑罚的意思吗?孔子说:“不进行教育便诛杀这叫作暴虐。”对下面施行暴虐,却想德教能遍及四海,所以难于达到目的。

臣细心考察《春秋》讲“一元”的意义,“一”是万物的起点,“元”是言语中表示大的意思。将“一”说成是“元”,是表明一种大的开始而想端正根本啊。《春秋》深入探寻这个根本,于是返回到从尊贵的人开始。所以作为君主的,只有端正自己的心才能端正朝廷,端正朝廷才能端正百官,端正百官才能端正万民,端正万民才能端正四方。四方都走正道,那么无论远近便没有人敢于不统一到正道上来,也就没有歪风邪气在中间作祟了。因此阴阳调和而风雨及时,众生融洽而万民繁衍,五谷丰登而草木茂盛,天地之间受到滋润显得极其丰美,四海之内听到盛德都来称臣,各种象征福的事物,可以招致的祥瑞,无不到来,这就是王道的最高境界了。

孔子说:“凤凰不到来,河图不出现,我恐怕没有希望了。”自己为能招致凤凰、河图却因地位卑贱不能招致感到悲伤。如今陛下贵为天子,富有四海,处在能招致的地位,据有能招致的形势,又有能招致的条件,操行高尚而恩德深厚,头脑清醒而心地善良,爱护民众而尊重士人,可称得上是富于道义的君主了。然而天地没有感应而祥瑞没有到来,原因何在呢?大概是由于教化没有施行而万民没有走上正道吧。万民追逐利益,好比水往低处流,不用教化作为堤防来限制他们,是禁止不住的。因此教化得到施行而奸邪都被禁止,这是由于作为堤防的教化十分完备。教化遭废弃而奸邪同时出现,用刑罚不能取胜,其原因是作为堤防的教化被破坏了。古代的帝王懂得这个道理,因此居尊位而治天下,没有一个不把教化作为大事来抓的。在国都设立大学进行教化,在县邑设立县学、乡学进行教化,用仁来感化民众,用义来勉励民众,用礼来节制民众,所以刑罚轻而禁令无人违犯,根本原因在于教化得到施行而习俗十分淳美。

圣王继承乱世,扫除乱世的痕迹而全部将它抛弃,重新恢复教化而对它格外推崇。教化已经突出,习俗已经养成,子孙后代遵循它,经过五六百年仍然不至衰败。至周朝末年，十分无道，因而丧失天下。秦朝继周之后，不仅不能变革，反而更加无道，严禁文献经典，不准携带诗书，捐弃礼义而厌恶听到它。他的本意是想将先王之道全部消灭，专门从事独断专行、滥用权力、不讲仁义的治理，所以从做天子算起才十四年便国破家亡了。自古以来，还没有以乱治乱、极度伤害天下民众像秦这样的啊。他的遗毒和余威至今未灭，使习俗浅薄险恶，人民凶狠野蛮，抵触冒犯无所不为，有谁糜烂到如此严重的地步呢！孔子说："腐朽的木头无法雕琢，糟烂的墙壁无法粉刷。"如今汉紧跟在秦的后面，已经像朽木糟墙了，虽然想好好治理，却无可奈何。法律一公布而奸邪便产生，命令一下达而诈伪便出现，好比扬汤止沸，抱薪救火，更加毫无益处。我将这比作琴瑟声音不协调，严重的必须将弦卸下重新安装，才能演奏；管理政事而不见成效，严重的必须变革更新，然后方可治理。应将弦重新安装而不重新安装，即使有高明的琴师也不能将琴瑟的声音调整好；应将政治更新而不更新，即使有出色的贤人也不能将国家治理好。所以汉得天下以来，常想将国家治理好而至今未能治理好，毛病就出在应更新政治而没有更新。古人说过："临渊羡鱼，不如归而结网。"如今当政而希望得到治理已七十多年了，不如从头更新政治；政治更新就可将国家治理好，国家治理好了，那么灾害便一天天离去，福禄便一天天到来。《诗经》说："符合人民利益，上天赐予福禄。"管理政事而使人民获得好处，自然应当得到上天赐予的福禄。

仁、义、礼、智、信五种永恒的道德，这是做君主的必须认真修养的。这五方面修养好了，因此能受上天的保佑，获鬼神的帮助，恩德施于境外，延及众生。

天子阅读董仲舒的书面意见，认为他非同一般，于是又写出问题问他。

诏令说：

听说虞舜的时候，在廊檐下散步，垂衣拱手无所事事而天下太平。周文王直到太阳偏西还顾不上吃饭，而天下同样得到治理。帝王治国之道，难道没有相同的原则共同遵循吗？为何劳逸如此悬殊呢？

俭朴的君主连黑色、黄色的旌旗都不制作。到了周代，在宫门外建两座高台，乘坐豪华的车子，大红的盾牌，玉制的大斧，六十四人的舞蹈队在庭院中表演，颂声大作。帝王治国之道难道旨趣不同吗？有人说美玉不用雕刻，又说没有文采无法辅助德行，两种说法完全不同。

殷朝人掌握五种刑罚用来督察奸邪，用毁伤肉体的办法来惩治坏人。周成王、康王不用刑罚，四十多年，天下无人犯法，监狱空虚。秦国使用刑罚，死的人很多，受刑的人四处可见，太黑暗了，可悲呀！

唉！我夙兴夜寐，考虑前代帝王的法典，深思能够维护尊贵的地位，光大宏伟的事业的，全在于发展农业，任用贤人。现在我亲自率领耕种藉田，为农民做个榜样；勉励孝顺父母，尊敬兄长；崇尚有德的人；派出的使臣一个接一个，慰问劳苦大众，抚恤鳏寡孤独，费尽心思，仍旧谈不上获得丰功，成就美德。如今阴阳错乱，灾气充塞，众生极少存活，百姓未能拯救，廉洁和无耻颠倒，贤人和恶人混淆，没有分清真实情况，所以遍请杰出的士人，大概可以解决问题了吧！如今你们大夫等候诏令的有一百多人，有的人议论时务但无济于事，考察他们的主张，既与上古不合，又难在今天实施，难道是受法律条文的约束而不能充分发挥吗？还是遵循的学术不同，听来的办法各异呢？各自尽情回答，写成文章，不必畏惧主管官吏。将自己的思想和办法表达清楚，认真琢磨探讨，以满足我的心愿。

董仲舒对策说：

臣听说尧接受天命，以天下治乱为忧，而不以居王位为乐，所以诛杀驱逐乱臣，努力寻求圣人贤人，因此得到舜、禹、后稷、契、咎繇。众多圣人辅助完善道德，贤能的人协助办理公务，教化普遍施行，天下和睦融洽，万民都安仁乐义，各得其所，行动符合礼制，在正确的道路上从容迈进。所以孔子说“若有帝王兴起，一定要三十年然后才能实现仁政”，正是指这种情况说的。尧在位七十年，便将帝位让给虞舜。尧死后，天下人不归顺尧的儿子丹朱而归顺舜。舜知道无法回避，便坐了天子的宝座，用禹做宰相，仍旧任用尧的助手，继承尧的传统和事业，因此垂衣拱手无所事事而天下太平。孔子说“《韶》乐已经十分完美了，又十分完善了”，正是指这种情况说的。到了殷纣，违背天意，暴殄天物，杀戮贤人智者，残害百姓。伯夷、太公都是当代的贤人，隐居而不称臣。在位的人都奔走逃亡，跑到河边海边。天下黑暗纷乱，万民不安，所以天下人背离殷而顺从周。周文王顺天意治理万物，尊敬任用贤人圣人，因此闳夭、大颠、散宜生等都在朝廷里聚集。仁爱加于万民，天下人都归顺他，所以太公从海边来便做了三公。这个时候，纣王还在上面，尊卑一片混乱，百姓流离失所，所以文王十分痛心，想让人民得到安宁，因此太阳偏西还顾不上吃饭。孔子作《春秋》，先摆正王的位置，然后分头记述万事，显示了无冕之王的文德。由此看来，帝王遵循的原则是相同的，然而劳逸悬殊，是因为遇到的时代不同啊。孔子说“《武》乐十分完美了，还不算十分完善”，正是指这种情况说的。

臣听说规定文采用黑色黄色来装饰，为的是分尊卑，别贵贱，勉励具备良好的品德。所以《春秋》禀承天命首先制定的，是更改历法，变换所用车马、祭牲和服饰的颜色，为的是顺应天命。那么宫室旌旗的制度，是有所效法才这样的，所以孔子说：“奢侈就显得傲慢，俭省就显得寒酸。”俭省不是圣人主张的恰如其分的制度。我听说美玉不用雕刻，是因为它的质地本身就润泽美好，没有必要加以雕刻，这和达巷党人没有经过学习便天生能认识事物一样。可是普通的玉不加以雕刻，就不具备美丽的文采；君子不学习，就不具备美好的品德。

臣听说圣王治理天下，对年幼的就反复教他们学习，对年长的就量才录用，用爵位和俸禄培养他们的品德，用刑罚禁止他们作恶，所以人民懂得礼义而以冒犯长上为羞耻。周武王坚持正义，平定凶恶的贼人，周公制礼作乐进行文饰，直到成王、康王时的太平盛世，监狱空虚达四十多年。这也是教化的浸染和仁义的影响，不仅是伤害人的肌体的刑罚的功效啊。到秦朝就不是这样，效法申不害、商鞅的办法，推行韩非的主张，憎恶帝王的治国之道。贪婪成性，根本没有用礼乐道德来教化天下。只求名而不查实，为善的不一定能免罪，犯罪的未必便受刑，因此百官都说假话而不顾事实，表面上有侍奉君主的礼貌，骨子里却存背叛君主之心，制造假象来掩饰欺诈，追求私利而不知羞耻。又爱使用残酷的官吏，赋敛无度，竭尽民间财力，百姓离散逃亡，不能从事耕种纺织的本业，强盗蜂起，因此受刑的很多，死的人接连不断，然而作奸犯科的事却从未停止过，这是由风俗教化造成的。所以孔子说“用政令来引导他们，用刑罚来整治他们，人民苟免于罪却无廉耻之心”，正是指这种情况说的。

如今陛下统一了天下，四海之内没有人不顺从，博览兼听，充分吸收了所有人的智慧，全面具备了天下的优点，崇高的品德多么显著，一直影响到国外，连夜郎、康居远隔万里，都崇尚道德，归服正义，这是太平景象的顶点啊。然而功绩没有体现在百姓身上，大概是因为您的心思未放在这方面吧。曾子说："重视自己听到的，就高明了。实践自己知道的，就光大了。高明光大不在别的地方，在于集中注意力罢了。"希望陛下采用听到的道理，在内心确立诚意而付诸实践，那么与三王又有什么区别呢！

陛下亲自率领耕种藉田，为农民做出榜样，夙兴夜寐，替万民忧心操劳，向往古代而努力寻求贤人，这也是尧、舜的用心了，然而仍旧谈不上收获，是因为平时没有勉励士人的缘故。平时不教养士人却又想得到贤人，好比对玉不雕琢而想得到文采一样。所以教养士人最重要的事情，没有什么能超过太学。太学是贤士的必由之路，是进行教化的根本所在。如今以一郡一国之众，却没有能对诏书做出满意回答的，这是因为王道经常遭到断绝的缘故。臣希望陛下兴办太学，安排高明的老师来教养天下的士人，时常进行考问，以便充分发挥他们的才能，那么出类拔萃的人才就毫无疑问地得到了。

现在的郡守、县令，是人民的老师和领导，是用来继承传统和宣布教化的，所以老师和领导不贤，那么君主的品德便得不到宣扬，恩惠便不可能流布。如今官吏既不对下进行教育，又不实行君主的法令，欺压虐待百姓，与坏人狼狈为奸，使贫穷孤弱的人含冤受苦、流离失所，实在不能满足陛上的心愿。因此阴阳错乱，灾气充塞，众生极少存活，百姓未能拯救，都因为地方长官不贤明，才造成这样的局面。地方长官多数来源于郎中、中郎，大官年俸二千石的子弟选为郎官，又凭借富裕的资财，未必有良好的品德和才能。况且古代所说的功劳，是根据做官称职来排列等第的，不是指做官的时间积累得多。所以小材积累时日，不能从小官的职位上调离；贤材虽然时间不久，不影响成为辅佐之臣。因此官吏们竭尽能力和智慧，努力做好本职工作以建立功勋。今天就不是这样，积累时日是为了取得富贵，长期积累是为了能够做官，因此廉洁与无耻相乱，贤和不肖混淆，没有能够掌握其中的真实情况。臣的愚见认为，应让各位列侯、郡守、年俸二千石的大官分别选择他们管辖的官吏和人民中的贤人，每年各自贡献二人作为宫中的值勤人员，并以此观察大臣的能力，贡献的是贤人就给赏赐，贡献的是不肖的人就给处罚。像这样，诸侯、年俸二千石的大官都尽心寻求贤人，天下的士人就可以招致并被官府使用了。天下的贤人全都被招来了，那么三王的盛世就容易实现，尧、舜的名声便可赶上。不把日月作为功绩，把实践证明是贤能的人放在首位，量材授官，按德定位，那么廉洁和无耻就不同路，贤和不肖就不混在一起了。陛下施恩，宽恕臣的罪过，让臣不要被法律条文约束，使臣能够认真琢磨探讨，臣怎敢不尽情倾吐愚见！

因此天子再次向他提出策问，诏令说：

听说"擅长谈论天的一定在人事方面得到印证，擅长谈论古的一定在现实中得到效验"，所以我在天人感应方面加以询问，往上赞美唐尧、虞舜，往下痛悼夏桀、商纣，目的在于借鉴他们逐渐走向衰微灭亡、逐渐走向兴旺昌盛的道理，虚心改正不对的地方。如今大夫您深知阴阳创造化育万物的原因，熟习前代圣王的治道和事业，然而没有在文章中充分发挥出来，难道是因为对当代的事务心存疑虑吗？没有将道理有条不紊地全部表达出来，层次分明地彻底剖析清楚，是因为我的不明智呢？还是因为听取意见心神不定呢？三代的教化来源不同，但都有缺陷，有人说经久而不改变的是道，细想起来难道其中有不同的地方吗？如今大夫您既已阐明了大道的根本，陈述了治乱的端绪，请说得更全面些，更彻底些，更深刻些，更周到些。《诗经》上不是说过吗，"告诫诸位君子，不要总是偷懒，神灵听着你们,帮你得到洪福”。我将亲自阅览,大夫您努力将这些道理讲清楚。

董仲舒又对策说:

臣听《论语》说:“有始有终的,大概只有圣人吧!”如今幸蒙陛下施恩,注意听取仍在学习的臣下的意见,再次下达高明的策问,以满足自己的心意,但要将圣人的美德研究透彻,不是愚臣能办得到的。日前呈上的对策,没有将道理有条不紊地全部表达出来,层次分明地彻底剖析清楚,词语不清,意旨不明,这都是臣才疏学浅的罪过啊。

策问说:“擅长谈论天的一定在人事方面得到印证,擅长谈论古的一定在现实中得到效验。”我听说天是万物之祖,所以普遍覆盖包容而没有任何偏废,造就日月风雨来调和万物,治理阴阳寒暑来成就万物,所以圣人效法天而确立道,也博爱而无私,布施仁德以厚待人民,设立礼义以引导人民。春是天用来滋生万物的,仁是君主用来爱护人民的;夏是天用来成长万物的,德是君主用来养育人民的;霜是天用来杀伤万物的,刑是君主用来惩罚人民的。从这些地方说,天人之间的征验,正是从古至今不变的原则。孔子著《春秋》,上揆度天道,下质询人情,借鉴往古,考察当今,所以《春秋》讥刺的对象,正是灾害所施加的对象,《春秋》憎恶的对象,正是怪异所施加的对象。记载国家的过失,同时描述灾害怪异的突然变化,从这里看出人的所作所为,其中的好坏到了极点,就与天地流通而交相感应,这也正是谈论天的一个方面。古时候设立教育训导的官员,目的在于用道德和善行教化人民,人民已经普遍感化之后,天下便常常没有一个人进监狱了。现代废弃而不设立,无法教化人民,人民因此放弃追求正义而冒死贪图财利,因此犯法犯罪的人很多,一年之内进监狱的成千上万。从这里看出古代的法度不可不采用,所以《春秋》对变更古制的就加以讥刺。天的命令叫作命,命离开圣人就不能善始善终;淳朴的本质叫作性,性离开教化就不能完满形成;人的欲望叫作情,情离开法度就不能规范节制。因此君王向上谨慎地奉承天意,使命能善始善终;向下努力突出教育感化人民,使性能完满形成;努力确定适宜的法度,区分上下的等第,使情欲受到规范节制。做好这三个方面,那么国家的根本就奠定了。人受命于天,本来远远不同于众生,在家有父子兄弟之爱,在外有君臣上下之节,聚会相遇就有老少长幼之别。有鲜明的礼仪相互交往,有融洽的恩情交相亲爱,这正是人高贵的地方。天生五谷给人吃,长桑麻给人穿,产六畜供人享用,服牛乘马,圈豹槛虎,这是由于人得到天的灵气比万物更高贵的缘故。所以孔子说:“天地之间的本性,人是最高贵的。”对天性有明确认识,才懂得自己比万物高贵;懂得自己比万物高贵,然后懂得仁义;懂得仁义,然后重视礼节;重视礼节,然后安心处于善道;安心处于善道,然后乐于遵循真理;乐于遵循真理,然后称他为君子。所以孔子说“不知命,无法成为君子”,正是指这种情况说的。

策问说:“往上赞美唐尧、虞舜,往下痛悼夏桀、商纣,目的在于借鉴他们逐渐走向衰微灭亡、逐渐走上兴旺昌盛的道理,虚心改正不对的地方。”我听说积少成多,积小成大,所以圣人没有一个不是从昏暗中通过积累达到光明,从卑贱里通过积累达到显贵。因此尧从诸侯的地位兴起,舜从深山中兴起,不是一朝一夕便显贵起来,原来是通过逐渐积累才达到的。言语从自己嘴里吐出,是堵塞不了的;行为由自己身上做出,是掩盖不了的。言语和行为,在治理国家方面是最重要的,君子感动天地的地方正在这里。所以从小处着眼的能够变得伟大,在细微地方谨慎从事的能够变得名声显赫。《诗经》上说:“惟有这位文王,能够小心翼翼。”所以尧每天兢兢业业地奉行他的治国之道,而舜每天兢兢业业地尽他的孝心，善积得多则名声就显赫，道德高尚则自身就尊贵，这就是他们逐渐走上兴旺昌盛的道理。善在自己身上积累，就像身体日渐成长而人并不知道一样；恶在自己身上积累，就像灯火消耗油而人不易察觉一样，不是明察情性和世俗的人，谁能知道这个道理呢？这正是唐尧、虞舜之所以获得美名，而夏桀、商纣能使人伤心惧怕的原因。善和恶的以类相从，好比影子跟随形体，回响应和声音，所以夏桀、商纣暴虐侮慢，奸邪险恶的人一起得到任用，贤人智士隐退躲藏，罪恶一天天明显，国家一天天混乱，却泰然自以为如日在天，最终衰落以至于灭亡。暴逆不仁的君主，不是一下子就灭亡的，也是逐渐造成的，所以夏桀、商纣虽然无道，但仍旧享国十多年，这就是他们逐渐走向衰微灭亡的道理。

策问说："三代的教化来源不同，但都有缺陷，有人说经久而不改变的是道，细想起来难道其中有不同的地方吗？"臣听说乐而不至于乱、反复实行而不至于厌倦的称作道，道是万世没有弊病的，弊病的产生是由于违背了道。先王的治国之道一定有偏差和不实用的地方，所以政治出现昏暗和行不通的事情，举出他发生偏差的地方和弥补他的不足就行了。三王的治国之道来源不同，并不是他们相互反对，而是为了拯救过失、扶持衰朽，因为遇到的变故正是这个样子，所以孔子说："无所作为而国家得到治理的，只有舜啊！"更改历法，变换所用车马、祭牲和服饰的颜色，为的是顺应天命而已，其余的完全遵循尧的治国之道，哪里还做别的事呢？所以君王只改变制度的名称，没有改变道的实质。然而夏代崇尚忠，殷代崇尚敬，周代崇尚文，是因为要拯救前代遗留下来的偏差，必须这样做啊！孔子说："殷代承袭夏代的礼制，减损增益的地方是可以知道的；周代承袭殷代的礼制，减损增益的地方是可以知道的；其他继承周代的，即使经历百代也是可以知道的。"这是说百代君王采用的，就是遵循忠、敬、文三者了。夏代承袭虞舜，唯独不说减损增益，是因为他们的治国之道完全一样而崇尚的全部相同啊。道的根本是从天产生出来的，天不变，道亦不变，因此夏禹继承虞舜，虞舜继承唐尧，三位圣人相互传授而坚守同一个道，没有拯救弊病的政治，所以不说他们有什么减损增益。由此看来，继承太平盛世的他们的治国之道完全相同，继承乱世的他们的治国之道就要加以改变。如今汉朝继大乱之后，应当稍微减损周代的过分的文，采用夏代的忠。

陛下有圣明的德和美好的道，怜悯世俗的衰败轻薄，痛心王道的不明，所以选举贤良方正的士人，进行议论考问，打算发扬仁义的美德，光大帝王的法制，建立起实现天下太平的治国之道。臣愚昧不肖，阐述听来的，背诵学到的，说出老师的教导，仅能做到不遗漏罢了。至于议论政事的得失，考察天下的兴衰，这是辅弼大臣的职责，三公九卿的任务，不是臣董仲舒能做到的。但是臣私下也有感到奇怪的地方。古时的天下也是今日的天下，今日的天下也是古时的天下，同是一个天下，古时天下太平，上下和睦，习俗美好，不令而行，不禁而止，吏无奸邪，民无盗贼，监牢空虚，德润草木，泽被四海，凤凰飞来栖息，麒麟前来游逛。用古时衡量今日，为何竟相差那么远呢！什么地方出现差错而衰败成这样？或许是有违背古道的地方吗？有违背天理的地方吗？试着考察古代，回归天理，大概可以看出一些问题吧！

天的赐予也是有所分别的，赐给牙齿的就取消角，加上翅膀的就只有两只脚，这就是接受大的便不能占有小的。古时得到俸禄的，便不靠体力吃饭，不从事商业活动，这也是接受大的便不能占有小的，与天遵循着同样的道理。已接受大的，又占有小的，天都不能满足，何况人呢！这正是人民纷纷为不足而愁苦的原因。身受恩宠而居高位，家庭温饱而食厚禄，凭借富贵的资产权力，在下面与人民争利，人民哪里是他的对手呢！因此增加他们的奴婢，增多他们的牛羊，扩大他们的田宅，扩充他们的产业，积聚他们的家私，追求这些东西而没有止境，因而压榨人民，人民一天天被剥削，逐渐陷入困境。富人奢侈浪费，穷人穷急愁苦；穷人穷急愁苦而在上位的人不加拯救，那么人民就不乐意活下去；人民不乐意活下去，因而死尚且不怕，怎能怕犯罪！这就是刑罚增加而奸邪不能禁止的原因啊。所以领取俸禄的人家，吃俸禄就行了，不与人民争生计，然后利益可以平均分配，而人民便可以家用充足。这就是上天之理，也就是远古之道，是天子理应效法以订立制度的，是大夫应当遵循以指导行动的。所以公仪子在鲁国做相时，到自己家中看见织帛，便愤怒地将自己的妻子赶出家门，在家中进食而吃到葵菜，便生气地将自家的葵菜拔掉，说："我已经享受俸禄，还要剥夺园工织女的利益么！"古代居官位的贤人君子都是这样，因此百姓都推崇他们的行为而听从他们的教诲，人民被他们的廉洁所感化而不贪婪无耻。到周代衰落的时候，卿大夫不讲义而急于追逐利，丧失了谦让的作风而产生了争夺田产的诉讼，所以诗人憎恨而讽刺他们说："那高耸的南山，山石多么峻峭，那显赫的师尹，人人把您瞻望。"你好义，那么人民就向仁而风俗淳美；你好利，那么人民就奸邪而风俗败坏。由此看来，作为天子大夫的，是下民注视而效法，远方从四面向里瞻望的啊！近处的注视而效法，远处的瞻望而效法，怎能身居贤人的位置而表现出普通人的行为来呢！为求财利奔忙而常恐匮乏，这是普通人的思想；为求仁义奔忙而常恐不能感化人民，这是大夫的思想。《周易》上说："背着东西又乘车，便将强盗招惹来。"乘车是君子的待遇，负荷是小人的事情，这是说处在君子的地位而做小人的事情，祸患必然到来。如果处在君子的地位，做与君子相称的事情，那么除了像公仪休在鲁国为相那样，就没有别的事可做了。

《春秋》主张的大一统，是天地的永恒的原则，古今的共通的道理。如今老师的主张不同，人民的议论各异，各种流派趋向不一，思想分歧，因此在上位的无法掌握一个统一的标准；法制多次更改，在下面的不知应遵循什么。臣愚以为，凡是不在六艺的科目之内、不属孔子的学术范围的，对他们的主张全部加以禁绝，不让他们齐头并进。邪僻的学说被消灭，然后学术体系可以统一，法度可以显明，人民就知道应当遵循什么了。

对策已经结束，天子进用董仲舒为江都相，侍奉易王。易王是皇帝的哥哥，素来骄横好勇。董仲舒用礼义进行匡正，易王十分敬重他。过了很长一段时间，易王问仲舒："越王勾践与大夫泄庸、大夫文种、范蠡谋划讨伐吴国，结果灭掉吴国。孔子称赞殷有三位仁人，我也认为越有三位仁人。桓公请管仲解决疑难，我请你解决疑难。"仲舒回答说："臣愚不足以回答大问题。听说过去鲁君问柳下惠：'我想讨伐齐国，怎么样？'柳下惠答道：'不行。'回去后面有忧色，说：'我听说讨伐他国不问仁人，这种讨伐他国的话为何问到我头上呢！'只是被问一声，尚且还感到羞辱，何况设计谋去讨伐吴国呢？由此说来，越国原本连一位仁人都没有。作为仁人，应当正其义不谋其利，明其遭不计其功，因此仲尼的门下，五尺童子都羞提五伯，因为他们注重诈力而轻视仁义。只不过进行欺诈罢了，所以在孔子的门下值不得一提。五伯和其他诸侯相比还算贤人，他们与三王相比，就像石头与美玉一样了。"易王说："太好了。"

仲舒治理国家，据《春秋》所论灾害怪异的变化推论阴阳错行的原因，所以举行求雨的仪式，就禁闭各种象征阳的事物，放开各种象征阴的事物。他举行止雨的仪式便与此相反。这种办法在一个国家推行,没有达不到目的的。中途被废为中大夫。在这以前,辽东高庙、长陵高园宫殿失火,仲舒在家中推论其中的道理,草稿还未奏上,主父偃等候仲舒,私自看见,十分嫉妒他,窃取他的书稿便上奏皇帝。皇帝召诸儒观看。仲舒的弟子吕步舒不知道是他老师的书稿,认为太愚蠢了。因此将仲舒交法官审讯,被判处死罪,皇帝下诏书赦免了他。仲舒于是不敢再议论灾害怪异。

仲舒为人廉洁正直。这时正好向外抵御四夷,公孙弘研究《春秋》不如仲舒,但公孙弘办事能迎合世俗,位至公卿。仲舒把公孙弘看作是阿谀奉承,公孙弘十分嫉妒他。胶西王也是皇帝的哥哥,尤其放纵恣睢,多次迫害俸禄二千石的官吏。公孙弘于是对皇帝说:“只有董仲舒可以派去做胶西王的相。”胶西王听说仲舒是大儒,对待他特别好。仲舒唯恐时间长了获罪,称病辞官。一共在两国为相,尽侍奉骄横的诸侯王,端正自身以率领属下,屡次上疏谏争,号令国中,所在之处都得到治理。辞官家居以后,始终不过问家中的产业,一心从事治学著书。

仲舒在家中,朝廷里如有重大争议,便派使臣和廷尉张汤到他家问他,在他的对答中都有明确的主张。从武帝开始即位,魏其、武安侯为相便推崇儒学。到董仲舒对策,突出孔子,罢黜百家,确立掌管学校的官员,州郡推荐秀才孝廉,都是由董仲舒提出来的。年纪老了,在家中寿终正寝。全家搬到茂陵,儿子和孙子都通过学习做了大官。

董仲舒的著作,都是阐明经学思想的,加上上奏的奏疏和条陈,共一百二十三篇。而论说《春秋》记事的得失,《闻举》《玉杯》《繁露》《清明》《竹林》之类,又有数十篇,十多万字,都流传于后世。摘取其中切于当代并在朝廷得以施行的著录在传记中。

赞说:刘向称赞“董种舒具有帝王辅佐的才干,即使是伊尹、吕望也不能超过他,管仲、晏婴之辈,是诸侯首领的辅佐,根本赶不上他”。刘向的儿子刘歆认为:“伊尹、吕梁是圣人一类的人物,帝王得不到他们就兴盛不起来。所以颜渊死,孔子说‘唉!老天抛弃我’只有这一个人能与伊尹、吕望相比,从宰我、子贡、子游、子夏以下都不够格。仲舒处在汉代继秦朝毁灭学术之后,《六经》支离破碎,他放下帘幕发愤钻研,专心于伟大的学业,让后来的学者有一个统一的标准,成为群儒的首领。但考察他的师友渊源的受益情况,还赶不上子游、子夏,却说管仲、晏婴赶不上他,伊尹、吕望不能超过他,太不对了。”到刘向的曾孙刘龚,是一位评论精当的君子,认为刘歆的话是对的。

张骞传

【题解】

张骞(?~公元前114年),西汉时汉中成固(今陕西城固)人。官至大行,封博望侯。张骞曾二次通西域,对当时和后世都产生较大影响。“西域”一词,开始出现于西汉。所指地区范围很广泛,包括我国新疆、中亚细亚、印度、伊朗高原、阿拉伯和小亚细亚等地。

张骞第一次通西域,在西汉建元三年(公元前138年)。汉武帝为了实现“断匈奴右臂”的战略,就派张骞去西域,联络大月氏,夹击匈奴。张骞出陇西(郡治今甘肃临兆),途经河西走廊,被匈奴人擒获,羁留在匈奴十余年才找到机会逃脱,继续西行,到了大宛(在今费尔干纳盆地)。然后经康居(在锡尔河流域)、大月、大夏(在阿姆河以南兴都库什山以北)。最后取道昆仑山北麓东返,又为匈奴所擒获。后来,匈奴发生内乱,找得机会逃回长安。张骞这次通西域,前后时间达十三年之久,历尽千辛万苦,得到了有关西域的丰富地理知识。除他亲身经历的地方外,还间接了解到乌孙(在伊犁河、楚河、巴尔喀什湖、伊塞克湖一带)、奄蔡(在咸海、里海北面)、安息(在伊朗高原)、条支(在两河流域)等国的情况。元狩四年(公元前 121 年),张骞第二次通西域,任务是联络乌孙夹攻匈奴。他到乌孙后,分别遣副使数十人,分赴大宛、康居、大月氏、大夏、安息、身毒(今印度)、于阗(今和田)、扜深(即扜弥,在今于田克里雅城)等地。元鼎二年(公元前 115 年),张骞返回长安。过了一年多就去世。他派遣的副使都圆满地完成任务。自此,汉朝通往西域的道路完全打开,使者和商人往来络绎不绝。张骞通西域,在历史上意义重大,不仅促进了我国和西域的经济、文化交流,对人类文明的发展产生深远的影响;而且丰富了中国人的地理知识,扩大了中国人的地理视野。

张骞

【原文】

张骞,汉中人也,建元中为郎。时匈奴降者言匈奴破月氏王,以其头为饮器,月氏遁而怨匈奴,无与共击之。汉方欲事灭胡,闻此言,欲通使,道必更匈奴中,乃募能使者。骞以郎应募,使月氏,与堂邑氏奴甘父俱出陇西,径匈奴,匈奴得之,传诣单于。单于曰:“月氏在吾北,汉何以得往使?吾欲使越,汉肯听我乎?”留骞十余岁,予妻,有子,然骞持汉节不失。

居匈奴西,骞因与其属亡向月氏,西走数十日,至大宛。大宛闻汉之饶财,欲通不得,见骞,喜,问欲何之。骞曰:“为汉使月氏而为匈奴所闭道,今亡,唯王使人道送我。诚得至,反汉,汉之赂遗王财物不可胜言。”大宛以为然,遣骞,为发译道,抵康居。康居传致大月氏。大月氏王已为胡所杀,立其夫人为王。既臣大夏而君之,地肥饶,少寇,志安乐,又自以远远汉,殊无报胡之心。骞从月氏至大夏,竟不能得月氏要领。

留岁余,还,并南山,欲从羌中归,复为匈奴所得。留岁余,单于死,国内乱,骞与胡妻及堂邑父俱亡归汉。拜骞太中大夫,堂邑父为奉使君。

骞为人彊力,宽大信人,蛮夷爱之。堂邑父胡人,善射,穷急射禽兽给食。初,骞行时百余人,去十三岁,唯二人得还。

骞身所至者,大宛、大月氏、大夏、康居,而传闻其旁大国五六,具为天子言其地形,所有。

骞曰:“臣在大夏时,见邛竹杖、蜀布,问安得此,大夏国人曰:‘吾贾人往市之身毒国。身毒国在大夏东南可数千里。其俗土著,与大夏同,而卑湿暑热。其民乘象以战。其国临大水焉。'以骞度之,大夏去汉万二千里,居西南。今身毒又居大夏东南数千里,有蜀物,此其去蜀不远矣。今使大夏,从羌中,险,羌人恶之;少北,则为所得;从蜀,宜径,又无寇。"天子既闻大宛及大夏、安息之属皆大国,多奇物,土著,颇与中国同俗,而兵弱,贵汉财物;其北则大月氏、康居之属,兵疆,可以赂遗设利朝也。诚得而以义属之,则广地万里,重九译,致殊俗,威德遍于四海。天子欣欣以骞言为然。乃令蜀犍为发间使,四道并出:出駹,出莋,出徙、邛,出僰,皆各行一二千里。其北方闭氐、莋,南方闭嶲、昆明。昆明之属无君长,善寇盗,辄杀略汉使,终莫得通。然闻其西可千余里,有乘象国,名滇越,而蜀贾间出物者或至焉,于是汉以求大夏道始通滇国。初,汉欲通西南夷,费多,罢之。及骞言可以通大夏,乃复事西南夷。

骞以校尉从大将军击匈奴,知水草处,军得以不乏,乃封骞为博望侯。是岁元朔六年也。后二年,骞为卫尉,与李广俱出右北平击匈奴。匈奴围李将军,军失亡多,而骞后期当斩,赎为庶人。是岁骠骑将军破匈奴西边,杀数万人,至祁连山。其秋,浑邪王率众降汉,而金城、河西西并南山至盐泽,空无匈奴。匈奴时有候者到,而希矣。后二年,汉击走单于于漠北。

天子数问骞大夏之属。骞既失侯,因曰:"臣在匈奴中,闻乌孙王号昆莫。昆莫父难兜靡本与大月氏俱在祁连、敦煌间,小国也。大月氏攻杀难兜靡,夺其地,人民亡走匈奴。子昆莫新生,傅父布就翎侯亡置草中,为求食,还,见狼乳之,又乌衔肉翔其旁,以为神,遂归匈奴,单于爱养之,及壮,以其父民众与昆莫,使将兵,数有功。时,月氏已为匈奴所破,西击塞王。塞王南走远徙,月氏居其地。昆莫既健,自请单于报父怨,遂西攻破大月氏。大月氏复西走,徙大夏地。昆莫略其众,因留居,兵稍疆,会单于死,不肯复朝事匈奴。匈奴遣兵击之,不胜,益以为神而远之。今单于新困于汉,而昆莫地空。蛮夷恋故地,又贪汉物,诚以此时厚赂乌孙,招以东居故地,汉遣公主为夫人,结昆弟,其势宜听,则是断匈奴右臂也。既连乌孙,自其西大夏之属皆可招来而为外臣。"天子以为然,拜骞为中郎将,将三百人,马各二匹,牛羊以万数,赍金币帛直数千钜万,多持节副使,道可便遣之旁国。骞既至乌孙,致赐谕旨,未能得其决。语在《西域传》。骞即分遣副使使大宛、康居、月氏、大夏。乌孙发译道送骞,与乌孙使数十人,马数十匹,报谢,因令窥汉,知其广大。

骞还,拜为大行。岁余,骞卒。后岁余,其所遣副使通大夏之属者皆颇与其人俱来,于是西北国始通于汉矣。然骞凿空,诸后使往者皆称博望侯,以为质于外国,外国由是信之。其后,乌孙竟与汉结婚。

【译文】

张骞,是汉中地方的人,建元期间(公元前140~前135年)任郎官。当时,有匈奴投降汉朝的人说:匈奴攻破了月氏王,把他的头当作饮器用。月氏人逃亡到他地,很怨恨匈奴,只恨没有其他国家能和他共同攻击匈奴。汉朝廷正考虑出兵灭胡的事,听到这样的话,就想与月氏通使,而道途必须经过匈奴,于是召募能够出使的人。张骞以郎官的身份应召,出使月氏,与堂邑氏部落的奴隶甘父一起道出陇西。路经匈奴,被匈奴人擒获,送去见单于(匈奴的王称"单于")。单于说:"月氏在我国北面,汉朝怎么能够得以与他通使?我想要派人去越国,汉朝肯听从我的意思吗?"单于把张骞羁留在匈奴十余年,给他娶了妻,并生了儿子。然而张骞始终手持着汉朝出使的符节而不丢失。

因居住地方在匈奴西边，张骞就和一起出使的下属逃往月氏，向西走了几十天，到达大宛。大宛听说汉朝物资富饶，早想与汉交通而苦无门路可得，见到张骞很高兴，问张骞要到什么地方去。张骞说："我是为汉朝出使月氏而被匈奴阻挡住道路的，现在好容易才逃出来，只有请你派人路上护送我了。如果能够返回汉，汉朝廷一定会赠送给你大量财物。"大宛认为他的话有道理，就遣送张骞，为他派了翻译向导，抵达康居。康居又传送到大月氏。大月氏王已被胡人所杀，他的夫人被立为王。既而大月氏使大夏臣服于他并统治了其地区。这里土地肥饶，少敌国侵略，大月氏一心只想安享太平，又以为离汉朝很远，所以没有一点向胡人报复的意思。张骞从大月氏到大夏，自始至终没有能弄清楚月氏的主要意图。

在大夏逗留了一年多，要回汉朝。沿着南山，从羌中回汉朝途中，又一次被匈奴擒获。拘留了一年多，匈奴单于去世，国内发生纷乱，张骞带着胡妻和堂邑父一起逃离回到了汉朝。汉武帝拜封张骞做太中大夫，堂邑父为奉使君。

张骞平时做人，坚忍有毅力，待人厚道宽大，蛮夷人都敬爱他。堂邑父是胡人，擅长射箭，在穷急的时候就射禽猎兽以供食用。张骞初去西域时，有百余人随从，去西域十三年后，只有二人得以返回汉朝。

张骞亲自经历的国家有大宛、大月氏、大夏、康居，而间接听人传说的周围五六个大国家的地形、出产等情况，也都向武帝一一做了汇报。

张骞说："我在大夏时，见到了邛竹杖、蜀布，问当地人是怎么得到这些的？大夏国的人说'我们的商人到身毒国去贩运来的。身毒国在大夏东南大约数千里，那里的习惯是世代定居在一个地方，和大夏相同，但比较卑湿暑热。那里的人骑象作战。其国土面临大水'。因而我估计，大夏距离汉朝一万二千里，位处西南。现在身毒又位于大夏东南数千里。而有蜀地出产的物品，那它距离蜀不会太远的。现在出使大夏，要从羌中经过，路途险恶，羌人又讨厌不欢迎；少许北上，则是匈奴占领地区；从蜀中去，路径合适，又没有盗贼。"武帝听说大宛和大夏、安息等国都是大国，多奇物异产，人们世代定居，与中国风俗很多相同，而且这些国家军事力量不强，看重汉朝的财物；他们的北面则是大月氏、康居等国，军事力量较强，可送给财物施之以利，诱使他们入朝。如果真能不出兵马而使他们归属汉朝，则可以扩大疆土万里，重视殊方远国，招致不同习俗的人，使威德遍布四海。武帝喜乐自得地认为张骞说得很对。就下令负有伺隙行事使命的使者们，从蜀犍为出发，四路并出：出駹，出莋，出徙、邛，出僰。四路都各走出了一、两千里。北方受阻截于氐、莋，南方受阻于嶲、昆明。昆明等部族，没有君主长上，擅长攻击抢掠，常常杀掠汉朝使者，最终没得以开通。但是听说昆明之西大约千余里，有骑乘象的国家，叫滇越，蜀的商人间或有出卖滇越物产或去过那个国家的，于是汉朝因寻找通大夏的道路而始得以通滇国。起初，汉朝想要沟通西南夷，因花费太多而停止。到张骞说可以通大夏，于是沟通西南夷的事又提了出来。

张骞以校尉身份随从大将军霍去病攻打匈奴，知道何处有水草，军队因而得以不受困乏，朝廷于是封张骞为博望侯。这一年是元朔六年（公元前123）。二年后，张骞任卫尉，和李广同出右北平攻打匈奴。匈奴包围住李广，军队死伤较多，而张骞也因援救迟到，罪当斩，终以功折赎罚被贬为平民。这一年，骠骑将军霍去病攻破匈奴西边，斩杀数万人，军抵祁连山。这年秋天，浑邪王率部众向汉朝投降，由是金城、河西以西，并南山到盐泽，都空无匈奴人了。匈奴虽时有巡逻侦察的人来，但很少了。后二年，汉朝把匈奴单于赶到大漠以北的地方去了。

武帝几次向张骞询问大夏等国的情况。这时张骞已失去爵位，因而说。"我居住匈奴时，听说乌孙王叫昆莫。昆莫的父亲难兜靡本来和大月氏都居住在祁连、敦煌之间，是小国家。大月氏攻杀了难兜靡，侵夺其地盘，老百姓逃亡到匈奴。他的儿子昆莫刚生下来不久。昆莫的傅父乌孙大将军（布就翎侯）抱着他逃了出来，把他藏匿在草丛中，出去找寻食物回来，看见狼在喂昆莫奶汁，又有乌鸦衔着肉在他身旁飞翔，以为是天神降生，就带着昆莫归顺匈奴，单于喜欢而留养了他。到昆莫成年，单于把他父亲原有的部民交还给他，让他率领兵将，屡次建立战功。这时，月氏被匈奴打败，就向西攻打塞王，塞王向南方远徙，月氏就留居那里。昆莫已刚强有力，请求单于让自己去报父仇，因而向西攻破大月氏。大月氏再次西迁，迁移到大夏地方。昆莫治理安揖当地民众，就留住下来，兵力稍强大，适逢匈奴单于去世，不再愿意臣服于匈奴。匈奴派兵攻打，没有取胜，更认为他有神帮助，因而远远离开了。现在单于刚被汉所困，而昆莫控制的地方也空无人。蛮夷依恋故地，又贪爱汉朝物品，如趁这时机送给乌孙厚礼，提出让他东移到故地居住，汉朝再下嫁公主为单于的夫人，结拜成为兄弟之国，事事就会听从于汉朝。如此则断了匈奴的右臂。既与乌孙连结和好了，自乌孙以西的大夏等国都可招来为国外之臣。武帝认为张骞所言极是。就拜张骞为中郎将，带领三百人，每人配备骑乘的马二匹，牛羊以万计，携带的金银丝绸价值数千万，张骞的副使也多持有出使符节，以便沿途可派遣去其他国家。张骞到了乌孙，把汉皇帝的指示告知了乌孙王，没有得到决定性的答复。所说话语记载在《西域传》中。张骞派遣副使出使大宛、康居、月氏、大夏等国。乌孙发派翻译向导送张骞，有乌孙使者数十人，马数十匹相随张骞来汉，报谢汉皇帝，并趁此了解汉朝情况，知道汉朝国土广大。

张骞返回汉以后，封为大行。过了一年多，张骞去世。又过一年多，他派遣去交通大夏等国的副使，大多与那些国家的使者一起来汉，于是西北的国家开始与汉朝相往来。自张骞开始通西域，以后出使的使者都称博望侯，以便取信于外国，外国因此相信汉朝。以后，乌孙终于与汉朝结为婚姻之国。

司马迁传

【题解】

司马迁（前 145～?），字子长，汉左冯翊夏阳（今陕西韩城）人，是伟大的史学家、思想家、文学家。其父司马谈是汉代第一任太史令。在家庭的影响和自己的努力下，司马迁自幼受到古代文化的陶冶，为继任史官打下了坚实基础。父亲去世之后，司马迁决心继承他的遗愿，写完父亲已经动笔了的史书。在写作的过程中，发生了司马迁为李陵辩护的事件；为了自己的事业，他隐忍苟活，接受了宫刑。这不能忍受又必须忍受的残酷打击，使他的思想发生了深刻的转变，极大地影响了他的写作。司马迁最终完成的史书当时称为《太史公书》，后人称为《史记》。它是一部百科全书似的通史。《史记》采用的体裁后人称为纪传体，包括本纪、表、书、世家、列传五大部分。本纪主要是选择能左右天下大局的代表人物为主体，与政治上的大事，连续而集中地展示三代至汉武时期的兴衰更迭。表是用谱牒的形式，条理历史大事。本纪和表都是以时间为顺序，起提纲挈领的作用。书是以事为类，主要记录各项典章制度的发展过程，具有专史的性质。世家是记载诸侯、勋贵和对社会起过比较突出作用的人物及大事，兼用编年和列传的写法。列传主要是人物传记。这五种体裁各自为用，又交织配合，相辅相成，构成了一个完整的记述人类社会史的体系。这是《史记》的首创。此后我国所有"正史"，虽各有变通，但其基本表达形式都采用了这种纪传体。《史记》贯穿着"实录"精神，努力从客观的历史过程中去把握历史的实际联系。因此，就整个《史记》说，表现出了一种进步的历史观，至今闪烁着耀眼的光辉。《史记》又是一部优秀的文学作品，它把历史再现为一幅幅色彩斑斓、威武雄壮的活生生的图画，洋溢着感人肺腑的巨大艺术力量。司马迁是"历史学之父"，在世界史学史上也占有十分显要的地位。

司马迁

【原文】

昔在颛顼，命南正重司天，火正黎司地。唐虞之际，绍重黎之后，使复典之，至于夏商，故重黎氏世序天地。其在周，程伯林甫其后也。当宣王时，官失其守而为司马氏。司马氏世典周史。惠襄之间，司马氏适晋。晋中军随会奔魏，而司马氏入少梁。

自司马氏去周适晋，分散，或在卫，或在赵，或在秦。其在卫者，相中山。在赵者，以传剑论显，蒯聩其后也。在秦者名错，与张仪争论，于是惠王使错将兵伐蜀，遂拔，因而守之。错孙蕲，事武安君白起。而少梁更名夏阳。蕲与武安君阬赵长平军，还而与之俱赐死杜邮，葬于华池，蕲孙昌，昌为秦主铁官。当始皇之时，蒯聩玄孙卬为武信君将而狥朝歌。诸侯之相王，王卬于殷。汉之伐楚，卬归汉，以其地为河内郡。昌生毋泽，毋泽为汉市长。毋泽生喜，喜为五大夫，卒，皆葬高门。喜生谈，谈为太史公。

太史公学天官于唐都，受《易》于杨何，习道论于黄子。太史公仕于建元、元封之间，愍学者不达其意而师悖，乃论六家之要指曰：

《易大传》曰："天下一致而百虑，同归而殊途。"夫阴阳、儒、墨、名、法、道德，此务为治者也，直所从言之异路，有省不省耳。尝窃观阴阳之术，大详而众忌讳，使人拘而多畏，然其序四时之大顺，不可失也。儒者博而寡要，劳而少功，是以其事难尽从；然其叙君臣父子之礼，列夫妇长幼之别，不可易也。墨者俭而难遵，是以其事不可遍循，然其强本节用，不可废也。法家严而少恩，然其正君臣上下之分，不可改也。名家使人俭而善失真，然其正名实，不可不察也。道家使人精神专一，动合无形，澹足万物，其为术也，因阴阳之大顺，采儒墨之善，撮名法之要，与时迁徙，应物变化，立俗施事，无所不宜，指约而易操，事少而功多。儒者则不然，以为人主天下之仪表也，主倡而臣和，主先臣随。如此，则主劳而臣佚。至于大道之要，去健羡，黜聪明，释此而任术。夫神大用则竭，形大劳则敝；神形蚤衰，欲与天地长久，非所闻也。

夫阴阳、四时、八位、十二度、二十四节各有教令，顺之者昌，逆之者不死则亡，未必然也，故曰"使人拘而多畏"。夫春生夏长，秋收冬臧，此天道之大经也，弗顺则无以为天下纲纪，故曰"四时之大顺，不可失也"。

夫儒者，以《六艺》为法，《六艺》经传以千万数，累世不能通其学，当年不能究其礼，故曰"博而寡要，劳而少功"。若夫列君臣父子之礼，序夫妇长幼之别，虽百家弗能易也。

墨者亦尚尧舜，言其德行曰："堂高三尺，土阶三等，茅茨不翦，采椽不斫；饭土簋，啜土刑，粝粱之食，藜藿之羹；夏日葛衣，冬日鹿裘。"其送死，桐棺三寸，举音不尽其哀。教丧礼，必以此为万民之率。故天下共若此，则尊卑无别也。夫世异时移，事业不必同，故曰"俭而难遵"也。要曰强本节用，则人给家足之道也。此墨子之所长，虽百家不能废也。

法家不别亲疏，不殊贵贱，壹断于法，亲亲尊尊之恩绝矣，可以成一时之计，而不可长用也，故曰"严而少恩"。若尊主卑臣，明分职不得相逾越，虽百家不能改也。

名家苛察缴绕，使人不得反其意，专决于名，时失人情，故曰"使人俭而善失真"。若夫控名责实，参伍不失，此不可不察也。

道家无为，又曰无不为，其实易行，其辞难知。其术以虚无为本，以因循为用。无成势，无常形，故能究万物之情。不为物先，不为物后，故能为万物主。有法无法，因时为业；有度无度，因物兴舍，故曰"圣人不巧，时变是守"。虚者道之常也，因者君之纲也。群臣并至，使各自明也。其实中其声者谓之端，实不中其声者谓之款。款言不听，乃不生，贤不肖自分，白黑乃形。在所欲用耳，何事不成！乃合大道，混混冥冥。光耀天下，复反无名。凡人所生者神也，所托者形也。神大用则竭，形大劳则敝，形神离则死。死者不可复生，离者不可复合，故圣人重之。由此观之，神者生之本，形者生之具。不先定其神形，而曰"我有以治天下"，何由哉？

太史公既掌天官，不治民。有子曰迁。

迁生龙门，耕牧河山之阳。年十岁则诵古文。二十而南游江淮，上会稽，探禹穴，窥九疑，浮沅湘。北涉汶泗，讲业齐鲁之都，观夫子遗风，乡射邹峄；扼困蕃、薛、彭城，过梁楚以归。于是迁仕为郎中，奉使西征巴蜀以南，略邛、笮、昆明，还报命。

是岁，天子始建汉家之封，而太史公留滞周南，不得与从事，发愤且卒。而子迁适反，见父于河雒之间。太史公执迁手而泣曰："予先，周室之太史也。自上世尝显功名虞夏，典天官事。后世中衰，绝于予乎？汝复为太史，则续吾祖矣。今天子接千岁之统，封泰山，而予不得从行，是命也夫！命也夫！予死，尔必为太史；为太史，毋忘吾所欲论著矣。且夫孝，始于事亲，中于事君，终于立身；扬名于后世，以显父母，此孝之大也。夫天下称周公，言其能论歌文武之德，宣周召之风，达大王王季思虑，爰及公刘，以尊后稷也。幽厉之后，王道缺，礼乐衰，孔子修旧起废，论《诗》《书》，作《春秋》，则学者至今则之。自获麟以来四百有余岁，而诸侯相兼，史记放绝。今汉兴，海内一统，明主贤君，忠臣义士，予为太史而不论载，废天下之文，予甚惧焉，尔其念哉！"迁俯首流涕曰："小子不敏，请悉论先人所次旧闻，不敢阙。"卒三岁，而迁为太史令，䌷史记石室金匮之书。五年而当太初元年，十一月甲子朔，旦冬至，天历始改，建于明堂，诸神受记。

太史公曰："先人有言：'自周公卒五百岁而有孔子，孔子至于今五百岁，有能绍而明之，正《易传》，继《春秋》，本《诗》《书》《礼》《乐》之际。'意在斯乎！意在斯乎！小子何敢攘焉！"

上大夫壶遂曰："昔孔子为何作《春秋》哉？"太史公曰："余闻之董生：'周道废，孔子为鲁司寇，诸侯害之，大夫壅之。孔子知时之不用，道之不行也，是非二百四十二年之中，以为天下仪表，贬诸侯，讨大夫，以达王事而已矣。'子曰：'我欲载之空言，不如见之于行事深切著明也。'春秋上明三王之道，下辨人事之经纪，别嫌疑，明是非，定犹与，善善恶恶，贤贤贱不肖，存亡国，继绝世，补弊起废，王道之大者也。《易》著天地阴阳四时五行，故长于变；《礼》纲纪人伦，故长于行；《书》记先王之事，故长于政；《诗》记山川溪谷禽兽草木牝牡雌雄，故长于风；《乐》乐所以立，故长于和；春秋辨是非，故长于治人。是故《礼》以节人，《乐》以发和，《书》以道事，《诗》以达意，《易》以道化，《春秋》以道义。拨乱世反之正，莫近于《春秋》。《春秋》文成数万，其指数千。万物之散聚皆在《春秋》。《春秋》之中，弑君三十六，亡国五十二，诸侯奔走不得保社稷者不可胜数。察其所以，皆失其本已。故《易》曰'差以毫牦，谬以千里'。故'臣弑君，子弑父，非一朝一夕之故，其渐久矣'。有国者不可以不知《春秋》，前有谗而不见，后有贼而不知。为人臣者不可以不知《春秋》，守经事而不知其宜，遭变事而不知其权。为人君父者而不通于《春秋》之义者，必蒙首恶之名。为人臣子不通于《春秋》之义者，必陷篡弑诛死之罪。其实皆以善为之，而不知其义，被之空言不敢辞。夫不通礼义之指，至于君不君，臣不臣，父不父，子不子。夫君不君则犯，臣不臣则诛，父不父则无道，子不子则不孝。此四行者，天下之大过也。以天下大过予之，受而不敢辞。故《春秋》者，礼义之大宗也。夫礼禁未然之前，法施已然之后，法之所为用者易见，而礼之所为禁者难知。"

壶遂曰："孔子之时，上无明君，下不得任用，故作《春秋》，垂空文以断礼义，当一王之法。今夫子上遇明天子，下得守职，万事既具，咸各序其宜，夫子所论，欲以何明？"太史公曰："唯唯，否否，不然。余闻之先人曰：'虑戏至纯厚，作《易》八卦。尧舜之盛，《尚书》载之，礼乐作焉。汤武之隆，诗人歌之。《春秋》采善贬恶，推三代之德，褒周室，非独刺讥而已也。'汉兴已来，至明天子，获符瑞，封禅，改正朔，易服色，受命于穆清，泽流罔极，海外殊俗重译款塞，请来献见者，不可胜道。臣下百官力诵圣德，犹不能宣尽其意。且士贤能矣，而不用，有国者耻也；主上明圣，德不布闻，有司之过也。且余掌其官，废明圣盛德不载，灭功臣贤大夫之业不述，坠先人所言，罪莫大焉。余所谓述故事，整齐其世传，非所谓作也，而君比之《春秋》，谬矣。"

于是论次其文。十年而遭李陵之祸，幽于累绁。乃喟然而叹曰："是余之罪夫！身亏不用矣。"退而深惟曰："夫《诗》《书》隐约者，欲遂其志之思也。"卒述陶唐以来，至于麟止，自黄帝始。《五帝本纪》第一，《夏本纪》第二，《殷本纪》第三，《周本纪》第四，《秦本纪》第五，《始皇本纪》第六，《项羽本纪》第七，《高祖本纪》第八，《吕后本纪》第九，《孝文本纪》第十，《孝景本纪》第十一，《今上本纪》第十二。《三代世表》第一，《十二诸侯年表》第二，《六国年表》第三，《秦楚之际月表》第四，《汉诸侯年表》第五，《高祖功臣年表》第六，《惠景间功臣年表》第七，《建元以来侯者年表》第八，《王子侯者年表》第九，《汉兴以来将相名臣年表》第十。《礼书》第一，《乐书》第二，《律书》第三，《历书》第四，《天官书》第五，《封禅书》第六，《河渠书》第七，《平准书》第八。《吴太伯世家》第一，《齐太公世家》第二，《鲁周公世家》第三，《燕召公世家》第四，《管蔡世家》第五，《陈杞世家》第六，《卫康叔世家》第七，《宋微子世家》第八，《晋世家》第九，《楚世家》第十，《越世家》第十一，《郑世家》第十二，《赵世家》第十三，《魏世家》第十四，《韩世家》第十五，《田完世家》第十六，《孔子世家》第十七，《陈涉世家》第十八，《外戚世家》第十九，《楚元王世家》第二十，《荆燕王世家》第二十一，《齐悼惠王世家》第二十二，《萧相国世家》第二十三，《曹相国世家》第二十四，《留侯世家》第二十五，《陈丞相世家》第二十六，《绛侯世家》第二十七，《梁孝王世家》第二十八，《五宗世家》第二十九，《三王世家》第三十。《伯夷列传》第一，《管晏列传》第二，《老子韩非列传》第三，《司马穰苴列传》第四，《孙子吴起列传》第五，《伍子胥列传》第六，《仲尼弟子列传》第七，《商君列传》第八，《苏秦列传》第九，《张仪列传》第十，《樗里甘茂列传》第十一，《穰侯列传》第十二，《白起王翦列传》第十三，《孟子荀卿列传》第十四，《平原虞卿列传》第十五，《孟尝君列传》第十六，《魏公子列传》第十七，《春申君列传》第十八，《范雎蔡泽列传》第十九，《乐毅列传》第二十，《廉颇蔺相如列传》第二十一，《田单列传》第二十二，《鲁仲连列传》第二十三，《屈原贾生列传》第二十四，《吕不韦列传》第二十五，《刺客列传》第二十六，《李斯列传》第二十七，《蒙恬列传》第二十八，《张耳陈余列传》第二十九，《魏豹彭越列传》第三十，《黥布列传》第三十一，《淮阴侯韩信列传》第三十二，《韩王信卢琯列传》第三十三，《田儋列传》第三十四，《樊郦滕灌列传》第三十五，《张丞相仓列传》第三十六，《郦生陆贾列传》第三十七，《傅靳蒯成侯列传》第三十八，《刘敬叔孙通列传》第三十九，《季布栾布列传》第四十，《爰盎朝错列传》第四十一，《张释之冯唐列传》第四十二，《万石张叔列传》第四十三，《田叔列传》第四十四，《扁鹊仓公列传》第四十五，《吴王濞列传》第四十六，《魏其武安列传》第四十七，《韩长孺列传》第四十八，《李将军列传》第四十九，《卫将军骠骑列传》第五十，《平津主父列传》第五十一，《匈奴列传》第五十二，《南越列传》第五十三，《闽越列传》第五十四，《朝鲜列传》第五十五，《西南夷列传》第五十六，《司马相如列传》第五十七，《淮南衡山列传》第五十八，《循吏列传》第五十九，《汲郑列传》第六十，《儒林列传》第六十一，《酷吏列传》第六十二，《大宛列传》第六十三，《游侠列传》第六十四，《佞幸列传》第六十五，《滑稽列传》第六十六，《日者列传》第六十七，《龟策列传》第六十八，《货殖列传》第六十九。

惟汉继五帝末流，接三代绝业。周道既废秦拨去古文，焚灭《诗》《书》，故明堂石室金匮玉版图藉散乱。汉兴，萧何次律令，韩信申军法，张苍为章程，叔孙通定礼仪，则文学彬彬稍进，《诗》《书》往往间出。自曹参荐盖公言黄老，而贾谊、朝错明申韩，公孙弘以儒显，百年之间，天下遗文古事靡不毕集。太史公仍父子相继纂其职，曰："于戏！余维先人尝掌斯事，显于唐虞。至于周，复典之。故司马氏世主天官，至于余乎，钦念哉！"罔罗天下放失旧闻，王迹所兴，原始察终，见盛观衰，论考之行事，略三代，录秦汉，上记轩辕，下至于兹，著十二本纪，既科条之矣。并时异世，年差不明，作十表。礼乐损益，律历改易，兵权山川鬼神，天人之际，承敝通变，作八书。二十八宿环北辰，三十辐共一，运行无穷。辅弼股肱之臣配焉，忠信行道以奉主上，作三十世家。扶义俶傥，不令己失时，立功名于天下，作七十列传。凡百三十篇，五十二万六千五百字，为太史公书。序略，以拾遗补艺，成一家言，协六经异传，齐百家杂语，藏之名山，副在京师，以竢后圣君子。第七十，迁之自叙云尔。而十篇缺，有录无书。

迁既被刑之后，为中书令，尊宠任职。故人益州刺史任安予迁书，责以古贤臣之义。

迁报之曰：

少卿足下：曩者辱赐书，教以慎于接物，推贤进士为务，意气勤勤恳恳，若望仆不相师用，而流俗人之言。仆非敢如是也。虽罢驽，亦尝侧闻长者遗风矣。顾自以为身残处秽，动而见尤，欲益反损，是以抑郁而无谁语。谚曰“谁为为之？孰令听之？”钟子期死，伯牙终身不复鼓琴。何则？士为知己用，女为悦己容。若仆大质已亏缺，虽材怀随、和，行若由、夷，终不可以为荣，适足以发笑而自点耳。

书辞宜答，会东从上来，又迫贱事，相见日浅，卒卒无须臾之间得竭指意。今少卿抱不测之罪，涉旬月，迫季冬，仆又薄从上上雍，恐卒然不可讳。是仆终已不得舒愤懑以晓左右，则长逝者魂魄私恨无穷。请略陈固陋。阙然不报，幸勿过。

仆闻之，修身者智之府也，爱施者仁之端也，取予者义之符也，耻辱者勇之决也，立名者行之极也。士有此五者，然后可以讬于世，列于君子之林矣。故祸莫憯于欲利，悲莫痛于伤心，行莫丑于辱先，而诟莫大于宫刑。刑余之人，无所比数，非一世也，所以来远矣。昔卫灵公与雍渠载，孔子适陈；商鞅因景监见，赵良寒心；同子参乘，爰丝变色：自古而耻之。夫中材之人，事关于宦竖，莫不伤气，况慷慨之士乎！如今朝虽乏人，奈何令刀锯之余荐天下豪隽哉！仆赖先人绪业，得待罪辇毂下，二十余年矣。所以自惟：上之，不能纳忠效信，有奇策材力之誉，自结明主；次之，又不能拾遗补阙，招贤进能，显岩穴之士；外之，不能备行伍，攻城野战，有斩将搴旗之功；下之，不能累日积劳，取尊官厚禄，以为宗族交游光宠。四者无一遂，苟合取容，无所短长之效，可见于此矣。乡者，仆亦尝厕下大夫之列，陪外廷末议。不以此时引维纲，尽思虑，今已亏形为埽除之隶，在阘茸之中，乃欲卬首信眉，论列是非，不亦轻朝廷，羞当世之士邪！嗟首！嗟乎！如仆，尚何言哉！尚何言哉。

且事本末未易明也。仆少负不羁之才，长无乡曲之誉，主上幸以先人之故，使得奉薄技，出入周卫之中。仆以为戴盆何以望天，故绝宾客之知，忘室家之业，日夜思竭其不肖之材力，务一心营职，以求亲媚于主上。而事乃有大谬不然者。夫仆与李陵俱居门下，素非相善也，趣舍异路，未尝衔杯酒接殷勤之欢。然仆观其为人自奇士，事亲孝，与士信，临财廉，取予义，分别有让，恭俭下人，常思奋不顾身以徇国家之急。其素所畜积也，仆以为有国士之风。夫人臣出万死不顾一生之计，赴公家之难，斯已奇矣。今举事壹不当，而全躯保妻子之臣随而媒孽其短，仆诚私心痛之。且李陵提步卒不满五千，深践戎马之地，足历王庭，垂饵虎口，横挑强胡，卬亿万之师，与单于连战十余日，所杀过当。虏救死扶伤不给，旃裘之君长咸震怖，乃悉征左右贤王，举引弓之民，一国共攻而围之。转斗千里，矢尽道穷，救兵不至，士卒死伤如积。然李陵一呼劳军，士无不起，躬流涕，沫血饮泣，张空弮，冒白刃，北首争死敌。陵未没时，使有来报，汉公卿王侯皆奉觞上寿。后数日，陵败书闻，主上为之食不甘味，听朝不怡。大臣忧惧，不知所出。仆窃不自料其卑贱，见主上惨悽怛悼，诚欲效其款款之愚。以为李陵素与士大夫绝甘分少，能得人之死力，虽古名将不过也。身虽陷败，彼观其意，且欲得其当而报汉。事已无可奈何，其所摧败，功亦足以暴于天下。仆怀欲陈之，而未有路。适会召问，即以此指推言陵功，欲以广主上之意，塞睚眦之辞。未能尽明，明主不深晓，以为仆沮贰师，而为李陵游说，遂下于理。拳拳之忠，终不能自列。因为诬上，卒以吏议。家贫，财赂不足以自赎，交游莫救，左右亲近不为一言。身非木石，独与法吏为伍，深幽囹圄之中，谁可告诉者！此正少卿所亲见，仆行事岂不然邪？

李陵既生降，聩其家声，而仆又茸以蚕室，重为天下观笑。悲夫！悲夫！

事未易一二为俗人言也。仆之先人非有剖符丹书之功，文史星历近乎卜祝之间，固主上所戏弄，倡优畜之，流俗之所轻也。假令仆伏法受诛，若九牛亡一毛，与蝼蚁何异？而世又不与能死节者比，特以为智穷罪极，不能自免，卒就死耳。何也？素所自树立使然。人固有一死，死有重于泰山，或轻于鸿毛，用之所趋异也。太上不辱先，其次不辱身，其次不辱理色，其次不辱辞令，其次诎体受辱，其次易服受辱，其次关木索被棰楚受辱，其次剃毛发婴金铁受辱，其次毁肌肤断支体受辱，最下腐刑，极矣。传曰："刑不上大夫"，此言士节不可不厉也。猛虎处深山，百兽震恐，及其在阱槛之中，摇尾而求食，积威约之渐也。故士有画地为牢势不入，削木为吏议不对，定计于鲜也。今交手足，受木索，暴肌肤，受榜棰，幽于环墙之中，当此之时，见狱吏则头抢地，视徒隶则心惕息。何者？积威约之势也。及已至此，言不辱者，所谓强颜耳，曷足贵乎！且西伯，伯也，拘牖里；李斯，相也，具五刑；淮阴，王也，受械于陈；彭越、张敖南乡称孤，系狱具罪；绛侯诛诸吕，权倾五伯，囚于请室；魏其，大将也，衣赭关三木；季布为朱家钳奴；灌夫受辱居室。此人皆身至王侯将相，声闻邻国，及罪至罔加，不能引决自财。在尘埃之中，古今一体，安在其不辱也！由此言之，勇怯，势也；强弱，形也。审矣，曷足怪乎！且人不能蚤自财绳墨之外，已稍陵夷至于鞭棰之间，乃欲引节，斯不亦远乎！古人所以重施刑于大夫者，殆为此也。夫人情莫不贪生恶死，念亲戚，顾妻子，至激于义理者不然，乃有不得已也。今仆不幸，蚤失二亲，无兄弟之亲，独身孤立，少卿视仆于妻子何如哉？且勇者不必死节，怯夫慕义，何处不勉焉！仆虽怯软欲苟活，亦颇识去就之分矣，何至自湛溺累绁之辱哉！且夫臧获婢妾犹能引决，况若仆之不得已乎！所以隐忍苟活，函粪土之中而不辞者，恨私心有所不尽，鄙没世而文采不表于后也。

古者富贵而名摩灭，不可胜记，唯俶傥非常之人称焉。西伯拘而演周易；仲尼扼而作《春秋》；屈原放逐，乃赋《离骚》；左丘失明，厥有《国语》；孙子膑脚，兵法修列；不韦迁蜀，世传《吕览》；韩非囚秦，《说难》、《孤愤》。《诗》三百篇，大抵贤圣发愤之所为作也。此人皆意有郁结，不得通其道，故述往事，思来者。及如左丘明无目，孙子断足，终不可用，退论书策以舒其愤，思垂空文以自见。仆窃不逊，近自托于无能之辞，网罗天下放失旧闻，考之行事，稽其成败兴坏之理，凡百三十篇，亦欲以究天人之际，通古今之变，成一家之言。草创未就，适会此祸，惜其不成，是以就极刑而无愠色。仆诚已著此书，藏之名山，传之其人通邑大都，则仆偿前辱之责，虽万被戮，岂有悔哉！然此可为智者道，难为俗人言也。

且负下未易居，下流多谤议。仆以口语遇遭此祸，重为乡党戮笑，污辱先人，亦何面目复上父母之丘墓乎？虽累百世，垢弥甚耳！是以肠一日而九回，居则忽忽若有所亡，出则不知所如往。每念斯耻，汗未尝不发背沾衣也。身直为闺阁之臣，宁得自引深臧于岩穴邪！故且从俗浮湛，与时俯仰，以通其狂惑。今少卿乃教以推贤进士，无乃与仆之私指谬乎。今虽欲自雕琢，曼辞以自解，无益，于俗不信祗取辱耳。要之死日，然后是非乃定。书不能尽意，故略陈固陋。

迁既死后，其书稍出。宣帝时，迁外孙平通侯杨恽祖述其书，遂宣布焉。至王莽时，求封迁后，为史通子。

赞曰：自古书契之作而有史官，其载籍博矣。至孔氏篡之，上断唐尧，下讫秦缪。唐虞以前虽有遗文，其语不经，故言黄帝、颛顼之事未可明也。及孔子因鲁史记而作《春秋》，而左丘明论辑其本事以为之传，又纂异同为国语。又有《世本》，录黄帝以来至春秋时帝王公侯卿大夫祖世所出。春秋之后，七国并争，秦兼诸侯，有《战国策》。汉兴伐秦定天下，有《楚汉春秋》。故司马迁据《左氏》《国语》，采《世本》《战国策》，述《楚汉春秋》，接其后事，讫于大汉。其言秦汉，详矣。至于采经摭传，分散数家之事，甚多疏略，或有抵梧。亦其涉猎者广博，贯穿经传，驰骋古今，上下数千载间，斯以勤矣。又其是非颇缪于圣人，论大道则先黄老而后六经，序游侠则退处士而进奸雄，述货殖则崇势利而羞贱贫，此其所蔽也。然自刘向、杨雄博极群书，皆称迁有良史之材，服其善序事理，辨而不华，质而不俚，其文直，其事核，不虚美，不隐恶，故谓之实录。呜呼！以迁之博物洽闻，而不能以知自全，既陷极刑，幽而发愤，书亦信矣。迹其以自伤悼，《小雅》巷伯之伦。夫唯《大雅》“既明且哲，能保其身”，难矣哉！

【译文】

在遥远的颛顼时代，任命南正重主管有关天的事务，任命火正黎主管有关地的事务。陶唐氏与有虞氏相交的时候，让重、黎的后人继承重、黎的事业，重新掌管与天、地有关的事务，一直到夏朝和商朝都是这样，所以重、黎氏世世代代管理天、地的事情。重、黎氏在周朝，程伯休父是他们的后人。当周宣王的时候，重、黎氏失去了管理天、地事务的职掌而成了司马氏。司马氏世代掌管周朝的史事。周惠王与周襄王承继之间，司马氏迁到了晋国。晋中军将会逃奔魏地，司马氏因而进入了少梁。

从司马氏离开周室迁到晋国，(其宗族)就分散开了，有的在卫地，有的在赵地，有的在秦地。在卫地的，当了中山国的相。在赵地的，以传授剑术的理论而出名，司马蒯聩是他们的后人。在秦国的是司马错，他与张仪争论，于是秦惠王派他率兵伐蜀，灭了蜀国，因而就地戍守。司马错的孙子司马蕲，在武安君白起手下做事。这时候少梁更名叫夏阳。司马蕲与武安君白起坑杀了赵国兵败长平的军队，回去以后二人都在杜邮这个地方被赐死，葬在华池。司马蕲的孙子司马昌，担任了秦王的铁官。当秦始皇的时候，司马蒯聩的玄孙司马卬为武信君的将军而去攻取朝歌。诸侯们相继为王，司马卬被(项羽)封为殷王。汉朝讨伐楚霸王时，司马卬归降了汉朝，汉朝以他原先的封地建立了河内郡。司马昌生了司马毋泽，司马毋泽为汉(长安四市)的一个市长。司马毋泽生了司马喜，司马喜爵为五大夫，去世后安葬在高门。司马喜生了司马谈，司马谈担任了太史公。

太史公司马谈在唐都那里学习天文，在杨何那里接受《易》(的教育)，在黄生那里学习道家理论。太史公是在建元、元封年之间的时候担任这个职务的，他责备学者们不彻底理解各家的思想而被各派师法所困惑，就论述六家的要旨说：

《易大传》说：“为使天下达到同一目标而有一百种设想，相同的归宿但道路不同。阴阳、儒、墨、名、法、道德诸家，这些都是努力于治理社会的，只是他们学说的思路不一样，有的能省察有的不能省察罢了。我曾私下观察阴阳家的学术，众人忌讳重大的吉凶预兆，使人拘束而多有畏惧，但是它管理的四季的顺序变化，是不可错过的。儒学学者博学但不得要领，劳而少功，所以他们所主张的事情难以完全遵从，但是他们讲述的群臣父子之间的礼仪，罗列的夫妇长幼之间界线，是不可变改的。墨学学者的节俭难以遵从，所以他们所主张的事情不可尽用，但是他们所说的强本节用的道理，是不可废弃的。法家严格而缺少恩情，但是他们理顺君臣上下的名分，是不可更改的。名家让人简朴而容易失去真实，但它强调名称与实在的区别和联系，是不可不省察的。道家使人精神专一，展开和闭合都没有形状，哺养万物，它的学术构成，遵循阴阳家对四季顺序变化的主张，采纳了儒家和墨家的长处，吸收了名家和法家的要点，随着时代的发展而发展，针对不同的事物而变化，建树习俗办理事务，没有不恰当的，它的宗旨简约而容易实施，办事少而见效多。儒学学者则不然，认为皇上是天下的仪表，君主倡导臣下就要拥护，君主在先臣下应该随后。这样一来，君主烦劳而臣下则轻松了。至于对重大问题的主张，则远离贤人，废黜智慧，放弃这些而仅用自己的学术。我们知道，精神耗费多了就会枯竭，形体太劳累了就会凋敝；精神和形体很早就衰颓了，想要与天地一样长在久存，这种事情还没听说过。

阴阳家主张，四季、八卦位、黄道的十二度、二十四节令各有处理的原则，而说（对这些原则）顺之者昌、逆之者亡则未必然，所以（我）说他们"使人拘束而多有畏惧"。春天播种夏天成长，秋天收获冬天收藏，这是天体运行的规则，不顺应就无法制订天下纪纲，所以（我）说"四季的顺序变化，是不可错过的"。

儒学学者，以（《礼》《乐》《尚书》《诗经》《易》《春秋》）六艺为原则，阐释它们的疏传成千上万，一辈子也不能把它们弄懂，一年内连对其礼法也不能全搞清楚，所以（我）说他们"博学而不得要领，劳而少功"。如果说他们罗列的君臣父子之间的礼仪，讲述的夫妇长幼之间的界线，即使让一百个学派（来论辩）也是不能变革的。

墨家学者也崇尚尧、舜，他们阐述自己的德行说："堂屋（屋基）只要三尺高，土阶只要三级，盖房子的茅草不要翦整齐，木椽子不要修整；用土锅烧饭，用土碗盛羹，吃粗米，喝菜汤；夏天穿葛藤制的衣服，冬天穿鹿皮衣。"他们为人送终，只用三寸厚的桐木棺材，哭丧不能完全表达自己的悲哀。他们教授丧礼，固执地要用这一套作为万民的表率。所以天下如果都这样，那么尊卑就没有区别了。社会不同时代发展了，做的事情就不必相同，所以说"（他们的）节俭难以遵从"。总的说来他们主张的强本节用，是人给家足的原则。这是墨子学说的长处，虽然让一百个学派（来论辩）也不能废弃的。

法家不区别亲疏关系，不划分贵贱，只依据法令来决断，就使得亲近亲人、尊重尊贵的恩情断绝了，这可以为一时之计，而不能长久作用，所以（我）说它"严格而缺少恩情"。若论主尊臣卑，明分职守不相逾越，即使让一百个学派（来辩论）也不能废弃。

名家要求苛刻，使人不能违反它的意旨，一切以名为准则，有失人情，所以说："使人简约但容易失去真实。"假若说到他们主张的引名责失，处理错综复杂的事情不犯错误，这些都是不可不省察的。

道家主张无为，又叫无所不为，它的具体主张容易实行，它的言辞难以理解。它的学术以虚无为根本，以因循自然为功用，没有既成的形势，没有固定的方式，所以能够彻底推求万事万物情况。它不先于物也不后于物，所以能够成为万物的主宰。有一定的法则又没有凝固的法则，只因时事的变化推行自己的事业；有一定的界线又没有凝固的界线，只因事物的情况决定兴起或废弃，所以说"圣人没有机巧，只是遵守顺应时变罢了"。虚是道的常理，顺应它是君主的纲领。群臣一起到来，让他们各自阐明（自己的主张），其中确实名实相符的叫作端（正），确实虚有其名的叫作款。不听叫作款的这种人所说的话，奸就不会产生，贤德和不肖之人就自然分开了，白色还是黑色就显现出来。（剩下的事）

就在你想怎么使用了，有什么事办不成呢？于是遵循最基本的法则，混混冥冥（任其自然）；照耀天下，返复往还不计较名称。大凡人有生命是因为有精神存在，所依附的则是形体。精神使用过度就会衰竭，形体过度劳累了就会凋敝，形体和精神分离开就会死亡。死去了的不能再恢复生命，离分了的不可能再结合，所以圣人看重（神与形）。由此看来，精神是生命的根本，形体是生命的躯壳。不先确定精神与形体（的关系和地位），就说“我有（理论）去治理天下”，请问根据什么呢？

太史公司马谈已掌管了天文事务，就不负责民众的事。他有个儿子名叫迁。

司马迁出生在龙门，在龙门山之南黄河的北岸以耕牧为业，十岁时就开始诵读古文。他二十岁的时候就南游江淮，上会稽山，探寻禹穴，远望九嶷山，泛舟沅水和湘水；又北涉汶水和泗水，在齐、鲁的都市讨论学业，观察孔子的遗风，在邹县和峄山参加乡射之礼；到蕃县、薛城和彭城时司马迁旅费缺乏，就取道梁、楚返回了。这时候司马迁当了郎中，奉皇上之命出使巴、蜀以南，巡视了邛、笮、昆明等地，回到长安复命。

这一年，天子汉武帝举行了汉朝的第一次封禅大典，但太史公司马谈留滞在洛阳，没有能跟随武帝去执行封禅的职事，在悲愤中去世。（司马谈弥留之际）司马迁则好从西南回来，在黄河与洛阳之间见到了父亲。太史公司马谈拉着司马迁的手哭泣着说：“我的先祖，是周朝的太史。从远古开始，就曾经在有虞氏和夏朝的时候立功扬名，职掌天文的事务。到后代就衰落了，难道要从我这里断绝吗？你继任太史，就是延续我们先祖的事业了。现在天子承接千年的统绪，封禅泰山，而我不得随行，是我的命（不好）呵！命（不好）呵！我死去之后，你必定要当太史；当了太史之后，不要忘了我想写的著作呵。孝道，是从服侍亲人开始，经过为皇上做事，最终达到卓然自立；扬名于后世，使父母显荣，这是最大的孝。天下赞扬周公，说他能宣扬歌颂周文王、周武王的德行，讲解《周南》《召南》等《诗经》中的国风，表达太王、王季的思虑，一直追溯到公刘，以尊崇（周的始祖）后稷。周幽王、厉王之后，王道残缺，礼乐制度衰落了，孔子修旧起废，论述《诗经》《尚书》，作《春秋》，学者们至今都把他当作典范。自从获麟年以来四百多年，诸侯相互兼并，史书就绝灭了。现今汉朝兴起，海内一统，明主贤君，忠臣义士（不少），我身为太史而不记载评论这些，废弃了事关天下的文字，我太害怕（承担这个重大责任）了，你一定要时刻想着这事呵！”司马迁低着头泪流满面地说：“儿子虽然不敏捷，还是要请求父亲允许我将父亲已经整理好的史事加以裁断，不敢有所缺漏。”司马谈去世后三年，司马迁当了太史令，便在朝廷的石室金匮藏书中搜集材料。司马迁任太史令后五年是太初元年，这年的十一月甲子日是朔日，早上冬至，改（原用的颛顼历而）行太初历，在明堂中颁布新历，祭祀诸神。

太史公司马迁说：“我的父亲说过：‘自周公去世后五百年而出了孔子，从孔子至现在已经五百年了，一定有继承发扬孔子事业的人（出来），以《易传》为本，继承《春秋》，以《诗经》《尚书》《礼》和《乐》为基础。’这话的意思不正在这里么！作为儿子我怎么敢推让呢！”

上大夫壶遂问：“过去孔子为什么要做《春秋》呢？”司马迁说：“我听董仲舒先生说：‘周朝的制度被破坏了，孔子担任鲁国的司寇，诸侯加害于他，大夫干扰他。孔子知道当时社会不重用他，自己的理论得不到实行，于是就评论春秋时期二百四十二年的是非曲直，作为天下法式，贬损诸侯，批评大夫，以阐明君王应该做的事情罢了。’他老人家说：‘我与其写抽象的理论，还不如（把自己的思想）表现在能充分显现（我的思想的）事实之中。'《春秋》上阐明了三王的法则,下理清了人事的纲纪,阐明疑惑难明的事理,明白是非,确定犹豫,赞美善行憎恶丑恶,推崇贤人轻视不肖之人,保存已经灭亡了的国家,延续已经断绝的世系,修补弊端兴起被废弃(了的制度),这是君王最重大的法则。《易》叙述的是天地阴阳四时五行,所以它的长处在变化之道;《礼》为人确定规则,所以它的长处在可以施行;《尚书》记载了先王的事情,所以它的长处在政治方面;《诗经》记载了山川、溪谷、禽兽、草木、牝牡、雌雄等,所以它的长处在讽谏;《乐》是快乐所得以产生的根据,所以它的长处在协和;《春秋》分辨是非,所以它的长处在对人进行管理。所以说《礼》是节制人的,《乐》是启发协和的,《尚书》是记事的,《诗经》是表达意愿的,《易》是阐述变化的,《春秋》是讲义理的。拨乱反正,没有比《春秋》更有用了。《春秋》文字数万,旨意有数千,万物的聚散之理都在《春秋》(中说明了)。《春秋》之中,弑君有三十六次,亡国有五十二个,诸侯奔走还是不能保住社稷的不可胜数。考察其中的原因,都是丧失了根本。所以《易》中说'差之毫厘,谬以千里',因此'臣弑君,子弑父,不是一朝一夕的缘故,是由来已久的'。拥有国家的人不可以不知道《春秋》,(不然)在自己的面前有言就听不见,自己背后有贼人就不能觉察。为臣的人不可以不知道《春秋》,(不然)坚持大政方针而不知道它(如何)恰当,遇到事情变化了而不知道对它(如何)权衡。做君主和父亲的如果不通晓《春秋》的义理,一定会承担首恶的罪名。做臣下和儿子的如果不通晓《春秋》的义理,一定会陷入篡位、弑杀君父的死罪。事实上他们都自以为是在做好事,但是不知道义理,一旦把道理讲出来他们就不敢推卸罪责了。不通礼的意义的大旨,就会(坏)到君主不像君主,臣下不像臣下,父亲不像父亲,儿子不像儿子的程度。君主不像君主就会被臣下冒犯,臣下不像臣,就会被诛杀,父亲不像父亲就没有原则,儿子不像儿子就会不孝。这四种行为,是天下最大的过错。用天下最大的过错来责备他们,他们是只好接受而不敢反驳的。所以说《春秋》是礼的意义的本原。礼在事情发生之前起阻止作用,法在事情发生之后才施行,所以法的功用显而易见,而礼所起的阻止作用就连那些禁止(败坏行为)的人也难以明白。"

壶遂说:"在孔子那时候,上没有明君,下面的人得不到任用,所以他作《春秋》,把平铺直叙的文章用礼义作为标准加以批评取舍以垂示后代,当作一统之王的法则。现在先生您上遇圣明的天子,下得以各守其职,万事俱备,都各自遵循与自己身份相称的原则行动,先生所要论述的,想要说明什么呢?"太史公司马迁说:"先生说得对,也说得不对,道理不能这样说。我听我的父亲说过:'虑戏非常纯厚,作了《易》的八卦。尧舜时代的繁盛,《尚书》里有记载,礼、乐创造出来了。商汤和周武王的兴隆,诗人们吟咏歌唱。《春秋》采录善行贬斥恶行,推崇三代的德行,褒扬周室,不仅仅只有讥刺而已。'汉朝兴起以来,直到如今圣明的天子,获得了符瑞,进行了封禅,改了历法,变了服装的颜色,受天命而政清人和,恩泽无边,海外不同风俗、相隔数国的国家都派人来叩击塞门,请求进献珍宝晋见皇上的,不可胜言。臣下百官努力歌颂皇上的德行,还不能完全表达自己的心意。而况贤能的士人,倘若得不到任用,是有国家的人的耻辱;皇上圣明,德行得不到传扬,是官吏们的过错。并且我职掌史官,倘若废毁了皇上的圣明盛德不记载下来,灭没功臣、贤大夫的建树不加以叙述,毁弃了我父亲的话,就没有比这再大的罪过了。我所做的只不过是叙述以往的事情,整理与它们有关的传世材料,并非是创作,而先生把我写的东西比作《春秋》,那就错了。"

于是，司马迁开始写作。十年之后他因为为李陵投降匈奴的事辩护而遭到灾祸，被囚禁起来，就喟然叹息说："这是我的罪过呵！我的身体短少了已经是无用之人了！"他退一步深思说："《诗经》和《尚书》透露出来的忧愁屈怨，是为实现自己理想的思绪呵。"于是，他叙述从陶唐氏以来、到汉武帝获麟那年为止的历史；他把黄帝作为历史的开端。(全书目录)本纪为《五帝本纪》第一，《夏本纪》第二，《殷本纪》第三，《周本纪》第四，《秦本纪》第五，《始皇本纪》第六，《项羽本纪》第七，《高祖本纪》第八，《吕后本纪》第九，《孝文本纪》第十，《孝景本纪》第十一，《今上本纪》第十二。表的次序是，《三代世表》第一，《十二诸侯年表》第二，《六国年表》第三，《秦楚之际月表》第四，《汉诸侯年表》第五，《高祖功臣年表》第六，《惠景间功臣年表》第七，《建元以来侯者年表》第八，《王子侯者年表》第九，《汉兴以来将相名臣年表》第十。书的次序是：《礼书》第一，《乐书》第二，《律书》第三，《历书》第四，《天官书》第五，《封禅书》第六，《河渠书》第七，《平准书》第八。世家的次序是，《吴太伯世家》第一，《齐太公世家》第二，《鲁周公世家》第三，《燕召公世家》第四，《管蔡世家》第五，《陈杞世家》第六，《卫康叔世家》第七，《宋微子世家》第八，《晋世家》第九，《楚世家》第十，《越世家》第十一，《郑世家》第十二，《赵世家》第十三，《魏世家》第十四，《韩世家》第十五，《田完世家》第十六，《孔子世家》第十七，《陈涉世家》第十八，《外戚世家》第十九，《楚元王世家》第二十，《荆燕王世家》第二十一，《齐悼惠王世家》第二十二，《萧相国世家》第二十三，《曹相国世家》第二十四，《留侯世家》第二十五，《陈丞相世家》第二十六，《绛侯世家》第二十七，《梁孝王世家》第二十八，《五宗世家》第二十九，《三王世家》第三十。列传的次序为，《伯夷列传》第一，《管晏列传》第二，《老子韩非列传》第三，《司马穰苴列传》第四，《孙子吴起列传》第五，《伍子胥列传》第六，《仲尼弟子列传》第七，《商君列传》第八，《苏秦列传》第九，《张仪列传》第十，《樗里甘茂列传》第十一，《穰侯列传》第十二，《白起王翦列传》第十三，《孟子荀卿列传》第十四，《平原虞卿列传》第十五，《孟尝君列传》第十六，《魏公子列传》第十七，《春申君列传》第十八，《范雎蔡泽列传》第十九，《乐毅列传》第二十，《廉颇蔺相如列传》第二十一，《田单列传》第二十二，《鲁仲连列传》第二十三，《屈原贾生列传》第二十四，《吕不韦列传》第二十五，《刺客列传》第二十六，《李斯列传》第二十七，《蒙恬列传》第二十八，《张耳陈余列传》第二十九，《魏豹彭越列传》第三十，《黥布列传》第三十一，《淮阴侯韩信列传》第三十二，《韩王信卢绾列传》第三十三，《田儋列传》第三十四，《樊郦滕灌列传》第三十五，《张丞相仓列传》第三十六，《郦生陆贾列传》第三十七，《傅靳蒯成侯列传》第三十八，《刘敬叔孙通列传》第三十九，《季布栾布列传》第四十，《爰盎朝错列传》第四十一，《张释之冯唐列传》第四十二，《万石张叔列传》第四十三，《田叔列传》第四十四，《扁鹊仓公列传》第四十五，《吴王濞列传》第四十六，《魏其武安列传》第四十七。《韩长孺列传》第四十八，《李将军列传》第四十九，《卫将军骠骑列传》第五十，《平津主父列传》第五十一，《匈奴列传》第五十二，《南越列传》第五十三，《闽越列传》第五十四，《朝鲜列传》第五十五，《西南夷列传》第五十六，《司马相如列传》第五十七，《淮南衡山列传》第五十八，《循吏列传》第五十九，《汲郑列传》第六十，《儒林列传》第六十一，《酷吏列传》第六十二，《大宛列传》第六十三，《游侠列传》第六十四，《佞幸列传》第六十五，《滑稽列传》第六十六，《日者列传》第六十七，《龟策列传》第六十八，《货殖列传》第六十九。

汉朝继承了五帝的余脉，承继了被断绝了的三代的事业。周朝的学说衰落了，秦朝抛弃了古文，焚灭了《诗》《书》，所以明堂、石室、金匮的玉版、图书散乱。汉朝兴起之后，萧何整理律令，韩信申明军法，张苍建立章程，叔孙通拟定礼仪，文章学术就文质兼备有所进步，散佚了的《诗》《书》常常相继出世。自从曹参推荐盖公讲黄老之学，而贾谊、朝错阐明申不害、韩非的理论，公孙弘以崇尚儒学而显贵，百年之间，天下的遗文古事没有不集中在一起的。太史公是父子相袭掌理编纂史书的职务，司马谈曾说"呵哟！我的先人曾职掌这事，在唐、虞之世就有名气。到了周朝，又重新典理此事。所以司马氏一族世代以来都主管天官，到了我这一辈，要恭敬地记住这事呵！"（于是司马迁）网罗天下散佚了的旧事，考察帝王事业兴起的线索，推究它的发端观察它的结果，审视它的兴盛追究它的衰落，议论和考证事迹，略述三代，记录秦、汉，上从轩辕黄帝起，下到当代为止，著作了十二本纪，写出了历史的主要线索。有同时的，有异世的，年代有差别不易辨明，就作了十表。礼、乐制度历代有增有减，律、历有改变，兵书、山川、鬼神，天与人之间的关系，为了表明其承敝通变的情况，就作了八书。二十八宿环绕北极星，三十辐条共同装在一根轴上，运行无穷，辅弼股肱之臣配合（着帝王），忠诚、信义、推行天道以事奉主上，所以作三十世家。伸张正义卓绝不凡、不让自己失去了时机，立功名于天下（的人很多），所以作了七十列传。总共一百三十篇，五十二万六千五百字，名为《太史公书》。其序文大体说，这部书是为了网罗遗失补充六艺的；它构成了一家之言，协调了对六经不同的解说，整齐了百家杂乱的意见；这部书的原本藏名山，副本在京都，以等待后来的圣人和君子们（观览）。这些都是书中的列传第七十，司马迁的《自叙》所说的。（现在，《太史公书》）有十篇缺佚了，只剩下目录而没有正文。

司马迁受腐刑之后，担任了中书令，这是个受人尊敬很受皇上宠信的职位。他的朋友益州刺史任安给他写信，用古代贤臣的标准责备他。司马迁回信说：

少卿先生：以前有辱您写信给我，教导我努力慎重地处理各种关系，推贤进士，意义殷勤诚恳，仿佛是怨我不按照老师的教导去做，而让俗人的言语左右了我的志向。我是不敢如此去做的。我虽极其愚钝，也曾经从侧面听说过长者遗风。只是我身残处秽受着感情的折磨，动辄得咎，想加倍地检点自己，所以精神抑郁而跟谁也不说什么。谚语说：可为作之，令谁听之？钟子期死后，伯牙终身不再鼓琴，这是为什么？这是因为士为知己者死，女为悦己者容。像我这样一个本质上已有亏缺的人，虽怀着随侯珠、和氏璧一样美好的才能，德行跟许由、伯夷一样，最终也不能得到荣光，只不过足以使人发笑而自己使自己遭受到玷污而已。

本来很早就应回您的信，不巧遇到我随皇上从东方归来，又被不足道的事情所纠缠，与您相见的时间很短，匆匆忙忙没有一点机会得以完全说明我的意见。现在少卿先生遭受到预想不到的罪罚，过一个月，已经是接近季冬，我又要跟从皇上到雍地去，恐怕先生您猝然之间不能与我见面了。如若是这样，我就终究不得把我的忧愤烦闷向接近我的人抒发，而与我永别者的魂魄将怀着无穷无尽的私恨。请求您允许我陈述我浅陋的看法。我很久没回信给您请您不要埋怨我。

我听说，修身的人是智慧的聚集之所，喜欢施舍的人是仁的开端，收受与给予（恰当）的人是义的标准，（懂得）耻辱的人是勇敢的基础，立名的人是人的作为的最高追求。士人具备了以上五种德行，然后就可以依于社会，被列入君子之列了。所以就灾祸说没有比追求功利更使人痛心的人，就悲伤说没有比伤了心更使人痛苦了，就行为说没有比侮辱先人更丑恶的人,而就耻辱说没有比受宫刑更大的耻辱了。受了宫刑的人,没有什么可相比的,不是一个时代是这样,已经是由来已久的了。昔日卫灵公与雍渠同车,孔子去到了陈国;商鞅依靠景监面见(了秦孝公),赵良就感到寒心;赵谈做了参乘,爰丝满脸不高兴,自古以来都以这样的事为耻辱。有中等才能的人,有事与宦相关,就莫不伤心气恼,更何况慷慨之士呢!现在朝廷虽然缺乏人才,怎么可以让刀锯之余(的我)去推荐天下的豪雄俊杰呢!我依赖承继先人的事业,得以待罪于皇上的辇毂之下,到现在已经二十多年了。所以我自思:对上说来,我不能怀忠效信,得到献奇策、出大力的赞誉,与皇上搞好关系;其次,我又不能拾遗补阙,招贤进能,使岩穴之士等以显露;就朝廷之外说,我不能作为军队的一员,去攻城野战,建立斩将搴旗的功劳;就最低要求说,我也不能累日积劳,取得尊官厚禄,为宗族结交达官贵人。以上四方面,我没有一样事是做得到的;我苟合取容,对各方面都无所贡献,从这里可以看出来。过去,我也曾经侧身于下大夫之列,陪着外廷议论些细枝末节的事。不在那时候引进维纲护纪之人,竭尽我的思虑,现在我已亏损了形体为打扫清洁的奴仆,在猥贱的人当中,想昂首扬眉,来论列是非,不是太轻视朝廷,羞辱当今的士人了吗?呵哟!呵哟!像我这样的人,还有什么话可说啊!还有什么话可说啊!

而且事情的本末是很难辩明的。我少年时自负于不羁之才,长大了后没有得到家乡人的称赞,皇上因为我先人的原因照顾我,使我得以凭浅薄的才学,出入于防卫周密的宫廷之中。我认为头上戴着盆是怎么也看不见天的,(不可有更大的奢望)所以我断绝了和宾客之间的往来,忘却了家室的生计事业,日日夜夜想竭尽我不成器的才力,一心一意致力于我的职守,以讨得皇上的欢心。但事情完全违背主观愿望。我与李陵都在朝廷供职,素来不是朋友,兴趣爱好各不相同,从未有过举杯戏酒殷勤款待的欢聚。但是我观察他的为人,认为他是无可争议的奇士,他事奉长辈遵循孝道,与士人相交以信为本,面对财物表现廉洁,取得与给予都以义为标准,对身份职别表现出谦让,对下人很客气,常常想奋不顾身以赴国家的急难。这些高贵的品德都是他平素间所积累起来的,我认为他有国士之风。为臣的人出生入死不顾自己一生的长远之计,赴公家之难,这已经奇特了。而今一件事情办得不妥当,那些苟且偷生护妻保子的臣子们紧跟着就牵连生事造谣中伤,我实在是心痛极了!而且李陵率领的步兵不到五千人,深入敌人后方,足迹经过了匈奴的王庭,垂饵虎口,往西向强大的胡人挑战,昂对匈奴的亿万之师,与单于连续作战了十多天,(就李陵军队的人数而言)杀掉的敌人之多已超过了自己的能力。匈奴连救死扶伤都来不及,穿制衣服的君长们都震恐了,就全部征集左右贤王属部,征发凡是能骑马射箭的百姓,倾一国之力共同围攻李陵。李陵转战千里,矢尽道绝,救兵又没有到,士卒伤者相堆积。但是李陵只要一呼唤已疲劳的军队,战士们没有不奋起的,他们弯着身子流着眼泪,抚着流血的伤暗自饮泣,拉开没有上箭的弓,顶着雪亮的刀刃,面对北方与敌人死战。李陵还没去世之前,有使者回来报告,汉朝的公卿王侯都捧酒祝贺皇上。几天后,李陵战败的事被奏闻于朝廷,皇上为之食不甘味,听政时很不高兴。大臣们忧愁恐慌,不知计从何出。我不自量个人卑贱的地位,见皇上惨淡悲恸,真心想用我忠实诚恳的愚陋报效皇上。我认为李陵平素间与士大夫相处就同甘共苦,所以能让人为其拼死,虽然是古代的名将也超不过他。他虽然陷于失败,但看他的意图,是想得到机会而报效汉朝。事情已到了无可奈何的地步,但他所摧毁战败的战绩,功劳也足以显露于天下了。我心里怀着这个意见想上陈皇上,但没有门路。恰好遇到皇上召问,就根据这个思路推崇李陵的功劳,想以此开阔皇上的思路,堵塞小怨小忿引起的不实之词。我还没完全说明,皇上没很好考虑,就认为我是在攻击两师将军而为李陵游说,于是就把我下发到司法官审问。我的拳拳忠心,终究不能自陈。因为认定我诬上之罪,最后就让狱吏们去议论量刑。我家贫穷,所有的财产不足以自赎其身,朋友们没有来救援的,左左右右亲近的人都不为我说一句话。身体不是木石,我独自与法吏为伍,深深地囚禁在监牢之中,向谁去诉说我满腹的心酸呵!这些事都是您少卿先生亲自见到的,我的行为难道有什么不对吗?李陵既然投降,败坏了他家的名声,而我又被推进了蚕室,再次被天下人笑话。太可悲了!太可悲了!

事情不容易给俗人说明白。我的先人没有享受剖符丹书的功,做掌管文史星历的史官,地位与卜人巫祝相近,只是供主上所戏弄,当着优伶一样养蓄着罢了,为社会所轻视。如果我伏法受诛,若九牛失去一毛,与蝼蚁有什么区别?而且社会上又不把我的死与为气节而死等量齐观,不过认为是我智穷罪极,不能自免,只好就死罢了。这是为什么?这是平日里自己立志造成的。人固有一死,死有重于泰山,或轻于鸿毛,不同的选择有不同的结果。最好是不辱没先人,其次不辱没自己的身份,其次不辱没义理名分,其次不辱没辞令,其次是屈体受辱,其次换了服装受辱,其次是带枷绳被杖击受辱,其次是剃去毛发打上金印受辱,其次是毁坏肌肤折断肢体受辱,最下等的侮辱是腐刑,这就到了极点了!《传》上说:“刑不上大夫。”这话是说士人的气节不可不磨砺,猛虎在深山,百兽震恐,到落入陷阱之中,就只能摇尾乞食,它的威风被欺诈制约了。所以士人们知道,即便是画地为牢也不能入,即使是木头做的狱吏也不能跟他对话,做出这种决定是因为道理太明显了。现在我手足交叉,被绳索,暴露肌肤,受击,被禁锢在环墙之中,这时候,看见狱吏就低头撞地,徒隶出现我就心中恐惧,这是为什么?威风被权势所制约了。到了这个时候,说没有受辱的人,就是所谓的勉强装样子罢了,有什么值得尊敬的呢?而且,西伯,是伯,被拘于牖里;李斯,是相,被施了五刑;淮阴侯韩信,是王,在陈地被桎梏;彭越、张敖南面称孤,或系于狱或治大罪;绛侯诛杀了吕后一党,权倾五霸,结果被囚在关押有罪官吏的牢狱中;魏其,是大将,穿上了赭色的衣服,颈、手、足三处都上了枷锁;季布(这样一个有作为的人)成了朱家的钳奴;灌夫受辱之后只好居住在家里。这些都是身居王侯将相,名声远扬邻国的人,到了犯罪受到法律制裁的时候,不能自杀对自己进行裁决。在茫茫尘世之中,古今都是一样的,怎么能不受侮辱呢!这样看来,勇敢和怯弱,是人所处环境和地位决定的;强与弱,是形势所使然。道理确实是这样的,有什么奇怪的呢!而且人不能及早规范自己的行为,已经落到置身于鞭棰之间时,才想引荐有节操的人,这不是太离谱了吗?古人所以难以对大夫施用刑法,大概就是这个原因吧。就人情说没有不贪生怕死、思念亲戚、眷念妻子儿女的,而被义理所激发的人却不然,他们有不得已的时候。我是不幸的,太早地失去了双亲,没有兄弟间的亲爱,独身孤立,少卿先生把我当作您最亲近的人怎么样呢?而且勇敢的人未必都是为殉节而死,怯懦的人钦慕义,就没有什么地方不以义理激励自己!我虽然怯弱想苟且偷生,也很知道去就的界线,为什么会陷入牢狱囚禁的耻辱之中不能自拔呢?而且即使奴婢侍妾也能引咎自裁,何况像我处于这种不得已境地的人呢!我所以隐忍苟活,被淹埋在粪土之中而不辞,是因为怀恨自己的心愿有没有实现的,鄙视被世事所淹没而我的文采不能遗留给后人。

古代富贵的人而名字被磨灭了的，不可胜记，只有倜傥非常之人得以显身扬名。大概说来，西伯被拘之后而演绎了《周易》；仲尼受厄而作《春秋》；屈原被放逐，就赋了《离骚》；左丘失明，就写了《国语》；孙子的脚受了膑刑，就写了《兵法》；吕不韦被放逐到蜀，世间就流传了《吕览》；韩非被秦国所囚，就作了》《《孤愤》。《诗经》的三百篇，大约都是贤圣的发愤之作。以上这些人都是因为思想有郁结之处，弄不通其中的道理，所以叙述往事，思考未来。像左丘明眼睛看不见，孙子被断了脚，终究得不到任用，只好引退写文作书以抒发自己的悲愤，想留下文章以自表其志。我私下里很不恭敬，近来以没有才气的文辞自托，网罗天下的佚闻旧事，考证事实，探寻成败兴坏的道理，总共一百三十篇，也想以此研究天人之间的关系，通晓古今的变化，形成自己的一家之言。草创未就，恰好遭遇了这场灾祸，可惜它还没有完成，所以我毫无愠色地接受了极刑。我将此书写完之后，要把它藏之名山，留传给能在通邑大都扬播的人，那么我就补偿了受辱所遭到的责难，虽被戮杀一万次，难道还会后悔吗？但是这些话只可以跟有理智的人道，难以给俗人言。

况且背负侮辱的人不容易安居，地位低微的人遭到的诽谤最多。我因为说话不慎而遭遇到宫刑之祸，再一次受到乡党的讥笑和指责，辱了先人，还有什么脸面再到父母的坟墓上去呢？即使是百代以后，我所造成的污垢只会越积越厚的！所以，我肠一日而九回，在家里坐着就感到飘飘浮浮若有所失，出门则不知道自己到什么地方去。一想到自己的这一耻辱，汗就没有不从背上往外冒浸湿表服的。身虽为皇上内廷之臣，还不如自己引退深藏到山岩洞穴当中去呵！所以姑且随俗浮沉，与时俯仰，以此来疏通我的大惑不解。现有少卿先生教导我要推贤进士，不是和我个人的愿望相违吗？现在我虽然想雕琢自饰，用美妙的言辞自我解嘲，也是没有益处的，社会上不会相信我的辩解，只不过取得羞辱罢了。总之到我死那天，是非才能明确。书不尽意，所以只是大略地陈述我浅陋的看法。

司马迁死后，他写的《太史公书》才有一部分流传出来。汉宣帝时，司马迁的外孙平通侯杨恽师法、陈述《太史公书》，于是此书才全部公布于世。到王莽的时候，访求司马迁的后人，封他为“史通子”。

评论说：自从古代文字发展之后就有史官，他们所写的书太多了。到孔子对这些书加以整理，就上从唐尧时开始，下到秦穆公时截止。唐尧虞舜以前虽然有遗留下来的记载，它们所说的却不符合经典，所以说黄帝、颛顼的事是弄不明白的。到孔子根据鲁国的史记而作《春秋》，在左丘明又编辑了《春秋》所涉及的事情的本事为《春秋》作了传，又把各种不同的记载纂集编成了一部《国语》。又有一本叫《世本》的书，记录了自黄帝以来直到春秋时的帝王、公侯、卿大夫的谱系。春秋之后，七国并争，秦国兼并诸侯，有《战国策》一书。汉朝兴起讨伐秦国安定了天下，有《楚汉春秋》一书。所以司马迁根据《左氏》《国语》，采录《世本》《战国策》，转述《楚汉春秋》，并接着《楚汉春秋》记述后来的事情，到大汉朝结束。《太史公书》记述秦、汉的事情，非常详细。至于它选择经和传，把各个国家的事分散开来叙述，疏略之处就太多了，有的还相互矛盾。司马迁涉猎广博，贯通经、传，驰骋古今，耕耘于上下数千载间，这是很勤奋的。但他的是是非非与圣人很不相同，论术基本理论推崇黄老而压抑六经，评论游侠则贬退有才德却隐居不仕的士人而拔高奸雄的地位，叙述货殖则崇尚势利而以贫贱为羞，这些都是司马迁的片面之处。然而即使是博览群书的刘向、扬雄，也都称赞司马迁有良史之材，佩服他善于安排史事的轻重缓急，辩论而不显得浮华，质朴而不显得鄙俗，他的文章直书其事，记载的事情坚实可靠，不虚饰其美，不隐讳恶行，故称他的书为实录。啊！凭司马迁的多闻博识，但不能用自己的智慧保全自己；已经受了极刑之后，就潜思发愤，他写给任安的信所说的一切，都是靠得住的。寻思他所以自己伤悼的线索，跟《小雅》计中巷伯遇作诗的情况属于一类。要做到《大雅》所说的“既明且哲，能保其身”，是很难很难的呵！

霍光传

【题解】

霍光(？~前68)，西汉河东郡平阳县(今山西临汾西)人，字子孟，是名将霍去病的异母兄弟。十多岁，即因霍去病关系被任为郎，逐渐升到诸曹侍中。霍去病死后，霍光为奉车都尉光禄大夫。在汉武帝身边二十多年，小心谨慎，忠勤职守，深得汉武帝的亲近信任。汉武帝临终前任命霍光为大司马大将军，要他像周公辅佐成王一样辅佐自己的小儿子弗陵做皇帝。弗陵即位，就是汉昭帝，当时八岁，一切政事都由霍光决定。霍光被汉武帝遗诏封为博陆侯。汉武帝统治晚期，内外交困，社会矛盾激化，汉朝统治濒于崩溃。霍光执政后，深知国家当务之急，减轻农民租赋徭役负担，减少边境民族冲突，缓和社会矛盾。经过十几年，人民财富增加，四边民族关系谐调，社会矛盾缓解。昭帝去世，没有儿子，霍光迎立昌邑王刘贺为帝。不料刘贺淫乱荒唐，于是废黜刘贺，改立汉武帝曾孙病已为帝，这就是汉宣帝。宣帝即位，霍光仍然实际掌握国家最高权力，直到他六年后去世。霍光前后掌握国家最高权力二十年，主持了三个皇帝的立、废，两次从困境中拯救了汉朝皇室，使汉朝摆脱了武帝晚年形成的危机，在一定程度上减少了百姓痛苦。他为西汉的中兴奠定了基础。他是当时最大的政治家。霍光晚年，谨慎态度有所减弱，导致宣帝对他的严重畏惧。加以霍光治家无方，他的妻女子侄骄奢越度，终于在霍光去世三年后，引发宣帝与霍家的激烈冲突。宣帝杀尽霍光全家。不过，宣帝并没有因此抹杀霍光功勋。宣帝晚年在麒麟阁设置功臣画像，霍光仍被列为第一功臣。霍光事迹，主要见于《汉书·霍光传》和《汉书·昭帝纪》，此外在《汉书·宣帝纪》《汉书·苏武传》等史籍中也有一些记载。

【原文】

霍光，字子孟，骠骑将军去病弟也。父中孺，河东平阳人也，以县吏给事平阳侯家，与侍者卫少儿私通而生去病。中孺吏毕归家，娶妇生光，因绝不相闻。久之，少儿女弟子夫得幸于武帝，立为皇后，去病以皇后姊子贵幸。既壮大，乃自知父为霍中孺，未及求问，会为骠骑将军击匈奴。道出河东，河东太守郊迎，负弩矢先驱，至平阳传舍，遣吏迎霍中孺。中孺趋入拜谒，将军迎拜，因跪曰：“去病不早自知为大人遗体也。”中孺扶服叩头，曰：“老臣得托命将军，此天力也。”去病大为中孺买田宅奴婢而去。还，复过焉，乃将光西至长安，时年十余岁，任光为郎，稍迁诸曹侍中。去病死后，光为奉车都尉光禄大夫，出则奉车，入侍左右，出入禁闼二十余年，小心谨慎，未尝有过，甚见亲信。

征和二年，卫太子为江充所败，而燕王旦、广陵王胥皆多过失。是时上年老，宠姬钩弋赵婕好有男，上心欲以为嗣，命大臣辅之。察群臣唯光任大重，可属社稷。上乃使黄门画者画周公负成王朝诸侯以赐光。后元二年春，上游五柞宫，病笃，光涕泣问曰："如有不讳，谁当嗣者？"上曰："君未喻前画意邪？立少子，君行周公之事。"光顿首让曰："臣不如金日磾。"日磾亦曰："臣外国人，不如光。"上以光为大司马大将军，日磾为车骑将军，及太仆上官桀为左将军，搜粟都尉桑弘羊为御史大夫，皆拜卧内床下，受遗诏辅少主。明日，武帝崩，太子袭尊号，是为孝昭皇帝。帝年八岁，政事壹决于光。

霍光

先是，后元年，侍中仆射莽何罗与弟重合侯通谋为逆，时光与金日磾、上官桀等共诛之，功未录。武帝病，封玺书曰："帝崩发书以从事。"遗诏封金日磾为秺侯，上官桀为安阳侯，光为博陆侯，皆以前捕反者功封。时卫尉王莽子男忽侍中，扬语曰："帝崩，忽常在左右，安得遗诏封三子事！群儿自相贵耳。"光闻之，切让王莽，莽鸩杀忽。

光为人沈静详审，长才七尺三寸，白皙，疏眉目，美须髯，每出入下殿门，止进有常处，郎仆射窃识视之，不失尺寸，其资性端正如此。初辅幼主，政自己出，天下想闻其风采。殿中尝有怪，一夜群臣相惊，光召尚符玺郎，郎不肯授光。光欲夺之，郎按剑曰："臣头可得，玺不可得也！"光甚谊之。明日，诏增此郎秩二等。众庶莫不多光。

光与左将军桀结婚相亲，光长女为桀子安妻。有女年与帝相配，桀因帝姊鄂邑盖主纳安女后宫为婕妤，数月立为皇后。父安为骠骑将军，封桑乐侯。光时休沐出，桀辄入代光决事。桀父子既尊盛，而德长公主。公主内行不修，近幸河间丁外人。桀、安欲为外人求封，幸依国家故事以列侯尚公主者，光不许。又为外人求光禄大夫，欲令得召见，又不许。长主大以是怨光。而桀、安数为外人求官爵弗能得，亦惭。自先帝时，桀已为九卿，位在光右，及父子并为将军，有椒房中宫之重，皇后亲安女，光乃其外祖，而顾专制朝事，由是与光争权。燕王旦自以昭帝兄，常怀怨望。及御史大夫桑弘羊建造酒榷盐铁，为国兴利，伐其功，欲为子弟得官，亦怨恨光。于是盖主、上官桀、安及弘羊皆与燕王旦通谋，诈令人为燕王上书，言"光出都肄郎羽林，道上称跸，太官先置"。又引"苏武前使匈奴，拘留二十年不降，还乃为典属国，而大将军长史敞亡功为搜粟都尉。又擅调益莫府校尉。光专权自恣，疑有非常。臣旦愿归符玺，入宿卫，察奸臣变"。候司光出沐日奏之。桀欲从中下其事，桑弘羊当与诸大臣共执退光。书奏，帝不肯下。

明旦，光闻之，止画室中不入。上问："大将军安在？"左将军桀对曰："以燕王告其罪，故不敢入。"有诏召大将军。光入，免冠顿首谢。上曰："将军冠。朕知是书诈也，将军亡罪。"光曰："陛下何以知之？"上曰："将军之广明，都郎属耳。调校尉以来未能十日，燕王何以得知之？且将军为非，不须校尉。"是时帝年十四，尚书左右皆惊。而上书者果亡，捕之甚急。桀等惧，白上“小事不足遂”，上不听。

后桀党与有谮光者，上辄怒曰：“大将军忠臣，先帝所属以辅朕身，敢有毁者坐之。”自是桀等不敢复言。乃谋令长公主置酒请光，伏兵格杀之，因废帝，迎立燕王为天子。事发觉，光尽诛桀、安、弘羊、外人宗族。燕王、盖主皆自杀。光威震海内。昭帝既冠，遂委任光，讫十三年，百姓充实，四夷宾服。

元平元年，昭帝崩，亡嗣。武帝六男独有广陵王胥在，群臣议所立，咸持广陵王。王本以行失道，先帝所不用。光内不自安。郎有上书言“周太王废太伯立王季，文王舍伯邑考立武王，唯在所宜，虽废长立少可也。广陵王不可以承宗庙”。言合光意。光以其书视丞相敞等，擢郎为九江太守，即日承皇太后诏，遣行大鸿胪事少府乐成、宗正德、光禄大夫吉、中郎将利汉迎昌邑王贺。

贺者，武帝孙，昌邑哀王子也。既至，即位，行淫乱。光忧懑，独以问所亲故吏大司农田延年。延年曰：“将军为国柱石，审此人不可，何不建白太后，更选贤而立之？”光曰：“今欲如是，于古尝有此否？”延年曰：“伊尹相殷，废太甲以安宗庙，后世称其忠。将军若能行此，亦汉之伊尹也。”光乃引延年给事中，阴与车骑将军张安世图计，遂召丞相、御史、将军、列侯、中二千石、大夫、博士会议未央宫。光曰：“昌邑王行昏乱，恐危社稷，如何？”群臣皆惊鄂失色，莫敢发言，但唯唯而已。田延年前，离席按剑，曰：“先帝属将军以幼孤，寄将军以天下，以将军忠贤能安刘氏也。今群下鼎沸，社稷将倾。且汉之传谥常为孝者，以长有天下，令宗庙血食也。如令汉家绝祀，将军虽死，何面目见先帝于地下乎？今日之议，不得旋踵。群臣后应者，臣请剑斩之。”光谢曰：“九卿责光是也。天下匈匈不安，光当受难。”于是议者皆叩头曰：“万姓之命在于将军，唯大将军令。”光即与群臣俱见白太后，具陈昌邑王不可以承宗庙状。皇太后乃车驾幸未央承明殿，诏诸禁门毋内昌邑群臣。王入朝太后还，乘辇欲归温室，中黄门宦者各持门扇，王入，门闭，昌邑群臣不得入。王曰：“何为？”大将军跪曰：“有皇太后诏，毋内昌邑群臣。”王曰：“徐之，何乃惊人如是！”光使尽驱出昌邑群臣，置金马门外。车骑将军安世将羽林骑收缚二百余人，皆送廷尉诏狱。令故昭帝侍中中臣侍守王。光敕左右：“谨宿卫，卒有物故自裁，令我负天下，有杀主名。”王尚未自知当废，谓左右：“我故群臣从官安得罪，而大将军尽系之乎。”顷之，有太后诏召王。王闻召，意恐，乃曰：“我安得罪而召我哉！”太后被珠襦，盛服坐武帐中，侍御数百人皆持兵，期门武士陛戟，陈列殿下。群臣以次上殿，召昌邑王伏前听诏。光与群臣联名奏王，尚书令读奏曰：

丞相臣敞、大司马大将军臣光、车骑将军臣安世、度辽将军臣明友、前将军臣增、后将军臣充国、御史大夫臣谊、宜春侯臣谭、当涂侯臣圣、随桃侯臣昌乐、杜侯臣屠耆堂、太仆臣延年、太常臣昌、大司农臣延年、宗正臣德、少府臣乐成、廷尉臣光、执金吾臣延寿、大鸿胪臣贤、左冯翊臣广明、右扶风臣德、长信少府臣嘉、典属国臣武、京辅都尉臣广汉、司隶校尉臣辟兵、诸吏文学光禄大夫臣迁、臣畸、臣吉、臣赐、臣管、臣胜、臣梁、臣长幸、臣夏侯胜、太中大夫臣德、臣卬昧死言皇太后陛下：臣敞等顿首死罪。天子所以永保宗庙总壹海内者，以慈孝礼谊赏罚为本。孝昭皇帝早弃天下，亡嗣，臣敞等议，礼曰“为人后者为之子也”，昌邑王宜嗣后，遣宗正、大鸿胪、光禄大夫奉节使征昌邑王典丧。服斩衰，亡悲哀之心。废礼谊，居道上不素食，使从官略女子载衣车，内所居传舍。始至谒见，立为皇太子，常私买鸡豚以食。受皇帝信玺、行玺大行前，就次发玺不封。从官更持节，引内昌邑从官驺宰官奴二百余人，常与居禁闼内敖戏。自之符玺取节十六，朝暮临，令从官更持节从。为书曰："皇帝问侍中君卿：使中御府令高昌奉黄金千斤，赐君卿取十妻。"大行在前殿，发乐府乐器，引内昌邑乐人，击鼓歌吹作俳倡。会下还，上前殿，击钟磬，召内泰壹宗庙乐人辇道牟首，鼓吹歌舞，悉奏众乐。发长安厨三太牢具祠阁室中，祀已，与从官饮啖。驾法驾，皮轩鸾旗，驱驰北宫、桂宫，弄彘斗虎，召皇太后御小马车，使官奴骑乘，游戏掖庭中。与孝昭皇帝宫人蒙等淫乱，诏掖庭令敢泄言要斩。

太后曰："止！为人臣子当悖乱如是邪！"王离席伏。尚书令复读曰：

取诸侯王、列侯、二千石绶及墨绶、黄绶以并佩昌邑郎官者免奴。变易节上黄旄以赤。发御府金钱刀剑玉器采缯，赏赐所与游戏者。与从官官奴夜饮，湛沔于酒。诏太官上乘舆食如故。食监奏未释服未可御故食，复诏太官趣具，无关食监。太官不敢具，即使从官出买鸡豚，诏殿门内，以为常。独夜设九宾温室，延见姊夫昌邑关内侯。祖宗庙祠未举，为玺书使使者持节，以三太牢祠昌邑哀王园庙，称嗣子皇帝。受玺以来二十七日，使者旁午，持节诏诸官署征发，凡千一百二十七事。文学光禄大夫夏侯胜等及侍中傅嘉数进谏以过失，使人簿责胜，缚嘉系狱。荒淫迷惑，失帝王礼谊，乱汉制度。臣敞等数进谏，不变更。日以益甚，恐危社稷，天下不安。

臣敞等谨与博士臣霸、臣隽舍、臣德、臣虞舍、臣射、臣仓议，皆曰："高皇帝建功业为汉太祖，孝文皇帝慈仁节俭为太宗，今陛下嗣孝昭皇帝后，行淫辟不轨。《诗》云：'籍曰未知，亦既抱子。'五辟之属，莫大不孝。周襄王不能事母，《春秋》曰'天王出居于郑'，由不孝出之，绝之于天下也。宗庙重于君，陛下未见命高庙，不可以承天序，奉祖宗庙，子万姓，当废。"臣请有司御史大夫臣谊、宗正臣德、太常臣昌与太祝以一太牢具，告祠高庙。臣敞等昧死以闻。

皇太后诏曰："可。"光令王起拜受诏，王曰："闻天子有争臣七人，虽无道，不失天下。"光曰："皇太后诏废，安得天子。"乃即持其手，解脱其玺组，奉上太后，扶王下殿，出金马门，群臣随送。王西面拜，曰："愚戆不任汉事。"起就乘舆副车。大将军光送至昌邑邸，光谢曰："王行自绝于天，臣等驽怯，不能杀身报德。臣宁负王，不敢负社稷。愿王自爱，臣长不复见左右。"光涕泣而去。

群臣奏言："古者废放之人屏于远方，不及以政，请徙王贺汉中房陵县。"太后诏归贺昌邑，赐汤沐邑二千户。昌邑群臣坐亡辅导之谊，陷王于恶，光悉诛杀二百余人。出死，号呼市中曰："当断不断，反受其乱。"

光坐庭中，会丞相以下议定所立。广陵王已前不用，及燕刺王反诛，其子不在议中。近亲唯有卫太子孙号皇曾孙在民间，咸称述焉。光遂复与丞相敞等上奏曰："《礼》曰'人道亲亲故尊祖，尊祖故敬宗'。太宗无嗣，择支子孙贤者为嗣。孝武皇帝曾孙病已，武帝时有诏掖庭养视，至今年十八，师受《诗》《论语》《孝经》，躬行节俭，慈仁爱人，可以嗣孝昭皇帝后，奉承祖宗庙，子万姓。臣昧死以闻。"皇太后诏曰："可。"

光遣宗正刘德至曾孙家尚冠里，洗沐赐御衣，太仆以軨猎车迎曾孙就斋宗正府，入未央宫见皇太后，封为阳武侯。已而光奉上皇帝玺绶，谒于高庙，是为孝宣皇帝。明年，下诏曰："夫褒有德，赏元功，古今通谊也。大司马大将军光，宿卫忠正，宣德明恩，守节秉谊，以安宗庙。其以河北、东武阳益封光万七千户。"与故所食凡二万户。赏赐前后黄金七千斤，钱六千万，杂缯三万匹，奴婢百七十人，马二千匹，甲第一区。

自昭帝时,光子禹及兄孙云皆中郎将,云弟山奉车都尉侍中,领胡越兵。光两女婿为东西宫卫尉,昆弟诸婿外孙皆奉朝请,为诸曹大夫,骑都尉,给事中。党亲连体,根据于朝廷。光自后元秉持万机,及上即位,乃归政。上谦让不受,诸事皆先关白光,然后奏御天子。光每朝见,上虚已敛容,礼下之已甚。

光秉政前后二十年。地节二年春,病笃,车驾自临问光病,上为之涕泣。光上书谢恩曰:"愿分国邑三千户以封兄孙奉车都尉山为列侯,奉兄骠骑将军去病祀。"事下丞相御史,即日拜光子禹为右将军。

光薨,上及皇太后亲临光丧。太中大夫任宣与侍御史五人持节护丧事。中二千石治莫府冢上。赐金钱、缯絮,绣被百领,衣五十箧,璧、珠玑、玉衣,梓宫、便房、黄肠题凑各一具,枞木外臧椁十五具。东园温明,皆如乘舆制度。载光尸柩以辒辌车,黄屋左纛,发材官轻车北军五校士军陈至茂陵,以送其葬。谥曰宣成侯。发三河卒穿复土,起冢祠堂,置园邑三百家,长丞奉守如旧法。

既葬,封山为乐平侯,以奉车都尉领尚书事。天子思光功德,下诏曰:"故大司马大将军博陆侯,宿卫孝武皇帝三十有余年,辅孝昭皇帝十有余年,遭大难,躬秉谊,率三公九卿大夫定万世册以安社稷,天下蒸庶咸以康宁。功德茂盛,朕甚嘉之。复其后世,畴其爵邑,世世无有所与,功如萧相国。"明年夏,封太子外祖父许广汉为平恩侯。复下诏曰:"宣成侯光宿卫忠正,勤劳国家。善善及后世,其封光兄孙中郎将云为冠阳侯。"

禹既嗣为博陆侯,太夫人显改光时所自造茔制而侈大之。起三出阙,筑神道,北临昭灵,南出承恩,盛饰祠室,辇阁通属永巷,而幽良人婢妾守之。广治第室,作乘舆辇,加画绣絪冯,黄金涂,韦絮荐轮,侍婢以五采丝輓显,游戏第中。初,光爱幸监奴冯子都,常与计事,及显寡居,与子都乱。而禹、山亦并缮治第宅,走马驰逐平乐馆。云当朝请,数称病私出,多从宾客,张围猎黄山苑中,使苍头奴上朝谒,莫敢谴者。而显及诸女,昼夜出入长信宫殿中,亡期度。

宣帝自在民间闻知霍氏尊盛日久,内不能善。光薨,上始躬亲朝政,御史大夫魏相给事中。显谓禹、云、山:"女曹不务奉大将军余业,今大夫给事中,他人壹间,女能复自救邪?"后两家奴争道,霍氏奴入御史府,欲蹋大夫门,御史为叩头谢,乃去。人以谓霍氏,显等始知忧。会魏大夫为丞相,数燕见言事。平恩侯与侍中金安上等径出入省中。时霍山自若领尚书,上令吏民得奏封事,不关尚书,群臣进见独往来,于是霍氏甚恶之。

宣帝始立,立微时许妃为皇后。显爱小女成君,欲贵之,私使乳医淳于衍行毒药杀许后,因劝光内成君,代立为后。始许后暴崩,吏捕诸医,劾衍侍疾无状不道,下狱。吏簿问急,显恐事败,即具以实语光。光大惊,欲自发举,不忍,犹与。会奏上,因署衍勿论。光薨后,语稍泄。于是上始闻之,而未察,乃徙光女婿度辽将军未央卫尉平陵侯范明友为光禄勋,次婿诸吏中郎将羽林监任胜出为安定太守。数月,复出光姊婿给事中光禄大夫张朔为蜀郡太守,群孙婿中郎将王汉为武威太守。顷之,复徙光长女婿长乐卫尉邓广汉为少府。更以禹为大司马,冠小冠,无印绶,罢其右将军屯兵官属,特使禹官名与光俱大司马者。又收范明友度辽将军印绶,但为光禄勋。及光中女婿赵平为散骑骑都尉光禄大夫将屯兵,又收平骑都尉印绶。诸领胡越骑、羽林及两宫卫将屯兵,悉易以所亲信许、史子弟代之。

禹为大司马,称病。禹故长史任宣候问,禹曰:"我何病?县官非我家将军不得至是,今将军坟墓未干，尽外我家，反任许、史，夺我印绶，令人不省死。”宣见禹恨望深，乃谓曰：“大将军时何可复行！持国权柄，杀生在手中。廷尉李种、王平、左冯翊贾胜胡及车丞相女婿少府徐仁皆坐逆将军意下狱死。使乐成小家子得幸将军，至九卿封侯。百官以下但事冯子都、王子方等，视丞相无如也。各自有时，今许、史自天子骨肉，贵正宜耳。大司马欲用是怨恨，愚以为不可。”禹默然。数日，起视事。

显及禹、山、云自见日侵削，数相对啼泣，自怨。山曰：“今丞相用事，县官信之，尽变易大将军时法令，以公田赋与贫民，发扬大将军过失。又诸儒生多窭人子，远客饥寒，喜妄说狂言，不避忌讳，大将军常仇之，今陛下好与诸儒生语，人人自使书封事，多言我家者。尝有上书言大将军时主弱臣强，专制擅权，今其子孙用事，昆弟益骄恣，恐危宗庙，灾异数见，尽为是也。其言绝痛，山屏不奏其书。后上书者益黠，尽奏封事，辄下中书令出取之，不关尚书，益不信人。”显曰：“丞相数言我家，独无罪乎？”山曰：“丞相廉正，安得罪？我家昆弟诸婿多不谨。又闻民间讙言霍氏毒杀许皇后，宁有是邪？”显恐急，即具以实告山、云、禹。山、云、禹惊曰：“如是，何不早告禹等！县官离散斥逐诸婿，用是故也。此大事，诛罚不小，奈何？”于是始有邪谋矣。

初，赵平客石夏善为天官，语平曰：“荧惑守御星。御星，太仆奉车都尉也，不黜则死。”平内忧山等。云舅李竟所善张赦见云家卒卒，谓竟曰：“今丞相与平恩侯用事，可令太夫人言太后，先诛此两人。移徙陛下，在太后耳。”长安男子张章告之，事下廷尉。执金吾捕张赦、石夏等，后有诏止勿捕。山等愈恐，相谓曰：“此县官重太后，故不竟也。然恶端已见，又有弑许后事，陛下虽宽仁，恐左右不听，久之犹发，发即族矣，不如先也。”遂令诸女各归报其夫，皆曰：“安所相避？”

会李竟坐与诸侯王交通，辞语及霍氏，有诏云、山不宜宿卫，免就第。光诸女遇太后无礼，冯子都数犯法，上并以为让，山、禹等甚恐。显梦第中井水溢流庭下，灶居树上。又梦大将军谓显曰：“知捕儿不？亟下捕之。”第中鼠暴多，与人相触，以尾画地。鸮数鸣殿前树上。第门自坏。云尚冠里宅中门亦坏。巷端人共见有人居云屋上，彻瓦投地，就视，亡有，大怪之。禹梦车骑声正讙来捕禹，举家忧愁。山曰：“丞相擅减宗庙羔、菟、蛙，可以此罪也。”谋令太后为博平君置酒，召丞相、平恩侯以下，使范明友、邓广汉承太后制引斩之，因废天子而立禹。约定未发，云拜为玄菟太守，太中大夫任宣为代郡太守。山又坐写秘书，显为上书献城西第，入马千匹，以赎山罪。书报闻。会事发觉，云、山、明友自杀，显、禹、广汉等捕得。禹腰斩，显及诸女昆弟皆弃市。唯独霍后废处昭台宫。与霍氏相连坐诛灭者数千家。

上乃下诏曰：“乃者东织室令史张赦使魏郡豪李竟报冠阳侯云谋为大逆，朕以大将军故，抑而不扬，冀其自新。今大司马博陆侯禹与母宣成侯夫人显及从昆弟子冠阳侯云、乐平侯山诸姊妹婿谋为大逆，欲诖误百姓。赖宗庙神灵，先发得，咸伏其辜，朕甚悼之。诸为霍氏所诖误，事在丙申前，未发觉在吏者，皆赦除之。男子张章先发觉，以语期门董忠，忠告左曹杨恽，恽告侍中金安上。恽召见对状，后章上书以闻。侍中史高与金安上建发其事，言无入霍氏禁闼，卒不得遂其谋，皆雠有功。封章为博成侯，忠高昌侯，恽平通侯，安上都成侯，高乐陵侯。”

初，霍氏奢侈，茂陵徐生曰：“霍氏必亡。夫奢则不逊，不逊必侮上。侮上者，逆道也。在人亡右，众必害之。霍氏秉权日久，害之者多矣。天下害之，而又行以逆道，不亡何待！”乃上疏曰：“霍氏泰盛，陛下即爱厚之，宜以时抑制，无使至亡。”书三上，辄报闻。其后霍氏诛灭，而告霍氏者皆封。人为徐生上书曰：“臣闻客有过主人者，见其灶直突，傍有积薪，客谓主人，更为曲突，远徙其薪，不者且有火患。主人嘿然不应。俄而家果失火，邻里共救之，幸而得息。于是杀牛置酒，谢其邻人，灼烂者在于上行，余各以功次坐，而不录言曲突者。人谓主人曰：‘乡使听客之言，不费牛酒，终无火患。今论功而请宾，曲突徙薪亡恩泽，焦头烂额为上客邪？’主人乃悟而请之。今茂陵徐福数上书言霍氏且有变，宜防绝之。乡使福说得行，则国无裂土出爵之费，臣无逆乱诛灭之败。往事既已，而福独不蒙其功，唯陛下察之，贵徙薪曲突之策，使居焦发灼烂之右。”上乃赐福帛十匹，后以为郎。

宣帝始立，谒见高庙，大将军光从骖乘，上内严惮之，若有芒刺在背。后车骑将军张安世代光骖乘，天子从容肆体，甚安近焉。及光身死而宗族竟诛，故俗传之曰：“威震主者不畜，霍氏之祸萌于骖乘。”

至成帝时，为光置守冢百家，吏卒奉祠焉。元始二年，封光从父昆弟曾孙阳为博陆侯，千户。

赞曰：霍光以结发内侍，起于阶闼之间，确然秉志，谊形于主。受襁褓之托，任汉室之寄，当庙堂，拥幼君，摧燕王，仆上官，因权制敌，以成其忠。处废置之际，临大节而不可夺，遂匡国家，安社稷。拥昭立宣，光为师保，虽周公、阿衡，何以加此！然光不学无术，暗于大理，阴妻邪谋，立女为后，湛溺盈溢之欲，以增颠覆之祸，死财三年，宗族诛夷，哀哉！昔霍叔封于晋，晋即河东，光岂其苗裔乎？

【译文】

霍光，字子孟，是骠骑将军霍去病的弟弟。父亲霍中孺，是河东郡平阳县人，以县吏身份在平阳侯家办理事务，和平阳侯侍女卫少儿私通而生霍去病。霍中孺在平阳侯家的吏事完毕，回家娶妻生了霍光，于是和卫少儿断绝关系不通消息。过了很长时间以后，卫少儿的妹妹卫子夫得到武帝的宠幸，被立为皇后。霍去病因为是皇后姐姐的儿子，身份高贵起来并且得到武帝的宠幸。年龄大些以后，才知道自己父亲是霍中孺，还没来得及去找寻问候，正巧被任命为骠骑将军去攻打匈奴。路过河东郡，河东太守到郊外迎接，身背弓箭在前带路。霍去病到平阳驿的馆舍，派官吏去迎霍中孺。霍中孺进屋小步快走，向前拜见将军。将军迎上前拜中孺并下跪说：“去病没能早早知道是您的儿子啊。”中孺匍匐在地叩头说：“老臣能把命运寄托到将军身上，这是老天的力量啊。”霍去病为霍中孺买了很多田宅奴婢以后才离去。出征回返途中，又去看望霍中孺。并带着霍光西去长安。当时霍光是十多岁。霍去病保举霍光为郎，逐渐升到诸曹侍中。霍去病死后，霍光任奉东都尉，光禄大夫。皇帝出行，就随侍车驾，皇帝在宫内，就侍候在身边。出入宫禁二十多年，小心谨慎，没曾犯有过错。很受武帝亲近信任。

征和二年，卫太子被江充陷害，而燕王刘旦，广陵王刘胥都有很多过失。当时武帝年老，宠姬钩弋赵婕妤有男孩，武帝心里打算以他为太子，委任大臣辅佐他。汉武帝考察群臣，只有霍光能担当大事重任，可以把社稷委托给他。武帝于是指派宫内画工画一幅周公抱着成王使成王面向前方接受诸侯朝拜的图画赐给霍光。后元二年春，武帝游五柞宫，病重了。霍光流着眼泪问道：“如有不可避忌的事发生，谁可以嗣立为皇帝呢？”武帝说：“您没理解以前赐给您的那幅画的含义吗？立小儿子为皇帝，您按周公的故事办。”霍光叩头辞让说："臣不如金日磾。"金日磾也说："臣是外国人，不如霍光。"武帝以霍光为大司马大将军，金日磾为车骑将军，太仆上官桀为左将军，搜粟都尉桑弘羊为御史大夫。都在武帝卧室里正式接受任命，接遗诏辅佐少主。第二天，武帝去世，太子继承皇帝尊号，这就是孝昭皇帝。昭帝年龄是八岁。政事全部由霍光决定。

在这以前，后元元年时，侍中仆射莽何罗和弟弟重合侯莽合起来谋反，当时霍光和金日磾、上官桀等共同杀了他们。功劳还没有著录封赏，武帝病时，封存一份加盖印玺的诏书说："皇帝去世后，拆开玺书按玺书所说办事。"这份遗诏，命令封金日磾为秺侯，上官桀为安阳侯，霍光为博陆侯。都是根据以前捕杀造反者功劳封的。当时卫尉王莽儿子王忽在宫中侍奉皇帝，扬言说："皇帝病时，我常在他身边，哪里有遗诏封他们三个的事！这些家伙们自己互相抬高罢了。"霍光听说这件事后，严厉责问王莽，王莽用毒酒毒死了王忽。

霍光为人沉着稳重，说话不多，从容安详，思虑周密，行动谨慎。身高才七尺三寸，脸面白皙，两眉疏淡，双眼明亮，胡须很美。每次出入皇宫下殿出门，站立和行进，都有固定位置，守卫宫殿的郎仆射暗暗地记住他的位置，加以比较查看，每次都不差毫厘，他天生的性格端正到如此地步。刚辅佐幼主，政务都由自己决定，天下人都想了解他的作风和办法。殿中曾闹怪，整夜群臣互相惊扰，霍光召见掌管符玺的符玺郎，让他交出符玺，郎不肯把符玺交给霍光。霍光想夺，郎抓住剑把说："臣头可以拿去，玺不能给您！"霍光非常尊重他能坚守原则，第二天，下诏书把这个郎的俸禄增加两个等级。大家没有不赞扬霍光的。

霍光和左将军上官桀结成儿女亲家，两人互相亲近。霍光大女儿是上官桀儿子上官安的妻子。她有个女儿年龄和昭帝相当，上官桀通过昭帝姐姐鄂邑盖主把上官安女儿收入后宫封为婕妤，几个月以后，立为皇后。皇后父亲上官安被任命为骠骑将军，封桑乐侯。霍光出宫休假期间，上官桀就入宫代替霍光决定政事。上官桀父子位高权增之后，感激长公主的恩德。公主私生活不严肃，与河间的丁外人私通。上官桀、上官安想为丁外人求封爵，希望依照国家关于列侯娶公主的成例把丁外人封为列侯。霍光不同意。又为丁外人求光禄大夫官职，想让丁外人有被召见的机会，霍光又不同意。长公主因此对霍光大不满意。而上官桀、上官安屡次为丁外人求官爵求不到，也很羞惭。心里想，从先帝时开始，自己上官桀已经是九卿，官位在霍光之上，等到父子都成了将军，又有和皇后的重要关系，皇后是上官安亲生女儿，霍光只不过是外祖父，他霍光反而专制朝廷政事！从此和霍光争权。燕王刘旦因自己是昭帝哥哥却没能得立为帝，常怀怨恨。御史大夫桑弘羊创始酒、盐、铁专卖官营制度为国家兴利，居功自傲，想为子弟求官，也怨恨霍光。于是盖主，上官桀、上官安及桑弘羊都和燕王刘旦合谋。他们让一个冒充是燕王使者的人向朝廷上书，说霍光"去主持郎官和羽林军的大规模军事演习时，路途中实行像皇帝出行时那样的戒严，吃饭时让皇帝御厨房为他提前准备饮食"。又说"苏武以前出使匈奴，被拘留二十年不投降，回朝以后，只委托为典属国，而大将军长史杨敞没有功劳，却当上了搜粟都尉。又专断地调动、增加大将军府的校尉。霍光专权、放纵，我怀疑他别有企图，臣旦愿意交出燕王封爵，入宫值宿护卫，监察奸臣的叛变阴谋"。等候霍光出宫休假时，上奏给皇帝。上官桀打算，从宫里把这件事下交给主管官吏查办，桑弘羊负责和各大臣共同胁迫霍光退职。所谓的燕王书信上奏以后，昭帝不肯向下转发查处。

第二天早上，霍光知道了上书这件事，留在殿前西阁的画室中不肯进殿。昭帝问：

"大将军在哪儿?"左将军上官桀说:"因为燕王告发他的罪行,所以不敢进来。"昭帝下诏叫大将军进殿。霍光进殿,取下头上的冠,叩头谢罪。昭帝说:"将军戴上冠。朕知道信是假的。将军没有罪。"霍光说:"陛下怎么知道的?"昭帝说:"将军去广明检阅郎,是近日的事。调校尉以来还不到十天。燕王远在外地,怎么来得及知道?况且将军造反,不必要用一个校尉啊。"这时昭帝是十四岁,尚书和身边的人听了感到惊奇。而上书的人果然逃跑了。追捕很急。上官桀等人害怕,对昭帝说:"小事不值得穷追。"昭帝不同意。

后来上官桀党羽中只要有诬陷霍光的,昭帝就发怒说:"大将军是忠臣,先帝委托来辅佐朕的,敢有诽谤他的,要办罪!"从此以后,上官桀等人不敢再说。于是密谋叫长公主设酒席请霍光,埋伏兵士,杀掉霍光,乘势废黜昭帝,迎立燕王为天子。这个密谋败露了,霍光把上官桀、上官安、桑弘羊、丁外人连同他们的家族都杀了。燕王、盖主都自杀而死。霍光威镇全国。昭帝举行冠礼以后,继续委任霍光主持国政,昭帝时,霍光主政,有十三年之久。百姓富足,四夷归顺。

元平元年,昭帝去世。没有儿子。武帝六个儿子。独有广陵王刘胥在世,群臣讨论该立谁为皇帝,都主张立广陵王。广陵王本来是由于行为放纵,不合正道,武帝才不选用的,所以霍光听了大家议论内心不安。有一个郎上书说:"周太王废黜太伯而立王季,周文王舍弃伯邑考立武王,都是只看适宜就立。即使是废黜长子而立少子也是可以的。广陵王不能继承帝位。"他的话符合霍光心意,霍光把他的上书拿给丞相杨敞等人看,把这个郎提拔为九江太守。当天就奉皇太后诏令,派遣行大鸿胪事的少府乐成、宗正德,光禄大夫吉,中郎将利汉去迎接昌邑王贺。

刘贺,是武帝孙子,昌邑哀王的儿子。到长安后,即位为皇帝,行为淫乱。霍光忧愁愤懑,单独询问他所亲近的原来的属吏现任大司农的田延年,这事该怎么办。田延年说:"将军是国家的柱石,既然确实知道这个人不行,为什么不向太后说明,另选贤明的拥立?"霍光说:"现在想这么办,在古代有先例吗?"田延年说:"伊尹做殷朝的相,废黜太甲来安定宗庙社稷,后世称颂他的忠诚。将军如果能办这件事,也就是汉朝的伊尹啊。"霍光于是在本官大司农之外,又给田延年一个"给事中"加官身份,让他可以进官议事。又暗地和车骑将军张安世谋划。接着召集丞相、御史、将军、列侯、中二千石、大夫、博士在未央宫共同议事。霍光说:"昌邑王行为昏庸淫乱,恐怕会给国家带来危险,怎么办?"群臣全都大惊失色,谁也不敢发言,只是随声应付不置可否而已。田延年离开座席走上前摸着剑说:"先帝把幼年太子托付给将军,把天下托付给将军,是因为将军忠诚、贤明,能保刘氏子孙的平安啊,现在臣民扰乱不安,国家行将崩溃。而且汉朝历代相传,谥号里都有孝字,意思就是要长保天下,让祖先能享受子孙的祭祀啊。如果让汉家断绝了祭祀,等将军死了,拿什么脸面到地下去见先帝呢!今日的讨论,不能有一会儿的耽搁。群臣里有谁赞成得晚一些,我就请求让我杀了他!"霍光谢罪说:"九卿对我的责备是正确的。天下人心浮动,议论纷纷,我应当受到责备。"于是参加会议的都叩头说:"百姓的命运都在将军一个人了,我们都只听将军的安排。"霍光就和群臣一起去谒见太后,并向太后详细禀告,叙说了昌邑王不能继承帝位的情况。皇太后于是乘车驾到了未央宫承明殿。并下令未央宫各处守门官兵不许放昌邑王手下的群臣进未央宫。昌邑王到太后处朝见回来,乘上车辇准备回温室殿。中黄门的宦官各把住一扇门,昌邑王进去,门就随即关闭,昌邑王国群臣不能进门。昌邑王说:"这是怎么回事?"大将军跪下说:"有皇太后命令,不让昌邑群臣进门。”昌邑王说：“慢一点吆，为什么这么大惊小怪。”霍光派人把昌邑王群臣驱赶到金马门外，车骑将军张安世带领羽林骑兵逮捕捆绑了二百多人，都送到廷尉和诏狱去看管。派从前昭帝时的侍中中臣侍卫看守昌邑王，霍光告诫他们要小心看守，“万一仓促间昌邑王死掉或自杀，就让我对不起天下人，有杀君的罪名了”。昌邑王还不知道就要被废黜了。对身边的人说：“我原有的群臣从官怎么得的罪，而大将军把他们都抓起来？”过了一会儿，有太后命令，召昌邑王。昌邑王听说召见他，心里有点怕，就说：“我得了什么罪而要召我呢？”太后披着用珍珠缀成的短袄，穿着庄严的礼服坐在武帐里，两边几百个侍从的人，都手持兵器。皇宫武装警卫期门勇士都拿着戟排列在殿陛之下。群臣按次序上殿。召昌邑王伏在太后面前聆听诏书。霍光和群臣联名上奏，弹劾昌邑王。尚书令宣读奏章说：

丞相臣敞，大司马大将军臣光，车骑将军臣安世，度辽将军臣明友，前将军臣增，后将军臣充国、御史大夫臣谊、宜春侯臣谭，当涂侯臣圣，随桃侯臣昌乐、杜侯臣屠耆堂、太仆臣延年、太常臣昌、大司农臣延年、宗正臣德、少府臣乐成，廷尉臣光、执金吾臣延寿、大鸿胪臣贤、左冯翊臣广明、左扶风臣德、长信少府臣嘉、典属国臣武、京辅都尉臣广汉、司隶校尉臣辟兵、诸吏文学光禄大夫臣迁，臣畸、臣吉、臣赐、臣管、臣胜、臣梁、臣长幸、臣夏侯胜、太中大夫臣德、臣卬冒着死罪向皇太后陛下禀告，臣敞等顿首死罪。天子所以能永保宗庙统率全国，是因为他以讲求慈孝礼义谨慎使用赏罚作为自己言行的根本原则。孝昭皇帝过早地逝世，没有儿子，臣敞等讨论：《礼》说：“做人家的后嗣，就是做人家的儿子。”昌邑王可以给昭帝做后嗣，就派宗正、大鸿胪、光禄大夫奉太后所给的旄节去召昌邑王来主持丧事。但昌邑王穿上最重的斩衰孝服，却没有悲哀心情，他废弃礼义，在路途中，食用平日的饭菜，派随从去掳掠女子载入有帷幕的衣车内，带进所住的传舍里去。刚到长安，谒见太后，被立为皇太子，就常私下买鸡、猪吃。在昭帝灵柩前接受了皇帝信玺、行玺，回到自己位置时，把信玺、行玺从匣中取出而不封藏好。命从官轮换着持符节把从昌邑王带进京的从官、驺宰、官奴二百多人接进宫里，经常在一起游戏。自己亲身往保藏符玺的官署索取符节十六枚，早上晚上两次在昭帝灵柩前哭奠时，让从官轮换着持节跟随。曾写信说：“皇帝问候侍中君卿。我派中御府令高昌奉上黄金一千斤赐予君卿，让君卿娶十个妻子。”昭帝灵柩还停放在前殿，就取出乐府的乐器，招引昌邑王府的乐人，击鼓、唱歌、吹奏乐器、演戏。送昭帝下葬回来，上前殿时，击钟磬。把祭祀太一神和祭祀宗庙时奏乐的乐工召进后宫，经由皇帝车驾所行的辇道到上林苑的牟首池去，吹打乐器唱歌跳舞，表演各种节目。从长安厨取出三份太牢祭品在阁室中设祭，祭祀结束，就和从官一起吃喝。驾驶着只有在祭天和郊祀社稷时才能用的法驾，用皮轩、鸾旗先行引导，在北宫、桂宫里驱驰，逗弄野猪，斗老虎玩。取来皇太后乘坐的小马车，让官奴骑乘着在宫廷里玩耍。和孝昭皇帝从前宫中的侍女名叫蒙的等人淫乱，还命令掖廷令说：谁敢泄漏出去，就要腰斩。

太后说：“停下！做他人的臣下儿子，能够这样胡作非为吗！”昌邑王离开原来席位趴在地上听。尚书令继续宣读奏章：

拿诸侯王、列侯、二千石的印绶和级别低些的秩比六百石以上官员的墨绶、比二百石以上的黄绶来给昌邑王府的郎官和被赦免的奴隶佩带。把节上的黄旄换成赤旄。拿出御府里的金钱、刀、剑、玉器和花绸缎，赏赐给陪自己游戏的人。和从官、官奴夜里喝酒，嗜酒无度。命令太官“进献皇帝饮食,和往常一样”。监管皇帝饮食的食监奏报:“守孝期间,不能享用和往常一样的饮食。”他仍催太官赶快进献,叫不要通过食监。太官不敢进献。就派从官出宫买鸡猪,命令殿门卫士放他们进来,成为常事。独自在夜里于温室使用接待贵宾的“九宾”之礼,接见姐夫昌邑王国的关内侯。祭祀祖宗庙的礼节还没举行,就颁下玺书派使者持节,以三份太牢祭祀他生父昌邑哀王园庙,自称“嗣子皇帝”。接受符玺以来,二十七天,使者四出,持节命令各官署,征调物品共一千一百二十七次。文学光禄大夫夏侯胜等及侍中傅嘉多次对他所犯过失提出劝谏,他却派人拿着文书斥责夏侯胜,捆起傅嘉投进监狱。他荒淫迷惑丢失了帝王礼仪,搞乱了汉家制度。臣敞等多次进谏,不改正,却越来越糟。怕要危害国家,天下都在担心。臣敞等谨慎地和博士臣霸、臣隽佶、臣虞舍、臣射、臣仓商议,都说:高皇帝建立功业,成为汉朝太祖,孝文皇帝慈仁节俭,成为太宗。现在陛下做孝昭皇帝后嗣,行为淫乱邪恶,不守法度,《诗》说:‘即使说无知,也已经抱孩子了。’五刑之类,最主要的用于处罚不孝。周襄王不能侍奉母亲,《春秋》说:‘天王出去居住在郑国。’因为他不孝,所以用‘出’字贬他,这是要在天下人面前弃绝他。宗庙比君主尊贵重要。陛下没有受命于高庙,不能让他继承天命,奉祭祖宗庙,以百姓为子民。应当废黜。”请求派主管部门御史大夫臣谊、宗正臣德、太常臣昌,与太祝用一份太牢祭品,把这事祭告高庙。臣敞等冒死报告。

皇太后说:“可以。”霍光命令昌邑王起来拜受皇太后诏令。昌邑王说:“听说天子有诤谏臣七人,即使无道胡为,也不丢天下。”霍光说:“皇太后已下令废黜,哪里来的天子!”于是走过去抓住他的手,解脱他的玺绶,奉交给皇太后,扶昌邑王下殿,出了金马门,群臣随后相送。昌邑王面向西拜首说:“我愚蠢,担任不了汉朝的大事。”站起身登上乘舆副车。大将军霍光送他到昌邑王在京师的官邸,霍光道歉说:“王的行为自绝于上天,臣等无能,不能以死报效王的恩德。臣宁愿对不起王,不敢对不起国家。愿王自爱,臣永远不能和您再见面了。”霍光流着眼泪离去了。

群臣上奏说:“古代被废黜的人,要被弃置到远方去,不让他再参与政事。请把王贺迁徙到汉中房陵县去。”太后下诏,让贺回到昌邑去,赐予汤沐邑二千户。昌邑群臣因为犯了放弃辅导职守、引诱王干出坏事的罪,霍光把他们二百多人全部杀掉。押赴街市处刑时,他们大声呼喊:“该下决断时不下决断,反而受了灾祸。”

霍光坐在掖庭中,会集丞相以下官员讨论确定拥立的人选。广陵王已经在以前决定不用了,燕刺王由于谋反而被杀,他的儿子不在考虑范围之内,近亲唯有卫太子的孙子被称为皇曾孙的,在民间,民间都称赞他好。霍光于是再和丞相敞等上奏皇太后说:“《礼》说:‘为人之道要亲爱自己的父母,所以推溯上去要尊崇始祖,尊崇始祖,所以要敬重大宗。’大宗没有后代,要选择旁支子孙中贤能的作为后代。孝武皇帝曾孙病已,武帝在世时有诏,让掖庭负责抚养,到现在十八岁,跟随老师学习了《诗》《论语》《孝经》。为人节俭,慈仁爱人。可以做孝昭皇帝的后代,继承祭祀祖宗庙的大任,做百姓的君父。臣昧死报告。”皇太后下诏令说:“可以。”

霍光派宗正刘德到皇曾孙的家尚冠里去,让他洗头洗身,赐予他皇宫库里的衣服。太仆驾着轻便的軨猎车来迎曾孙,到宗正府举行斋戒,进未央宫谒见皇太后,被封为阳武侯。过了不久,霍光捧呈皇帝玺绶,他拜谒高祖庙。这就是孝宣皇帝。

第二年,宣帝颁布诏书说:“褒奖有德的人赏赐立头功的人,这是古今通行的道理。

大司马大将军光，宿卫孝武皇帝忠诚正直，宣扬表彰皇帝的恩德，坚守节操主持正义，使宗庙平安。现命令把河北东武阳一万七千户加封给光，连同以前已享有的，共为二万户。”前后赏赐黄金千斤，钱六千万，杂色绸缎三万匹，奴婢一百七十人，马两千匹，最好的住宅一所。

从昭帝时开始，霍光儿子霍禹及哥哥的孙子霍云，都是中郎将，霍云的弟弟霍山为奉车都尉侍中，统率外族归附的军队。霍光两个女婿为东西宫的卫尉。霍家各个女婿、外孙享受在朝廷有事时参加朝会的优待，担任诸曹大夫，骑都尉，给事中等职务。亲族党羽联成一体，在朝廷中像树根一样牢牢盘踞着。霍光从武帝后元时，掌握国家大权，到宣帝即位，霍光才归还大权，宣帝谦让不接受，各种事都先报告霍光，然后呈报天子。霍光每次朝见，宣帝都虚心相待，态度严肃庄重，以礼接待他，谦虚得都有些过分。霍光掌握国家大权，前后共二十年。

地节二年春，霍光病重，宣帝亲自去慰问霍光的病。宣帝为他流了泪。霍光上书谢恩说：“希望在我封邑中分出三千户，请皇帝拿去封我哥哥的孙子奉车都尉山为列侯，奉行哥哥骠骑将军去病的祭祀。”宣帝把这份申请交给丞相、御史去办，当天任命霍光儿子霍禹为右将军。

霍光去世，宣帝和皇太后亲去霍光灵柩前吊祭。太中大夫任宣和侍御史五个人持符节主持丧事，中二千石在坟上设立临时办事机构。赐予金钱、绸缎丝絮，一百条绣被，五十箱衣服，璧、珠玑、玉衣，梓木棺材、木椁，黄肠题凑各一件，枞木外臧椁十五件，东园制作的温明器，完全用皇帝丧葬制度的规格。用辒辌车载送霍光灵柩、用皇帝乘舆专用的黄屋左纛。调材官、轻车、北军五校的士兵充任仪仗队，一直排到茂陵，为霍光送葬。赐予霍光以宣成侯的谥号。调发河东郡、河内郡、河南郡服劳役的隶卒为霍光挖掘墓穴，葬后填土，封堆坟丘，建造祠堂，安置三百家组成一个园邑，专门负责为霍光看陵园，长、丞按以往的惯例护守。

霍光葬礼完成以后，宣帝封霍山为乐平侯，以奉车都尉领尚书事。天子思念霍光功德，颁下诏书说：“故大司马大将军宣成侯在宫禁护卫孝武皇帝三十多年，辅佐孝昭皇帝十多年，遭遇重大灾难，挺身坚持大义，率三公九卿大夫，确定造福万世的大计划，安定了国家。天下万民，都因此而得到安宁。功德盛大，朕很钦佩。免除他后代的赋役，保持他的爵邑，世世不做变动，享受功赏不绝如同萧相国。”第二年夏天，封太子外祖父许广汉为平恩侯。又颁下诏书说：“宣成侯霍光，护卫皇帝忠诚正直，为国家立了大功劳。褒扬善人应当顾念到他的后代，现决定封霍光的哥哥的孙子中郎将霍云为冠阳侯。”

霍禹继承宣成侯封爵后，太夫人显改建霍光在世时自造的墓地，扩大了规模。建造三出阙，筑神道，北边到达昭灵馆，南面到承恩馆，高规格装修祠堂，修筑辇道通连永巷，并禁闭一些平民奴婢在里面守护。扩建住宅，制作乘舆辇，茵冯上都加上绘制或绣制的图画。用黄金镀饰车身，用熟牛皮包住车轮，里面真充丝絮，减少颠震，让侍从的婢女用五彩丝绳拉辇，载着显在府中游玩。当初，霍光喜爱为他管家的奴隶冯子都，常和他一起研究事情。显寡居之后，和冯子都私通。同时霍禹、霍山也都整修住宅，在平乐馆赛马取乐。霍云在应该朝见皇帝的日子，多次托病不去，私下带着很多宾客到黄山苑去张网打猎，而派奴仆代表自己去朝见，没有谁敢指责他这种行为。显和她的诸位女儿，不分昼夜随意进出太后住的长信宫殿，没有时间的约束。

豪门巨族车骑出行图

宣帝做平民时就听说霍家地位高贵势力强大时间很久了,心里不认为是好事。霍光去世,宣帝才开始亲自处理朝政,御史大夫魏相获得给事中这个加官身份,在宫中随时等候回答皇帝的咨询。显对霍禹、霍云、霍山说:“你们不努力去继承大将军遗留下来的事业,现在御史大夫做给事中了,别人一在皇帝前离间我们,你们还能自救吗?”后来魏、霍两家奴仆在路上争道抢先,霍家奴仆闯进御史府,想踢御史大夫门,御史对他们叩头赔罪,才离去。有人把这事告诉了霍家,显等才感到忧虑。紧跟着魏大夫升为丞相,多次在非正式场合朝见宣帝谈论事情。平恩侯和侍中金安上等直接进出宫禁。当时霍山像以前一样领尚书事,但宣帝宣布官民可以直接上书,不需经过尚书,群臣觐见皇帝,可以一个人单独进见。对这些事,霍家非常厌恶。

宣帝刚即位时,册立做平民时娶的妻子许妃为皇后。显喜爱小女儿成君想让她有尊贵的身份,于是私自指使妇科医生淳于衍用毒药毒死许后。乘机劝霍光把成君送进宫,代替许后立为皇后。当初许后突然死亡,官吏逮捕了各有关医生,控告淳于衍治病时无礼,犯了“不道”罪,关进监狱。狱吏审讯很急,显怕事情暴露,就详细地把实情告诉了霍光。霍光非常吃惊,想自己去检举,又不忍心,犹豫不决。正好狱吏的奏章送上来了,他就在奏章后写上“淳于衍不要定罪”的批语,霍光死后,显与淳于衍合谋的话渐渐泄露出来,于是宣帝开始知道这件事,但还一时不知真假。于是把霍光女婿度辽将军未央卫尉平陵侯范明友调为光禄勋,二女婿诸吏中郎将羽林监任胜调出京城去做安定太守。几个月后,又把霍光姐夫给事中光禄大夫张朔调为蜀郡太守,调霍光孙女婿中郎将王汉为武威太守。不久,又调霍光大女婿长乐卫邓文汉为少府。又以霍禹为大司马,但只许戴小冠,没有印绶,撤销他的右将军该统领的营兵和下属办事机构,只是让霍禹官名和霍光一样,都是大司马罢了。又收回范明友的度辽将军印绶,只任光禄勋。还有霍光中间女儿的丈夫赵平任散骑骑都尉光禄大夫率领驻军,就又收回赵平的骑都尉印绶。率领外族归附军队、羽林军和两宫卫军的各个带兵将领,全都换上了宣帝亲信的许家、史家子弟。

霍禹当了大司马,声称有病不到任。霍禹原来的长史任宣看望他。霍禹说:“我是什么病?皇帝不是我家将军到不了这个地位,现在将军坟土没干,就把我家人都疏远调开,反而信任许家、史家人,夺去我的实权,真让人糊涂死,也不知道这是怎么回事。”任宣见霍禹怨恨情绪很大，就对他说："大将军时代怎么还能回来呢！掌握国家大权，生杀由自己决定。廷尉李种、王平、左冯翊贾胜胡和车丞相女婿少府徐仁，都是因为触犯了将军的意向而被投进监狱处死。使乐成是平民子弟，因为得到将军赏识就升到九卿，封了侯。百官以下只顾着巴结讨好冯子都、王子方等人，把丞相都不放在眼里。各家都有他的时运，现在许、史本来就是天子骨肉至亲，得到高官重位正是当然的事啊。大司马要是因为这个有不满情绪，我认为不恰当。"霍禹不说话。过了几天，就去上任办公了。

显和霍禹、霍山、霍云自从发现权力被一天天削去，多次相对哭泣，自相埋怨。霍山说："现在丞相主事，天子信任他，把大将军的法令都改了。把公田、赋税借予或赐予贫民。宣扬大将军的过失。另外，儒生们大多是贫穷人的子弟，远道来京客居，缺吃少穿，喜欢胡乱说大话，不避忌讳，大将军一直仇视他们，现在陛下喜欢和这批儒生们谈话，人人都让他们上书向皇帝谈问题，其中很多都是议论我们家的。曾经有人上书说大将军时主弱臣强，办事专制，独揽大权，现在他的子孙主事，兄弟们比以前更加骄横，怕要危害宗庙。现在灾异一再出现，都是由于这种情况引起的。那封奏章说得极其痛切，我把它搁在一边没转奏上去。后来上书的人更加狡猾，都使用密封奏章，每次都是由中书令出宫亲自取走，不经过尚书。更加不信任人了。"显说："丞相多次说我们家不好，他就没罪吗？"霍山说："丞相清廉公正，怎么能有罪？我们兄弟和女婿们对自己要求大多不严格。还听民间纷纷传说霍家毒死了许皇后，难道有这样的事吗？"显怕事情进一步紧急，就详细地把事实告诉了霍山、霍云、霍禹。霍山、霍云、霍禹吃惊地说："像这样的事，为什么不早点告诉我们！天子拆散赶走女婿们，就是由于这个原因啊。这是大事，惩罚不会小，怎么办？"于是开始有邪恶考虑。

当初，赵平的宾客石夏通晓天文，对赵平说："荧惑守御星。御星，是太仆奉车都尉啊。据这星相看，太仆奉车都尉不被贬黜就要被处死。"赵平暗中为霍山等担忧。霍云舅舅李竟的好朋友张赦见霍云一家惶惶不安，对李竟说："现在丞相及平恩侯主事，可以叫太夫人对太后说，先把这两个人杀了。处置陛下，就在太后一个决定了。"长安平民张章告发张赦，事情交给廷尉查处。执金吾逮捕张赦、石夏等人。后来有诏令，叫停止追究不要逮捕。霍山等更加恐慌，共同分析说："这是天子碍着太后的关系，所以不继续追究啊。但是坏倾向已经露头，又有弑许后的事，陛下即使宽厚仁慈，怕左右的人也不肯让放过，时间长了，还是要揭穿。事情揭穿了，就要被灭族了。不如早下手啊。"于是让霍家女儿们各自回去向自己的丈夫说明事情真相，都回答说："让我们往哪儿逃避呢？"

恰逢李竟犯了和诸侯王相互勾结的罪，供词中涉及霍家，于是有诏令下来，说霍云、霍山不宜在宫中护卫皇帝，应免职回家。霍光女儿们对太后无礼，冯子都多次犯法，宣帝把这些事一起拿来责问，霍山、霍禹等很恐惧。显梦见住宅中井水外溢，流到院子里。炉灶挂到树上去了。又梦见大将军对显说："你知道逮捕儿子了吗？很快就要下来逮捕他了。"住宅中老鼠突然多了起来，还和人相撞，用尾巴画地。鸱鸮多次在屋前树上鸣叫。住宅的门自己塌倒了。霍云尚冠里住宅的中门也塌坏了。胡同口人都见到有人在霍云屋顶上揭瓦向地下摔，到近前一看，什么也没有，都很奇怪。霍禹梦见车马声混杂，来逮捕霍禹。全家忧愁。霍山说："丞相自作主张减少了祭祀宗庙的羔、蛙，可以用这件事控告他犯罪。"当下共同谋划，叫太后为宣帝外祖母博平君摆酒席，召丞相、平恩侯以下大臣赴宴，让范明友、邓广汉秉承太后的命令把他们杀掉，乘机废黜宣帝，而拥立霍禹为帝。

商量好了还没动手执行，霍云被任命为玄菟太守，太中大夫任宣为代郡太守。霍山又犯了泄露朝廷秘密文书的罪，显为他上书，愿献城西住宅，一千匹马，为霍山赎罪。宣帝不予批准。这时，前面的密谋被发觉了，霍云、霍山、范明友自杀，显、霍禹、邓广汉被捕。霍禹被腰斩，显及各个女儿、兄弟都被在街市上斩首示众。唯独霍皇后只被废黜，居住昭台宫。和霍家有关系而被杀的有数千家。

宣帝于是颁下诏书说："以前东织室令史张赦让魏郡豪强李竟劝冠阳侯霍云谋反，朕考虑到大将军关系，压住了没让张扬，希望他们能改过自新。现在大司马博陆侯禹和母亲宣成侯夫人显及侄子冠阳侯云、乐平侯山，各个姐夫妹夫阴谋造反，想要牵累百姓。仰赖宗庙神灵，得以事先察觉，逮捕归案，都伏了罪。朕很伤感。一切受霍氏牵累而犯罪，事在丙申前发生，还没有被记录立案的，全都赦免不究。平民张章先发觉他们的阴谋，报告期门董忠，董忠告诉左曹杨恽，杨恽告诉侍中金安上。杨恽被召见当面陈述情况，后来张章又上书报告。侍中史高和金安上建议揭发此事。并提议不要让霍家人进入宫禁，霍氏阴谋终于没能得逞。这几个人功劳相等。封张章为博成侯，董忠为高昌侯，杨恽为平通侯，金安上为都成侯，史高为乐陵侯。"

当初，霍氏奢侈，茂陵徐先生说："霍氏一定要灭亡。只要奢侈，就不会顺从，不顺从，必定会轻视怠慢皇帝，轻视怠慢皇帝，那是通向谋反的道路啊！在人之上，大家一定妒忌他。霍氏掌权时间长了，妒忌他们的多了。天下人都妒忌他，而又往谋叛的路上走去，不灭亡还等什么！"于是上疏说："霍氏太强盛了，陛下如果爱护帮助他们，应当及时对他们加以抑制，不要让他们走到败亡的地步去。"奏章呈上了多次，宣帝都不采纳。以后霍氏被杀了，而告发霍氏的都得到了封赏。有人为徐先生上书说："臣听说有一个客人来看望主人，发现主人的灶上安设了一个直的烟道，旁边就有柴草。客对主人说：'改设一个弯烟道，把柴草搬到远一点地方去，否则将有火灾。'主人不回话。不久家里果然失火，邻居一起来救，幸而灭掉了火。于是杀牛摆酒，感谢邻里，救火时烧伤的被请到上座。其余的人按出力大小排座次。但没请建议改设弯烟道的人。有人对主人说：'当初如果听了客人的话，不用花费牛酒，根本就不会有火灾。现在论功请人赴宴，建议改设弯烟道搬离柴草的得不到感谢，焦头烂额地坐上席啦？'主人这才明白过来，补请来建议改烟道的客人。现在茂陵徐福多次上书谈霍氏即将谋反，应该防止阻绝他们的阴谋。当初如果他的建议得到采纳实施，则国家没有割裂疆土赐出爵赏的耗费，臣下也没有谋反和被杀的惨败了。过去的事已经过去，而福独得不到封赏，希望陛下考察一下这件事，重视搬柴草改设弯烟道的建议，让他功劳排在焦头烂额救火的那些人之上。"宣帝于是赏赐徐福十匹帛，后来用他为郎。

宣帝刚即位时，去谒见高庙，大将军霍光陪从在身边做骖乘，宣帝内心很害怕他，好像有芒草刀剑扎在背上一样惊惶不安。以后车骑将军张安世代替霍光做骖乘，天子就精神放松身体舒展，感到安宁和妥帖。一等霍光死去，宗族终于被杀。所以社会上流传："威势震慑君主的，是不会被君主所容的。霍氏的灾祸，从骖乘时就开始了。"

到成帝时，为霍光设置守冢人一百家，官吏士卒负责祭祀。元始二年，封霍光堂兄弟的曾孙霍阳为博陆侯，一千户。

赞：霍光从童年开始入宫侍奉皇帝，开始是守门护阶的郎官，但意志刚强，坚守大义，得到了武帝重视。接受辅佐幼主的委托，负起了扶保汉室的重任。他担当朝政，拥护幼主，摧毁燕王对帝位的觊觎，挫败了上官桀父子的夺权阴谋，随机应变，制服政敌，以完成他对汉室的忠诚。处在废立皇帝的关键时刻，面对大是大非毫不动摇，终于扶正了国家，安定了社稷。拥护昭帝选立宣帝，霍光尽到了太师太保的职责。即使是周公、伊尹，又有什么比霍光更大的功德呢！不过霍光不能学习古代圣王政绩，所以所作所为不能符合理想的道术。不明白圣贤大道理，掩饰妻子的邪恶阴谋，立女儿为皇后，沉溺进非分的欲望，因而增大了覆灭的灾祸。死了才三年，家族就被杀光，可悲啊！以前霍叔被封在晋，晋就是现在的河东，霍光难道是他的后代吗？

赵充国传

【题解】

赵充国（前137～前52），字翁孙，陇西上邽（今甘肃天水西南）人，后迁居令居城（今甘肃永登西北）。汉武帝时，跟随贰师将军李广利出击匈奴，被匈奴主力军围困，赵充国率领一百多精骑带大部队冲出重围，身受创伤二十多处，受到汉武帝召见，任为车骑将军长史。汉昭帝时，赵充国征氐族号匈奴有功，先后任中郎将、水衡尉、后将军。汉宣帝时，因与霍光册立宣帝即位，封为营平侯。汉宣帝神爵元年（前61），居住在青海湖一带的西羌先零部起兵反汉，年已七十六岁的赵充国自请为将，带兵出征。酒泉太守辛武贤上书宣帝建议合击罕羌、开羌，赵充国经过调查，了解情况，多次上书宣帝，建议采取打击先零羌，招抚罕羌、开羌的战略方针。破先零羌后，其余部避于山林险阻，赵充国上书宣帝，建议撤走骑兵，留步兵九校沿湟水屯田。结果先零余部离散，西羌诸部归汉。赵充国用兵注重调查研究。他说的“百闻不如一见”，至今仍是至理名言。他坚持真理，不怕冒犯上的罪名，几次上书陈述自己的观点。他上书的“屯田十二便”，具体详细，分析透彻，具有很大的说服力。朝中大臣最初同意他意见的只占十分之三，以后占十分之五，最后占十分之八，也充分说明了这二点。赵充国历任汉武帝、汉昭帝、汉宣帝三朝，战功显赫，是西汉著名的军事家。

【原文】

赵充国字翁孙，陇西上邽人也，后徙金城令居。始为骑士，以六郡良家子善骑射补羽林。为人沉勇有大略，少好将帅之节，而学兵法，通知四夷事。

武帝时，以假司马从贰师将军击匈奴，大为虏所围。汉军乏食数日，死伤者多。充国乃与壮士百余人溃围陷陈，贰师引兵随之，遂得解。身被二十余创，贰师奏状，诏征充国诣行在所，武帝亲视其创，嗟叹之，拜为中郎，迁车骑将军长史。

昭帝时，武都氐人反，充国以大将军护军都尉将兵击定之，迁中郎将，将屯上谷，还为水衡都尉。击匈奴，获西祁王，擢为后将军，兼水衡如故。

与大将军霍光定册尊立宣帝，封营平侯。本始中，为蒲类将军征匈奴，斩虏数百级，还为后将军、少府。匈奴大发十余万骑，南旁塞，至府奚庐山，欲入为寇。亡者题除渠堂降汉言之，遣充国将四万骑屯缘边九郡。单于闻之，引去。

赵充国

是时，光禄大夫义渠安国使行诸羌，先零豪言愿时渡湟水北，逐民所不田处畜牧。安国以闻。充国劾安国奉使不敬。是后，羌人旁缘前言，抵冒渡湟水，郡县不能禁。元康三年，先零遂与诸羌种豪二百余人解仇交质盟诅。上闻之，以问充国。对曰："羌人所以易制者，以其种自有豪，数相攻击，势不壹也。往三十余岁，西羌反时，亦先解仇合约攻令居，与汉相距，五六年乃定。至征和五年，先零豪封煎等通使匈奴，匈奴使人至小月氏，传告诸羌曰："汉贰师将军众十余万人降匈奴。羌人为汉事苦。张掖、酒泉本我地，地肥美，可共击居之。"以此观匈奴欲与羌合，非一世也。间者匈奴困于西方，闻乌桓来保塞，恐兵复从东方起，数使使尉黎、危须诸国，设以子女貂裘，欲沮解之。其计不合。疑匈奴更遣使至羌中，道从沙阴地，出盐泽，过长坑，入穷水塞，南抵属国，与先零相直。臣恐羌变未止此，且复结联他种，宜及未然为之备。"后月余，羌侯狼何果遣使至匈奴藉兵，欲击鄯善、敦煌以绝汉道。充国以为"狼何，小月氏种，在阳关西南，势不能独造此计，疑匈奴使已至羌中，先零、罕、开乃解仇作约。到秋马肥，变必起矣。宜遣使者行边兵豫为备，敕视诸羌，毋令解仇，以发觉其谋"。于是两府复白遣义渠安国行视诸羌，分别善恶。安国至，召先零诸豪三十余人，以尤桀黠，皆斩之。纵兵击其种人。斩首千余级。于是诸降羌及归义羌侯杨玉等恐怒，亡所信乡，遂劫略小种，背叛犯塞，攻城邑，杀长吏。安国以骑都尉将骑三千屯备羌，至浩，为虏所击，失亡车重兵器甚众。安国引还，至令居，以闻。是岁，神爵元年春也。

时充国年七十余，上老之，使御史大夫丙吉问谁可将者，充国对曰："亡逾于老臣者矣。"上遣问焉，曰："将军度羌虏何如，当用几人？"充国曰："百闻不如一见。兵难隃度，臣愿驰至金城，图上方略。然羌戎小夷，逆天背叛，灭亡不久，愿陛下以属老臣，勿以为忧。"上笑曰："诺。"

充国至金城，须兵满万骑，欲渡河，恐为虏所遮，即夜遣三校衔枚先渡，渡辄营陈，会明，毕，遂以次尽渡。虏数十百骑来，出入军傍。充国曰："吾士马新倦，不可驰逐。此皆骁骑难制，又恐其为诱兵也。击虏以殄灭为期，小利不足贪。"令军勿击。遣骑候四望狭中，亡虏。夜引兵上至落都，召诸校司马，谓曰："吾知羌虏不能为兵矣。使虏发数千人守杜四望狭中，兵岂得入哉！"充国常以远斥候为务，行必为战备，止必坚营壁，尤能持重，爱士卒，先计而后战。遂西至西部都尉府，日飨军士，士皆欲为用。虏数挑战，充国坚守。捕得生口，言羌豪相数责曰："语汝亡反，今天子遣赵将军来，年八九十矣，善为兵。今请欲一斗而死，可得邪！"

充国子右曹中郎将印，将期门佽飞、羽林孤儿、胡越骑为支兵，至令居。虏并出绝转道，印以闻。有诏将八校尉与骁骑都尉、金城太守合疏捕山间虏，通转道津渡。

初，罕、开豪靡当儿使弟雕库来告都尉曰先零欲反，后数日果反。雕库种人颇在先零中，都尉即留雕库为质。充国以为亡罪，乃遣归告种豪："大兵诛有罪者，明白自别，毋取并灭。天子告诸羌人，犯法者能相捕斩，除罪。斩大豪有罪者一人，赐钱四十万，中豪十五万，下豪二万，大男三千，七子及老小千钱，又以其所捕妻子财物尽与之。”充国计欲以威信招降罕开及劫略者，解散虏谋，徼极乃击之。

时上已发三辅、太常徒驰刑，三河、颍川、沛郡、淮阳、汝南材官，金城、陇西、天水、安定、北地、上郡骑士、羌骑，与武威、张掖、酒泉太守各屯其郡者，合六万人矣。酒泉太守辛武贤奏言：“郡兵皆屯备南山，北边空虚，势不可久。或曰至秋冬乃进兵，此虏在竟外之册。今虏朝夕为寇，土地寒苦，汉马不能冬，屯兵在武威、张掖、酒泉万骑以上，皆多羸瘦。可益马食，以七月上旬赍三十日粮，分兵并出张掖、酒泉合击罕、开在鲜水上者。虏以畜产为命，今皆离散，兵即分出，虽不能尽诛，亶夺其畜产，虏其妻子，复引兵还，冬复击之，大兵仍出，虏必震坏。”

天子下其书充国，令与校尉以下吏士知羌事者博议。充国及长史董通年以为“武贤欲轻引万骑，分为两道出张掖，回远千里。以一马自佗负三十日食，为米二斛四斗，麦八斛，又有衣装兵器，难以追逐。勤劳而至，虏必商军进退，稍引去，逐水草，入山林。随而深入，虏即据前险，守后厄，以绝粮道，必有伤危之忧，为夷狄笑，千载不可复。而武贤以为可夺其畜产，虏其妻子，此殆空言，非至计也。又武威县、张掖日勒皆当北塞，有通谷水草。臣恐匈奴与羌有谋，且欲大入，幸能要杜张掖、酒泉以绝西域，其郡兵尤不可发。先零首为畔逆，它种劫略。故臣愚册，欲捐罕、开昧之过，隐而勿章，先行先零之诛以震动之，宜悔过反善，因赦其罪，选择良吏知其俗者揃循和辑，此全师保胜安边之册。”天子下其书。公卿议者咸以为先零兵盛，而负罕、开之助，不先破罕、开，则先零未可图也。

上乃拜侍中乐成侯许延寿为强弩将军，即拜酒泉太守武贤为破羌将军，赐玺书嘉纳其册。以书敕让充国曰：

皇帝问后将军，甚苦暴露。将军计欲至正月乃击罕羌，羌人当获麦，已远其妻子，精兵万人欲为酒泉、敦煌寇。边兵少，民守保不得田作。今张掖以东粟石百余，刍稾束数十。转输并起，百姓烦扰。将军将万余之众，不早及秋共水草之利争其畜食欲至冬，虏皆当畜食，多藏匿山中依险阻，将军士寒，手足皲瘃，宁有利哉？将军不念中国之费，欲以岁数而胜微，将军谁不乐此者！

今诏破羌将军武贤将兵六千一百人，敦煌太守快将二千人，长水校尉富昌、酒泉候奉世将婼、月氏兵四千人，亡虑万二千人。赍三十日食，以七月二十二日击罕羌，入鲜水北句廉上，去酒泉八百里，去将军可千二百里。将军其引兵便道西并进，虽不相及，使虏闻东方、北方兵并来，分散其心意，离其党与，虽不能殄灭，当有瓦解者。已诏中郎将卬将胡越佽飞射士步兵二校，益将军兵。

今五星出东方，中国大利，蛮夷大败。太白出高，用兵深入敢战者吉，弗敢战者凶。将军急装，因天时，诛不义，万下必全，勿复有疑。

充国既得让，以为将任兵在外，便宜有守，以安国家。乃上书谢罪。因陈兵利害，曰：

臣窃见骑都尉安国前幸赐书，择羌人可使使罕，谕告以大军当至，汉不诛罕，以解其谋。恩泽甚厚，非臣下所能及。臣独私美陛下盛德至计亡已，故遣开豪雕库宣天子至德，罕、开之属皆闻知明诏。今先零羌杨玉此羌之首帅名王将骑四千及煎巩骑五千，阻石山木，候便为寇，罕羌未有所犯。今置先零，先击罕，释有罪，诛亡辜，起壹难，就两害，诚非陛下本计也。

臣闻兵法"攻不足者守有余",又曰"善战者致人,不致于人"。今罕羌欲为敦煌、酒泉寇,饬兵马,练战士,以须其至,坐得致敌之术,以逸击劳,取胜之道也。今恐二郡兵少不足以守,而发之行攻,释致虏之术而从为虏所之致之道,臣愚以为不便。先零羌虏欲为背叛,故与罕、开解仇结约,然其私心不能亡恐汉兵至而罕、开背之也。臣愚以为其计常欲先赴罕、开之急,以坚其约。先击罕羌,先零必助之。今虏马肥,粮食方饶,击之恐不能伤害,适使先零得施德于罕羌,坚其约,合其党。虏交坚党合,精兵二万余人,迫胁诸小种,附著者稍众,莫须之属不轻得离也。如是,虏兵浸多,诛之用力数倍,臣恐国家忧累繇十年数,不二三岁而已。

臣得蒙天子厚恩,父子俱为显列。臣位至上卿,爵为列侯,犬马之齿七十六,为明诏填沟壑,死骨不朽,亡所顾念,独思惟兵利害至孰悉也。于臣之计,先诛先零已,则罕、开之属不烦兵而服矣。先零已诛而罕、开不服,涉正月击之,得计之理,又其时也。以今进兵,诚不见其利,唯陛下裁察。

六月戊申奏,七月甲寅玺书报从充国计焉。

充国引兵至先零在所。虏久屯聚,解驰,望见大军,弃车重,欲渡湟水,道厄狭,充国徐行驱之。或曰逐利行迟,充国曰:"此穷寇不可迫也。缓之则走不顾,急之则还致死。"诸校皆曰:"善。"虏赴水溺死者数百,降及斩首五百余人,卤马牛羊十万余头,车四千余辆。兵至罕地,令军毋燔聚落刍牧田中。罕羌闻之。喜曰:"汉果不击我矣!"豪靡忘使人来言:"愿得还复故地。"充国以闻,未报。靡忘来自归,充国赐饮食,遣还谕种人。护军以下皆争之,曰:"此反虏,不可擅遣。"充国曰:"诸君但欲便文自营,非为公家忠计也。"语未卒,玺书报,令靡忘以赎论。后罕竟不烦兵而下。

其秋,充国病,上赐书曰:"制诏后将军:闻苦脚胫、寒泄,将军年老加疾,一朝之变不可讳,朕甚忧之。今诏破羌将军诣屯所,为将军副,急因天时大利,吏士锐气,以十二月击先零羌。即疾剧,留屯毋行,独遣破羌、强弩将军。"时羌降者万余人矣。充国度其必坏,欲罢骑兵屯田,以待其敝。作奏未上,会得进兵玺书,中郎将卬惧,使客谏充国曰:"诚令兵出,破军杀将以倾国家,将军守之可也。即利与病,又何足争?一旦不合上意,遣绣衣来责将军,将军之身不能自保,何国家之安?"充国叹曰:"是何言之不忠也!本用吾言,羌虏得至是邪?往者举可先行羌者,吾举辛武贤,丞相御史复白遣义渠安国,竟沮败羌。金城、湟中谷斛八钱,吾谓耿中丞,籴二百万斛谷,羌人不敢动矣。耿中丞请籴百万斛,乃得四十万斛耳。义渠再使,且费其半,失此二册,羌人故敢为逆。失之毫厘,差以千里,是既然矣。今兵久不决,四夷卒有动摇,相因而起,虽有知者不能善其后,羌独足忧邪!吾固以死守之,明主可为忠言。"遂上屯田奏曰:

臣闻兵者,所以明德除害也,故举得于外,则福生于内,不可不慎。臣所将吏士马牛食,月用粮谷十九万九千六百三十斛,盐千六百九十三斛,茭藁二十五万二百八十六石。难久不解,繇役不息。又恐它夷卒有不虞之变,相因并起,为明主忧,诚非素定庙胜之册。且羌虏易以计破,难用兵碎也,故臣愚以为击之不便。

计度临羌东至浩亹,羌虏故田及公田,民所未垦,可二千顷以上,其间邮亭多坏败者。臣前部士入山,伐材木大小六万余枚,皆在水次。愿罢骑兵,留驰刑应募,及淮阳、汝南步

汉代绢底刺绣屯戍人物图

兵与吏士私从者，合凡万二百八十一人，用谷月二万七千三百六十三斛，盐三百八斛，分屯要害处。冰解漕下，缮乡亭，浚沟渠，治湟狭以西道桥七十所，令可至鲜水左右。田事出，赋人二十亩。至四月草生，发郡骑及属国胡骑伉健各千，倅马什二，就草，为田者游兵。以充入金城郡，益积畜，省大费。今大司农所转谷至者，足支万人一岁食。谨上田处及器用薄，唯陛下裁许。

上报曰："皇帝问后将军，言欲罢骑兵万人留田，即如将军之计，虏当何时伏诛，兵当何时得决？孰计其便，复奏。"充国上状曰：

臣闻帝王之兵，以全取胜，是以贵谋而贱战。战而百胜，非善之善者也，故先为不可胜以待敌之可胜。蛮夷习俗虽殊于礼仪之国，然其欲避害就利，爱亲戚，畏死亡，一也。今虏亡其美地荐草，愁于寄托远遁，骨肉离心，人有叛志，而明主般师罢兵，万人留田，顺天时，因地利，以待可胜之虏，虽未即伏辜，兵决可期月而望。羌虏瓦解，前后降者万七百余人，及受言去者凡七十辈，此坐支解羌虏之具也。

臣谨条不出兵留田便宜十二事。步兵九校，吏士万人，留屯以为武备，因田致谷，威德并行，一也。又因排折羌虏，令不得归肥饶之地，贫破其众，以成羌虏相畔之渐，二也。居民得并田作，不失农业，三也。军马一月之食，度支田士一岁，罢骑兵以省大费，四也。至春省甲士卒，循河湟漕谷至临羌，以视羌虏，扬武威，传世折冲之具，五也。以闲暇时下所伐材，缮治邮亭，充入金城，六也。兵出，乘危徼幸；不出，令反叛之虏窜于风寒之地，离霜露疾疫瘃堕之患，坐得必胜之道，七也。亡经阻远追死伤之害，八也。内不损威武之重，外不令虏得乘间之势，九也。又亡惊动河南大开、小开，使生它变之忧，十也。治湟狭

中道桥，令可至鲜水，以制西域，信威千里，从枕席上过师，十一也。大费既省，徭役豫息，以戒不虞，十二也。留屯田得十二便，出兵失十二利。臣充国材下，犬马齿衰，不识长册，唯明诏博详公卿议臣采择。

上复赐报曰："皇帝问后将军，言十二便，闻之。虏虽未伏诛，兵决可期月而望，期月而望者，谓今冬邪？谓何时也？将军独不计虏闻兵颇罢，且丁壮相聚，攻扰田者及道上屯兵，复杀略人民，将何以止之？又大开、小开前言曰：'我告汉军先零所在，兵不往击，久留，得亡效五年时不分别人而并击我？'其意常恐。今兵不出，得亡变生，与先零为一？将军孰计复奏。"充国奏曰：

臣闻兵以计为本，故多算胜少算。先零羌精兵今余不过七八千人，失地远客，分散饥冻。罕、开、莫须又颇暴略其羸弱畜产，叛还者不绝，皆闻天子明令相捕斩之赏。臣愚以为虏破坏可日月冀，远在来春，故曰兵决可期月而望。窃见北边自敦煌至辽东万一千五百余里，乘塞列隧有吏卒数千人，虏数大众攻之而不能害。今留步士万人屯田，地势平易，多高山远望之便，部曲相保，为堑垒木樵，校联不绝，便兵弩，饬斗具，烽火幸通，势及并力，以逸待劳，兵之利者也。臣愚以为屯田内有亡费之利，外有守御之备。骑兵虽罢，虏见万人留田为必禽之具，其土崩归德，宜不久矣。从今尽三月，虏马羸瘦，必不敢捐其妻子于他种中，远涉河山而来为寇。又见屯田之士精兵万人，终不敢复将其累重还归故地。是臣之愚计，所以度虏且必瓦解其处，不战而自破之册也。至于虏小寇盗，时杀人民，其原未可卒禁。臣闻战不必胜，不苟接刃；攻不必取，不苟劳众。诚令兵出，虽不能灭先零，亶能令虏绝不为小寇，则出兵可也。即今同是而释坐胜之道，从乘危之势，往终不见利，空内自罢敝，贬重而自损，非所以视蛮夷也。又大兵一出，还不可复留，湟中亦未可空，如是，徭役复发也。且匈奴不可不备，乌桓不可不忧。今久转运烦费，倾我不虞之用以澹一隅，臣愚以为不便。校尉临众幸得承威德，奉厚币，拊循众羌，谕以明诏，宜皆乡风。虽其前辞尝曰"得亡效五年"，宜亡它心，不足以故出兵。臣窃自惟念，奉诏出塞，引军远击，穷天子之精兵，散车甲于山野，虽无尺寸之功，偷得避嫌之便，而亡后咎余责，此人臣不忠之利，非明主社稷之福也。臣幸得奋精兵，讨不义，久留天诛，罪当万死。陛下宽仁，未忍加诛，令臣数得孰计。愚臣伏计孰甚，不敢避斧钺之诛，昧死陈愚，唯陛下省察。

充国奏每上，辄下公卿议臣。初是充国计者什三，中什五，最后什八。有诏诘前言不便者，皆顿首服。丞相魏相曰："臣愚不习兵事利害，后将军数画军册，其言常是，臣任其计可必用也。"上于是报充国曰："皇帝问后将军，上书言羌虏可胜之道，今听将军，将军计善。其上留屯田及当罢者人马数。将军强食，慎兵事，自爱！"上以破羌、强弩将军数言当击，又用充国屯田处离散，恐虏犯之，于是两从其计，诏两将军与中郎将卬出击。强弩出，降四千余人，破羌斩首二千级，中郎将卬斩首降者亦二千余级，而充国所降复得五千余人。诏罢兵，独充国留屯田。

明年五月，充国奏言："羌本可五万人军，凡斩首七千六百级，降者三万一千二百人，溺河湟饥饿死者五六千人，定计遗脱与煎巩、黄羝俱亡者不过四千人，羌靡忘等自诡必得。请罢屯兵。"奏可，充国振旅而还。

所善浩星赐迎说充国，曰："众人皆以破羌、强弩出击，多斩首获降，虏以破坏。然有识者以为虏势穷困，兵虽不出，必自服矣。将军即见，宜归功于二将军出击，非愚臣所及。

如此，将军计未失也。”充国曰：“吾年老矣，爵位已极，岂嫌伐一时事以欺明主哉！兵势，国之大事，当为后法。老臣不以余命壹为陛下明言兵之利害，卒死，谁当复言之者？”卒以其意对。上然其计，罢遣辛武贤归酒泉太守官，充国复为后将军卫尉。

其秋，羌若零、离留、且种、儿库共斩先零大豪犹非、杨玉首，及诸豪弟泽、阳雕、良儿、靡忘皆帅煎巩、黄羝之属四千余人降汉。封若零、弟泽二人为帅众王，离留、且种二人为侯，儿库为君，阳雕为言兵侯，良儿为君，靡忘为献牛君。初置金城属国以处降羌。

诏举可获羌校尉者，时充国病，四府举辛武贤小弟汤。充国遽起奏：“汤使酒，不可典蛮夷。不如汤兄临众。”时汤已拜受节，有诏更用临众。后临众病免，五府复举汤。汤数醉酗羌人，羌人反叛，卒如充国之言。

初，破羌将军武贤在军中时与中郎将卬宴语，卬道：“车骑将军张安世始尝不快上，上欲诛之，卬家将军以为安世本持橐簪笔事孝武帝数十年，见谓忠谨，宜全度之。安世用是得免。”及充国还言兵事，武贤罢归故官，深恨，上书告卬泄省中语。卬坐禁止而入至充国莫府司马中乱屯兵下吏，自杀。

充国乞骸骨，赐安车驷马、黄金六十斤，罢就第。朝廷每有四夷大议，常与参兵谋，问筹策焉。年八十六，甘露二年薨，谥曰壮侯。传子至孙钦，钦尚敬武公主。主亡子，主教钦良人习诈有身，名它人子。钦薨，子岑嗣侯。习为太夫人。岑父母求钱财亡已，忿恨相告。岑坐非子免，国除。元始中，修功臣后，复封充国曾孙伋为营平侯。

初，充国以功德与霍光等列，画未央宫。成帝时西羌尝有警，上思将帅之臣，追美充国，乃召黄门郎杨雄即充国图画而颂之，曰：

明灵惟宣，戎有先零。先零昌狂，侵汉西疆。汉命虎臣，惟后将军，整我六师，是讨是震。既临其域，谕以威德。有守矜功，谓之弗克，请奋其旅，于罕之羌。天子命我，从之鲜阳。营平守节，屡奏封章，料敌制胜，威谋靡亢。遂克西戎，还师于京，鬼方宾服，罔有不庭。昔周之宣，有方有虎，诗人歌功。乃列于《雅》。在汉中兴，充国作武，赳赳桓桓，亦绍厥后。

【译文】

赵充国字翁孙，陇西郡上邽县人，后来迁居到金城郡令居县。开始当骑兵，后来以边郡六个郡的良家子弟，又善于骑马射箭被补选为羽林卫士。他为人沉着勇敢而又有雄才大略，从小仰慕将帅的气节，因而学习兵法，通晓四方蛮夷的事情。

汉武帝时，他以代理司马的身份跟从贰师将军李广利出击匈奴，为敌军重重包围。汉军有好几天缺少粮食，死伤很多。赵充国与壮士一百多人突破包围，攻陷敌阵，贰师将军引兵跟随其后，才得以解脱重围。赵充国身受二十多处创伤，贰师将军向朝廷奏明情况，汉武帝下诏征召赵充国到他所在的地方。汉武帝亲自视看他的创伤，嗟吁赞叹，拜为中郎，提升为车骑将军长史。

汉昭帝时，武都郡的氐族人造反，赵充国以大将军护军都尉的身份领兵出击平定叛乱，升任中郎将，驻军上谷郡，回京后任为水衡都尉。后来又出击匈奴，俘获西祁王，升任为后将军，兼任水衡都尉照旧。

赵充国与大将军霍光决定册立汉宣帝即位，被封为营平侯。本始年间，任蒲类将军征伐匈奴，斩敌数百人，回京后任后将军、少府。匈奴大举征发十多万骑兵，南下逼近汉朝边塞,到达符奚庐山,想侵入掳掠。从匈奴逃出来的题除渠堂向汉朝投降并报告了这一情况,汉宣帝派赵充国率领四万骑兵,驻守边疆九郡。匈奴单于听到汉军有备,就引兵离去。

当时,光禄大夫义渠安国出使诸羌部落,先零羌豪酋说希望到时节渡过湟水到北岸,在汉族民众不耕种的土地上放牧。义渠安国立即上报皇帝。赵充国弹劾义渠安国奉命出使不负责任。后来,羌族人根据先前的话,突破边界强渡湟水放牧,当地郡县无法禁止。元康三年,先零羌的首领与羌族各个部族的首领二百多人,解除仇约,交换人质、订立盟誓。宣帝听到这一情况,向赵充国询问。赵充国回答说:"羌族人之所以容易控制,是因为羌族各部落都有自己的首领,经常互相攻击,形不成统一的势力。三十多年前,西羌反叛时,也是先解除怨仇,订立盟约,进攻令居,与汉朝相对抗,经过五六年才平定下来。到汉武帝征和五年,先零羌首领封煎等与匈奴互通使节,匈奴派人到小月氏,传告诸羌说:'汉贰师将军部众十多万人降服匈奴。羌族人被汉朝役使受苦。张掖、酒泉本来就是我们的地方,土地肥美,我们可以共同出兵进击占据这些地方。'以此看来,匈奴想与羌族联合,并非是这一世的事情。不久前,匈奴在西方受困,听说乌桓前来保卫汉朝的边塞,害怕战争又要从东面发生,几次派使者到尉黎、危须各国,献上美女裘皮,想破坏离间我们的关系。但匈奴的计谋没有成功。我怀疑匈奴改派使者到羌族部落中,从沙阴取道,出盐泽,过长阬,入穷水塞,南面到达汉朝的属国,与先零羌直接联系。臣下恐怕羌族人的变化还不是到此为止,况且又联结其他部落,应在事情未发生之前有所准备。"此后一个多月,羌侯狼何果然派遣使者到匈奴借兵,准备进攻鄯善、敦煌,以绝断汉朝通西域的道路。赵充国认为:"狼何,是小月氏种族,在阳关的西南,势必不可能独自做出这个计谋,我怀疑匈奴的使者已到达羌族之中,于是先零、罕、开诸羌就解除仇怨订立盟约。到秋天马肥之时,变乱就必定会发生。应该派遣使者巡行边防军队,预先做好准备,敕令他们注视诸羌部落,不让诸羌部落互相解除仇怨,以此来揭发他们的阴谋。"于是丞相、御史大夫两府又建议派遣义渠安国巡视诸羌部落,区分好坏。义渠安国到达以后,召集先零羌各部落首领三十多人,以为他们特别凶悍狡猾,都全部斩杀了。又派兵出击那些部落的百姓,斩杀一千多人。于是各归降的诸羌部落以及归义羌侯杨玉等都恐惧恼怒,怪汉朝不守信用,便劫持弱小部落背叛汉朝,侵犯边塞,进攻城邑,杀死地方官吏。义渠安国以骑都尉率领三千骑兵驻守防备羌人,到了浩亹县,受羌人攻击,损失很多车辆辎重兵器。义渠安国引兵退回,到达令居县,把情况上报汉廷。这一年,已是汉宣帝神爵元年的春天了。

当时赵充国年已七十多岁,皇上认为他已老了,派御史大夫丙吉去询问谁可为将,赵充国回答说:"没有人能超过老臣的了。"皇上又派人去问他说:"将军估计羌敌兵力如何,我们应当使用多少军队?"赵充国说:"听了上百个报告,不如亲自去一见。兵家之事很难料测,臣下愿意到金城郡去看看,然后呈上作战方略。然而羌戎只是个小小的夷族,他们违逆天理背叛汉朝,不久就会灭亡,希望陛下把此事交给我老臣去处理,不必为此事多担忧。"皇上笑着说:"好。"

赵充国到达金城郡,等到兵员已满一万骑兵的时候,就准备渡过黄河,但又恐怕被敌军中途拦截,当夜派了三校人马不声不响地先渡黄河,渡河后就在岸上安营列阵,到了天亮,一切都准备完毕,于是按次序全部渡过了黄河。敌军有数十百骑兵,在汉军旁出出进

进。赵充国说:“我士卒马匹刚渡河疲劳,不可驰马追逐。这些羌人骑兵都骁勇很难制服,又恐怕这是诱兵之计。攻击敌人以全歼为目标,这些小利不值得贪图。”命令军队不许出击。赵充国派出骑兵到四望峡中去侦察,没有发现敌人。夜里就引兵上落都山,召集诸校司马,对他们说:“我知道羌敌不会用兵。如果羌人派数千人守驻四望峡中,我们的军队岂能进入啊!”赵充国经常把侦察兵远远地派出去,行动时必定做好作战的准备,停下来必定坚固营垒,特别能够保持稳重,爱抚士卒,先谋划而后作战。于是西行到西部都尉府,每日犒劳军士,军士都愿为他所用。敌军几次挑战,赵充国坚守不出。后来捕捉到一个活口,说羌人首领几次互相责难道:“早告诉你不要造反,现在天子派遣赵将军前

汉车、骑、步卒联合作战,汉画像石,山东嘉祥武氏祠。

来,年已八、九十岁,善于用兵。如今想与他决一死战,有可能吗!”

赵充国的儿子是右曹中郎将赵卬,率领期门飞、羽林孤儿、胡越骑兵组成一支军队,到达令居城。敌军也同时出击断绝汉军粮道,赵卬把情况上报。皇帝下诏令他率领八校尉与骁骑都尉、金城太守合力搜捕山间敌人,打通粮道渡津。

当初,罕羌、开羌的首领靡当儿派他的弟弟雕库前来向都尉告密,说先零羌想造反,过了几天,先零羌果然反了。雕库同部落的人有不少在先零羌中,都尉就把雕库扣留作为人质。赵充国认为雕库无罪,便放他回去向其他羌人首领说:“汉朝大军只诛杀有罪的羌人,你们要明白自己区别,不要自取灭亡。汉朝天子告示诸羌部落,犯了法的只要能捕斩其他罪犯,可以除罪。斩杀有罪大首领一人,赏钱四十万,中首领十五万,下首领二万,成年男子三千,妇女以及老小羌人赏一千钱,同时又将所捕获罪犯的妻子财物全部归他所有。”赵充国的计谋是想用军威去招降罕、开羌以及被先零羌劫持的部落,瓦解粉碎敌人的预谋,等到他们精疲力倦之时再出兵攻击。

当时汉宣帝已经征发三辅、太常的刑徒，三河、颍川、沛郡、淮阳、汝南的步兵，金城、陇西、天水、安定、北地、上郡的骑兵、羌人骑兵，与武威、张掖、酒泉太守各自驻屯的军队，合计六万人。酒泉太守辛武贤上奏说："边郡的军队都驻屯防备在祁连山的南面，北面空虚，势必不能持久。有人说到秋冬时再进兵，这是敌人在境外的策略。现今敌人每天都在入侵，而边郡土地寒冷贫瘠，汉军马匹不能过冬，驻屯在武威、张掖、酒泉的马匹有一万以上，都很瘦弱。建议增加马匹的食料，在七月上旬携带三十天的粮食，从张掖、酒泉分兵出击罕、开羌在鲜水一带。羌敌以牲畜为命根子，现在都全部离散，我军立即分兵出击，虽不能全部消灭，但只要夺取他们的牲口，俘虏他们的妻子儿女，再退兵回来，到冬天再发起攻击，大部队一出，敌军必然震溃。

天子把奏书下达给赵充国，命令他与校尉以下通晓羌人情况的士吏广泛讨论。赵充国以及长史董通年以为："辛武贤想轻易地率领一万骑出，分两路从张掖出发，迂回千里之远。按一匹马驮负三十天粮食，即为二斛四斗，麦子八斛，再加上衣装兵器，就难以追击敌军。等到辛劳地到达，敌军必然会计算汉军的进退速度，汉军到来之前便引兵离去，进水草之地，入山林之中。如果跟随敌军深入，敌军就据险挡于前，要塞守于后，以断绝汉军的粮道，这样必定有伤亡倾危的忧患，被夷狄耻笑，永远也不能挽回。而辛武贤以为可能夺取羌敌的牲畜，俘虏羌敌的妻子儿女，这也就成了空话，并非是至善的妙计。同时武威县，张掖的日勒县，都地处北部要塞，有通达山谷的水草之地。臣下恐怕匈奴与羌人合谋，准备大举入侵，幸亏有张掖、酒泉能够作为要塞，杜绝通往西域的道路，因此这两郡的军队尤其不可征发。先零羌是这次叛乱的首恶，劫持其他部落一同造反。所以按臣下的愚计，准备捐弃罕、开羌昏庸愚昧的过错，隐忍下来不要张扬，先诛灭先零羌使他们震动，要他们悔过从善，然而赦免他们的罪过，再挑选熟悉羌人习俗的优秀官吏去安抚团结他们，这是保全全军稳操胜券安定边疆的计策。"天子把赵充国的奏书发了下去。公卿大臣讨论都认为先零羌兵力强盛，又恃仗罕、开羌的帮助，如果不先破罕、开羌，那么先零羌也不好对付。

皇上于是就任命侍中乐成侯许延寿为强弩将军，又立即任命酒泉太守辛武贤为破羌将军，赏赐盖有皇帝玺印的诏书嘉许采纳他的计策。天子诏书责备赵充国说：

皇帝问候后将军，在边疆日晒露宿守卫极为辛苦。将军计划准备到正月才攻击罕羌，这时羌人都已收获了麦子，已可远离妻子儿女，集精兵万人来入寇酒泉、敦煌了。我们边兵少，百姓守边保家不能到田里耕作。现今张掖以东，粟一石一百多钱，干草秸秆一捆要贵几十钱。各地转运粮草，百姓烦扰。将军率一万多部众，不及早在秋天共享水草丰美之利，争夺牲畜的饲食，却要等到冬天，那时敌人都已准备好牲口的饲食，多藏匿在山中险阻的地方，而将军的士卒受寒受冷，手脚冻裂，难道还有利吗？将军不考虑国家的耗费，想用几年的时间而来战胜小小的羌敌，凡是领兵的将军谁愿意这样做呢！

如今我诏令破羌将军辛武贤率军六千一百人，敦煌太守快率军二千人，长水校尉富昌、酒泉侯奉世率领婼羌、月氏兵四千人，共计大约一万二千人。携带三十天口粮，在七月二十二日出击罕羌，进入鲜水北岸的拐弯处，离酒泉八百里，离将军大约一千二百里。将军就领兵从便道向西同时并进，虽不能会合，但能使敌人听到东方、北方的军队齐头并进，分散羌敌的注意力，使其党羽离心，虽然不能全部歼灭，也可以瓦解敌军。我已下诏令中郎将赵甲率领胡越骑兵、甲飞射士步兵二校人马，增加将军的兵力。

如今金、木、水、火、土五星同时在东方出现，预兆中国大胜，蛮夷大败。太白金星出现在高处，象征用兵深入敢于决战的吉利，不敢决战的凶险。将军应赶快准备行装，凭借天时，诛杀不义之羌，必定会万全成功，切勿再有迟疑。

赵充国得到责备的诏书以后，认为将军领兵在外，应该根据情况的利弊坚守自己的主张，以便保卫国家。于是就上书谢罪，借此陈述军事计划的利害得失，说：

臣下看到陛下惠赐骑都尉义渠安国的诏书，选择羌人中可以出使罕羌的使者，谕告他们汉朝大军到来之时，不诛杀罕羌部落，以此瓦解先零羌的阴谋。皇上对罕羌的恩泽极为深厚，不是臣下所能及得上的。臣下独自私下赞美陛下的盛德，其计划已无可伦比，因而派遣开羌首领雕库回去宣扬天子的美德，罕羌、开羌各部落都听到你英明的诏令。如今先零羌杨玉率领骑兵四千以及煎巩羌骑兵五千，阻守山石林木之中，等候有利时机入寇侵略，罕羌则没有这样。现在放下先零羌，却先攻击罕羌，这样使有罪的得到开释，无辜的遭到诛灭，解决一个患难，形成两个祸害实在不合陛下的本意。

臣下听说兵法有"进攻的力量虽然不足，但防守却绰绰有余"，又说："善于作战的能控制敌人，而不被敌人所控制。"如今罕羌准备入寇敦煌、酒泉郡，我们整治武器兵马，训练战士，等待他们的到来，坐得制敌的战术，以逸击劳，这是取胜的办法。如今只恐怕敦煌、酒泉二郡的兵力太少，不足以防守，如果征发他们去进攻，这是放弃了制敌的战术而让敌人所制，臣下愚以为不妥当。先零羌敌寇为了背叛汉朝，故而与罕羌、开羌解除怨仇订结盟约，然而他的内心不能不害怕汉军到达时后罕羌、开羌背叛他。臣下愚以为先零羌的策略总是想先让罕羌、开羌处于急难的地位，以此来加强他们的盟约。如果我们先攻击罕羌，先零羌必定出来援助。现在敌人马匹肥壮，粮食正丰饶，我们出击罕羌恐怕不能有所伤害，反而使先零羌布施恩德给罕羌，坚固其盟约，联合其党羽。敌人盟约坚固，党羽联合，有精兵二万多人，胁迫其他弱小部落，依附他们的逐渐众多，像莫须羌之类的小部落也不会轻易离开他们。如果是这样的话，敌人的兵力越来越多，征伐他们要用几倍的兵力，臣下恐怕国家的忧患累赘要用十年来计算，不仅仅只是二、三年的事了。

臣下得蒙天子的恩德深厚，父子都显为要职。臣下官位至上卿，爵位为列侯，犬马之齿已七十六岁，能为皇上英明的诏令抛尸沟壑，死骨不朽，已无所顾虑，唯独把用兵的利害得失思考得更为具体成熟而已。根据臣下的计策，先诛灭先零羌完毕，罕羌、开羌之类则不用出兵就可降服。如果先零羌已被诛灭而罕羌、开羌仍不归服，一到正月就攻打他们，既得用兵的道理，又合用兵的时机。如果现在进兵，实在看不到有利的地方，唯请陛下裁决明察。六月戊申上奏书，七月甲寅便有盖着皇帝玺印的文书回报同意赵充国的计策。

赵充国领兵到达先零羌的地方。敌人长久屯聚，懈怠松弛，望见汉朝大军，就抛弃车辆辎重，想渡过湟水，但由于道路狭窄，赵充国就慢慢地行军驱赶。有人对赵充国说，追逐战利，行动太迟缓。赵充国说："这是穷途末路的敌寇，不可逼迫太紧。缓慢行进他就只顾逃走而不顾其他，急速追赶则回过头来作拼死搏斗。"众位将校听了都说："对。"敌人落水淹死数百人，投降以及斩首的五百多人，俘获马牛羊十万多头，车四千多辆。汉军到达罕羌的地方，赵充国命令军队不许焚烧村落和在田里打草放牧。罕羌听到这一消息，就高兴地说："汉军果然不攻击我们！"罕羌首领靡忘派人来说："希望回到原来的地方。"赵充国将情况上报，没有得到回报。靡忘亲自前来归顺，赵充国赐给他酒食，遣送他回去谕告同部落的人。护军以下的将吏都出来与赵充国争论，说："这是造反的敌寇，不能擅自遣送回去。"赵充国说："诸位只想在写文书时方便而为自己打算，不是为国家忠心着想。"话还未讲完，皇上盖有玺印的回报到达，命令将靡忘以赎罪论处。后来罕羌竟然不用兵力而被征服。

这一年的秋天，赵充国病重，皇上赐给他诏书说："制诏后将军：听说你腿脚不便，风寒下泄，将军年老多病，一旦有变不可讳言，朕极为忧虑。现在诏令破羌将军到你驻屯的地方，作为将军的副手，赶快乘天时对我们大为有利，将吏士气高昂，在十二月出击先零羌。如果你疾病加重，就留在屯所不必出行，只派破羌将军、强弩将军前去即可。"当时羌人投降汉朝的已达一万多人。赵充国估计羌人必败，准备撤回骑兵进行屯田，以此等待敌人疲竭。奏报还未上达，正好接到进兵的诏书，中郎将赵卬害怕赵充国不肯进兵，便派遣门客去劝谏赵充国说："命令出兵，如果确实会破军杀将而招致国家倾危的话，那么将军坚持防守是可以的。如果只是考虑攻守孰利孰弊，那又有什么可以争论的呢？一旦你的意见不合皇上的意旨，皇上派绣衣御史前来责罪将军，将军自身都不能自保，还有什么国家的安全呢？"赵充国听了叹息说："这是何等不忠的言论啊！如果早先听用我的主张，羌敌怎么会是今天的情况呢？往日推举可能巡行羌族的人，我推举了辛武贤，丞相御史却又禀报派遣了义渠安国，结果败坏了对羌族的计谋。金城、湟中一带，当时一斛谷只有八钱，我对司农中丞耿寿昌说，只要买进二百万斛谷，羌人就不敢妄动了。耿中丞报请皇上只买一百万斛谷，实际上只买得四十万斛。义渠安国两次出使，购买粮食只有所需的一半，由于这两个的失策，所以羌人才敢于叛逆。失之毫厘，差以千里，这是既成事实了。如今军队旷日持久不能决胜，四方夷狄人心动摇，互相乘机而起，虽有智谋的人也不能善理后事，难道仅仅是羌族值得担忧的吗！我愿意拼死坚守我的主张，贤明的君主是可以听从忠言的。"于是呈上关于屯田的奏书说：

臣下听说用兵是为了宣扬美德清除祸害，因此在外举兵得当，则在国内会产生福祥，所以不可不慎重从事。臣下所领的将吏士卒以及马牛的粮食，每月用粮谷十九万九千六百三十斛，盐一千六百九十三斛，干草秸秆二十五万二百八十六石。战争灾难长久不能解决，各种徭役不会止息。又恐怕其他夷狄突然有意想不到的变乱，互相乘机而起，成为贤明君主的忧患，实在不是庙堂商议的胜敌之策。况且羌敌容易以计谋来攻破，难以用武力去粉碎，所以臣下认为不便于出击。

估计从临羌县往东到浩亹，羌敌原来的土地和朝廷的公田，百姓都未开垦，大约在二千顷以上，其间邮站驿亭也大多毁坏。臣下以前部署士卒入山，砍伐木材大小六万多枚，都放在水边。希望能撤回骑兵，留下减刑犯人、应募士兵，以及淮阳、汝南步兵与将吏的私人随从，合计共一万零二百八十一人，每月用谷二万七千三百六十三斛，盐三百零八斛，分别驻屯在交通要道处。等到河冰解冻运下木材，修缮乡里亭隧，疏通沟渠，整治湟峡以西的道路桥梁七十处，使通道到达鲜水附近。春天田耕开始，每人授田二十亩，到四月青草生长，调发强健的郡国骑兵以及属国的胡骑各一千，副马二百匹，到那里去放牧吃草，作为保卫耕田人的流动部队。把收获来的粮食，充实进金城郡，增加粮食积蓄，节省庞大开支。再加上现在大司农已经运到的粮谷，足以支持一万人一年的伙食。现谨呈上屯田地点以及所需器物用品的账簿，唯请陛下裁决准许。

皇上回报说："皇帝问候后将军，你说准备撤回骑兵，留下一万人屯田，若按将军之计，羌敌何时才能诛灭，战事何时才能解决？究竟怎么办更好，请再奏报。"赵充国呈上奏书说：

臣下听说帝王的军队，是以保全自己而取得胜利，因此重计谋而轻力战。力战胜了一百次，也不是好中最好的。所以只有做好不可战胜的准备，那么敌人才能被战胜。蛮夷的风俗习惯虽然不同于我们的礼义之国，但是他们想避害趋利，爱护亲戚，害怕死亡，却都是一样的。现今羌敌失去了美地肥草，苦于寄居他乡，骨肉同胞离心离德，因而人人都抱有反叛之心，而贤明君主如能回师撤兵，留下万人屯田，上顺天时，下因地利，来等待可能被战胜的敌人，虽然敌人没有立即受到惩罚，但解决战争的时间已即可在望。目前羌敌已开始瓦解，前后投降的有一万零七百多人，还有接受我劝说而回去互相告示的共七十批，这些都是坐待肢解羌敌的办法。

臣下谨逐条陈述不出兵而留下屯田的十二条好处：步兵九校，有将士兵卒一万人，留下驻屯作为武装防备，利用田地收获粮食，武威与恩德同时并行，这是第一。又因为排挤羌敌，使他们不能回到肥沃富饶之地，让其部众贫困破产，以造成羌敌之间互相背叛逐渐加剧，这是第二。当地居民能共同耕作田地，不失务农本业，这是第三。军马一月的食料，估计可以开支士卒一年的粮食，撤回骑兵可以节省大量费用，这是第四。到了春天检阅士卒，沿着黄河、湟水运送粮食到临羌，向羌敌显示我兵精粮足，宣扬威武，是可以传世的克敌制胜的办法，这是第五。用空闲的时间运下过去所伐的木材，修缮邮站驿亭，充实金城郡，这是第六。军队出击，乘敌之危去侥幸取胜；不出击，也可使反叛之敌奔窜于凄风寒冷之地，遭受霜雪雨露疾病瘟疫冻疮断指的祸患，而我们则坐得必胜之道，这是第七。我们没有经历险阻长途追赶造成死伤的危害，这是第八。内部不损减军队威武的实力，外部不使敌人有可乘之机，这是第九。同时又不去惊动在黄河以南的大开、小开羌，没有使他们产生变乱的忧患。这是第十。整治湟峡一带的道路桥梁，使通道直至鲜水，以此控制西域，扬威千里，犹如从枕席上通过军队那样安全方便，这是第十一。大量的费用节省下来，百姓的徭役也同时止息，这样可以戒备其他的意外事变，这是第十二。留下屯田可以得到十二项好处，出兵就失去了这十二项好处。我赵充国才能低下，年老体衰，不知长远之计，只是希望诏令朝廷公卿议臣广泛详细讨论，做出选择。

皇上又赐诏回复说："皇帝问候将军，所说的十二条好处，我已知道。你说敌人虽然没有立即受到惩罚，但解决战争的时间已即可在望，所谓即可在望，指的是今年冬天呢，还是指什么时间？将军难道没有考虑，敌人听到我军大量撤兵，将会聚集壮丁，进攻骚扰屯田者以及道路上的驻军，又将杀掠人民，我们将怎么制止？又大开、小开羌从前说过：'我们向汉朝军队密告先零羌驻军的地方，但汉军不前去进攻，这次长期留屯，会不会像元康五年一样，不分区别而一同打击我们？'他们心中常怀恐惧。如今军队不出，会不会发生变乱，与先零羌结为一体？将军仔细计议再奏报给我。"赵充国上奏说：

臣下听说用兵以计谋为根本，因此计算多的胜计算少的。先零羌的精锐部队现在剩余的不超过七、八千人，失去了原来的土地，客居远方，分崩散离，受饥挨冻。罕羌、开羌、莫须羌又时常侵犯掠夺先零羌的老小妇女和牲畜财产，反叛先零羌归来的络绎不绝，这是全都听到天子关于奖赏自相捕杀罪犯的英明诏令。臣下愚以为敌人败坏已指日可待,最远也在来年春天,因此我说解决战争的时间已即可在望。我见到北部边疆自敦煌至辽东长达一万一千五百多里,沿着要塞设置亭隧只有吏卒几千人,敌人几次大部队进攻不能造成祸害。现在我们留步兵一万人屯田,地势平坦,又多高山远望方便,部队之间相互保卫,深挖壕沟,高筑木楼,九校联系络绎不绝,备好武器弓弩,整治作战器具,烽火相通,形成一股合力,以逸待劳,这是用兵的有利方面。臣下以为屯田对内有不费财力的好处,对外有守御敌人的准备。我们的骑兵虽然撤离了,但敌人看到我们留下万人屯田成为他们必然被擒的下场,他们土崩瓦解、归降投诚的日子也就不会太久了。从现在开始的三个月中,敌人马匹瘦弱,必定不敢将妻子儿女放在其他部落,然而自己却老远地跋山涉水来侵犯我们。又看到屯田之士是精兵万人,最终也不敢再将他们的老少妻儿带回故土。这是臣下的愚计,估计敌人必定在当地逐渐瓦解,这是不交战而敌人自败的计策。至于敌人小股入侵,不时杀害人民,这原本就未可禁绝。臣下听说出战不能必胜,就不要随便交锋;进攻不能必取,就不要随便劳师动众。如果命令军队出击,虽然不能歼灭先零羌,但是只要能使敌人再也不能作小股入侵,那么出兵也是可以的。现今同样不能禁绝敌人小股入侵,而放弃坐待取胜的办法,采取冒险的行动,用兵前去出击终究也见不到好处,使内部空虚而自找疲惫,削减实力而自作损耗,这不是对付蛮夷的办法。又大军一出,回来后就不能再留下来屯田,湟中地区也不能空空无物,如果是这样,又得再发徭役。况且匈奴也不可不戒备,乌桓也不可不忧虑。如今长时期地转运耗费烦多,把预防意外的费用全部供给在一个地方,臣下愚以为不合适。校尉临众有幸承皇上的威德,带着丰厚的币财,安抚各个羌人部落,宣示英明的诏令,想必都会闻风归降。虽然他们以前曾经说过"会不会像元康五年那样",但现在已不会再有疑心,因此不足以由此出兵。臣下暗中思忖,奉诏出塞,领兵远征,用尽天子的精兵,如果把车甲抛撒在荒山野田之中,虽然没有一尺一寸的功劳,但只要能苟且偷安,逃避违抗圣意的嫌疑,因而也就没有事后的过失与罪责,这是对人臣不忠有利,不是贤明君主和国家的好事。臣下有幸能够激奋精兵,征讨不义,但不能及早歼灭敌人,罪该万死。承蒙陛下宽宏仁慈,不忍心加罪,使臣下多次得到仔细考虑的机会。臣下深思熟虑以后,不敢逃避斧钺之诛,冒死陈述愚见,唯请陛下明察。

赵充国每次上奏,皇帝就交给公卿议臣讨论。最初同意赵充国计策的占十分之三,以后占十分之五,最后占十分之八。诏令诘问以前说赵充国之计不好的,都低头认错。丞相魏相说:"臣下愚昧不熟悉军事上的利害得失,后将军几次筹划军策,他的话常常是对的,臣下担保他的计策必能可用。"皇上于是回报赵充国说:"皇帝问候后将军,上书陈言可胜羌敌的办法,今听从将军的意见,将军的计策很好。请报上留下屯田以及应当撤回的人马数目。将军应多进饮食,谨慎用兵,多多自爱!"皇上又以破羌将军、强弩将军多次进言出击,而赵充国屯田的地方大多分散,担心敌人侵犯,于是也同意破羌将军与强弩将军的意见,诏令两将军与中郎将赵卬出击。强弩将军出击,降服四千多人,破羌将军斩敌首二千级,中郎将赵卬也斩杀与降服二千人,而赵充国所降服的又得五千多人。宣帝下诏撤兵,只有赵充国留下屯田。

第二年的五月,赵充国上奏书:"羌人本有军队五万人,被斩杀的共有七千六百人,投降的有三万一千二百人,在黄河、湟水溺水和饥饿而死的有五、六千人,估计遗漏逃脱与煎巩羌、黄羝羌一同逃亡的不超过四千人，羌人首领靡忘等自称必能把他们捉回。因此，请求撤回屯田部队。”上报的奏书得到了批准，赵充国就班师回朝。

好友浩星赐迎接赵充国说：“大家都以为破羌将军、强弩将军出兵击败羌敌，斩杀俘获很多，敌人由此败坏。然而有识之士以为敌人处境穷困，虽不出兵，也必定能够降服。将军如见皇上，最好把功劳归于两将军出击，不是愚臣所能及得上的。如果这样说，将军就不会失策。”赵充国说：“我年纪已老了，爵位也到了最高，岂能在这件事上怕嫌来欺骗贤明的君主！研究军事形势，是国家的大事，应当成为后世效法的榜样。老臣不以有生之年专门为陛下讲明军事上的利害得失，如果我突然死去，还有谁再来说呢？”结果还是按自己的本意对皇帝说了。皇上肯定了他的计策，罢免辛武贤的破羌将军职位，仍让他回去做酒泉太守的官职，赵充国仍为后将军兼卫尉之职。

这一年的秋天，羌人若零、离留、且种、儿库共同斩得先零羌大首领犹非、杨玉的脑袋，和其他的首领弟泽、阳雕、良儿、靡忘一起率领煎巩羌、黄羝羌之类的部落四千多人投降汉朝。皇上封若零、弟泽二人为率众王，离留、且种二人为侯，儿库为君，阳雕为言兵侯，良儿为君，靡忘为献牛君。开始设置金城属国来安置投降的羌人。

宣帝诏令推举护羌校尉的人选，当时赵充国有病，丞相、御史大夫、车骑将军、前将军四府推举辛武贤的小弟弟辛汤。赵充国立即起来上奏说：“辛汤酗酒使性，不可掌管蛮夷，不如辛汤的哥哥辛临众合适。”当时辛汤已接受任命符节，于是又有诏令更用辛临众。后来辛临众病重免职，五府又推举了辛汤。辛汤当了护羌校尉后多次酗酒谩骂羌人，羌人由此反叛，终于应验了赵充国的话。

当初，破羌将军辛武贤在军中时与中郎将赵卬吃酒闲聊，赵卬说：“车骑将军张安世开始时曾使皇上不愉快，皇上想杀他，我家将军以为张安世拿着书袋，插笔在头，为孝武帝备从顾问几十年，可以说是忠心谨慎，应该保全他。张安世因此得以免死。”等到赵充国回京后向宣帝谈论征服羌人的军事，辛武贤因此就罢免了破羌将军，命他回去仍任酒泉太守的旧职，辛武贤对赵充国深怀痛恨，于是就上书告发赵卬泄漏宫中机密。赵卬因犯了禁止进入赵充国幕府营军司马的禁令，扰乱驻军法令，下吏部治罪，自杀而死。

赵充国请求告老回乡，皇上赐他用四匹马拉的安车、黄金六十斤，免职回乡。朝廷每有关于四方夷狄的重大商议，经常请他参与军事谋划，询问计策。享年八十六岁，在甘露二年去世，谥号称为壮侯。他死后的爵位从儿子传到孙子赵钦，赵钦娶敬武公主为妻。敬武公主没有儿子，公主指使赵钦的良人习氏假称怀有身孕，以别人之子冒名顶替。赵钦死后，儿子赵岑继承侯爵，习氏为太夫人。赵岑的亲生父母索取钱财没有得到满足，气愤之下向上告发。赵岑因不是赵钦之子而免除了爵位，废除了封邑。元始年间，重修功臣后代，再封赵充国曾孙赵伋为营平侯。

当初，赵充国因为功劳德行与霍光相等，将他的画像放进未央宫中。汉成帝时，西羌又传来警报，成帝思念过去平定羌乱的将帅大臣，追悼赞美赵充国，于是就召来黄门郎杨雄，在赵充国的画像旁题写颂文，颂文写道：

英明圣灵汉宣帝时，有戎狄先零羌。先零羌非常猖狂，侵犯汉朝的西部边疆。汉朝任命虎将，这是后将军赵充国。赵充国统率六师大军，出兵讨伐威震西羌。赵充国到了西羌，晓谕武威与恩德。有酒泉太守辛贤贪图功劳，说赵充国不能克敌制胜，请求皇上奋兵出击，先攻打罕羌。天子下令，命赵充国跟从辛武贤出兵，讨伐罕羌于鲜水之上。营平侯赵充国坚持自己的主张，屡次报上奏章，料敌制胜，智勇相当。平定了西羌，班师还朝，四方蛮夷顺服，没有不来朝见汉朝的。昔日西周宣王中兴，有功臣方叔、邵虎，诗人对他们歌功颂德，列入诗经的《大雅》《小雅》之中。现在汉朝中兴，赵充国建立武功，雄赳赳气昂昂，方叔、邵虎后继有人。

薛方传

【题解】

王莽篡汉，名声不佳。但从《薛方传》可以看到，他尊崇隐士的意愿，不以己意强迫他人为己出力，很是可取。

【原文】

薛方尝为郡掾祭酒，尝征不至，及莽以安车迎方，方因使者辞谢曰："尧舜在上，下有巢由，今明主方隆唐虞之德，小臣欲守箕山之节也。"使者以闻，莽说其言，不强致。方居家以经教授，喜属文，著诗赋数十篇。

【译文】

薛方曾当过郡的佐助祭酒一官，曾被皇帝征召而没有应诏，当王莽用可以坐乘的车子迎接薛方时，他通过使者推辞道："尧、舜高高在上，前面还有巢父、许由，现今贤明的君主才降下陶唐、虞舜般的恩泽，小臣还想学许由隐居在箕山一样，保持清高的节操呢！"使者把这些话告诉王莽，王莽高兴他所说的话，不强迫他出山，薛方在家里传授经典，喜欢作文，著有诗词歌赋几十篇。

扬雄传

【题解】

扬雄（公元前53~公元后18年），一作杨雄，字子云，西汉蜀郡成都（今属四川）人。幼而好学，博览群书。口吃不善谈吐，喜沉默，好深思。安贫乐道，不汲汲于富贵。四十多岁到京师，王音荐为待诏，后拜给事黄门郎。王莽时为大夫，校书天禄阁。一生贫穷，交游甚少，以文章名世。成帝时曾著《甘泉赋》《河东赋》《校猎赋》《长杨赋》进行讽谏，后来领悟到这种做法适得其反，便仿《易》作《太玄》，仿《论语》作《法言》。他的著作备受桓谭、王充、张衡的推崇。他还编有字书《训纂篇》和《方言》。

【原文】

扬雄字子云，蜀郡成都人也。其先出自有周伯侨者，以支庶初食采於晋之扬，因氏焉，不知伯侨周何别也。扬在河、汾之间，周衰而扬氏或称侯，号曰扬侯。会晋六卿争权，韩、魏、赵兴而范、中行、知伯弊。当是时，逼扬侯，扬侯逃於楚巫山，因家焉。楚、汉之兴也，扬氏溯江上，处巴江州。而扬季官至庐江太守。汉元鼎间避仇复溯江上，处岷山之阳曰郫，有田一廛，有宅一区，世世以农桑为业。自季至雄，五世而传一子，故雄亡它扬於蜀。

扬雄

雄少而好学，不为章句，训诂通而已，博览无所不见。为人简易佚荡，口吃不能剧谈，默而好深湛之思，清静亡为，少耆欲，不汲汲於富贵，不戚戚於贫贱，不修廉隅以徼名当世。家产不过十金，乏无儋石之储，晏如也。自有大度，非圣哲之书不好也；非其意，虽富贵不事也。顾尝好辞赋。

先是时，蜀有司马相如，作赋甚弘丽温雅，雄心壮之，每作赋，常拟之以为式。又怪屈原文过相如，至不容，作《离骚》，自投江而死，悲其文，读之未尝不流涕也。以为君子得时则大行，不得时则龙蛇，遇不遇命也，何必湛身哉！乃作书，往往摭《离骚》文而反之，自岷山投诸江流以吊屈原，名曰《反离骚》。又旁《离骚》作重一篇，名曰《广骚》。又旁《惜诵》以下至《怀沙》一卷，名曰《畔牢愁》。《畔牢愁》《广骚》文多不载，独载《反离骚》，其辞曰：（以下《反离骚》原文不录。）

孝成帝时，客有荐雄文似相如者，上方郊祠甘泉泰畤、汾阴后土，以求继嗣，召雄待诏承明之庭。正月，从上甘泉，还奏《甘泉赋》以风。其辞曰：（以下《甘泉赋》原文不录。）

甘泉本因秦离宫，既奢泰，而武帝复增通天、高光、迎风。宫外近则洪崖、旁皇、储胥、弩陆，远则石关、封峦、枝鹊、露寒，棠梨、师得，游观屈奇瑰玮，非木摩而不雕，墙涂而不画，周宣所考，般庚所迁，夏卑宫室，唐虞采椽三等之制也。且为其已久矣，非成帝所造，欲谏则非时，欲默则不能已，故遂推而隆之，乃上比於帝室紫宫，若曰此非人力之所为虑党鬼神可也。又是时赵昭仪方大幸，每上甘泉，常法从，在属车间豹尾中。故雄聊盛言车骑之众，参丽之驾，非所以感动天地，逆厘三神。又言"屏玉女，却伏妃"，以微戒齐肃之事。赋成奏之，天子异焉。

其三月，将祭后土，上乃帅群臣横大河，凑汾阴。既祭，行游介山，回安邑，顾龙门，览监池，登历观，陟西岳以望八荒，迹殷、周之虚，眇然以思唐虞之风。雄以为临川羡鱼不如归而结网，还，上《河东赋》以劝，其辞曰：（以下《河东赋》原文不录。）

其十二月，羽猎，雄从。以为昔在二帝三王，宫馆台榭沼池苑囿林麓薮泽财足以奉郊庙，御宾客，充庖厨而已，不夺百姓膏腴谷土桑柘之地。女有馀布，男有馀粟，国家殷富，上下交足，故甘露零其庭，醴泉流其唐，凤凰巢其树，黄龙游其沼，麒麟臻其囿，神爵栖其林。昔者禹任益虞而上下和，山木茂；成汤好田而天下用足；文王囿百里，民以为尚小；齐宣王囿四十里，民以为大；裕民之与夺民也。武帝广开上林，南至宜春、鼎胡、御宿、昆吾，旁南山而西，至长杨、五柞，北绕黄山，濒渭而东，周袤数百里。穿昆明池象滇河，营建章、凤阙、神明、馺娑，渐台、泰液象海水周流方丈、瀛洲、蓬莱。游观侈靡，穷妙极丽。虽颇割其三垂以赡齐民，然至羽猎田车戎马器械储偫禁御所营，尚泰奢丽夸诩，非尧、舜、成汤、文王三驱之意也。又恐后世复修前好，不折中以泉台，故聊因《校猎赋》以风，其辞曰：（以下《校猎赋》原文不录。）

明年，上将大夸胡人以多禽兽，秋，命右扶风发民入南山，西自褒斜，东至弘农，南驱汉中，张罗网置罘，捕熊罴豪猪虎豹狖玃狐兔麋鹿，载以槛车，输长杨射熊馆。以罔为周阹，纵禽兽其中，令胡人手搏之，自取其获，上亲临观焉。是时，农民不得收敛。雄从至射熊馆，还，上《长杨赋》，聊因笔墨之成文章，故藉翰林以为主人，子墨为客卿以风。其辞曰：（以下《长杨赋》原文不录。）

哀帝时丁、傅董贤用事，诸附离之者，或起家至二千石。时雄方草《太玄》，有以自守，泊如也。或嘲雄以玄尚白，而雄解之，号曰《解嘲》。其辞曰：

客嘲扬子曰："吾闻上世之士，人纲人纪，不生则已，生则上尊人君，下荣父母，析人之圭，儋人之爵，怀人之符，分人之禄，纡青拕紫，朱丹其毂。今子幸得遭明盛之世，处不讳之朝，与群贤同行，历金门上玉堂有日矣，曾不能画一奇，出一策，上说人主，下谈公卿。目如耀星，舌如电光，壹从壹衡，论者莫当，顾而作《太玄》五千文，支叶扶疏，独说十馀万言，深者入黄泉，高者出苍天，大者含元气，纤者入无伦，然而位不过侍郎，擢才给事黄门，意者玄得毋尚白乎？何为官之拓落也？"

扬子笑而应之曰："客徒欲朱丹吾毂，不知一跌将赤吾之族也！往者周罔解结，群鹿争逸，离为十二，合为六七，四分五剖，并为战国。士无常君，国亡定臣，得士者富，失士者贫，矫翼厉翮，恣意所存，故士或自盛以橐，或凿坏以遁。是故邹衍以颉亢而取世资，孟轲虽连蹇，犹为万乘师。

"今大汉左东海，右渠搜，前番禺，后陶涂。东南一尉，西北一候。徽以纠墨，制以质铁，散以礼乐，风以《诗》《书》，旷以岁月，结以倚庐。天下之士，雷动云合，鱼鳞杂袭，咸营于八区，家家自以为稷、契，人人自以为咎繇，戴纵继垂缨而谈者皆拟于阿衡，五尺童子羞比晏婴与夷吾。当涂者入青云，失路者委沟渠。旦握权则为卿相，夕失势则为匹夫。譬若江湖之雀，勃解之鸟，乘雁集不为之多，双凫飞不为之少。昔三仁去而殷虚，二老归而周炽，子胥死而吴亡，种、蠡存而粤伯，五羖入而秦喜，乐毅出而燕惧，范雎以折摺而危穰侯，蔡泽虽噤吟而笑唐举。故当其有事也，非萧、曹、子房、平、勃、樊、霍则不能安；当其亡事也，章句之徒相与坐而守之亦亡所患。故世乱则圣哲驰骛而不足，世治则庸夫高枕而有馀。

"夫上世之士，或解缚而相，或释褐而傅；或倚夷门而笑，或横江潭而渔；或七十说而不遇，或立谈间而封侯；或枉千乘於陋巷，或扫帚彗而先驱。是以士颇得信其舌而奋其笔，窒隙蹈瑕而无所诎也。当今县令不请士，郡守不迎师，群卿不揖客，将相不俯眉。言奇者见疑，行殊者得辟。是以欲谈者宛舌而固声，欲行者拟足而投迹。乡使上世之士处乎今，策非甲科，行非孝廉，举非方正，独可抗疏，时道是非，高得待诏，下触闻罢，又安得青紫？

"且吾闻之，炎炎者灭，隆隆者绝，观雷观火，为盈为实，天收其声，地藏其热。高明之家，鬼瞰其室。攫拿者亡，默默者存；位极者宗危，自守者身全。是故知玄知默，守道之极；爰清爰静，游神之廷；惟寂惟寞，守德之宅。世异事变，人道不殊，彼我易时，未知何如。今子乃以鸱枭而笑凤凰，执蝘蜓而嘲龟龙，不亦病乎！子徒笑我玄之尚白，吾亦笑子之病甚，不遭臾跗、扁鹊，悲夫！"

客曰："然则靡《玄》无所成名乎？范、蔡以下何必《玄》哉？"

扬子曰："范睢，魏之亡命也，折胁拉髂，免於徽索，翕肩蹈背，扶服入橐，激卬万乘之主，界泾阳抵穰侯而代之，当也。蔡泽，山东之匹夫也，颔颐折頞，涕唾流沫，西揖强秦之相，扼其咽，炕其气，附其背而夺其位，时也。天下已定，金革已平，都于雒阳，娄敬委辂脱挽，掉三寸之舌，建不拔之策，举中国徙之长安，适也。五帝垂典，三王传礼，百世不易，叔孙通起于枹鼓之间，解甲投戈，遂作君臣之仪，得也。《甫刑》靡敝，秦法酷烈，圣汉权制，而萧何造律，宜也。故有造萧何律於唐、虞之世则悖矣，有作叔孙通仪于夏、殷之时则惑矣，有建娄敬之策于成周之世，则缪矣，有谈范、蔡之说于金、张、许、史之间则狂矣。萧规曹随，留侯画策，陈平出奇，功若泰山，响若阺隤，唯其人之赡知哉，亦会其时之可为也。故为可为于可为之时则从，为不可为于不可为之时则凶。夫蔺先生收功於章台，四皓采荣于南山，公孙创业于金马，骠骑发迹于祁连，司马长卿窃訾于卓氏，东方朔割炙于细君。仆诚不能与此数公者并，故默然独守吾《太玄》。"雄以为赋者，将以风也，必推类而言，极丽靡之辞，闳侈钜衍，竞于使人不能加也，既乃归之于正，然览者已过矣。往时武帝好神仙，相如上《大人赋》，欲以风，帝反缥缥有陵云之志。繇是言之，赋劝而不止，明矣。又颇似俳优淳于髡、优孟之徒，非法度所存，贤人君子诗赋之正也，於是辍不复为。而大潭思浑天，参摹而四分之，极于八十一。旁则三摹九据，极之七百二十九赞，亦自然之道也。故观《易》者，见其卦而名之；观《玄》者，数其画而定之。《玄》首四重者，非卦也，数也。其用自天元推一昼一夜阴阳数度律历之纪，九九大运，与天终始。故《玄》三方、九州、二十七部、八十一家、二百四十三表、七百二十九赞，分为三卷，曰一二三，与《泰初历》相应，亦有颛顼之历焉。揲之以三策，关之以休咎，绯以象类，播之以人事，文之以五行，拟之以道德仁义礼知。无主无名，要合《五经》，苟非其事，文不虚生。为其泰曼漶而不可知，故有《首》《冲》《错》《测》《摛》《莹》《数》《文》《掜》《图》《告》十一篇，皆以解剥《玄》体，离散其文，章句尚不存焉。《玄》文多，故不著。观之者难知，学之者难成。客有难《玄》大深，众人之不好也，雄解之，号曰《解难》。其辞曰：

客难扬子曰："凡著书者，为众人之所好也，美味期乎合口，工声调於比耳。今吾子乃抗辞幽说，闳意眇指，独驰骋于有亡之际，而陶冶大炉，旁薄群生，历览者兹年矣，而殊不寤。亶费精神于此，而烦学者于彼，譬画者画于无形，弦者放于无声，殆不可乎？"

扬子曰："俞。若夫闳言崇议，幽微之涂，盖难与览者同也。昔人有观象於天，视度於地，察法于人者，天丽且弥，地普而深，昔人之辞，乃玉乃金。彼岂好为艰难哉？势不得已也。独不见夫翠虬绛螭之将登呼天，必耸身于仓梧之渊，不阶浮云，翼疾风，虚举而上升，则不能撠胶葛，腾九闳。日月之经不千里，则不能烛六合，耀八纮；泰山之高不嶕峣，则不能浡滃云而散歊烝。是以宓牺氏之作《易》也，绵络天地，经以八卦，文王附六爻，孔子错其象而象其辞，然后发天地之臧，定万物之基。《典》《谟》之篇，《雅》《颂》之声，不温纯深润，则不足以扬鸿烈而章缉熙。盖胥靡为宰，寂寞为尸；大味必淡，大音必希；大语叫叫，大道低回。是以声之眇者不可同於众人之耳，形之美者不可棍于世俗之目，辞之衍者不可齐於庸人之听。

今夫弦者，高张急徽，追趋逐耆，则坐者不期而附矣；试为之施《咸池》，揄《六茎》，发《萧韶》，咏《九成》，则莫有和也。是故钟期死，伯牙绝弦破琴而不肯与众鼓；獿人亡，则匠石辍斤而不敢妄斫。师旷之调钟，俟知音者之在后也；孔子作《春秋》，几君子之前睹也。

老聃有遗言，贵知我者希，此非其操与！”

雄见诸子各以其知舛驰，大氐底訾圣人，即为怪迂，析辩诡辞，以挠世事。虽小辩，终破大道而或众，使溺于所闻而不自知其非也。及太史公记六国，历楚、汉，讫麟止，不与圣人同，是非颇谬于经，故人时有问雄者，常用法应之，撰以为十三卷，象《论语》，号曰《法言》。《法言》文多不著，独著其目：（以下《法言序》原文不录。）

赞曰：“雄之自序云尔。初，雄年四十馀，自蜀来至游京师，大司马车骑将军王音奇其文雅，召以为门下史，荐雄待诏，岁馀，奏《羽猎赋》，除为郎，给事黄门，与王莽、刘歆并。哀帝之初，又与董贤同官。当成、哀、平间，莽、贤皆为三公，权倾人主，所荐莫不拔擢，而雄三世不徙官。及莽篡位，谈说之士用符命称功德获封爵者甚众，雄复不侯，以耆老久次转为大夫，恬于势利乃如是。实好古而乐道，其意欲求文章成名于后世，以为经莫大于《易》，故作《太玄》；传莫大于《论语》，作《法言》；史篇莫善于《仓颉》，作《训纂》；箴莫善于《虞箴》，作《州箴》；赋莫深于《离骚》，反而广之；辞莫丽于相如，作四赋：皆斟酌其本，相与放依而驰骋云。用心于内，不求于外。于时人皆忽之，唯刘歆及范逡敬焉，而桓谭以为绝伦。

王莽时，刘歆、甄丰皆为上公。莽既以符命自立，既位之后欲绝其原以神前事，而丰子寻、歆子棻复献之。莽诛丰父子，投棻四裔，辞所连及，便收不请。时雄校书天禄阁上，治狱使者来，欲收雄，雄恐不能自免，乃从阁上自投下，几死。莽闻之曰：“雄素不与事，何故在此？”间请问其故，乃刘棻尝从雄学作奇字，雄不知情。有诏勿问。然京师为之语曰：“惟寂寞，自投阁；爰清静，作符命。”

雄以病免，复召为大夫。家素贫，耆酒，人希至其门。时有好事者载酒肴从游学，而钜鹿侯芭常从雄居，受其《太玄》《法言》焉。刘歆亦尝观之，谓雄曰：“空自苦！今学者有禄利，然尚不能明《易》，又如《玄》何？吾恐后人用覆酱瓿也。”雄笑而不应。年七十一，天凤五年卒。侯芭为起坟，丧之三年。

时大司空王邑、纳言严尤闻雄死，谓桓谭曰：“子尝称扬雄书，岂能传于后世乎！”谭曰：“必传，顾君与谭不及见也。凡人贱近而贵远，亲见扬子云禄位容貌不能动人，故轻其书。昔老聃著虚无之言两篇，薄仁义，非礼学，然后世好之者尚以为过于《五经》，自汉文、景之君及司马迁皆有是言。今扬子之书文义至深，而论不诡于圣人，若使遭遇时君，更阅贤知，为所称善，则必度越诸子矣。”诸儒或讥以为雄非圣人而作经，犹春秋吴、楚之君僭号称王，盖诛绝之罪也。自雄之没至今四十馀年，其《法言》大行，而《玄》终不显，然篇籍具存。

【译文】

扬雄字子云，蜀郡成都人。他的先祖出自周代的伯侨，以旁支庶族食采邑于晋国的扬地，便以扬为姓，不知伯侨是周的那一个宗族。扬地在黄河与汾水之间，周王朝衰落，扬氏有人称侯，号为扬侯。时值晋国六卿争权，韩、魏、赵兴盛而范、中行、知伯破败。在这个时候，威逼扬侯，扬侯逃到楚国巫山，便在那里落户。楚、汉起兵反秦，扬氏溯江而上，在巴郡江州居住。后来扬季官至庐江太守。汉武帝元鼎年间，因躲避仇敌又溯江而上，在岷山北名叫郫的地方居住，有田一百亩，有住宅一套，世代以务农养桑为业。从扬季到扬雄，五代单传，所以扬雄在蜀郡没有其他姓扬的亲属。

扬雄幼而好学，不研究章句，以读懂文义为原则，博览群书，没有他不看的。为人简朴随便，口吃不善谈吐，保持沉默而好深思，清静无为，很少嗜好，对富贵不汲汲追求，对贫贱不愁眉苦脸，不循规蹈矩以邀名当世。家产不够买一匹马，匮乏到无一石一斗的积蓄，仍旧泰然自若。气度不凡，不是圣贤的书不读；不符合自己的心意，虽富贵不为。但擅长辞赋。

在此以前，蜀郡有司马相如，作赋十分宏丽温雅，扬雄心中特别推崇他，每次作赋，都以他为样板进行模仿。又埋怨屈原的文采超过相如，却不被社会所容，作《离骚》，自己投江而死，怜悯他的文采，每次阅读没有不落泪的。认为君子逢时便进取，不逢时便隐退，遇和不遇是命里注定的，何必投水呢！于是写书，往往取《离骚》之文而加以反对，从岷山投于江流中以凭吊屈原，名为《反离骚》。又依照《离骚》增写一篇，名叫《广骚》。又依照《惜诵》以下至《怀沙》作一卷，名叫《畔牢愁》。《畔牢愁》《广骚》篇幅太大不加载录，只载录《反离骚》，其文说：（以下《反离骚》全文不译。）

汉成帝时，有客人推荐扬雄的文章类似相如，皇上正好要郊祭甘泉泰畤、汾阴后土，以求子嗣，召扬雄在承明殿待诏。正月，随皇上至甘泉，回来后上奏《甘泉赋》进行讽谏。其文说：（以下《甘泉赋》全文不译。）

甘泉宫原本承袭秦朝的离宫，已十分奢泰，而汉武帝又增建通天、高光、迎风等建筑。宫外近则有洪崖、彷徨、储胥、弩陆，远则有石关、封峦、枝鹊、露寒、棠梨、师得，这些供游览观光的场所千姿百态，瑰玮壮观，不是只削光木头不加雕饰，抹好墙壁不进行绘画，像周宣王建造的、殷盘庚迁居的、夏代低矮的宫室、唐尧虞舜的柞木椽子土阶三级的规定那样。因为它为时已久，不是成帝建造的，想进谏但时间不对头，想沉默又办不到，所以便进一步对它加以美化，才上比于天帝居住的紫宫，好像说这不是人力建造的，大概只有鬼神才可以办到啊。又此时赵昭仪正大受宠幸，每次上甘泉，都依法跟随，在属车里最后一辆系豹尾的车中。所以扬雄姑且极言车骑甚多，驾车的马甚众，不像是要感动天地、迎福于三神的样子。又说"让玉女隐藏，使虙妃退避"，在于含蓄告诫上甘泉是一件专一虔诚的事情。《甘泉赋》写成上奏，天子十分诧异。

同年三月，将祭后土，皇上于是率领群臣横渡黄河，奔赴汾阴。祭祀结束，行游介山，绕过安邑，观龙门，览盐池，登历观，陟西岳以遥望八方，追寻殷、周的遗迹，遥想唐、虞的风采。扬雄认为临川羡鱼不如归而结网，回去以后，上奏《河东赋》进行规劝，其文说：（以下《河东赋》全文不译。）

同年十二月，士卒背负羽箭随皇上狩猎，扬雄跟随。他认为过去在尧、舜、夏、殷、周的时候，宫馆台榭沼池苑囿林麓薮泽的财富足以供奉天地宗庙的祭祀，招待宾客，满足庖厨的需要就行了，不侵占百姓肥沃的种粮养桑的土地。女的有剩余的布，男的有剩余的粟，国家殷实，上下都十分富裕，所以甘露降落庭院，醴泉流经庙前，凤凰在树上结巢，黄龙在沼池游戏，麒麟来到苑囿，神雀栖息林中。从前禹任用益为主管山泽的官员而山川平地风调雨顺，草木茂盛；成汤喜好打猎而天下费用充足；文王园囿百里，人民认为太小；齐宣王园囿四十里，人民以为太大，区别在于是富民还是夺民。汉武帝扩建上林苑，南至宜春、鼎湖、御宿、昆吾，傍南山向西，至长杨、五柞，向北绕过黄山，濒临渭水向东，周长数百里。凿昆明池像滇池，营造建章、凤阙、神明、驱娑，渐台、泰液像海水周流方丈、瀛洲、蓬莱。供游玩观赏的宫殿奢侈浪费，穷尽美妙华丽。虽然从三面分割出不少地方供给平民百姓，但是打猎用的车辆马匹器械储备和守卫的设置，还是太奢华过分，与尧、舜、成汤、文王只为满足祭祀、待客、食用的目的完全不同。又担心后世再追求从前的这种嗜好，不吸取鲁国非礼筑泉台而后又毁坏的教训，所以姑且借《校猎赋》进行讽谏，其文说：（以下《校猎赋》全文不译。）

第二年，皇上将以禽兽众多向胡人夸海口，秋天，命右扶风征调人民进南山，西自褒斜，东至弘农，向南直奔汉中，张开捕捉鸟兽的罗网，抓获熊罴豪猪虎豹狖玃狐兔麋鹿，用槛车装载，运到长杨射熊馆。用罗网遮盖场地，将禽兽释放在里面，让胡人动手捕捉它们，猎物归已，皇上亲临观看。这时，不准农民收获。扬雄随从到射熊馆，归来后，奏上《长杨赋》，因为笔墨能写成文章，所以姑且借用翰林作为文中的主人，子墨作为文中的客卿进行讽谏。其文说：（以下《长杨赋》全文不译。）

汉哀帝时，丁太后、傅太后、董贤执掌朝政，许多攀附他们的人，有的起家做了二千石的大官。当时扬雄正起草《太玄》，得以自持，恬淡自如。有人讥讽扬雄是因为《太玄》没有写成的缘故，扬雄对此进行解释，称为《解嘲》。其文说：

客人嘲讽扬子说："我听说前代的士人是众人的榜样，不生则已，生就能上使君主尊崇，下使父母显荣，能得到君主颁给的珪玉，获得君主赐给的爵位，怀揣君主分给的符节，享受君主供给的俸禄，佩戴显贵的印绶，乘坐染红的车子。如今你有幸赶上开明盛世，处在无所顾忌的朝堂，与群贤同列，历金门上玉堂已指日可待了，却未能制订一个出色的谋略，献上一条高明的计策，向上劝说君主，向下议论公卿。您目如明星，舌似闪电，纵横捭阖，论者莫当，反而作《太玄》五千言，枝叶扶疏，独自论说十多万言，深者入黄泉，高者出苍天，大者含元气，细者入无伦，可是官位不过侍郎，经提拔才到给事黄门。想来是《太玄》还未写成的缘故吧？为何官运如此不佳呢？"

扬子笑着回答说："您只想染红我的车子，不知道一旦失足将血染我的家族啊！过去周王朝瓦解，诸侯争雄，天下分为十二国，兼并后还有六、七国，四分五裂，成为战国。士人没有固定的君主，国家没有固定的臣属，得到士人的就富强，失去士人的就贫弱，展翅奋翼，恣意存留，所以士人有的藏身避祸以干进，有的凿壁辞官以逃遁。因此驺衍以迂阔而获取世间资财，孟轲虽遭遇艰难，尚且成为帝王的老师。

"如今大汉朝东至东海，西至渠搜，南至番禺，北至陶涂。东南设一都尉，西北建一关侯。用绳索捆绑，用斧锧制裁，用礼乐约束，用《诗》《书》教化，旷日持久，结庐居丧方能仕进。天下的士人，如雷动云合，如鱼鳞杂袭，都在八方经营，家家自认为是后稷和契，人人自认为是皋陶，成年男子一开口都把自己比作伊尹，五尺童子也羞与晏婴、管仲相提并论。当权的青云直上，落拓的委弃沟渠。早上掌权就成为卿相，晚上失势就变为匹夫。好比江湖上的雀，勃解中的鸟，四只大雁降落不算多，两只野鸭起飞不为少。从前三位仁人离去殷朝就成为废墟，两位老人归来周朝就兴旺发达，伍子胥一死吴国就灭亡，文种、范蠡存在越国就称霸诸侯，百里奚到来秦国就高兴，乐毅出走燕国就恐惧，范雎以折肋断齿的屈辱之身而危及重臣穰侯，蔡泽虽然面颊歪斜却笑辞算命先生唐举。所以当国家有事的时候，没有萧何、曹参、张良、陈平、周勃、樊哙、霍去病则不能安定；当国家无事的时候，咬文嚼字的儒生坐在一起看守也无可忧虑。所以世道混乱，那么圣人哲人四处奔波也不够，社会太平那么庸夫俗子高枕而有余。

"前代的士人，有的被去掉捆绑的绳索而任用为相，有的脱去粗麻衣服而成为傅；有的是看守夷门的小卒而得意地笑，有的横渡江潭而隐居垂钓；有的年过七十游说而不遇，有的立谈之间而封侯；有的使诸侯屈就于陋巷，有的让诸侯拿着扫帚在前边清道。因此士人能够充分活动他们的舌头，玩弄他们的笔杆，堵塞漏洞、掩盖过失而从未屈服。如今县令不请士，郡守不迎师，众卿不揖客，将相不低眉。言语奇异的被怀疑，行为特殊的遭惩罚。因此想说的收紧舌头不出声，想走的打量双脚才迈步。如果让前代的士人处在今天，那么考试不能入甲科，行为不能称孝廉，举止不能属端正，只能上书直言，相机陈述是非，好的得一个待诏的头衔，差的一闻声便遭罢免，又怎能得到高官厚禄？

"况且我听说，熊熊的火焰遭熄灭，隆隆的雷声被断绝，听雷观火，盈耳实目，天收雷声，地藏火热。富贵人家，鬼窥视其房室。争夺的人死，老老实实的人生；官位太高的宗族十分危险，能控制自己的自身才能安全。因此懂得无为，是守道的根本；能够清静，是娱神的殿堂；安于寂寞，是守德的宅舍。时代不同，人事变更，但人们处世的原则并没有两样，前人与我换个时代，不知怎样安排。如今您却用鸱鸮耻笑凤凰，拿蜥蜴嘲讽龟龙，不是大错特错了么！您凭空笑我是因《太玄》没有写成的缘故，我也笑您病入膏肓，却没有遇上良医臾跗、扁鹊，太可悲了！"

客人说："如此说来没有《太玄》就成不了名吗？范雎、蔡泽以下哪里是靠《太玄》呢？"

扬子回答："范雎是魏国的亡命之徒，被打断肋骨，才免遭刑罚，收肩塌背，爬进口袋，后来用激怒秦国君主的办法，离间泾阳，攻击穰侯，并取而代之，这是符合了当时的情况。蔡泽是山东的一个匹夫，凹脸塌鼻，流鼻涕，飞唾沫，到西方拜见强秦的宰相范雎，扼住他的咽喉，断绝他的气息，拍着他的后背而夺取他的职位，这是赶上了好机会。天下已经安定，兵革已经平息，建都洛阳，娄敬放下拉车的绳索，掉三寸不烂之舌，献出稳妥的计策，提出将国都迁往长安，这是适应了当时的形势。五帝留下经典，三王传下礼仪，百世不易，叔孙通在战争年代挺身而出，解除武装，于是制订君臣之间的礼仪，这是找到了应有的归宿。《甫刑》败坏，秦法酷烈，神圣的汉朝采取临时措施，于是萧何制定法律，这是顺应了形势的需要。所以如果有人在唐尧、虞舜的社会制订萧何的法律就太荒谬了，如果有人在夏朝、殷朝的时代拟订叔孙通的礼仪就太糊涂了，如果有人在西周的社会提出娄敬的计策就太无聊了，如果有人在汉代功臣金家、张家、宣帝外戚许家、史家之间论说范雎、蔡泽的主张就是发疯了。萧规曹随，张良出谋划策，陈平出奇制胜，功若泰山，响若崖崩，岂止是这些人富于智慧呢，也正好是当时的环境可以有所作为啊。所以在可以有所作为的时代做可以做的事情，就十分顺利，在无可作为的时代做不可以做的事情就十分危险。蔺相如在章台献和氏璧而立下大功，四皓在南山隐居而获取美名，公孙弘在金马门对策而建功立业，霍去病在祁连争战而发迹，司马相如从卓氏暗取资财，东方朔为妻子细君割取赐肉。我的确不能和以上诸公相比，所以默默地独自守着我的《太玄》。"

扬雄认为赋是为了用来进行讽谏的，必定使用类推的手法来表达思想，采用极其华丽的辞藻，尽力加以夸张敷衍，努力使人无法超过，然后才回归正题，但阅读的人已产生了错觉。从前汉武帝喜好神仙，司马相如奏上《大人赋》，想进行讽谏，皇帝反而飘飘然有驾云成仙的念头。由此说来，用赋进行劝阻不可能达到目的，是十分明白的了。赋又特别类似滑稽无聊的淳于髡、优孟之徒，没有法度可言，贤人君子主张诗赋要纯正，因此我停下来不再作赋。而用力深思浑天，模拟天地人三才，析画为三，而分为方、州、部、家四重为一首,最后共得八十一首。另外又析画为三,而三分阴阳为每首九赞,最后共得七百二十九赞,也即是自然的法则。所以阅读《周易》的看见卦象就能认识它的名称,阅读《太玄》的数它的画就可确定它的位置。《太玄》每首四重,这不是卦,而是数,它的功用是按周历推究昼夜阴阳数度律历的规律,《太玄》分为九天,每天九首,九九八十一首为一大周期,与一年四时的变化相终始。所以《太玄》包括三方、九州、二十七部、八十一家、二百四十三表、七百二十九赞,分为三卷,称为一、二、三,与《太初历》相应,也包含有《颛顼历》在里边。《太玄》的占筮是以三策为组分数而得首,其中贯穿吉凶,杂列象类,分布人事,文饰五行,拟议道德仁义礼智。没有主名,中心在于符合《五经》,假若不是应当论述的事情,绝不凭空添一句话。因为怕它太笼统而不容易明白,所以有《首》《冲》《错》《测》《摛》《莹》《数》《文》《掜》《图》《告》十一篇,都是用来解剖《太玄》体系的,其文离散,章句姑且不存。《太玄》字数太多,所以不加著录。观看《太玄》的人很难弄清楚,学习《太玄》的人很难取得成功。有客人责难《太玄》太深奥,众人不喜好它,扬雄进行解释,号为《解难》,其文说:

客人责难扬子说:“大凡著书的人,都是为了求得众人的喜好,美味在于能适合众人之口,妙乐在于能取悦众人之耳。如今您却文辞艰深,论述隐晦,旨意宏大而微妙,一个人在似有似无之间驰骋,而囊括天地造化,涉及众生万物,历来阅读的人已经穷年累月,却仍旧十分糊涂。你在这边浪费精神,又在那边烦劳读者,好比画家画图而无形,演奏家奏曲而无声,大概不应该吧!”

扬子回答说:“对啊!宏大高明的言论,精深微妙的道理,实难与读者共享。古代有人从天观天象,从地势地理,从人察礼法,天上附着日月星辰而且无边无际,大地广大无垠而且深不可测,古人的言辞恰好如金似玉。他们哪里是喜好艰深呢,形势不得不这样啊!难道没有看见翠龙绛龙在将要登天的时候,必定从苍梧的深渊里纵身向上,不借助浮云,驾驭疾风,凭空腾起而上升,那就不能据清气,跃九天之门。日月的运行不到千里,就不能烛照上下四方,光耀天际;泰山的高处不峻峭,就不能广聚云雾,上蒸云气。因此伏羲氏作《易》,沟通天地,用八卦进行治理,文王重卦为六爻共六十四卦,孔子著《彖传》《象传》,然后揭示出天地的奥秘,确立了万物的基础。《尚书》中的《典》《谟》,《诗经》中的《雅》《颂》,如果不温纯深润,就不足以弘扬伟业而显露光明。原来虚静是主宰,寂寞是主人,大味必淡,大音必稀,大语悠远,大道迂曲。因此声音美妙的不可能适合众人的耳朵,形体美丽的不可能满足世俗的眼睛,言辞优美的不可能使庸人听后都满意。如今演奏者高声弹奏,迎合听众的嗜欲爱好,那么坐着的也会不约而同地起来附和。如果为他们演奏《咸池》《六茎》《萧韶》,歌咏《九成》,就不会有人附和了。因此钟子期死后,伯牙便绝弦破琴而不肯为众人演奏;犹人死后,匠石便放下斧头而不敢妄替他人斫削鼻上的灰泥。师旷要调准钟的声音,是等待后来有知音的人;孔子写《春秋》,是希望君子能借鉴前人。老聃留下遗言,以‘知我者稀’为贵,这不正是他的操守吗!”

扬雄看到诸子都凭借自己的智慧背道而驰,大都诋毁圣人,变得荒诞不经,巧言善辩,以搅乱时政。虽然是小小的诡辩,最终破坏大道而惑乱众人,致使沉溺于所闻而不自知这是错误的。至太史公司马迁记述六国,经历楚、汉,止于汉武帝获麟,与圣人不同,是非颇与经书相违,所以时常有人向扬询问,扬雄常依礼法回答他们,编纂为十三卷,类似《论语》,名叫《法言》。《法言》字数太多,不著录,只著录它的《序》:(《法言序》全文不译。）

赞说："上面是扬雄的《自序》。当初，扬雄四十多岁，从蜀来游京师，大司马车骑将军王音十分赞赏他的文采，召他做门下史，荐举他为待诏。一年后，上奏《羽猎赋》，提升为郎，给事黄门，与王莽、刘歆比肩。哀帝初年，又与董贤同官。在成帝、哀帝、平帝时，王莽、董贤都成为三公，权倾人主，推荐的人没有不提拔的，但扬雄却三都都没有升官。至王莽篡位，游说的士人用祥瑞象征天命称颂帝王的功德而获得爵位的人相当多，扬雄又没有得到封爵，因年迈长期滞留转为大夫，他淡于势利就是如此。一心好古而乐道，他的本意是想用文章成名于后世，认为经书没有超过《易》的，所以作《太玄》；传文没有超过《论语》的，作《法言》；字书没有胜过《仓颉》的，作《训纂》；箴没有胜过《虞箴》的，作《州箴》；赋没有比《离骚》水平更高的，作《反离骚》和《广骚》；文辞没有比司马相如更华丽的，作赋四篇：对所有范本都经过反复斟酌，在模仿的基础上充分发挥。在内容上用心，不追求形式。当时的人都轻视他，只有刘歆和范逡尊敬他，而桓谭认为他超群绝伦。

王莽时，刘歆、甄丰都是上公。王莽既然利用符命自立为帝，即位以后想断绝其根源使从前的事情神秘化，而甄丰之子甄寻、刘歆之子刘棻又献符命。王莽诛杀甄丰父子，流放刘棻到幽州，供词连及的人，不用奏请便抓起来。当时扬雄在天禄阁上校书，治狱使者到来，想抓扬雄，扬雄害怕不能自免于罪，便自己从阁上跳下去，差点摔死。王莽听到后说："扬雄向来不参与符命之事，为何在此？"私下请人问事情的原委，乃刘棻尝跟扬雄学写古文的异体字，扬雄不知情。下诏书不要问罪。但京师编出这样的话说："惟寂寞，自投阁；爰清静，作符命。"

扬雄因病免官，又召为大夫。家中向来贫穷，嗜好饮酒，很少有人到他家。当时有喜好多事的人载着酒肴去跟他学习，而钜鹿侯芭时常与扬雄住在一起，向他学习《太玄》《法言》。刘歆也曾经观看《太玄》，对扬雄说："自己白受苦！如今学者有利禄可图，尚且不能够将《易》研究清楚，又能把《太玄》怎么样呢？我担心后人用来盖酱坛子。"扬雄笑而不答。年七十一，于天凤五年逝世。侯芭替他起坟，守丧三年。

当时大司空王邑、纳言严尤听到扬雄的死讯，对桓谭说："您曾经称赞扬雄的作品，难道能留传于后世吗？"桓谭说："肯定留传，但您和我是见不到了。人们都贱近而贵远，亲自看见扬雄的禄位容貌不能动人，所以轻视他的作品。从前老聃著宣扬虚无的《道德经》两篇，鄙薄仁义，非毁礼学，但后世喜好《道德经》的人尚且认为超过《五经》，从汉文帝、景帝到司马迁都有这种说法。如今扬子的著作文义十分深奥，而论说不违背圣人，如果被当时的君主看中，再遭逢贤人智士，得到他们的称赞，那么肯定就远远超过诸子了。"有的儒生进行讥讽，认为扬雄不是圣人而创作经书，就如同春秋时吴国、楚国的君主僭号为王一样，原本就犯了应斩尽杀绝的罪过。从扬雄死后至今已四十多年，他的《法言》畅行，而《太玄》终究无闻，但书籍全都保存下来了。

孝文窦皇后传

【题解】

窦皇后是汉景帝的母亲。吕太后执政时，以良家女子被入选进宫。后吕太后将宫女送出去赏赐诸侯，窦姬在预选之列。因她的家在清河，所以希望到赵国。结果主管送遣宫女的宦官将她送到了代国。到了代国后，很受代王宠幸，惠帝七年时生景帝。文帝即位后，立窦姬为皇后。景帝即位后，立为皇太后。窦太后喜欢黄帝、老子的学术。元兴六年（公元前129年）窦太后去世，共立五十一年，与文帝合葬在霸陵。

【原文】

孝文窦皇后，景帝母也，吕太后时以良家子选入宫。太后出宫人以赐诸王各五人，窦姬与在行中。家在清河，愿如赵，近家，请其主遣宦者吏"必置我籍赵之伍中"。宦者忘之，误置籍代伍中。籍奏，诏可。当行，窦姬涕泣，怨其宦者，不欲往，相强乃肯行。至代，代王独幸窦姬，生女嫖。孝惠七年，生景帝。

窦皇后

代王王后生四男，先代王未入立为帝而王后卒，及代王为帝后，王后所生四男更病死。文帝立数月，公卿请立太子，而窦姬男最长，立为太子。窦姬为皇后，女为馆陶长公主。明年，封少子武为代王，后徙梁，是为梁孝王。

窦皇后亲蚤卒，葬观津。于是薄太后乃诏有司追封窦后父为安成侯，母曰安成夫人，令清河置园邑二百家，长丞奉守，比灵文园法。

窦后兄长君。弟广国字少君，年四五岁时，家贫，为人所掠卖，其家不知处。传十余家至宜阳，为其主人入山作炭。暮卧岸下百余人，岸崩，尽压杀卧者，少君独脱不死。自卜，数日当为侯。从其家之长安，闻皇后新立，家在观津，姓窦氏。广国去时虽少，识其县名及姓，又尝与其姊采桑，堕，用为符信，上书自陈。皇后言帝，召见问之，具言其故，果是。复问其所识，曰："姊去我西时，与我决传舍中，丐沐沐我，已，饭我，乃去。"于是窦皇后持之而泣，侍御左右皆悲。乃厚赐之，家于长安。绛侯、灌将军等曰："吾属不死，命乃且县此两人。此两人所出微，不可不为择师傅，又复放吕氏大事也。"于有乃选长者之有节行者与居。窦长君、少君由此为退让君子，不敢以富贵骄人。

窦皇后疾，失明。文帝幸邯郸慎夫人、尹姬，皆无子。文帝崩，景帝立，皇后为皇太后，乃封广国为章武侯。长君先死，封其子彭祖为南皮侯。吴楚反时，太后从昆弟子窦婴侠，喜士，为大将军，破吴楚，封魏其侯。窦氏侯者凡三人。

窦太后好黄帝、老子言，景帝及诸窦不得不读《老子》尊其术。太后后景帝六岁，凡立五十一年，元光六年崩，合葬霸陵。遗诏尽以东宫金钱财物赐长公主嫖。至武帝时，魏其侯窦婴为丞相，后诛。

【译文】

孝文窦皇后是景帝的母亲，吕太后时以良家女子被入选进宫。吕太后把宫女送出去赏赐给每个诸侯五人，窦姬在预选之列。因为她的家在清河，希望到赵国，离家近一点，所以就请求主管送遣宫女的宦官"一定要把我的名字编在赵国的行列中"。宦官忘记了她的请求，误将她编在到代国的名籍中，名籍奏报给皇帝，皇帝下诏认可。快要出行时，窦姬哭泣，埋怨那个宦官，不想去代国。后经强求，她才肯动身。到了代国以后，代王特别宠幸窦姬，生了个女儿叫嫖，孝惠七年，生了景帝。

代王王后生了四个男孩，在代王尚未入宫立为帝时，王后就去世了，到代王立为皇帝后，王后所生的四个男孩相继病逝。文帝继位几个月后，公卿请求封立太子，而窦姬所生的男孩年龄最大，于是就立他为太子。窦姬被立为皇后，窦姬的女儿嫖立为馆陶长公主。第二年，封立她的小儿子武为代王，后来又迁到梁任梁王，这就是梁孝王。

窦皇后的亲人很早就去世了，安葬在观津。于是薄太后就下诏追封窦后的父亲为安成侯，母亲称安成夫人，命令在清河修建陵园，园邑二百家，长丞奉守，按照灵文园的规定办理。

窦后的哥哥叫长君。弟弟叫广国，字少君，在四五岁时，因为家庭贫穷，被人劫掠出卖，他的家人不知被卖到什么地方。少君被卖后传了十多家到了宜阳，为他的主人进山里烧炭。夜幕时有一百余人睡在岸阶下，结果岸阶崩塌，除少君逃脱没死外，其余人全部被压死。他自己占卜了一下，预测不过数日就可以当侯。然后跟随他的主人家到了长安，他听说新立的皇后家在观津，姓窦氏。广国离开自己家时虽然年龄很小，但还是知道自己是那个县人和姓什么，他还记得曾和他的姐姐一起去采桑，从树上掉下来等，以此为凭证，上书皇后，自己陈述了一番家世。皇后把这件事告诉了皇帝，于是就召他来询问了一些情况，广国全部讲了过去的事，果然真实。后来又问他还记得些什么，他说："姐姐离开我西去时，是在传舍中分别的，给我米汁喝，喝完又给我饭吃，然后才离去。"于是窦皇后扶着他哭泣起来，在皇后左右侍奉的人们都感到很悲伤。皇后给了他丰厚的赏赐，让他住在长安。绛侯、灌将军等人说："如果我们不死，命运就掌握在这两个人手中。这两个人出身微贱，不能不为他们选择师傅教育他们，不然又会效仿吕氏篡夺权位。"于是就选择了年龄较大的又有节操品行的人和窦长君、窦少君住在一起。窦长君、窦少君从此也就成为谦虚有礼貌的人，不敢因自己富贵而在别人面前骄傲。

窦皇后身体有病，眼睛失明。文帝很宠幸邯郸慎夫人、尹姬，但她们都没有生子。文帝去世后景帝继位，立窦皇后为皇太后，于是封广国为章武侯。窦长君先死，封他的儿子彭祖为南皮侯。吴楚反叛时，窦太后堂兄弟的儿子窦婴是个见义勇为的人，他喜爱义士，于是就任命他为大将军，击败吴楚叛军后，封他为魏其侯。窦氏任侯爵的共有三人。

窦太后喜欢黄帝、老子的言论，景帝和诸窦氏也不得不读《老子》书，尊崇老子学术。太后在景帝去世六年后去世，在位共五十一年，元光六年去世，与文帝合葬在霸陵。她留下遗诏说将东宫的金钱财物全部赏赐给长公主嫖。到了武帝时期，魏其侯窦婴任丞相，后来被诛杀。

孝武钩弋赵婕妤传

【题解】

钩弋赵婕妤是汉昭帝的母亲，河间人。汉武帝巡狩河间时，望气占候的人告诉武帝说这里有位奇女，生下来就两手皆拳。武帝派人将她召来，并亲自给翻展，奇女的手就伸展了，从此得到武帝的宠幸，号曰拳夫人。入宫为婕妤，居钩弋宫，所以也称为钩弋夫人。她入宫后更得武帝宠爱，太始三年，生昭帝，号钩弋子。武帝特别喜欢钩弋子，想立为太子，但因钩弋夫人年轻，怕女主专横危乱国家，所以暂时没立钩弋子为太子。钩弋夫人曾从武帝巡幸甘泉，因有过失，受到谴责，后忧闷而死，安葬在云阳。后武帝立钩弋为太子。武帝去世后，钩弋子即位，是为汉昭帝。

【原文】

孝武钩弋赵婕妤，昭帝母也，家在河间。武帝巡狩过河间，望气者言此有奇女，天子亟使使召之。既至，女两手皆拳，上自披之，手即时伸。由是得幸，号曰拳夫人。先是，其父坐法宫刑，为中黄门，死长安，葬雍门。

拳夫人进为婕妤，居钩弋宫，大有宠，太始三年生昭帝，号钩弋子。任身十四月乃生，上曰："闻昔尧十四月而生，今钩弋亦然。"乃命其所生门曰尧母门。后卫太子败，而燕王旦、广陵王胥多过失，宠姬王夫人男齐怀王、李夫人男昌邑哀王皆蚤薨，钩弋子年五、六岁，壮大多知，上常言"类我"，又感其生与众异，甚奇爱之，心欲立焉，以其年稚母少，恐女主颛恣乱国家，犹与久之。

钩弋婕妤从幸甘泉，有过见谴，以忧死，因葬云阳。后上疾病，乃立钩弋子为皇太子。拜奉车都尉霍光为大司马大将军，辅少主。明日，帝崩。昭帝即位，追尊钩婕妤为皇太后，发卒二万人起云陵，邑三千户。追尊外祖赵父为顺成侯，诏右扶风置园邑二百家，长丞奉守如法。顺成侯有姊君姁，赐钱二百万，奴婢宅第以充实焉。诸昆弟各以亲疏受赏赐。赵氏无在位者，唯赵父追封。

【译文】

孝武钩弋赵婕妤是昭帝的母亲，她的老家在河间。武帝巡狩时经过河间，一个懂望云气占卜的人说这里有个奇女，天子很快就派人去召她来。奇女来了之后，两只手都握着拳头，武帝亲自给她翻展，她的手马上就伸开了。由此她很得武帝宠幸，号称拳夫人。在此之前，她的父亲因犯法被处以宫刑，在宫廷中服役，最后死在长安，安葬在雍门。

拳夫人晋升为蕥，居住在钩弋宫，很得武帝宠爱，太始三年，生了昭帝，称为钩弋子。拳夫人怀孕十四个月后才生下昭帝。武帝说："我听说从前尧是怀孕了十四个月才出生，现在钩弋也是这样。"于是就下令他出生的门为尧母门。后来卫太子叛背被击败，而燕王旦、广陵王胥有很多过失，宠姬王夫人的儿子齐怀王、李夫人的儿子昌邑哀王都年轻早逝。钩弋子五、六岁时就长得高大，而且懂得很多事，武帝经常说"很象我"，又感到他出生时与众不同，所以就特别地喜欢他，心中打算立他为太子，但又因他年小母少，怕王后专横危乱国家，因而犹豫了很久。

钩弋婕妤跟随武帝巡幸甘泉，因有过失而受到谴责，因此忧闷而死，安葬在云阳。后来武帝身体生病，立钩弋子为皇太子。拜任奉车都尉霍光为大司马大将军来辅佐少主。次日，武帝去世。昭帝即位，追尊钩弋婕妤为皇太后，并派二万士卒去修筑云陵，置园邑三千户。追尊外祖父赵父为顺成侯，下诏右扶风置园邑二百家，按规定由长丞奉守。顺成侯有个姐姐叫君姁，赏赐给她二百万钱，并赐给她很多奴婢和宽敞的宅第。她的各位兄弟也都按照亲疏受到不同程度的赏赐。赵氏没有在位的人，只有赵父被追封为顺成侯。

王莽传

【题解】

王莽（前45~23），字巨君，西汉元帝外戚，后为新朝皇帝。父亲王曼，是元帝皇后王政君的庶弟，早年去世。王莽的叔父伯父都被封侯，而王莽却孤独贫寒。他勤奋节俭，谦虚好学，孝敬母亲、嫂嫂，抚养侄儿，名声大振。伯父大将军王凤生病，王莽尽力服侍，甚得其欢心。由于王凤死前的推荐，王莽得拜黄门郎，迁射声校尉，后封新都侯，迁骑都尉、光禄大夫、侍中。王莽仗义疏财，招纳名士，名声超过了父辈。绥和元年（前8），王莽代替王根任大司马。哀帝即位，王莽一度被罢官家居。平帝即位后，王政君以太皇太后身份临朝称制，王莽官复原职执掌朝政。元始元年（公元1），王莽进升太傅，号安汉公，后加称宰衡，女儿也做了平帝的皇后。他诛杀异己，安插亲信，广结党羽，笼络人心，权倾朝野。元始五年（5），王莽加九锡。平帝死后，他拥立两岁的孺子刘婴，自己则居位摄政，称摄皇帝。初始八年（8），王莽自立为帝，改国号为"新"。

王莽

王莽称帝后，为缓和日益加剧的社会矛盾，附会《周礼》托古改制。始建国元年（9）下令实行井田制，不准买卖土地、奴婢，此后又实行五均赊贷和六管。他还多次变更币制，造成社会经济混乱，不仅没解决原有的社会危机，反而使各种矛盾更加激化，终于暴发了赤眉绿林等农民起义，新朝崩溃，王莽也在地皇四年（23）被杀。

【原文】

王莽字巨君，孝元皇后之弟子也。元后父及兄弟皆以元、成世封侯，居位辅政，家凡九侯、五大司马，唯莽父曼蚤死，不侯。莽群兄弟皆将军五侯子，乘时侈靡，以舆马声色佚游相高，莽独孤贫，因折节为恭俭。受《礼经》，师事沛郡陈参，勤身博学，被服如儒生。事母及寡嫂，养孤兄子，行甚敕备。又外交英俊，内事诸父，曲有礼意。阳朔中，世父大将军凤病，莽侍疾，亲尝药，乱首垢面，不解衣带连月。凤且死，以托太后及帝，拜为黄门郎，迁射声校尉。

久之，叔父成都侯商上书，愿分户邑以封莽，及长乐少府戴崇、侍中金涉、胡骑校尉箕闳、上谷都尉阳并、中郎陈汤，皆当世名士，咸为莽言，上由是贤莽。永始元年，封莽为新都侯，国南阳新野之都乡，千五百户。迁骑都尉光禄大夫侍中，宿卫谨敕，爵位益尊，节操愈谦。散舆马衣裘，振施宾客，家无所余。收赡名士，交结将相卿大夫甚众。故在位更推荐之，游者为之谈说，虚誉隆洽，倾其诸父矣。敢为激发之行，处之不惭恧。

莽兄永为诸曹，蚤死，有子光，莽使学博士门下。莽休沐出，振车骑，奉羊酒，劳遗其师，恩施下竟同学。诸生纵观，长老叹息。光年小于莽子宇，莽使同日内妇，宾客满堂。须臾，一人言太夫人苦某痛，当饮某药，比客罢者数起焉。尝私买侍婢，昆弟或颇闻知，莽因曰："后将军朱子元无子，莽闻此儿种宜子，为买之。"即日以婢奉子元。其匿情求名如此。

是时，太后姊子淳于长以材能为九卿，先进在莽右。莽阴求其罪过，因大司马曲阳侯根白之，长伏诛，莽以获忠直。根因乞骸骨，荐莽自代，上遂擢为大司马。是岁，绥和元年也，年三十八矣。莽既拔出同列，继四父而辅政，欲令名誉过前人，遂克己不倦，聘诸贤良以为掾史，赏赐邑钱悉以享士，愈为俭约。母病，公卿列侯遣夫人问疾，莽妻迎之，衣不曳地，布蔽膝。见之者以为僮使，问知其夫人，皆惊。

辅政岁余，成帝崩，哀帝即位，尊皇太后为太皇太后。太后诏莽就第，避帝外家。莽上疏乞骸骨，哀帝遣尚书令诏莽曰："先帝委政于君而弃群臣，朕得奉宗庙，诚嘉与君同心合意。今君移病求退，以著朕之不能奉顺先帝之意，朕甚悲伤焉。已诏尚书待君奏事。"又遣丞相孔光、大司空何武、左将军师丹、卫尉傅喜白太后曰："皇帝闻太后诏，甚悲。大司马即不起，皇帝即不敢听政。"太后复令莽视事。

时哀帝祖母定陶傅太后、母丁姬在，高昌侯董宏上书言："《春秋》之义，母以子贵，丁姬宜上尊号。"莽与师丹共劾宏误朝不道。后日，未央宫置酒，内者令为傅太后张幄，坐于太皇太后坐旁。莽案行，责内者令曰："定陶太后藩妾，何以得与至尊并！"彻去，更设坐。傅太后闻之，大怒，不肯会，重怨恚莽。莽复乞骸骨，哀帝赐莽黄金五百斤，安车驷马，罢就第。公卿大夫多称之者，上乃加恩宠，置使家，中黄门十日一赐餐。下诏曰："新都侯莽忧劳国家，执义坚固，朕庶几与为治。太皇太后诏莽就第，朕甚闵焉。其以黄邮聚户三百五十益封莽，位特进，给事中，朝朔望见礼如三公，车驾乘绿车从。"后二岁，傅太后、丁姬皆称尊号，丞相朱博奏："莽前不广尊尊之义，抑贬尊号，亏损孝道，当伏显戮，幸蒙赦令，不宜有爵土，请免为庶人。"上曰："以莽与太皇太后有属，勿免，遣就国。"

莽杜门自守，其中子获杀奴，莽切责获，令自杀。在国三岁，吏上书冤讼莽者以百数。元寿元年，日食，贤良周护、宋崇等对策深颂莽功德，上于是征莽。

始莽就国，南阳太守以莽贵重，选门下掾宛孔休守新都相。休谒见莽，莽尽礼自纳，休亦闻其名，与相答。后莽疾，休候之，莽缘恩意，进其玉具宝剑，欲以为好。休不肯受，莽因曰："诚见君面有瘢，美玉可以灭瘢，欲献其瑑耳。"即解其瑑，休复辞让。莽曰："君嫌其贾邪?”遂椎碎之,自裹以进休,休乃受。及莽征去,欲见休,休称疾不见。

莽还京师岁余,哀帝崩,无子,而傅太后、丁太后皆先薨,太皇太后即日驾之未央宫收取玺绶,遣使者驰召莽。诏尚书,诸发兵符节,百官奏事,中黄门、期门兵皆属莽。莽曰:“大司马高安侯董贤年少,不合众心,收印绶。”贤即日自杀。太后诏公卿举可大司马者,大司徒孔光、大司空彭宣举莽,前将军何武、后将军公孙禄互相举。太后拜莽为大司马,与议立嗣。安阳侯王舜莽之从弟,其人修饬,太后所信爱也,莽白以舜为车骑将军,使迎中山王奉成帝后,是为孝平皇帝。帝年九岁,太后临朝称制,委政于莽。莽白赵氏前害皇子,傅氏骄僭,遂废孝成赵皇后、孝哀傅皇后,皆令自杀。

莽以大司徒孔光名儒,相三主,太后所敬,天下信之,于是盛尊事光,引光女婿甄邯为侍中奉车都尉。诸哀帝外戚及大臣居位素所不说者,莽皆傅致其罪,为请奏,令邯持与光。光素畏慎,不敢不上之,莽白太后,辄可其奏。于是前将军何武、后将军公孙禄坐互相举免,丁、傅及董贤亲属皆免官爵,徙远方。红阳侯立太后亲弟,虽不居位,莽以诸父内敬惮之,畏立从容言太后,令己不得肆意,乃复令光奏立旧恶:“前知定陵侯淳于长犯大逆罪,多受其赂,为言误朝;后白以官婢杨寄私子为皇子,众言曰吕氏、少帝复出,纷纷为天下所疑,难以示来世,成襁褓之功。请遣立就国。”太后不听。莽曰:“今汉家衰,比世无嗣,太后独代幼主统政,诚可畏惧,力用公正先天下,尚恐不从,今以私恩逆大臣议如此,群下倾邪,乱从此起!宜可且遣就国,安后复征召之。”太后不得已,遣立就国。莽之所以胁持上下,皆此类也。

于是附顺者拔擢,忤恨者诛灭。王舜、王邑为腹心,甄丰、甄邯主击断,平晏领机事,刘歆典文章,孙建为爪牙。丰子寻、歆子棻、涿郡崔发、南阳陈崇皆以材能幸于莽。莽色厉而言方,欲有所为,微见风采,党与承其指意而显奏之,莽稽首涕泣,固推让焉,上以惑太后,下用示信于众庶。

始,风益州令塞外蛮夷献白雉,元始元年正月,莽白太后下诏,以白雉荐宗庙。群臣因奏言太后“委任大司马莽定策安宗庙。故大司马霍光有安宗庙之功,益封三万户,畴其爵邑,比萧相国。莽宜如光故事”。太后问公卿曰:“诚以大司马有大功当著之邪?将以骨肉故欲异之也?”于是群臣乃盛陈“莽功德致周成白雉之瑞,千载同符。圣王之法,臣有大功则生有美号,故周公及身在而托号于周。莽有定国安汉家之大功,宜赐号曰安汉公,益户,畴爵邑,上应古制,下准行事,以顺天心”。太后诏尚书具其事。

莽上书言:“臣与孔光、王舜、甄丰、甄邯共定策,今愿独条光等功赏,寝置臣莽,勿随辈列。”甄邯白太后下诏曰:“‘无偏无党,王道荡荡’。属有亲者,义不得阿。君有安宗庙之功,不可以骨肉故蔽隐不扬。君其勿辞。”莽复上书让。太后诏谒者引莽待殿东箱,莽称疾不肯入。太后使尚书令恂诏之曰:“君以选故而辞以疾,君任重,不可阙,以时亟起。”莽遂固辞。太后复使长信太仆闳承制召莽,莽固称疾。左右白太后,宜勿夺莽意,但条孔光等,莽乃肯起。太后下诏曰:“太傅博山侯光宿卫四世,世为傅相,忠孝仁笃,行义显著,建议定策,益封万户,以光为太师,与四辅之政。车骑将军安阳侯舜积累仁孝,使迎中山王,折冲万里,功德茂著,益封万户,以舜为太保。左将军光禄勋丰宿卫三世,忠信仁笃,使迎中山王,辅导共养,以安宗庙,封丰为广阳侯,食邑五千户,以丰为少傅。皆授四辅之职,畴其爵邑,各赐第一区。侍中奉车都尉邯宿卫勤劳,建议定策,封邯为承阳侯,食邑二千四百户。”四人既受赏,莽尚未起,群臣复上言:“莽虽克让,朝所宜章,以时加赏,明重元功，无使百僚元元失望。”太后乃下诏曰：“大司马新都侯莽三世为三公，典周公之职，建万世策，功德为忠臣宗，化流海内，远人慕义，越裳氏重译献白雉。其以召陵、新息二县户二万八千益封莽，复其后嗣，畴其爵邑，封功如萧相国。以莽为太傅，干四辅之事，号曰安汉公。以故萧相国甲第为安汉公第，定著于令，传之无穷。”

于是莽为惶恐，不得已而起受策。策曰：“汉危无嗣，而公定之；四辅之职，三公之任，而公干之；群僚众位，而公宰之：功德茂著，宗庙以安，盖白雉之瑞，周成象焉。故赐嘉号曰安汉公，辅翼于帝，期于致平，毋违朕意。”莽受太傅安汉公号，让还益封畴爵邑事，云愿须百姓家给，然后加赏。群公复争，太后诏曰：“公自期百姓家给，是以听之。其令公奉、舍人、赏赐皆倍故。百姓家给人足，大司徒、大司空以闻。”莽复让不受，而建言宜立诸侯王后及高祖以来功臣子孙，大者封侯，或赐爵关内侯食邑，然后及诸在位，各有第序。上尊宗庙，增加礼乐；下惠士民鳏寡，恩泽之政无所不施。

莽既说众庶，又欲专断，知太后厌政，乃风公卿奏言：“往者，吏以功次迁至二千石，及州部所举茂材异等吏，率多不称，宜皆见安汉公。又太后不宜亲省小事。”令太后下诏曰：“皇帝幼年，朕且统政，比加元服。令众事烦碎，朕春秋高，精气不堪，殆非所以安躬体而育养皇帝者也。故选忠贤，立四辅，群下劝职，永以康宁。孔子曰：‘巍巍乎，舜禹之有天下而不与焉！’自今以来，惟封爵乃以闻。他事，安汉公、四辅平决。州牧、二千石及茂材吏初除奏事者，辄引入至近署对安汉公，考故官，问新职，以知其称否。”于是莽人人延问，致密恩意，厚加赠送，其不合指，显奏免之，权与人主侔矣。

莽欲以虚名说太后，白言“亲承前孝哀丁、傅奢侈之后，百姓未赡者多，太后宜且衣缯练，颇损膳，以视天下”。莽因上书，愿出钱百万，献田三十顷，付大司农助给贫民。于是公卿皆慕效焉。莽帅群臣奏言：“陛下春秋尊，久衣重练，减御膳，诚非所以辅精气，育皇帝，安宗庙也。臣莽数叩头省户下，白争未见许。今幸赖陛下德泽，间者风雨时，甘露降，神芝生，蓂荚、朱草、嘉禾，休征同时并至。臣莽等不胜大愿，愿陛下爱精休神，阔略思虑，遵帝王之常服，复太官之法膳，使臣子各得尽欢心，备共养。惟哀省察！”莽又令太后下诏曰：“盖闻母后之义，思不出乎门阈。国不蒙佑，皇帝年在襁褓，未任亲政，战战兢兢，惧于宗庙之不安。国家之大纲，微朕孰当统之？是以孔子见南子，周公居摄，盖权时也。勤身极思，忧劳未绥，故国奢则视之以俭，矫枉者过其正，而朕不身帅，将谓是下何！夙夜梦想，五谷丰孰，百姓家给，比皇帝加元服，委政而授焉。今诚未皇于轻靡而备味，庶几与百僚有成，其勖之哉！”每有水旱，莽辄素食，左右以白。太后遣使者诏莽曰：“闻公菜食，忧民深矣。今秋幸孰，公勤于职，以时食肉，爱身为国。”

莽念中国已平，唯四夷未有异，乃遣使者赍黄金币帛，重赂匈奴单于，使上书言：“闻中国讥二名，故名囊知牙斯今更名知，慕从圣制。”又遣王昭君女须卜居次入侍。所以诳耀媚事太后，下至旁侧长御，方故万端。

莽既尊重，欲以女配帝为皇后，以固其权，奏言：“皇帝即位三年，长秋宫未建，液廷媵未充。乃者，国家之难，本从亡嗣，配取不正。请考论《五经》，定取礼，正十二女之义，以广继嗣。博采二王后及周公孔子世列侯在长安者适子女。”事下有司，上众女名，王氏女多在选中者。莽恐其与己女争，即上言：“身亡德，子材下，不宜与众女并采。”太后以为至诚，乃下诏曰：“王氏女，朕之外家，其勿采。”庶民、诸生、郎吏以上守阙上书者日千余人，公卿大夫或诣廷中，或伏省户下，咸言：“明诏圣德巍巍如彼，安汉公盛勋堂堂若此，今当立后，独奈何废公女？天下安所归命！愿得公女为天下母。”莽遣长史以下分部晓止公卿及诸生，而上书者愈甚。太后不得已，听公卿采莽女。莽复自曰：“宜博选众女。”公卿争曰：“不宜采诸女以贰正统。”莽曰：“愿见女。”太后遣长乐少府、宗正、尚书令纳采见女，还奏言：“公女渐渍德化，有窈窕之容，宜承天序，奉祭祀。”有诏遣大司徒、大司空策告宗庙，杂加卜筮，皆曰：“兆遇金水王相，卦遇父母得位，所谓‘康强’之占，‘逢吉’之符也。”信乡侯佟上言：“《春秋》，天子将娶于纪，则褒纪子称侯，安汉公国未称古制。”事下有司，皆曰：“古者天子封后父百里，尊而不臣，以重宗庙，孝之至也。佟言应礼，可许。请以新野田二万五千六百顷益封莽，满百里。”莽谢曰：“臣莽子女诚不足以配至尊，复听众议，益封臣莽。伏自惟今，得托肺腑，获爵土，如使子女诚能奉称圣德，臣莽国邑足以共朝贡，不须复加益地之宠。愿归所益。”太后许之。有司奏“故事，聘皇后黄金二万斤，为钱二万万”。莽深辞让，受四千万，而以其三千三百万予十一媵家。群臣复言：“今皇后受聘，逾群妾亡几。”有诏，复益二千三百万，合为三千万。莽复以其千万分予九族贫者。

陈崇时为大司徒司直，与张敞孙竦相善。竦者博通士，为崇草奏，称莽功德，崇奏之，曰：

窃见安汉公自初束脩，值世俗隆奢丽之时，蒙两宫厚骨肉之宠，被诸父赫赫之光，财饶势足，亡所忤意，然而折节行仁，克心履礼，拂世矫俗，确然特立；恶衣恶食，陋车驽马，妃匹无二，闺门之内，孝友之德，众莫不闻；清静乐道，温良下士，惠于故旧，笃于师友。孔子曰“未若贫而乐，富而好礼”，公之谓矣。

及为侍中，故定陵侯淳于长有大逆罪，公不敢私，建白诛讨。周公诛管蔡，季子鸩叔牙，公之谓矣。

是以孝成皇帝命公大司马，委以国统。孝哀即位，高昌侯董宏希指求美，造作二统，公手劾之，以定大纲。建白定陶太后不宜在乘舆幄坐，以明国体。《诗》曰“柔亦不茹，刚亦不吐，不侮鳏寡，不畏强圉”，公之谓矣。

深执谦退，推诚让位。定陶太后欲立僭号，惮彼面刺幄坐之义，佞惑之雄，朱博之畴，惩此长、宏手劾之事，上下壹心，谗贼交乱，诡辟制度，遂成篡号，斥逐仁贤，诛残戚属，而公被胥、原之诉，远去就国，朝政崩坏，纲纪废弛，危亡之祸，不隧如发。《诗》云“人之云亡，邦国殄瘁”，公之谓矣。

当此之时，宫亡储主，董贤据重，加以傅氏有女之援，皆自知得罪天下，结仇中山，则必同忧，断金相翼，藉假遗诏，频用赏诛，先除所惮，急引所附，遂诬往冤，更征远属，事势张见，其不难矣！赖公立入，即时退贤，及其党亲。当此之时，公运独见之明，奋亡前之威，盱衡厉色，振扬武怒，乘其未坚，厌其未发，震起机动，敌人摧折，虽有贲育不及持刺，虽有樗里不及回知，虽有鬼谷不及造次，是故董贤丧其魂魄，遂自绞杀。人不还踵，日不移晷，霍然四除，更为宁朝。非陛下莫引立公，非公莫克此祸。《诗》云“惟师尚父，时惟鹰扬，亮彼武王”，孔子曰“敏则有功”，公之谓矣。

于是公乃白内故泗水相丰、斄令邯，与大司徒光、车骑将军舜建定社稷，奉节东迎，皆以功德受封益土，为国名臣。《书》曰“知人则哲”，公之谓也。

公卿咸叹公德，同盛公勋，皆以周公为比，宜赐号安汉公，益封二县，公皆不受。传曰申包胥不受存楚之报，晏平仲不受辅齐之封，孔子曰“能以礼让为国乎何有”，公之谓也。

将为皇帝定立妃后，有司上名，公女为首，公深辞让，迫不得已然后受诏。父子之亲天性自然，欲其荣贵甚于为身，皇后之尊侔于天子，当时之会千载稀有，然而公惟国家之统，揖大福之恩，事事谦退，动而固辞。《书》曰“舜让于德不嗣”，公之谓矣。

自公受策，以至于今，亹亹翼翼，日新其德，增修雅素以命下国，后俭隆约以矫世俗，割财损家以帅群下，弥躬执平以逮公卿，教子尊学以隆国化。僮奴衣布，马不秣谷，食饮之用，不过凡庶。《诗》云“温温恭人，如集于木”，孔子曰“食无求饱，居无求安”，公之谓矣。

克身自约，籴食逮给，物物卬市，日阕亡储，又上书归孝哀皇帝所益封邑，入钱献田，殚尽旧业，为众倡始。于是小大乡和，承风从化，外则王公列侯，内则帷幄侍御，翕然同时，各竭所有，或入金钱，或献田亩，以振贫穷，收赡不足者。昔令尹子文朝不及夕，鲁公仪子不茹园葵，公之谓矣。

开门延士，下及白屋，娄省朝政，综管众治，亲见牧守以下，考迹雅素，审知白黑。《诗》云“夙夜匪解，以事一人”，《易》曰“终日乾乾，夕惕若厉”，公之谓矣。

比三世为三公，再奉送大行，秉冢宰职，填安国家，四海辐凑，靡不得所。《书》曰“纳于大麓，列风雷雨不迷”，公之谓矣。

此皆上世之所鲜，禹稷之所难，而公包其终始，一以贯之，可谓备矣！是以三年之间，化行如神，嘉瑞叠累，岂非陛下知人之效，得贤之致哉！故非独君之受命也，臣之生亦不虚矣。是以伯禹锡玄圭，周公受郊祀，盖以达天之使，不敢擅天之功也。揆公德行，为天下纪；观公功勋，为万世基。基成而赏不配，纪立而褒不副，诚非所以厚国家，顺天心也。

高皇帝褒赏元功，相国萧何邑户既倍，又蒙殊礼，奏事不名，入殿不趋，封其亲属十有余人。乐善无厌，班赏亡遴，苟有一策，即必爵之，是故公孙戎位在充郎，选繇旄头，壹明樊哙，封二千户。孝文皇帝褒赏绛侯，益封万户，赐黄金五千斤。孝武皇帝恤录军功，裂三万以封卫青，青子三人，或在襁褓，皆为通侯。孝宣皇帝显著霍光，增户命畴，封者三人，延及兄孙。夫绛侯即因汉藩之固，杖朱虚之鲠，依诸将之递，据相扶之势，其事虽丑，要不能遂。霍光即席常任之重，乘大胜之威，未尝遭时不行，陷假离朝，朝之执事，亡非同类，割断历久，统政旷世，虽曰有功，所因亦易，然犹有计策不审过征之累。及至青、戎，标末之功，一言之劳，然犹皆蒙丘山之赏。课功绛、霍，造之与因也；比于青、戎，地之与天也。而公又有宰治之效，乃当上与伯禹、周公等盛齐隆，兼其褒赏，岂特与若云者同日而论哉？然曾不得蒙青等之厚，臣诚惑之！

臣闻功亡原者赏不限，德亡首者褒不检。是故成王之于周公也，度百里之限，越九锡之检，开七百里之宇，兼商、奄之民，赐以附庸殷民六族，大路大旗，封父之繁弱，夏后之璜，祝宗卜史，备物典策，官司彝器，白牡之牲，郊望之礼。王曰：“叔父，建尔元子。”子父俱延拜而受之。可谓不检亡原者矣。非特止此，六子皆封。《诗》曰：“亡言不仇，亡德不报。”报当如之，不如非报也。近观行事，高祖之约非刘氏不王，然而番君得王长沙，下诏称忠，定著于令，明有大信不拘于制也。春秋晋悼公用魏绛之策，诸夏服从。郑伯献乐，悼公于是以半赐之。绛深辞让，晋侯曰：“微子，寡人不能济河。夫赏，国之典，不可废也。子其受之。”魏绛于是有金石之乐，《春秋》善之，取其臣竭忠以辞功，君知臣以遂赏也。今陛下既知公有周公功德，不行成王之褒赏，遂听公之固辞，不顾《春秋》之明义，则民臣何称，万世何述？诚非所以为国也。臣愚以为宜恢公国，令如周公，建立公子，令如伯禽。所赐之品，亦皆如之。诸子之封，皆如六子。即群下较然输忠，黎庶昭然感德。臣诚输忠，民诚感德，则于王事何有？唯陛下深惟祖宗之重，敬畏上天之戒，仪形虞、周之盛，敕尽伯禽之赐，无遴周公之报，令天法有设，后世有祖，天下幸甚！

太后以视群公，群公方议其事，会吕宽事起。

初，莽欲擅权，白太后："前哀帝立，背恩义，自贵外家丁、傅，挠乱国家，几危社稷。今帝以幼年复奉大宗，为成帝后，宜明一统之义，以戒前事，为后代法。"于是遣甄丰奉玺绶，即拜帝母卫姬为中山孝王后，赐帝舅卫宝、宝弟玄爵关内侯，皆留中山，不得至京师。莽子宇，非莽隔绝卫氏，恐帝长大后见怨。宇即私遣人与宝等通书，教令帝母上书求入。莽不听。宇与师吴章及妇兄吕宽议其故，章以为莽不可谏，而好鬼神，可为变怪以惊惧之，章因推类说令归政于卫氏。宇即使宽夜持血洒莽第，门吏发觉之，莽执宇送狱，饮药死。宇妻焉怀子，系狱，须产子已，杀之。莽奏言："宇为吕宽等所诖误，流言惑众，与管蔡同罪，臣不敢隐其诛。"甄邯等白太后下诏曰："夫唐尧有丹朱，周文王有管蔡，此皆上圣亡奈下愚子何，以其性不可移也。公居周公之位，辅成王之主，而行管蔡之诛，不以亲亲害尊尊，朕甚嘉之。昔周公诛四国之后，大化乃成，至于刑错。公其专意翼国，期于致平。"莽因是诛灭卫氏，穷治吕宽之狱，连引郡国豪桀素非议己者，内及敬武公主、梁王立、红阳侯立、平阿侯仁，使者迫守，皆自杀。死者以百数，海内震焉。大司马护军褒奏言："安汉公遭子宇陷于管蔡之辜，子爱至深，为帝室故不敢顾私。惟宇遭罪，喟然愤发作书八篇，以戒子孙。宜班郡国，令学官以教授。"事下群公，请令天下吏能诵公戒者，以著官簿，比《孝经》。

四年春，郊祀高祖以配天，宗祀孝文皇帝以配上帝。四月丁未，莽女立为皇后，大赦天下。遣大司徒司直陈崇等八人分行天下，览观风俗。

太保舜等奏言："《春秋》列功德之义，太上有立德，其次有立功，其次有立言，唯至德大贤然后能之。其在人臣，则生有大赏，终为宗臣，殷之伊尹，周之周公是也。"及民上书者八千余人，咸曰："伊尹为阿衡，周公为太宰，周公享七子之封，有过上公之赏。宜如陈崇言。"章下有司，有司请"还前所益二县及黄邮聚、新野田，采伊尹、周公称号，加公为宰衡，位上公。掾史秩六百石。三公言事，称'敢言之'。群吏毋得与公同名。出从期门二十人，羽林三十人，前后大车十乘。赐公太夫人号曰功显君，食邑二千户，黄金印赤韨。封公子男二人，安为褒新侯，临为赏都侯。加后聘三千七百万，合为一万万，以明大礼"。太后临前殿，亲封拜。安汉公拜前，二子拜后，如周公故事。莽稽首辞让，出奏封事，愿独受母号，还安、临印韨及号位户邑。事下太师光等，皆曰："赏未足以直功，谦约退让，公之常节，终不可听。"莽求见固让。太后下诏曰："公每见，叩头流涕固辞，今移病，固当听其让，令视事邪？将当遂行其赏，遣归就第也？"光等曰："安、临亲受印韨，策号通天，其义昭昭。黄邮、召陵、新野之田为入尤多，皆止于公，公欲自损以成国化，宜可听许。治平之化当以时成，宰衡之官不可世及。纳征钱，乃以尊皇后，非为公也。功显君户，止身不传。褒新、赏都两国合三千户，甚少矣。忠臣之节，亦宜自屈，而信主上之义。宜遣大司徒、大司空持节承制，诏公亟入视事。诏尚书勿复受公之让奏。"奏可。

莽乃起视事，上书言："臣以元寿二年六月戊午仓卒之夜，以新都侯引入未央宫；庚申拜为大司马，充三公位；元始元年正月丙辰拜为太傅，赐号安汉公，备四辅官；今年四月甲子复拜为宰衡，位上公。臣莽伏自惟，爵为新都侯，号为安汉公，官为宰衡、太傅、大司马，爵贵号尊官重，一身蒙大宠者五，诚非鄙臣所能堪。据元始三年，天下岁已复，官属宜皆置。《谷梁传》曰：'天子之宰，通于四海。'臣愚以为，宰衡官以正百僚平海内为职，而无印信，名实不副。臣莽无兼官之材，今圣朝既过误而用之，臣请御史刻宰衡印章曰'宰衡太傅大司马印'，成，授臣莽，上太傅与大司马之印。"太后诏曰："可。韨如相国，朕亲临授焉。"莽乃复以所益纳征钱千万，遗与长乐长御奉共养者。太保舜奏言："天下闻公不受千乘之土，辞万金之币，散财施予千万数，莫不乡化。蜀郡男子路建等辍讼惭怍而退，虽文王却虞芮何以加！宜报告天下。"奏可。宰衡出，从大车前后各十乘，直事尚书郎、侍御史、谒者、中黄门、期门羽林。宰衡常持节，所止，谒者代持之。宰衡掾史秩六百石，三公称"敢言之"。

是岁，莽奏起明堂、辟雍、灵台，为学者筑舍万区，作市、常满仓，制度甚盛。立《乐经》，益博士员，经各五人。征天下通一艺教授十一人以上，及有逸《礼》、古《书》《毛诗》《周官》《尔雅》、天文、图谶、钟律、月令、兵法、《史篇》文字，通知其意者，皆诣公车。网罗天下异能之士，至者前后千数，皆令记说廷中，将令正乖缪，壹异说云。群臣奏言："昔周公奉继体之嗣，据上公之尊，然犹七年制度乃定。夫明堂、辟雍，堕废千载莫能兴，今安汉公起于第家，辅翼陛下，四年于兹，功德烂然。公以八月载生魄庚子奉使朝，用书临赋营筑，越若翊辛丑，诸生、庶民大和会，十万众并集，平作二旬，大功毕成。唐虞发举，成周造业，诚亡以加。宰衡位宜在诸侯王上，赐以束帛加璧，大国乘车、安车各一，骊马二驷。"诏曰："可。其议九锡之法。"

冬，大风吹长安城东门屋瓦且尽。

五年正月，祫祭明堂，诸侯王二十八人，列侯百二十人，宗室子九百余人，征助祭。礼毕，封孝宣曾孙信等三十六人为列侯，余皆益户赐爵，金帛之赏各有数。是时，吏民以莽不受新野田而上书者前后四十八万七千五百七十二人，及诸侯王、公、列侯、宗室见者皆叩头言，宜亟加赏于安汉公。于是莽上书曰："臣以外属，越次备位，未能奉称。伏念圣德纯茂，承天当古，制礼以治民，作乐以移风，四海奔走，百蛮并辏，辞去之日，莫不陨涕。非有款诚，岂可虚致？自诸侯王已下至于吏民，咸知臣莽上与陛下有葭莩之故，又得典职，每归功列德者，辄以臣莽为余言。臣见诸侯面言事于前者，未尝不流汗而惭愧也。虽性愚鄙，至诚自知，德薄位尊，力少任大，夙夜悼栗，常恐污辱圣朝。今天下治平，风俗齐同，百蛮率服，皆陛下圣德所自躬亲，太师光、太保舜等辅政佐治，群卿大夫莫不忠良，故能以五年之间至致此焉。臣莽实无奇策异谋。奉承太后圣诏，宣之于下，不能得什一；受群贤之筹划，而上以闻，不能得什伍。当被无益之辜，所以敢且保首领须臾者，诚上休陛下余光，而下依群公之故也。陛下不忍众言，辄下其章于议者。臣莽前欲立奏止，恐其遂不肯止。今大礼已行，助祭者毕辞，不胜至愿，愿诸章下议者皆寝勿上，使臣莽得尽力毕制礼作乐事。事成，以传示天下，与海内平之。即有所间非，则臣莽当被诖上误朝之罪；如无他谴，得全命赐骸骨归家，避贤者路，是臣之私愿也。惟陛下哀怜财幸！"甄邯等白太后，诏曰："可。唯公功德光于天下，是以诸侯王、公、列侯、宗室、诸生、吏民翕然同辞，连守阙庭，故下其章。诸侯、宗室辞去之日，复见前重陈，虽晓喻罢遣，犹不肯去。告以孟夏将行厥赏，莫不欢悦，称万岁而退。今公每见，辄流涕叩头言愿不受赏，赏即加不敢当位。方制作未定，事须公而决，故且听公。制作毕成，群公以闻。究于前议，其九锡礼仪亟奏。"

于是公卿大夫、博士、议郎、列侯张纯等九百二人皆曰："圣帝明王招贤劝能，德盛者位高，功大者赏厚。故宗臣有九命上公之尊，则有九锡登等之宠。今九族亲睦，百姓既章，万国和协，黎民时雍，圣瑞毕溱，太平已洽。帝者之盛莫隆于唐虞，而陛下任之；忠臣茂功莫著于伊周，而宰衡配之。所谓异时而兴，如合符者也。谨以《六艺》通义，经文所见，《周官》《礼记》宜于今者，为九命之锡。臣请命锡。"奏可。策曰：

惟元始五年五月庚寅，太皇太后临于前殿，延登，亲诏之曰：公进，虚听朕言。前公宿卫孝成皇帝十有六年，纳策尽忠，白诛故定陵侯淳于长，以弥乱发奸，登大司马，职在内辅。孝哀皇帝即位，骄妾窥欲，奸臣萌乱，公手劾高昌侯董宏，改正故定陶共王母之僭坐。自是之后，朝臣论议，靡不据经。以病辞位，归于第家，为贼臣所陷。就国之后，孝哀皇帝觉寤，复还公长安，临病加剧，犹不忘公，复特进位。是夜仓卒，国无储主，奸臣充朝，危殆甚矣。朕惟定国之计莫宜于公，引纳于朝，即日罢退高安侯董贤，转漏之间，忠策辄建，纲纪咸张。绥和、元寿，再遭大行，万事毕举，祸乱不作。辅朕五年，人伦之本正，天地之位定。钦承神祇，经纬四时，复千载之废，矫百世之失，天下和会，大众方辑。《诗》之灵台，《书》之作雒，镐京之制，商邑之度，于今复兴。昭章先帝之元功，明著祖宗之令德，推显严父配天之义，修立郊禘宗祀之礼，以光大孝。是以四海雍雍，万国慕义，蛮夷殊俗，不召自至，渐化端冕，奉珍助祭。寻旧本道，遵术重古，动而有成，事得厥中。至德要道，通于神明，祖考嘉享。光耀显章，天符仍臻，元气大同。麟凤龟龙，众祥之瑞，七百有余。遂制礼作乐，有绥靖宗庙社稷之大勋。普天之下，惟公是赖，官在宰衡，位为上公。今加九命之锡，其以助祭，共文武之职，乃遂及厥祖。於戏，岂不休哉！

于是莽稽首再拜，受绿韨衮冕衣裳，瑒琫瑒珌，句履，鸾路乘马，龙旗九旒，皮弁素积，戎路乘马，彤弓矢，卢弓矢，左建朱钺，右建金戚，甲胄一具，秬鬯二卣，圭瓒二，九命青玉珪二，朱户纳陛。署宗官、祝官、卜官、史官，虎贲三百人，家令丞各一人，宗、祝、卜、史官皆置啬夫，佐安汉公。在中府外第，虎贲为门卫，当出入者傅籍。自四辅、三公有事府第，皆用传。以楚王邸为安汉公第，大缮治，通周卫。祖祢庙及寝皆为朱户纳陛。陈崇又奏："安汉公祠祖祢，出城门，城门校尉宜将骑士从。入有门卫，出有骑士，所以重国也。"奏可。

其秋，莽以皇后有子孙瑞，通子午道。子午道从杜陵直绝南山，径汉中。

风俗使者八人还，言天下风俗齐同，诈为郡国造歌谣，颂功德，凡三万言。莽奏定著令。又奏为市无二贾，官无狱讼，邑无盗贼，野无饥民，道不拾遗，男女异路之制，犯者象刑。刘歆、陈崇等十二人皆以治明堂，宣教化，封为列侯。

莽既致太平，北化匈奴，东致海外，南怀黄支，唯西方未有加。乃遣中郎将平宪等多持金币诱塞外羌，使献地，愿内属。宪等奏言："羌豪良愿等种，人口可万二千人，愿为内臣，献鲜水海、允谷盐池，平地美草皆予汉民，自居险阻处为藩蔽。问良愿降意，对曰：'太皇太后圣明，安汉公至仁，天下太平，五谷成熟，或禾长丈余，或一粟三米，或不种自生，或茧不蚕自成，甘露从天下，醴泉自地出，凤凰来仪，神爵降集。从四岁以来，羌人无所疾苦，故思乐内属。'宜以时处业，置属国领护。"事下莽，莽复奏曰："太后秉统数年，恩泽洋溢，和气四塞，绝域殊俗，靡不慕义。越裳氏重译献白雉，黄支自三万里贡生犀，东夷王度大海奉国珍，匈奴单于顺制作，去二名，今西域良愿等复举地为臣妾，昔唐尧横被四表，亦亡以加之。今谨案已有东海、南海、北海郡，未有西海郡，请受良愿等所献地为西海郡。臣又闻圣王序天广，定地理，因山川民俗以制州界。汉家地广二帝三王，凡十二州，州名及界多不应经。《尧典》十有二州，后定为九州。汉家廓地辽远，州牧行部，远者三万余里，不可为九。谨以经义正十二州名分界，以应正始。"奏可。又增法五十条，犯者徙之西海。徙者以千万数，民始怨矣。

泉陵侯刘庆上书言："周成王幼少，称孺子，周公居摄。今帝富于春秋，宜令安汉公行天子事，如周公。"群臣皆曰："宜如庆言。"

冬，荧惑入月中。

平帝疾，莽作策，请命于泰畤，戴璧秉圭，愿以身代。藏策金縢，置于前殿，敕诸公勿敢言。十二月平帝崩，大赦天下。莽征明礼者宗伯凤等与定天下吏六百石以上皆服丧三年。奏尊孝成庙曰统宗，孝平庙曰元宗。时元帝世绝，而宣帝曾孙有见王五人，列侯广戚侯显等四十八人，莽恶其长大，曰："兄弟不得相为后。"乃选玄孙中最幼广戚侯子婴，年二岁，托以为卜相最吉。

是月，前辉光谢嚣奏武功长孟通浚井得白石，上圆下方，有丹书著石，文曰"告安汉公莽为皇帝"。符命之起，自此始矣。莽使群公以白太后，太后曰："此诬罔天下，不可施行！"太保舜谓太后："事已如此，无可奈何，沮之力不能止。又莽非敢有它，但欲称摄以重其权，填服天下耳。"太后听许。舜等即共令太后下诏曰："盖闻天生众民，不能相治，为之立君以统理之。君年幼稚，必有寄托而居摄焉，然后能奉天施而成地化，群生茂育。《书》不云乎？'天工，人其代之。'朕以孝平皇帝幼年，且统国政，几加元服，委政而属之。今短命而崩，呜呼哀哉！已使有司征孝宣皇帝玄孙二十三人，差度宜者，以嗣孝平皇帝之后。玄孙年在襁褓，不得至德君子，孰能安之？安汉公莽辅政三世，比遭际会，安光汉室，遂同殊风，至于制作，与周公异世同符。今前辉光嚣、武功长通上言丹石之符，朕深思厥意，云'为皇帝'者，乃摄行皇帝之事也。夫有法成易，非圣人者亡法。其令安汉公居摄践祚，如周公故事，以武功县为安汉公采地，名曰汉光邑。具礼仪奏。"

于是群臣奏言："太后圣德昭然，深见天意，诏令安汉公居摄。臣闻周成王幼少，周道未成，成王不能共事天地，修文武之烈。周公权而居摄，则周道成，王室安；不居摄，则恐周队失天命。《书》曰：'我嗣事子孙，大不克共上下，遏失前人光，在家不知命不易。天应棐谌，乃亡队命。'说曰：周公服天子之冕，南面而朝群臣，发号施令，常称王命。召公贤人，不知圣人之意，故不说也。《礼·明堂记》曰：'周公朝诸侯于明堂，天子负斧依南面而立。'谓'周公践天子位，六年朝诸侯，制礼作乐，而天下大服'也。召公不说。时武王崩，缞粗未除。由是言之，周公始摄则居天子之位，非乃六年而践阼也。《书》逸《嘉禾篇》曰：'周公奉鬯立于阼阶，延登，赞曰："假王莅政，勤和天下。"'此周公摄政，赞者所称。成王加元服，周公则致政。《书》曰'朕复子明辟'，周公常称王命，专行不报，故言我复子明君也。臣请安汉公居摄践祚，服天子韨冕，背斧依于户牖之间，南面朝群臣，听政事。车服出入警跸，民臣称臣妾，皆如天子之制。郊祀天地，宗祀明堂，共祀宗庙，享祭群神，赞曰'假皇帝'，民臣谓之'摄皇帝'，自称曰'予'。平决朝事，常以皇帝之诏称'制'，以奉顺皇天之心，辅翼汉室，保安孝平皇帝之幼嗣，遂寄托之义，隆治平之化。其朝见太皇太后、帝皇后，皆复臣节。自施政教于其宫家国采，如诸侯礼仪故事。臣昧死请。"太后诏曰："可。"明年，改元曰居摄。

居摄元年正月，莽祀上帝于南郊，迎春于东郊，行大射礼于明堂，养三老五更，成礼而去。置柱下五史，秩如御史，听政事，侍旁记疏言行。

三月己丑，立宣帝玄孙婴为皇太子，号曰孺子。以王舜为太傅左辅，甄丰为太阿右拂，甄邯为太保后承。又置四少，秩皆二千石。

四月，安众侯刘崇与相张绍谋曰："安汉公莽专制朝政，必危刘氏。天下非之者，乃莫敢先举，此宗室耻也。吾帅宗族为先，海内必和。"绍等从者百余人，遂进攻宛，不得入而败。绍者，张竦之从兄也。竦与崇族父刘嘉诣阙自归，莽赦弗罪。竦因为嘉作奏曰：

建平、元寿之间，大统几绝，宗室几弃。赖蒙陛下圣德，扶服振救，遮扞匡卫，国命复延，宗室明目。临朝统政，发号施令，动以宗室为始，登用九族为先。并录支亲，建立王侯，南面之孤，计以百数。收复绝属，存亡续废，得比肩首，复为人者，嫔然成行，所以藩汉国，辅汉宗也。建辟雍，立明堂，班天法，流圣化，朝群后，昭文德，宗室诸侯，咸益土地。天下喁喁，引领而叹，颂声洋洋，满耳而入。国家所以服此美，膺此名，飨此福，受此荣者，岂非太皇太后日昃之思，陛下夕惕之念哉！何谓？乱则统其理，危则致其安，祸则引其福，绝则继其统，幼则代其任，晨夜屑屑，寒暑勤勤，无时休息，孳孳不已者，凡以为天下，厚刘氏也。臣无愚智，民无男女，皆谕至意。

而安众侯崇乃独怀悖惑之心，操畔逆之虑，兴兵动众，欲危宗庙，恶不忍闻，罪不容诛，诚臣子之仇，宗室之仇，国家之贼，天下之害也。是故亲属震落而告其罪，民人溃畔而弃其兵，进不跬步，退伏其殃。百岁之母，孩提之子，同时断斩，悬头竿杪，珠珥在耳，首饰犹存，为计若此，岂不悖哉！

臣闻古者畔逆之国，既以诛讨，则猪其宫室以为污池，纳垢浊焉，名曰凶虚，虽生菜茹，而人不食。四墙其社，覆上栈下，示不得通。辨社诸侯，出门见之，著以为戒。方今天下闻崇之反也，咸欲骞衣手剑而叱之。其先至者，则拂其颈，冲其匈，刃其躯，切其肌；后至者，欲拨其门，仆其墙，夷其屋，焚其器，应声涤地，则时成创。而宗室尤甚，言必切齿焉。何则？以其背叛恩义，而不知重德之所在也。宗室所居或远，嘉幸得先闻，不胜愤愤之愿，愿为宗室倡始，父子兄弟负笼荷锸，驰之南阳，猪崇宫室，令如古制。及崇社宜如亳社，以赐诸侯，用永监戒。愿下四辅公卿大夫议，以明好恶，视四方。

于是莽大悦。公卿曰："皆宜如嘉言。"莽白太后下诏曰："惟嘉父子兄弟，虽与崇有属，不敢阿私，或见萌牙，相率告之，及其祸成，同共仇之，应合古制，忠孝著焉。其以杜衍户千封嘉为帅礼侯，嘉子七人皆赐爵关内侯。"后又封竦为淑德侯。长安为之语曰："欲求封，过张伯松；力战斗，不如巧为奏。"莽又封南阳吏民有功者百余人，污池刘崇室宅。后谋反者，皆污池云。

群臣复曰："刘崇等谋逆者，以莽权轻也。宜尊重以填海内。"五月甲辰，太后诏莽朝见太后称"假皇帝"。

冬十月丙辰朔，日有食之。

十二月，群臣奏请："益安汉公宫及家吏，置率更令，庙、厩、厨长丞，中庶子，虎贲以下百余人，又置卫士三百人。安汉公庐为摄省，府为摄殿，第为摄宫。"奏可。

莽白太后下诏曰："故太师光虽前薨，功效已列。太保舜、大司空丰、轻车将军邯、步兵将军建皆为诱进单于筹策，又典灵台、明堂、辟雍、四郊，定制度，开子午道，与宰衡同心说德，合意并力，功德茂著。封舜子匡为同心侯，林为说德侯，光孙寿为合意侯，丰孙匡为并力侯。益邯、建各三千户。"

是岁，西羌庞恬、傅幡等怨莽夺其地作西海郡，反攻西海太守程永，永奔走。莽诛永，遣护羌校尉窦况击之。

二年春，窦况等击破西羌。

五月，更造货：错刀，一直五千；契刀，一直五百；大钱，一直五十，与五铢钱并行。民多盗铸者。禁列侯以下不得挟黄金，输御府受直，然卒不与直。

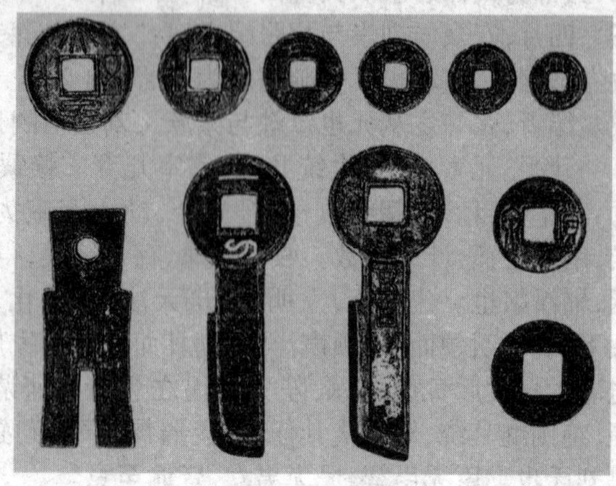

新朝钱币图

九月，东郡太守翟义都试，勒车骑，因发奔命，立严乡侯刘信为天子，移檄郡国，言莽"毒杀平帝，摄天子位，欲绝汉室，今共行天罚诛莽"。郡国疑惑，众十余万。莽惶惧不能食，昼夜抱孺子告祷郊庙，放《大诰》作策，遣谏大夫桓谭等班于天下，谕以摄位当反政孺子之意。遣王邑、孙建等八将军击义，分屯诸关，守厄塞。槐里男子赵明、霍鸿等起兵，以和翟义，相与谋曰："诸将精兵悉东，京师空，可攻长安。"众稍多，至且十万人，莽恐，遣将军王奇、王级将兵拒之。以太保甄邯为大将军，受钺高庙，领天下兵，左杖节，右把钺，屯城外。王舜、甄丰昼夜循行殿中。

十二月，王邑等破翟义于圉。司威陈崇使监军上书言："陛下奉天洪范，心合宝龟，膺受元命，豫知成败，咸应兆占，是谓配天。配天之主，虑则移气，言则动物，施则成化。臣崇伏读诏书下日，窃计其时，圣思始发，而反虏仍破；诏文始书，反虏大败；制书始下，反虏毕斩。众将未及齐其锋芒，臣崇未及尽其愚虑，而事已决矣。"莽大悦。

三年春，地震。大赦天下。

王邑等还京师，西与王级等合击明、鸿，皆破灭。莽大置酒未央宫白虎殿，劳赐将帅。诏陈崇治校军功，第其高下。莽乃上奏曰："明圣之世，国多贤人，故唐虞之时，可比屋而封，至功成事就，则加赏焉。至于夏后涂山之会，执玉帛者万国，诸侯执玉，附庸执帛。周武王孟津之上，尚有八百诸侯。周公居摄，郊祀后稷以配天，宗祀文王于明堂以配上帝，是以四海之内各以其职来祭，盖诸侯千八百矣。《礼记·王制》千七百余国，是以孔子著《孝经》曰：'不敢遗小国之臣，而况于公侯伯子男乎？故得万国之欢心以事其先王。'此天子之孝也。秦为亡道，残灭诸侯以为郡县，欲擅天下之利，故二世而亡。高皇帝受命除残，考功施赏，建国数百，后稍衰微，其余仅存。太皇太后躬统大纲，广封功德以劝善，兴灭继绝以永世，是以大化流通，旦暮且成。遭羌寇害西海郡，反虏流言东郡，逆贼惑众西土，忠臣孝子莫不奋怒，所征殄灭，尽备厥辜，天下咸宁。今制礼作乐，实考周爵五等，地四等，有明文；殷爵三等，有其说，无其文。孔子曰：'周监于二代，郁郁乎文哉！吾从周。'臣请诸将帅当受爵邑者爵五等，地四等。"奏可。于是封者高为侯伯，次为子男，当赐爵关内侯者更名曰附城，凡数百人。击西海者以"羌"为号，槐里以"武"为号，翟义以"虏"为号。

群臣复奏言："太后修功录德，远者千载，近者当世，或以文封，或以武爵，深浅大小，靡不毕举。今摄皇帝背依践祚，宜异于宰国之时，制作虽未毕已，宜进二子爵皆为公。《春秋》'善善及子孙'，'贤者之后，宜有土地'。成王广封周公庶子六人，皆有茅土。及汉家名相大将萧、霍之属，咸及支庶。兄子光，可先封列侯；诸孙，制度毕已，大司徒、大司空上名，如前诏书。”太后诏曰：“进摄皇帝子褒新侯安为新举公，赏都侯临为褒新公，封光为衍功侯。”是时，莽还归新都国，群臣复白以封莽孙宗为新都侯。莽既灭翟义，自谓威德日盛，获天人助，遂谋即真之事矣。

九月，莽母功显君死，意不在哀，令太后诏议其服。少阿、羲和刘歆与博士诸儒七十八人皆曰：“居摄之义，所以统立天功，兴崇帝道，成就法度，安辑海内也。昔殷成汤既没，而太子蚤夭，其子太甲幼少不明，伊尹放诸桐宫而居摄，以兴殷道。周武王既没，周道未成，成王幼少，周公屏成王而居摄，以成周道。是以殷有翼翼之化，周有刑错之功。今太皇太后比遭家之不造，委任安汉公宰尹群僚，衡平天下。遭孺子幼少，未能共上下，皇天降瑞，出丹石之符，是以太皇太后则天明命，诏安汉公居摄践祚，将以成圣汉之业，与唐虞三代比隆也。摄皇帝遂开秘府，会群儒，制礼作乐，卒定庶宫，茂成天功。圣心周悉，卓尔独见，发得周礼，以明因监，则天稽古，而损益焉，犹仲尼之闻《韶》，日月之不可阶，非圣哲之至，孰能若兹！纳纪咸张，成在一匮，此其所以保佐圣汉，安靖元元之效也。今功显君薨，《礼》‘庶子为后，为其母缌’。传曰‘与尊者为体，不敢服其私亲也’。摄皇帝以圣德承皇天之命，受太后之诏居摄践祚，奉汉大宗之后，上有天地社稷之重，下有元元万机之忧，不得顾其私亲。故太皇太后建厥元孙，俾侯新都，为哀侯后。明摄皇帝与尊者为体，承宗庙之祭，奉共养太皇太后，不得服其私亲也。《周礼》曰‘王为诸侯缌缞，‘弁而加环绖’，同姓则麻，异姓则葛。摄皇帝当为功显君缌缞，弁而加麻环绖，如天子吊诸侯服，以应圣制。”莽遂行焉，凡壹吊再会，而令新都侯宗为主，服丧三年云。

司威陈崇奏，衍功侯光私报执金吾窦况，令杀人，况为收系，致其法。莽大怒，切责光。光母曰：“女自视孰与长孙、中孙？”遂母子自杀，及况皆死。初，莽以事母、养嫂、抚兄子为名，及后悖虐，复以示公义焉。令光子嘉嗣爵为侯。

莽下书曰：“遏密之义，讫于季冬，正月郊祀，八音当奏。王公卿士，乐凡几等？五声八音，条各云何？其与所部儒生各尽精思，悉陈其义。”

是岁广饶侯刘京、车骑将军千人扈云、大保属臧鸿奏符命。京言齐郡新井，云言巴郡石牛，鸿言扶风雍石，莽皆迎受。十一月甲子，莽上奏太后曰：“陛下至圣，遭家不造，遇汉十二世三七之厄，承天威命，诏臣莽居摄，受孺子之托，任天下之寄。臣莽兢兢业业，惧于不称。宗室广饶侯刘京上书言：‘七月中，齐郡临淄县昌兴亭长辛当一暮数梦，曰：“吾，天公使也。天公使我告亭长曰：‘摄皇帝当为真。’即不信我，此亭中当有新井。”亭长晨起视亭中，诚有新井，入地且百尺。’十一月壬子，直建冬至，巴郡石牛，戊午，雍石文，皆到于未央宫之前殿。臣与太保安阳侯舜等视，天风起，尘冥，风止，得铜符帛图于石前，文曰：‘天告帝符，献者封侯。承天命，用神令。’骑都尉崔发等视说。及前孝哀皇帝建平二年六月甲子下诏书，更为太初元将元年，案其本事，甘忠可、夏贺良谶书臧兰台。臣莽以为元将元年者，大将居摄改元之文也，于今信矣。《尚书·康诰》‘王若曰：“孟侯，朕其弟，小子封。”’此周公居摄称王之文也。《春秋》隐公不言即位，摄也。此二经周公、孔子所定，盖为后法。孔子曰：‘畏天命，畏大人，畏圣人之言。’臣莽敢不承用！臣请共事神祇宗庙，奏言太皇太后、孝平皇后，皆称假皇帝。其号令天下，天下奏言事，毋言‘摄’。以居摄三年为初始元年，漏刻以百二十为度，用应天命。臣莽夙夜养育隆就孺子，令与周之成王比德，宣明太皇太后威德于万方，期于富而教之。孺子加元服，复子明辟，如周公故事。”奏可。众庶知其奉符命，指意群臣博议别奏，以视即真之渐矣。

期门郎张充等六人谋共劫莽，立楚王。发觉，诛死。

梓潼人哀章学问长安，素无行，好为大言。见莽居摄，即作铜匮，为两检，署其一曰"天帝行玺金匮图"。其一署曰"赤帝行玺某传予黄帝金策书"。某者，高皇帝名也。书言王莽为真天子，皇太后如天命。图书皆书莽大臣八人，又取令名王兴、王盛，章因自窜姓名，凡为十一人，皆署官爵，为辅佐。章闻齐井、石牛事下，即日昏时，衣黄衣，持匮至高庙，以付仆射。仆射以闻。戊辰，莽至高庙拜受金匮神嬗。御王冠，谒太后，还坐未央宫前殿，下书曰："予以不德，托于皇初祖考黄帝之后，皇始祖考虞帝之苗裔，而太皇太后之末属。皇天上帝隆显大佑，成命统序，符契图文，金匮策书，神明诏告，属予以天下兆民。赤帝汉氏高皇帝之灵，承天命，传国金策之书，予甚祗畏，敢不钦受！以戊辰直定，御王冠，即真天子位，定有天下之号曰新。其改正朔，易服色，变牺牲，殊徽帜，异器制。以十二月朔癸酉为建国元年正月之朔，以鸡鸣为时。服色配德上黄，牺牲应正用白，使节之旄幡皆纯黄，其署曰'新使五威节'，以承皇天上帝威命也。"

始建国元年正月朔，莽帅公侯卿士奉皇太后玺韨，上太皇太后，顺符命，去汉号焉。

初，莽妻宜春侯王氏女，立为皇后。本生四男：宇、获、安、临。二子前诛死，安颇荒忽，乃以临为皇太子，安为新嘉辟。封宇子六人：千为功隆公，寿为功明公，吉为功成公，宗为功崇公，世为功昭公，利为功著公。大赦天下。

莽乃策命孺子曰："咨尔婴，昔皇天右乃太祖，历世十二，享国二百一十载，历数在于予躬。《诗》不云乎？'侯服于周，天命靡常。'封尔为定安公，永为新室宾。於戏！敬天之休，往践乃位，毋废予命。"又曰："其以平原、安德、漯阴、鬲、重丘，凡户万，地方百里，为定安公国。立汉祖宗之庙于其国，与周后并，行其正朔、服色。世世以事其祖宗，永以命德茂功，享历代之祀焉。以孝平皇后为定安太后。"读策毕，莽亲执孺子手，流涕歔欷，曰："昔周公摄位，终得复子明辟，今予独迫皇天威命，不得如意！"哀叹良久。中傅将孺子下殿，北面而称臣。百僚陪位，莫不感动。

又按金匮，辅臣皆封拜。以太傅、左辅、骠骑将军安阳侯王舜为太师，封安新公；大司徒就德侯平晏为太傅，就新公；少阿、羲和、京兆尹红休侯刘歆为国师，嘉新公；广汉梓潼哀章为国将，美新公：是为四辅，位上公。太保、后承承阳侯甄邯为大司马，承新公；丕进侯王寻为大司徒，章新公；步兵将军成都侯王邑为大司空，隆新公：是为三公。大阿、右拂、大司空、卫将军广阳侯甄丰为更始将军，广新公；京兆王兴为卫将军，奉新公；轻车将军成武侯孙建为立国将军，成新公；京兆王盛为前将军，崇新公：是为四将。凡十一公。王兴者，故城门令史。王盛者，卖饼。莽按符命求得此姓名十余人，两人容貌应卜相，径从布衣登用，以视神焉。余皆拜为郎。是日，封拜卿大夫、侍中、尚书官凡数百人。诸刘为郡守，皆徙为谏大夫。

改明光宫为定安馆，定安太后居之。以故大鸿胪府为定安公第，皆置门卫使者监领。敕阿乳母不得与语，常在四壁中，至于长大，不能名六畜。后莽以女孙宇子妻之。

莽策群司曰："岁星司肃，东岳太师典致时雨，青炜登平，考景以晷。荧惑司悊，南岳太傅典致时奥，赤炜颂平，考声以律。太白司艾，西岳国师典致时阳，白炜象平，考量以铨。辰星司谋，北岳国将典致时寒，玄炜和平，考星以漏。月刑元股左，司马典致武应，考方法矩，主司天文，钦若昊天，敬授民时，力来农事，以丰年谷。日德元肱右，司徒典致文瑞，考圜合规，主司人道，五教是辅，帅民承上，宣美风俗，五品乃训。斗平元心中，司空典致物图，考度以绳，主司地里，平治水土，掌名山川，众殖鸟兽，蕃茂草木。”各策命以其职，如典诰之文。

置大司马司允，大司徒司直，大司空司若，位皆孤卿。更名大司农曰羲和，后更为纳言，大理曰作士，太常曰秩宗，大鸿胪曰典乐，少府曰共工，水衡都尉曰予虞，与三公司卿凡九卿，分属三公。每一卿置大夫三人，一大夫置元士三人，凡二十七大夫，八十一元士，分主中都官诸职。更名光禄勋曰司中，太仆曰太御，卫尉曰太卫，执金吾曰奋武，中尉曰军正，又置大赘官，主乘舆服御物，后又典兵秩，位皆上卿，号曰六监。改郡太守曰大尹，都尉曰太尉，县令长曰宰，御史曰执法，公车司马曰王路四门，长乐宫曰长乐室，未央宫曰寿成室，前殿曰王路堂，长安曰常安。更名秩百石曰庶士，三百石曰下士，四百石曰中士，五百石曰命士，六百石曰元士，千石曰下大夫，比二千石曰中大夫，二千石曰上大夫夫，中二千石曰卿。车服黻冕，各有差品。又置司恭、司徒、司明、司聪、司中大夫及诵诗工、彻膳宰，以司过。策曰：“予闻上圣欲昭厥德，罔不慎修厥身，用绥于远，是用建尔司于五事。毋隐尤，毋将虚，好恶不愆，立于厥中。於戏，勖哉！”令王路设进善之旌，非谤之木，敢谏之鼓。谏大夫四人常坐王路门受言事者。

封王氏齐缞之属为侯，大功为伯，小功为子，缌麻为男，其女皆为任。男以“睦”、女以“隆”为号焉，皆授印韨。令诸侯立太夫人、夫人、世子，亦受印韨。

又曰：“天无二日，土无二王，百王不易之道也。汉氏诸侯或称王，至于四夷亦如之，违于古典，缪于一统。其定诸侯王之号皆称公，及四夷僭号称王者皆更为侯。

又曰：“帝王之道，相因而通；盛德之祚，百世享祀。予惟黄帝、帝少昊、帝颛顼、帝喾、帝尧、帝舜、帝夏禹、皋陶、伊尹咸有圣德，假于皇天，功烈巍巍，光施于远。予甚嘉之，营求其后，将祚厥祀。”惟王氏，虞帝之后也，出自帝喾；刘氏，尧之后也，出自颛顼。于是封姚恂为初睦侯，奉黄帝后；梁护为修远伯，奉少昊后；皇孙功隆公千，奉帝喾后；刘歆为祁烈伯，奉颛顼后；国师刘歆子叠为伊休侯，奉尧后；妫昌为始睦侯，奉虞帝后；山遵为褒谋子，奉皋陶后；伊玄为褒衡子，奉伊尹后。汉后定安公刘婴，位为宾。周后卫公姬党，更封为章平公，亦为宾。殷后宋公孔弘，运转次移，更封为章昭侯，位为恪。夏后辽西姒丰，封为章公侯，亦为恪。四代古宗，宗祀于明堂，以配皇始祖考虞帝。周公后褒鲁子姬就，宣尼公后褒成子孔钧，已前定焉。

莽又曰：“予前在摄时，建郊宫，定祧庙，立社稷，神祇报况，或光自上复于下，流为乌，或黄气熏蒸，昭耀章明，以著黄、虞之烈焉。自黄帝至于济南伯王，而祖世氏姓有五矣。黄帝二十五子，分赐厥姓十有二氏。虞帝之先，受姓曰姚，其在陶唐曰妫，在周曰陈，在齐曰田，在济南曰王。予伏念皇初祖考黄帝，皇始祖考虞帝，以宗祀于明堂，宜序于祖宗之亲庙。其立祖庙五，亲庙四，后夫人皆配食。郊祀黄帝以配天，黄后以配地。以新都侯东弟为大禖，岁时以祀。家之所尚，种祀天下。姚、妫、陈、田、王氏凡五姓者，皆黄、虞苗裔，予之同族也。《书》不云乎？‘惇序九族。’其令天下上此五姓名籍于秩宗，皆以为宗室。世世复，无有所与。其元城王氏，勿令相嫁娶，以别族理亲焉。”封陈崇为统睦侯，奉胡王后；田丰为世睦侯，奉敬王后。

天下牧守皆以前有翟义、赵明等领州郡，怀忠孝，封牧为男，守为附城。又封旧恩戴崇、金涉、箕闳、杨并等子皆为男。

遣骑都尉嚣等分治黄帝园位于上都桥畤，虞帝于零陵九疑，胡王于淮阳陈，敬王于齐临淄，愍王于城阳莒，伯王于济南东平陵，孺王于魏郡元城，使者四时致祠。其庙当作者，以天下初定，且祫祭于明堂太庙。

以汉高庙为文祖庙。莽曰："予之皇始祖考虞帝受嬗于唐，汉氏初祖唐帝，世有传国之象，予复亲受金策于汉高皇帝之灵。惟思褒厚前代，何有忘时？汉氏祖宗有七，以礼立庙于定安国。其园寝庙在京师者，勿罢，祠荐如故。予以秋九月亲入汉氏高、元、成、平之庙。诸刘更属籍京兆大尹，勿解其复，各终厥身，州牧数存问，勿令有侵冤。"

又曰："予前在大麓，至于摄假，深惟汉氏三七之厄，赤德气尽，思索广求，所以辅刘延期之术，靡所不用。以故作金刀之利，几以济之。然自孔子作《春秋》以为后王法，至于哀之十四而一代毕，协之于今，亦哀之十四也。赤世计尽，终不可强济。皇天明威，黄德当兴，隆显大命，属予以天下。今百姓咸言皇天革汉而立新，废刘而兴王。夫'刘'之为字'卯、金、刀'也，正月刚卯，金刀之利，皆不得行。博谋卿士，佥曰天人同应，昭然著明。其去刚卯莫以为佩，除刀钱勿以为利，承顺天心，快百姓意。"乃更作小钱，径六分，重一铢，文曰"小钱直一"，与前"大钱五十"者为二品，并行。欲防民盗铸，乃禁不得挟铜炭。

四月，徐乡侯刘快结党数千人起兵于其国。快兄殷，故汉胶东王，时改为扶崇公。快举兵攻即墨，殷闭城门，自系狱。吏民距快，快败走，至长广死。莽曰："昔予之祖济南愍王困于燕寇，自齐临淄出保于莒。宗人田单广设奇谋，获杀燕将，复定齐国。今即墨士大夫复同心殄灭反虏，予甚嘉其忠者，怜其无辜。其赦殷等，非快之妻子它亲属当坐者皆勿治。吊问死伤，赐亡者葬钱，人五万。殷知大命，深疾恶快，以故辄伏厥辜。其满殷国户万，地方百里。"又封符命臣十余人。

莽曰："古者，设庐井八家，一夫一妇田百亩，什一而税，则国给民富而颂声作。此唐虞之道，三代所遵行也。秦为无道，厚赋税以自供奉，罢民力以极欲，坏圣制，废井田，是以兼并起，贪鄙生，强者规田以千数，弱者曾无立锥之居。又置奴婢之市，与牛马同兰，制于民臣，专断其命。奸虐之人因缘为利，至掠卖人妻子，逆天心，悖人伦，缪于'天地之性人为贵'之义。《书》曰'予则奴戮女'，唯不用命者，然后被此辜矣。汉氏减轻田租，三十而税一，常有更赋，罢癃咸出，而豪民侵陵，分田劫假。厥名三十税一，实什税五也。父子夫妇终年耕耘，所得不足以自存。故富者犬马余菽粟，骄而为邪；贫者不厌糟糠，穷而为奸。俱陷于辜，刑用不错。予前在大麓，始令天下公田口井，时则有嘉禾之祥，遭反虏逆贼且止。今更名天下田曰'王田'，奴婢曰'私属'，皆不得卖买。其男口不盈八，而田过一井者，分余田予九族邻里乡党。故无田，今当受田者，如制度。敢有非井田圣制，无法惑众者，投诸四裔，以御魑魅，如皇始祖考虞帝故事。"

是时百姓便安汉五铢钱，以莽钱大小两行难知，又数变改不信，皆私以五铢钱市买。讹言大钱当罢，莫肯挟。莽患之，复下书："诸挟五铢钱，言大钱当罢者，比非井田制，投四裔。"于是农商失业，食货俱废，民人至涕泣于市道。及坐卖买田宅奴婢，铸钱，自诸侯卿大夫至于庶民，抵罪者不可胜数。

秋，遣五威将王奇等十二人班《符命》四十二篇于天下。德祥五事，符命二十五，福应十二，凡四十二篇。其德祥言文、宣之世黄龙见于成纪、新都，高祖考王伯墓门梓柱生枝叶之属。符命言井石、金匮之属。福应言雌鸡化为雄之属。其文尔雅依托，皆为作说，大归言莽当代汉有天下云。总而说之曰："帝王受命，必有德祥之符瑞，协成五命，申以福应,然后能立巍巍之功,传于子孙,永享无穷之祚。故新室之兴也,德祥发于汉三七九世之后。肇命于新都,受瑞于黄支,开王于武功,定命于子同,成命于巴宕,申福于十二应,天所以保佑新室者深矣,固矣!武功丹石出于汉氏平帝末年,火德销尽,土德当代,皇天眷然,去汉与新,以丹石始命于皇帝。皇帝谦让,以摄居之,未当天意,故其秋七月,天重以三能文马。皇帝复谦让,未即位,故三以铁契,四以石龟,五以虞符,六以文圭,七以玄印,八以茂陵石书,九以玄龙石,十以神井,十一以大神石,十二以铜符帛图。申命之瑞,寖以显著,至于十二,以昭告新皇帝。皇帝深惟上天之威不可不畏,故去摄号,犹尚称假,改元为初始,欲以承塞天命,克厌上帝之心。然非皇天所以郑重降符命之意,故是日天复决以勉书。又侍郎王盱见人衣白布单衣,赤缋方领,冠小冠,立于王路殿前,谓盱曰:'今日天同色,以天下人民属皇帝。'盱怪之,行十余步,人忽不见。至丙寅暮,汉氏高庙有金匮图策:'高帝承天命,以国传新皇帝。'明旦,宗伯忠孝侯刘宏以闻,乃召公卿议,未决,而大神石人谈曰:'趣新皇帝之高庙受命,毋留!'于是新皇帝立登车,之汉氏高庙受命。受命之日,丁卯也。丁、火,汉氏之德也。卯,刘姓所以为字也。明汉刘火德尽,而传于新室也。皇帝谦谦,既备固让,十二符应迫著,命不可辞,惧然祗畏,苇然闵汉氏之终不可济,亹亹谯在左右之不得从意,为之三夜不御寝,三日不御食。延问公侯卿大夫,佥曰:'宜奉如上天威命。'于是乃改元定号,海内更始。新室既定,神祇欢喜,申以福应,吉瑞累仍。《诗》曰:'宜民宜人,受禄于天;保右命之,自天申之。'此之谓也。"五威将奉《符命》,赍印绶,王侯以下及吏官名更者,外及匈奴、西域,徼外蛮夷,皆即授新室印绶,因收故汉印绶。赐吏爵人二级,民爵人一级,女子百户羊酒,蛮夷币帛各有差。大赦天下。

五威将乘《乾》文车,驾《坤》六马,背负鸟之毛,服饰甚伟。每一将各置左右前后中帅,凡五帅。衣冠车服驾马,各如其方面色数。将持节,称太一之使;帅持幢,称五帝之使。莽策命曰:"普天之下,迄于四表,靡所不至。"其东出者,至玄菟、乐浪、高句骊、夫馀;南出者,隃徼外,历益州,贬句町王为侯;西出者,至西域,尽改其王为侯;北出者,至匈奴庭,授单于印,改汉印文,去"玺"曰"章"。单于欲求故印,陈饶椎破之,语在《匈奴传》。单于大怒,而句町、西域后卒以此皆畔。饶还,拜为大将军,封威德子。

冬,雷,桐华。

置五威司命,中城四关将军。司命司上公以下,中城主十二城门。策命统睦侯陈崇曰:"咨尔崇。夫不用命者,乱之原也;大奸猾者,贼之本也;铸伪金钱者,妨宝货之道也;骄奢逾制者,凶害之端也;漏泄省中及尚书事者,'机事不密则害成'也;拜爵王庭,谢恩私门者,禄去公室,政从亡矣:凡此六条,国之纲纪。是用建尔作司命,'柔亦不茹,刚亦不吐,不侮鳏寡,不畏强圉',帝命帅繇,统睦于朝。"命说符侯崔发曰:"'重门击柝,以待暴客。'女作五威中城将军,中德既成,天下说符。"命明威侯王级曰:"绕霤之固,南当荆楚。女作五威前关将军,振武奋卫,明威于前。"命尉睦侯王嘉曰:"羊头之厄,北当燕赵。女作五威后关将军,壶口捶厄,尉睦于后。"命掌威侯王奇曰:"肴黾之险,东当郑卫。女作五威左关将军,函谷批难,掌威于左。"命怀羌子王福曰:"汧陇之阻,西当戎狄。女作五威右关将军,成固据守,怀羌于右。"

又遣谏大夫五十人分铸钱于郡国。

是岁长安狂女子碧呼道中曰:"高皇帝大怒,趣归我国。不者,九月必杀汝!"莽收捕杀之。治者掌寇大夫陈成自免去官。真定刘都等谋举兵,发觉,皆诛。真定、常山大雨雹。

二年二月，赦天下。

五威将帅七十二人还奏事，汉诸侯王为公者，悉上玺绶为民，无违命者。封将为子，帅为男。

初设六管之令。命县官酤酒，卖盐铁器，铸钱，诸采取名山大泽众物者税之。又令市官收贱卖贵，赊贷予民，收息百月三。牺和置酒士，郡一人，乘传督酒利。禁民不得挟弩铠，徙西海。

匈奴单于求故玺，莽不与，遂寇边郡，杀略吏民。

十一月，立国将军建奏："西域将钦上言，九月辛巳，戊己校尉史陈良、终带共贼杀校尉刁护，劫略吏士，自称废汉大将军，亡入匈奴。又今月癸酉，不知何一男子遮臣建车前，自称'汉氏刘子舆，成帝下妻子也。刘氏当复，趣空宫'。收系男子，即常安姓武字仲。皆逆天违命，大逆无道。请论仲及陈良等亲属当坐者。奏可。汉氏高皇帝比著戒云，罢吏卒，为宾食，诚欲承天心，全子孙也。其宗庙不当在常安城中，及诸刘为诸侯者当与汉俱废。陛下至仁，久未定。前故安众侯刘崇、徐乡侯刘快、陵乡侯刘曾、扶恩侯刘贵等更聚众谋反。今狂狡之虏或妄自称亡汉将军，或称成帝子子舆，至犯夷灭，连未止者，此圣恩不蚤绝其萌牙故也。臣愚以为汉高皇帝为新室宾，享食明堂。成帝，异姓之兄弟，平帝，婿也，皆不宜复入其庙。元帝与皇太后为体，圣恩所隆，礼亦宜之。臣请汉氏诸庙在京师者皆罢。诸刘为诸侯者，以户多少就五等之差；其为吏者皆罢，待除于家。上当天心，称高皇帝神灵，塞狂狡之萌。"莽曰："可。嘉新公国师以符命为予四辅，明德侯刘龚、率礼侯刘嘉等凡三十二人皆知天命，或献天符，或贡昌言，或捕告反虏，厥功茂焉。诸刘与三十二人同宗共祖者勿罢，赐姓曰王。"唯国师以女配莽子，故不赐姓。改定安太后号曰黄皇室主，绝之于汉也。

冬十二月，雷。

更名匈奴单于曰降奴服于。莽曰："降奴服于知威侮五行，背叛四条，侵犯西域，延及边垂，为元元害，罪当夷灭。命遣立国将军孙建等凡十二将，十道并出，共行皇天之威，罚于知之身。惟知先祖故呼韩邪单于稽侯狦累世忠孝，保塞守徼，不忍以一知之罪，灭稽侯狦之世。今分匈奴国土人民以为十五，立稽侯狦子孙十五人为单于。遣中郎将蔺苞、戴级驰之塞下，召拜当为单于者。诸匈奴人当坐虏知之法者，皆赦除之。"遣五威将军苗䜣、虎贲将军王况出五原，厌难将军陈钦、震狄将军王巡出云中，振武将军王嘉、平狄将军王萌出代郡，相威将军李棽、镇远将军李翁出西河，诛貉将军阳俊、讨秽将军严尤出渔阳，奋武将军王骏、定胡将军王晏出张掖，及偏裨以下百八十人。募天下囚徒、丁男、甲卒三十万人，转众郡委输五大夫衣裘、兵器、粮食，长吏送自负海江淮至北边，使者驰传督趣，以军兴法从事，天下骚动。先至者屯边郡，须毕具乃同时出。

莽以钱币讫不行，复下书曰："民以食为命，以货为资，是以八政以食为首。宝货皆重则小用不给，皆轻则僦载烦费，轻重大小各有差品，则用便而民乐。"于是造宝货五品。百姓不从，但行小大钱二品而已。盗铸钱者不可禁，乃重其法，一家铸钱，五家坐之，没入为奴婢。吏民出入，持布钱以副符传，不持者，厨传勿舍，关津苛留。公卿皆持以入宫殿门，欲以重而行之。

是时争为符命封侯，其不为者相戏曰："独无天帝除书乎？"司命陈崇白莽曰："此开奸臣作福之路而乱天命，宜绝其原。”莽亦厌之，遂使尚书大夫赵并验治，非五威将率所班，皆下狱。

初，甄丰、刘歆、王舜为莽腹心，倡导在位，褒扬功德；“安汉”“宰衡”之号及封莽母、两子、兄子，皆丰等所共谋，而丰、舜、歆亦受其赐，并富贵矣，非复欲令莽居摄也。居摄之萌，出于泉陵侯刘庆、前辉光谢嚣、长安令田终术。莽羽翼已成，意欲称摄。丰等承顺其意，莽辄复封舜、歆两子及丰孙。丰等爵位已盛，心意既满，又实畏汉宗室、天下豪杰。而疏远欲进者，并作符命，莽遂据以即真，舜、歆内惧而已。丰素刚强，莽觉其不说，故徙大阿、右拂、大司空丰，托符命文，为更始将军，与卖饼儿王盛同列。丰父子默默。时子寻为侍中京兆大尹茂德侯，即作符命，言新室当分陕，立二伯，以丰为右伯，太傅平晏为左伯，如周召故事。莽即从之，拜丰为右伯。当述职西出，未行，寻复作符命，言故汉氏平帝后黄皇室主为寻之妻。莽以诈立，心疑大臣怨谤，欲震威以惧下，因是发怒曰：“黄皇室主天下母，此何谓也！”收捕寻。寻亡，丰自杀。寻随方士入华山，岁余捕得，辞连国师公歆子侍中东通灵将、五司大夫隆威侯棻，棻弟右曹长水校尉伐虏侯泳，大司空邑弟左关将军掌威侯奇，及歆门人侍中骑都尉丁隆等，牵引公卿党亲列侯以下，死者数百人。寻手理有“天子”字，莽解其臂入视之，曰：“此一大子也，或曰一六子也。六者，戮也。明寻父子当戮死也。”乃流棻于幽州，放寻于三危，殛隆于羽山，皆驿车载其尸传致云。

莽为人侈口蹶顄，露眼赤精，大声而嘶。长七尺五寸，好厚履高冠，以氂装衣，反膺高视，瞰临左右。是时有用方技待诏黄门者，或问以莽形貌，待诏曰：“莽所谓鸱目虎吻豺狼之声者也，故能食人，亦当为人所食。”问者告之，莽诛灭待诏，而封告者。后常翳云母屏面，非亲近莫得见也。

是岁，以初睦侯姚恂为宁始将军。

三年，莽曰：“百官改更，职事分移，律令仪法，未及悉定，且因汉律令仪法以从事。令公卿大夫诸侯二千石举吏民有德行通政事能言语明文学者各一人，诣王路四门。”

遣尚书大夫赵並使劳北边，还言五原北假膏壤殖谷，异时常置田官。乃以並为田禾将军，发戍卒屯田北假，以助军粮。

是时诸将在边，须大众集，吏士放纵，而内郡愁于征发，民弃城郭流亡为盗贼，并州、平州尤甚。莽令七公六卿号皆兼称将军，遣著武将军逯並等填名都，中郎将、绣衣执法各五十五人，分填缘边大郡，督大奸猾擅弄兵者，皆便为奸于外，挠乱州郡，货赂为市，侵渔百姓。莽下书曰：“虏知罪当夷灭，故遣猛将分十二部，将同时出，一举而决绝之矣。内置司命军正，外设军监十有二人，诚欲以司不奉命，令军人咸正也。今则不然，各为权势，恐猲良民，妄封人颈，得钱者去。毒蠚并作，农民离散。司监若此，可谓称不？自今以来，敢犯此者，辄捕系，以名闻。”然犹放纵自若。

而蔺苞、戴级到塞下，招诱单于弟咸、咸子登入塞，胁拜咸为孝单于，赐黄金千斤，锦绣甚多，遣去；将登至长安，拜为顺单于，留邸。

太师王舜自莽篡位后病悸，浸剧，死。莽曰：“昔齐太公以淑德累世，为周氏太师，盖予之所监也。其以舜子延袭父爵，为安新公，延弟褒新侯匡为太师将军，永为新室辅。”

为太子置师友各四人，秩以大夫。以故大司徒马宫为师疑，故少府宗伯凤为傅丞，博士袁圣为阿辅，京兆尹王嘉为保拂，是为四师；故尚书令唐林为胥附，博士李充为奔走，谏大夫赵襄为先后，中郎将廉丹为御侮，是为四友。又置师友祭酒及侍中、谏议、《六经》祭酒各一人，凡九祭酒，秩上卿。琅玡左咸为讲《春秋》、颍川满昌为讲《诗》、长安国由为讲《易》、平阳唐昌为讲《书》、沛郡陈咸为讲《礼》、崔发为讲《乐》祭酒。遣谒者持安车印绶，即拜楚国龚胜为太子师友祭酒，胜不应征，不食而死。

宁始将军姚恂免，侍中崇禄侯孔永为宁始将军。

是岁，池阳县有小人景，长尺余，或乘车马，或步行，操持万物，小大各相称，三日止。

濒河郡蝗生。河决魏郡，泛清河以东数郡。先是，莽恐河决为元城冢墓害。及决东去，元城不忧水，故遂不堤塞。

四年二月，赦天下。

夏，赤气出东南，竟天。

厌难将军陈钦言捕虏生口，虏犯边者皆孝单于咸子角所为。莽怒，斩其子登于长安，以视诸蛮夷。

大司马甄邯死，宁始将军孔永为大司马，侍中大赘侯辅为宁始将军。

莽每当出，辄先搜索城中，名曰"横搜"。是月，横搜五日。

莽至明堂，授诸侯茅土。下书曰："予以不德，袭于圣祖，为万国主。思安黎元，在于建侯，分州正域，以美风俗。追监前代，爰纲爰纪。惟在《尧典》，十有二州，卫有五服。《诗》国十五，抪遍九州。《殷颂》有'奄有九有'之言。《禹贡》之九州无并、幽，《周礼·司马》则无徐、梁。帝王相改，各有云为。或昭其事，或大其本，厥义著明，其务一矣。昔周二后受命，故有东都、西都之居。予之受命，盖亦如之。其以洛阳为新室东都，常安为新室西都。邦畿连体，各有采任。州从《禹贡》为九，爵从周氏有五。诸侯之员千有八百，附城之数亦如之，以俟有功。诸公一同，有众万户，土方百里。侯伯一国，众户五千，土方七十里。子男一则，众户二千有五百，土方五十里。附城大者食邑九成，众户九百，土方三十里。自九以下，降杀以两，至于一成。五差备具，合当一则。今已受茅土者，公十四人，侯九十三人，伯二十一人，子百七十一人，男四百九十七人，凡七百九十六人。附城千五百一十一人。九族之女为任者，八十三人。及汉氏女孙中山承礼君、遵德君、修义君更以为任。十有一公，九卿，十二大夫，二十四元士。定诸国邑采之处，使侍中讲礼大夫孔秉等与州部众郡晓知地理图籍者，共校治于寿成朱鸟堂。予数与群公祭酒上卿亲听视，咸已通矣、夫褒德赏功，所以显仁贤也；九族和睦，所以褒亲亲也。予永惟匪解，思稽前人，将章黜陟，以明好恶，安元元焉。"以图簿未定，未授国邑，且令受奉都内，月钱数千。诸侯皆困乏，至有庸作者。

中郎区博谏莽曰："井田虽圣王法，其废久矣。周道既衰，而民不从。秦知顺民之心，可以获大利也，故灭庐井而置阡陌，遂王诸夏，讫今海内未厌其敝。今欲违民心，追复千载绝迹，虽尧舜复起，而无百年之渐，弗能行也。天下初定，万民新附，诚未可施行。"莽知民怨，乃下书曰："诸名食王田，皆得卖之，勿拘以法。犯私买卖庶人者，且一切勿治。"

初，五威将帅出，改句町王以为侯，王邯怨怒不附。莽讽牂牁大尹周歆诈杀邯。邯弟承起兵攻杀歆。先是，莽发高句骊兵，当伐胡，不欲行，郡强迫之，皆亡出塞，因犯法为冠。辽西大尹田谭追击之，为所杀。州郡归咎于高句骊侯驺。严尤奏言："貉人犯法，不从驺起，正有它心，宜令州郡且尉安之。今猥被以大罪，恐其遂畔，夫余之属必有和者。匈奴未克，夫余、秽貉复起，此大忧也。"莽不尉安，秽貉遂反，诏尤击之。尤诱高句骊侯驺至而斩焉，传首长安。莽大悦，下书曰："乃者，命遣猛将，共行天罚，诛灭虏知，分为十二部，或断其右臂，或斩其左腋，或溃其胸腹，或紬其两胁。今年刑在东方，诛貉之部先纵焉。捕斩虏骀，平定东域，虏知殄灭，在于漏刻。此乃天地群神社稷宗庙佑助之福，公卿大夫士民同心将率虓虎之力也。予甚嘉之。其更名高句骊为下句骊，布告天下，令咸知焉。"于是貉人愈犯边，东北与西南夷皆乱云。

莽志方盛，以为四夷不足吞灭，专念稽古之事，复下书曰："伏念予之皇始祖考虞帝，受终文祖，在璇玑玉衡以齐七政，遂类于上帝，禋于六宗，望秩于山川，遍于群神，巡狩五岳，群后四朝，敷奏以言，明试以功。予之受命即真，到于建国五年，已五载矣。阳九之厄既度，百六之会已过。岁在寿星，填在明堂，仓龙癸酉，德在中宫。观晋掌岁，龟策告从，其以此年二月建寅之节东巡狩，具礼仪调度。"群公奏请募吏民人马布帛绵，又请内郡国十二买马，发帛四十五万匹，输常安，前后毋相须。至者过半，莽下书曰："文母太后体不安，其且止待后。"

是岁，改十一公号，以"新"为"心"，后又改"心"为"信"。

五年二月，文母皇太后崩，葬渭陵，与元帝合而沟绝之。立庙于长安，新室世世献祭。元帝配食，坐于床下。莽为太后服丧三年。

大司马孔永乞骸骨，赐安车驷马，以特进就朝位。同风侯逯并为大司马。

是时，长安民闻莽欲都雒阳，不肯缮治室宅，或颇彻之。莽曰："玄龙石文曰'定帝德，国雒阳'。符命著明，敢不钦奉！以始建国八年，岁缠星纪，在雒阳之都。其谨缮修常安之都，勿令坏败。敢有犯者，辄以名闻，请其罪。"

是岁，乌孙大小昆弥遣使贡献。大昆弥者，中国外孙也。其胡妇子为小昆弥，而乌孙归附之。莽见匈奴诸边並侵，意欲得乌孙心，乃遣使者引小昆弥使置大昆弥使上。保成师友祭酒满昌劾奏使者曰："夷狄以中国有礼谊，故诎而服从。大昆弥，君也，今序臣使于君使之上，非所以有夷狄也。奉使大不敬！"莽怒，免昌官。

西域诸国以莽积失恩信，焉耆先畔，杀都护但钦。

十一月，彗星出，二十余日，不见。

是岁，以犯挟铜炭者多，除其法。

明年改元曰天凤。

天凤元年正月，赦天下。

莽曰："予以二月建寅之节行巡狩之礼，太官赍糒干肉，内者行张坐卧，所过毋得有所给。予之东巡，必躬载耒耒，每县则耕，以劝东作。予之南巡，必躬载耨，每县则薅，以劝南伪。予之西巡，必躬载铚，每县则获，以劝西成。予之北巡，必躬载拂，每县则粟，以劝盖藏。毕北巡狩之礼，即于土中居雒阳之都焉。敢有趋讙犯法，辄以军法从事。"群公奏言："皇帝至孝，往年文母圣体不豫，躬亲供养，衣冠稀解。因遭弃群臣悲哀，颜色未复，饮食损少。今一岁四巡，道路万里，春秋尊，非糒干肉之所能堪。且无巡狩，须阕大服，以安圣体。臣等尽力养牧兆民，奉称明诏。"莽曰："群公、群牧、群司、诸侯、庶尹愿尽力相帅养牧兆民，欲以称予，繇此敬德，其勖之哉！毋食言焉。更以天凤七年，岁在大梁，仓龙庚辰，行巡狩之礼。厥明年，岁在实沈，仓龙辛巳，即土之中雒阳之都。"乃遣太傅平晏、大司空王邑之雒阳，营相宅兆，图起宗庙、社稷、郊兆云。

三月壬申晦，日有食之。大赦天下。策大司马逯并曰："日食无光，干戈不戢，其上大司马印韨，就侯氏朝位。太傅平晏勿领尚书事，省侍中诸曹兼官者。以利苗男䜣为大司马。”

莽即真，尤备大臣，抑夺下权，朝臣有言其过失者，辄拔擢。孔仁、赵博、费兴等以敢击大臣，故见信任，择名官而居之。公卿入宫，吏有常数，太傅平晏从吏过例，掖门仆射苛问不逊，戊曹士收系仆射。莽大怒，使执法发车骑数百围太傅府，捕士，即时死。大司空士夜过奉常亭，亭长苛之，告以官名，亭长醉曰：“宁有符传邪？”士以马棰击亭长，亭长斩士，亡，郡县逐之。家上书，莽曰：“亭长奉公，勿逐。”大司空邑斥士以谢。国将哀章颇不清，莽为选置和叔，敕曰：“非但保国将闺门，当保亲属在西州者。”诸公皆轻贱，而章尤甚。

四月，陨霜，杀草木，海濒尤甚。六月，黄雾四塞。七月，大风拔树，飞北阙直城门屋瓦。雨雹，杀牛羊。

莽以《周官》《王制》之文，置卒正、连率、大尹，职如太守；属令、属长，职如都尉。置州牧、部监二十五人，见礼如三公。监位上大夫，各主五郡。公氏作牧，侯氏卒正，伯氏连率，子氏属令，男氏属长，皆世其官。其无爵者为尹。分长安城旁六乡，置帅各一人。分三辅为六尉郡，河东、河内、弘农、河南、颍川、南阳为六队郡，置大夫，职如太守；属正，职如都尉。更名河南大尹曰保忠信卿。益河南属县满三十。置六郊州长各一人，人主五县。及它官名悉改。大郡至分为五。郡县以亭为名者三百六十，以应符命文也。缘边又置竟尉，以男为之。诸侯国闲田，为黜陟增减云。莽下书曰“常安西都曰六乡，众县曰六尉。义阳东都曰六州，众县曰六队。粟米之内曰内郡，其外曰近郡。有鄣徼者曰边郡。合百二十有五郡。九州之内，县二千二百有三。公作甸服，是为惟城；诸在侯服，是为惟宁；在采、任诸侯，是为惟翰；在宾服，是为惟屏；在揆文教，奋武卫，是为惟垣；在九州之外，是为惟藩；各以其方为称，总为万国焉。”其后，岁复变更，一郡至五易名，而还复其故。吏民不能纪，每下诏书，辄系其故名，曰：“制诏陈留大尹、太尉；其以益岁以南付新平。新平，故淮阳。以雍丘以东付陈定。陈定，故梁郡。以封丘以东付治亭。治亭，故东郡。以陈留以西付祈隧。祈隧，故荥阳。陈留已无复有郡矣。大尹、太尉，皆诣行在所。”其号令变易，皆此类也。

今天下小学，戊子代甲子为六旬首。冠以戊子为元日，昏以戊寅之旬为忌日。百姓多不从者。

匈奴单于知死，弟咸立为单于，求和亲。莽遣使者厚赂之，诈许还其侍子登，因购求陈良、终带等。单于即执良等付使者，槛车诣长安。莽燔烧良等于城北，令吏民会观之。

缘边大饥，人相食。谏大夫如普行边兵，还言“军士久屯塞苦，边郡无以相赡。今单于新和，宜因是罢兵”。校尉韩威进曰：“以新室之威而吞胡虏，无异口中蚤虱。臣愿得勇敢之士五千人，不赍斗粮，饥食虏肉，渴饮其血，可以横行。”莽壮其言，以威为将军。然采普言，征还诸将在边者。免陈钦等十八人，又罢四关填都尉诸屯兵。会匈奴使还，单于知侍子登前诛死，发兵寇边，莽复发军屯。于是边民流入内郡，为人奴婢，乃禁吏民敢挟边民者弃市。

益州蛮夷杀大尹程隆，三边尽反。遣平蛮将军冯茂将兵击之。

宁始将军侯辅免，讲《易》祭酒戴参为宁始将军。

二年二月，置酒王路堂，公卿大夫皆佐酒。大赦天下。

是时，日中见星。

大司马苗䜣左迁司命，以延德侯陈茂为大司马。

讹言黄龙堕死黄山宫中，百姓奔走往观者有万数。莽恶之，捕系问语所从起，不能得。

单于咸既和亲，求其子登尸，莽欲遣使送致，恐咸怨恨害使者，乃收前言当诛侍子者故将军陈钦，以他罪系狱。钦曰："是欲以我为说于匈奴也。"遂自杀。莽选儒生能颛对者济南王咸为大使，五威将琅玡伏黯等为帅，使送登尸。敕令掘单于知墓，棘鞭其尸。又令匈奴却塞于漠北，责单于马万匹，牛三万头，羊十万头，及稍所略边民生口在者皆还之。莽好为大言如此。咸到单于庭，陈莽威德，责单于背叛之罪，应敌从横，单于不能诎，遂致命而还之。入塞，咸病死，封其子为伯，伏黯等皆为子。

莽意以为制定则天下自平，故锐思于地里，制礼作乐，讲合《六经》之说。公卿旦入暮出，议论连年不决，不暇省狱讼冤结民之急务。县宰缺者，数年守兼，一切贪残日甚。中郎将、绣衣执法在郡国者，並乘权势，传相举奏。又十一公士分布劝农桑，班时令，案诸章，冠盖相望，交错道路，召会吏民，逮捕证左，郡县赋敛，递相赇赂，白黑纷然，守阙告诉者多。莽自见前专权以得汉政，故务自揽众事，有司受成苟免。诸宝物名、帑藏、钱谷官，皆宦者领之；吏民上封事书，宦官左右开发，尚书不得知。其畏备臣下如此。又好变改制度，政令烦多，当奉行者，辄质问乃以从事，前后相乘，愦眊不渫。莽常御灯火至明，犹不能胜。尚书因是为奸寝事，上书待报者连年不得去，拘系郡县者逢赦而后出，卫卒不交代三岁矣。谷常贵，边兵二十余万人仰衣食，县官悉苦。五原、代郡尤被其毒，起为盗贼，数千人为辈，转入旁郡。莽遣捕盗将军孔仁将兵与郡县合击，岁余乃定，边郡亦略将尽。

邯郸以北大雨雾，水出，深者数丈，流杀数千人。

立国将军孙建死，司命赵闳为立国将军。宁始将军戴参归故官，南城将军廉丹为宁始将军。

三年二月乙酉，地震，大雨雪，关东尤甚，深者一丈，竹柏或枯。大司空王邑上书言："视事八年，功业不效，司空之职尤独废顿，至乃有地震之变。愿乞骸骨。"莽曰："夫地有动有震，震者有害，动者不害。《春秋》记地震，《易系坤》动，动静辟胁，万物生焉。灾异之变，各有云为。天地动威，以戒予躬，公何辜焉，而乞骸骨，非所以助予者也。使诸吏散骑司禄大卫修宁男遵谕予意焉。"

五月，莽下吏禄制度，曰："予遭阳九之厄，百六之会，国用不足，民人骚动，自公卿以下，一月之禄十布二匹，或帛一匹。予每念之，未尝不戚焉。今厄会已度，府帑虽未能充，略颇稍给，其以六月朔庚寅始，赋吏禄皆如制度。"四辅公卿大夫士，下至舆僚，凡十五等。僚禄一岁六十六斛，稍以差增，上至四辅而为万斛云。莽又曰："'普天之下，莫非王土；率土之宾，莫非王臣。'盖以天下养焉。《周礼》膳馐百有二十品，今诸侯各食其同、国、则；辟、任、附城食其邑；公、卿、大夫、元士食其采。多少之差，咸有条品。岁丰穰则充其礼，有灾害则有所损，与百姓同忧喜也。其用上计时通计，天下幸无灾害者，太官膳馐备其品矣；即有灾害，以什率多少而损膳焉。东岳太师立国将军保东方三州一部二十五郡；南岳太傅前将军保南方二州一部二十五郡；西岳国师宁始将军保西方一州二部二十五郡；北岳国将卫将军保北方二州一部二十五郡；大司马保纳卿、言卿、仕卿、作卿、京尉、扶尉、兆队、右队，中部左洎前七部；大司徒保乐卿、典卿、宗卿、秩卿、翼尉、光尉、左队、前队、中部、右部，有五郡；大司空保予卿、虞卿、共卿、工卿、师尉、列尉、祈队、后队、中部洎后十郡；及六司，六卿，皆随所属之公保其灾害，亦以十率多少而损其禄。郎、从官、中都官吏食禄都内之委者，以太官膳馐备损而为节。诸侯、辟、任、附城、群吏亦各保其灾害。几上下同心，劝进农业，安元元焉。”莽之制度烦碎如此，课计不可理，吏终不得禄，各因官职为奸，受取赇赂以自共给。

是月戊辰，长平馆西岸崩，邕泾水不流，毁而北行。遣大司空王邑行视，还奏状，群臣上寿，以为《河图》所谓“以土填水”，匈奴灭亡之祥也。乃遣并州牧宋弘、游击都尉任萌等将兵击匈奴，至边止屯。

七月辛酉，霸城门灾，民间所谓青门也。

戊子晦，日有食之。大赦天下。复令公卿大夫诸侯二千石举四行各一人。大司马陈茂以日食免，武建伯严尤为大司马。

十月戊辰，王路朱鸟门鸣，昼夜不绝，崔发等曰：“虞帝辟四门，通四聪。门鸣者，明当修先圣之礼，招四方之士也。”于是令群臣皆贺，所举四行从朱鸟门入而对策焉。

平蛮将军冯茂击句町，士卒疾疫，死者什六七，赋敛民财什取五，益州虚耗而不克，征还下狱死。更遣宁始将军廉丹与庸部牧史熊击句町，颇斩首，有胜。莽征丹、熊，丹、熊愿益调度，必克乃还。复大赋敛，就都大尹冯英不肯给，上言“自越嶲遂久仇牛、同亭邪豆之属反叛以来，积且十年，郡县距击不已。续用冯茂，苟施一切之政。僰道以南，山险高深，茂多驱众远居，费以亿计，吏士离毒气死者什七。今丹、熊惧于自诡期会，调发诸郡兵谷，复訾民取其十四，空破梁州，功终不遂。宜罢兵屯田，明设购赏”。莽怒，免英官。后颇觉寤，曰：“英亦未可厚非。”复以英为长沙连率。

翟义党王孙庆捕得，莽使太医、尚方与巧屠共刳剥之，量度五藏，以竹筳导其脉，知所终始，云可以治病。

是岁，遣大使五威将王骏、西域都护李崇将戊己校尉出西域，诸国皆郊迎贡献焉。诸国前杀都护但钦，骏欲袭之，命左帅何封、戊己校尉郭钦别将。焉耆诈降，伏兵击骏等，皆死。钦、封后到，袭击老弱，从车师还入塞。莽拜钦为填外将军，封剿胡子，何封为集胡男。西域自此绝。

四年五月，莽曰：“保成师友祭酒唐林、故谏议祭酒琅玡纪逡，孝弟忠恕，敬上爱下，博通旧闻，德行醇备，至于黄发，靡有愆失。其封林为建德侯，逡为封德侯，位皆特进，见礼如三公。赐弟一区，钱三百万，授几杖焉。”

六月，更授诸侯茅土于明堂，曰：“予制作地理，建封五等，考之经艺，合之传记，通于义理，论之思之，至于再三，自始建国之元以来九年于兹，乃今定矣。予亲设文石之平，陈青茅四色之土，钦告于岱宗泰社后土、先祖先妣，以班授之。各就厥国，养牧民人，用成功业。其在缘边，若江南，非诏所召，遣侍于帝城者，纳言掌货大夫且调都内故钱，予其禄，公岁八十万，侯伯四十万，子男二十万。”然复不能尽得。莽好空言，慕古法，多封爵人，性实吝啬，托以地理未定，故且先赋茅土，用慰喜封者。

是岁，复明六管之令。每一管下，为设科条防禁，犯者罪至死，吏民抵罪者浸众。又一切调上公以下诸有奴婢者，率一口出钱三千六百，天下愈愁，盗贼起。纳言冯常以六管谏，莽大怒，免常官。置执法左右刺奸。选用能吏侯霸等分督六尉、六队，如汉刺史，与三公士郡一人从事。

临淮瓜田仪等为盗贼，依阻会稽长州，琅玡女子吕母亦起。初，吕母子为县吏，为宰所冤杀。母散家财，以酤酒买兵弩，阴厚贫穷少年，得百余人，遂攻海曲县，杀其宰以祭子墓。引兵入海，其众浸多，后皆万数。莽遣使者即赦盗贼，还言"盗贼解，辄复合。问其故，皆曰愁法禁烦苛，不得举手。力作所得，不足以给贡税。闭门自守，又坐邻伍铸钱挟铜，奸吏因以愁民。民穷，悉起为盗贼"。莽大怒，免之。其或顺指，言"民骄黠当诛"，及言"时运适然，且灭不久"，莽说，辄迁之。

是岁八月，莽亲之南郊，铸作威斗。威斗者，以五石铜为之，若北斗，长二尺五寸，欲以厌胜众兵。既成，令司命负之，莽出在前，入在御旁。铸斗日，大寒，百官人马有冻死者。

五年正月朔，北军南门灾。

以大司马司允费兴为荆州牧，见，问到部方略，兴对曰："荆、扬之民率依阻山泽，以渔采为业。间者，国张六管，税山泽，妨夺民之利，连年久旱，百姓饥穷，故为盗贼。兴到部，欲令明晓告盗贼归田里，假贷犁牛种食，阔其租赋，几可以解释安集。"莽怒，免兴官。

天下吏以不得奉禄，并为奸利，郡尹县宰家累千金。莽下诏曰："详考始建国二年胡虏猾夏以来，诸军吏及缘边吏大夫以上为奸利增产致富者，收其家所有财产五分之四，以助边急。"公府士驰传天下，考覆贪饕，开吏告其将，奴婢告其主，几以禁奸，奸愈甚。

皇孙功崇公宗坐自画容貌，被服天子衣冠，刻印三：一曰"维祉冠存己夏处南山臧薄冰"，二曰"肃圣宝继"，三曰"德封昌图"。又宗舅吕宽家前徙合浦，私与宗通，发觉按验，宗自杀。莽曰："宗属为皇孙，爵为上公，知宽等叛逆族类，而与交通；刻铜印三，文意甚害，不知厌足，窥欲非望。《春秋》之义，'君亲毋将，将而诛焉'。迷惑失道，自取此辜，呜呼哀哉！宗本名会宗，以制作去二名，今复名会宗。贬厥爵，改厥号，赐谥为功崇缪伯，以诸伯之礼葬于故同谷城郡。"宗姊妨为卫将军王兴夫人，祝诅姑，杀婢以绝口。事发觉，莽使中常侍䠞恽责问妨，并以责兴，皆自杀。事连及司命孔仁妻，亦自杀。仁见莽免冠谢，莽使尚书劾仁："乘《乾》车，驾《坤》马，左苍龙，右白虎，前朱雀，后玄武，右杖威节，左负威斗，号曰赤星，非以骄仁，乃以尊新室之威命也。仁擅免天文冠，大不敬。"有诏勿劾，更易新冠。其好怪如此。

以直道侯王涉为卫将军。涉者，曲阳侯根子也。根，成帝世为大司马，荐莽自代，莽恩之，以为曲阳非令称，乃追谥根曰直道让公，涉嗣其爵。

是岁，赤眉力子都、樊崇等以饥馑相聚，起于琅玡，转钞掠，众皆万数。遣使者发郡国兵击之，不能克。

六年春，莽见盗贼多，乃令太史推三万六千岁历纪，六岁一改元，布天下。下书曰："《紫阁图》曰'太一、黄帝皆仙上天，张乐昆仑虔山之上。后世圣主得瑞者，当张乐秦终南山之上。'予之不敏，奉行未明，乃今谕矣。复以宁始将军为更始将军，以顺符命。《易》不云乎？'日新之谓盛德，生生之谓易'。予其飨哉！"欲以诳耀百姓，销解盗贼。众皆笑之。

初献《新乐》于明堂、太庙。群臣始冠麟韦之弁。或闻其乐声，曰："清厉而哀，非兴国之声也。"

是时，关东饥旱数年，力子都等党众浸多。更始将军廉丹击益州不能克，征还。更遣复位后大司马护军郭兴、庸部牧李晔击蛮夷若豆等，太傅牺叔士孙喜清洁江湖之盗贼。而匈奴寇边甚。莽乃大募天下丁男及死罪囚、吏民奴，名曰猪突豨勇，以为锐卒。一切税天下吏民，訾三十取一，缣帛皆输长安。令公卿以下至郡县黄绶皆保养军马，多少各以秩为差。又博募有奇技术可以攻匈奴者，将待以不次之位。言便宜者以万数：或言能度水不用舟楫，连马接骑，济百万师；或言不持斗粮，服食药物，三军不饥；或言能飞，一日千里，可窥匈奴。莽辄试之，取大鸟翮为两翼，头与身皆着毛，通引环纽，飞数百步堕。莽知其不可用，苟欲获其名，皆拜为理军，赐以车马，待发。

初，匈奴右骨都侯须卜当，其妻王昭君女也，尝内附。莽遣昭君兄子和亲侯王歙诱呼当至塞下，胁将诣长安，强立以为须卜善于后安公。始欲诱迎当，大司马严尤谏曰："当在匈奴右部，兵不侵边，单于动静，辄语中国，此方面之大助也。于今迎当置长安槁街，一胡人耳，不如在匈奴有益。"莽不听。既得当，欲遣尤与廉丹击匈奴，皆赐姓征氏，号二征将军，当诛单于舆而立当代之。出车城西横厩，未发。尤素有智略，非莽攻伐西夷，数谏不从，著古名将乐毅、白起不用之意及言边事凡三篇，奏以风谏莽。及当出廷议，尤固言匈奴可且以为后，先忧山东盗贼。莽大怒，乃策尤曰："视事四年，蛮夷猾夏不能遏绝，寇贼奸宄不能殄灭，不畏天威，不用诏命，貌佷自臧，持必不移，怀执异心，非沮军议。未忍致于理，其上大司马武建伯印韨，归故郡。"以降符伯董忠为大司马。

翼平连率田况奏郡县訾民不实，莽复三十税一。以况忠言忧国，进爵为伯，赐钱二百万。众庶皆詈之。青、徐民多弃乡里流亡，老弱死道路，壮者入贼中。

夙夜连率韩博上言："有奇士，长丈，大十围，来至臣府，曰欲奋击胡虏。自谓巨毋霸，出于蓬莱东南，五城西北昭如海濒，轺车不能载，三马不能胜。即日以大车四马，建虎旗，载霸诣阙。霸卧则枕鼓，以铁箸食，此皇天所以辅新室也。愿陛下作大甲高车，贲育之衣，遣大将一人与虎贲百人迎之于道。京师门户不容者，开高大之，以视百蛮，镇安天下。"博意欲以风莽。莽闻恶之，留霸在所新丰，更其姓曰巨母氏，谓因文母太后而霸王符也。征博下狱，以非所宜言，弃市。

明年改元曰地皇，从三万六千岁历号也。

地皇元年正月乙未，赦天下。下书曰："方出军行师，敢有趋讙犯法者，辄论斩，毋须时，尽岁止。"于是春夏斩人都市，百姓震惧，道路以目。

二月壬申，日正黑。莽恶之，下书曰："乃者日中见昧，阴薄阳，黑气为变，百姓莫不惊怪。兆域大将军王匡遣吏考问上变事者，欲蔽上之明，是以适见于天，以正于理，塞大异焉。"

莽见四方盗贼多，复欲厌之，又下书曰："予之皇初祖考黄帝定天下，将兵为上将军，建华盖，立斗献，内设大将，外置大司马五人，大将军二十五人，偏将军百二十五人，裨将军千二百五十人，校尉万二千五百人，司马三万七千五百人，候十一万二千五百人，当百二十二万五千人，士吏四十五万人，士千三百五十万人，应协于《易》'弧矢之利，以威天下'。予受符命之文，稽前人，将条备焉。"于是置前后左右中大司马之位，赐诸州牧号为大将军，郡卒正、连帅、大尹为偏将军，属令长裨将军，县宰为校尉。乘传使者经历郡国，日且十辈，仓无见谷以给，传车马不能足，赋取道中车马，取办于民。

七月，大风毁王路堂。复下书曰："乃壬午餔时，有列风雷雨发屋折木之变，予甚弁焉，予甚栗焉，予甚恐焉。伏念一旬，迷乃解矣。昔符命文立安为新迁王，临国雒阳，为统义阳王。是时予在摄假，谦不敢当，而以为公。其后金匮文至，议者皆曰：'临国雒阳为统，谓据土中为新室统也，宜为皇太子。'自此后，临久病，虽瘳不平，朝见挈茵舆行。见王路堂者，张于西厢及后阁更衣中，又以皇后被疾，临且去本就舍，妃妾在东永巷。壬午，列风毁王路西厢及后阁更衣中室。昭宁堂池东南榆树大十围，东僵，击东阁，阁即东永巷之西垣也。皆破折瓦坏，发屋拔木，予甚惊焉。又候官奏月犯心前星，厥有占，予甚忧之。伏念《紫阁图》文，太一、黄帝皆得瑞以仙，后世褒主当登终南山。所谓新迁王者，乃太一新迁之后也。统义阳王乃用五统以礼义登阳上迁之后也。临有兄而称太子，名不正。宣尼公曰：'名不正，则言不顺，至于刑罚不中，民无错手足。'惟即位以来，阴阳未和，风雨不时，数遇枯旱蝗螟为灾，谷稼鲜耗，百姓苦饥，蛮夷猾夏，寇贼奸宄，人民正营，无所错手足。深惟厥咎，在名不正焉。其立安为新迁王，临为统义阳王，几以保全二子，子孙千亿，外攘四夷，内安中国焉。"

是月，杜陵便殿乘舆虎文衣废臧在室匣中者出，自树立外堂上，良久乃委地。吏卒见者以闻，莽恶之，下书曰："宝黄厮赤，其令郎从官皆衣绛。"

望气为数者多言有土功象，莽又见四方盗贼多，欲视为自安能建万世之基者，乃下书曰："予受命遭阳九之厄，百六之会，府帑空虚，百姓匮之，宗庙未修，且祫祭于明堂太庙，夙夜永念，非敢宁息。深惟吉昌莫良于今年，予乃卜波水之北，郎池之南，惟玉食。予又卜金水之南，明堂之西，亦惟玉食。予将亲筑焉。"于是遂营长安城南，提封百顷。九月甲申，莽立载行视，亲举筑三下。司徒王寻、大司空王邑持节，及侍中常侍执法杜林等数十人将作。崔发、张邯说莽曰："德盛者文缛，宜崇其制度，宣视海内，且令万世之后无以复加也。"莽乃博征天下工匠诸图画，以望法度算，及吏民以义入钱谷助作者，骆驿道路。坏彻城西苑中建章、承光、包阳、大台、储元宫及平乐、当路、阳禄馆，凡十余所，取其材瓦，以起九庙。是月，大雨六十余日。令民入米六百斛为郎，其郎吏增秩赐爵至附城。九庙：一曰黄帝太初祖庙，二曰帝虞始祖昭庙，三曰陈胡王统祖穆庙，四曰齐敬王世祖昭庙，五曰济北愍王王祖穆庙，凡五庙不堕云；六曰济南伯王尊祢昭庙，七曰元城孺王尊弥穆庙，八曰阳平顷王戚称昭庙，九曰新都显王戚祢穆庙。殿皆重屋。太初祖庙东西南北各四十丈，高十七丈，余庙半之。为铜薄栌，饰以金银琱文，穷极百工之巧。带高增下，功费数百巨万，卒徒死者万数。

巨鹿男子马适求等谋举燕赵兵以诛莽，大司空士王丹发觉以闻。莽遣三公大夫逮治党与，连及郡国豪杰数千人，皆诛死。封丹为辅国侯。

自莽为不顺时令，百姓怨恨，莽犹安之，又下书曰："惟设此一切之法以来，常安六乡巨邑之都，枹鼓稀鸣，盗贼衰少，百姓安土，岁以有年，此乃立权之力也。今胡虏未灭诛，蛮僰未绝焚，江湖海泽麻沸，盗贼未尽破殄，又兴奉宗庙社稷之大作，民众动摇。今复一切行此令，尽二年止之，以全元元，救愚奸。"

是岁，罢大小钱，更行货布，长二寸五分，广一寸，直货钱二十五。货钱径一寸，重五铢，枚直一。两品并行。敢盗铸钱及偏行布货，伍人知不发举，皆没入为官奴婢。

太傅平晏死，以予虞唐尊为太傅。尊曰："国虚民贫，咎在奢泰。"乃身短衣小袖，乘牝马柴车，藉槁，瓦器，又以历遗公卿。出见男女不异路者，尊自下车，以象刑赭幡污染其衣。莽闻而说之，下诏申敕公卿与厥齐。封尊为平化侯。

是时，南郡张霸、江夏羊牧、王匡等起云杜绿林，号曰下江兵，众皆万余人。武功中水乡民三舍垫为池。

二年正月，以州牧位三公，刺举怠解，更置牧监副，秩元士，冠法冠，行事如汉刺史。

是月，莽妻死，谥曰孝睦皇后，葬渭陵长寿园西，令永侍文母，名陵曰亿年。初莽妻以莽数杀其子，涕泣失明，莽令太子临居中养焉。莽妻旁侍者原碧，莽幸之。后临亦通焉，恐事泄,谋共杀莽。临妻愔,国师公女,能为星,语临宫中且有白衣会。临喜,以为所谋且成。后贬为统义阳王,出在外第,愈忧恐。会莽妻病困,临予书曰:"上于子孙至严,前长孙、中孙年俱三十而死。今臣临复适三十,诚恐一旦不保中室,则不知死命所在!"莽候妻疾,见其书,大怒,疑临有恶意,不令得会丧。既葬,收原碧等考问,具服奸、谋杀状。莽欲秘之,使杀案事使者司命从事,埋狱中,家不知所在。赐临药,临不肯饮。自刺死。使侍中骠骑将军同说侯林赐魂衣玺韨,策书曰:"符命文立临为统义阳王,此言新室即位三万六千岁后,为临之后者乃当龙阳而起。前过听议者,以临为太子,有烈风之变,辄顺符命,立为统义阳王。在此之前,自此之后,不作信顺,弗蒙厥佑,夭年殒命,呜呼哀哉!迹行赐谥,谥曰缪王。"又诏国师公:"临本不知星,事从愔起。"愔亦自杀。

是月,新迁王安病死。初,莽为侯就国时,幸侍者增秩、怀能、开明。怀能生男兴,增秩生男匡、女晔,开明生女捷,皆留新都国,以其不明故也。及安疾甚,莽自病无子,为安作奏,使上言:"兴等母虽微贱,属犹皇子,不可以弃。"章视群公,皆曰:"安友于兄弟,宜及春夏加封爵。"于是以王车遣使者迎兴等,封兴为功修公,匡为功建公,晔为睦修任,捷为睦逮任。孙公明公寿病死,旬月四丧焉。莽坏汉孝武、孝昭庙,分葬子孙其中。

魏成大尹李焉与卜者王况谋,况谓焉曰:"新室即位以来,民田奴婢不得卖买,数改钱货,征发烦数,军旅骚动,四夷并侵,百姓怨恨,盗贼并起,汉家当复兴。君姓李,李音征,征火也,当为汉辅。"因为焉作谶书,言"文帝发忿,居地下趣军,北告匈奴,南告越人。江中刘信,执敌报怨,复续古先,四年当发军。江湖有盗,自称樊王,姓为刘氏,万人成行,不受赦令,欲动秦、雒阳。十一年当相攻,太白扬光,岁星入东井,其号当行"。又言莽大臣吉凶,各有日期。会合十余万言。焉令变写其书,吏亡告之。莽遣使者即捕焉,狱治皆死。

三辅盗贼麻起,乃置捕盗都尉官,令执法谒者追击长安中,建鸣鼓攻贼幡,而使者随其后。遣太师牺仲景尚、更始将军护军王党将兵击青、徐,国师和仲曹放助郭兴击句町。转天下谷币诣西河、五原、朔方、渔阳,每一郡以百万数,欲以击匈奴。

秋,陨霜杀菽,关东大饥,蝗。

民犯铸钱,伍人相坐,没入为官奴婢。其男子槛车,儿女子步,以铁锁琅当其颈,传诣钟官,以十万数。到者易其夫妇,愁苦死者什六七。孙喜、景尚、曹放等击贼不能克,军师放纵,百姓重困。

莽以王况谶言荆楚当兴,李氏为辅,欲厌之,乃拜侍中掌牧大夫李棽为大将军、扬州牧,赐名圣,使将兵奋击。

上谷储夏自请愿说瓜田仪,莽以为中郎,使出仪。仪文降,未出而死。莽求其尸葬之,为起冢、祠室,谥曰瓜宁殇男,几以招来其余,然无肯降者。

闰月丙辰,大赦天下,天下大服民私服在诏书前亦释除。

郎阳成修献符命,言继立民母,又曰:"黄帝以百二十女致神仙。"莽于是遣中散大夫、谒者各四十五人分行天下,博采乡里所高有淑女者上名。

莽梦长乐宫铜人五枚起立,莽恶之,念铜人铭有"皇帝初兼天下"之文,即使尚方工镌灭所梦铜人膺文。又感汉高庙神灵,遣虎贲武士入高庙,拔剑四面提击,斧坏户牖,桃汤赭鞭鞭洒屋壁,令轻车校尉居其中,又令中军北垒居高寝。

或言黄帝时建华盖以登仙,莽乃造华盖九重,高八丈一尺,金瑵羽葆,载以秘机四轮车，驾六马，力士三百人黄衣帻，车上人击鼓，輓者皆呼“登仙”。莽出，令在前。百官窃言“此似软车，非仙物也”。

是岁，南郡秦丰众且万人。平原女子迟昭平能说博经以八投，亦聚数千人在河阻中。莽召问郡臣禽贼方略，皆曰：“此天囚行尸，命在漏刻。”故左将军公孙禄征来与议，禄曰：“太史令宗宣典星历，候气变，以凶为吉，乱天文，误朝廷。太傅平化侯饰虚伪以偷名位，‘贼夫人之子’。国师嘉信公颠倒《五经》，毁师法，令学士疑惑。明学男张邯、地理侯孙阳造井田，使民弃土业。牺和鲁匡设六管，以穷工商。说符侯崔发阿谀取容，令下情不上通。宜诛此数子以慰天下！”又言：“匈奴不可攻，当与和亲。臣恐新室忧不在匈奴，而在封域之中也。”莽怒，使虎贲扶禄出。然颇采其言，左迁鲁匡为五原卒正，以百姓怨非故。六管非匡所独造，莽厌众意而出之。

初，四方皆以饥寒穷愁起为盗贼，稍稍群聚，常思岁熟得归乡里。众虽万数，亶称巨人、从事、三老、祭酒，不敢略有城邑，转掠求食，日阕而已。诸长吏牧守皆自乱斗中兵而死，贼非敢欲杀之也，而莽终不谕其故。是岁，大司马士按章豫州，为贼所获，贼送付县。士还，上书具言状。莽大怒，下狱以为诬罔。因下书责七公曰：“夫吏者，理也。宣德明恩，以牧养民，仁之道也。抑强督奸，捕诛盗贼，义之节也。今则不然。盗发不辄得，至成群党，庶略乘传宰士。士得脱者，又妄自言‘我责数贼“何故为是?”贼曰“以贫穷故耳”。贼护出我。’今俗人议者率多若此。惟贫困饥寒，犯法为非，大者群盗，小者偷穴，不过二科，今乃结谋连党以千百数，是逆乱之大者，岂饥寒之谓邪？七公其严敕卿大夫、卒正、连率、庶尹，谨牧养善民，急捕殄盗贼。有不同心并力，疾恶黜贼，而妄曰饥寒所为，辄捕系，请其罪。”于是群下愈恐，莫敢言贼情者，亦不得擅发兵，贼由是遂不制。

唯翼平连率田况素果敢，发民年十八以上四万余人，授以库兵，与刻名为约。赤糜闻之，不敢入界。况自劾奏，莽让况：“未赐虎符而擅发兵，此弄兵也，厥罪乏兴。以况自诡必禽灭贼，故且勿治。”后况自请出界击贼，所向皆破。莽以玺书令况领青、徐二州牧事。况上言：“盗贼始发，其原甚微，非部吏、伍人所能禽也。咎在长吏不为意，县欺其郡，郡欺朝廷，实百言十，实千言百。朝廷忽略，不辄督责，遂至延曼连州，乃遣将率，多发使者，传相监趣。郡县力事上官，应塞诘对，共酒食，具资用，以救断斩，不给复忧盗贼治官事。将率又不能躬率吏士，战则为贼所破，吏气浸伤，徒费百姓。前幸蒙赦令，贼欲解散，或反遮击，恐入山谷，转相告语，故郡县降贼，皆更惊骇，恐见诈灭，因饥馑易动，旬日之间更十余万人，此盗贼所以多之故也。今雒阳以东，米石二千。窃见诏书，欲遣太师、更始将军，二人爪牙重臣，多从人众，道上空竭，少则亡以威视远方。宜急选牧、尹以下，明其赏罚，收合离乡。小国无城郭者，徙其老弱置大城中，积藏谷食，并力固守。贼来攻城，则不能下，所过无食，势不得群聚。如此，招之必降，击之则灭。今空复多出将率，郡县苦之，反甚于贼。宜尽征还乘传诸使者，以休息郡县。委任臣况以二州盗贼，必平定之。”莽畏恶况，阴为发代，遣使者赐况玺书。使者至，见况，因令代监其兵。况随使者西，到，拜为师尉大夫。况去，齐地遂败。

三年正月，九庙盖构成，纳神主。莽谒见，大驾乘六马，以五采毛为龙文衣，著角，长三尺。华盖车，元戎十乘在前。因赐治庙者司徒、大司空钱各千万，侍中、中常侍以下皆封。封都匠仇延为邯淡里附城。

二月，霸桥灾，数千人以水沃救，不灭。莽恶之，下书曰：“夫三皇象春，五帝象夏，三王象秋，五伯象冬。皇王，德运也；伯者，继空续乏以成历数，故其道驳。惟常安御道多以所近为名。乃二月癸巳之夜，甲午之辰，火烧霸桥，从东方西行，至甲午夕，桥尽火灭。大司空行视考问，或云寒民舍居桥下，疑以火自燎，为此灾也。其明旦即乙未，立春之日也。予以神明圣祖黄虞遗统受命，至于地皇四年为十五年。正以三年终冬绝灭霸驳之桥，欲以兴成新室统一长存之道也。又戒此桥空东方之道。今东方岁荒民饥，道路不通，东岳太师亟科条，开东方诸仓，赈贷穷乏，以施仁道。其更名霸馆为长存馆，霸桥为长存桥。"

是月，赤眉杀太师牺仲景尚。关东人相食。

四月，遣太师王匡、更始将军廉丹东，祖都门外，天大雨，沾衣止。长老叹曰："是为泣军！"莽曰："惟阳九之厄，与害气会，究于去年。枯旱霜蝗，饥馑荐臻，百姓困乏，流离道路，于春尤甚，予甚悼之。今使东岳太师特进褒新侯开东方诸仓，赈贷穷乏。太师公所不过道，分遣大夫谒者并开诸仓，以全元元。太师公因与廉丹大使五威司命位右大司马更始将军平均侯之兖州，填抚所掌，及青、徐故不轨盗贼未尽解散，后复屯聚者，皆清洁之，期于安兆黎矣。"太师、更始合将锐士十余万人，所过放纵。东方为之语曰："宁逢赤眉，不逢太师！太师尚可，更始杀我！"卒如田况之言。

莽又多遣大夫谒者分教民煮草木为酪，酪不可食，重为烦费。莽下书曰："惟民困乏，虽溥开诸仓以赈赡之，犹恐未足。其且开天下山泽之防，诸能采取山泽之物而顺月令者，其恣听之，勿令出税。至地皇三十年如故，是王光上戊之六年也。如令豪吏猾民辜而擢之，小民弗蒙，非予意也。《易》不云乎？'损上益下，民说无疆。'《书》云：'言之不从，是谓不艾。'咨呼群公，可不忧哉！"

是时下江兵盛，新市朱鲔、平林陈牧等皆复聚众，攻击乡聚。莽遣司命大将军孔仁部豫州，纳言大将军严尤、秩宗大将军陈茂击荆州，各从吏士百余人，乘船从渭入河，至华阴乃出乘传，到部募士。尤谓茂曰："遣将不与兵符，必先请而后动，是犹绁韩卢而责之获也。"

夏，蝗从东方来，飞蔽天，至长安，入未央宫，缘殿阁。莽发吏民设购赏捕击。

莽以天下谷贵，欲厌之，为大仓，置卫交戟，名曰"政始掖门"。

流民入关者数十万人，乃置养赡官禀食之。使者监领，与小吏共盗其禀，饥死者十七八。先是，莽使中黄门王业领长安市买，贱取于民，民甚患之。业以省费为功，赐爵附城。莽闻城中饥馑，以问业。业曰："皆流民也。"乃市所卖粱饭肉羹，持入视莽，曰："居民食咸如此。"莽信之。

冬，无盐索卢恢等举兵反城。廉丹、王匡攻拔之，斩首万余级。莽遣中郎将奉玺书劳丹、匡，进爵为公，封吏士有功者十余人。

赤眉别校董宪等众数万人在梁郡，王匡欲进击之，廉丹以为新拔城罢劳，当且休士养威。匡不听，引兵独进，丹随之。合战成昌，兵败，匡走。丹使吏持其印韨节付匡曰："小儿可走，吾不可！"遂止，战死。校尉汝云、王隆等二十余人别斗，闻之，皆曰："廉公已死，吾谁为生？"驰奔贼，皆战死。莽伤之，下书曰："惟公多拥选士精兵，众郡骏马仓谷帑藏皆得自调，忽于诏策，离其威节，骑马呵噪，为狂刃所害，呜呼哀哉！赐谥曰果公。"

国将哀章谓莽曰："皇祖考黄帝之时，中黄直为将，破杀蚩尤。今臣居中黄直之位，愿平山东。"莽遣章驰东，与太师匡并力。又遣大将军阳浚守敖仓，司徒王寻将十余万屯雒阳填南宫，大司马董忠养士习射中军北垒，大司空王邑兼三公之职。司徒寻初发长安，宿霸昌厩，亡其黄钺。寻士房扬素狂直，乃哭曰："此经所谓'丧其齐斧'者也！"自劾去。莽击杀扬。

四方盗贼往往数万人攻城邑，杀二千石以下。太师王匡等战数不利。莽知天下溃畔，事穷计迫，乃议遣风俗大夫司国宪等分行天下，除井田奴婢山泽六管之禁，即位以来诏令不便于民者皆收还之。待见未发，会世祖与兄齐武王伯升、宛人李通等帅春陵子弟数千人，招致新市平林朱鲔、陈牧等合攻拔棘阳。是时严尤、陈茂破下江兵，成丹、王常等数千人别走，入南阳界。

十一月，有星孛于张，东南进，五日不见。莽数召问太史令宗宣，诸术数家皆缪对，言天文安善，群贼且灭。莽差以自安。

四年正月，汉兵得下江王常等以为助兵，击前队大夫甄阜、属正梁丘赐，皆斩之，杀其众数万人。初，京师闻青、徐贼众数十万人，讫无文号旌旗表识，咸怪异之。好事者窃言："此岂如古三皇无文书号谥邪？"莽亦心怪，以问群臣，群臣莫对。唯严尤曰："此不足怪也。自黄帝、汤、武行师，必待部曲旌旗号令，今此无有者，直饥寒群盗，犬羊相聚，不知为之耳。"莽大悦，群臣尽服。及后汉兵刘伯升起，皆称将军，攻城略地，既杀甄阜，移书称说。莽闻之忧惧。

汉兵乘胜遂围宛城。初，世祖族兄圣公先在平林兵中。三月辛巳朔，平林、新市、下江兵将王常、朱鲔等共立圣公为帝，改年为更始元年，拜置百官。莽闻之愈恐。欲外视自安，乃染其须发，进所征天下淑女杜陵史氏女为皇后，聘黄金三万斤，车马奴婢杂帛珍宝以巨万计。莽亲迎于前殿两阶间，成同牢之礼于上西堂。备和嫔、美御、和人三，位视公；嫔人九，视卿；美人二十七，视大夫；御人八十一，视元士：凡百二十人，皆佩印韨，执弓韣。封皇后父谌为和平侯，拜为宁始将军，谌子二人皆侍中。是日，大风发屋折木。群臣上寿曰："乃庚子雨水洒道，辛丑清靓无尘，其夕谷风迅疾，从东北来。辛丑，《巽》之宫日也。《巽》为风为顺，后谊明，母道得，温和慈惠之化也。《易》曰：'受兹介福，于其王母。'《礼》曰：'承天之庆，万福无疆。'诸欲依废汉火刘，皆沃灌雪除，殄灭无余杂矣。百谷丰茂，庶草蕃殖，元元欢喜，兆民赖福，天下幸甚！"莽日与方士涿郡昭君等于后宫考验方术，纵淫乐焉。大赦天下，然犹曰："故汉氏春陵侯群子刘伯升与其族人婚姻党与，妄流言惑众，悖畔天命，及手害更始将军廉丹、前队大夫甄阜、属正梁丘赐，及北狄胡虏逆舆洎南僰虏若豆、孟迁，不用此书。有能捕得此人者，皆封为上公，食邑万户，赐宝货五千万。"

又诏："太师王匡、国将哀章、司命孔仁、兖州牧寿良、卒正王闳、扬州牧李圣亟进所部州郡兵凡三十万众，迫措青、徐盗贼。纳言将军严尤、秩宗将军陈茂、车骑将军王巡、左队大夫王吴亟进所部州郡兵凡十万众，迫措前队丑虏。明告以生活丹青之信，复迷惑不解散，皆并力合击，殄灭之矣！大司空隆新公，宗室戚属，前以虎牙将军东指则反虏破坏，西击则逆贼靡碎，此乃新室威宝之臣也。如黠贼不解散，将遣大司空将百万之师征伐剿绝之矣！"遣七公干士隗嚣等七十二人分下赦令晓谕云。嚣等既出，因逃亡矣。

四月，世祖与王常等别攻颍川，下昆阳、郾、定陵。莽闻之愈恐，遣大司空王邑驰传之雒阳，与司徒王寻发众郡兵百万，号曰"虎牙五威兵"，平定山东。得颛封爵，政决于邑，除用征诸明兵法六十三家术者，各持图书，受器械，备军吏。倾府库以遣邑，多赍珍宝猛兽，欲视饶富，用怖山东。邑至雒阳，州郡各选精兵，牧守自将，定会者四十二万人，余在道不绝，车甲士马之盛，自古出师未尝有也。

六月，邑与司徒寻发雒阳，欲至宛，道出颍川，过昆阳。昆阳时已降汉，汉兵守之。严尤、陈茂与二公会，二公纵兵围昆阳。严尤曰："称尊号者在宛下，宜亟进。彼破，诸城自定矣。"邑曰："百万之师，所过当灭，今屠此城，喋血而进，前歌后舞，顾不快邪！"遂围城数十重，城中请降，不许。严尤又曰，'归师勿遏，围城为之阙'，可如兵法，使得逸出，以怖宛下。"邑又不听。会世祖悉发郾、定陵兵数千人来救昆阳，寻、邑易之，自将万余人行陈，敕诸营皆按部毋得动，独迎，与汉兵战，不利。大军不敢擅相救，汉兵乘胜杀寻。昆阳中兵出并战，邑走，军乱。大风飞瓦，雨如注水，大众崩坏号呼，虎豹股栗，士卒奔走，各还归其郡。邑独与所将长安勇敢数千人还雒阳。关中闻之震恐，盗贼并起。

又闻汉兵言，莽鸩杀孝平帝。莽乃会公卿以下于王路堂，开所为平帝请命金縢之策，泣以视群臣。命明学男张邯称说其德及符命事，因曰："《易》言；'伏戎于莽，升其高陵，三岁不兴。''莽'，皇帝之名。'升'谓刘伯升。'高陵'谓高陵侯子翟义也。言刘升、翟义为伏戎之兵于新皇帝世，犹殄灭不兴也。"群臣皆称万岁。又令东方槛车传送数人，言"刘伯升等皆行大戮"。民知其诈也。

先是，卫将军王涉素养道士西门君惠。君惠好天文谶记，为涉言："星孛扫宫室，刘氏当复兴，国师公姓名是也。"涉信其言，以语大司马董忠，数俱至国师殿中庐道语星宿，国师不应。后涉特往，对歆涕泣言："诚欲与公共安宗族，奈何不信涉也！"歆因为言天文人事，东方必成。涉曰："新都哀侯小被病，功显君素耆酒，疑帝本非我家子也。董公主中军精兵，涉领宫卫，伊休侯主殿中，如同心合谋，共劫持帝，东降南阳天子，可以全宗族；不者，俱夷灭矣！"伊休侯者，歆长子也，为侍中五官中郎将，莽素爱之。歆怨莽杀其三子，又畏大祸至，遂与涉、忠谋，欲发。歆曰："当待太白星出，乃可。"忠以司中大赘起武侯孙伋亦主兵，复与伋谋。伋归家，颜色变，不能食。妻怪问之，语其状。妻以告弟云阳陈邯，邯欲告之。七月，伋与邯俱告，莽遣使者分召忠等。时忠方讲兵都肄，护军王咸谓忠谋久不发，恐漏泄，不如遂斩使者，勒兵人。忠不听，遂与歆、涉会省户下。莽令蛴恽责问，皆服。中黄门各拔刃将忠等送庐，忠拔剑欲自刎，侍中王望传言大司马反，黄门持剑共格杀之。省中相惊传，勒兵至郎署，皆拔刃张弩。更始将军史谌行诸署，告郎吏曰："大司马有狂病，发，已诛。"皆令弛兵。莽欲以厌凶，使虎贲以斩马剑挫忠，盛以竹器，传曰"反虏出"。下书赦大司马官属吏士为忠所诖误，谋反未发觉者。收忠宗族，以醇醯毒药、尺白刃丛棘并一坎而埋之。刘歆、王涉皆自杀。莽以二人骨肉旧臣，恶其内溃，故隐其诛。伊休侯叠又以素谨，歆讫不告，但免侍中中郎将，更为中散大夫。后日殿中钩盾土山仙人掌旁有白头公青衣，郎吏见者私谓之国师公。衍功侯喜素善卦，莽使筮之，曰："忧兵火。"莽曰："小儿安得此左道？是乃予之皇祖叔父子侨欲来迎我也。"

莽军师外破，大臣内畔，左右亡所信，不能复远念郡国，欲呼邑与计议。崔发曰："邑素小心，今失大众而征，恐其执节引决，宜有以大慰其意。"于是莽遣发驰传谕邑："我年老毋适子，欲传邑以天下。敕亡得谢，见勿复道。"邑到，以为大司马。大长秋张邯为大司徒，崔发为大司空，司中寿容苗䜣为国师，同说侯林为卫将军。莽忧懑不能食，亶饮酒，啗鳆鱼。读军书倦，因冯几寐，不复就枕矣。性好时日小数，及事迫急，亶为厌胜。遣使坏渭陵、延陵园门罘罳，曰："毋使民复思也。"又以墨洿色其周垣。号将至曰"岁宿"，申水为"助将军"，右庚"刻木校尉"，前丙"耀金都尉"，又曰："执大斧，伐枯木；流大水，灭发火。"如此属不可胜记。

秋,太白星流入太微,烛地如月光。

成纪隗崔兄弟共劫大尹李育,以兄子隗嚣为大将军,攻杀雍州牧陈庆、安定卒正王旬,并其众,移书郡县,数莽罪恶万于桀纣。

是月,析人邓晔、于匡起兵南乡百余人。时析宰将兵数千屯鄡亭,备武关。晔、匡谓宰曰:"刘帝已立,君何不知命也!"宰请降,尽得其众。晔自称辅汉左将军,匡右将军,拔析、丹水,攻武关,都尉朱萌降。进攻右队大夫宋纲,杀之,西拔湖。莽愈忧,不知所出。崔发言:"《周礼》及《春秋左氏》,国有大灾,则哭以厌之。故《易》称'先号咷而后笑'。宜呼嗟告天以求救。"莽自知败,乃率群臣至南郊,陈其符命本末,仰天曰:"皇天既命授臣莽,何不殄灭众贼?即令臣莽非是,愿下雷霆诛臣莽!"因搏心大哭,气尽,伏而叩头。又作告天策,自陈功劳千余言。诸生小民会旦夕哭,为设飧粥,甚悲哀及能诵策文者除以为郎,至五千余人。蟜恽将领之。

莽拜将军九人,皆以虎为号,号曰"九虎",将北军精兵数万人东,内其妻子宫中以为质。时省中黄金万斤者为一匮,尚有六十匮,黄门、钩盾、臧府、中尚方处处各有数匮。长乐御府、中御府及都内、平准帑藏钱帛珠玉财物甚众,莽愈爱之,赐九虎士人四千钱。众重怨,无斗意。九虎至华阴回谿,距隘,北从河南至山。于匡持数千弩,乘堆挑战。邓晔将二万余人从阌乡南出枣街、作姑,破其一部,北出九虎后击之。六虎败走。史熊、王况诣阙归死,莽使使责死者安在,皆自杀;其四虎亡。三虎郭钦、陈翚、成重收散卒,保京师仓。

邓晔开武关迎汉,丞相司直李松将二千余人至湖,与晔等共攻京师仓,未下。晔以弘农掾王宪为校尉,将数百人北度渭,入左冯翊界,降城略地。李松遣偏将军韩臣等径西至新丰,与莽波水将军战,波水走。韩臣等追奔,遂至长门宫。王宪北至频阳,所过迎降。大姓栎阳申砀、下邽王大皆率众随宪。属县盩严春、茂陵董喜、蓝田王孟、槐里汝臣、盩厔王扶、阳陵严本、杜陵屠门少之属,众皆数千人,假号称汉将。

时李松、邓晔以为京师小小仓尚未可下,何况长安城,当须更始帝大兵到。即引军至华阴,治攻具。而长安旁兵四会城下,闻天水隗氏兵方到,皆争欲先入城,贪立大功卤掠之利。

莽遣使者分赦城中诸狱囚徒,皆授兵,杀豨饮其血,与誓曰:"有不为新室者,社鬼记之!"更始将军史谌将度渭桥,皆散走。谌空还。众兵发掘莽妻子父祖冢,烧其棺椁及九庙、明堂、辟雍,火照城中。或谓莽曰:"城门卒,东方人,不可信。"莽更发越骑士为卫,门置六百人,各一校尉。

十月戊申朔,兵从宣平城门入,民间所谓都门也。张邯行城门,逢兵见杀。王邑、王林、王巡、蟜恽等分将兵距击北阙下。汉兵贪莽封力战者七百余人。会日暮,官府邸第尽奔亡。二日己酉,城中少年朱弟、张鱼等恐见卤掠,趋讙并和,烧作室门,斧敬法闼,呼曰:"反虏王莽,何不出降?"火及掖廷承明,黄皇室主所居也。莽避火宣室前殿,火辄随之。宫人妇女啼呼曰:"当奈何!"时莽绀袀服,带玺韨,持虞帝匕首。天文郎桉栻于前,日时加某,莽旋席随斗柄而坐,曰:"天生德于予,汉兵其如予何!"莽时不食,少气困矣。

三日庚戌,晨旦明,群臣扶掖莽,自前殿南下椒除,西出白虎门,和新公王揖奉车待门外。莽就车,之渐台,欲阻池水,犹抱持符命、威斗,公卿大夫、侍中、黄门郎从官尚千余人随之。王邑昼夜战,罢极,士死伤略尽,驰入宫,间关至渐台,见其子侍中睦解衣冠欲逃,邑叱之令还，父子共守莽。军人入殿中，呼曰："反虏王莽安在？"有美人出房曰："在渐台。"众兵追之，围数百重。台上亦弓弩与相射，稍稍落去。矢尽，无以复射，短兵接。王邑父子、㛃恽、王巡战死，莽入室。下餔时，众兵上台，王揖、赵博、苗䜣、唐尊、王盛、中常侍王参等皆死台上。商人杜吴杀莽，取其绶。校尉东海公宾就，故大行治礼，见吴问绶主所在。曰："室中西北陬间。"就识，斩莽首。军人分裂莽身，支节肌骨脔分，争相杀者数十人。公宾就持莽首诣王宪。宪自称汉大将军，城中兵数十万皆属焉，舍东宫，妻莽后宫，乘其车服。

六日癸丑，李松、邓晔入长安，将军赵萌、申屠建亦至，以王宪得玺绶不辄上，多挟宫女，建天子鼓旗，收斩之。传莽首诣更始，县宛市，百姓共提击之，或切食其舌。

莽扬州牧李圣、司命孔仁兵败山东，圣格死，仁将其众降，已而叹曰："吾闻食人食者死其事。"拔剑自刺死。及曹部监杜普、陈定大尹沈意、九江连率贾萌皆守郡不降，为汉兵所诛。赏都大尹王钦及郭钦守京师仓，闻莽死，乃降。更始义之，皆封为侯。太师王匡、国将哀章降雒阳，传诣宛斩之。严尤、陈茂败昆阳下，走至沛郡谯，自称汉将，召会吏民。尤为称说王莽篡位天时所亡圣汉复兴状，茂伏而涕泣。闻故汉钟武侯刘圣聚众汝南称尊号，尤、茂降之。以尤为大司马，茂为丞相。十余日败，尤、茂并死。郡县皆举城降，天下悉归汉。

初，申屠建尝事崔发为《诗》，建至，发降之。后复称说，建令丞相刘赐斩发以徇。史谌、王延、王林、王吴、赵闳亦降，复见杀。初，诸假号兵人人望封侯。申屠建既斩王宪，又扬言三辅黠共杀其主。吏民惶恐，属县屯聚，建等不能下，驰白更始。

二年二月，更始到长安，下诏大赦，非王莽子，他皆除其罪，故王氏宗族得全。三辅悉平，更始都长安，居长乐宫。府藏完具，独未央宫烧攻莽三日，死则案堵复故。更始至，岁余政教不行。明年夏，赤眉樊崇等众数十万人入关，立刘盆子，称尊号，攻更始，更始降之。赤眉遂烧长安宫室市里，害更始。民饥饿相食，死者数十万，长安为虚，城中无人行。宗庙园陵皆发掘，唯霸陵、杜陵完。六月，世祖即位，然后宗庙社稷复立，天下艾安。

【译文】

王莽字巨君，是孝元皇后的侄子。元后的父亲和兄弟都在元帝、成帝时代被封侯，担任官职，辅佐皇帝。王家共有九位列侯、五位大司马。只有王莽的父亲王曼因去世较早，没有封侯。王莽的叔伯兄弟都是将军及平阿、成都、红阳、曲阳、高平五侯的儿子，凭借权势奢侈腐化，竞相炫耀车马衣饰、姬妾歌舞、田猎游乐。只有王莽孤独贫穷，因此谦逊俭朴，恭敬待人。他拜沛郡人陈参当老师，接受《仪礼》《周礼》的传授，勤奋博学，衣着铺盖象普通书生一样。他侍奉母亲和守寡的嫂嫂，抚养失去了父亲的侄子，行为十分检点。另外，他在社会上交结豪杰，在家族中侍奉伯父、叔父，都委婉有礼。阳朔年间，他的伯父大将军王凤病了，王莽侍奉病人，亲自尝药，蓬头垢面，一连几个月昼夜不脱衣服。王凤临死，把他托付给王太后和汉成帝，他被任命为黄门郎，又提拔成射声校尉。

过了很久，他的叔父成都侯王商上书，愿意分出封给自己的民户来赐封王莽。还有长乐宫少府戴崇、侍中金涉、胡骑校尉箕闳、上谷郡都尉阳并和中郎陈汤等当时很有名望的人，都替王莽说话，皇上因此认为王莽是贤人。永始元年，成帝封王莽为新都侯，封邑是南阳郡新野县的都乡，有一千五百户。后来王莽被提拔成骑都尉兼光禄大夫侍中，事奉皇帝谨慎周到，官职越尊贵，态度越谦恭。他把车马和衣服，分给宾客，家里没有多余的。他接纳供养知名人士，广泛交结将军、丞相、卿大夫。因此在位的人争相推荐，社会上的人也替他鼓吹，虚名传遍朝野，胜过他的伯父、叔父。他敢于弄虚作假，做起来毫不惭愧。

王莽的哥哥王永担任过诸曹，早年去世，有个儿子叫王光。王莽让王光跟博士学习。休假时，王莽整顿车马，携带酒肉，去慰劳王光的老师，并馈赠礼物给全部同学。儒生们纵情观看，老人们赞叹不已。王光比王莽的儿子王宇小，王莽让他俩同一天成亲。成亲那天，宾客满堂，过了一会，有人来说王莽的母亲有病，需要吃某种药，王莽起身去探视。到宾客散去时，他先后探视了几次。王莽曾秘密地买了个丫头，叔伯兄弟们有所耳闻，王莽就说："后将军朱子元没有儿子，我听说这个女孩会生孩子，所以给他买下了。"当天他就把丫头送给了朱子元。他隐瞒真情、追求名声到了这种地步。

那时，太后的外甥淳于长因有才能官居九卿，地位在王莽之上。王莽暗地里搜集他的罪过，经大司马曲阳侯王根禀告成帝。淳于长被依法处死，王莽获得忠诚正直的名声，此事记载于《淳于长传》。王根因而请求退休，推荐王莽代替自己，皇上于是提拔王莽任大司马。这一年是绥和元年，王莽三十八岁。王莽既从同辈中脱颖而出，就跟在四位伯父、叔父之后辅佐皇帝。他想让自己的名声超过前人，就严以律己，聘请贤良做掾史，得到的赏赐和封邑的收入全部用来招待士人，自己愈加节俭。母亲生病，公卿列侯派夫人来探视，王莽的妻子迎接，衣服够不到地，麻布围裙不过膝盖，看见的人都以为她是奴仆下人，询问之后知道是夫人，都很吃惊。

王莽辅佐皇帝一年多，成帝去世，哀帝即位，尊皇太后为太皇太后。太后命令王莽回家，把权让给哀帝的外戚。王莽上奏章请求退休，哀帝派尚书令对王莽说："先帝把政权交给您而不幸去世，我得以继位，十分希望能和您同心同德。如今您上书称病要求退休，显得我不能尊奉先帝旨意，我很伤心。我已经命令尚书等待您奏事了。"又派遣丞相孔光、大司空何武、左将军师丹、卫尉傅喜禀告太后说："皇帝听到太后的命令，十分悲伤。大司马如果不出来任职，皇帝就不敢听政。"太后又命令王莽任职。

乐舞图

那时哀帝的祖母定陶傅太后、母亲丁姬都在世，高昌侯董宏上书说："据《春秋》大义，母亲因为儿子的地位而尊贵，应该给丁姬加上尊贵称号。"王莽和师丹一起弹劾董宏贻误朝政，违犯纲纪。后来，未央宫举行宴会，内者令给傅太后设置帷幕，坐在太皇太后座旁。王莽巡视，责备内者令："定陶太后是诸侯王的太后，怎么能和最尊贵的太皇太后并列！"

于是撤去帷幕，另外设立座位。傅太后听说后，大怒，不肯参加宴会，十分恼恨王莽。王莽再次请求退休，哀帝赏赐给王莽黄金五百斤，安车一辆，马四匹，让他免职回家。很多公卿大夫都称赞王莽，皇帝就特别宠爱和优待王莽，在他家设置专使，派宫内太监每十天赏赐他一次饮食。下诏书说："新都侯王莽为国辛劳，坚持原则，我很希望和他一起治理国家。太皇太后命令王莽回家，我非常惋惜。请把黄邮聚三百五十户加封给王莽，赐给特进职位，加以给事中官衔，初一、十五朝会，参见皇帝的礼仪和三公一样，皇上出行，可乘绿车随从。"两年后，傅太后、丁姬都有了尊贵称号，丞相朱博上奏说："王莽前些时候不尊敬尊长，压抑贬低太后，亏损了孝道，应当明正典刑。幸而遇到赦免命令，(未遭杀戮)，但也不应拥有爵位、封土，请罢免他为庶民。"皇上说："因为王莽和太皇太后有亲戚关系，不要免除其爵位和封土，命令他回到自己封地去吧！"

王莽(在封地)闭门谢客，安分守己。他的第二个儿子王获杀死奴婢，王莽痛加叱责，命令他自杀。王莽在封地三年，数以百计的官吏上书替王莽申冤。元寿元年，出现日食，贤良周护、宋崇等在对答皇帝的策问时深切地歌颂王莽的功德，皇帝因此征召王莽回京。

当初王莽到封地去时，南阳太守因王莽地位高贵显要，选调属官门下掾宛县人孔休代理新都国相。孔休进见王莽，王莽礼节周全地结交孔休。孔休也早闻王莽大名，就和王莽酬答。后来王莽生病，孔休问候探视。王莽为报答恩情赠送玉饰宝剑，想结为友好。孔休不肯接受，王莽就说："我确实是看到您脸上有瘢痕，想到美玉可以灭瘢，所以才献上这美玉剑鼻。"于是解下剑鼻。孔休再次推辞，王莽说："您是嫌它价值太贵重吧！"就把剑鼻砸碎，亲自包好送给孔休，孔休这才接受了。到王莽被征召回京时，想见见孔休，孔休推说有病不肯相见。

王莽回到京城一年多，哀帝去世，没有儿子，而傅太后、丁太后都早已去世了。太皇太后当天乘车到未央宫收取玉玺，派使者飞驰前往召见王莽。又下诏命令尚书，所有调兵的符节、文武百官的奏章、宫廷太监和近卫亲兵都归王莽统辖。王莽说："大司马高安侯董贤，年轻，不合大家心意，请收回官印。"董贤当天自杀。太后命公卿大臣推举大司马人选，大司徒孔光、大司空彭宣推举王莽，前将军何武、后将军公孙禄互相推举。太后拜王莽为大司马，和他商议皇位继承人。安阳侯王舜是王莽的堂弟，为人谨慎，素受太后信赖、宠爱。王莽禀告让王舜任车骑将军，派他去迎接中山王来以成帝后代的身份继承王位，这就是孝平皇帝。平帝年刚九岁，太后临朝听政，政事完全托付王莽。王莽说赵氏以前害死皇子，傅氏骄横僭越，于是废掉孝成赵皇后和孝哀傅皇后，命令她们都自杀。

王莽因为大司徒孔光是著名儒师，辅佐过三位皇帝，受太后尊敬，天下人都信任他，于是十分尊崇孔光，提拔孔光的女婿甄邯为侍中奉车都尉。对平素所不喜欢的哀帝外戚及大臣，王莽都罗织罪名，写成奏章，命甄邯带给孔光。孔光一向恐惧、谨慎，不敢不呈上奏章。王莽再禀告太后，全部批准这些奏章。于是前将军何武、后将军公孙禄因为互相推举而被罢免，丁、傅及董贤的亲属都免去官职、爵位，流放到远方。红阳侯王立是太后的亲弟弟，虽然已不在位，王莽由于他是叔父而内心敬畏他，又怕他乘机向太后进言，使自己不能为所欲为，就再让孔光上奏王立原先的罪恶："王立先前知道定陵侯淳于长犯大逆不道罪，却仍然接受他大量的贿赂，替他说话，迷误朝廷。后来又说官奴婢杨寄的私生子是皇子，众人说是吕后、少帝复活，凡此种种都造成天下人的疑惑，难以昭示后代，完成维护幼主的功业。请命令王立到封地去。"太后不听从。王莽说："于今汉室衰微，接连几代没有继承人，太后独自代替幼主执政，实在令人担心。即使努力用公正的态度为天下表率，仍恐不肯服从，于今这样因私人恩情违背大臣的议论，群臣就会倾向奸邪，祸乱将由此而起。应该暂且命令他到封地去，待国家安定之后再把他征召回来。”太后迫不得已只好命令王立到封地去。王莽就是这样胁持上下。

那时，依附顺从王莽的都得到提拔，触怒怨恨王莽的都遭到杀戮。王舜、王邑为心腹，甄丰、甄邯掌管纠察、弹劾，平晏统领机密大事，刘歆主管文书，孙建做走卒。甄丰之子甄寻，刘歆之子刘棻，涿郡崔发、南阳陈崇，都因为有才能而受到王莽的宠爱。王莽表情严肃而言辞方正，想做什么事，总是略微示意，其党羽便秉承旨意而明显地启奏，王莽则叩头哭泣，坚决推辞，对上迷惑太后，对下取信民众。

当初，王莽暗示益州郡命塞外的少数民族进献白鸡。元始元年正月，王莽禀告太后下诏，用白鸡进献宗庙。群臣因而向太后启奏：“太后委任大司马王莽决策拥立皇帝，安定了国家。从前大司马霍光有安定国家之功，加封了三万户；并规定子孙可继承爵位、封邑，和萧相国一样。王莽也应该象霍光那样。”太后问公卿大臣：“你们真的是因为大司马有大功而认为应当嘉奖，还是因为他是我的至亲而想使他与众不同呢？”于是群臣就热烈地陈述：“王莽的功德招致了周成王那样的白鸡祥瑞，相隔千年，符命相同。根据圣王的法令，臣子有大功生前就应赐予美好的称号，所以周公在世时就能用周朝的国号作为称号。王莽有安定国家、安定汉室的大功，应赐号安汉公，加封民户，规定其子孙可继承爵位、封邑。向上顺应古代的制度，向下比照近代的行事，以求顺从上天的旨意。”太后命令尚书把这些事全部记录下来。

王莽上书说：“我与孔光、王舜、甄丰、甄邯共定国策，于今希望只列出孔光等人的功劳，加以奖赏，撇开我，不要让我和他们并列。”甄邯禀告太后下诏说：“‘不偏私、不结党，王道正直坦荡’。对于亲属，于理不得偏私。你有安邦定国之功，不能因为是亲戚就埋没功绩。你不要推辞。”王莽再次上书推让。太后命令谒者引导王莽在正殿东厢房待命，王莽推托有病不肯进殿。太后让尚书令姚恂告知他：“你因为要受奖赏而托病推辞，你责任重大，不能不来，应该及时上朝。”王莽坚决推辞。太后再派太仆王宏奉皇帝命征召王莽。王莽坚持推托有病。左右大臣告知太后，应该不强迫改变王莽的意见，只列举孔光等人的功劳，王莽才会上朝。太后下诏书说：“太傅博山侯孔光侍奉四代皇帝，历任太傅、丞相，忠孝双全，仁义笃厚，行为合乎道义，名闻遐迩，又建议决策拥立皇帝，加封一万户，任命为太师，参与四辅的执政。车骑将军安阳侯王舜长期仁义孝敬，奉命迎接中山王为帝，万里旅途艰难曲直，功德显著，加封一万户，任命为太保。左将军光禄勋甄丰侍奉三代皇帝，忠诚可靠，仁义笃厚，奉命迎接中山王为帝，辅佐奉养，安定国家，封甄丰为广阳侯，食取五千户的租税，任命为少傅。（以上三人）都授予四辅职位，子孙可继承其爵位、封邑，每人赏赐一区住宅。侍中奉车都尉甄邯侍奉皇帝辛勤劳苦，又建议决策拥立皇帝，封甄邯为承阳侯，食取二千四百户的租税。”四人受到封赏后，王莽仍未上朝，群臣再次上书说：“王莽虽然克制、谦让，朝廷还是应该表彰，及时增加赏赐，以明确表示重视拥立的首功，不要使文武百官和民众失望。”太后就下诏书说：“大司马新都侯王莽历任三代皇帝的三公，担任周公的职责，制定了万世长治久安的政策，功劳德行为忠臣敬仰，影响遍及海内，远方异域的人也敬慕他的道义，越裳氏语言不通，经过几道翻译来进献白鸡。请把召陵、新息二县二万八千户加封给王莽，免除他后代子孙的赋役，其子孙可继承爵位、封邑。

奖赏王莽之功仿照萧何相国的成例。任命王莽为太傅，主持四辅的工作，称号为安汉公。把从前萧相国的豪华住宅作为安汉公府，明确规定在法令上，世世代代传下去。”

于是王莽诚惶诚恐，不得已才上朝接受策命。策命说：“汉室危急，皇位无人继承，而您安定了；四辅的职责，三公的工作，您承担了；百官众僚，而您主管；功德显著，国家赖您得以安宁。您招致的白鸡祥瑞，象征周公辅佐成王。因此赐您称号为安汉公，辅佐皇帝，希望能天下太平。不要违背了我的意愿。”王莽接受了太傅和安汉公称号，辞让了加封和子孙可继承的爵位、封邑，说希望等到百姓家给户丰之后，再加赏赐。群臣又力争，太后下诏书说：“安汉公自己希望等到百姓家给户丰，因此可以听从。应让他的俸禄、府中吏员、赏赐都比原先增加一倍。等到百姓家给户丰后，大司徒、大司空把情况报告上来。”王莽再次辞让不受，而且建议应该先封诸侯王的后代及高祖以来的功臣子孙，大者封侯，小者赐爵关内侯食取封邑租税，然后再封赏在位的人，各有一定的顺序。对上尊敬祖宗，增加祭祀的礼乐；对下施恩惠给士人百姓、鳏寡孤独，一切加惠于民的政策无不施行。

王莽已经取悦了民众，又想专权独断，知道太后厌倦了政事，就暗示公卿大臣上奏章说：“以前，官吏积累功绩升到二千石，以及州部所举荐的秀才、杰出人物等，大多不称职，应当都让他们参见安汉公。此外，太后不适宜亲自过问琐事。”让太后下诏书说：“因为皇帝年幼，我暂且执政，一直到皇帝成年。于今政事烦琐，我年事已高，精力不支，继续理事不是保养身体和培育皇帝的办法。因此选择忠臣贤良，设立四辅官职，让百官勤于职守，永保国家康宁。孔子说：‘伟大啊！舜禹治理天下，全是委任贤臣，而不亲自过问。’从今以后，只有封爵的事才报告给我。其他政事，由安汉公、四辅裁决。州郡太守、二千石官及茂才吏初次拜官奏事的，都引进宫殿附近的官署参见安汉公，让安汉公考查其原来的工作，询问新任的职务，以便了解是否称职。”于是王莽一一接见询问，详尽地表示给予的恩惠，并赠送厚礼；不合意的人，则明白地奏请罢免，其权力和皇帝相等。

王莽打算用空名取悦太后，建议说：“我们承接以前哀帝丁、傅皇后奢侈浪费之后，百姓多不富裕，太后应暂且穿素色绸衣，稍微减少菜肴，以便为天下做出表率。”王莽因而上书，表示愿出一百万钱，献上三十顷地，交给大司农救济贫民。于是公卿大臣都仰慕效法。王莽率领群臣上奏说：“太后陛下年高位尊，长期穿素色绸衣、减少菜肴，委实不是保养身体、培育皇帝、安定国家的办法。臣王莽多次到宫中叩头问候，力争不要如此，未蒙允准，如今幸亏陛下恩德普及，近来风调雨顺，甘露降下，灵芝生长、朱草、嘉禾各种吉祥征兆一齐来到。臣王莽等怀有表达不尽的愿望，愿陛下爱惜精力，休养心神，开阔心胸，穿上帝王常规服装，恢复太官规定的帝王饮食，使臣子们能充分表示对您的热爱，完善对您的供养。希望太后体谅！”王莽又让太后下诏书说：“据说皇太后的准则是思想不超出宫门。上天不保佑我们国家，皇帝尚在襁褓之中，不能亲自执政，我战战兢兢，害怕国家不得安宁。国家的大纲，没有我谁能统领？因此，孔子晋见南子，周公摄政，原是根据时势而行的权宜之计。我辛勤工作，绞尽脑汁，忧患劳苦不得安宁，所以当社会风气奢侈时，就用俭朴的作风来影响全国，矫枉必须过正。如果我不以身作则，天下臣民会怎样呢？我朝夕都在梦想着五谷丰登、百姓富有，等皇帝成年加冠，把政权交给他。现在我确实无暇享用轻软的衣服和美味的食品，希望和百官一起有所成就，大家勉励吧！”每逢遭遇水灾旱灾，王莽总是只吃素食，左右臣子把情况报告上去，太后就派使者命令王莽说：“听说您只吃素菜，忧国忧民确实深切。今秋庄稼幸而丰收，您工作勤劳，应当按时吃肉，为国家爱惜身体。”

王莽认为中国已经太平，只有四周少数民族尚没有明显变化，就派使者携带黄金、财帛，送给匈奴单于厚礼，让他上书说：“听说中国遣责双名，我原名囊知牙斯，现在改名知，以表示顺从圣朝的制度。”又派王昭君的女儿须卜居次到汉朝侍奉太后。王莽欺骗、迷惑太后，以至欺骗太后的随从、侍女，方法真是千变万化。

王莽已经位尊权重，又想把女儿许配给平帝做皇后，以便巩固自己的权利。他上奏说：“皇帝即位三年了，皇后没有聘娶，妃子也没纳足。前段时间，国家发生危难，根源就在于皇帝没有继承人，嫁娶不正规。请考查议论《五经》的记载，制定嫁娶礼仪，端正十二女的原则，以便生育更多的继承人。可广泛采取商周王族的后代和周公、孔子以及世代列侯在长安的嫡亲女儿。”事情下交主管部门，报上众多女子的名单，王氏家族的女儿很多都在预选名单中。王莽害怕他们和自己的女儿竞争，就上书说：“我没有德行，孩子才貌也低下，不适合跟众女子一起入选。”太后以为他出自至诚，就下诏书说：“王氏家族的女儿是我的娘家人，不要选取了。”平民、儒生以及郎官以上的官员守候在宫门前上书的每天都有千余人，公卿大夫有的到朝廷上，有的跪伏在官衙门下，都说：“诏书中所表现的太后德行是那样崇高，而安汉公的伟大功勋又是这样光辉，现在要立皇后，为什么要单独排除安汉公的女儿？天下臣民往哪里寄托自己的命运！希望能让安汉公的女儿做国母。”王莽派长史以下的属官分批劝阻公卿和儒生，而上书的人却越来越多。太后迫不得已，只好任凭公卿选取王莽的女儿。王莽又自己申明：“应当广泛地选取众女子。”公卿们争辩说：“不应选取众女子，以致使皇后的地位不能确定。皇后的位子是属于安汉公女儿的。”王莽说：“希望相看一下我的女儿。”太后派长东少府、宗正、尚书令去送彩礼并相看王莽女儿。回来后上奏说：“安汉公女儿长期受良好的道德教养，有美丽的容貌，适合延续帝王世系，奉承祭祀大事。”又下诏派大司徒、大司空到宗庙中用策书祷告，同时并用龟卜和占筮，结果都说：“卜兆呈金水相生之相，占卦遇泰卦，乾下坤上，父母得位，这是大吉大利的征兆。”信乡侯刘佟上书说：“《春秋》记载，周天子要从纪国娶王后，就把纪子升为侯，安汉公的封邑和古代的制度不相称。”事情下交主管部门，都说：“古代天子封王后之父纵横百里的土地，尊敬他，不把他视为臣子，以表示重视宗庙，这是孝道的最高表现。刘佟的言论符合礼，可以允准。请把新野县二万五千六百顷土地加封给王莽，以达到纵横百里。”王莽辞谢说：“臣王莽的女儿实在配不上最尊贵的皇帝，现在又听从大家的意见，加封土地给我。我想，我已经得到太后、皇帝的信任，获得爵位和土地，假使女儿真能配上皇帝，我的封邑足够供给朝见君王的贡品，不需要再给予增加封地的恩宠。希望归还增加的封地。”太后答应了他。主管部门上奏：“按照惯例，聘皇后须二万斤黄金，二亿钱。”王莽坚决辞让，接受了四千万钱，而又把其中的三千三百万给了十一户陪送女儿出嫁的人家。群臣又说：“如今皇后接受的聘礼，比妃妾多不了多少。”有诏书，再增加二千三百万，合计为三千万钱。王莽又把其中的一千万分给九族中的贫苦人家。

陈崇当时任大司徒司直，和张敞的孙子张竦友好。张竦博学多才，就替陈崇起草了一个奏章，歌颂王莽的功德。陈崇呈上奏章，奏章说：

敝人看到安汉公开始做官时，正值社会风气崇尚奢侈，他受到太后和成帝优厚至亲的宠爱，又加上伯父叔父们显赫的荣光，有钱有势，无人敢惹，然而他却能谦虚克制，仁爱待人，约束私心，遵行礼仪，一反世俗所为，坚定地超然世上。他穿的是粗布衣服，吃的是低劣饭食，车子破旧，马匹愚钝，妻妾没有第二个，在家中孝敬父母、友爱兄弟，无人不知。清静恬淡，安贫乐道，温和善良，礼贤下士。对旧友常施恩惠，对师、友非常忠厚。孔子说："不如贫穷而快乐，富有而喜欢礼节。"说的就是安汉公这种人。

到了他做侍中，原定陵侯淳于长犯了大逆不道罪，安汉公不敢徇私情，首先上书检举，给予惩罚。周公诛管叔、蔡叔，季子鸩杀叔牙，就是安汉公这样的作为。

因此孝成皇帝任命安汉公为大司马，把国家政权委托给他。孝哀帝即位，高昌侯董宏逢迎拍马，追求名位，（想立丁姬为皇太后）制造两个帝统，安汉公亲自弹劾，稳定了大局。他首先提出定陶太后不应在太后帷幕中设座，申明国家体制。《诗》说："软的不吞，硬的不吐，不欺侮鳏寡，不畏惧强暴。"说的就是安汉公这样的人。

安汉公坚持谦虚退让，诚心诚意地让出大司马职位。定陶太后想建立超越名分的称号，害怕安汉公当面指责她不该在太后帷幕中设座的大义凛然，而谄媚欺诈的奸雄朱博之流，又对安汉公亲自弹劾淳于长、董宏恐惧不安，于是上下一心，进谗言、耍诡计，纷至沓来，破坏制度，终于窃取了名号，排斥驱逐仁人贤士，诛杀伤害宗室外戚，安汉公蒙受了伍子胥、屈原所受的冤害，远离京师去到封地。这时朝廷政治混乱，法制松弛，国家犹如千钧一发。《诗》说："贤人逃亡，邦国危急。"说的就是安汉公这样的人。

此时，宫中没有皇位继承人，董贤窃取大权，加上傅家有皇后女儿的支持，他们都自知得罪了天下臣民，和中山王结下仇根，所以必然共分忧患，同心协助，如果假托遗诏，频繁进行赏赐诛杀，先铲除他们害怕的人，迅速提拔依附他们的人，诬陷往日的冤敌，再征立皇室中的远亲，不难做到，大事成功势焰熏天。幸亏安汉公立即入朝，及时罢免董贤及其亲信党羽。当时，安汉公运用远见卓识，振奋空前的雄威，怒目圆睁，疾言厉色，趁他们根基不牢，阴谋尚未发动就压了下去。震雷响起，弩机扳动，敌人应声被摧毁，即使有孟贲、夏育也来不及持枪刺杀，即使有樗里子也来不及用计，即使有鬼谷子也来不及施展，因此董贤丧魂落魄，终至绞死。人还没有转身，日影还没有移动，贼人豁然肃清，朝廷变得安宁。没有陛下，谁也不能任用安汉公，没有安汉公，谁也不能战胜此灾祸。《诗》说："师尚父（吕望）啊！神采飞扬，协助那武王。"孔子说："处事敏捷方能成功。"说的就是安汉公这样的人。

于是安汉公就建议接纳原泗水国相甄丰、鳌县令甄邯和大司徒孔光、车骑将军王舜，安定国家，捧着朝廷符节前往东方迎接君王，他们都因为有功而接受封爵、增加封地，成了国家的名臣。《尚书》说："识别人才就是智者。"说的就是安汉公这样的人。

公卿都赞叹安汉公的道德，一起推崇安汉公的功勋，把他比为周公，认为应赐给安汉公的称号，加封两县的土地，安汉公都不肯接受。古书说申包胥不受保存楚国的报答，晏婴不受辅佐齐国的封赐，孔子说："能用礼让治国，那还有什么办不到的？"说的就是安汉公这样的人。

将要给皇帝聘娶后妃，主管部门报上名单，安汉公的女儿列居首位，安汉公坚决推辞，迫不得已然后才接受诏命。父亲和子女的亲爱是天性，父亲想让子女荣华富贵比为自己还厉害，皇后的尊贵和天子相等，当时的机会千载难逢，然而安汉公考虑皇帝世系，辞让大福大恩，事事谦虚退让，动辄坚决推辞。《书》说："舜自认为德行浅薄，不足以继承尧的帝位。"说的就是安汉公这种人。

自从安汉公接受策命以来，直到今天，他勤勤恳恳，德行功业日益增进，检点平素的为人处事，教化王侯封国，崇尚俭朴，矫正社会不良习俗。施舍钱财，减少家产，以为群臣做出表率；严以律己，执法公正，以使公卿效法；教育儿子，重视学习，以振兴国家的文教。童仆奴婢穿布衣，马匹不喂谷物，饮食的费用不超过普通百姓。《诗》说："温和恭谨的人，就像鸟儿栖息在树上。"孔子说："吃饭不求满足，居住不求安逸。"说的就是安汉公这种人。

安汉公克制欲望，约束自己，购买粮食仅够食用，日用物品都到市场采购，当日用完，家无储蓄。又上书归还哀帝所加封给他的土地，交出钱币，捐献田地，把旧有的产业消耗殆尽，为大家做出榜样。于是各阶层都群起响应，纷纷效法，宫外的王公列侯，宫内的禁卫侍从，同时行动，各尽所有，有的交纳金钱，有的捐献田地，用来赈济贫穷，收容供养缺衣少食的人。从前楚国令尹子文（毁家纾难），吃了早饭无晚饭，鲁国相公仪休不吃园里的葵菜（不夺园夫收入），就是安汉公这种人。

安汉公敞开大门招揽文士，所聘请的直到住茅屋的平民，不断查看朝廷政治，总管各部行政，亲自接见州牧太守以下官员，考核其日常工作，明察是非优劣。《诗》说："整天自强不息，夜晚仍然戒惧、惕励。"说的就是安汉公这样的人。

接连在三位皇帝时代官居三公，两次安葬去世的皇帝，担任大司马职务，安定国家，天下归心，各得其所。《书》说："安排在执政要位上，狂风骤雨不迷航。"说的就是安汉公这种人。

以上所述都是前代罕见，夏禹、后稷也难能的，而安汉公自始至终一以贯之，可以说是完美无缺了！因此三年之中，教化流行犹如神助，吉兆多次显现，难道不是陛下知人善任的功效、得到贤能的结果吗？所以，不仅君王承受天命是真，即使臣子们生逢圣世也不假。因此，夏禹受赐玄圭，周公配享郊祀，是为了表明天降贤才，君王通达天意加以使用，而不敢贪天之功以为已有。度量安汉公的德行，堪为天下楷模，观察安汉公的功勋，可奠定万世的基业。完成基业而不给予相应的赏赐，树立楷模而不给予相称的表彰，实在不是增强国家、顺应天意啊！

高皇帝表彰奖赏首功，萧何相国封邑的民户已增加一倍，又受到特殊的礼遇，奏事可以不称呼名，上殿可以不用快步走，封赐他十余名亲属。喜欢为善，从不满足，颁发赏赐，从不吝啬。只要献上一条计策，就一定赐给爵位，因此公孙戎位居郎官，由警卫骑士入选，一次申明樊哙不反，赐封二千户。孝文皇帝奖赏绛侯周勃，加封一万户，赐黄金五千斤。孝武皇帝抚恤军功，封卫青三万户，卫青三个儿子，有的还在襁褓中，都封为通侯。孝宣皇帝显耀霍光，增加封户，命子孙继承，受封的有三人，扩大到侄孙。绛侯依靠汉诸侯国的坚固，凭仗朱虚侯刘章的耿直，借着诸将的协助，依据互相扶持的形势，所以诸吕阴谋虽然丑恶凶狠，势难得逞。霍光长期官居要位，趁政治上大获胜利的威力，从未遭遇不顺，也没有被陷害而离开朝廷，朝廷上的官员，无不是他同党，长期执政，几代不曾中断，虽说是有功，得来也较容易。即使如此，也还有谋划不周，错误迎立昌邑王的过失。至于卫青、公孙戎，不过是刀枪之功，一句话之劳，但都受到了巨大的奖赏。安汉公和绛侯、霍光比较，一是创建，一是因袭，和卫青、公孙戎比较，更是天地之差。而安汉公又有主持政务的实效，应当与夏禹周公享受同样尊崇，获得和他们一样的奖赏。上面所说的那些人哪能跟安汉公同日而语？然而，安汉公还没有得到卫青等人的厚赏，我的确迷惑不解。

我听说对首创始建的功勋，赏赐不受限制，对最高的德行，表彰不受约束。因此成王对周公，超过了纵横百里的限制，逾越了九锡的约束，开拓了七百里的疆界，同时统治商、奄两国民众，把殷遗民六族赏为附庸，赐给大车和大旗、封父的大弓、夏后的玉璜，设置太祝、太宗、太卜、太史等官，器物完备，典策俱全，设立百官，赏给祭器，允许用白色雄牲祭祀，可以举行郊祀、望祭。周成王说："叔父，让你的长子封土建国。"周公父子就一前一后地跪拜接受。这可以说是对首创的功勋赏赐不受限制。不仅如此，而且六个儿子都给封赐。《诗》说："善言没有不采用的，恩德没有不报答的。"报答应该和恩德相称，不相称不如不报答。观察近代的行事，高祖约定非刘氏不王，然而鄱君吴芮却被封为长沙王，皇帝并下诏书称他是忠臣，明确地规定在法令上，显然只要有大诚大信，可以不受制度约束。春秋时晋悼公用魏绛的计策，华夏诸国都服从晋。郑伯献乐队，晋悼公拿出一半赏赐魏绛，魏绛坚决推辞，晋悼公说："没有您，我过不了黄河。赏赐是国家的制度，不可废弃。请您接受吧！"魏绛从此有了钟、磬之类的乐器。《春秋》表扬了此事，认为臣子尽忠而又辞赏，君王了解臣子而又坚持赏赐，都很可取。如今陛下既然了解安汉公有周公的功德，却不进行成王的奖赏，只是听从安汉公的坚决推辞，不顾《春秋》的大义，那么臣民将如何议论，后代将如何记载？这实在不是治国之道。我愚笨，认为应扩大安汉公的封地，让他象周公一样，封赐安汉公的长子，让他象伯禽一样。赏赐的物品，也都象周公一样。其他儿子的封赏也象周公的六个儿子一样。那么，群臣都会欣然尽忠，百姓们也会感恩戴德，臣果然尽忠，民果然戴德，国事还有什么做不好？希望陛下深切考虑祖宗的重托，恭敬地畏惧上天的告诫，效法虞舜和周代的盛世，命令给予伯禽那样的赏赐，不要吝惜象对周公一样的报偿，设立圣明的制度，让后代可以遵循，那么天下就太幸运了！

太后把奏章拿给大臣们看，大臣正议论此事，恰逢吕宽的事发生了。

当初，王莽想专权，对太后说："从前哀帝登基，背叛恩情道义，自己使外戚丁、傅两家尊贵，扰乱国家，几乎亡国。现在皇帝年幼，又继承了嫡系长支，成了成帝的后嗣，应该明确正统原则，以前事为鉴戒，为后代立法规。"于是派甄丰捧着玺印，就地赐封平帝的母亲为中山孝王后，赐封平帝舅父卫宝、卫宝的弟弟卫玄为关内侯，都留在中山国，不能到京城来。王莽的儿子王宇，不赞成王莽隔离卫家，恐怕平帝长大之后会怨恨，就暗中派人送信给卫宝等人，让他们告诉平帝的母亲上书请求来京城。王莽不同意平帝母亲的要求。王宇和师傅吴章及内兄吕宽商议对策，吴章认为王莽不能劝谏，但迷信鬼神，可以制造怪变灾异惊吓他，吴章再乘机推演灾变，劝说王莽把政权交给卫家。王宇就派吕宽夜晚拿血酒到王莽府上，不料被守门官吏发现。王莽把王宇送进监狱，用药毒死。王宇的妻子吕焉怀有身孕，关在牢中，等生下孩子后，也杀死。王莽上奏说："王宇被吕宽等人连累，散布流言，迷惑民众，与管叔、蔡叔罪恶相同，我不敢不诛杀。"甄邯等人禀告太后，下诏说："唐尧有儿子丹朱，周文王有儿子管叔、蔡叔，这都是圣人，对愚蠢的儿子也无可奈何，因为他们的本性是无法改变的。您居于周公的地位，辅佐象成王一样的幼主，而实行对管叔、蔡叔一样的诛罚，不因为爱亲人而妨害尊崇君主，我很赞赏。从前，周公诛灭四国以后，深广的教化才完成。以至于刑罚被搁置不用。请您一心一意辅佐国家，务期使天下太平。"王莽由此诛灭了卫家，彻底追查吕宽一案，把平时非议自己的郡县、封国豪杰统统牵连在内，宫内涉及敬武公主、梁王刘立、红阳侯王立、平阿侯王仁，派使者看守逼迫，都自杀了。死的人数以百计，天下震动。大司马护军褒上奏说："安汉公遭遇不幸，儿子犯下管叔、蔡叔之罪，父爱子至为深切，但为了皇室他不敢徇私。王宇犯罪，他感触极深，发愤著书八篇，用来告诫子孙。应当把此书分发各郡、封国，命令学官用来教授学生。”事情交给公卿群臣议论，他们请求命令全国官吏凡能背诵安汉公书的人都记载在官府簿录上（作为考选的依据），把安汉公的书视同《孝经》。

元始四年春天，在郊外祭祀天地，让高祖配享天；在宗庙中祭礼祖宗，让孝文皇帝配享上帝。四月丁未日，立王莽的女儿为皇后，宣布全国大赦。派大司徒司直陈崇等八人分别巡行全国，考察风俗。

太保王舜等人上奏说：“《春秋》阐述功业、德行的原则，最高的是树立德行，其次是建立功业，再次是著书立说。只是最有道德、最贤能的人，才能做到这些。如果是臣子做到了，生前就会得到大的赏赐，死后会成为受人敬仰的大臣，商朝的伊尹、周朝的周公就是。”至于百姓上书的，有八千余人，都说：“伊尹做阿衡，周公做太宰，周公享受七个儿子受封的待遇，得到超过上公的赏赐。应当按照陈崇说的去做。”奏章下交有关部门，有关部门请求：“把以前加封而安汉公推辞掉的两县及黄邮聚、新野县的田地归还给他，采取伊尹、周公的称号，加称安汉公为宰衡地位和上公相同。其属下掾史，官秩为六百石。三公上书安汉公要称‘敢言之’，群臣不得与安汉公同名。安汉公出行，随从期门士二十人、羽林士三十人，前后大车各十辆。赐封安汉公母亲称号为‘功显君’，封地民户二千，佩戴的黄金印章配红丝纽带。赐封安汉公二子，王安为褒新侯，王临为赏都侯。增加皇后聘礼二千七百万钱，合计为一万万，用以显示礼仪隆重。”太后到前殿亲自赐封。安汉公在前，二子在后，跪拜，按周公惯例。王莽叩头辞让，出宫之后呈上密封奏章，表示愿意只接受母亲的封号，退还王安、王临的印章及自己的称号、爵位、封邑。事情下交太师孔光等人，都说：“赏赐还不足和功劳相当，谦虚退让是安汉公一贯作风，终归不可听从。”王莽求见太后，坚决推辞。太后下诏说：“安汉公每次进见都叩头流泪，坚决推辞。现在又上书称病，是暂且听从他的推让，让他上朝管事呢？还是坚持进行赏赐，送他回府养病呢？”孔光等人说：“王安、王临亲自接受了印章，册封的爵位及称号已通告上天，大义昭然（不宜变更）。黄邮、召陵、新野的田地收入很多，都只和安汉公有关，他想减少自己收入以促进国家教化，可以同意。治国平天下的教化应在一代中完成，宰衡的官不能代代都有。增加聘礼钱，是为了尊敬皇后，不是为了安汉公。功显君的食邑民户，止于太夫人一身，不能相传。褒新、赏都两封邑，合计三千户，太少了。忠臣的节操，也应该委屈自己以伸张君主的赏罚大义。应当派大司徒、大司空持节奉命，命令安汉公立即上朝管理政事。命令尚书不再接受他的推让奏章。”奏章得到认可。

王莽于是上朝管理政事，上书说：“我于元寿二年六月戊午日突发事件的夜晚，以新都侯身份被引进未央宫，庚申日任命为大司马，忝居三公之位；元始元年正月丙辰日拜为太傅，赐给安汉公称号，列为四辅官位；今年四月甲子日又拜为宰衡，位居上公。臣王莽自思，爵位是新都侯，称号是安汉公，官为宰衡、太傅、大司马，爵位高贵，称号尊崇，官职重要，一身蒙受五项重大荣誉，实在不是鄙臣所能承当的。据元始三年考查，全国收成已恢复正常，减省的官职应都重新设置。《谷梁传》说：‘天子的大臣，权力通达四海。’臣愚笨，认为宰衡的职责是矫正百官治理天下，然而却没有印章，名不副实。臣王莽没有兼任数职的才能，而今圣上既然已经错误地任用了我，我请求御史刻宰衡印章，印文是‘宰衡太傅大司马印’。刻成后授给臣王莽，我上交太傅与大司马印章。”太后下诏说：“可以。

印章丝纽和相国印同，我亲自上朝授印。”王莽又把增加的聘礼钱拿出一千万，送给长乐宫侍奉太后饮食起居的侍从。太保王舜上奏说：“天下臣民听说安汉公不接受出一千辆战车的封地，推辞一万斤黄金的聘礼，散财施舍数以千万计，没有人不被感化。蜀郡男子路建等人中止诉讼，惭愧地离开官衙，即使是文王感化虞国、芮国二君，也不过如此！应该把此事向全国宣布。”奏章被认可。宰衡出行，随从者前后各十辆大车，还有值班的尚书郎、侍御史、谒者、中黄门、期门士、羽林士。宰衡经常持节，停留时谒者代为持节。宰衡的掾史官秩为六百石，三公向宰衡上书称“敢言之”。

这年，王莽上奏兴建明堂、辟雍、灵台，给学习的儒生兴建一万间宿舍，修建市场、常满仓，规模宏大。把《乐经》立于学官，增加博士名额，每一经各有五人。征召全国通一经的教授，计十一人以上，至于藏有散佚的《礼》、古文《尚书》《毛诗》《周官》《尔雅》、天文、图谶、音律、历法、兵法、《史籀篇》等书籍，通晓它们意义的人，都召至公车府。网罗天下有才能的人，应召前来的先后以千计，都叫他们在朝廷中记录下自己的见解，准备用来订正讹误，统一不同学说。群臣上奏说：“从前周公侍奉继位的君主，据有上公的尊位，还经过七年才确定了制度。明堂、辟雍，堕毁、废弃已达千年，没人能够兴建，而今安汉公出身书香门第，辅佐陛下，到现在才四个年头，功劳德行已灿烂辉煌。安汉公于八月初庚子日接受使命，携簿书征集民伕营造，次日辛丑这一天，儒生、百姓大聚会，集合十万余人，干了二十天，大功告成。即使是唐尧虞舜兴建工程，周公建造成周，成就也不会更大。宰衡的地位应在诸侯王之上，赏赐他一束丝加一块玉璧，大国国王乘车及安车各一辆，并驾的马八匹。”诏书说：“可以。请议论一下加九锡的法规。”

冬天，大风吹过长安城东门，屋瓦几乎全都毁坏。

元始五年正月，在明堂合祭远近祖先，二十八位诸侯王，一百二十位列侯，九百余宗室子弟，被征召来协助祭祀。祭礼结束，赐封孝宣皇帝曾孙刘信等三十六人为列侯，其他的人都增加封地民户或赐予爵位，按不同数量赏给黄金布帛。这时，官吏百姓因为王莽不接受新野田土先后上书的达四十八万七千五百七十二人，至于诸侯王、公、列侯、宗室，凡被召见，都叩头说应该赶快增加赏赐给安汉公。于是王莽上书说：“臣以外戚身份，破格提升，忝居高位，没能称职。考虑到圣上德行纯朴盛大，秉承天意符合古道，制定礼仪治理人民，创作乐律改变风俗，天下臣民飞奔前来，四周蛮夷也都来朝贺，离开的时候，无不流泪。如果不是真诚，岂能用空话把他们招来？从诸侯王以下直到官吏、百姓，都知道臣王莽上与陛下有亲，又掌要职，每次为您歌功颂德，总要顺便带上臣几句。臣看见诸侯在您面前讲话，未曾不流汗而惭愧。我虽然生性愚笨，但诚心实意地了解自己，德行薄官位高，能力小责任大，从早到晚如履薄冰，常怕玷污了朝廷。而今天下太平，风俗化一，百蛮归服，都是因为陛下德行圣明，亲身治理，太师孔光、太保王舜等辅佐施政，众公卿大夫无不忠良，所以能在五年之中达到这种境界。臣王莽实在没有什么奇异的计策，秉承太后的圣明诏书，向下宣布，尚不能领会其十分之一；接受众贤臣的筹划向上报告，尚不能归纳其十分之五；本应承担办事无效的罪责，之所以敢暂时保全首级，实在是上靠陛下庇护，下赖群臣支持。陛下受不了大家的建议，总是把奏章交臣下议论，臣王莽以前想立即上书制止，又怕他们不肯停止。如今大礼已经举行过，协助祭祀的人都已告辞回去，我最大的希望，就是让交付臣下议论的奏章都停止不再上报，使我能尽力完成制礼作乐的工作。事成之后，广泛传播于天下，让全国臣民共同评论。如有所非议，那么臣王莽理应承当牵累圣上贻误朝廷的罪名。如果无可指责，那我可保全性命退休回家，给贤人让路。这是我个人的愿望，请陛下同情怜悯才好。”甄邯等人禀告太后，下诏书说：“可以。只是安汉公功德光照天下，所以诸侯王、公、列侯、皇族、儒生、官吏、平民众口一词，连续守候在宫前，这才交下他们的奏章。诸侯王、皇族离开京城那天，再次求见，重述建议，虽然明白地告知让他们回去，仍然不肯走。后来告诉他们初夏时将进行这项赏赐，无不欢欣，高呼万岁退去。如今安汉公每次进见，总是流泪叩头表示不愿受赏，如果进行赏赐，就不敢担任现行职务。当前制礼作乐任务尚未完成，事情要等安汉公决定，所以暂且听从他的意见。等制礼作乐完毕，众公卿报告上来，再深入讨论以前的建议，请赶快把九锡礼仪报告上来。”

于是公卿大夫、博士、议郎、列侯张纯等九百零二人都说：“圣帝明君招徕贤人、奖励能人，德行盛大的人官职高，功劳显赫的人赏赐多。所以德高望重的大臣可拥有九等中最高的上公尊位，可获得不寻常的九锡宠荣。现在皇亲九族和睦，百官公卿清明，天下万国团结，黎民百姓安宁，神圣的祥瑞征兆全部降临，太平景象已遍及天下。帝王的伟业没有比唐尧、虞舜更兴盛的，而陛下可与相比；忠臣的丰功，没有比伊尹、周公更显著的，而宰衡可与相当。这就是所谓在不同的时代里兴起的同等事业，就像两半符节相合一样。谨以《六经》的原则来衡量，经文中所记载的以及《周官》《三礼》中适应于今天的办法，就是九命的赏赐。臣等请求实行这种赏赐。”奏章得到认可。策书说：

元始元年五月庚寅日，太皇太后亲临前殿，请安汉公上殿，亲自下诏说：‘您过来，虚心听取我的话。从前您侍卫孝成皇帝十六年，献计尽忠，建议诛杀原定陵侯淳于长，制止祸乱，揭露奸邪，升为大司马，位居宰辅。孝哀皇帝即位，骄横的妃妾想窃取尊号，奸佞的贼臣阴谋作乱，您亲自弹劾高昌侯董宏，改正原定陶恭王母亲超越名分的座位。从此以后，朝廷大臣商讨国事无不引经据典。您因病辞去官职，回到府中，被奸臣陷害。回到封地以后，孝哀皇帝觉悟了，又把您召回长安，到他病情加重时，仍念念不忘您，又恢复您特进职位。当晚哀帝去世，国家没有继承人，奸臣充斥朝廷，形势十分危险。我考虑安邦定国大计没有比起用您更合适的，所以把您引入朝中，当天就罢免了高安侯董贤，转眼之间忠于国家的计策就制定好，政纲、法纪都健全起来。绥和、元寿年间，两次遭遇皇帝驾崩，但各项工作都照常进行，祸乱没有发生。您辅佐我五年，人伦的根本得以端正，天地的位置得以确定。恭敬地奉祀神灵，按照四时顺序进行政事、农事活动，恢复了千年废弃的事业，矫正了百年以来的过失。天下和谐，民众团结。《诗》中记载的文王建灵台，《书》中记载的周公作洛邑，镐京的规模，商城的范围，如今都复兴起来。显扬了先帝的大功，宣传了祖宗的德行，推广发扬了祖宗配享上天的原则，建立了郊祀、禘祀、宗祀的祭礼，以光大孝道。因此，四海欢欣，万国向往，不同风俗的异族，不用召见就自行前来，渐渐受到教化，改变服饰，进献珍宝以助祭祀。寻求古代的根本治道，遵循儒术，重视古代传统，工作有成效，办事得体，具备了最高的德行和最重要的治道，就能上通神灵，并得到祖宗的赞许。光辉照耀，上天的符命不断降临，天下大同。麒麟、凤凰、龟、龙，众多吉祥征兆出现七百多次。于是制定礼仪，创作乐律，有安邦定国的大功。普天之下都依赖您，官居宰衡之职，位居上公。现在加给最高的九种赏赐，用来协助祭祀；供给文武官职，以至光宗耀祖。呜呼！多么美好！

于是，王莽叩头再拜，接受了绿色的围裙，冠帽、礼服和衣裳，玉饰佩刀，方靴、带鸾铃的路车和四匹马，悬九条绦子的龙旗，皮冠素袍，戎车和四匹马，红弓箭，黑弓箭，左边立着红色斧钺，右边立着金色斧钺，铠甲、头盔各一具，香酒二卣，玉石酒器两只，高级信物青玉珪两枚，家中可以安装红漆大门、修造台阶。官府可以设宗官、祝官、卜官、史官，卫士三百，家令、家丞各一人。宗官、祝官、卜官、史官都设置啬夫，辅佐安汉公。官府、私宅有卫士警卫，可以出入的人都登记在簿册上。从四辅、三公起，有事进入官府、私宅，都要持有符传。把楚王的官邸作为安汉公府，大加修缮，周围全设警卫。祖宗的祭庙和寝庙都安装红漆大门、建造台阶。陈崇又上奏说："安汉公祭祀祖先，出城门时，城门校尉应该带领骑士随从。入府有门卫，出外有骑士，这是为了尊重国体。"奏章得到认可。

那年秋天，王莽因为皇后有生育的吉兆，所以开通子午道。子午道从杜陵直穿南山，通到汉中郡。

八名考察风俗的使者回朝，说天下风俗划一，假造了各郡、封国所写的歌谣三万多句，歌功颂德。王莽上奏，明确记载在文献上。又上奏说，市场上言无二价，官衙中没有诉讼案件，城中没有盗贼，乡村没有饥民，路不拾遗，男女不同道，犯法的人只作象征的处罚。于是刘歆、陈崇等十二人都因为修建明堂、宣扬教化被封为列侯。

王莽已经实现太平，向北感化了匈奴，向东势力到达海外，向南安抚了黄支，只有西方尚未有什么作为。于是派中郎将平宪等人携带大量金钱去引诱塞外的羌人，让他们献出土地，表示愿归属汉朝。平宪等人上奏说："羌族首领良愿等部落，人口约一万二千，愿意做汉朝臣民，献给我鲜水海和允谷盐池，水草肥美的平地都给汉朝人民，他们居住险峻地区作我国的屏障。我们询问良愿为什么归降，回答说：'太皇太后圣明，安汉公仁爱，天下太平，五谷丰登，有的禾苗长到一丈多，有的一支谷结三个穗，有的地方不用播种就长出粮食，有的蚕不吐丝就结成茧。甘露从天降下，甜水从地下冒出，凤凰飞来，神雀翔集。四年以来，羌人无灾无难，所以乐意归属汉朝。'应该及时安排他们的居住地和生产，设置属国机构统领他们。"事情交给王莽处理，王莽又上奏说："太后执政数年，恩惠普及，祥和之气充塞宇内，极远的地方，不同风俗的民族，无不向往。越裳氏经过几道翻译进献白鸡，黄支从三万里外贡献活犀牛，东夷王渡海奉送国宝，匈奴单于服从我国制度去掉双名，而今西方良愿等人又献出土地作我国的奴仆，从前唐尧威望普及四方，也不过如此。现在，据查已经有了东海、南海、北海郡，还没有西海郡，请接受良愿等所献的土地作西海郡。我又听说，圣王排列天文，制定地理，根据山川地形和民间风俗来划定州界。汉朝土地比尧舜二帝及夏、商、周三王还广大，共十二州，州名和州界多不合于经书记载。《尧典》有十二州，后来划定为九州。汉朝开拓土地极其遥远，州牧巡行辖区，远的地方到了三万余里，不能只分为九州。谨据经书，订正十二州的州名和州界，以和'正始'名称相应。"奏章被认可。又增加五十条法令，犯法者流放西海郡。遭流放的人，数以千万计，民众开始怨恨了。

泉陵侯刘庆上书说："周成王年幼，称孺子，周公摄政。如今皇帝年轻，应该让安汉公代行天子职务，象周公一样。"群臣都说："应该象刘庆说的那样。"

冬天，火星经过月亮背后。

平帝病重，王莽制作策书，到泰畤为平帝请命，佩戴玉璧，手执玉圭，愿用自己生命代平帝去死。策书藏在金柜里，金柜放在前殿，告诉众公卿不准说出去。十二月，平帝驾崩，大赦天下。王莽征召通晓礼仪的宗伯凤等人，一起议定，全国六百石以上官员一律服丧三年。奏报太后，尊称成帝庙为统宗，平帝庙为元宗。此时元帝后裔已断绝，而宣帝的曾孙活在世上的，有五位为王，广戚侯刘显等四十八位为列侯，王莽讨厌他们太大，说："兄弟不能相继承。"就选择宣帝玄孙中年龄最小的广戚侯的儿子刘婴继承皇位。刘婴年仅二岁，王莽借口占卜、看相结果最吉利，所以立他。

这一月，前辉光谢嚣上奏说："武功县长掏井得到一白石，上圆下方，上边写有朱红文字：告安汉公莽为皇帝。"符命预言之类的东西，从此开始兴起了。王莽让群臣公卿告诉太后，太后说："这是欺骗天下，不能实行。"太保王舜对太后说："事已至此，无可奈何了，要阻止，我们没有力量。而且，王莽没有别的奢望，不过是想代行皇帝职责，加重其权力以镇服天下罢了。"太后听从了。王舜等人就一起让太后下诏书说："听说上天生下民众，不能互相治理，就给他们设置君主以便统治管理。君主年纪幼小，一定要委托人去代居君位摄政，然后才能承受上天的恩施而完成大地的哺育，广大民众才能茁壮成长。《书》不是说过吗？'上天的工作，人应该取代。'我在孝平皇帝幼年时，暂且统理国政，希望等他长大成人，把政权交给他。如今夭折去世，呜呼哀哉！已经派有关部门征召宣帝玄孙二十三人，选择合适的人继承孝平皇帝。玄孙幼小，尚在襁褓，没有品德高尚的君子，谁能安定天下？安汉公辅佐朝政已历三代，多次遇到施展才能的机会，安定汉朝政局，划一天下风俗，制礼作乐，和周公在不同的时代做出相同的贡献。而今前辉光谢嚣、武功县长孟通上奏说，有红字白石的符命，我深切体会其含义，说'为皇帝'，乃是代行皇帝职权。有法令，事情就容易成功，而没有圣人就没有法令。请让安汉公代行皇帝职权，登上皇位，就像当年周公一样，把武功县作为安汉公的封地，名叫'汉光邑'。请有关部门奏上典礼仪式。"

于是群臣上奏说："太后圣明，德行昭著，深刻领会天意，命令安汉公摄政。我们听说，周成王年幼，周朝治道未成，成王不能恭敬地祭祀天地，继承文王、武王的事业，周公行权宜之计代为摄政，周朝治道得以完成，周王室得以安定。没有周公摄政，周朝恐怕要灭亡。《书》说：'我继承事业的子孙，太不能够恭敬地侍奉天地，就会断送和失去前人的光辉事业，养在家中不知天命受之不易。上天只辅佐有诚信的人，所以就会失去天命。'解说经义的文字说：周公戴着天子的礼帽，面朝南接见群臣，发号施令，常把自己的指示称作王命。召公是贤人，不知道圣人的意图，所以不高兴。《礼记·明堂记》说：'周公在明堂朝见诸侯。天子背靠着画有斧钺图案的屏风向南站立。'又说："周公登上天子地位，六年后朝见诸侯，制礼作乐，而天下大服。'召公不高兴。那时武王去世，丧服还未除去，由此推论，周公开始摄政就登上天子地位，并不是六年以后才登位的。《书》亡佚的《嘉禾篇》说：'周公捧香酒站在堂前台阶上，迎接群臣上殿，赞辞说：代理君王执政，尽力使天下和谐。'这是周公摄政时司仪说的。成王成年，周公交还政权。《书》说：'我把明君的权力还给您。'周公常把自己的话称作王命，独断专行而不请示，所以才说我把明君的权力还给您。我们请求让安汉公登上皇位摄政，穿上天子的衣冠，背靠设在门窗之间的画有斧钺图案的屏风，面向南朝见群臣，处理政事。他乘车马出入时要警戒清道，臣民对他要称'臣妾'，一切按照天子的礼仪行事。在郊外祭祀天地，在明堂祭祀祖宗，在宗庙祭祀祖宗，祭祀群神，司仪称'假皇帝'，臣民称'摄皇帝'，安汉公自称'予'。裁决朝廷政事，通常用皇帝诏书的形式，称'制'，以便秉承和顺从上天的意志，辅佐汉朝皇室，保护孝平皇帝的幼小后代，完成托孤的大义，发扬治国平天下的教化。他朝见太皇太后和孝平皇后时，仍用臣子礼节。在他的官署、私宅、封地、采邑中，可以独立施行政治教化，按照诸侯王礼仪的惯例处理。我们冒死请求。”太后下诏说：“可以。”第二年，改年号为“居摄”。

居摄元年正月，王莽在南郊祭祀上帝，在东郊迎接春天来临，在明堂举行大射礼，招待三老、五更，礼仪结束就回去了。设置柱下史五人，官秩和御史相同，处理政事时，他们侍奉在旁边，记录言语行动。

三月己丑日，立宣帝玄孙刘婴为皇太子，号称为“孺子”。任命王舜为太傅左辅，甄丰为太阿右拂，甄邯为太保后承。又设置四少职位，官秩都是二千石。

四月，安众侯刘崇和封国丞相张绍密谋说：“安汉公王莽专制朝廷，一定会危害刘家。天下反对他的人，没人敢先起事，这是刘氏宗族的耻辱。我率领族人带头起义，全国一定会响应。”张绍等一百余人都跟随他，进攻宛城。没有攻进城就失败了。张绍是张竦的堂兄。张竦和刘崇的远房叔父刘嘉前往皇宫自首，王莽赦免他们，没有加罪。张竦于是替刘嘉写一奏章道：

建平、元寿年间，帝王世系几乎中断，皇族几乎遭到废弃，幸亏陛下德行圣明，扶持救助，捍卫抵挡，国家得以保存，皇族看到了希望。陛下上朝执政，发号施令，行动总从皇族开始，道德进用皇室九族。旁支亲属也得到封赐，建立王国、列侯，数以百计的人，面向南方称王称侯。恢复断绝了后代的侯国，保存已经灭亡了的侯国，延续已经废除了的侯国，由此而和达贵人并列朝堂重新做人的人，纷纷排列，用他们屏卫汉朝，辅佐汉室。修建辟雍，设立明堂，颁布法令，宣扬教化，朝见众王侯，显明礼乐道德，皇族诸侯全都增加封地。天下人民众口一词，伸长脖颈赞叹不已。歌颂陛下的声音洋洋洒洒，充满耳朵。国家所以能获此美誉，得此名声，享此厚福，受此荣光，难道不是太皇太后日夜操劳，陛下早晚思虑的结果吗？为什么这样说？遇到混乱就整理好，遇到危险就使它平安，遇到祸就把它转化为福，皇位断绝就拥立新皇帝以继承世系，皇帝年幼就代理执政，从早到晚忙忙碌碌，从冬到夏勤勤恳恳，没有时间休息，孜孜不倦地工作，全是为了天下臣民，为了巩固刘汉王室。臣子不分愚蠢和聪明，百姓不分男女，全都明白您深切的心意。

然而安崇侯刘崇却单单怀着乖谬的想法，从事背叛的阴谋，兴师动众，想危害国家，其丑恶使人耳不忍闻，其罪行即使处死也不能抵偿，他确实是臣子的仇人，皇族的敌人，国家的蠡贼，天下的祸害。因此，亲属震惊起而揭发其罪行，民众溃散背叛，抛弃兵器，他前进不过半步，便败退下来，服罪遭殃。百岁的母亲，怀抱的婴儿，同时杀头，头颅悬挂在竹竿顶上，珠玉耳环还挂在耳朵上，首饰还在，策划这种事，难道不荒谬吗？

我听说古代对叛逆的国家，诛杀征讨之后，就把他们的宫廷掘为污水池，蓄积污水泥垢，起名叫‘凶宅’，即使长出蔬菜，人们也不吃。把它祭土神的地方‘社’，四周砌筑墙壁，上面覆盖起来，下面用竹席垫塞起来，表示阴阳之气隔塞不通。然后把如此处置的社在各诸侯国都造一模型，让诸侯出门就能看到，触目惊心，引以为戒。而今天下人听说刘崇谋反，都想撩起衣襟、手执利剑去斥责他。先到的人，砍断他的脖颈，刺穿他的胸膛，杀死他的躯体，切割他的肌肉；后到的人，想砸碎他的门，推倒他的墙，铲平他的屋，烧毁他的器皿，其家宅应声夷为平地，登时遍体鳞伤。而皇族尤其痛恨，每次谈起他必定咬牙切齿。为什么？因为他忘恩负义，不知道深厚的德行是从哪里来的。皇族的府宅有的很远，而我有幸得以先听到此事，我不胜愤慨，愿意作为皇族的先导，父子兄弟背着箩筐，拿着铁锹，奔赴南阳，把刘崇的宫室掘为污池，象古代那样处罚。把刘崇的社也象亡国的亳社那样处置，分别赐给各诸侯国，永远作为鉴戒。希望把我的建议交给四辅、公卿大夫议论，以表明好恶，昭示四方。

此时王莽十分高兴。公卿说："都应按照刘嘉说的处置。"王莽禀告太后下诏说："刘嘉父子兄弟虽然和刘崇有亲戚关系，但是不敢偏护徇私，看见叛逆的萌芽，就相继告发，到叛乱形成，则同仇敌忾，符合古代制度，忠孝的道德十分鲜明，请把杜衍县的一千户封给刘嘉，封他为帅礼侯，刘嘉的十个儿子都赐封为关内侯。"后来又封张竦为淑德侯。长安人针对此事说："想要赐封，找张伯松（张竦字伯松）。拼力战斗，不如巧妙上奏。"王莽又赐封一百多南阳有功的官吏、平民，把刘崇的住宅掘为污池。以后谋反的人，住宅都掘为污池。

群臣又说："刘崇等人所以敢于谋反，是因为王莽权力太轻。应该提高加重王莽的权力，以便镇服全国。"五月甲辰日，太后下诏说，王莽朝见太后时称"假皇帝"。

冬天，十月丙辰朔日，发生了日食。

十二月，群臣上奏请求："增加安汉公的宫室及府中吏员，设置率更令，庙、厩、厨的长和丞，中庶子，以及虎贲勇士以下一百余人，又设置卫士三百人。安汉公的值班卧室称为'摄省'，官府称为'摄殿'，府第称为'摄宫'。"奏章被认可。

王莽禀告太后下诏说："原太师孔光虽然早已去世，功勋已经建立。太保王舜、大司空甄丰、轻车将军甄邯、步兵将军孙建都为诱招匈奴单于出谋划策，又主持修建灵台、明堂、辟雍、四郊祭坛，订立制度，开通子午道，和宰衡同心同德，合力齐心，功德卓著。封王舜的儿子王匡为同心侯，王林为悦德侯，孔光的孙子孔寿为合意侯，甄丰的孙子甄匡为并力侯，甄邯、孙建的封邑各增加三千户。"

这一年，西羌庞恬、傅幡等人怨恨王莽夺取他们的土地划为西海郡，谋反攻击西海太守程永，程永逃跑。王莽杀死程永，派护羌校尉窦况进击羌人。

居摄二年春天，窦况等击败西羌。

五月，铸造新货币。计有：错刀，一枚值五千钱；契刀，一枚值五百钱；大钱，一枚值五十钱；与五铢钱同时发行。民间偷铸货币的很多。禁止列侯以下的人挟带黄金，有黄金都要送到御府换成钱，但始终没付钱给交黄金的人。

王莽币制改革时用的钱范图

九月，东郡太守翟义趁测试军士之机，部署车士、骑士，调发奔命军，拥立严乡侯刘信为天子，传送檄文到各郡、封国，说王莽"毒死平帝，代理天子职位，想断绝汉朝天下。现在我恭敬地执行上天的处罚，诛杀王莽"。郡和封国都疑惑、动摇，翟义聚众十余万。王莽恐慌得吃不下饭，昼夜抱着孺子到郊庙祈祷，模仿《大诰》制作策书，派谏大夫桓谭等人颁布全国，告知天下臣民自己是代理皇帝，将来要把政权归还孺子。又派王邑、孙建等八将军攻击翟义，分别驻扎各关口，防守要塞。槐里男子赵明、霍鸿等人起兵响应翟义，互相密谋说："众将军率精兵东征，京城空虚，可以进攻长安。"他们聚集的人渐渐增多，达到了十万人。王莽恐惧，派将军王奇、王级率兵抵抗。任命太保甄邯为大将军，在高帝庙接受斧钺,统领全国军队,左边持节杖,右边握斧钺,驻扎城外。王舜、甄丰昼夜在宫殿中巡行。

十二月,王邑等人在圉县打败翟义。司威陈崇作为使臣被派去监督军队,此时上书说:"陛下秉承上天大法,心意与灵龟相合,接受上天大命,预知事情成败,所预测的事情全部实现,这就叫作和上天相配。配天的君主,思想能改变人的意志,说话能使万物变动,行动就能形成理想社会。臣陈崇俯伏拜读诏书下达的日期,私下计算,陛下思想刚一发生,反贼便被击破;诏书刚开始书写,反贼便大败;诏书刚刚下达,反贼便全部斩首。众将来不及齐展雄风,臣陈崇来不及贡献愚计,而事情已经全部结束了。"王莽非常高兴。

居摄二年春天,地震,全国实行大赦。

王邑等人回到京城,向西与王级等人合兵进攻赵明、霍鸿等,打败并消灭了他们。王莽在未央宫白虎殿大摆酒宴,慰劳赏赐将领。命令陈崇审理军功,区别等级。王莽便上奏说:"圣明的时世,国家贤良多,所以唐尧虞舜时代,可以挨家挨户封侯,遇到功绩完成、事情结束,就增加赏赐。到夏禹时,在涂山大会诸侯,手执玉帛的有一万国,诸侯执玉,附庸执帛。周武王在孟津大会诸侯,还有八百诸侯参加。周公摄政,祭祀天地让后稷配享天帝,在明堂祭祀祖宗让文王配享上帝,因此四海之内个个携带贡物前来祭祀,大概有一千八百诸侯。《礼记·王制》记载有一千七百余国,因此孔子著《孝经》说:'连小国之臣也不敢遗漏,何况对于公侯伯子男?所以能获得万国的欢心,用来祭祀先王。'这是天子的孝顺。秦朝暴虐无道,消灭诸侯,建立郡县,想垄断天下的利益,所以传了两代就灭亡了。高祖承受天命,消灭残贼,论功行赏,建立了几百个封国,后来渐渐衰落,剩下寥寥无几。太皇太后亲自执政,广泛地赐封有功勋德行的人,以便鼓励人们行善,复兴已经灭亡了的国家,恢复已经断绝了后代的封君,使他们子子孙孙永远相传,因此教化流传,理想社会就要实现。适逢羌寇侵害西海郡,反贼在东郡散布流言蜚语,叛乱分子在西部妖言惑众,忠臣孝子无不愤怒,大军征伐,所向灭绝。全部服罪,天下安宁。如今制礼作乐,考察确实,周代爵分五等,地分四等,有明文记载;商代爵分三等,有此说法而无明文。孔子说:'周借鉴夏、商两代,典章多么丰富!我随从周代。'我请求让应当获得爵位、封邑的众将领,爵分五等,地分四等。"奏章被认可。于是获封的人,高的为侯、伯,其次为子、男,应当赐封关内侯的,改名为"附城",共数百人。攻打西海郡的以"羌"为封号,攻打槐里的以"武"为封号,攻打翟义的以"虏"为封号。

群臣又上奏说:"太后记录有功有德的人,远的追溯千载,近的就在当代,有的因为文治受封,有的因为武功赐爵,德深德浅、功大功小,无不受封赏。如今摄皇帝背负斧钺登上皇位,应该和担任宰衡的时候有所不同,制礼作乐虽未完成,也应进升其两个儿子为公。《春秋》说,'善待好人,并波及他的子孙','贤人的后代应有土地'。成王广泛地赐封周公的六个庶子,使他们都有封地。到汉朝,名相大将如萧何、霍光等人,封赏都到了旁支亲属,摄皇帝兄长之子王光,可先封为列侯;众孙子,待制礼作乐完成之后,由大司徒、大司空报上名单,照以前的诏书办理。"太后下诏说:"进升摄皇帝儿子褒新侯王安为新举公,赏都侯王临为褒新公,封王光为衍功侯。"那时王莽归还了新都国,群臣又说用它来封王莽的孙子王宗为新都侯。王莽既消灭了翟义,自以为道德威望日益隆盛,获得了上天和人民的帮助,于是就计划做真皇帝了。

九月,王莽的母亲功显君去世,王莽的心思不在于表示哀伤,却让太后下诏议论丧服问题。少阿、羲和刘歆和博士、儒生七十八人都说:"摄政的意义是统帅臣民完成上天的使命，光大帝王的治道，建立法令制度，安抚全国。从前商朝成汤去世后，太子早年夭折，其子太甲幼小不懂事，伊尹把他流放到桐宫而自己摄政，振兴了商朝。周武王去世后，周朝治道未成，成王幼小，周公屏退成王而自己摄政，完成了周朝的治理。因此，商代有井然有序的教化，周代有不用刑罚的功绩。如今太皇太后家室屡遭不幸，委任安汉公主管百官，治理天下。逢孺子幼小，不能恭奉天地，上天降不祥瑞，出现了丹书白石的符命，因此太皇太后根据上天的旨意，命令安汉公登皇帝位摄政，准备让他完成汉朝的神圣事业，和唐虞尧、舜三代媲美。摄皇帝于是开放秘府，集合儒生，制礼作乐，设定百官，很好地完成了上天的使命。他思虑周密，见解卓越，发掘周代礼制，明确借鉴的蓝本，以天为法，查考古制而加以增删，犹如孔子听到《韶乐》，好比日月之崇高而不可逾越，不是至圣先哲，谁能如此！政纲法令全部具备，都是一点一滴积累而成，这就是用来保佑神圣汉朝、安定百姓的功效。现在功显君去世，《礼》说：'庶子继位，为他的生母守缌麻服。'《传》说：'和尊贵的人相继承而为一体，就不敢为生母守服了。'摄皇帝用圣明的德行承受天命，接受太后诏书登皇帝位摄政，继承汉朝世系，对上肩负着祭祀天地、治理国家的重任，对下还要为百姓操劳，日理万机，不能顾及生母。因此，太皇太后封他的长孙为新都侯，作为哀侯的后代。明确表示摄皇帝已和尊贵的帝王相承而为一体，承担宗庙的祭祀，事奉供养太皇太后，不得为生母守丧服了。《周礼》说，'帝王为诸侯守缌麻服'，'冠上加环状孝带'，同姓诸侯用麻，异姓诸侯用葛。摄皇帝应当为功显君守缌麻服，冠上加环状麻带，就像天子吊唁诸侯的丧服，以便符合圣人制定的礼制。"王莽就如法实行，共吊唁一次、会见两次，而让新都侯王宗作丧葬主人，服丧三年。

司威陈崇上奏，衍功侯王光私下告诉执金吾窦况，让他杀人。窦况替王光逮捕了那人，判处死刑。王莽大怒，严厉叱责王光。王光的母亲对王光说："你自己看看，能不能比得上王宇、王获？"于是，母子二人自杀，连窦况也死了。起初，王莽用事奉母亲、供养嫂嫂、抚育侄儿获得好名声，到后来荒谬暴虐，又用杀亲戚来显示自己大公无私。王莽让王光的儿子王嘉继承爵位，为衍功侯。

王莽下书说："停止奏乐的规定，到冬季末尾就结束了。正月郊祀天地，当奏各种乐器。王公卿士，音乐共分几等？五声八音，各有什么规定？请与所属儒生殚精竭虑，全部陈述清楚。"

这一年，广饶侯刘京、车骑将军千人扈云和太保属官臧鸿奏报符命。刘京说齐郡的新井，扈云说巴郡的石牛，臧鸿说扶风雍县的石头，王莽把他们迎接来京城，表示接受。十一月甲子日，王莽上奏太后说："陛下极为圣明，家室遭逢不幸，遇到汉朝相传十二代三七二百一十年的灾难，秉承上天威严的命令，下诏让我王莽摄政，接受孺子的委托，肩负全国的希望。臣王莽兢兢业业，唯恐不能称职。皇亲刘京上书说：'七月中旬，齐郡临淄县昌兴亭亭长辛当一夜之间连做数梦，梦中有人对他说：'我是天公派来的使臣，天公要我告诉亭长，摄皇帝应当成为真皇帝。如果你不相信，此亭中应出现一口新井。'亭长早晨到亭中去看，果然有一口新井，深入地下将近一百尺。十一月，壬子日，正值冬至，巴郡石牛运到，戊午，雍县有文字的石头运到，都放在未央宫前殿。我和太保安阳侯王舜等去看，大风突起，尘土飞扬，风定后，石头前出现了铜符和帛画，上面的文字是："上天告知皇帝符命，献上的人应封侯。秉承天命，执行神令。'骑都尉崔发等人观察了文字，并加以解释。以前孝哀皇帝建平二年六月甲子日下诏书，改元为太初元将元年，查考其事情的来历，有甘忠可、夏贺良的谶书收藏在兰台。我认为，元将元年，就是大将居摄改元的意思，现在证实了。《尚书·康诰》：'王这样说：尊贵的侯，我的弟弟，年轻的封'，这就是周公摄政称王的记载。《春秋》叙述隐公不说即位，因为他是摄政。这两部经书，是周公、孔子所编定的，是后代的法典。孔子说：'畏惧天命，畏惧大人，畏惧圣人的言语。'臣王莽不敢不秉承实践！我请求在恭敬的地祭祀神灵、祖先，以及向太皇太后、孝平皇后奏事时，都自称'假皇帝'。向天下发布号令，以及天下臣民奏事时，都不要讲'摄'。把居摄三年改为初始元年，漏壶刻度改为一百二十度，用来顺应天命。我王莽日夜培育造就孺子，让他具有周成王的德行，宣扬太皇太后的威望德行，使万国皆知，希望他们富足而有教养。孺子成年之后，把政权交还给他，就像周公过去做的那样。"奏章被认可。广大民众知道他已接受符命。他又暗示群臣，广泛议论，分别上奏太皇太后，以显示由摄皇帝到真皇帝的逐步过渡。

期门郎张充等六人阴谋共同劫持王莽，拥立楚王做皇帝。事情被发觉，全部处死。

梓潼人哀章在长安求学，一向品行恶劣，喜欢说大话。他见王莽摄政，就制作了一个铜柜，写了两道题签，一道写："天帝行玺金匮图"，一道写："赤帝行玺某传予黄帝金策书"。所谓某，是高祖刘邦的名字。文书说，王莽做真天子，太皇太后服从天命。图和书都写着王莽的大臣八人，又取了吉利的名字王兴、王盛，哀章把自己的名字也放进去，共为十一人，都写好官职、爵位，作为辅佐大臣。哀章听说齐井、石牛事情交下议论，当天黄昏穿黄衣持铜柜到高帝庙，交给仆射。仆射上报。戊辰日，王莽到高帝庙拜受铜柜，接受天神命令汉家禅位的符命。他头戴王冠，进见太后，回来后坐在未央宫前殿，下达文书说："我德行浅薄，有幸受托为皇初祖考黄帝的后代和皇始祖考虞帝的嫡系后裔，而且是太皇太后的微末亲属。皇天上帝大加保佑，天命让我继承大统，符命、契书、图画、文字，铜柜中的策书，都显示神明指示，把天下亿万百姓托付给我，赤帝汉高祖的神灵，秉承天命，赐我传国的金匮策书，我十分敬畏，怎敢不恭敬地接受！定于戊辰日，戴王冠，即真天子位，改定国号叫'新'。应改定历法，改变服饰颜色，改变祭祀用的牲畜，改变旗帜、标志，改变器物形制，把十二月初一癸酉日，作为始建国元年正月初一，以鸡鸣时为一天的开始。服饰的颜色崇尚黄色，以配土德；祭礼的牲畜用白色的，符合正月建丑；使者节杖上的旄饰都用纯黄色的，上书'新使五威节'，以显示皇天上帝的威严命令。"

始建国元年正月初一日，王莽率领公侯卿士捧着皇太后的玉玺，呈给太皇太后，顺从上天的符命，去掉汉朝的名号。

当初，王莽娶宜春侯王咸的女儿为妻，现在立为皇后。本来生了四个儿子：王宇、王获、王安、王临。王宇、王获早些时候被处死，王安神志不清，就立王临为皇太子，封王安为新嘉辟。封王宇的六个儿子：王千为功隆公，王寿为功明公，王吉为功成公，王宗为功崇公，王世为功昭公，王利为功著公。天下大赦。

王莽给孺子下达策书，说："唉，你刘婴，从前皇天保佑你的太祖，历经十二代，享有国家二百一十年，而今天命归于我本人。《诗》不是说过吗？'商代后裔臣服周朝，天命是不固定的。'封你为安定公，永远做新朝的宾客。呜呼！要感谢上天的美意，去登上你的公爵位，不要违背我的命令。"又说："把平原、安德、漯阴、鬲、重丘五县，共一万户，土地纵横一百里，作为安定公国。国中立汉朝历代祖先的祭庙，就像周朝的后裔一样，准许使用汉朝的历法、服饰颜色，代代祭祀祖宗，永远以高尚的道德和卓越的功勋享受历代的祭祀。

封孝平皇后为安定太后"。策书读完后，王莽亲自拉着孺子的手，流泪叹息，说："从前周公摄政，终于能把政权归还成王。现在我被皇天威严的命令逼迫，不能实现自己的心愿。"哀叹了很长时间，中傅带领孺子走下宫殿，面向北面而自称臣子。文武百官陪侍一旁，无不深受感动。

王莽又按照铜柜中图书的指示，封爵拜官。任命太傅、左辅、骠骑将军安阳侯王舜为太师，封安新公；任命大司徒就德侯平晏为太傅，封就新公；任命少阿、羲和京兆尹红休侯刘歆为国师，封嘉新公；任命广汉梓潼哀章为国将，封美新公：以上为四辅，位在三公之上。任命太保、后承承阳侯甄邯为大司马，封承新公；任命还进侯王寻为大司徒，封章新公；任命步兵将军成都侯王邑大司空，封隆新公：以上为三公。任命太阿、右拂、大司空、卫将军广阳侯甄丰为更始将军，封广新公；任命京兆人王兴为卫将军，封奉新公；任命轻车将军成武侯孙建为立国将军，封成新公；任命京兆人王盛为前将军，封崇新公：以上为四将。合计封十一公。王兴是原城门令史，王盛原是卖饼的。王莽按照符命寻得同姓名的十余人，此二人相貌符合占卜要求，平步青云，以显示为神意。其余那些同名的都拜为郎。这天任命卿大夫、侍中、尚书官职共数百人。刘姓皇族做郡太守的，都调任谏大夫。

把明光宫改为安定馆，让安定太后住在里面；把原大鸿胪府改为安定公府；都设置门卫、使者，负责监视管理。命令乳娘不准和安定公说话，安定公长期软禁在家中，到长大成人，还叫不出六畜的名字。后来，王莽把孙女、王宇的女儿，嫁给了安定公。

王莽向各部门颁布策书说："木星主庄重，东岳太师掌管雨水适时，青色光辉升腾均平，用日晷考察日影。火星主明哲，南岳太傅掌管温暖适度，红色光辉宽容均平，用律管考察声音。金星主安定，西岳国师掌管干燥适度，白色光辉成形均平，用权衡来考核重量。水星主计谋，北岳国将掌管寒冷适度，黑色的光辉温和均平，用漏刻考察星斗。月亮主威严，似帝王左股，司马掌管武力，用矩尺考察形体方正，主管天文，恭敬地服从上天，教导下民不误农时，努力务农，获得丰收。太阳主德行，似帝王右臂，司徒掌管文教，用规尺考察形体园合，主管人类社会，辅助五教，率人民服从君王，宣扬教化，改良风俗，体现五常。北斗主持平，似帝王内心，司空掌管四方贡物，用准绳考察曲直，主管地理，整治水利土地，管理名山大川，繁殖鸟兽，使草木茂盛。"对各部门的职务都进行了策命，就像典诰中所说。

设置大司马司允，大司徒司直，大司空司若，职位都和孤卿相同。大司农改名为羲和，后来又改为纳言，大理改名为作士，太常改名为秩宗，大鸿胪改名为典乐，少府改名为共工，水衡都尉改名为予虞，和三公的司卿合计为九卿，分别隶属三公。每一卿设置三名大夫，每一大夫设置三名元士，合计二十七名大夫，八十一名元士，分别主管京城各官府。光禄勋改名为司中，太仆改名为太御，卫尉改名为太卫，执金吾改名为奋武，中尉改名为军正，又设置大赘官，主管皇帝的车马、服饰、用具，后来又主管军需物资，职位都和上卿相同，号称六监。郡太守改名为大尹，都尉改名为太尉，县令长改名为宰，御史改名为执法，公车司马改名为王路四门，长乐宫改名为常乐室，未央宫改名为寿成室，前殿改名为王路堂，长安改名为常安。官秩百石改名叫庶士，三百石叫下士，四百石叫中士，五百石叫命士，六百石叫元士，千石叫下大夫，比二千石叫中大夫，二千石叫上大夫，中二千石叫卿。车马、服饰、冠帽各有等级差别。又设置司恭、司徒、司明、司聪、司中大夫以及诵诗工、彻膳宰，用来主管督察过失。策书说："我听说圣人想显明德行，无不谨慎地修养自身，用来安抚远方，因此设置你们这些官职掌管貌、言、视、听、思五事。不要隐瞒过失，不要助长虚美，好恶不谬误，掌管中庸之道。呜呼，努力吧！”命令在君王走的路上设置进善言的旌旗，提批评的木牌，进行申辩的鼓。四位谏大夫常年坐在王路门旁接待向君王诉说事情的人。

大封王氏宗族，同一祖父的封为侯，同一曾祖父的封为伯，同一高祖父的封为子，同一玄祖父的封为男。他们的女儿，都封为任。男的用“睦”为号，女的用“隆”为号，都发给印信。命令诸侯都立太夫人、夫人和世子，也发给印信。

又说：“天上没有两个太阳，地上没有两个君王，这是百代不变的道理。汉朝诸侯有的称王，以至于连四方蛮夷也称王，违背了古代典章，不符合一统的大义。现在确定诸侯王一律改称公，四方蛮夷超越名分称王的，一律改为侯。”

又说：“帝王的道统，应当继承而贯通；德行隆盛的世系，应百代享受祭祀。我考虑黄帝、少昊、颛顼、帝喾、尧、舜、禹、皋陶、伊尹都有崇高的德行，上通皇天，功业伟大，光辉延续久远。我很赞赏他们，寻求他们的后裔，继续世代祭祀。”他认为王氏是虞舜的后代，出自帝喾；刘氏是尧的后代，出自颛顼。于是封姚恂为初睦侯，做黄帝的后代；封梁护为修远伯，做少昊的后代；皇孙功隆公王千，做帝喾的后代；封刘歆为祁烈伯，做颛顼的后代；封国师刘歆的儿子刘叠为伊休侯，做尧的后代；封妫昌为始睦侯，做舜的后代；封山尊为褒谋子，做皋陶的后代；封伊玄为褒衡子，做伊尹的后代。汉朝后裔安定公刘婴，地位是宾。周朝后裔卫公姬党，改封为章平公，地位也是宾。商朝后裔宋公孔弘，时运转变，序次变迁，改封为章昭侯，地位是恪。夏朝后裔辽西姒丰，封为章功侯，地位也是恪。四个朝代的始祖，在明堂共同祭祀，配祭皇始祖虞舜。周公的后裔褒鲁子姬就，宣尼公孔子的后裔褒成子孔钧，此前已经确定了。

王莽又说：“以前我在摄政时，建立郊宫，确定远祖祭庙，设立土神谷神祭坛，神灵报应赏赐，有光从上面覆盖下来，流变为乌鸦。有黄气蒸腾，光辉鲜明，以显扬黄帝、虞舜的功业。从黄帝到济南伯王（王莽高祖），祖先的姓氏有五个。黄帝有二十五个儿子，赐给十二个姓氏。虞帝的祖先接受姓氏为姚，陶唐时是妫氏，周代时是陈氏，在齐国是田氏，在济南是王氏。我考虑皇初祖先黄帝，皇始祖先虞舜，在明堂一起祭祀，应当列入祖宗的亲庙。建立五座祖庙，四座亲庙，王后、夫人都陪同供奉。郊祀时用黄帝配享上天，黄后配享大地。把新都侯的东宅作为大庙，每年按时祭祀。天下百姓家所崇尚的祖先，也应世世祭祀。姚、妫、陈、田、王氏五姓，都是黄帝、虞舜的后裔，是我的同族。《书》不是说过吗？‘要宽厚地对待九族亲属’。命令天下把这五姓人的名册上报朝廷，都作为宗室，世世代代免除赋税、徭役，无须缴税服役。元城的王氏，不能和姚、妫、陈、田四姓通婚，以区别宗族、分出亲疏。”封陈崇为统睦侯，做胡王的后代；封田丰为世睦侯。作为敬王的后代。

全国的州牧、郡守都因为以前有翟义、赵明等人的叛变而统领州郡，心怀忠孝，封州牧为男，封郡守为附城。又封旧时恩人戴崇、金涉、箕闳、杨并等人的儿子为男。

派骑都尉嚣等人分别在上都桥畤整治黄帝陵园，在零陵九嶷山整治虞帝陵园，在淮阳陈县整治胡王陵园，在齐临淄整治敬王陵园，在城阳莒县整治愍王陵园，在济南东平陵整治伯王陵园，在魏郡元城整治孺王陵园，派使者一年四时祭祀。尚未建好祭庙的，因为天下刚刚安定，权且在明堂大庙合祭。

把汉高祖庙当作文祖庙。王莽说:“我的皇始祖父虞舜接受唐尧的禅让,汉朝的初祖是尧,世代都有禅让的风格,我又亲身在汉高皇帝灵前接受了金策,一心想表彰厚待前代君主,哪里敢忘记?汉代祖宗有七位,按照礼法在安定国中建立宗庙。他们在京城的园陵寝庙,不要废除,依旧祭祀。我在秋天九月时亲自进入汉朝高祖、元帝、成帝、平帝的庙中祭祀。各刘姓皇族,名籍改归京兆大尹管理,不要取消他们免除赋役徭役的特权,让他们终身享有,州牧要常去抚恤慰问,不要让他们受侵害、有冤屈。”

又说:“我以前任大司马、宰衡以致当摄政皇帝,深思汉代传世二百一十年遭到的危难,感到汉代气数已尽,想方设法辅佐刘氏延长政权寿命,无所不用其极。因此铸造金刀货币,希望能用来救助汉朝。但是从孔子作《春秋》为后代君王立法,到鲁哀公十四年一个朝代宣告结束,和今天正好一样,汉哀帝即位至今也十四年了。汉代气数已尽,终于不能勉强救助,天威显明,黄德王朝当兴,清楚地显示出天命,把天下托付给我。如今百姓都说,上天革除汉朝而建立新朝,废除刘氏而振兴王氏。刘的字形结构是卯、金、刀,因此,正月卯日制造的玉佩以及金刀等货币,都不得再用。广泛地征求公卿士大夫的意见,都说天人感应,显著分明。除去刚卯玉佩,废除金刀货币,顺应天意,大快民心。”于是改铸小钱,直径六分,重一铢,上铸文字“小钱直一”,和以前所铸“大铸五十”文字的作为两种货币,共同流通。想防止民间偷铸货币,就禁止私藏铜和炭。

这年四月,徐乡侯刘快结党数千人在他的封国起兵,他哥哥刘殷是原汉朝胶东王,此时改封为扶崇公。刘快发兵攻打即墨,刘殷关闭城门,自己把自己关进监狱。城中官吏民众抵抗刘快,刘快败逃,到长广时死去。王莽说:“从前我的祖先济南愍王被燕兵围困,从齐临淄出走,占据莒县自保。族人田单出奇制胜,俘虏斩杀燕国将领,重新安定了齐国。如今即墨的士大夫又同心协力歼灭反贼,我十分赞赏那些忠臣,怜悯那些无辜的人。赦免刘殷等人,除刘快的妻子儿子,其他亲属应当连坐的,都不要判罪。吊唁死者,慰问伤者,赐给死难者丧葬费每人五万钱。刘殷知天命,对刘快深恶痛绝,因此,罪犯立即受到惩罚。让刘殷的封国满一万户,土地方圆一百里。”又封符命上所记载的臣子十余人。

王莽说:“古时候,每八户设一庐井,共耕井田。一夫一妻分一百亩地,交纳十分之一的税,国家充足,民众富裕,颂扬的声音兴起。这是唐尧虞舜的治国之道,夏、商、周三代遵循施行。秦暴虐无道,加重赋税以供奉自己,让民力疲惫以满足穷奢极欲,破坏圣王制度,废除井田,因此产生土地兼并,出现了贪婪卑鄙的行为,豪强占田数以千亩计,贫人没有立锥子的地方。又设奴婢市场,和牛马关在一起,臣民掌握奴隶,专断他们的命运,奸诈残暴的人乘机牟利,以至于掠夺贩卖人家的妻室儿女,违背天意,惑乱人伦,背离天地间生命人最宝贵的原则。《书》说,‘我就要把你当作奴隶’,只有那些不听话的人,才会受此罪罚。汉代减轻田租,收三十分之一,但常有代役税,残疾人都要出,而豪强欺凌平民,出租田地,勒索田租,名义上是三十分之一,实际上是十分之五。父子夫妻终年耕耘,收获的粮食还不够吃。所以富人有狗马有富余的豆谷,骄奢淫逸而邪恶不轨,穷人连糟糠也吃不饱,穷困潦倒而被迫为奸恶。富人、穷人都犯罪,刑罚自然不能不用。我以前任大司马、宰衡时,开始下令把天下土地作为公田按人口分成井田,当时就出现了嘉禾的祥瑞,因遭叛乱而祥瑞暂停。现在把天下田地改名为‘王田’,奴婢改名为‘私属’,一律不准买卖。一户男子不超过八人而土地超过一井的,把多余土地分给九族亲属或邻里乡亲。原先没有土地现在应当分给土地的人,按制度分。有敢反对井田圣制、无视国法妖言惑

农人耕作图

众的,流放到四周边远地区。以此制服坏人,就像皇始祖虞舜所做的那样。"

那时百姓习惯使用汉代的五铢钱,因为王莽铸的钱币有大小两种同时流行,难以换算,又多次改变币制失去信用,所以都私下用五铢钱进行买卖。谣传大钱要废除,大家都不肯收。王莽很伤脑筋,又下书说:"所有私藏五铢钱,说大钱要废除的人,和反对井田制一样,流放到边地。"于是农夫、商人失业,农、商都衰败,民众甚至在市场、道路上哭泣。因为买卖土地、住宅、奴婢及私自铸钱而犯罪的,上自诸侯、卿大夫,下至庶民,数不胜数。

秋天,派五威将王奇等十二人向天下颁布四十二篇《符命》。计有:德祥类五篇,符命二十五篇,福应十二篇,共四十二篇。其中德祥篇是讲汉文帝、寅帝时代成纪、新都出现黄龙、王莽高祖王伯墓门的梓木柱上生出枝叶一类的事。符命篇是讲井石、铜柜一类的事。福应篇是讲母鸡变公鸡一类的事。文章典雅类似经文,都有解说,总的意思是说王莽应当代替汉朝拥有天下。总括起来说道:"帝王接受天命,一定有象征德行、吉祥的符瑞,合成五命(即肇命、受瑞、开王、定命、成命),加上因福气而获得的报应,然后才能建功立业,传给子孙,世世代代享受无穷。所以新朝兴起,德祥的符瑞出现在汉代九世二百一十年之后,从封新都侯开始受天命,从黄支国献犀牛接受祥瑞,从武功县井石开创帝王基业,从子同(梓潼)县铜柜确定天命,从巴郡宕渠县完成受命,加上十二次福气的报应,上天保佑新朝深沉而又牢固!武功的丹石出现于汉平帝末年,汉朝火德销尽,新朝土德代替,皇天爱护,除去汉朝,兴立新朝用丹石开始授天命给皇帝。皇帝谦让,摄政代居帝位,没能符合天意,所以那年秋天七月,上天又加上三台星和文马。皇帝又谦让,没就位,所以上天第三次用铁契,第四次用石龟,第五次用虞符,第六次用文圭,第七次用玄印,第八次用茂陵石书,第九次用玄龙石,第十次用神井,第十一次用大神石,第十二次用铜符帛图,显示天命。申明天命的符瑞,越来越明显,一直达到十二次,明白地告诉新皇帝。皇帝深思上天的威严不能不畏惧，所以才去掉摄皇帝的称号，但还是称假皇帝，改年号为初始，想以此承塞天命，满足上帝心意。然而这仍然不是皇天郑重降下符命的本意，所以这一天上天又降下金匮策书。另外，侍郎王盱见一人穿白布单衣，红色五彩衣领，戴着小帽子，站在王路殿前。他对王盱说：'今天五方天神共同谋划，把天下百姓托付给皇帝。'王盱很奇怪，走了十余步，那人忽然不见了。到丙寅日傍晚，汉代高祖庙有金匮图策，说：'高皇帝秉承天命，把国家传给新朝皇帝。'第二天早晨，宗伯忠孝侯刘宏报告此事，于是召集公卿商议，未做出决定，而大神石发出人声：'催促新皇帝到高帝庙去接受天命，不要耽搁。'于是新皇帝立刻登车，到汉代高帝庙去接受天命。受命那天是丁卯日。丁是火，汉代为火德；卯，是刘字的组成部分；明显表示汉刘火德已尽，而传国给新朝。皇帝谦让，征兆已经很全了，仍然坚决推辞，但十二次符应逼迫，天命不可推辞，皇帝惊惧敬畏，怜惜汉朝终于不能救助，努力辅佐汉室却不能如意，为此三夜不能入睡，三天吃不下饭。召见、询问公侯卿大夫，都说：'应该遵奉上天威严的命令。'于是才改年号、定国名，天下更新。新朝一经建立，神灵欢喜，又降福应，吉祥的符瑞频频出现。《诗》说：'安抚民众，善用贤人，得受上天的福禄；天命保佑，反复赐福。'说的就是这种情况。"五威将军捧着符命、带着印信，自王侯以下到官吏更改名称的，对外至于匈奴、西域、塞外蛮夷，都就地授给新朝的印信，趁便收回原先汉朝的印信。赐爵位，官吏每人两级，百姓每人一级，女子以百户为单位赐给羊和酒，蛮夷赐给财帛，各有等差。天下大赦。

五威将乘着画有天文图像的车，驾着六匹牝马，背着雄美鸡的羽毛，服饰十分壮观。每一将都设置前后左右中五帅。衣冠、车饰、驾车马匹，都按照其方位确定颜色和数目。将持符节，称为太乙的使者；帅持用羽毛装饰的旗帜，称为五帝的使者。王莽颁发策书说："普天之下，一直到四方边界，没有不去的地方。"出使东方的，到了玄菟、乐浪、高句骊、夫余；出使南方的，越过边塞，经益州，把句町王贬降为侯；出使西方的，到达西域，把所有的王都改为侯；出使北方的，到匈奴单于庭，授给单于印，把汉印的印文改了，去了"玺"字，改为"章"。单于想索回原先的印，陈饶用槌子砸碎，单于大怒，而句町、西域各国后来终于为此而反叛。陈饶回来后，被任命为大将军，封为威德子。

冬天，天空响雷，桐树开花。

设置五威司命、中城四关将军。司命主管上公以下各级官吏，中城主管十二城门。向统睦侯陈崇颁发策书说："啊，你陈崇，不遵守命令是祸乱的根源；狡猾大奸，是强盗的根本；私铸假钱，妨碍货币流通；骄奢淫逸超过限度，是凶暴祸害的开端；泄露宫廷及尚书机密，'机密不能保守就会害事'；朝廷拜爵而到私人家里去谢恩，官职任命权离开朝廷，政权就会丧失；以上六条是国家的根本法纪。为此任命你为五威司命，你要'软的不吃，硬的不吐，不欺侮鳏寡，不畏惧强暴'，皇帝的命令你要照办，统领百官，和睦朝廷。"对说符侯崔发颁布命令说："夜晚关闭重重门户，敲梆子巡夜，以此防备盗贼。任命你作五威中城将军，中城教化成功，天下就会喜欢符命。"对明威侯王级颁布命令说："绕溜地势险阻，南面正对着荆楚故地，你作五威前关将军，振奋威武保卫，在前面显示威力。"对尉睦侯王嘉颁布命令说："羊头山的险要，北面正对着燕赵故地，你作五威后关将军，在壶口据守险关，在后面安抚平定。"对掌威侯王奇颁布命令说："肴山、渑池的险要，东面正对着郑、卫故地，你作五威左关将军，扼守函谷关御敌，在左边执掌威权。"对怀羌子王福颁布命令说："陇的险阻，西面正对着戎狄，你作五威右关将军据守成固，在右边安抚西羌。"

又派五十名谏大夫分别在各郡国铸钱。

这一年长安有个疯女人，名叫碧，在路上呼喊："高皇帝大怒，说赶快把国家还给我，不然，九月一定杀死你。"王莽逮捕并杀死了她。主管官吏掌寇大夫陈成自动要求免去官职。真定刘都等人计议起兵，被发觉，全部处死。真定、常山降大雨和冰雹。

始建国二年二月，天下大赦。

五威将帅七十二人回京城奏报，原汉朝诸侯王改封为公的，全部交上玺印，降为平民，无一违抗命令。封五威将为子，五威帅为男。

开始设立六管。命令政府专卖酒、盐和铁器，垄断铸钱，所有开采获取名山大川各种资源的，一律征税。又命令市官收购价格低的物品，抛售价格高的物品，向民众发放贷款，每月收百分之三的利息。羲和下设酒士，每郡一人，乘坐驿车督察卖酒的利润，禁止民间私藏弓弩铠甲，违犯者流放到西海郡。

匈奴单于索求原来的印玺，王莽不给，于是匈奴侵犯边郡，屠杀掠夺官吏、平民。

十一月，立国将军孙建奏报："西域将领但钦上书说，九月辛巳日戊己校尉史陈良、终带一起杀害戊己校尉刁护，劫持官兵，自称是已被废除了的汉朝的大将军，逃亡到匈奴去。又本月癸酉日，不知哪里来的一名男子拦在我的车前，自称：'是汉代刘子舆，成帝小妻的儿子。刘氏应当复国，赶快腾出皇宫。'逮捕那男子，乃是常安人，姓武，字仲。这都是违抗天命，大逆无道，请求论处武仲和陈良等应当连坐的亲属。"奏章得到认可。又说："汉高祖屡次告诫说，撤掉守护汉室宗庙的官兵，愿在王氏宗庙中做寄食的宾客，确实是想顺承天意，保全子孙。刘氏宗庙不应留在常安城中，刘氏皇族做诸侯的应当和汉王朝一起废掉，陛下极为仁慈，长时间没做出决定。以前，原安众侯刘崇、徐乡侯刘快、陵乡侯刘曾、扶思侯刘贵等相继聚众谋反。如今狂妄狡诈的家伙有的妄称是亡汉的将军，有的说是成帝之子子舆，以至于犯下杀身灭族的大罪，此起彼伏连绵不断，这都是因为圣上恩德慈惠不及早根绝其萌芽的缘故。臣下愚昧，认为汉高祖是新朝的宾客，在明堂享受祭祀。成帝是您的姑表兄弟，平帝是您的女婿，都不应该再进入宗庙。元帝和皇太后夫妇一体，是陛下恩德所推崇的，按照礼仪也应该如此。臣下请求废除设在京城中的汉朝宗庙。做诸侯的名刘姓皇族，根据户数多少分别为公侯伯子男五个等级；凡刘姓皇族担任官职的全部罢免，在家里等待任命。对上顺应天意，合高皇帝神灵的心愿，杜绝狂妄狡诈之徒的反叛萌芽。"王莽说："可以。嘉新公国师因为符命指示担任我的四辅，明德侯刘龚、率礼侯刘嘉等共三十二人都知道天命，有的进献天符，有的贡献良策，有的拘捕、告发叛乱者，功绩显赫。刘姓中和这三十二人同宗共祖的，不罢免，赐给他们王姓。"只有国师因为把女儿许配给王莽的儿子，所以不赐给王姓。把定安太后的称号改为黄皇室主，割断她和汉朝的联系。

冬天，十二月，打雷。

把匈奴单于改名为降奴服于。王莽说："降奴服于知侮辱危害新朝德政，背叛四条协议，侵犯西域，扩延至边界，成为广大人民的祸害，罪当杀身灭族。派立国将军孙建等十二名将领分十路同时出击，施行上天的威力，惩罚知本人。只是知先祖原呼韩邪单于稽侯狦几代忠孝，保塞守关，不忍心因为一个知的罪行，灭绝稽侯狦的后代。现在把匈奴的土地、人民分为十五，立稽侯的十五个子孙为单于。派中郎将蔺苞、戴级飞奔边塞，召聚赐封应拜为单于的人。匈奴人中应当和知连坐判罪的，一律赦免。"派五威将军苗䜣、虎赍将军王况从五原出发，厌难将军陈钦、震狄将军王巡从云中出发，振武将军王嘉、平狄将军王萌从代郡出发，相威将军李诉、镇远将军李翁从西河出发，诛貉将军阳俊、讨秽将军严尤从渔阳出发、奋武将军王骏、定胡将军王晏从张掖出发，连同一百八十余名偏将、裨将以下军官。招募天下囚徒、壮丁、兵士三十万人，各郡辗转输送五大夫将的军服皮衣、武器、粮食，由高级官员护送从东南沿海到北方边郡，使者乘驿车往来督促，一切按照战时军法处理，天下动荡。先到达的驻扎在边郡，等全部到齐以后才同时出动。

王莽因为新货币始终不能通行，又下诏书说："百姓把粮食看成生命，把货币看成资本，因此八政把粮食放在首位。货币如果都是大面额的，小的交易就无法使用，都是小面额的，携带运载就很繁重，大小轻重如果分开不同等级，则使用方便而百姓安乐。"于是铸造五种货币。百姓不听从，只流通小钱和大钱两种。私自偷铸钱的无法禁止，于是加重刑罚，一家偷铸钱，相邻五家连坐，所有家里的人统统没收做奴婢。官吏、百姓进出关，必须携带布钱作为过关符传的副件，不携带布钱的，饭馆旅舍不准接待，关卡渡口不许通过。公卿进出宫门也都要携带布钱，以此表示重视布钱，以便使其流通。

当时，人们争着编造符命以求得封侯，不这样做的人互相开玩笑说："难道就你没有天帝的任命书吗？"司命陈崇对王莽说："这是为奸臣开辟作威作福的路而扰乱天命，应该断绝它的根源。"王莽也厌倦了这件事，就让尚书大夫赵并审问处治，凡不是五威将帅所颁布的符命，传播的人一律逮捕入狱。

当初，甄丰、刘歆、王舜是王莽的心腹，倡导王莽重新出任高官，颂扬王莽的功德，赐给"安汉公""宰衡"的称号以及封王莽的母亲、两个儿子、侄子，都是甄丰等人共同策划的。而甄丰、王舜、刘歆也受到赏赐，都富贵起来了，不再想让王莽摄政。摄政想法的萌生，出自泉陵侯刘庆、前辉光谢嚣、长安令田终术。王莽羽毛丰满，就想摄政。甄丰等顺承他的心意，王莽就再封王舜、刘歆的两个儿子以及甄丰的孙子。甄丰等人爵位已达鼎盛，心满意足，又确实畏惧汉朝皇族及天下豪杰。但那些关系疏远而想往上爬的人都制作符命，王莽就根据这些符命登上皇帝宝座，王舜、刘歆只能把恐惧放在心中。甄丰一向刚强，王莽察觉出他不高兴，所以假托符命言辞把大阿、右拂、大司空甄丰调任为更始将军，和卖饼的王盛并列。甄丰父子默默不语。那时，甄丰的儿子甄寻担任侍中、京兆大尹，封茂德侯，就制作符命，说新朝应当象周、召二公那样，以陕县为界分为东西两个地方行政区，设立二伯，任甄丰为右伯，太傅平晏为左伯，王莽听从了，任命甄丰为右伯。甄丰准备到西方去上任，还没动身，甄寻又制作符命，说原汉平帝皇后黄皇室主是甄寻的妻子。王莽靠诈骗立为皇帝，心中怀疑大臣们怨恨诽谤自己，想施威风以便让臣下畏惧，于是发怒说："黄皇室主是天下的母亲，这是什么话？"下令逮捕甄寻。甄寻逃走，甄丰自杀。甄寻跟随方士逃入华山，一年多以后捕获。审问供词中牵连到国师公刘歆的儿子侍中东通灵将、五司大夫隆威侯刘棻，刘棻的弟弟右曹长水校尉伐虏侯刘泳，大司空王邑的弟弟左关将军掌威侯王奇，以及刘歆的弟子侍中骑都尉丁隆等。受牵连而死的，自公卿、亲族、列侯以下，达数百人。甄寻手上的纹有"天子"字样，王莽割下他的手臂拿进宫中察看，说："这是'大子'，有人说是'六子'，六是戮，表明甄寻父子应遭杀戮。"于是把刘棻流放到幽州，把甄寻流放到三危，把丁隆在羽山处死，全是用驿车装载他们的尸体，一站一站送到流放地。

王莽大嘴、短下巴，双眼突出，眼睛通红，说话声音大而嘶哑。他身高七尺五寸，喜欢穿厚底鞋、戴高帽子,用硬毛装进衣服夹层,使衣服膨胀起来,反身仰视,或远望左右。那时有个在黄门等候召见起用的方士,有人向他请教王莽的相貌,他说:“王莽是人们所说的鹰眼、虎嘴、豺狼声,所以能吃人,也该被人吃。”那人告发了此事,王莽杀死那方士,而封告发者为侯。后来王莽经常用云母盖扇挡住面孔,不是亲近的人没人能见他。

那一年,任命初睦侯姚恂为宁始将军。

始建国三年,王莽说:“百官更改名称,职务也分化变动了,法令礼仪没来得及全部制定,暂时沿袭汉代法令礼仪行事。命令公卿大夫诸侯二千石官员从官民中各推荐一名有德行、通晓政事、擅长辞令、精通经书的人,前往王路四门。”

派尚书大夫赵并到北方边郡慰问,回来说五原郡北假地区土地肥美,适宜谷物生长,从前常常设置田官。王莽就任命赵并为田禾将军,征发戍卒到北假地区屯田,资助军粮。

此时众将领在边境驻扎,等待大军齐集,官兵放纵,肆意骚扰,而内地各郡苦于征发军队、物资,民众背井离乡四处流亡,沦为盗贼,并州、平州尤为厉害。王莽命令七公、六卿都兼称将军,派著武将军逯并等镇守著名都城,派中郎将、绣衣执法各五十五人,分别镇守边境各大郡,督察擅弄兵权的大奸大猾。不料这些人都乘机在外边做坏事,扰乱州郡,公开索取贿赂,鱼肉百姓。王莽下诏书说:“贼寇知罪大恶极应该杀身灭族,所以派遣猛将分十二路,准备同时出击,一举歼灭。军内设置司命军正,军外设置十二名军监,确实想让他们监察不服从命令的人,使军人都行为端正。现在却不然,各自依靠权势恐吓良民,随便锁住人们的脖子,逼为奴婢,勒索到钱才放走。形形色色的毒虫一起残害,农民流离失所。司命、军监到此地步,能说是称职吗?从此以后,胆敢犯此罪行的,一律逮捕监禁,上报名字。”然而他们还是照旧放肆。

蔺苞、戴级到边塞城下,招诱匈奴单于的弟弟咸、咸的儿子登进入边塞,强迫拜咸为孝单于,赏赐千斤黄金,很多锦绣织品,打发回去。把登带至长安,拜为顺单于,留在外宾馆舍。

太师王舜从王莽篡位以后得了心脏病,日益加重,终于死去。王莽说:“从前齐太公因德行善良,传袭几代,当了周朝太师,这是我的借鉴。让王舜的儿子王延继承父亲爵位,做安新公,王延的弟弟褒新侯王匡为太师将军,永远做新朝的辅佐。”

替太子设置师、友各四人,官秩和大夫等同。任命原大司徒马宫做师疑,原少府宗伯凤做傅丞,博士袁圣做阿辅,京兆尹王嘉为保拂,以上是四师;任命原尚书令唐林做胥附,博士李充为奔走,谏大夫赵襄为先后,中郎将廉丹为御侮,以上是四友。又设置师友祭酒及侍中、谏议、六经祭酒各一人,一共是九名祭酒,官秩和上卿等同。琅琊郡左咸为讲《春秋》祭酒,颍川满昌为讲《诗》祭酒,长安国由为讲《易》祭酒,平阳唐昌为讲《书》祭酒,沛郡陈咸为讲《礼》祭酒,崔发为讲《乐》祭酒。派谒者驾安车持印信,到楚国龚胜家中拜他为太子师友祭酒,龚胜不肯应征,绝食而死。

宁始将军姚恂免职,任命侍中崇禄侯孔永为宁始将军。

这一年,池阳县出现小人影,高一尺多,有的乘车马,有的步行,手持各种器物,车马器物的大小和人影比例相称。三天后,这现象才消失。

沿黄河各郡发生蝗灾。

黄河在魏郡决口,河水泛滥到清河以东数郡。开始,王莽怕黄河决口淹了他家在元城的祖坟。等到河水向东泛滥,元城不必担心水灾,就不再筑堤防水。

始建国四年二月,大赦天下。

夏天,火红的云气从东南方升起,布满天空。

厌难将军陈钦说,捉到俘虏,得知匈奴侵犯边境都是孝单于咸的儿子角干的。王莽大怒,在长安斩杀孝单于的儿子登,让各蛮夷看。

大司马甄邯去世,宁始将军孔永做大司马,侍中大赘侯辅做宁始将军。王莽每次出行,总要先在城中搜索,称为“横搜”。这一月,横搜了五天。

王莽来到明堂,授予诸侯茅草泥土。下诏书说:“我没有德行,承袭神圣的祖先,成为万国的主宰。考虑到安定百姓在于封建诸侯、划定州国确定疆界、美化风俗。借鉴古代,遵循其法令制度。在《尧典》中,全国有十二州,帝王领地以外分为五服。在《诗》中,有十五国,遍布九州。《殷颂》有‘包括九州’的话。《禹贡》的九州没有并州、幽州,《周礼·司马》则没有徐州、梁州。帝王前后更改,各有其道理和作用。有的要显示功业,有的要扩大根基,道理很明显,其目的是一致的。从前周代文、武二帝承受天命,所以有东都、西都两个居处。我受天命,也和他们一样。把洛阳做新朝东都,常安做新朝西都。都城和周围地区连成一体,各自包含有食邑的男女封爵的封土。州的划分据《禹贡》分为九个,爵的分封据周制分为五等。诸侯的名额为一千八百,附城的数目也一样,等待有功的人接受分封。分爵的封地叫‘一同’,民众一万户,土地方圆一百里。侯爵、伯爵的封地叫‘一国’,民众五千户,土地方圆七十里。子爵、男爵的封地叫‘一则’,民众二千五百户,土地方圆五十里。附城大的封地九成,民众九百户,土地方圆三十里。九成以下,每等降两成,减到一成为止。五个等级的附城封地加在一起,等于‘一则’。现在已经授予茅土的,有公爵十四人,侯爵九十三人,伯爵二十一人,子爵一百七十一人,男爵四百九十七人,合计七百九十六人。附城一千五百一十一人。九族的女子食邑为任的,八十三人。汉朝女孙中山孝王的女儿承礼君、遵德君、修义君都改封为任。还有十一公,九卿,十二大夫,二十四元士。为确定诸侯国食邑封地的区划,派侍中讲礼大夫孔秉等和各州郡通晓地理、地图、户籍的人一起,在寿成朱鸟堂核对、制定。我多次和众公、祭酒、上卿亲自去视察,都已经谋划圆通了。奖赏功德,是为了显示仁爱、贤能、和睦九族,是为了表彰热爱亲属。我永不懈怠,想着考查前人的做法,公开进行赏罚,以显明善恶,安抚百姓。”因为地图簿籍还未定好,所以封爵并没授予土地,权且让他们在京城领取俸禄,每月数千钱,诸侯们都生活困难,甚至有着佣工的。

中郎区博劝王莽说:“井田制虽然是圣王的法制,但废除已经很久了。周朝已经衰败,百姓不愿服从。秦朝懂得顺应民心可以获大利,所以废除井田而设置阡陌,于是为华夏帝王,至今海内民众没有厌弃它的作法。现在想违背民心,恢复绝迹千年的制度,即使尧、舜再生,没有百年的渐进过程,也不能推行。天下刚刚平定,万民新近归附,确实不能实行。”王莽知道百姓怨恨,下诏书说:“所有私人占有汉朝赏赐的王田,都可以出售,不要用法律限制。犯了私自买卖平民罪的,暂且都不要处治。”

当初,五威将帅出巡,把句町王改为句町侯,句町王邯怨恨愤慨,不肯归附。王莽暗示牂牁郡大尹周歆用诈骗的手段杀死邯。邯的弟弟承起兵攻击,杀死周歆。以前,王莽曾征调高句骊的军队去攻打匈奴,高句骊人不愿去,郡里强迫他们前往,他们都逃出边塞,由此犯法为盗匪。辽西郡大尹田谭率兵出击,被他们杀死。州郡官吏归罪于高句骊侯驺。严尤上奏说:“貉人犯法,不是从驺开始的,如果他们有叛逆之心,也应该让州郡权且安抚。而今加给他们许多重大罪名,恐怕他们随即背叛,夫余之类部族一定会有响应的。匈奴尚未平定，夫余、秽貉再兴兵作乱，这是很大的忧患。”王莽不肯安抚，秽貉于是反叛。王莽下诏书命严尤攻打。严尤诱骗高句骊侯驺前来，杀死了他，把首级传送到长安。王莽十分高兴，下诏书说：“前些时候，派遣猛将恭敬地替天惩罚，灭亡贼寇知，大军分为十二部，有的断敌人右臂，有的斩敌人左肩，有的毁敌人的胸腹，有的抽敌人的两肋。今年刑罚杀戮出现在东方，征杀貉人的部队首先开拔。捕杀贼寇驺，平定东部地区，贼寇知的灭亡，也就在旦夕之间。这是天地、众神、社稷、祖宗保佑辅助的福分，是公卿大夫、军士、百姓同心协力英勇奋战的威力，我十分赞赏。把高句骊改名为下句骊，向天下公布，让大家都知道。”于是貉人侵犯边境更加厉害，东北和西南夷都发生叛乱。

王莽踌躇满志，认为四周蛮夷不用多费力气即可吞并灭亡，就集中精力考虑复古的事，又下诏书说：“考虑到我的皇始祖虞舜帝在文祖庙接受禅让，观测天文，以北斗七星各主不同政事来划一政治，于是对上帝进行禷祭，对六位神进行禋祭，对山川进行望祭，遍祭各种神灵，巡视五岳，会见四方诸侯，让他们用言辞奏报，公开考核他们的功绩。我承受天命正式登位到始建国五年，已经五个年头了，阳九的灾难已经渡过，百六的厄运也已经解除。木星在寿星宫，土星在明堂座，仓龙在癸酉，癸德在中宫。观、晋二卦主太岁当值，卜辞指导人们行动，这年二月初春到东部地区巡视，请把礼仪程序全部安排好。”众公卿上奏要求征集官吏、民众，人员马匹，布帛丝绵。又要求内地十二个郡国购买马匹，调集四十五万匹布帛输送长安，各自输送，不必等待一齐交。送来超过一半时，王莽下诏书说：“文母太后身体欠安，请暂且停止调集，以后看情况再说。”

这一年，改十一公的称号，把“新”改为“心”，后又把“心”改为“信”。

始建国五年二月，文母皇太后去世，安葬在渭陵，和汉元帝合葬，但中间用沟隔开。在长安建祠庙，规定新朝世世代代祭祀。汉元帝配享祭祀，灵位放在皇太后灵位的龛架下。王莽为太后服丧三年。

大司马孔永请求免职，王莽赏赐他一辆安车四匹套马，以特进身份朝见。任命同风侯逯并为大司马。

此时长安民众听说王莽准备在洛阳建都，不肯再修理整治长安的住宅，有的还拆了一些房屋。王莽说：“玄龙石上的文字说：‘稳定帝王基业，在洛阳建国都。’符命显著，怎敢不钦敬奉行！到始建国八年，木星运行到星纪宫，在洛阳都城的上空。谨慎地修治长安都城，不要让它毁坏。有违犯此令的，把名字呈报上来，治他的罪。”

这一年，乌孙国大小昆弥都派使者到中国朝贡。大昆弥是中国的外孙，他的胡人妻子生的儿子是小昆弥，乌孙人都归附小昆弥。王莽看到匈奴等各地边境都入侵扰乱，想博得乌孙的欢心，就派使者引导小昆弥使者坐在大昆弥使者的上位。保成师友祭酒满昌上奏章弹劾使者说：“夷狄因为中国讲究礼仪，所以才屈服中国。大昆弥是国君，如今让臣的使者坐在国君使者的上位，这不是使夷狄服从的办法。奉命招待的使臣犯下大不敬罪。”王莽大怒，罢免了满昌。

西域各国因为王莽长期失去恩德和信用，焉耆率先背叛，杀死西域都护但钦。

十一月，彗星出现，经过二十多天，才消失。

这一年，因为触犯私藏铜炭禁令的很多，废除了这项法令。

下一年改年号为“天凤”。

天凤元年正月，天下大赦。

王莽说：“我将在二月初春时赴各地巡视。太官携带干粮、干肉，内者准备帷帐席被。

所到之处，不要让地方政府供应物品。我巡视东方，一定亲自携带来耒耜，每到一县都进行耕作，用来劝勉东方的春耕。我巡视南方，一定亲自携带耨，每到一县都进行锄草，用来劝勉南方的收成。我巡视西方，一定亲自携带铚，每到一县都进行收割，用来劝勉西方的秋收。我巡视北方，一定亲自携带连枷，每到一县都进行打场，用来劝勉粮食收藏。完成北方的巡视后，就在国土的中心定都洛阳。敢有奔跑喧哗触犯法令的，就按军法论处。"众公卿上奏说："皇帝极为孝顺，往年文母圣体不安，皇帝亲自侍奉供养，衣帽都很少脱下。文母去世，群臣悲哀，皇帝容颜尚未恢复，饮食减少。现在一年之中要巡视四方，万里路程，年事已高，不是光准备些干粮、干肉就能承受得了的。暂且不要巡视，等到国丧期满以后再说，以便使圣体安康。我们尽力抚育管教万民，奉行您的英明诏令，不失职。"王莽说："各位公、各州牧、各司、诸侯、庶尹愿尽力统领抚育管教万民，力图符合我的心意，因此我接受意见，大家勉励吧！请不要违背自己的诺言，改在天凤七年，木星在大梁宫，仓龙的庚辰，再行巡视之礼。再过一年，木星在实沉宫，仓龙在辛巳，就在国土中心定都洛阳。"于是派太傅平晏、大司空王邑到洛阳，选择基址，绘制蓝图，营造宗庙、土谷神社、祭祀天地的神坛。

三月壬申，晦日，出现日食，大赦天下。给大司马逯并下文书说："出现日食，太阳无光，战乱不止，请上交大司马印信，以侯的身份参加朝会。太傅平晏不再兼任尚书职务，减少侍中诸曹兼职的人。任命利苗男爵䜣为大司马。"

王莽正式即皇帝位后，特别防备大臣，抑制、夺取他们的权力，朝臣中有指斥大臣的过失的，都加以提拔。孔仁、赵博、费兴等因为敢抨击大臣，所以得到信任，让他们担任重要官职。公卿进宫，其随从吏员有定额，太傅平晏的随从吏员超过定额，掖门仆射查问平晏，言语不敬。太傅府戊曹士逮捕了仆射。王莽大怒，派执法官调发数百名车士、骑士包围太傅府，逮捕戊曹士，当即处死。大司空士夜里经过奉常亭，亭长斥问，他通报了官名，亭长喝醉了酒，说："有符传吗？"大司空士用马鞭抽打亭长，亭长杀死了士，逃跑了。郡县追捕亭长，亭长家里人上书申诉，王莽说："亭长奉公守法，不要追捕了。"大司空王邑驱逐了那个士，用以谢罪。国将哀章颇有些贪污行为，王莽为他选择设置了和叔宫，告诫说："你不但要确保公府里的国将本人，还要确保国将在家乡西州的亲属。"众公都被人瞧不起，而哀章尤其如此。

四月，下霜，草木都被冻死，沿海一带特别厉害。六月，满天黄雾。七月，大风把树拔起来，刮飞了长安直城门上的瓦。雨夹着冰雹降下，杀死牛羊。

王莽根据《周官》《王制》的规定，设置卒正、连率、大尹，职务和太守相同；设置属令、属长，职务和都尉相同。设置州牧、部监二十五名，朝见礼仪如同三公。部监职位同上大夫，每人主管五郡。公作州牧，侯作卒正，伯作连率，子作属令，男作属长，都是世袭官职。没有爵位的作尹。把长安城郊分为六个乡，每乡设置一名帅。把三辅划分成六个尉郡，又以河东、河内、弘农、河南、颍川、南阳为六队郡，都设置大夫，职务和太守相同；又设置属正，职务和都尉相同。把河南郡大尹改名为保忠信卿。把河南郡的属县增加到三十个。设置六郊州长各一人，每人主管五县。其他官名也全部改掉。大郡多的分成五郡。郡和县用"亭"作名字的有三百六十个，以应验符命的言辞。沿边又设置竟尉，用男爵充任。诸侯国中的闲田，作为赏赐用田，有功则增，有过则减。王莽下诏书说："常安西都叫作六乡，各县叫作六尉。义阳东都叫作六州，各县叫作六队。四、五百里以内叫内郡，以外叫近郡。有鄣塞的叫边郡。合计一百二十五郡。全国范围内共二千二百零三个县。

公作为甸服，是城池。在侯服的人，是依靠；在采服、在男服的人，是支柱；在宾服的人，是屏障；在文化部门、武装守卫部门的人，是墙垣；在九州之外的，是藩篱。各自依照他们的方位确定称号，总起来就是万国。"此后，每年又有变动，一个郡更改名称多至五次，最后又返回到原来的名字上。官民记不清，每次下诏书，一定要附记原来的名字，说："诏命陈留郡大尹、太尉，把益岁县以南地区划给新平。新平，是原淮阳郡。把雍丘县以东地区划给陈定。陈定，是原梁郡。把封丘县以东地区划给治亭。治亭，是原东郡。把陈留以西划给祈隧。祈隧，是原荥阳郡。陈留已不再有郡的名称，大尹、太尉都到京城来。"他改变名称的号令，诸如此类。

命令天下小学，用戊子日代替甲子日为六十天的开端。行冠礼把戊子日当作吉日，行婚礼把从戊寅日之后的十天作忌日。百姓多不听从。

匈奴单于知去世，他的弟弟咸立为单于，要求与新朝和亲。王莽派使者赠送给他很多财物，欺骗说准许送还匈奴的质子登，乘机要求用财物换回陈良、终带等人。单于拘捕陈良等人交付使者，用囚车送往长安。王莽在城北烧死陈良等人，命令官吏、百姓围聚观看。

沿边一带发生严重的饥荒，人吃人，谏大夫如普视察边境驻军，回来说："士兵长期驻屯边塞，生活艰苦，边郡无力供给物资，单于新近求和，应该借此机会撤去驻军。"校尉韩威献策说："凭着新朝的威力，吞灭胡虏无异于吞下口中的跳蚤、虱子。我愿率领五千名勇士，不带一斗粮食，饿了吃胡虏的肉，渴了喝胡虏的血，可以在胡人境内横行无忌。"王莽认为他出语豪迈，任命他为将军。但也采纳如普的建议，调回驻屯边境的众将领。罢免陈钦等十八人的官职，撤掉各四关镇都尉的驻军。适逢匈奴使者返回，单于知道质子登前些时候已被杀死，就出兵侵犯边境，王莽又派军队去驻守。于是边郡百姓流亡到内郡，给人家做奴婢。王莽下令："官吏、百姓有敢收留边郡人的处死刑。"

益州郡蛮夷杀死大尹程隆，周边少数民族全部反叛，派平蛮将军冯茂率兵进击。

罢免宁始将军侯辅，任命讲解《易》经的祭酒戴参为宁始将军。

天凤二年二月，在王路堂摆酒宴，公卿大夫都行酒助兴。大赦天下。

这时，中午天空出现星星。

大司马苗䜣降职为司命，用延德侯陈茂为大司马。

谣传有黄龙摔死在黄山宫中，上万的百姓奔走相告前往观看。王莽厌恶此事，逮捕了一些人，追查谣言的出处，没有结果。

匈奴单于咸既然与新朝和亲，就索要他的儿子登的尸体，王莽想派使者送去，又恐怕咸因怨恨而伤害使者，于是逮捕了以前说应该诛杀质子的原将军陈钦，用别的罪名关押了他。陈钦说："这是想用我承担罪责以便向匈奴解说。"于是自杀了。王莽选能言善辩的儒生济南人王咸做大使，选五威将伏黯等为将帅，派他们送还登的尸体。命令匈奴掘开单于知的坟墓，用荆条鞭打尸体。又命令匈奴撤离边塞到大漠以北，向单于索要一万匹马、三万头牛、十万头羊，并要求送还历次掳去的还活着的边民、俘虏。王莽就是这样喜欢说大话。王咸到达单于庭，陈述王莽的声威德行，谴责单于的背叛罪行，纵横恣肆，从容应敌，单于无法折服他，于是王咸完成使命而返回。进入边塞，王咸病死，王莽封他的儿子为伯，伏黯等人都被封为子。

王莽认为制度一定天下自会太平，于是集中精力研究地理、制定礼仪、创作乐律、讲述六经的旨意。公卿早晨入宫，晚上出殿，连年累月地议论，做不出决断，没有时间处理百姓亟待解决的诉讼、冤屈。县长出缺，代理者兼职好几年，各种贪赃枉法现象，一天比一天厉害。中郎将和绣衣执法使者，在各郡和诸侯国凭借权势横行，让人们互相检举揭发。十一位公士分往各地劝导农民耕田植桑，颁布季节政令，车马相接，在道路上往来不断，召集官民，逮捕证人，郡县横征暴敛，层层贿赂，黑白不分，至朝廷申诉冤屈的人很多。王莽鉴于自己靠专权而取得汉朝政权，所以竭力独揽一切，有关部门只是接受现成的命令，但求无过。各宝物、库藏、钱粮官都由宦官管理；官吏、百姓呈上的密封奏章，由王莽身边的宦官拆视，尚书不知内情。他就这样畏惧、防备臣下。又喜欢改变制度，政令繁多，应该交付执行的命令，却要反复审议然后再交下去，前面的问题没解决，后面的又堆下来，问题成堆且昏乱不堪。王莽常挑灯批阅文书，直至天明，仍然不能处理完。尚书乘机舞弊弄奸，大事化小小事化了，上书等待批复的人连等几年，不能回去，逮捕关禁在郡县监狱里的人遇到大赦才能出狱，卫士三年没人来换防。谷物常常价格昂贵，二十多万边防军吃穿都依赖政府，政府忧愁困苦。五原郡、代郡受到的危害尤其厉害，百姓起而为盗贼，数千人一伙，辗转攻入邻近各郡。王莽派捕盗将军孔仁率兵和郡县部队联合进攻，一年多时间才平定下来，边郡人民几乎逃光了。

邯郸以北地区降下大雨、大雾，河水泛滥，深的地方达数丈，淹死数千人。

立国将军孙建去世，任命司命赵闳为立国将军。宁始将军戴参恢复原来官职，任命南城将军廉丹为宁始将军。

天凤三年二月乙酉日，发生地震，降下大雨加雪，函谷关以东尤其厉害，深的地方达一丈，竹子、柏树有的都枯死了。大司空王邑上书说："任职八年没有政绩，司空的职务尤其荒废，以致发生了地震，我请求辞职。"王莽说："地有地动有地震，地震会造成灾害，地动不会造成灾害。《春秋》记载地震，《易·系辞》讲，坤（地）动，动的时候张开，静的时候闭合，万物就生长发育了。灾异变化，各有其作用。天地震动以显示威力，是用来警戒我的，您有什么罪过呢，而竟请求辞职，这不是帮助我的态度。派诸吏散骑司禄大卫修宁男遵传达我的旨意。"

五月，王莽颁布官吏俸禄制度，说："我遭遇阳九的灾难、百六的祸害，国家财政开支不足，民众骚动不安，从公卿以下，月俸不过两匹十布，或者一匹帛。每想到此事，我都感到忧伤。如今灾难已经渡过，国库钱财虽然还不丰富，但已较为宽裕，从六月朔日庚寅开始，官吏的俸禄都按制度规定数发给。"从四辅、公卿、大夫、士直至舆僚，共分十五等。僚的俸禄一年是六十六斛，以此递增，上至四辅年俸禄为一万斛。王莽又说：'普天之下，无处不是国王的土地；四海之内，无人不是周王的臣民。'这是用天下的财物供养你们。《周礼》记载美味食物有一百二十种，现在诸侯靠同、国、则的供给，辟、任、附城靠封邑供给，公、卿、大夫、元士靠采地供给。供给多少，都有明文规定。年岁丰收就增加，有灾害就减少，与百姓同甘共苦。用年终上报统计计算，天下幸而无灾害时，太官的美食品种齐全；如有灾害，按照比例多少而减少供给。东岳太师、立国将军确保东方三州一部二十五郡；南岳太傅前将军确保南方二州一部二十五郡；西岳国师宁始将军确保西方一州二部二十五郡；北岳国将卫将军确保北方一州一部二十五郡；大司马确保纳卿、言卿、仕卿、作卿、京尉、扶尉、兆队、右队、中部左部及前部七部；大司徒确保乐卿、典卿、宗卿、秩卿、翼尉、光尉、左队、前队、中部、右部，共五郡；大司空确保予卿、虞卿、共卿、工卿、师尉、列尉、祈队、后队、中部及后部，十郡；至于六卿，都随着所隶属的公确保有关部门地区，如有灾害，也按比例减少俸禄。直接从中央政府领俸禄的郎、从官、中都官吏，根据太官供给美食的完备与减少增减俸禄。诸侯、辟、任附城，官吏们各确保其所管地区。希望上下同心协力，促进农业生产，安定百姓。"王莽的制度就是这样烦琐，因为年终上报的数字无法理清，所以官吏始终得不到俸禄，于是各自利用职权干坏事，收受贿赂以便供自己使用。

这月戊辰日，长平馆西岸倒塌，堵塞了泾河，河水不流通，冲决堤岸向北流去。派大司空王邑去巡察，回来后上奏章报告了情况。群臣为王莽祝寿，说这是《河图》所说的"用土镇水"，是匈奴灭亡的吉兆。于是派并州牧宋弘、游击都尉任萌等人率军进攻匈奴，到边境驻屯。

七月辛酉日，霸城门遭火灾，霸城门就是民间所说的青门。

戊子晦日，出现日食。大赦天下。又命令公卿、大夫、诸侯、二千石官推举德行、政事、言语、文学四科人才各一名。大司马陈茂因为日食被免职，任命武建伯严尤为大司马。

十月戊辰日，王路朱鸟门鸣叫，昼夜不停。崔发等人说："舜开辟四门，听到四面八方的声音。朱鸟门叫，表明应当研习古代圣王的礼制，招纳四方的人才。"于是命令群臣都来祝贺，所推举的四科人才由朱鸟门进入宫殿回答皇帝的询问。

平蛮将军冯茂攻打句町，士兵染上瘟疫，死去十分之六七。横征暴敛，民众的钱财被收去一半，益州郡消耗殆尽而句町仍未攻克。王莽召回冯茂，关进监狱死去。又派宁始将军廉丹和庸部牧史熊攻打句町，杀死不少敌人，取得一些胜利。王莽征召廉丹、史熊，廉丹、史熊都要求增派部队，务必攻克句町再回去。又大肆征收赋税，就都郡大尹冯英不肯供给，上书说："自从越嶲郡遂久县的仇牛、同亭县的邪豆等族反叛以来，累计将近十年，郡县部队抗击从未停止。接着起用冯茂，施行只顾眼前的政策。僰道以南，山高地险，冯茂驱赶大量民众到远方居住，花费数以亿计的钱财。官兵遭遇毒气而死的占十分之七。现在廉丹、史熊怕自己不能在预定期限完成使命，所以征调各郡的军队、粮草，又搜括民财，十分取四分，白白地毁坏了梁州，最终也不能成功。应该撤军实行屯田，明令悬赏征求蛮夷头领。"王莽大怒，罢免了冯英。后来，王莽醒悟过来，说："冯英也无可厚非。"又任命冯英为长沙连率。

翟义的党徒王孙庆被捕，王莽让太医、药剂师和灵巧的屠夫一起剥皮解剖他，测量五脏的位置，用竹枝穿通血管，了解血脉始终，据说可以治病。

这一年，派大臣五威将王骏、西城都护李崇率戊己校尉到西域去，各国都迎至城外，贡献礼物。各国以前杀死西域都护但钦，王骏想袭击他们，命令佐帅何封、戊己校尉郭钦另外统领兵马在后。焉耆国假意投降，埋伏军队攻击王骏等人，把他们全部杀死。郭钦、何封稍后到达，袭击老弱残兵，从车师国取路进入边塞。王莽任命郭钦为镇外将军，封为剿胡子，封何封为集胡男。西域从此断绝和新朝的关系。

天凤四年五月，王莽说："保成师友祭酒唐林、原谏议祭酒琅玡纪逡，孝敬父母、尊重兄长，待人忠厚，敬奉上司爱护下级，见闻广博，德行醇美，直至老年也没有过失。封唐林为建德侯，纪逡为封德侯，都给予特进地位，用三公的礼仪朝见。赏赐一所住宅，三百万钱，授予几杖。"

六月，又在明堂授给诸侯茅草和泥土，说："我规划土地，建立五等封爵，考查经书，符合传、注的解释，义理也贯通。经过再三地议论和思考，从始建国元年至今已达九年，终于确定下来。我亲自设置华丽几案，陈列菁茅和四色泥土，向泰山、皇家宗庙、大地神坛及先祖父、祖母祈祷，颁布授予。你们各自回到自己的封国，抚育教养百姓，建立功业。

在沿边地区的，比如江南，不是诏令征召而派遣质子到京城侍奉的，由纳言掌货大夫暂调京城原有存钱发给俸禄，公爵年俸八十万，侯伯年俸四十万，子男年俸二十万。”但实际上还不能全部获得。王莽好说大话，仰慕古代制度，分封的人很多，其实他生性悭吝，以土地尚未规划定为托词暂时先授予茅草、泥土，用来安慰那些喜欢封爵的人。

这一年，重申六管（六项专卖制度）命令。每一管命令下达，都设立禁令条款，犯禁者罪大至死，官吏、百姓犯罪而被惩罚的日益增多。又对上公以下占有奴婢的人全部征税，一个奴婢出三千六百钱，天下愁苦，盗贼风起云涌。纳言冯常就六管制度进行谏诤，王莽大怒，罢了冯常的官。设置执法左刺奸、执法右刺奸。选用能干吏员侯霸等人分别监督六尉、六队，象汉朝的刺史一样，和每郡一位三公士一起处理政事。

临淮郡瓜田仪等人作盗贼，盘踞会稽郡长州，琅玡郡吕母也起兵。当初，吕母的儿子做县吏，被县令冤枉杀死，吕母尽出家财，酤酒买兵器弓弩，秘密结交穷苦少年，结集了一百余人，于是攻击海曲县，杀死县令，在儿子的墓前祭奠。然后带兵到海上，队伍逐渐扩大，后来达到上万人。王莽派使者就地赦免盗贼的罪。使者回来说：“盗贼解散后，接着又结集起来。问他们原因，都说苦于法律禁令繁杂苛刻，动辄得咎。辛苦劳作，收获不够缴纳租税。闭门家中坐，又因为邻里同伍人私铸钱或收藏铜犯法连坐，奸吏乘机逼迫，民众愁苦不堪。百姓穷困，全部起来做盗贼。”王莽大怒，罢免了使者的官职。有的使者见风使舵，说“百姓狡猾蛮横，应当诛杀”，又说“这是时运造成的，盗贼不久就会消灭”，王莽听了很高兴，下令给他们升官。

这年八月，王莽亲自到京城南郊，铸造威斗。威斗是用五色药石和铜铸造的，样子象北斗星，长二尺五寸，想用它镇邪，压服盗贼。铸成之后，命令司命背着它，王莽出行时让它在前面，回宫后放在御座旁。铸威斗那天，天气寒冷，百官人马有被冻死的。

天凤五年正月朔日，北军的南营门发生火灾，任命大司马司允费兴做荆州牧。召见时，询问到任后的施政方针，费兴回答说：“荆州、扬州的百姓大都盘踞山林湖泊，以捕鱼采集为生。前些日子，国家推行六管征收山林湖泊税，妨害、夺取了百姓的利益，加上连年久旱不雨，百姓饥寒穷困，所以起为盗贼。我到任后，想明令告知盗贼，让他们返回田里，借给他们农具耕牛、种子、粮食，减免租税，也许可以使盗贼解散，百姓安顿。”王莽大怒，罢免了费兴的官职。

天下官吏因为得不到俸禄，都起来非法牟取暴利，郡太守、县令家中积累起千斤黄金。王莽下诏说：“详细考查从始建国二年匈奴侵犯中国以来，各军官吏及沿边官吏大夫以上非法牟利增加财富的，没收其家全部财产的五分之四，用来应付边境的急需。”公府士乘驿车布告天下，考查审核贪赃者。军吏告发将帅，奴婢告发主人，原想禁止奸恶，奸恶却愈演愈烈。

王莽的孙子功崇公王宗自己画了一幅象，穿戴皇帝衣冠，又刻了三枚印章：第一枚是“维祉冠，存己夏，处南山，臧薄冰”；第二枚是“肃圣宝继”；第三枚是“德封昌图”。王宗的舅舅吕宽先前合家迁往合浦，私下和王宗往来，被发现，审查属实，王宗自杀。王莽说：“王宗身为皇孙，爵位至上公，明知吕宽等人是叛逆党徒，竟然和他们往来，刻三枚铜印，印文极其有害，贪心不足，想入非非。《春秋》大义：‘对君王和父母连邪恶的念头都不能有，有邪念就要诛杀。’王宗迷乱无道，自取其罪，呜呼哀哉！王宗本名王会宗，因为制度规定取消了双名，现在恢复其双名会宗，贬低他的爵位，改变他的封号，赐谥号为功崇缪伯，用伯爵的礼仪安葬在原封地谷城郡。”王宗的姐姐王妨是卫将军王兴的夫人，在祈祷中诅咒她的婆母，杀死奴婢以灭。案发以后，王莽派中常侍蟜恽责问王妨，同时也责问王兴。二人双双自杀。案子牵连到司命孔仁的妻子，孔妻也自杀。孔仁求见王莽，脱帽谢罪。王莽派尚书弹劾孔仁："让你乘坐乾车，驾着牝马，左边是苍龙，右边是白虎，前边是朱雀，后边是龟蛇，右手持威节，左肩扛威斗，号称赤星，并不是让你骄傲，而是用来尊崇新朝的威严。你擅自脱下天文冠帽，是对皇帝大不尊敬！"下诏书说不要弹劾孔仁，更换新的帽子。王莽就是这样喜好怪异。

任命直道侯王涉为卫将军。王涉是曲阳侯王根的儿子。王根在汉成帝时是大司马，曾推荐王莽代替自己，王莽对他感恩不尽，认为曲阳不是好名称，就追赐王根谥号为直道让公，王涉继承父亲的爵位。

这一年，赤眉军力子都、樊崇等因饥荒而聚集起来，在琅琊郡起兵，辗转抄掠，部众都到了一万多人，王莽派使者调发郡国地方兵攻击，不能取胜。

天凤六年春天，王莽见盗贼增多，就命令太史推算三万六千年的历法，每六年改一次年号，布告天下。下文书说："《紫阁图》说：'太一、黄帝都已成仙升天，在昆仑山脉虔山顶上演奏仙乐。后代获得祥瑞的圣王，应当在秦地终南山上演奏仙乐。'我不聪明，没有明确地奉行，今天才明白。再把宁始将军称为更始将军，以便顺应符命。《易》不是说过吗？'日日更新是盛大的德，不断生长就是变化'，我希望享用它！"想用这种办法欺骗百姓，瓦解盗贼。大家都讥笑他。

初次向明堂、太庙进献《新乐》，群臣开始戴鹿皮帽子。有人听到乐曲的声音说："凄清而哀婉，不是振兴国家的声音。"

这时，关东地区连年大旱，力子都等党徒越来越多。更始将军廉丹攻打益州郡，攻不下，征调回京。又派复位后大司马护军郭兴、庸部牧李晔攻打蛮夷若豆等部，太傅牺叔士孙喜肃清江湖上的盗贼。而匈奴骚扰边境很厉害。王莽就大量招募天下男丁和死囚、官民的奴隶，称为"猪突豨勇"，作为精锐部队。向天下所有的官民征税，按家产计算，缴纳三十分之一的税，折为绸绢，都输送到长安。命令公卿以下直到郡县佩黄色印绶的官员都要负责保养军马，根据官员的俸禄确定保养马匹的数量。又广泛招募有奇技可以攻打匈奴的人，将破格提拔升官。来献计献策的人成千上万，有的说能不用舟船渡河，战马连接可渡过百万雄师；有的说作战不用携带军粮，服食药物可使三军不饿；有的说能飞，一天飞一千里，可以侦探匈奴敌情。王莽都当场试验。那人用大鸟的羽毛做成两个翅膀，头和身上都沾满羽毛，翅膀用环带牵引，飞行几百步就坠落地上。王莽知道他们不中用，但想假借其名声威吓，所以都任命为理军，赏赐他们车马，整装待发。

当初，匈奴右骨都侯须卜当，娶王昭君的女儿为妻，曾经要归附中国。王莽派昭君的侄子和亲侯王歙引诱须卜当到边塞下，胁迫他到了长安，强迫立为须卜善于后安公。开始打算引诱须卜当时，大司马严尤劝说道："须卜当在匈奴右部地区，军队不侵扰边境，单于的一举一动他都报告给中国，这是对中国的一大帮助。如今接须卜当来安置在长安稿街，不过是一名胡人罢了，不如让他呆在匈奴更有利。"王莽不听。得到须卜当后，想派严尤和廉丹攻击匈奴，都赐姓征氏，号二征将军，要他们诛杀单于舆而立须卜当代替。车骑准备从长安城西郊横厩出发，还没起程。严尤一向有智谋，反对王莽征伐西方，屡次劝谏，王莽不听。他撰写了三篇文章，论述古代名将乐毅、白起不受重用以及边防事宜，上奏王莽，暗藏劝谏。等到朝廷议论时，严尤坚持说打匈奴可暂时往后放，先考虑如何对付山东盗贼。王莽大怒，下文书对严尤说："任职四年，不能阻止蛮夷侵犯中国，不能歼灭盗贼奸邪，不畏惧上天的威严，不服从皇帝的命令，相貌凶狠，固执己见，心怀叛逆，阻挠军计。我不忍心把你交给法庭，把大司马武建伯印绶上交，回到原籍去。”任命降符伯董忠做大司马。

翼平郡连率田况上奏说，郡县计算百姓财产不实，王莽重申三十税一。因为田况忧国忧民，言语忠诚，晋升为伯爵，赏二百万钱。民众都咒骂田况。青徐二州百姓背井离乡逃亡，老小死在路上，壮年都加入盗贼队伍。

夙夜郡连率韩博上书说：“有一位奇士，身长一丈，体格有十围粗，到我府中来，说想参与攻击匈奴。他自称名叫巨毋霸，生于蓬莱东南、五城西北的昭如海边，轺车装不下他，三匹马拉不动他。当天就用大车套上四匹马，车前树立猛虎旗帜，载巨毋霸到京城。巨毋霸睡的时候枕着大鼓，吃饭用铁筷子，这真是皇天让他来辅佐新朝。希望陛下制造大型盔甲、高大战车，制作古代猛士孟贲、夏育穿的衣服，派一员大将和百名武士在道旁迎接他。京城的门户如果容不下，可以开得更高大些，以便向外族蛮夷显示，镇抚天下。”韩博想以此暗示王莽毋得称霸。王莽听说之后十分厌恶，让巨毋霸留在已到达的新丰，把他的姓改为巨母氏，说是因文母太后降生此人，是让王莽称霸的符命。征召韩博到京城，关进监狱，因他说了不该说的话，判处死刑。

第二年改年号为地皇，这是根据三万六千年历法的规定。

地皇元年正月乙未日，大赦天下。下诏书说：“正当大军出动的时刻，敢有奔跑、喧哗触犯法律的，统统即时斩首，不用等到秋后处决，此令到今年年底为止。”于是春、夏也在街市处决犯人，百姓惊恐，走在路上互相用目光示意。

二月壬申日，太阳在中午时刻变暗。王莽厌恶此事，下诏书说：“前些日子，太阳在中午变暗，阴气逼迫阳气，黑气成灾，百姓无不惊怪。兆域大将军王匡派官吏追查，是上奏谋反事的人想蒙蔽君王，所以上天发出谴责，让他受到惩治，以杜绝大的灾异。”

王莽看到四方盗贼很多，想镇伏他们，又下诏书说：“我的皇室祖先黄帝平定天下，统帅军队任上将军，建立华丽的车盖，树立北斗形制礼器，朝廷内设大将，朝廷外设五名大司马，二十五名大将军，一百二十五名偏将军，一千二百五十名裨将军，一万二千五百名校尉，三万七千五百名司马，十一万二千五百名候，一百二十二万五千名当百，四十五万名士吏，一千三百五十万名士，应合《易》所说：‘弓箭锋利，以威慑天下。’我接受符命，考察古人，将逐项设置完备。”于是设置前、后、左、右、中五位大司马，赐各州牧以大将军称号，任命各郡卒正、连帅、大尹为偏将军，属令长为裨将军，县宰为校尉。乘坐驿车的使者驰骋各郡、封国，每天将近十批，仓库里没有可以供应的存粮，驿车马匹不够，就征用路上的车马，一切供应均取自民间。

七月，大风毁坏王路堂。王莽又下诏书说：“七月壬午日申时，大风雷雨摧毁房屋、折断树木，我非常惊惧，非常颤抖，非常恐慌，我沉思了十多天，迷惑才解开。从前符命说，立王安为新仙王，王临的封国在洛阳，封为统义阳王。那时我正摄政为代皇帝，谦让不敢承当，而封他们为公爵。后来金匮文书到，议论的人都说：‘王临的封国在洛阳，称号为统，是说他占据国土中心新朝王室皇统，应该做皇太子。此后，王临长期生病，虽然痊愈，仍未完全恢复，朝见时要坐在褥垫上，由人抬着去。在王路堂朝见时，要在西厢房和后阁更衣中室设账休息。又因皇后生病，王临暂时离开住宅到此地安歇，他的妃妾住在东永巷。壬午那天，狂风摧毁王路堂西厢房和后阁更衣中室。昭宁堂池东南十人合抱的大榆树向东倒下，撞在东阁上。东阁就是东永巷的西墙。结果墙破瓦碎，房屋损坏，树木拔起，我非常震惊。又有侯官报告月亮侵犯心宿前星，会有应验，我很担心。想到《紫阁图》上的文辞，太一、黄帝都获得祥瑞而成仙，后代圣王应当上终南山。所谓新仙王，就是太一新仙的后代。统义阳王就是用五伦凭借礼义而登上皇位成为上仙的后代。王临有兄长而称太子，名不正。孔子说：'名不正则言不顺，以至于刑法不当，民众无所措手足。'我即位以来，阴阳失调，风雨不合时，屡次遭遇大旱、蝗虫、螟虫灾害，谷物收成少，百姓饥饿，蛮夷侵犯中原，盗贼为非作歹，人民惶恐不安，无所措手足。深思此事，错误就在于名不正。立王安为新仙王，王临为统义阳王，希望能以此保全二子，子孙兴旺，对外攘除四方夷族，对内安定中原国家。"

这一月，杜陵便殿中箱子内废置不用的皇帝用的虎文衣自行跑出来，挂在外堂上，过了很久，才缩落在地上。看见此事的官兵报告上来，王莽厌恶，下诏书说："黄色贵重，红色是仆役穿的颜色，命令郎、从官都穿深红色衣服。"

很多会望云气懂术数的人说，出现了可以大兴土木的征兆，王莽又看到四方盗贼很多，想让人看到他情绪稳定，是位能建立万世基业的人，就下诏书说："我承受天命后遭遇阳九大灾，百六大难，国库空虚，百姓穷困，宗庙未修建，暂时在明堂太庙进行祫祭，日思夜想，不敢偷安。深感吉祥昌盛没有比今年更好的了，我于是选择了波水的北边，郎池的南边，卜兆显示此为风水宝地。我又选择了金水的南边，明堂的西边，卜兆也显示它是风水宝地。我将亲自兴建。"于是在长安城南营造，共占地一百顷。九月甲申日，王莽站在车上巡视，并下车亲自举起杵捣了三下。司徒王寻、大司空王邑持符节，连同侍中常侍执法杜林等数十人一起指挥营建。崔发、张邯对王莽说："道德高尚的人礼仪繁杂，应该让工程规模宏大，展示海内，而且让万世以后也无以复加。"王莽于是广泛征集天下工匠绘制蓝图，用勾股定理测算。义捐钱谷帮助建造的官民，往来道路络绎不绝。拆毁长安城西上林苑中的建章宫、承光宫、包阳宫、大台宫、储元宫和平乐馆、当路馆、阳禄馆，区十余处宫馆，取用其木材砖瓦，用以兴建九座宗庙。这一月，大雨连下了六十多天。命令百姓缴纳粟米，缴六百斛可以为郎，原来是郎的增高官秩、赏赐爵位到附城。九座宗庙是：一黄帝太初祖庙，二帝虞始祖昭庙，三陈胡王统祖穆庙，四齐敬王世祖昭庙，五济北愍王王祖穆庙，以上共五座宗庙，永不废毁；六济南伯王尊称昭庙，七元城孺王尊称穆庙，八阳平顷王戚祢昭庙，九新都显王戚祢穆庙。宫殿都是楼房。太初祖庙东西南北各长四十丈，高十七丈，其余宗庙则减半。斗拱镶铜，用雕花金银装饰，工匠技巧极端精致。因地基高，周围都用土加高，费用高达数百万，参加建筑的役卒、刑徒死了上万人。

钜鹿郡男子马适求等谋划发动燕赵地区军队诛杀王莽，大司空士王丹发觉后卜告。王莽派三公大夫逮捕处置其党徒，郡、国的豪杰受牵连的达数千人，全都处死。封王丹为辅国侯。

从王莽倒行逆施以来，百姓怨恨，王莽却仍然自认为安定，又下诏书说："从制定完备的法令以来，常安作为六乡大都的中心城市，报警的鼓怕难得响，盗贼减少了，百姓安居，岁岁丰收，这是立法的成效。现在匈奴没灭，蛮夷未绝，江海湖泊沸腾喧嚣，像一团乱麻，盗贼没有完全歼除，又兴建宗庙社稷的大工程，民心动摇。如今重申行此完备之法令，到地皇二年年底为止，以保全百姓，挽救愚昧的奸民。"

这一年，废除大钱、小钱，改用货布。货布长二寸五分，宽一寸，价值相当二十五枚货钱。货钱直径一寸，重五铢，每枚价值为一钱。两种货币同时流通。胆敢私自铸钱及只使用布货的，连知情不报的同伍人一起，都没收充当官府奴婢。

太傅平晏去世，任命予虞唐尊为太傅。唐尊说："国家虚弱，人民贫穷，过失在于奢侈过度。"于是穿小袖短衣，乘母马拉的柴车，铺干草，用瓦器。又用瓦器盛食物送给公卿。外出时看到不分道行走的男女，唐尊便下车，用红土汁浸渍的布污染其衣服，表示象征性地用刑（刑徒都穿赭衣）。王莽听说后很高兴，下诏命令公卿大夫学习唐尊。封唐尊为平化侯。

这时，南郡张霸、江夏羊牧、王匡等在云杜县绿林山起义，号称下江兵，部众有一万多人。武功县中水乡民三座民宅塌陷成为池沼。

地皇二年正月，让州牧位居三公，刺察检举办事不力的官员，又设置州牧监副，官秩相当于元士，戴法冠，像汉朝刺史一样执行公务。

这月，王莽妻子去世，谥号为孝睦皇后，安葬在渭陵长寿园西边，让她永远侍奉文母太后，给她的陵墓起名为亿年。当初，王莽的妻子因为王莽屡次杀死她儿子，哭瞎了眼睛，王莽命太子王临住在宫中奉养她。王莽妻子身边有个侍儿叫原碧，被王莽奸淫了。后来王临也和她私通，恐怕事情泄露，阴谋一起杀死王莽。王临的妻子刘愔，是国师公的女儿，能观察天象，告诉王临说，宫中将有白衣会。王临很高兴，以为阴谋将会成功。后来王临被贬为统义阳王，离开皇宫，住在外宅，心中愈加恐慌。适逢王莽妻子病重，王临写信给她说："皇上对子孙非常严厉，先前长孙、仲孙都是三十岁都死了，现在我又恰值三十岁，只怕皇后一旦有意外，我就不知死在何处。"王莽照顾妻子的病，看到了这封信，大怒，怀疑王临有恶意，不让他参加皇后的葬礼。安葬之后，逮捕原碧等人审问，全部招供了通奸、谋杀的情节。王莽想隐瞒此事，派人杀死办案的使者及司命从事，埋葬狱中，连他们家里的人都不知下落。赐给王临毒药，王临不肯喝，自刎而死。派侍中骠骑将军同悦侯王林赏赐魂衣、玺印，策书说："符命说立王临为统义阳王，这是说新朝皇帝即位三万六千年以后，王临的后人才会像飞龙一样腾空而起。前些时候我错误地听信别人的议论，以王临为太子，结果发生狂风变故，于是顺应符命立王临为统义阳王。但王临在此之前和之后，都不顺从符命，所以受不到上天的保佑，夭折丧命，呜呼哀哉！根据他的行为赏赐谥号，谥为缪王。"又下诏给国师公说："王临本不懂星象，事情是由刘愔发起的。"刘愔也自杀了。

这月，新仙王王安病死。当初王莽为侯回到封地时，奸淫了侍者增秩、怀能、开明。怀能生下儿子王兴，增秩生下儿子王匡、女儿王晔，开明生下女儿王婕，都留在新都国，因为他们究竟是否王莽的骨肉，尚不分明。等到王安病重，王莽担心没有儿子，就替王安写奏章，呈上来说："王兴等人虽然母亲身份低贱，但仍属皇子，不能丢弃。"王莽把奏章交大臣传阅，都说："王安友爱兄弟，应趁春夏两季给王兴等人封爵。"于是派使者用王车迎接王兴等人来京城，封王兴为功建公、王晔为睦修任、王婕为睦逮任。王莽的孙子公明公王寿病死，一月之内连丧四人。王莽毁坏了汉武帝、昭帝的庙，把子孙分别葬在里面。

魏成郡大尹李焉和卜者王况谋划。王况对李焉说："新朝皇帝即位以来，土地奴婢不准买卖，屡次变更货币，频繁征调财物，军队骚乱，四方蛮夷一齐入侵，百姓怨恨，盗贼蜂起，汉王朝应当复兴。您姓李，李读音为徵，徵是火，应当成为汉朝的辅佐。"于是替李焉作谶书，说："汉文帝发怒，在黄泉督促发兵，北方通知匈奴，南方通知越人。江中刘信，与王莽为敌，誓报怨仇，恢复和继承祖宗事业，四年当发兵。江湖上有大盗，自称为樊王，姓刘，队伍上万。不接受赦免令，想动摇长安、洛阳，十一年当攻击。太白星发出光芒，木星进入东井，它们的号令当推行。"又预言王莽大臣的吉凶祸福，各有日期。总共有十余万言。李焉命郡吏写成书册，郡吏逃走并告发此事。王莽派使者就地逮捕李焉，交法庭审问，全部处死。

三辅地区盗贼蜂起，于是设置捕盗都尉官，命执法谒者在长安城中追击盗贼，建立鸣鼓攻贼的旗帜，使者跟随其后。派太师牺仲景尚、更始将军护军王党率兵攻打青、徐二州，国师和仲曹放协助郭兴攻打句町。把天下的谷物、钱财转运到西河、五原、朔方、渔阳，每郡输送数都以百万计，想用来攻打匈奴。

秋天，严霜杀死豆苗，函谷关以东地区发生饥荒，又出现蝗灾。

百姓犯私铸钱罪同伍的五家连坐，全部没收做官府奴婢。男子装入囚车，女人、孩子步行相随，用铁链锁着脖子，一站一站押到铸钱的官府，数目达到十万人。到达后，乱点鸳鸯，夫妻改变，忧愁困苦而死去的人占到十分之六七。孙喜、景尚、曹牧等攻击盗贼不能取胜，军队放纵作恶，百姓愈加困苦。

王莽因王况诬书上说荆楚地区当起事，李姓人辅佐，就想镇伏，于是拜侍中掌牧大夫李棽为大将军、扬州牧，赐名李圣，派他带兵进击。

上谷郡储夏自己要求去劝说瓜田仪投降，王莽拜他为中郎，让他去劝瓜田仪出降。瓜田仪呈上降书，人未出降就去世了。王莽取来他的尸体安葬，替他建造坟墓、祠庙，赐谥号为瓜宁殇男，希望以此招降其部众，然而没有人肯降。

闰月丙辰日，天下大赦。诏书下达前的国丧大服及民间丧事私服，一并解除。郎官阳成修献符命，说应该再立皇后，又说："黄帝因为有一百二十位嫔妃，才得以成仙。"王莽于是派中散大夫、谒者各四十五人分别到全国各地，广泛选取乡里中有美貌名声的淑女，报上名字。

王莽梦见长乐宫五个铜人站立起来，很厌恶，考虑铜人身上铭文有"皇帝初兼天下"，就派尚方工匠凿去梦见的铜人胸前的铭文。又感到汉高皇帝庙的神灵威胁，派虎贲武士进入高庙，拔剑四面砍杀，用斧头砍坏门窗，用赭（红色）鞭蘸桃木汤遍洒房屋及墙壁，命轻车校尉住在庙中，又命中军北垒住在高帝寝庙中。

有人说黄帝时建造华丽车盖因而升仙，王莽就建造九层华盖，高八丈一尺，用黄金装饰车盖弓头，用羽毛装饰车盖，用装有机械的四轮车套上六匹马拉，三百名裹着黄头巾的力士护卫，车上的人击鼓，拉车的人都高呼"登仙"。王莽出行，就让此华盖在前。百官私下说："这像是丧车，不是神仙用的东西。"

这一年，南郡秦丰部众将近一万人。平原郡女子迟昭平能解说《博经》，用八支箭投掷取胜，也在黄河险阻地带聚集数千人。王莽召集群臣询问擒贼计谋，都说："这是些上天的囚徒，行尸走肉，命在旦夕。"原左将军公孙禄应征参与计议，他说："太史令宗宣主管天文，推测气运变化，他把凶兆当成吉兆，淆乱天文，贻误朝廷。太傅平化侯用虚伪的言辞粉饰自己，窃取名誉和地位，真是'贼害人家的子弟'。用师嘉信公、颠倒五经，毁坏师承，让学者疑惑。明学男张邯、地理侯孙阳，制定井田制度，使百姓丧失土地。牺和鲁匡设立六管制度，使工商业者破产。说符侯崔发，阿谀逢迎，阻塞下情上达。应该诛杀这几个人，以慰安天下。"又说："匈奴不可攻击，应当和亲，我怕新朝的忧患不在匈奴，而在国家内部。"王莽大怒，命虎贲武士搀扶公孙禄出殿。但还是采纳了他的一些意见，把鲁匡降为五原郡卒正，因为百姓都怨恨他。其实，六管并非鲁匡一人独创，王莽不过是为了让民众满意才把他贬黜出京。

当初，四方民众都因为饥寒穷困起而为盗贼，渐渐地人越聚越多，仍常盼着年成好转能回归故里。人数虽然上了万，头目只是称巨人、从事、三老、祭酒，不敢攻占城市，辗转掠取食物，天天也就是够吃便罢了。一些长吏、州牧、郡守都是在混战中受伤而死，盗贼并不敢想杀他们，而王莽却不了解此情。这一年，大司马士到豫州办案，被盗贼抓获，盗贼把他送交县府。大司马士回京城后，上书详细报告了事情经过。王莽大怒，认为他是欺骗，交付审讯。于是下书责备七公说："吏就是要治理。宣扬德行恩惠，教养百姓，是仁道。抑制豪强，督察奸邪，捕杀盗贼，是义节。现在却不然，盗贼起事不马上捕获，以至于成群结党，拦劫乘坐驿车的官员。官员脱身以后，又胡说：'我责问盗贼：为什么这样做？盗贼说是因为贫穷，盗贼护送着放出了我。'如今俗人议论大都如此。因为贫困饥寒违法犯罪，大的成群抢劫，小的穿墙偷窃，不外这两种情况。现在却阴谋结党数以千百计，明显是谋反作乱的大逆不道，怎能说是因为饥寒？七公要严厉命令卿大夫、卒正、连率、庶尹，小心教养善良的百姓，迅速逮捕歼灭盗贼。有不同心协力、疾恶如仇铲除盗贼，而胡说什么饥寒造成的，一律逮捕关进监狱，问罪。"于是群臣更加恐慌，没人敢再说盗贼实情，也不敢擅自出兵，盗贼因此更无法控制。

只有翼平郡连率田况一向果敢，征召十八岁以上壮丁四万余人，颁发武库中的兵器，和他们刻石盟誓。赤眉军听说后，不敢进翼平郡界。田况上奏章弹劾自己，王莽责备田况："没有赐给虎符而擅自发兵，这是弄兵犯法，其罪与乏军兴相同。因为田况声称一定能擒灭盗贼，所以暂不治罪。"后来田况自动请求越过郡界攻击盗贼，所向披靡。王莽颁发加盖玺印的文书，命田况兼理青、徐二州州牧。田况上书说："盗贼初起时，势力很弱，但也不是基层官吏或者同伍人所能捕获的。过失就在于郡县长吏不放在心上，县欺骗郡，郡欺骗朝廷，实际上有一百人说有十人，实际上是一千人说是百人。朝廷忽视他们，不及时督促平息，以至于漫延到几个州郡，这才派遣将帅，多发使者，辗转监督。郡县尽力服侍上级官员，应答盘问，供给酒食，奉送资财，以拯救自己免于被斩，无暇考虑扑灭盗贼的事。将帅又不能身先士卒，交战就被盗贼打败，士气渐伤，白白地耗费百姓财力。前段时间，幸而朝廷下达赦免令，盗贼想要解散，有人反而拦击，致使盗贼恐惧逃入山谷，辗转相告，因此郡县投降的盗贼都更加惊慌，怕被欺骗消灭，借着饥荒人心浮动之机，十天之内又聚集起十余万人，这就是盗贼众多的原因。现在洛阳以东米价每石二千钱。我看到诏书，准备派遣太师和更始将军前来，二人是亲近皇帝的国家重臣，随从人马多，沿途民力财力就会用得枯竭，随从人马少又不能向远方显示威力。应当迅速选择州牧、大尹以下官员，明确对他们的赏罚，合并、收拢离城较远的乡村。没有城垣的小封国，要把老弱妇孺迁徙安置到大城市中，储存粮食，合力坚守。盗贼来攻城，攻不下，沿途路过的地方又没有粮食，势必不能集结。这样一来，招抚他们，他们一定投降；攻击他们，他们一定被灭。如今一味地多派将帅，郡县不胜骚扰之苦，比盗贼还要厉害。应该全部召回乘驿车到各地去的使者，以便让郡县得到休息，委派我负责对付青徐二州盗贼，一定能平定他们。"王莽对田况又害怕、又厌恶，私下里想让人取代他，派使者赐给田况加盖玺印的书。使者到达，会见田况，趁机命人接管他的军队。田况随使者西行，到京城，被任命为师尉大夫。田况离开以后，齐地政府军就连吃败仗。

地皇三年正月，九座宗庙落成，安放上神主牌位。王莽前往参拜谒见，车驾套六匹马，马身上披着五彩羽毛织成的龙纹衣，龙头上有角，衣长三尺，华盖车和十辆大战车走在前面，赏赐建庙的司徒、大司空各一千万钱，侍中、中常侍以下都有封赏。封都匠仇延为邯淡里附城。

二月，霸桥发生火灾，数千人用水浇救，火不灭。王莽十分厌恶，下诏书说："三皇象春，五帝象夏，三王象秋，五霸象冬。皇、王，是靠德行使天下运转；霸，是承继空缺而获得天命的，因此治国之道驳杂。常安城中皇帝行走的道路大多据临近地方取名。二月癸巳日深夜，甲午清晨，火烧霸桥，从东烧到西，到甲午日黄昏，桥烧光了火才熄灭。大司空巡视查问，有的说是贫民住在桥下，可能是烧火引起火灾。第二天就是乙未日，是立春的日子。我因是神明圣祖黄帝、虞帝的后裔接受天命，到地皇四年是十五年。正好在地皇三年冬季尽头灭绝了象征驳杂霸道的霸桥，想以此完成新朝统一长存的王道。又以此警告，要断绝东方的道路。如今东方灾荒，人民饥饿，道路不通，东岳太师立即制定条款，打开东方各粮仓，赈济穷苦百姓，施行仁道。霸馆改名为长存馆，霸桥改名为长存桥。"

这月，赤眉军杀死太师牺促景尚。函谷关以东人吃人。

四月，派太师王匡、更始将军廉丹东进，在京城门外大上饯行。天降大雨，衣服都淋湿了才停止。老年人叹息说："这就是哭军队！"王莽说："阳九之灾，与有害的气会合，到去年为止。旱灾、霜灾、蝗灾接连不断，饥荒频频来临，百姓穷困，流落道旁，春天尤其厉害，我很悲伤。现派东岳太师特进褒新侯打开东方各地粮仓，赈济穷人。太师公不经过的地方，分别派大夫、谒者一齐打开各粮仓，以保全百姓生命。太师公和大使五威司命、位右大司马、更始将军平均侯廉丹前往兖州，安抚官民。至于青徐二州原不法盗贼尚未解散以及解散后又重新结集起来的，一并消灭干净，务期安定万民。"太师、更始共同率领十余万精锐部队，所到之处，放纵士兵胡为。东方人对此说道："宁肯遇到赤眉，不要遇上太师！太师还算可以，更始将军杀我！"终于应验了田况的预言。

王莽又大量派遣大夫、谒者分别到各地教民众用草木煮草酪吃。草酪不能吃，却更加重了百姓的负担。王莽下诏书说："民众贫穷。虽然广开诸仓赈济，仍然恐怕不够吃。暂时解除天下山川禁令，凡能顺应季节采取山川物产的，听任采取，不用交税。至地皇三十年再恢复禁令，那是王光上戊六年。如果让豪强官吏奸猾百姓垄断利益，百姓得不到好处，那就不符合我的本意了。《易》不是说过了吗，'减少上层利益，增加下层利益，百姓欢乐无边'。《书》说：'说了话人家不听从，那就不以治理国家。'唉，诸位公卿，能不担忧吗？"

这时下江兵强大，新市朱鲔、平林陈牧等都重新集结部众，攻击乡村集镇。王莽派司命大将军孔仁管理豫州，纳言大将军严尤其、秩宗大将军陈茂进击荆州，分别带百余名官兵，从渭水乘船进入黄河，到华阴县上岸改乘驿车，到达辖区后招募士兵。严尤对陈茂说："派遣将领却不给发兵的虎符，遇事要先请示然后才能行动，这好比拴住名犬韩卢却要求它捕获猎物。"

夏天，蝗虫从东方飞来，遮满天空，到达长安，进入未央宫，绕着殿堂楼阁飞。王莽发动官民悬赏捕捉击杀。

王莽因为天下谷价高，想镇伏此事，建造一座大粮仓，设置卫士交叉着戟把守，名字叫"政始掖门"。

数十万流民进入函谷关，于是设立赡养官府施舍饭食。使者监督管理，而竟和小官吏一道盗窃粮食，流民饿死的有十分之七八。先前王莽派中黄门王业主管长安市场的交易，王业低价购进百姓的货物，百姓非常愁苦。王业因为节省国家费用有功，被封为附城。王莽听说城中闹饥荒，就询问王业。王业说："饥饿的都是流民。"于是买进市场上的精米饭、肉羹，拿进宫中给王莽看，说："城内居民吃的都是这个。"王莽相信了。

冬天，无盐县索卢恢等人起兵，占据县城。廉丹、王匡进击，攻陷县城，斩杀一万多人。王莽派中郎将捧着加盖玺印的文书慰劳廉丹、王匡，升二人爵位为公，封有功的官吏十余人。

赤眉军别校董宪在梁郡聚集了几万部众，王匡想要进击，廉丹认为刚刚攻陷城池，军队疲劳，应当休养，以便养精蓄锐。王匡不听，单独领兵进击。廉丹只好随后跟进。在成昌会战，战败，王匡逃跑。廉丹派官吏携带自己的印信符节交给王匡说："小儿可以逃跑，我不能。"于是留下来，战死。校尉汝云、王隆等二十余人在别处厮杀，听到此事，都说："廉公已死，我们还为谁活着？"飞马冲向敌人，全部战死。王莽哀伤廉丹，下诏书说："只有您拥有众多精锐士兵，各郡良马、仓库的粮食、内府的钱财都能调用，可是却疏忽了诏书策命，离开了自己的权威符节，骑马呼叫冲击，被乱刀杀害，呜呼哀哉！赐谥号为果公。"

国将哀章对王莽说："在皇祖黄帝时代，中黄直做将，击败并杀死蚩尤。现在我占据中黄直的位置，愿率军平定山东。"王莽派哀章飞驰东方，和太师王匡合力进剿。又派大将军阳浚据守敖仓，司徒王寻率十余万部队驻屯洛阳，镇守南宫，大司马董忠在中军北垒休养士兵，练习骑射，大司空王邑兼任三公职务。司徒王寻开始由长安出发，夜宿霸昌厩，丢失了他的黄色斧钺。王寻士房扬一向狂放直爽，于是哭着说："这就是《易》经上所谓'丧其齐斧'呵！"于是自我弹劾，离职而去。王莽杀死了房扬。

四方的盗贼常常几万人攻打城乡，杀死二千石以下官员。太师王匡等数次作战不利。王莽知道天下已崩溃，众叛亲离，形势紧迫，走投无路，于是商议派风俗大夫司国宪等分别到全国各地巡视，废除井田制、不准买卖奴婢、山林河海税收以及六管等禁令，凡即位以来颁布的不利于民的诏令全部收回。司国宪等正等待接见尚未出发，世祖（刘秀）和兄长齐武王刘伯升、宛人李通等率领春陵县数千子弟兵，招徕了新市平林的朱鲔、陈牧等，联合攻下棘阳。这时，严尤、陈茂打败了下江兵，成丹、王常等数千人向别处逃跑，进入南阳县界。

十一月，张宿出现彗星，向东南方向流动，五天后消失。王莽屡次召见太史令宗宣询问，各位术数家都胡乱应答，说天文星象平安吉祥，群贼马上就被消灭。王莽稍微安心。

地皇四年正月，汉军得到了下江王常等人协助，攻打前队大夫甄阜、属正梁丘赐，把他们都杀掉，歼灭其部众数万。当初，京城听说青、徐地区盗贼有数十万，始终没有文书、号令、旗帜、标志，都感到奇怪。好事的人私下说："这难道是象古代三皇没有文书号令吗？"王莽心里也奇怪，询问群臣，群臣没人能回答。只有严尤说："这不足为奇。自黄帝、汤、武以来，行军用兵，必须有部队编制、旗帜号令，现在这些人没有，不过是一些饥饿寒冷的盗贼象羊狗一样聚在一起，不知道要文书号令罢了。"王莽大喜，群臣也全都佩服。等到汉军刘伯升起事，都称将军，攻打城池，占领地盘，杀死甄阜后，发布文书，宣传政见，王莽听说后十分恐惧。

汉军乘胜包围宛城。当初，世祖同族兄长刘圣公（刘玄）先加入平林兵。三月辛巳朔日，平林、新市、下江兵将领王常、朱鲔等共同拥立刘圣公做皇帝，改年号为更始元年，设置官府并任命百官。王莽听到愈加恐慌，他想向外界显示自己心情稳定，就染了胡须、头发，把从全国征召来的淑女杜陵史氏升为皇后，聘礼是三万斤黄金，另外有数以万万计的车马、奴婢、绸缎、珠宝。王莽亲自在前殿两边台阶间迎接，在上西堂举行新婚夫妇同食的仪式。配备和嫔、美御、和人三人，给以三公待遇；嫔人九名，给以卿的待遇；以上共一

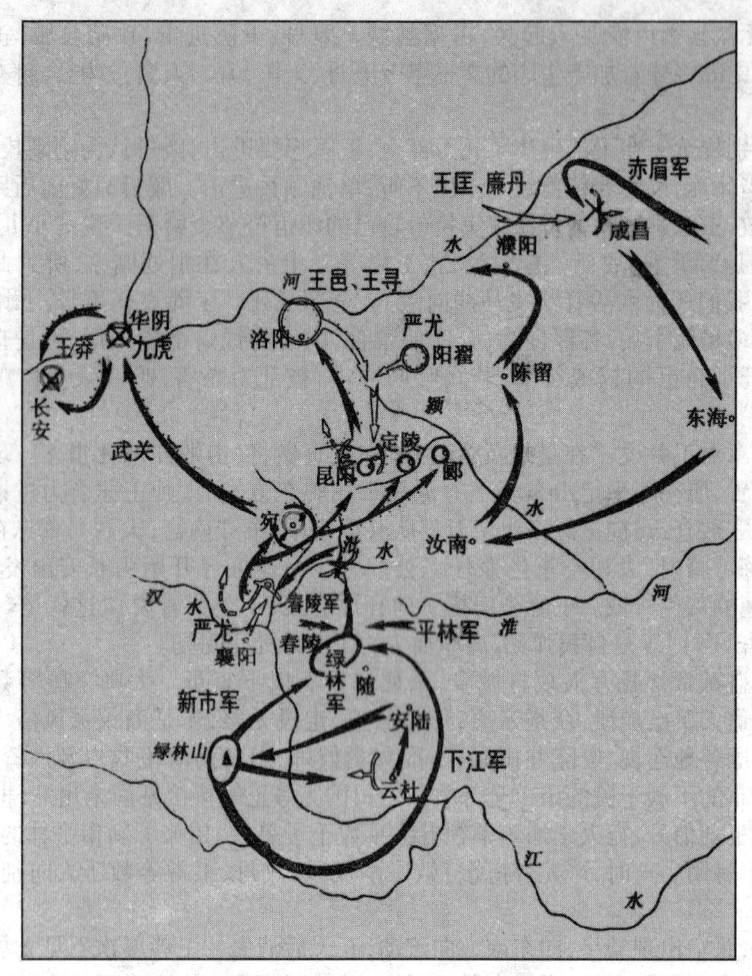

绿林起义军对王莽的战争经过示意图

百二十人，都佩带印绶，手执弓袋。封皇后父亲史湛为和平侯，任命为宁始将军，史湛的两个儿子都任侍中。这天，大风毁坏房屋折断树木。群臣祝贺说："庚子日雨水洒道路，辛丑日清净无尘，黄昏谷风迅猛，从东北方向来，辛丑是《巽》卦主宰的日子，《巽》象征风、象征顺，表明皇后深明大义，具备做母亲的道德，受过温和慈惠的教化。《易》说：'赐给这洪福，给君王的母亲。'《礼》说：'承受天的吉庆，万福无疆。'那些想依靠被废除的汉朝，以火德称王的刘氏势力，都被冲洗干净，歼灭无余了。五谷丰登，作物繁殖，百姓欢欣，万民托福，天下万幸。"王莽天天和方士涿郡人昭君等在后宫研究、实验房中术，纵情淫乐。天下大赦，但还说："原汉宗室舂陵侯的堂侄刘伯升和他的同族、亲戚、党羽，妖言惑众，背叛天命，以至于亲手杀害更始将军廉丹、前队大夫甄阜、属正梁丘赐；还有北狄胡人叛逆舆以及南僰蛮夷若豆、孟迁，都不适用大赦文书。有能捕获这些人的，都封为上公，食一万户的租税，赐给五千万钱。"

又下诏书说："太师王匡、国将哀章、司命孔仁、兖州牧寿良、卒正王闳、扬州李圣急速率所部州郡兵共三十万进击，逼迫青徐二州盗贼。纳言将军严尤、秩宗将军陈茂、车骑将军王巡、左队大夫王吴急速率所部州郡兵共十万进击，逼迫前队敌虏。明确宣告：投降的人给予活路，仍然执迷不悟不肯解散的，都合力围剿，彻底消灭。大司空隆新公是皇室亲戚，以前曾任虎牙将军，向东进击则反贼溃败，向西进击则逆贼灭亡，这是新朝有威望的宝贵重臣。如果奸贼不解散，将派大司空率百万大军前往讨伐，务期歼灭！”派七公干士隗嚣等七十二人分别下达赦令，遍告各地。隗嚣等人出京城后，趁机逃跑了。

四月，世祖和王常等人分兵进攻颍川郡，攻克昆阳、郾、定陵。王莽听说后愈加恐慌，派大司空王邑乘驿车急奔洛阳，和司徒王寻征发百万郡兵，号称“虎牙五威兵”，平定崤山以东地区。他们可以自行封爵，政事全由王邑决定，任用征选来的精通六十三家兵法的军事人才，各自携带图书，领受武器，配备军吏。把府库中的所有物资都拿出来交给王邑，携带大量珍宝、猛兽，想炫耀富饶，震慑崤山以东。王邑抵达洛阳，州郡各选拔精兵，由州牧郡守率领。约期会合，人数达四十二万，其余的还在赶来，路上连绵不断。战车、兵士、马匹、器械的强盛，自古以来出兵作战未曾有过。

六月，王邑和大司徒王寻从洛阳出发，打算到宛县，取道颍川，路过昆阳。当时昆阳已经投降汉军，由汉军把守。严尤、陈茂和王邑、王寻二公会合。二公挥军包围了昆阳。严尤说：“自称皇帝的人在宛城，应急速进军。攻下宛城，众城自会平定。”王邑说：“百万大军，所过之处都应平定。现在攻陷此城，杀光盗贼，踏血前进，前队唱歌后队跳舞，岂不痛快！”于是包围昆阳城数十重。城中守军请求投降，王邑不许。严尤说：“‘撤退的军队不要拦截，包围城池要留出缺口。’可象兵法说的那样去做，让守军逃出，以震慑宛城。”王邑又不听。正逢世祖征集郾、定陵全部兵士数千人来救昆阳，王寻、王邑瞧不起他们，亲自率一万余人巡视阵地，命令各营约束部众，不得擅自行动，自己单独迎敌。王邑、王寻与汉军交战，不利，大军不敢擅自救助，汉军乘胜杀死王寻。昆阳城中守军出城共同作战，王邑逃跑，军队大乱。这时大风掀掉屋瓦，大雨倾盆，王邑大军崩溃，士兵号呼求救，虎豹闻声也会战栗。士卒奔逃，各自回归原郡。王邑单独和他所率领的长安勇士数千人回到洛阳。关中地区闻讯震惊恐怖，盗贼纷纷揭竿而起。

又听汉军说，王莽毒死了汉平帝。王莽于是在王路堂集合公卿以下官员，打开收藏当年他写的为平帝请命策书的匣子，流着眼泪把策书拿给群臣看，命令明学男张邯称颂他的德行，并解说符命事由，然后说：“《易》说：‘伏戎于莽，升其高陵，三岁不兴。’莽，是皇帝的名，升就是刘伯升。高陵，是高陵侯的儿子翟义。这段话是说，刘伯升、翟义在新朝皇帝时代建立地下武装，终归要被消灭，不能成功。”群臣都高呼万岁。又命令东方用囚车一站一站地押送数人进京，扬言“这是刘伯升等人，都要处死”，但百姓都知道是假的。

原先，卫将军王涉一向供养道士西门君惠。君惠喜好星象迷信，对王涉说：“有彗星扫过皇宫，刘氏当重新兴起，国师公的姓名就是。”王涉相信他的话。告诉了大司马董忠，两人多次到国师在宫中的休息室讲说彗星事，国师不回答。后来王涉一人前往，流着泪对刘歆说：“实在是想和您共同安定宗族，为什么不相信我呢？”刘歆趁机对他讲述天文、时事，说明东方的人一定会成功。王涉说：“新都哀侯从小生病，功显君一向嗜酒，我怀疑皇帝本不是我们王家的子孙。董公掌握中军精兵，我掌管宫中卫士，伊沐侯负责殿中守卫。如果同心合力，一起劫持皇帝，东去投降南阳的天子，可以保全宗族。不然全都会被杀身灭族。”伊沐侯是刘歆的长子，任侍中五官中郎将，王莽一向喜爱他。刘歆怨恨王莽杀死他三个儿子，又害怕大祸临头，就和王涉、董忠合谋，想发动政变。刘歆说：“应等太白星出现，方可动手。"董忠因为司中大赘起武侯孙伋也掌握军权，又和孙伋商议。孙伋回家后，脸色变了，吃不下饭。妻子很奇怪，问他，孙伋据实相告。妻子告诉给她弟弟云阳人陈邯，陈邯想告发。

七月，孙伋和陈邯一起告发。王莽派使者分头召见董忠等人。此时董忠正在训练士兵，演习武事，护军王威对董忠说："密谋很长时间不行动，恐怕会走漏风声，不如就杀死使者，带兵进宫。"董忠不听，和刘歆、王涉在殿下相会。王莽命蟜恽审问他们，全都招认了。中黄门各自拔出刀剑把董忠等押进休息室中。董忠拔剑想自杀，侍中王望传话说大司马谋反，黄门一起持剑杀死了董忠。宫中惊相传告，正在受训练的士兵跑到郎官衙门，一个个剑拔弩张。更始将军史湛巡行各衙门，对郎官们说："大司马有疯症，病情发作，已被诛杀。"命令全部放下武器。王莽想镇伏凶灾，让虎贲武士用斩马剑把董忠剁碎，用竹器盛着，传告说："反贼出去了。"下诏书赦免大司马部下官吏受董忠蒙蔽、参与谋反而没被发现的人。逮捕董忠宗族，用浓醋、毒药、一尺长刀子及荆棘一起埋入坑中。刘歆、王涉都自杀了。王莽因为二人是至亲和老部下，厌恶别人说是内讧，所以隐瞒了对他俩的诛杀。伊沐侯刘叠一向谨慎，刘歆始终没告诉他谋反的事，所以只免去他侍中中郎将职务，改任中散大夫。后来，殿中钩盾山上铜铸的仙人手掌旁出现穿青衣的白发老翁，看见的郎官都私下说是国师公。衍功侯王喜一向擅长占卦，王莽让他用蓍草占了一卦。他说："有兵火之灾。"王莽说："小孩子哪里弄来的旁门左道！这乃是我的皇祖叔父王子侨来接我。"

王莽军队在外面吃败仗，大臣在里面叛变，身边没有可信赖的人，顾不上再考虑远处郡国的事，想叫王邑回来商议。崔发说："王邑一向小心，现在损失了大军而征召他回京，恐怕他坚持气节而自杀，应该给予大的安慰。"于是王莽派崔发乘驿车飞速告知王邑："我年老没有嫡子，想把天下传给你。命你不要拒绝，见面后不必再提此事。"王邑到达，任命为大司马。任命大长秋张邯为大司徒，崔发为大司空，司中寿容苗䜣为国师，同悦侯王林为卫将军。王莽忧愁烦懑吃不下饭，只喝酒，吃鳆鱼。读兵书读倦了，就靠着几案睡，不再躺着了。王莽生性喜好占卜日子的小方术，等到事情紧急，一味搞迷信来镇伏。派使者毁掉渭陵、延陵园门的罘罳（门外的网状屏障），说："不要让人民'复思'（再思念汉朝）了。"又用墨涂黑陵园的围墙。将军称为"岁宿"，申水称"助将军"，又有右庚刻木校尉、前丙耀金都尉。还说："手执大斧，砍伐枯树；流出大水，灭掉燃烧的火。"诸如此类的迷信活动，不可胜记。

秋天，太白星流进太微垣，如月光般照耀大地。

成纪县隗崔兄弟共同劫持大尹李育，让侄儿隗嚣做大将军，攻击并杀死雍州牧陈庆、安定卒正王旬，兼并了他们的部众，向各郡县发布文书，历数王莽的罪恶，比桀、纣还多一万倍。

这月，析县人邓晔、于匡在析县南乡起兵，有百余人。此时析县县长率数千兵士驻屯鄡亭，防守武关。邓晔、于匡对县长说："刘氏皇帝已经即位，您怎么这样不懂天命！"县长请求投降，邓、于接受了他的全部军队。邓晔自称辅汉左将军。于匡是辅汉右将军，攻下析县、丹水县，进攻武关，都尉朱萌投降。进攻右队大夫宋纲，杀死了他，何西攻下湖县。王莽更加忧虑，不知怎么办好。崔发说："据《周礼》及《春秋左传》，国家有大灾，就用哭来镇伏。所以《易》说：'先号咷而后笑。'应该呼号叹息，向天救救。"王莽自知败局已定，就率领群臣到南郊，陈述他接受符命登基的经过，仰面对天说："皇天既然授命给我，为什